행복과 사회

행복과 사회

박승민

KOREA
UNIVERSITY
PRESS
고려대학교
출판문화원

책머리에

알랭 바디우(Alain Badiou)는 철학의 문제를 다음과 같이 규정했다.

> "먼저 철학은 시대의 진단으로, 이를테면 '시대가 제시하는 것은 무엇인가?'를 묻는 것이다. 다음으로 철학은 이 동시대적 문제 제기에 입각한 진리 개념의 구축이다. 마지막으로 철학은 참된 삶에 대한 실존적 경험이다"(Badiou, 2016: 147-148).

그렇다면, 이 시대를 살아가고 있는 우리에게 바디우가 말하는 철학의 시대 진단 즉, 우리 시대가 제시하는 것은 무엇일까?

이에 대한 대답은 당연히 이해 당사자들에 따라 매우 다양할 수밖에 없다. 그러나 그렇게 다양한 의견들 모두가 서로 공유하고 있는 점이 최소한 한 가지는 있다. 그것은 바로 모든 진단이 자본주의 시스템하에서 이뤄지고 있고, 그것의 영향을 직·간접적으로 받은 결과라는 것이다. 결국, 철학의 이 시대 진단은 결코 자본주의를 빼놓고 이뤄질 수 없으며, 우리의 삶 또한 자본주의의 영향력으로부터 결코 자유로울 수 없는 것이다.

이와 같은 이 시대 인간의 삶에 대한 자본주의의 영향력과 관련하여 버트런드 러셀(Bertrand Russell)은 『게으름에 대한 찬양(In Praise of Idleness)』에서 세상의 모든 사람들이 하루에 4시간 만 일하는 데 사용하고 나머지 시간은 모두 여가를 위해 사용해야 인생이 행복하게 될 것이라며 생산력이 증대되어도 노동자의 삶은 나아지지 않고 자본가의 살만 찌우는 자본주의의 모순을 노동자들의 게으를 권리를 주장하며 비판하였다(Russell, 2007[1935]). 러셀이 말한 4시간과 게으를 권리는 실제로 꼭 4시간 만 일을 하고 나머지 20시간 동안에는 게으름을 피워야 한다는 의미보다는 그만큼 자본주의의 생산력 증대에 따른 혜택을 모든 사람들이 누리고 있지 못함을 비판한 것으로 봐야 한다. 이처럼 20세기에 이뤄진 러셀의 비판은 21세기를 살고 있는 우리에게도 예외 없이 적용될 수 있다. 왜냐하면, 세월은 흘렀지만 자본주의 시스템은 근본적으로 변화하지 않았기 때문이다.

그렇다. 이 시대 지구상의 거의 모든 인간은 자본주의 시스템 하에서 하루하루를 살아가고 있다. 자본주의 사회가 시장에서의 상품 판매를 위한 경쟁을 당연한 것으로 받아들이는 것처럼, 더 많은 상품을 생산하기 위한 자원의 고갈과 그로 인해 발생하는 환경오염 또한 필요악으로 받아들여지고 있다(Brand and Wissen, 2018). 이처럼 양적 성장 일변도의 자본주의적 생산과 소비 구조는 인간이 자연으로부터 얻을 수 있는 가용 자원의 한계를 이미 초과하여 인간으로 하여금 스스로의 문명을 붕괴시키는 길을 향해 내달리게 하고 있는지도 모른다(Diamond, 2011).

이와 비슷하게, 자본주의 시스템에서는 경쟁에서 승리하여 행복해지고 반대로 경쟁에서 패배하여 불행해지는 것 또한 어쩔 수 없는 것으로 용인되고 있다. 이처럼 누군가가 행복하면 누군가는 불행해질 수밖에 없는 자본주의 구조 속에서 과연 모두가 행복한 사회를 이룩하는 것이 가능할까? 만약, 가능하다면, 그것을 위해 우리는 무엇을 해야 할까? 만약, 불가능 하다면, 그 이유는 무엇이며, 우리는 그렇게 부조리한 구조가 지속되도록 관망만 하고 있어야 하는 것일까?

이 책은 필자가 학자로서 평생에 걸쳐 천착하고 싶은 인간과 사회 간에 얽힌 퍼즐을 풀기 위한 인간과 사회 연구 시리즈 중 제1권에 해당된다. 첫 번째 주제를 행복으로 정한 가장 중요한 이유는 인간 존재의 근원적 물음이 곧 행복 추구와 맞닿아 있기 때문이다. 다시 말해, 행복은 다른 무엇인가를 위한 도구가 될 수 없는 그 자체로 인간 존재의 이유이고 목적인 것이다.

그동안 논문을 출판할 때마다 필자는 늘 내 자신의 부족한 지식, 좁은 시야와 깊지 못한 통찰력, 만족스럽지 못한 꼼꼼함에 스스로 매우 부끄러웠다. 이 책의 서문을 작성하면서 본문을 다시 검토하는 과정 중에는 그러한 자책을 넘어 나 자신에게 답답함마저 느꼈다. 아무쪼록 이 책이 우리 사회를 보다 행복한 사회로 이끌 수 있는 사회적 논의의 공론장을 마련하는 데에 미약하나마 마중물 역할을 할 수 있다면 원고를 마무리하면서 느낀 답답함이 조금이나마 줄어들 수 있을 것 같다.

이 책을 하늘에서 지켜보고 계실 아버지께 바친다. 답답할 만큼 정직하게 사셨고, 노년에 병마와 싸우실 때 필자는 타국에서 아무것도 해드리지 못했다. 안부 전화마저 자주 드리지 못한 것이 지금도 가슴을 아리게 한다. 시골에 홀로 계신 어머니께서 나마 이 책을 돋보기로 읽으실 것에 위안을 삼는다.

혹시라도 책에 오류가 있다면 그것은 전적으로 필자의 책임이다. 이 책의 출간을 허락해 준 고려대학교 출판문화원에 감사드린다. 그리고 연구를 열심히 할 수 있는 환경을 제공해 준 차 의과학대학교에도 감사드린다.

2018년 9월
해룡산 아래
차 의과학대학교 미래관에서
박승민

일러두기

이 책의 일부 내용은 다음에 제시된 저자의 논문과 발표문을 참고하여 작성되었음을 밝힙니다.

□ 박승민(2018) "행복과 국가: 행복의 다학제적 해석과 그것의 정책적 함의를 중심으로", 입법과 정책 10(2): 91-122.
- 제2장 행복의 개념과 다학제적 해석의 일부분
- 제3장 행복의 측정의 일부분
- 제5장 사회적 행복의 일부분

□ Park, S-M. (2014) "The European Theory of Social Quality and Its Applicability to Asian Societies", 한국융합인문학회 춘계학술대회 발표문 (2014년 5월 24일, 고려대학교).
- 제4장 사회적 질 이론의 일부분

차례

제3장 우리는 얼마나 행복한가?

제4장 사회적 질과 행복

제5장 모두가 행복한 사회는 가능한가?

제6장 새로운 행복 지표의 가능성과 한계

제7장 행복 시대를 향하여

표 차례

그림 차례

약어

- ABS : AsiaBarometer Survey(아시아 바로미터 서베이)
- AS : Afrobarometer Survey(아프리카 바로미터 서베이)
- BBC : British Broadcasting Corporation(영국방송공사)
- BHPS : British Household Panel Survey(영국 가구패널조사)
- BLI : Better Life Index(더 나은 삶의 지표)
- CES : Civic Education Study(시민교육평가)
- CGSS : Canadian General Social Survey(캐나다 사회조사)
- CMEPSP : Commission on the Measurement of Economic Performance and Social Progress(프랑스 경제성과 및 사회발전 측정위원회)
- CMW : Commission on Measuring Well-being(일본 웰빙 측정위원회)
- CPI : Child Prosperity Index(아동 번영 지수)
- CVID : Complete, Verifiable, Irreversible Dismantlement(완전하고, 검증가능하며, 불가역적인 핵폐기)
- CVIG : Complete, Verifiable, Irreversible Guarantee(완전하고, 검증가능하며, 불가역적인 체제 보장)
- DESA : (UN)Department of Economic and Social Affairs(유엔 경제사회국)
- DMZ : Demilitarized Zone(비무장지대)
- EC : European Commission(유럽연합 집행위원회)
- ECB : European Central Bank(유럽중앙은행)
- EHI : Economic Happiness Index(경제적 행복지수)
- EPI : Environmental Performance Index(환경성과 지수)
- ES : Eurobarometer Survey(유럽바로미터 서베이)
- ESCAP : Economic and Social Commission for Asia and the Pacific(유엔 아시아 태평양 경제사회위원회)
- ESS : European Social Survey(유럽 사회조사)
- EU : European Union(유럽연합)
- EVS : European Values Survey(유럽 가치관 조사)
- G20 : Group of 20(주요 20개국)
- GATT : General Agreement on Tariffs and Trade(관세 및 무역에 관한 일반 협정)
- GCI : Global Competitiveness Index(글로벌 경쟁력 지수)
- GDP : Gross Domestic Product(국내총생산)
- GEI : Global Emotions Index(세계 감정 지표)
- GFN : Global Footprint Network(글로벌 생태발자국 네트워크)
- GNH : Gross National Happiness(부탄의 국민 총 행복 지표)
- GNP : Gross National Product(국민총생산)
- GSEP : German Socio-Economic Panel(독일 사회경제패널)
- GSS : General Social Survey(미국 사회조사)
- GWP : Gallup World Poll(갤럽 세계설문조사)
- GYWI : Global Youth Wellbeing Index(세계 청소년 웰빙 지수)

- HDI : Human Development Index(인간 개발 지표)
- HILDA : Household, Income and Labour Dynamics in Australia(호주 가구 소득 및 노동조사)
- HPI : Happy Planet Index(행복한 지구 지표)
- HRS : Health and Retirement Study(미국의 건강과 은퇴 연구)
- IBRD : International Bank for Reconstruction and Development(국제부흥개발은행)
- ICBM : Intercontinental Ballistic Missile(대륙간탄도미사일)
- ID : Index of Democracy(민주주의 지수)
- IEF : Index of Economic Freedom(경제적 자유 지수)
- IHBSC : Irish Health Behaviour in School-aged Children(아일랜드 학령기 아동의 건강행태)
- ILO : International Labour Organization(국제노동기구)
- ILOSED : International Labour Organization Social Expenditure Database(국제노동기구 사회지출 데이터베이스)
- ILOSSED : International Labour Organization Social Security Expenditure Database(국제노동기구 사회보장지출 데이터베이스)
- IMF : International Monetary Fund(국제통화기금)
- ISCWeB : International Survey of Children' s Well-Being(국제 아동 웰빙 서베이)
- ISSP : International Social Survey Programme(국제 사회조사 프로그램)
- Istat and Cnel : Italian National Institute of Statistics and Italian National Council for Economics and Labour(이탈리아 국립통계청과 국가경제노동위원회)
- IYF : International Youth Foundation(국제 청소년 재단)
- KGSS : Korean General Social Survey(한국 종합사회조사)
- KLIPS : Korean Labor and Income Panel Study(한국노동패널조사)
- KLoSA : Korean Longitudinal Study of Ageing(고령화연구패널조사)
- K-SDGs : Korean Sustainable Development Goals(한국형 국가 지속가능 개발 목표)
- LEO IL and HRI : LEO Innovation Lab and The Happiness Research Institute(레오혁신랩과 행복연구소)
- LIS : Luxembourg Income Study(룩셈부르크 소득 연구)
- MABEL : Medicine in Australia Balancing Employment and Life(호주 의료인 고용과 삶의 균형 패널조사)
- MAI : Migrant Acceptance Index(이민자 수용 지표)
- NEF : (The) New Economics Foundation(신경제재단)
- OECD : Organization for Economic Cooperation and Development(경제협력개발기구)
- OECD FMW : OECD Framework for Measuring Well-being(OECD 행복 측정 틀)
- OHCHR : Office of the United Nations High Commissioner for Human Rights(유엔인권고등판무관실)
- ONS : Office for National Statistics(영국 통계청)
- PBL : Project-based Learning(프로젝트 기반 학습)
- PIRLS : Progress in International Reading Literacy Study(국제 독해능력평가)
- PISA : The Programme for International Student Assessment(국제학업성취도평가)
- PRC : Pew Research Center(퓨 연구소)
- PSKC : Panel Study on Korean Children(한국아동패널)
- SDGs : (UN)Sustainable Development Goals(유엔 지속가능한 개발 목표)

- SHARE : Survey of Health, Ageing and Retirement in Europe(유럽 건강과 고령화 및 은퇴 조사)
- SPI : Social Progress Index(사회적 진보 지표)
- SUI : Social Unrest Index(사회불안 지수)
- TIMSS : Trends in International Mathematics and Science Study(수학 및 과학 성취도 추이변화 국제 비교연구)
- UGWHI : Universum Global Workforce Happiness Index(유니버섬 글로벌 노동자 행복지수)
- UN : United Nations(국제연합)
- UNCRC : United Nations Convention on the Rights of the Child(유엔 아동권리협약)
- UNDP : United Nations Development Program(유엔 개발계획)
- UNESCO : United Nations Educational, Scientific and Cultural Organization(유엔교육과학문화기구)
- UNFPA : United Nations Population Fund(유엔 인구기금)
- UNICEF : United Nations International Children's Emergency Fund(유엔아동기금)
- WEF : World Economic Forum(세계경제포럼)
- WHO : World Health Organization(세계보건기구)
- WHR : World Happiness Report(세계 행복 보고서)
- WIL : World Inequality Lab(세계 불평등 연구소)
- WPHR : World Psoriasis Happiness Report(세계건선행복보고서)
- WTID : World Top Incomes Database(세계 최상위 소득 데이터베이스)
- WTO : World Trade Organization(세계무역기구)
- WVS : World Values Survey(세계 가치관 조사)
- WWID : World Wealth and Income Database(세계 부와 소득 데이터베이스)

제1장

서론

제1장은 서론으로 이 책의 전반적인 내용을 개괄하는 것을 목적으로 한다. 인간 존재의 근원적인 물음이면서도 삶의 목적 그 자체인 행복이 인류의 역사와 함께해 오면서 특히, 최근에 큰 관심을 받게 된 배경을 학술적 차원과 국가 정책적 차원으로 구분해서 살펴본다. 그리고 이와 같은 세계적인 움직임에 발을 맞춰가고 있는 한국 사회의 변화하는 모습을 주로 현대사를 중심으로 간략하게 살펴본다. 마지막에는 각 장의 주요 논의 내용을 중심으로 책의 전체적인 구성을 설명하겠다.

1. 행복, 영원한 질문

우리가 만약, 인류의 역사를 과학과 기술의 시각에서 바라보고 해석한다면, 과학과 기술 발전의 역사가 곧 인류의 역사가 된다. 이러한 시각에 따른다면, 인류의 역사는 곧 산업혁명의 역사라고도 말할 수 있을 것이다. 그런데 구조적으로 어느 정도의 변화가 수반되었을 때 새로운 산업혁명이 발생한 것으로 볼 것인지에 대해 객관적인 기준이 없는 상황에서 우리가 몇 차례의 산업혁명을 겪었는지에 대해서도 학계의 의견이 일치하지 않아(권영선, 2016) 과학과 기술 발전의 역사를 통해 인류의 역사를 가늠해 보는 것은 결코 쉬운 일이 아니다.

예를 들면, 증기기관을 기반으로 생산 방식이 기계화되고, 운송 수단의 발전을 통해 시장이 확대되는 등의 변화를 겪은 약 18세기 후반의 제1차 산업혁명과 전기, 표준화 및 자동화에 의한 대량 생산을 가능하게 한 대략 1870년부터 1910년 중반 혹은 1960년대까지의 제2차 산업혁명에 대해서는 거의 모든 학자들이 동의하고 있다(권영선, 2016). 그리고 디지털 및 정보통신 기술에 의해 20세기 후반부터 제3차 산업혁명에 접어들었다는 것에도 거의 대부분의 학자들이 동의하고 있다(Toffler, 1984; Bell, 1973; Rifkin, 2011).

반면에 특히, 최근 들어 매우 빈번하게 인구에 회자되고 있는 제4차 산업혁명에 대해서는 많은 이견이 제기되고 있다.[1] 논란의 중심에 있는 제4차 산업혁명이라는 용어는 2016년 2월, 스위스 다보스에서 개최된 세계경제포럼(World Economic Forum, WEF)에서 클라우스 슈밥(Klaus Schwab)이 인류가 제4차 산업혁명 시대에 접어들었다고 선언하면서 크게 확산되었다. 즉, 슈밥은 인류가 미국 국방부에서 국방 관련 정보 공유를 지원하기 위해 개발하여 1969년부터 가동시킨 알파넷(Advanced Research Project Agency Network, ARPAnet) 이후부터 인터넷이 본격적으로 시작되면서 막이 오른 제3차 산업혁명에 이어 대략 2015년부터 시작된 제4차 산업혁명은 디지털화를 기반으로 융합적 사이버 물리 시스템이 핵심을 이루고 있고 속도, 폭과 깊이, 시스템에 미치는 파급력 측면에서 이전의 산업혁명과 비교가 불가능할 만큼 변화가 클 것이라고 주장했다(Schwab, 2016, 2015).

그러나 제4차 산업혁명은 아직 구현되지 않은 예측 단계에 있고 단지 수사에 불과하다며 슈밥의 주장에 동의하지 않는 학자들도 많다. 역사학자들은 산업혁명의 여파가 전체 사회에 광범위하게 영향을 미친 결과 그 전과 확

1 한국 사회에서 제4차 산업혁명 담론은 특히, 2017년 대선을 거치면서 급격하게 확산되었다. 대선 이후에도 그것은 구호에 그치지 않고 2017년 8월에 문재인 정부가 발표한 100대 국정과제 중 하나로 포함되었으며, 2017년 9월 26일에는 광화문에서 장관급인 대통령직속 4차 산업혁명위원회의 현판식도 열렸다(아시아경제, 2017).

연하게 구분될 수 있는 정치경제 및 사회문화적 변화가 수반되어야 산업혁명이라고 할 수 있다고 하는데, 이들은 제1, 2차 산업혁명이라는 용어를 사용하는 데에는 주저하지 않지만, 제3, 4차 산업혁명이라는 용어를 사용하는 데에는 편차가 존재하며, 제3, 4차 산업혁명이라는 용어는 주로 미래학자들을 중심으로 사용되고 있다(Allen, 2017; Ashworth, 2017). 그리고 제레미 리프킨(Jeremy Rifkin)은 슈밥이 제시한 속도, 폭과 깊이, 시스템적 충격의 질적 변화로 대변되는 제4차 산업혁명의 주된 특징에 대한 근거가 빈약하며 그가 제3차 산업혁명의 성숙 현상을 잘못 해석한 것이라고 반박한다(Rifkin, 2017). 리프킨은 인류는 아직 제3차 산업혁명의 최고조를 경험하지 않았으며, 지금 단계에서 그것이 종료되고 새로운 산업혁명이 도래했다고 할 수 있는 근거 또한 존재하지 않는다고 비판한다(Rifkin, 2014, 2011). 또한 기술 혁신과 자본주의 경제 순환 간 콘트라티예프 파동(Kondratieff, 1984), 혁신과 자본주의 간 슘페터형 장기 파동(Schumpeter, 2003; Reati and Toporowski, 2004), 기술 혁명과 자본주의의 금융 및 산업 자본 간 관계에 관한 칼로타 페레즈(Perez, 2003)의 시각에서 해석한다면, 제4차 산업혁명은 제5차 파동인 제3차 산업혁명의 연장과 다를 바가 없는 것이다.

이와 같은 논쟁은 곧 인류가 아직 제3차 산업혁명 과정 중에 있는지, 아니면 슈밥의 주장대로 제4차 산업혁명이 도래했는지, 그것이 실패할 것인지 아니면 성공할 것인지, 그리고 그 결과가 지금의 정치경제 및 사회 시스템의 구조를 근본적으로 변화시킬 것인지 지금으로선 명쾌하게 단정할 수 없다는 것을 의미한다. 산업혁명을 둘러싼 이상의 논의를 통해서 우리가 얻을 수 있는 교훈은 바로 제3차 산업혁명이든 제4차 산업혁명이든 그 충격이 아무리 크더라도 그것이 지금의 정치경제 및 사회 시스템을 근본적으로 변화시키지 못하는 것이라면 새로운 산업혁명의 결과는 상품생산경제의 틀 즉, 자본주의 메커니즘을 결코 초월할 만큼의 영향력을 갖지는 못한다는 것이다.

이와 비슷한 맥락에서, 이안 앤드류 골딘(Ian Andrew Goldin)은 기술의 발전과 적용이 오로지 기술적인 요소에 의해서만 가능한 것은 아니라는 점을 다음과 같이 설명하고 있다.

> "기술적 진보는 새로운 사고를 실현하는 것 … 따라서 기술의 구체적인 역할을 발전의 주요 요인으로 분리시키는 것은 기술의 역할을 과장하는 것 … 바퀴, 화약, 프린팅, 증기기관 … 어떠한 기술도 만병통치약(panacea)일 수는 없으며, 기술적 변화를 수용하고, 기술적 변화에 적응하며, 기술적 변화를 확산시키는 것은 보다 광범위한 제도적, 경제적, 그리고 사회적 배경(social settings)을 고려해서 이해되어야 한다"(Goldin, 2018: 121, 괄호 안 원문).

계속해서 골딘은 '기술은 사회에 배태되어야 한다(technologies need to be embedded in societies)'(Goldin, 2018: 125)며 기술의 사회성을 강조한다. 다시 말해, 기술의 발전과 그에 따라 발생하는 사회 변화를 온전히 기술의 발전 때문에 가능한 것으로 해석하는 것은 논리적 비약이며, 오히려 기술의 발전은 사회경제 및 제도적 틀 안에서 가능하므로 결코 기술의 사회성을 간과해서는 안된다는 것이다.

이처럼 사회적인 요소를 고려하지 않고 오롯이 과학과 기술 발전의 역사를 통해 인류의 역사를 이해하는 것이 매우 어려운 일이라면, 만약, 인문 · 사회과학적인 시각에서 인류의 역사를 바라보고 해석하면 인류의 역사를 온전히 이해할 수 있을까? 이러한 물음에 대하여 혜안을 줄 수 있는 인문 · 사회과학계의 거장들은 셀 수 없이 많다. 따라서 여기에서는 일반적으로 쉽게 알 수 있는 거장들의 몇 가지 논의들만을 중심으로 살펴보고자 한다.

먼저, 정-반-합의 과정을 통해 대립과 모순이 수정되어가는 변증법으로써 세계를 인식했던 게오르크 빌헬름 프리드리히 헤겔(Georg Wilhelm Friedrich Hegel)은 변증법을 통해 정신이 최고로 완성된 상태인 절대정신에 이른다고 보았는데, 이때 절대정신의 상태는 더 이상의 변화가 필요 없는 상태로 헤겔은 인류의 역사를 바로 이러한 절대정신의 자기실현 과정으로 보았다(Hegel, 2011). 다시 말해, 인류의 역사는 곧 인간의 주관적 정신과 주관적 정신이 객관적인 세계에서 발현된 법이나 도덕 등이 지닌 객관적 정신 모두를 통틀어 최고로 완성된 형태인 절대정신이 인간을 도구로써 자유의 확산을 실현해 가는 과정이라는 것이다(Pinkard, 2017). 그러나 인간은 헤겔이 주장하는 것처럼 수동적인 존재인 것만은 아니다. 또한, 우리는 진화론 하나만 보아도 물질이 변화하는 과정에 사유 체계가 의미 있는 영향을 미치지 못한다는 것을 쉽게 알 수 있다. 다시 말해, 헤겔이 주장하는 절대정신은 근거 없는 착각으로 해석될 여지가 없지 않다. 뿐만 아니라, 정-반-합을 통하여 모순이 수정되어 가면서 더 이상의 모순이 없는 상태에 이르렀을 때 더 이상의 변증법이 불가능 해지는 논리적 모순에도 봉착하게 된다.

헤겔의 관념론적 변증법과 헤겔의 관념론적 변증법을 비판한 루드비히 포이에르바하(Ludwig Feuerbach)의 유물론(Feuerbach, 1957[1841])을 모두 비판적으로 수용하여 변증법적 유물론(dialectical materialism)을 통해 세계를 인식했던 칼 마르크스(Karl Marx)는(Balibar, 2017) 기본적으로 생산관계에 따라 형성된 물적 토대 위에 정치와 법률과 같은 상부 구조가 구성되고, 상부 구조는 물적 토대에 의해 규정되고 결정된다는 사적 유물론(historical materialism)에 기반 하여 인류의 역사를 계급투쟁의 역사로 보았다(Marx, 1904[1859]). 즉, 모든 시대의 인간은 지배자와 피지배자로 구분되었으며, 생산력과 생산관계의 모순에 따라 둘 사이에 벌어진 끊임없는 계급투쟁의 결과가 곧 인류의 역사라는 것이다. 그는 인류가 소유권의 개념이 없이 재산을 공유하며 지냈던 원시 공산주의 사회에서 사유재산 및 계급과 국가의 출현으로 노예제가 발달하게 되고, 상인과 자본가의 출현으로 중세 귀족제와 봉건주의를 넘어 시장 경제 중심의 자본주의 시대를 거치면서 발전해 왔다고 보았으며, 자본주의 또한 생산력과 생산관계의 모순으로 막을 내리고 공산주의 사회가 열리게 될 것이라고 여겼다(Marx and Engels, 1983[1848]). 비록, 마르크스가 당시 독일의 관념론을 극복하고 노동이나 소외 등 그가 역사의 진보를 설명하는데 핵심 역할을 했던 독자적인 개념과 이론적 틀을 정립하는 데에는 성공했지만, 그것들을 정치경제학적으로 증명해 내는 것에는 실패했다(Jones, 2016). 또한, 마르크스의 주장처럼 모든 인간이 해방되는 공산주의 사회가 도래한다면, 더 이상의 역사적 진보는 불가능하게 되는 논리적 모순이 발생하게 된다. 뿐만 아니라, 우리는 프롤레타리아와 부르주아지 간 계급투쟁 보다는 두 계급 모두 더욱 분화되는(Savage, 2015) 등 인류의 실제 역사가 마르크스의 예언처럼 단선적으로 진행되지 않고 있는 사실도 목도하고 있다.

프란시스 후쿠야마(Francis Fukuyama)는 마르크스와 같이 역사의 단선적인 진행에 동의하면서 인류의 역사를 이른바 최초의 인간이 최후의 인간이 되어가는 과정으로 보아 자유민주주의를 끝으로 더 이상 인류의 역사가 진화하지 않을 것이라며 역사의 종말을 주장했다(Fukuyama, 2012, 1989). 그는 인류가 일궈온 모든 이데올로기와 정부 형태를 통틀었을 때, 자유민주주의만큼 논리적 모순과 개선의 여지가 없는 체제는 없다고 하였다. 다시 말해, 과학의 발전으로 인류는 자본주의를 맞이했는데, 인류 문명에 대한 과학의 영향력이 사라지지 않을 것이기 때문에 인류의 역사가 자본주의 이전으로 되돌아 갈 가능성은 0에 가까우며, 신분제도와 계급제도로 명확하게 구분되어 있었던 과거와 달리, 자유민주주의는 개인이 노력을 통해 인정을 받을 수 있는 체제라는 점에서 사변적(史變的)인 투쟁은 발생하지 않을 것이라는 것이다(Fukuyama, 2012, 1989). 그러나 후쿠야마는 역사의 종말을 주장하면서 그 어느 곳에서도 그것을 증명할 수 있는 경험적인 연구 결과나 데이터를 제시한 적이 없다. 오히려 인류의 역사는 문명의 충돌로 계속 진행될 것이라며 문화적인 요소의 중요성을 강조하고, 아무리 인류가 물질적으로 풍요로워져도 인간의 본성이 변하지 않는다면 인간 사회에서 갈등은 계속해서 발생할 것이라는 반론(Huntington, 1996, 1993a; Achenbach, 2001)이 더욱 설득력 있게 들린다.

'역사는 과거와 현재의 대화'라는 구절로 대중에게 잘 알려진 에드워드 할렛 카(Edward Hallett Carr)는 역사가 과학과 같은 수준의 객관성을 확보하는 것은 불가능하지만, 역사를 기록하고 서술하며 연구하는 것은 과학이 될 수 있다고 보았으며, 역사가는 사회적인 존재이기 때문에 역사적 사실이 역사가의 해석으로부터 객관적이고 독립적일 수 있다는 믿음은 터무니없는 오류(preposterous fallacy)로 역사를 알기 위해서는 먼저 역사가가 살았던 사회를 이해해야 한다고 했다(Carr, 1964). 다시 말해, 역사가에 의해 기록된 인류의 역사는 역사가의 생각이 반영된 것이기 때문에 비판적으로 독해를 해야만 그것을 진정으로 이해할 수 있다는 것이다(Tosh, 2015; Claus and Marriott, 2012). 카는 인간의 지속적인 발전에 대한 믿음과 과학의 발전을 근거로 역사의 진보가 단선적으로 진행된다는 시각에 비판적이었으며, 역사의 종말을 믿지 않았다(Evans, 2000). 물론, 카가 과거에 있었던 사실을 있는 그대로 기록만하는 역사가의 수동성을 비판한 점을 침소봉대(針小棒大)하는 것은 온당치 못하지만, 그의 시각에서 본다면 인류의 역사는 역사가가 선택한 사실을 역사가가 해석한 것으로 역사가의 수만큼 존재하는 이야기가 된다는 비판이 불가능한 것은 아니다.

많은 사학자들이 주로 국가를 대상으로 역사를 연구한 것과 달리 아놀드 조셉 토인비(Arnold Joseph Toynbee)는 인류의 문명을 주제로 역사를 연구했다. 왜냐하면, 토인비는 역사 연구의 대상으로 완전하게 독립적인 국가는 없다고 보았을 뿐만 아니라, 전체적인 시각에서 인류의 문명을 바라봐야 인류의 역사를 온전히 이해할 수 있다고 생각했기 때문이다(Claus and Marriott, 2012). 그는 인류의 문명을 서유럽 문명, 그리스 정교 문명, 힌두교 문명 등 총 21개 문명으로 구분하고 각 문명을 도전과 응전이라는 독특한 시각에서 해석해냈다. 즉, 인류의 각 문명은 문명의 외부 환경에 의한 도전에 성공적으로 응전한 결과이며, 도전에 제대로 응전하지 못한 문명은 그 생명력을 잃고 소멸하게 된다는 것이다(Toynbee, 1957, 1946). 그리고 토인비는 서구 이외의 문명이 서구 문명의 영향을 크게 받은 것은 사실이지만, 이것을 근거로 서구 문명이 다른 문명보다 더 우월하다고 단정할 수는 없다고 보았다(Toynbee, 1957). 그러나 토인비는 역사가의 역사 연구는 사실을 있는 그대로 건조하게 기록하는 것에서 끝나는 것이 아니라, 그러한 사실을 예술적으로 창조해 내는 작업이 동원될 수밖에 없다(Toynbee, 1946)고 본 점에서 카와 많이 닮아 있다.

프리드리히 빌헬름 니체(Friedrich Wilhelm Nietzsche)는 『도덕의 계보(On the Genealogy of Morality)』에서 인간은 아무것도 의욕 하지 않기보다는 오히려 허무를 의욕 하고자 한다고 하고, 권력에의 의지는 인간의 본능으로 누구도 그것을 부정할 수 없으며, 그것이 없는 인간은 곧 죽은 것이나 다를 바 없다고 하였다(Nietzsche, 2007[1887]). 이와 같은 시각에 따른다면, 인류의 역사는 곧 인간의 권력 추구의 역사라고 할 수도 있을 것이다. 그러나 니체의 말처럼 모든 인간이 권력에의 의지를 지니고 있다고 하여 그것을 근거로 인간이 살아가는 목적이 오로지 권력 추구였다고 할 수는 없기 때문에 인류의 역사를 권력 추구의 역사라고 간주하는 것은 지나친 비약이 아닐 수 없다. 인간이 살아가는 목적은 권력에의 의지에 따른 권력 추구라기보다 오히려 행복에의 의지에 따른 행복 추구에 더 가까웠다(McMahon, 2006; Horowitz, 2018).

케네스 미노그(Kenneth Minogue)가 '역사는 말과 행동의 기억이고, 말은 기억을 전달하는 운송 수단이다'(Minogue, 2000: 14)라고 한 바와 같이, 지금까지 살펴본 인류의 역사를 둘러싼 논쟁은 우리가 인류의 역사를 과학과 기술의 발전과 관련된 말과 행동에 따라 바라보고 해석하느냐 아니면, 인문 · 사회과학적인 혜안과 관련된 말과 행동으로 바라보고 해석하느냐에 따라 그것의 구체적인 내용은 얼마든지 달라질 수 있으며, 누구의 시각에서 무엇을 기준으로 어느 것을 보다 더 합리적이라고 결론 내리는 것 또한 다양할 수밖에 없다는 것을 말해주고 있다. 그러나 이처럼 어느 것 하나 확신할 수 없는 상황에서도 한 가지 확실한 것이 있다. 그것은 바로 윌리엄 제임스(William James)가 인간이 살면서 갖게 되는 모든 관심은 행복과 불행이라는 양 극단 사이를 오고갈 수밖에 없으며, 인간 행위의 동기 중심에는 행복의 추구가 자리하고 있다고 한 것이다(James, 1952). 이처럼 인간의 관심과 행위를 행복과 불행을 오가는 것으로 본 것은 니체가 지구상에서 좋고 나쁨(good and bad), 선과 악(good and evil)이라는 두 가지 반대되는 가치 사이의 격렬한 싸움이 수천 년 동안 이어져 오고 있다(Nietzsche, 2007[1887]: 31)고 말 한 것과도 같은 맥락에 있는 것이다. 다시 말해, 『周易(주역)』에서 인간 세상은 항상 변화 속에 있으며, 오로지 변화하지 않는 것은 바로 변화 그 자체라고 밝힌 바와 같이(서대원, 2008), 인간 사회가 종말하지 않고 역사가 지속 되는 한 행복이 곧 인간의 삶의 목적 그 자체라는 것과 인간은 과거부터 그래왔던 것처럼 계속해서 행복이란 무엇인지를 자문하며 그것을 추구할 것이라는 점은 결코 변하지 않을 것이다.

2. 세계 행복 연구의 동향

국제연합(United Nations, UN)이 2013년 3월 20일을 첫 세계 행복의 날(World Happiness Day)로 지정했다. 이보다 한 해 앞선 2012년 4월에는 2005년부터 2011년까지 156개국에 거주하는 총 1,000명을 대상으로 실시한 연구를 기반으로 첫 세계 행복 보고서(World Happiness Report, WHR)가 발행되었다(Helliwell, Layard, and Sachs, 2012). 첫 WHR의 전체적인 주장은 인간의 행복에 전반적으로 소득이 미치는 영향은 약 8%로 예상했던 것보다 크지 않았던 반면, 비경제적인 요소들이 행복에 더 중요한 영향을 미치고 있다는 것이었다(Helliwell, Layard, and Sachs, 2012). 다시 말해, 기본적인 생활이 가능할 정도의 경제력이 갖춰지면 개인의 육체 및 정신적 건강, 가치관, 고용,

안전, 신뢰, 정부와 기업의 건전한 지배구조, 정치 참여 등 행복을 증진하는 데에는 국내총생산(Gross Domestic Product, GDP)과 같이 경제적 요소뿐만 아니라 사회문화적인 요인들도 중요하므로 각국 정부가 어떠한 패러다임에 기반 하여 정책을 입안하느냐에 따라 국민의 행복 지수가 달라질 수 있다는 것이다(Helliwell, Layard, and Sachs, 2012).

이처럼 전 세계를 대상으로 한 체계적인 행복 보고서의 첫 발행이 2012년에 이뤄졌다는 사실을 혹자는 2012년 이전에는 행복 관련 연구가 제대로 이뤄지지 못했다는 의미로 이해할지도 모르겠다. 그러나 그것은 결코 사실이 아니다. 2012년 이전에도 행복과 관련된 체계적인 연구는 수행되고 있었다.

예를 들면, 서구 사회로만 한정했을 때, 최소한 기원전(BC) 440년경 고대 그리스의 헤로도토스(Herodotus)의 『역사(The Histories』(Herodotus, 2015)에서 행복에 관한 논의가 이뤄졌다고 볼 수 있으며, 헤로도토스 이후에 행복은 주로 종교와 철학 분야에서 연구되어 왔다(McMahon, 2006). 그리고 최근에 들어 행복과 관련된 사회과학적 연구가 1970년대 이전에 전혀 이뤄지지 않았다고 할 수는 없지만(Horowitz, 2018), 대략 1970년대 이후부터 사회과학자들이 행복을 본격적으로 연구하기 시작했다고 볼 수 있다(Vaarama, Pieper, and Sixsmith, 2007; Hagerty et al., 2001). 이러한 학계의 노력은 행복 관련 주요 학회나 학술지 창간으로 이어졌다. 대표적으로, 1974년에 Social Indicators Research, 1992년에 Quality of Life Research, 2000년에 Journal of Happiness Studies, 2006년에 Applied Research in Quality of Life 등이 창간되었고, 1993년에 International Society for Quality of Life Research가 창립되는 등 행복을 연구하는 학자들 사이에서 행복 연구 교류의 장이 확장되었다.[2]

2 미국의 경우, 의회 도서관(Library of Congress)에서 행복과 관련된 자료를 전문적으로 수집하고 제공하는 서비스(분류 코드: BF 204.6)가 1984년쯤에 시작되었다(Horowitz, 2018: 93).

행복 관련 연구의 양적 팽창이 가장 두드러진 학문 분야는 심리학과 경제학으로 이 두 분야에서의 행복 연구는 이른바 봇물 터지듯 이뤄졌다(Halpern, 2010; Mack, 2010). 예를 들면, 행복에 관한 심리학적 연구의 경우, 1980년부터 2014년까지 각각 130편 정도에서 15,000여 편으로 급증했다(Helliwell, Huang, and Wang, 2017). 그리고 이콘릿(ECONLIT)을 이용하여 행복과 직접적으로 관련된 연구를 경제학 분야에만 한정해서 논문의 제목으로만 검색해도 1960년에서 2006년 사이에만 총 614건의 논문이 검색되었고, 이중에서 59%에 해당하는 363건의 논문은 2000년대 이후에 출판된 것이었다. 행복의 유사 용어나 실제 내용은 행복을 분석한 경우이지만 제목에 해당 용어를 사용하지 않은 경우까지 고려한다면 이보다 훨씬 많은 연구가 이뤄졌음을 미루어 짐작해 볼 수 있겠다(Clark, 2016).

반면, 행복이 본격적으로 국가 정책의 핵심 이슈가 된 것은 학계 연구보다 상대적으로 최근에 이뤄진 것으로 보인다(Griffiths, 2009; Deeming, 2013; Frawley, 2015; Estes and Sirgy, 2018). 특히, 2008년 글로벌 금융 위기 이후 주요 국제기구들뿐만 아니라, 영국, 프랑스, 미국, 캐나다, 이탈리아, 네덜란드, 일본 등 주요 국가들 또한 행복 연구를 범국가적 차원에서 진행해 오고 있다(Stiglitz, Sen, and Fitoussi, 2009; EC, 2009; OECD, 2012; UN, 2014; CMW, 2011). 국가 정책의 이와 같은 변화의 배경에 대해서는 많은 해석이 존재한다.

먼저, 자본주의 시스템 안에서의 지속 가능한 발전 모델 구축의 필요성 때문이라는 시각을 예로 들 수 있겠다. 폴 패트릭 스트리튼(Paul Patrick Streeten)이 발전을 모든 인간이 자신의 삶을 풍만하게 영위할 수 있도록 기회를 제공하는 것으로 보고(Streeten, 1997), 더들리 시어즈(Dudley Seers)가 발전을 인간의 본성을 실현할 수 있는 조건을 창조해 내는 것(Seers, 1981, 1969)으로 본 것처럼 발전의 개념은 경제적 성장에만 한정되어 논의된 것은 아니었다. 그러나 특히, 제2차 세계대전 이후 경제학자들이 경제적 성장을 곧 발전으로 간주하면서 그 의미가 경제적 성장으로만 한정되어 받아들여지는 경향이 강해졌는데,[3] 발전의 개념을 그렇게 경제적 영역으로만 한정함으로써 발전의 진정한 의미를 담아내는 데에 한계가 많다는 점이 지난 70여 년 동안 인류가 겪은 각종 사회경제적 문제를 통해 증명되고 있다(Goldin, 2018: 3-4). 다시 말해, 자본주의 사회에서의 경제 발전은 자연 자원을 소비해야 가능하고, 그에 따라 환경오염은 필연적으로 동반될 수밖에 없기 때문에 자원을 소모하는 경제 발전이 지속적이기 위해서는 소비되는 자원의 양이 새롭게 재생되는 자원의 양 보다 적어야 하며, 자원의 소비로 유발되는 환경오염도 자원이 재생될 수 없게 하는 임계점을 넘지 않는 수준에서만 가능하다는 것이다(Umney, 2018; Thompson, Marks, and Jackson, 2014). 특히, 2008년 글로벌 금융 위기가 선진국들로 하여금 신자유주의의 한계를 체감하고 경제 성장과 복지의 선순환이 원활하게 이뤄질 수 있도록 지속가능한 새로운 자본주의 발전 모델 구축의 필요성을 인식하도록 하는데 많은 영향을 미쳤는데(Seaford, 2011; OECD, 2013, 2012; Brand and Wissen, 2018), 이들 국가들이 지속가능한 사회 건설을 위해 그 동안 건강, 교육, 소득 분배, 사회 참여, 문화생활, 환경 보호 등 경제 성장 이외에 국민의 삶을 결정하는 많은 요인들이 간과되어 온 것을 반성하고, 생산에만 집중하는 GDP의 한계를 극복할 수 있는 새로운 개념의 필요성을 절감하여 새로운 시대의 발전 개념이 경제학적 시각뿐만 아니라 철학, 정치학, 사회학, 심리학, 역사학, 지리학, 인류학, 의학 등 다양한 학문의 시각이 반영되어 재설정되지 않으면 인류의 지속가능한 발전은 요원해질 수밖에 없음을 깨달았다는 것이다(Goldin, 2018).

이와는 달리, 각 국 정부의 정치적 이해관계 때문이라는 주장도 있다(Bache and Reardon, 2013; Bache, 2017; Segal, 2017). 즉, 각 국 정부의 적극적인 행복 연구가 신자유주의의 모순에 대한 진정한 반성에서 발로된 것이

3 물론, 발전을 완벽하게 측정하는 것은 불가능하다. 엄격히 말해, 발전의 개념을 한정하여 측정을 시도 한다고 해도 선진국에서조차 그것을 경험적으로 제대로 측정할 수 있는 자료는 존재하지 않는다(Goldin, 2018: 10).

아니라, 정부 정책에 대한 국민들의 평가나 정권 재창출을 위한 선거 정치적 이해관계 때문에 정부의 정책적 관심이 확대되고 있다는 것이다.[4] 또한, 2018년 기준, 현재까지는 비록 소수 의견이지만 행복에 대한 관심의 증대를 일종의 행복 치유와 자조 산업의 팽창으로 해석하는 경우도 있다(Kennedy and Kennedy, 2010).

이와 같은 행복 연구의 관심 증대 배경에 대한 다양한 해석 중 어느 것이 맞는지 지금으로선 쉽게 결론을 내릴 수 없다. 그러나 한 가지 확실한 것은 바로 역사적으로 행복 연구에 대한 국가의 구체적인 정책적 관심이 이전 시대와 달리 최근에 크게 증대되고 있다는 것이다. 이와 관련하여 세계의 행복 관련 주요 연구 동향을 시간대 별로 요약하면 〈표 1-1〉과 같이 정리할 수 있겠다.

〈표 1-1〉 세계 행복 연구 동향

시기	내용
2000년 이전	• 1970년 영국: 'UK Social Trends' 발간 • 1971년 프랑스: Les Données Sociales 발간 • 1974년 네덜란드: 1974년부터 삶의 현황 지표(the Dutch Life Situation Index) 발표 • 1994년 UN: Human Development Index 발행 • 1996년 OECD: International Development Goals 발표
2000년 - 2010년	• 2000년 UN: Millennium Development Goals 발표 • 2002년 영국: 'Life Satisfaction: the State of Knowledge and Implication for Government' 발행(총리실 산하 Strategy Unit of Cabinet Office 보고서 형태) • 2003년 뉴질랜드: Quality of Life Survey(2003년, 2004년 각 1회 조사 후 2년마다 총 9개 도시 지역에서 조사) • 2007년 European Commission, European Parliament, Club of Rome, OECD, WWF: 공동 고위급 회의를 개최하여 'Beyond GDP' Initiative를 발족시킴 → 유럽 27개국이 국민 행복을 담아낼 수 있는 새로운 GDP 대체 도구 개발에 공식 합의함 • 2007년 'Measuring and Fostering the Progress of Societies' 주제로 터키 이스탄불에서 제2회 OECD 세계 포럼 개최 → European Commission, OECD, UN, UNDP, World Bank 대표들이 공동으로 '이스탄불 선언(The Istanbul Declaration)' 발표 • 2007년 유엔 아시아 태평양 경제사회이사회(Economic and Social Commission for Asia and the Pacific, ESCAP)가 태국 정부와 함께 'International Conference on Happiness and Public Policy' 컨퍼런스 개최 • 2008년 프랑스: 경제성과 및 사회발전 측정위원회(Commission on the Measurement of Economic Performance and Social Progress) 발족 • 2009년 OECD: 'Better Life Initiative and Work' 프로그램 시작 • 2009년 영국: 상 · 하원 의원 연합 모임(All Party Parliamentary Group)이 GDP를 보완할 웰빙 지표 논의 • 2010년 미국 연방정부: 'Commission on Key National Indicators'를 설립하고 관련 프로젝트에 7천만 달러 지원

4 이와 관련된 보다 자세한 내용은 제6장의 새로운 행복 지표 부분에서 논의하고 있다.

	• 2010년 영국: '국가 웰빙 프로젝트(National Well-Being Project)'에 2백만 파운드 지원 • 2010년 이탈리아: '공정하고 지속가능한 웰빙(Equitable and Sustainable Well-being) Initiative' 시행 2010년 일본: 웰빙 측정 위원회(Commission on Measuring Well-being, CMW) 발족
2011년 – 2018년	• 2011년 미국/영국: National Research Council, National Institute on Aging과 Economic and Social Research Council이 공동으로 주관적 웰빙과 정책 패널 지원 • 2011년 UN: 'UN General Assembly Resolution on Happiness 65/309'가 193개국으로부터 승인받음 • 2011년 OECD: 'Better Life Initiative' 시작(How's Life? 보고서를 처음으로 발간하고 Better Life Index 서비스 제공 시작) • 2011년 일본: 아시아개발은행(ADB), OECD, ESCAP, 한국 통계청과 함께 도쿄에서 'Asia-Pacific Conference on Measuring Well-being and Fostering the Progress of Societies' 개최 • 2012년 UN: UN High-level Meeting on Happiness and Wellbeing 개최, UN WHR 첫 발행 • 2012년 유엔 지속가능개발회의('Rio+20') → Sustainable Development Goals(SDGs) 개발 합의 • 2012년 OECD: 인도 정부와 공동으로 뉴델리에서 '통계, 지식, 정책에 관한 세계 포럼(World Forum on Statistics, Knowledge, and Policy)' 개최 → Measuring Well-Being for Development and Policy Making과 OECD Better Life Initiative 구체화 논의 • 2013년 영국: 옥스퍼드대학교에서 'Happiness and Well-Being' 국제 컨퍼런스 개최 • 2014년 유럽: 유럽 경제사회위원회(European Economic and Social Committee) 산하 단체들이 벨기에 브뤼셀에서 'Let's Talk Happiness-Beyond GDP' 주제로 연합회의 개최 • 2014년 OECD: 'How Was Life?: Global Well-being since 1820' 발간 • 2014년 한국: 통계청이 2014년부터 '국민 삶의 질 지표'를 본격적으로 측정 • 2014년 한국: 대통령직속 지역발전위원회가 '주민행복도조사'(2014년부터 매년 전국 229개 기초자치단체 주민 대상의 설문조사) 실시 • 2015년 UN: UN Sustainable Development Summit 개최, SDGs 발표 • 2015년 한국: 서울연구원이 '서울형 행복지수' 조사[5] • 2016년 OECD/영국: OECD와 런던정치경제대학교(LSE)가 'Subjective Well-being over the Life Course: Evidence and Policy Implications' 국제 컨퍼런스 개최 • 2016년 스위스: 'Economics, Health and Happiness' 국제 컨퍼런스 개최 • 2016년 한국: 서울에서 제7회 아시아미래포럼 개최(주제: 성장을 넘어 더불어 행복을 찾아서) • 2017년 호주: 'Happiness and Its Causes' 국제 컨퍼런스 개최 • 2017년 네덜란드: 에라스무스대학교에서 'European Happiness Days–Happiness Economics' 국제 컨퍼런스 개최 • 2017년 러시아: 국립고등경제연구대학교(National Research University Higher School of Economics)에서 'Subjective Well-being and Growing Inequality across the Globe' 국제 컨퍼런스 개최 • 2017년 아랍에미리트: 세계 행복의 날인 3월 20일에 아랍에미리트의 부통령 겸 총리 및 두바이의 수반인 셰이크 모하메드 빈 라시드 알 막툼(Sheikh Mohammed bin Rashid Al Maktoum)이 세계 행복 위원회(World Happiness Council) 출범 발표 • 2017년 한국: 서울에서 'GDP plus Beyond' 국제 컨퍼런스 개최 / 서울에서 '일과 행복' 국제 컨퍼런스 개최 • 2018년 아랍에미리트: 두바이에서 개최된 'World Government Summit'에서 행복 관련 국제 컨퍼런스 개최 • 2018년 인도네시아: 3월 31일부터 4월 1일까지 자카르타에서 세계 행복 축제(World Happiness Festival) 개최 • 2018년 한국: 서울에서 '국민이 행복한 나라'를 만들기 위한 한국형 국가 지속가능개발 목표(K-SDGs) 구상 국제 컨퍼런스 개최 • 2018년 한국: 통계청이 OECD와 공동으로 인천에서 제6회 통계, 지식, 정책에 관한 세계 포럼(World Forum on Statistics, Knowledge, and Policy)을 'the Future of Well-being'을 주제로 개최

	• 2018년 한국: 행정안전부가 5월 11일에 정부서울청사에서 행복을 주제로 제2차 열린 소통포럼 개최 • 2018년 한국: 행정안전부와 초록우산 어린이재단이 5월 28일에 정부서울청사에서 공동으로 '아동이 행복한 사회를 위한 제도 개선 토론회' 개최 • 2018년 한국: 농림축산식품부가 2018년 8월에 제5회 행복마을 만들기 콘테스트 개최

출처: (통계청, 2017b: 1; 환경부, 2018; 행정안전부, 2018a, 2018b; 농림축산식품부, 2018; OECD and Statistic Korea, 2018; POST, 2012: 2; EC, 2009: 2; NEF, 2009b: 18; Boelhouwer, 2010; Lepenies, 2016: 148; Sachs, 2018a: 4; SDSN, 2018)

몇 가지 주요 사례를 보다 구체적으로 살펴보면, 먼저, UN은 1990년부터 인간 개발 지표(Human Development Index, HDI)를 발표해 오고 있다. 아마르티아 센(Amartya Sen)의 역량 개념에 착안하여 마후붑 알 하크(Mahbub ul Haq)가 개발한 HDI는 소득 중심에서 인간 중심의 정책으로 변화시키는 것을 목적으로 한 것이었다(Haq, 1995). HDI는 국민 소득뿐만 아니라 교육, 빈곤, 건강, 안보, 정치 참여, 인권 등 사회적인 요인도 행복에 중요한 영향을 미친다는 점을 실증적으로 보여주고 있다(UNDP, 2015).

UN은 HDI의 기조를 이어가 1996년에 국제개발목표(International Development Goals)를 발표한 경제협력개발기구(Organization for Economic Cooperation and Development, OECD)와 협력하여 2000년에 새천년 개발 목표(Millennium Development Goals, MDGs)를 발표하고 2015년에 MDGs에 이어 지속가능한 개발 목표(Sustainable Development Goals, SDGs)를 발표한다. 그리고 UN은 General Assembly Resolution on Happiness 65/309('Happiness: Towards a Holistic Approach to Development')에서 인간의 근본적인 가치로서의 행복의 의미를 강조하고 GDP(GNP)와 같은 기존의 경제적 패러다임을 통해서는 행복을 담아낼 수 없다고 주장했다. 이 결의안은 2011년 7월 19일에 193개국으로부터 승인을 받았다(UN, 2011).

OECD는 2007년에 터키 이스탄불에서 OECD 세계 포럼을 개최하여 유

5 서울에 거주하는 만 19세 이상 성인 1,000명을 대상으로 2015년 3월 11일부터 20일까지 면접조사를 실시했고, 경제, 주거, 일자리, 인적 역량, 커뮤니티, 시민참여, 건강, 안전, 문화여가, 생활만족, 환경과 같이 총 11개 영역을 측정했다(변미리 외, 2015).

엔 개발계획(United Nations Development Program, UNDP), 유엔아동기금(United Nations International Children's Emergency Fund, UNICEF), 유럽연합 집행위원회(European Commission, EC), 세계은행(World Bank), 미주개발은행(Inter-American Development Bank), 아프리카개발은행(African Development Bank) 등과 함께 '이스탄불 선언(The Istanbul Declaration)'을 이끌어 낸다. 이스탄불 선언을 통해 '사회진보 측정을 위한 글로벌프로젝트(Global Project on Measuring the Progress of Societies)'를 발족시켜 사회 웰빙 증진을 위한 공동 연구를 시작했다(OECD, 2007a). OECD는 창설 50주년을 맞는 2011년에는 'Better Life Initiative'를 시작했다. Better Life Initiative 서비스는 두 가지 형식으로 제공되었다. 첫 번째는 회원국의 물질적 여건과 삶의 질을 11개 항목을 통해 측정하여 2년에 한 번씩 How's Life? 보고서를 발행하는 것이다(OECD, 2015a). 두 번째는 How's Life? 결과를 웹상에서 지표로 제공하는 더 나은 삶의 지표(Better Life Index, BLI) 서비스를 제공하는 것이다. 2011년부터 제공되어 온 BLI는 인류의 경제는 발전했지만 빈곤, 자살과 같은 사회 문제는 끊이지 않는 등 인간의 가치 회복을 위한 사회 발전은 경제 발전 수준에 미치지 못함에 대한 성찰에서 출발했으며, 인간의 삶이 경제적 요인뿐만 아니라 교육, 주거, 건강, 안전, 공동체 생활, 정치 참여 등 비경제적인 요소에 의해서도 큰 영향을 받게 된다는 점을 실증적으로 보여주고 있다.

프랑스의 니콜라 사르코지(Nicolas Sarkozy) 전 대통령은 2008년 4월에 경제성과 및 사회발전 측정위원회(Commission on the Measurement of Economic Performance and Social Progress, CMEPSP)를 발족시켰다. CMEPSP는 전통 GDP 관련 이슈, 삶의 질 관련 이슈, 지속가능한 발전과 환경 이슈와 같이 세 그룹으로 나눠서 운영되어 2009년에 첫 보고서를 발행했다(Stiglitz, Sen, and Fitoussi, 2009). CMEPSP는 영국이 국가 웰빙 프로젝트를 시행하는 데에도 영향을 미쳤다.

영국의 데이비드 카메론(David Cameron) 전 총리는 2010년 웰빙 관련

담화에서 행복이 영국 정부 정책의 중요한 측정 지표가 될 것이라고 했다(Cameron, 2010). 이후 2백만 파운드가 영국 통계청에 지원되고 '국가 웰빙 프로젝트(National Well-Being Project)'가 개시됨에 따라 영국 통계청은 2010년 11월에 국가 웰빙 측정 프로그램(Measuring National Well-being Programme)을 시작했다(Evans, Macrory, and Randall, 2015; Simkins, 2011). 영국의 국가 웰빙 측정 프로그램은 국가 전체의 행복과 개인의 행복을 기존의 GDP로는 모두 담아낼 수 없다는 반성에 기반 하여 개인 웰빙, 관계, 건강, 일과 여가 관련 사항, 거주 관련 사항, 개인 재정, 경제, 교육과 숙련 기술, 거버넌스, 자연 환경과 같이 총 10개 영역에 걸쳐 41개 항목을 통해 측정한다(ONS, 2016a).

이탈리아는 국립통계청(Italian National Institute of Statistics, Istat)과 국가경제노동위원회(Italian National Council for Economics and Labour, Cnel)가 공동으로 '공정하고 지속가능한 웰빙(Equitable and Sustainable Well-being, ESW)'에 관한 전국 조사를 실시했다. Istat와 Cnel은 GDP의 대안을 찾으려는 국제적 흐름에 발맞춰 이탈리아 사회 발전을 경제적 요소 뿐만 아니라 비경제적인 요소까지 포괄적으로 측정하고자 ESW를 시작하여 2013년에 첫 보고서를 발간했다. ESW는 건강, 교육과 (직업)훈련, 일-가정 균형, 경제적 웰빙, 사회관계, 정치와 제도, 안전(안보), 주관적 웰빙, 자연과 문화유산(landscape and cultural heritage), 환경, 연구와 혁신, 서비스의 질과 같이 12개 영역에 걸쳐 총 134가지 지표를 통해 산출한다(Istat and Cnel, 2014).

일본의 GPD 한계 극복을 위한 사회적 지표 구성 노력은 대략 1970년대로 거슬러 올라간다. 예를 들면, 경제기획청(Economic Planning Agency)은 1974년에 '사회적 지표(social indicators)'를 내각에 제안하여 1984년까지 사용되었고, 1986년에는 보완판인 '신 사회적 지표'가 1990년까지 사용되었다. 1992년에는 '국민생활지표(People's Life Indicators)', 2002년에는 '생활개혁지표(Life Reform Index)'가 사용되었다(JFS, 2013). 이어서 2010

년 12월에 설립된 웰빙 측정 위원회(Commission on Measuring Well-being, CMW)의 2011년 보고서에 따르면, 일본은 사회-경제적 조건, 건강, 관계(relatedness)와 같이 3가지 영역에서 총 11가지 지표를 통해 국가 웰빙을 측정했다(CMW, 2011: 9). 사회-경제적 조건 영역에는 기본 욕구, 주거, 육아/교육, 고용, 사회 시스템과 같이 5가지 지표가, 건강 영역에는 신체적 건강, 심리적 건강과 같이 2가지 지표가, 관계 영역에는 라이프 스타일, 가족 연대, 지역사회와의 유대, 자연과의 친밀성과 같이 4가지 지표가 설정되었다(CMW, 2011: 9).

3. 행복 시대로 향하는 한국

일본 제국주의에 나라를 빼앗기고 하루하루를 참혹하게 살았던 우리 선조들은 1945년 일제로부터 해방된 이후 1950년 한국전쟁이라는 동족상잔의 비극까지 겪었을 뿐만 아니라, 강대국들에 의해 조국이 분단되는 고통까지 가슴에 새겨야만 했다.[6] 나라 전체가 빈곤에 허덕이던 그 시절, 온 국민의 가장 큰 염원은 바로 가난을 벗어나기 위한 경제발전을 이룩하는 것이었다. 우

---

6 김동춘 교수님은 『전쟁과 사회』에서 1950년 6월 25일에 한반도에서 발발한 전쟁을 북한에서 주로 사용하는 조국해방전쟁이라고 하면 정치성이 강해 부적절하고, 남한에서 주로 사용하는 6 · 25의 경우도 당시 전쟁의 전체적인 맥락을 탈락시키고 있어 부적절하며, 외국에서 주로 사용하는 한국전쟁이라는 명칭은 당시 전쟁을 타자화 시키고 있기 때문에 전쟁의 당사자였던 우리 민족의 시각에서 거부감까지 든다고 비판한다(김동춘, 2009: 65-66). 그는 특히, 현재 남한에서 공식적으로 사용되고 있는 6 · 25의 경우, 6 · 25 이전에는 평화가 유지되었는데 북한의 침입으로 인해 그 평화가 깨졌다는 의미를 내포하고 있어 6 · 25 이전 한반도의 상황적 맥락을 탈락시켜 당시 전쟁을 단순히 군사적 사건으로 축소시키는 문제점이 있다고 비판한다(김동춘, 2009: 87). 필자도 기본적으로 김동춘 교수님의 생각에 동의하고, 1950년에 발발한 한반도에서의 전쟁은 남북 간의 문제로만 축소해서 볼 수 없는 당시 열강 간 세력 경쟁의 피해자라는 국제 관계적 시각(LaFeber, 2006)을 결코 빼놓고 설명할 수 없다고 여기고 있지만, 이 책에서는 현재 학술적으로 가장 많이 사용되고 있는 한국전쟁이라는 용어를 사용하겠다.

리는 그렇게 뿌리 깊은 가난으로 1960년대에는 전 세계에서 공적개발원조(Official Development Assistance, ODA)를 받던 최빈국 중 하나였다.

그러나 우리는 산업화에 성공하여 OECD 산하 위원회 중 하나인 개발원조위원회(Development Assistance Committee, DAC)에 2009년에 가입 승인을 받음으로써 ODA를 받던 국가에서 지금은 ODA를 제공하는 원조국이 된 세계 최초의 국가로서 기적적인 경제 성장을 일궈낸 사례로 손꼽히고 있다(안병만, 2014). 또한 한국은 2012년에 '20-50클럽'에 세계에서 7번째로 가입하였다. 20-50클럽은 선진국으로 들어서는 국민 소득 기준으로 통용되는 1인당 국민 소득이 20,000달러 이상, 인구 강국으로 통용되는 인구 5,000만 명 이상을 동시에 달성한 국가들의 공동체로 일본이 1987년에 첫 회원국이 되었다. 이어서 1988년에 미국, 1990년에 프랑스와 이탈리아, 1991년에 독일, 1996년에 영국이 가입한 이후 16년 만에 제2차 세계대전 독립국 중 유일하게 한국이 이름을 올리게 된 것이다. 이후 3년 만인 2015년에는 '30-50'클럽 회원국이 되는 등 한국은 명실상부한 선진국 반열에 올라섰다(조선일보, 2014, 2012).[7]

이러한 발전의 밑바탕이 된 소위 한강의 기적이라고 불리는 우리의 경제 성장을 인류 역사에서 매우 괄목할 만한 성과라고 평가하는 데에 대부분의 사람들은 주저하지 않는다(이영훈, 2016). 그런데 그러한 결과가 선진국과 비교했을 때, 매우 압축적으로 이뤄진 것이라는 점 또한 부정할 수 없다. 다시 말해, 선진국처럼 오랜 기간에 걸쳐 이뤄진 경제 발전에 따라 사회의 다양한 요소들도 비교적 동시에 발전한 것과 달리, 한국의 압축 성장은 사회 발전과 조응을 이뤄가며 진행되지 못했던 것이다.

산업화 시기 한국 사회는 재벌을 대표로 하는 독점 자본과 정부 간 유착으

7 조선일보와 LG경제연구원이 공동으로 관련 통계를 조사하여 개발한 20-50클럽, 30-50클럽은 일종의 지표로 아직 관련 학계 검증을 거치지 않았고, 열등감과 국가주의가 결합한 신조어에 불과하다는 평가도 있지만(미디어오늘, 2012), 국가의 양적 성장 변화를 한 눈에 보여주기에는 무리가 없을 것으로 생각된다.

로 인한 왜곡된 성장 모델에 기반하고 있었다. 그래서 압축적 성장의 이면에는 재벌에 대한 낮은 이자 및 정책적 자금 지원 등으로 독점에 가까운 재벌 중심의 시장 형성과 노동 착취 및 탄압도 자리하게 된 것 또한 부정할 수 없는 사실이다(조영래, 2009). 그리고 자본의 성장을 위해서는 싼 값의 노동력이 필요했고, 이를 위해 저곡가 정책을 고수했던 것은 곧 농민들의 삶마저 담보로 하는 것이었다(정태석, 2014).

이와 같은 정경유착에 의한 왜곡된 성장은 결국 1997년 11월 22일의 외환위기를 배태하고 있는 것이었다(이영훈, 2016: 520). 김대중 정부 때 외환위기 탈출을 위한 방편으로써 노사정위원회 합의로 이른바 정리해고법이 통과되면서 한국 사회에 급격하게 몰아친 신자유주의적 경제 정책은 노동 시장을 전례 없이 유연화 시켰다. 그 결과, 직장을 잃고 가정은 파탄 났으며 삶을 비관하고 자살하는 사람도 급증하는 등 국민들의 삶이 나락으로 떨어졌다(김동춘, 2000).

김대중 정부 시절의 신자유주의적 경제 정책은 데이비드 번(David Byrne)과 샐리 류엔(Sally Ruane)의 다음과 같은 노동과 자본에 대한 신자유주의적 비판과 매우 닮아 있었다.

> "케인즈주의는 노동과 자본 간의 절충을 관리한다. (그러나) 신자유주의는 모든 영역의 노동자들을 훼손시키면서 모든 자본과 소유권을 위한다"(Byrne and Ruane, 2017: 26, 괄호 안 저자 삽입).

또한, 당시 한국의 상황은 번과 류엔과 같은 맥락에서 콜린 크라우치(Colin Crouch)가 신자유주의의 실제 정치적 전략은 규제가 없는 시장을 촉진시키는 것이 아니라, 거대 다국적 기업들이 정부에 침투할 수 있도록 이끌고, 그러한 기업들의 비즈니스 이해에 부합하는 거버넌스를 구성하는 것(Crouch, 2011)이라고 비판한 것과도 크게 다르지 않았다. 다시 말해, 당시 한국은 신자유주의에 기반한 국가의 경제 정책은 금융 시장 개방 활성화로 시장의 불안정성을 증대시키고, 기업의 세금을 줄여 자본의 이해를 대변하는 대신 서민의 소득은 줄어들게 하는 일반적인 상황(Martin and Schumann, 1997; Davies, 2017; Soborski, 2018)에서 거의 벗어나지 않았던 것이다.

위와 같이 간략하게 살펴본 우리의 현대사는 공산주의를 철저히 배격하며, 경제발전의 염원을 경제개발5개년계획 등을 통해 가시적으로 실현시킨 이른바 산업화 세대를 중심으로 하는 보수 세력과 1960년 4 · 19혁명, 1980년 5 · 18민주화운동, 1987년 6월 민주항쟁 등과 같은 민주화 투쟁으로써 민주주의를 뿌리 내리게 한 이른바 민주화 세대를 중심으로 하는 진보 세력 간 갈등 및 타협과 같은 상호작용의 역사로 볼 수 있다. 두 세력의 상호작용으로 한국은 이승만 정부 시절의 안보국가로 시작하여 박정희 정부 시절의 발전국가로, 그리고 87년 체제로 발전국가에서 민주국가로 성장하였다. 그리고 이 시대 우리는 복지국가를 향해 달려가고 있다.

물론, 과거 한국 정부들이 복지정책을 전혀 시행하지 않았던 것은 아니지만, 복지정책의 근본적인 변화는 1997년의 외환위기를 극복하면서 가능했다. 다시 말해, 김대중 정부가 내세웠던 생산적 복지가 부작용을 초래하지 않은 것은 아니지만, 2000년 10월부터 이전의 수급자를 수급권자로 명기한 국민기초생활보장제도를 시행하는 등 제대로 된 복지국가로 가는 근본적인 변화의 첫 걸음을 뗀 것이 김대중 정부였음을 부정할 수도 없다. 이후 2008년부터 노인장기요양보험제도도 시행됨으로써 지금 우리는 건강보험, 국민연금, 고용보험, 산재보험과 더불어 5가지 사회보험을 가진 복지국가의 기본 틀을 갖춰나가고 있다.

한편, 로널드 잉글하트(Ronald Inglehart)는 『조용한 혁명(The Silent Revolution)』에서 물질적으로 풍요로운 사회일수록 정신적인 가치를 중요시 하는 경향이 있는데, 서구의 경우 제2차 세계대전 이후 급격히 팽창한 물질적 풍요 속에서 개인의 자아실현과 행복 추구가 삶의 중요한 목적이 되는 탈물질주의 현상이 확산되었다고 주장했다(Inglehart, 2016). 한국은 2000년 초반에 잉글하트의 효용체감곡선에서 변곡점에 해당되는 대략 1인당 국민소득 20,000달러 대에 진입했다. 잉글하트의 주장대로라면, 한국은 더 이상 소득 증대와 같은 경제적 수단만으로는 국민 행복을 보장하기 어려운 단계에 접어들었고, 이제는 비경제적인 요소에 주목해야 할 때가 된 것이다(Inglehart, 1997).

실제로, 최근 한국에서도 개인 간에 이야기되어온 행복이 사회적 차원에서 많이 논의되고 있다. 정치적으로 형식적 민주화 이후 실질적 민주화가 점차 강화되면서 개인의 자유 존중의 폭이 확대되고 있고, 경제 성장으로 삶의 가치관이 양 중심에서 질 중심으로 변화하고 있으며, 사회문화적으로 개인주의 문화가 확산되면서 자신의 삶의 의미에 대해 고민하는 사람들이 증가하고 있는 등 사회 변화가 전반적으로 행복 담론이 확산되기 용이한 방향으로 진행되고 있다. 더욱이 2014년 4월 16일에 발생한 세월호 참사를 겪으면서 국민들은 국가의 역할과 좋은 사회란 무엇인지에 대해 심각하게 고민하게 되었고, 경제발전 위주의 국가 정책이 결코 사회발전을 담보하지 못한다는 사실을 깨닫게 되면서 개인의 진정한 행복에 대한 근본적인 성찰뿐만 아니라 어떤 사회가 행복한 사회인지에 대한 의문을 본격적으로 제기하기 시작함으로써(박승민, 2017; 윤평중, 2016; 민주화를위한전국교수협의회, 2016) 행복 담론은 이제 거스를 수 없는 시대적 과제가 되어가고 있다.

그런데 2016년 OECD 보고서에 따르면, 한국은 OECD 회원국 중에서 인구 10만 명 당 자살률 1위, 연간 노동 시간 2위, 상대적 빈곤율 8위, 가구 부채율 9위, 온실가스 배출율 8위를 기록하는 등 그리 행복할 것 같지 않다(OECD, 2016a). 이와 같은 염려는 WHR에 그대로 반영되고 있다. 예를 들면, 2016년 WHR은 2013년부터 2015년 측정치를 기준으로 한국의 평균 행복지수가 10점 만점에 5.835점으로 157개국 가운데 58위라고 보고했다(Helliwell, Huang, and Wang, 2016: 21). 또한, 같은 보고서에서 2012년부터

2015년 측정치를 기준으로 했을 때, 한국의 행복 불평등 지수는 2.155로 157개국 중에서 62번째로 행복 불평등 한 국가로 기록하는 등(Helliwell, Huang, and Wang, 2016: 34) 한국의 경제 규모에 비해서 행복 수준은 저조한 것으로 나타났다.[8]

물론, 넓은 의미에서 이와 같은 자료를 근거로 과거 정부들이 국민의 행복을 증진하기 위해 노력하지 않았다고 단정할 수는 없다. 그러나 범정부 차원에서 행복을 국가 정책의 핵심 아젠다로 삼고 정부 정책의 목표와 주요 평가 항목으로 설정한 것은 분명 최근에 이뤄진 변화임에는 틀림없다. 정책의 성공 여부와는 별개로 이러한 변화는 특히, 2012년 대통령 선거 때 당시 박근혜 후보가 국민 행복을 전면에 내세우며 대통령에 당선된 뒤 행복을 국정 운영의 중심으로 설정하면서 보다 두드러졌다(대한민국정부, 2017a, 2017b, 2017c). 문재인 정부 또한 5대 국정 목표 중 세 번째인 내 삶을 책임지는 국가에서 '국민 모두의 행복이 실현되는 문화국가를 모색'한다(국정기획자문위원회, 2017: 13)고 명확하게 밝히고 있다. 한국 사회는 분명 행복 시대를 향해서 나아가고 있는 것이다.

4. 책의 구성

이 책은 모두 7장으로 구성되어 있다. 제1장 서론에서는 인간의 삶의 목적 그 자체로서의 행복이 인류의 역사와 오랜 시간 함께 해오면서 특히, 최근에 학술 및 국가 정책적 연구의 많은 관심을 받게 된 배경과 함께 행복 시대로 나

8 국민의 행복 정도를 양적으로 표현함에 있어 전 세계 대부분의 조사들은 국민들이 얼마나 행복하다고 느끼는지 행복 지수를 통해서 보고하고 있다. 이러한 행복 지수는 일종의 평균치로 개개 응답자들의 행복 정도가 평균으로부터 얼마나 떨어져 있는지 즉, 표준 편차를 고려해 보면 일종의 행복 불평등 지수를 도출할 수 있다. 다시 말해, 표준 편차가 크면 행복 불평등도가 높다고 해석할 수 있다.

아가고 있는 현대 한국 사회의 변화상을 간략히 살펴보았다. 제2장에서는 행복의 개념과 이론적 논의를 다양한 인문 · 사회과학적 시각에서 고찰하였다. 제3장에서는 행복의 계량적 측정 문제와 함께 현대 인간의 행복 수준을 행복의 주요 결정 요인과 집단 별로 비교 고찰하였다. 제4장에서는 사회적 질과 행복의 관계를 살펴보고, 제5장에서는 모두가 행복한 사회의 가능성을 주로 자본주의와 복지국가의 역할을 중심으로 논의했다. 제6장에서는 GDP(GNP) 중심의 경제적 발전 지표의 한계와 함께 새로운 행복 지표의 가능성과 한계를 국제기구, 국가, 민간 기구가 주도하는 새로운 행복 지표들을 대표 사례로 하여 고찰했다. 마지막으로, 제7장에서는 행복 시대를 맞이하여 인류가 무엇을 어떻게 해야 하는지를 행복 시대의 국가, 사회, 윤리를 중심으로 살펴보고, 그 과정에서 미래 통일 한반도의 행복 시대를 위해 필요한 노력들에 대해서도 함께 논의하였다.

제2장

행복이란 무엇인가?

제2장에서는 행복에 관한 개념 및 이론적 논의를 체계적으로 고찰한다. 이를 위해 먼저, 행복의 개념을 행복의 사전적 의미, 동양과 서양의 일상생활에서 사용하는 행복의 의미, 행복과 유사하게 사용되는 인접 개념을 통해 살펴본다. 그리고 다차원적인 행복의 의미를 다학제적으로 이해하기 위해 주요 인문 · 사회과학 분야에서의 행복 관련 핵심 논의를 고찰한다. 여기에서는 구체적으로, 철학, 심리학, 경제학, 정치학, 사회학, 사회정책학에서 논의되고 있는 행복과 관련된 담론과 이론을 중심으로 고찰했다.

1. 행복의 개념

유사 이래 인류는 행복(幸福, Happiness)에 대해 끊임없이 논의해 왔지만, 행복의 개념을 명쾌하게 '행복이란 ○○이다'라고 하나로 규정하고, 그것이 곧 행복의 전부라며 개념을 한정한 학자는 없다(Zamfir, 2013). 이처럼 다차원적이고 난해한 행복의 개념을 먼저, 사전적 의미로만 한정해서 살펴본다면, 국립국어원의 표준국어대사전은 행복을 '복되고 좋은 운수', '생활에서 충분한 만족과 기쁨을 느끼어 흐뭇함 또는 그러한 상태'로 정의하고 있다(국립국어원, 2017). 또한 옥스퍼드 영영사전과 롱맨 영영사전은 동일하게 '행복한 상태(the state of being happy)'로 정의하고 있고, 메리암-웹스터 영영사전은 '웰빙과 만족한 상태(a state of well-being and contentment)'로 정의하고 있다. 특히, 영어 happiness의 어원인 hap은 우연의 의미로 행복은 의도된 것이라기보다는 일종의 행운(luck)과 같이 예고 없이 찾아드는 것으로 간주되기도 한다(Nettle, 2005).

그런데 동양 사상에는 행복이라는 용어가 존재하지 않는다(김용남, 1999: 326). 따라서 동양 사회에서 일컫는 행복의 의미는 행복을 직접적으로 탐구하기보다는 크게 도교, 불교, 유교에서 해석하는 행복의 의미를 고찰함으로써 이해할 수 있다.[1] 도교, 불교, 유교에서 의미하는 행복의 뜻은 상이하지만, 모두 행복의 근원을 주체의 외부에서 찾지 않고 내면을 스스로 관리함으로써 도달할 수 있는 상태로 본다는 점에 대해서는 같은 목소리를 내고 있다.

먼저, 도교에서의 행복은 기본적으로 어떠한 것으로부터 얽매임이 없이 자유로운 자연 상태를 의미하는 것으로 볼 수 있다. 그러나 도교에서는 그러한 상태에 다다르기 위한 작위적 행위를 추구하지는 않는다(자오치광, 2017). 이러한 경향은 莊子(장자)의 逍遙遊(소요유), 至樂無樂(지락무락)이나 老子(노자)의 知足知足常足(지족지족상족), 知足不辱(지족불욕)에 잘 표현되어 있다(정재서, 2006).

불교에서의 행복은 기본적으로 고통으로부터 벗어난 상태 또는 고통이 없는 상태로 행복은 노력을 통해서 얻을 수 있는 것이 아니고, 수행을 통해 욕망 자체로부터 자유로워져 涅槃(열반, nirvana)의 경지에 다다른 것을 말한다(정은해, 2014; 서울대학교 철학사상연구소, 2013). 불교에서의 행복은 中道(중도)성과 緣起(연기)성을 동시에 갖는다. 다시 말해, 행복은 어떠한 절대적 기준에 따라 행복이나 불행과 같이 양 극단의 것으로 단정 지어 정할 수 있는 것이 아니라, 네가 있어 내가 있을 수 있는 타인과의 관계를 통해 결정되는 상대

1 이 책에서 논의하는 행복 개념의 대부분은 서양의 논의에 기반한 것으로 동양에서의 행복 개념은 이 부분에서만 간략하게 살펴보기로 한다.

적인 것이다(Gethin, 1998).

유교에서의 행복은[2] 기본적으로 安貧樂道(안빈낙도)로써 기쁨을 누리는 상태로 중용의 도를 통해 修身齊家治國平天下(수신제가치국평천하)를 실천하는 것이다(이기동, 2016; 정은해, 2014). 그리고 書經(서경)에서 인생을 바람직하게 사는 데에 필요한 조건으로 꼽는 五福(오복)을 기준으로 했을 때, 壽(수), 富(부), 康寧(강녕)을 중시하는 육체적인 행복과 攸好德(유호덕), 考終命(고종명)을 중시하는 정신적인 행복으로 구분될 수도 있다(이상호, 2009: 137). 그런데 이러한 복을 얻기 위해서는 墨子(묵자)에서 愛人利人者(애인리인자) 天必福之(천필복지) 惡人賊人者(악인적인자) 天必禍之(천필화지)라고 하고, 時經(시경)에서 永言配命(영언배명) 自求多福(자구다복)이라고 한 바와 같이, 스스로 노력도 해야 하지만, 동시에 조상과 하늘이 내려주는 것으로도 보았다(김용남, 1999: 327).

서양 사회에서의 행복의 개념 또한 추상성이 매우 높고 용어를 사용하는 사람, 시간, 장소 등에 따라 천차만별이어서 혹자는 마치 유체(fluid)와도 같다고 한다(Kringelbach and Berridge, 2010; Bok, 2010; Gilman, 2010). 이처럼 다차원적인 행복에 관한 상이한 개념 규정은 행복의 특성 중 어떤 부분에 집중하느냐에 따라 크게 두 가지로 구분한다(Annett, 2016; Crivelli, Bella, and Lucchini, 2016). 즐거움, 기쁨과 같이 개인의 주관적 만족의 특성을 강조하는 쾌락적 행복(hedonic happiness)과 순간적인 쾌락보다 가치를 추구하고 개

2 인간의 삶에서 善한 것을 행복이라고 했을 때, 인간의 욕망과 행복의 관계에 대해 정도전은 기본적으로 도교와 불교의 입장에 비판적이었다. 즉, 정도전은 『三峯集(삼봉집)』의 권10 心氣理篇에서 불교는 心을 중심으로 氣를 이해하는 반면, 도교는 氣를 중심으로 心을 이해하기 때문에 모두 理를 제대로 이해하지 못한다며, 理를 중심으로 氣와 心을 이해해야만 인간의 욕망과 행복의 관계를 진정으로 이해하는 것이라고 하였다(정도전, 2013[1397], 2009[1397]). 理가 있어 氣가 있게 되고, 氣가 있어 陰(즉, 땅)과 陽(즉, 하늘)이 만들어져 공간이 생기면 四時(즉, 시간)가 흘러 발생하게 되는 만물 중에서 인간만이 하늘과 땅의 理를 온전히 얻어 태어난 가장 존귀한 존재이므로 결국, 陰陽에 앞서 理가 존재하고, 心과 氣도 理로부터 발생했다는 것이다(정도전, 2013[1397], 2009[1397]).

인의 잠재력을 실현함으로써 발전하는 삶으로부터 기쁨을 느끼는 유다이모니아(eudaimonia)가 그것이다(Dolan and Metcalfe, 2012; Scollon and King, 2004; Warr, 2007).[3] 전자는 비교적 주체의 그러한 '상태'에 주목하는 반면, 후자는 상대적으로 '행위'에 초점을 맞추는 경향이 강하다.[4]

이와 같은 구분은 몇 가지 비유적 표현을 보면 보다 명확하게 드러난다. 예를 들면, 아브라함 매슬로(Abraham Maslow)의 동기 이론에 비유해서 표현하자면(Maslow, 1943), 쾌락적 행복은 저차원적 욕구 실현을 통해 느끼는 것인 반면, 유다이모니아는 고차원적 욕구 실현을 통해 느낄 수 있는 것이다. 이와 비슷하게 버트런드 러셀(Bertrand Russell)의 행복 구분에 따라 표현하자면(Russell, 2013[1930]), 쾌락적 행복은 모든 인간에게 개방되어 있는 동물적이고 심적(heart) 행복인 반면, 유다이모니아는 식자(識者)에게만 개방되어 있는 정신적이고 지적(head)인 행복인 것이다.

쾌락적 행복은 종종 짧은 기간에 순간적인 상황에 대한 느낌을 평가하는 과정을 거치는 반면, 유다이모니아는 장기간에 걸친 결과에 대한 느낌을 평가하는 과정을 거친다는 점에서 서로 다르지만 둘 간에 공통점도 적지 않다(Pavot and Diener, 2009; Seligman et al., 2005). 다시 말해, 인간이 행복하다고 느끼는 느낌의 정도(Campbell, Converse, and Rodgers, 1976) 또는 분위기(Lane, 2000), 긍정적인 감정이 부정적인 감정보다 얼마나 더 강한지 그 정도(Bradburn, 1969)를 포함한다는 점에서 두 행복은 동일 선상에 있다. 또한 두 행복은 주로 동시대 준거 집단과의 비교에 기반해서(Burchardt, 2005; Veenhoven, 1991) 상대적이고 주관적인 평가를 통해 얻는 느낌(Clark and

3 유다이모니아는 아리스토텔레스가 『니코마코스 윤리학(The Nicomachean Ethics)』에서 주장한 것으로 말초적 쾌락이 아닌 절제를 통해 자기완성의 단계에 이르는 고차원적 즐거움을 의미한다.

4 다니엘 헤이브론(Daniel Haybron)과 같이 주체의 상태를 의미하는 행복과 가치에 집중하는 유다이모니아를 구분하기 위해 행복은 주로 쾌락적 행복을 의미할 때 사용하고, 유다이모니아를 의미할 때에는 웰빙(well-being)을 사용하는 경우도 있다(Haybron, 2013: 11).

Oswald, 2002; Blanchflower and Oswald, 2004)이라는 점에서도 같다.

한편, 많은 사례 연구들은 행복을 생활만족(life satisfaction), 웰빙(well-being), 삶의 질(quality of life) 등과 같이 다양한 용어로 표현하기도 한다. 이론적으로 봤을 때, 엄격한 의미에서 각각의 개념적 정의가 완전히 동일하다고 할 수는 없지만, 이들 모두 궁극적으로 행복을 의미한다는 점에서 많은 학자들은 상호 호환하여 사용하는 데에 큰 무리가 없다고 보고 있다(Sarracino, 2012; George, 2010; Veenhoven, 2000a; Easterlin, 2001; Frey and Stutzer, 2002).[5] 이는 스스로 행복의 정도를 판단하게 할 경우, 단기적 평가가 생활 전반에 걸친 장기적 평가 보다 상대적으로 평가를 하는 당시의 상황과 환경의 영향으로부터 더 불안정한 측면이 없는 것은 아니지만, 실제 측정에서 두 평가 결과가 전반적으로 일관성이 있는 것으로 나타나기 때문에 행복과 유사 개념들을 상호 호환하여 사용하는 것에 대해 논리적으로 큰 무리가 없다고 보는 입장과도 같은 것이다(Helliwell, Huang, and Wang, 2017; Helliwell and Putnam, 2004; Argyle, 1987).[6]

이와 같은 논리는 실제로 단기와 장기 분석 결과 모두에서 지지되는 것으로 보고되고 있다. 먼저, 단기 분석의 경우, 300,000만 명이 조금 넘는 영국의 16세 이상 성인을 대상으로 2012년 4월부터 2015년 3월까지 행복과 생활 만

5 웰빙의 경우, 짧은 순간의 만족이나 행복한 상태가 아니라 광범위한 삶 전체에 걸쳐 인생을 풍요롭게 해주는 것은 긍정적 웰빙(positive well-being)으로 주로 철학적 논의에 기반해 있는 반면, 기분이 좋거나, 건강하거나, 풍요로운 상태를 의미하는 웰빙은 주관적 웰빙(subjective well-being)으로 주로 심리학적 논의에 기반 해 있다고 구분하는 경우도 있다(Quick and Quick, 2014).

6 나아가 행복과 관련된 인접 개념을 상호 호환하여 사용하는 것을 반대하지는 않지만, 가능하면 다른 개념보다 행복을 사용하는 것이 더 좋다고 주장하는 경우도 있다. 왜냐 하면, 비록, 행복을 사용할 경우 쾌락 추구의 의미가 부각될 가능성도 있지만, 그것이 갖는 장점이 더 크기 때문이라는 것이다. 예를 들면, 첫째, 다른 개념과 달리 행복은 일반 사람들에게 많이 알려져 있어 그 의미를 인지하기가 용이하고, 둘째, 긍정적 감정과 삶의 전반적인 평가에 활용되는 인지적인 측정 요소를 고려할 수 있으며, 셋째, 행복은 삶과 정신의 긍정적인 상태를 창조하고 유지하는 것을 함축하고 있기 때문에 행복 과학의 영역 확장의 핵심을 포착할 수 있는 장점이 있다는 것이다(Helliwell and Aknin, 2018: 248).

〈그림 2-1〉 영국의 행복과 생활 만족 간 비교

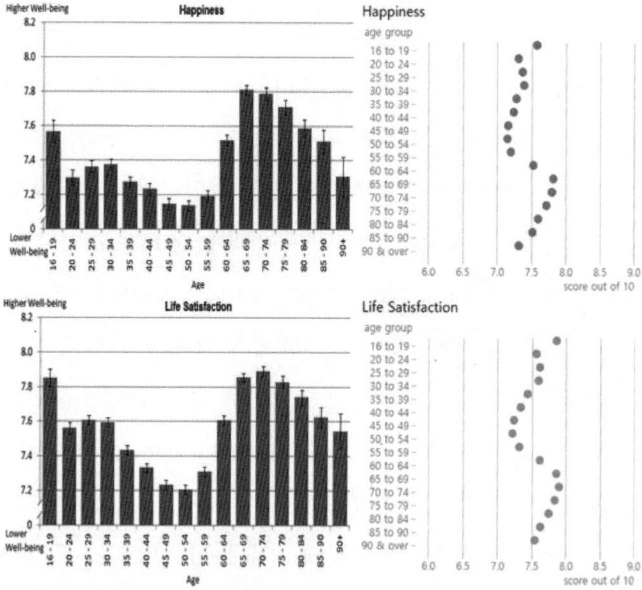

출처: (ONS, 2016d: 3, 2016e)

족을 조사한 결과, 둘 사이에 유의미한 차이가 없는 것으로 밝혀진 것을 예로 들 수 있겠다(ONS, 2016d, 2016e). 다시 말해, 〈그림 2-1〉에서 보는 바와 같이, 어제의 행복과 요즈음 삶의 전반에 걸친 생활 만족을 10점 만점의 캔트릴 사다리(Cantril Self-Anchoring Striving Scale 또는 Cantril Ladder)로 측정하여[7] 연령대 별로 비교 분석한 결과, 전 연령대에 걸쳐 행복과 생활 만족 간 유의미한 차이가 발견되지 않았다.

이와 같은 결과는 국가 간 장기 비교 연구에서도 동일한 것으로 밝혀졌다. 예를 들면, 2002년부터 2010년까지의 유럽 사회조사(European Social Survey, ESS) 자료(1차부터 5차)를 활용하여 30개국에 거주하는 총 237,253명을 비교 분석한 결과(Deeming and Jones, 2015: 262), 행복과 생활 만족 사이의 상관계수가 0.75로 둘 사이에 높은 상관관계가 성립하는 것으로 밝혀졌

7 Cantril's Ladder는 1965년에 해들리 캔트릴(Hadley Cantril)이 Gallup과 함께 고안한 것으로 국가 간 행복을 측정한 첫 사례로 꼽힌다(Cantril, 1965; Davies, 2016).

〈그림 2-2〉 행복과 생활 만족 간 상관관계의 국가 간 비교

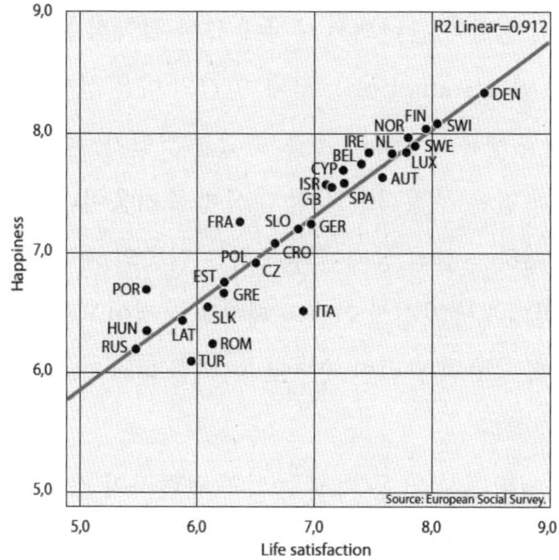

출처: (Kangas, 2013: 147)

다(Deeming and Jones, 2015: 268). 또한, 올리 칸가스(Olli Kangas)가 2002년부터 2010년까지의 ESS 자료를 통합하여 28개국을 비교 분석한 연구에서도 같은 결과가 도출되었다(Kangas, 2013: 146). 다시 말해, 〈그림 2-2〉에서 보는 바와 같이 개인 수준과 국가 수준에서의 행복과 생활 만족 간 상관계수가 각각 0.70($p<0.05$)과 0.98($p<0.01$)로 매우 높게 나타났다(Kangas, 2013: 147). 뿐만 아니라, 이와 같은 관계는 28개국 주민 전체, 원주민, 이민자 각각에 대한 분석에서도 모두 동일한 것으로 밝혀졌다(Kangas, 2013: 147-148).

2. 행복의 다학제적 해석

1) 철학과 행복

(1) 고대 그리스와 로마 및 중세 철학에서의 행복

행복에 관한 철학적 논의는 주로 선한 것(the good)이 무엇인가에 대한 물음

과 관련되며, 윤리적 성격이 강한 것이 특징이다(Feldman, 2010; McMahon, 2010). 특히, 일상생활과 관련해서 행복에 관한 철학적 논의는 크게 두 가지로 구분해 볼 수 있다(Parfit, 1984). 첫째, 인간의 마음 상태에 관한 철학적 고찰로 '어떤 상태를 행복한 상태라고 볼 수 있을 것인가?' 하는 문제이다. 이는 슬픔이나 아픔과 같은 부정적인 감정 대신에 즐거움이나 기쁨과 같은 긍정적인 감정만 존재하는 심리 상태에 주목하는 일종의 쾌락 중심적 시각을 말한다. 둘째, 첫 번째에서 지적한 인간의 쾌락적 감정이 과연 가치가 있는 것인지에 대한 철학적 성찰과 관련된 것으로 '어떠한 쾌락적 감정이 가치 있는 것인가?'에 관한 것이다.

고대 그리스 철학에서 위 두 가지 논의와 관련하여 소크라테스(Socrates)의 입장은 이른바 '너 자신을 알라'로 대변되는 주지주의(主知主義)에 잘 나타나 있다(Russell, 2004). 즉, 소크라테스는 인간의 궁극적 목적인 행복은 이성에 기반한 참 지식을 깨닫고 덕(arete)을 행함으로써 성취할 수 있다고 여겼다. 또한, 인간 삶의 목표를 둘러싼 소크라테스와 칼리클레스(Kalikles) 간 벌어진 논쟁에서도 찾아볼 수 있다(Plato, 2008). 소크라테스에게 인간 삶의 목표는 덕을 실천하는 것이었고, 덕의 실천 그것이 곧 행복이었던 반면, 칼리클레스에게는 욕망을 절제하지 않고 충족하는 것이 곧 행복이었고 삶의 목표였다. 소크라테스에게 행복은 인간이 어떻게 살아야 하는가가 더 중요한 것이었던 반면, 칼리클레스에게는 인간이 자연 상태 그 자체에 충실하게 사는 것이 곧 행복이었던 것이다(Stumpf and Fieser, 2002).

행복에 관한 고대 그리스 철학의 보다 구체적인 내용은 플라톤(Plato), 아리스토텔레스(Aristotle), 스토아학파(the Stoics), 에피쿠로스학파(the Epicureans)들의 논의를 통해 알 수 있다(Irwin, 2015; Mack, 2010; Bok, 2010).[8] 먼저, 일반적인 논의를 보면 플라톤은 불의를 행하는 경우가 불의를

8 소크라테스 자신이 글로 남긴 것이 거의 없기 때문에 그의 철학은 대부분 플라톤의 저서를 통해 확인되고 있다. 소크라테스의 제자 플라톤, 플라톤의 제자 아리스토텔레스는 말할 것

당하는 경우보다 그러한 불의를 행하고 당하는 이에게 나쁘며, 올바르지 못한 행위를 하는 사람은 행복하지 못한 사람이라고 여겼다. 아리스토텔레스에게 행복이란 의미 있는 삶의 완성을 위한 활동 그 자체이다. 스토아학파에게 행복이란 완벽한 선의 상태이고 행복한 사람은 결핍이 없다. 이들은 쾌락이 행복의 한 부분임은 인정하지만 극단적 쾌락은 비이성적인 것으로 여기고 경계했다. 에피쿠로스학파는 쾌락이 행복의 전부이며, 그러므로 쾌락의 추구를 통해 행복해질 수 있다고 여긴다(Layard, 2005).

이들은 모두 행복 달성을 위한 연구가 철학적 윤리학의 근본 목적이라는 데 의견을 같이한다(Annas, 1993; Meyer, 2008; Vlastos, 1991). 보다 구체적으로, 〈표 2-1〉에 정리된 바와 같이 이들은 모두 행복을 단순하고 일차원적인 감정으로 좁게 해석하지 않는다. 그리고 행복을 최고선(highest good), 삶의 궁극적 목표(ultimate end), 도덕의 목적(goal of ethics), 존재 상태(state of being), 그 자체로 필요충분조건(necessary and sufficient)이라 여긴다.

〈표 2-1〉 행복의 형태에 대한 철학적 해석

항목 / 학자/학파	최고선	삶의 궁극적 목표	도덕의 목적	존재상태	필요충분	단순감정
플라톤	○	○	○	○	○	×
아리스토텔레스	○	○	○	○	○	×
스토아학파	○	○	○	○	○	×
에피쿠로스학파	○	○	○	○	○	×

출처: (Miller, 2010: 609)

반면, 행복의 구성에 대해서는 모두 의견을 달리하는데 이는 주로 다섯 가지 질문에 대한 답변에서 구체화된다(Miller, 2010). 첫째, 행복에 단일 덕이 반드시 필요하고 충분한 것인가? 둘째, 행복에 만물 덕이 반드시 필요하고 충분한 것인가? 셋째, 행복에 장수가 반드시 필요하고 충분한 것인가? 넷째, 행복에 쾌락이 반드시 필요하고 충분한 것인가? 다섯째, 행복에 외적 선이 반드

도 없고, 스토아학파와 에피쿠로스학파 모두 소크라테스로부터 큰 영향을 받았다.

시 필요하고 충분한 것인가?

〈표 2-2〉에 정리된 바와 같이 이상의 다섯 가지 질문에 대해 플라톤은 행복에 단일 덕과 만물 덕 모두 반드시 필요하고 충분하지만, 쾌락과 외적 선은 반드시 필요하지도 않고 충분하지도 않다고 여긴다. 아리스토텔레스는 행복에 단일 덕, 만물 덕, 장수, 쾌락, 외적 선 모두 반드시 필요하지만 충분하지는 않다고 여긴다. 스토아학파는 행복에 단일 덕은 반드시 필요하지만 충분하지는 않고, 만물 덕은 반드시 필요하고 충분하다고 여긴다. 그들은 행복에 장수, 쾌락, 외적 선 모두 꼭 필요하지도 않고 충분하지도 않다고 여긴다. 에피쿠로스학파는 행복에 단일 덕과 만물 덕이 도구적으로 반드시 필요하지만 충분하지는 않다고 여긴다. 그들은 행복에 쾌락이 반드시 필요하고 충분하다고 여기는 반면, 장수와 외적 선은 반드시 필요하지만 충분하지는 않다고 여긴다(Miller, 2010; Potkay, 2010).

〈표 2-2〉 행복의 구성에 대한 철학적 해석

항목 학자/학파	단일 덕	만물 덕	장수	쾌락	외적 선
플라톤	반드시 필요하고 충분함		※	반드시 필요하지도 않고 충분하지도 않음	
아리스토텔레스	반드시 필요하지만 충분하지 않음				
스토아학파	반드시 필요하지만 충분하지 않음	반드시 필요하고 충분함	꼭 필요하지도 않고 충분하지도 않음		
에피쿠로스학파	도구적으로 반드시 필요하지만 충분하지 않음		반드시 필요하지만 충분하지 않음	반드시 필요하고 충분함	반드시 필요하지만 충분하지 않음

출처: (Miller, 2010: 618; Potkay, 2010: 525)
비고: (※: 알려져 있지 않음)

그리고 인간의 일상 삶과 관련하여, 플라톤은 모자람이 없는 상태보다 적당히 결핍된 상태가 바람직하다고 여겼다(Russell, 2004). 그는 인간이 결핍을 보완하기 위한 노력을 통해 성취감을 느끼는 것이 행복한 삶이라 여겨 행복하기 위한 조건들은 많아서 넘치지 않으면서도 조금은 부족한 상태여야 한다고 했다(Stumpf and Fieser, 2002). 예를 들면, 생활하기 부족한 정도의 재물, 조금 완벽하지 않은 외모, 조금 부족하게 인정받는 명예, 타인과의 다툼에서 적당히 이기면서도 질 수 있는 힘, 뛰어나지만 모두의 칭찬을 받지는 못하는 화술이 그것이다.

아리스토텔레스는 스승이었던 플라톤이 진리를 이데아를 통해 찾고자 한 것과 달리 현실에서 찾고자 하여 기본적으로 행복을 덕의 원칙에 따른 인간의 활동으로 보았다(Russell, 2004). 그는 쾌락적 행복은 인간을 쾌락의 노예로 전락시키는 지나치게 세속적인 가치에 불과하기 때문에 도덕에 기반하여 가치 있는 삶을 사는 것이 진정한 행복의 근원이라고 하였다(Ryan and Deci, 2001). 그는 인간이 스스로 가치 있는 삶을 추구하는 과정을 통해 행복해 질 수 있을 뿐만 아니라 그 과정에서 의미 있는 외적 요건을 추구하는 것도 중요하다고 여겼다.

스토아학파는 최고선은 모두가 도덕적인 것이고, 도덕적인 삶만이 행복한 삶이라 여겼다(Hegel, 2011; Cicero, 1999). 스토아학파는 행복 보다 상대적으로 덕을 더 중시하여 삶에서 덕을 실천하면 행복은 그에 따라오는 것으로 보았다. 스토아학파는 결정론에 입각해서 자연을 바라봤는데, 인간이 덕을 실천한다는 것은 곧 인간이 자연의 일부임을 깨닫고 자연의 이치에 순응하는 생활을 하며 이미 결정된 기존의 것을 쉽게 변경하려는 것은 곧 고통을 가져온다고 여겼다(Stumpf and Fieser, 2002).

에피쿠로스학파는 기본적으로 덕보다 행복을 더 중시하여 삶 속에서 행복을 얻게 되면 덕이 그에 따라오는 것으로 여겼다(Epikouros, 1998). 에피쿠로스학파는 쾌락이 없을 때 고통이 야기되고, 고통이 없다면 쾌락을 필요로 하지 않으므로 쾌락이 바로 인간 삶의 처음이자 끝이라 여겼다(Hegel, 2011; Cicero, 1999). 그렇다고 에피쿠로스학파가 쾌락을 위해 모든 욕구 충족을 지지했던 것은 아니다. 즉, 식욕과 수면욕 등 자연스러운 욕구 충족은 선한 행위이지만, 충족의 끝이 있을 수 없는 사치욕, 욕구를 채웠지만 그것이 결국 또 다른 고통을 배태하는 정복욕 등은 바람직하지 못한 것으로 보았다. 대신 사소한 걱정과 두려움에 스스로 흔들리지 않고 일상에서 소소한 즐거움을 느끼는 평정심을 깨닫는 상태 즉, 아타락시아(ataraxia)를 지향했다. 에피쿠로스학파는 행복한 삶을 위해서는 자신을 지지해 주는 우정, 자신의 삶을 선택할 수 있는 자유, 걱정과 두려움을 떨쳐낼 수 있는 사색과 같이 세 가지 조건이 충족되어야 한다고 보았다(Stumpf and Fieser, 2002).

이와 같은 행복에 관한 고대 그리스 철학 중 특히 유다이모니아(eudaimonia)라는 독특한 개념을 정립한 아리스토텔레스의 행복론은 행복 관련 논의에서 결코 빼놓을 수 없다. 행복에 관한 그의 시각은 『니코마코스 윤리학(The Nicomachean Ethics)』에서 주장한 덕의 윤리학을 통해 잘 드러나고 있다(Aristotle, 1953). 목적론(teleology)에 기반 하여 만물이 각각의 목적인(telos)을 지녔다고 여겼던 아리스토텔레스(Charles, 2015)는 유다이모니아는 덕을 행함으로써 부차적으로 발생하는 것으로 보았다. 다시 말해, 유다이모니아는 덕을 실천함으로써 삶을 완성하는 것인데, 이때의 덕은 오늘날 흔히 생각하는 도덕적인 덕만을 지칭하지 않으며, 인간의 일반적인 탁월함(excellence)을 말하는 것으로 정의와 용기뿐만 아니라 유머러스하거나 스스로의 존엄함을 지키는 것까지도 포함한다(Haybron, 2013: 82). 그래서 엄격하게 해석하면, 아리스토텔레스가 말하는 유다이모니아는 주관적인 만족 상태뿐만 아니라 인간이 지닌 본연의 잠재력을 실현시키는 그 자체로서의 인간 존재의 목적을 의미함에 따라 영어의 행복(happiness)보다 훨씬 광범위한 개념이다.[9] 결국, 아리스토텔레스에게 행복은 그 자체로 인간 존재의 이유

9 유다이모니아에 대응하는 가장 적절한 영문 번역어는 happiness라는 주장(Kraute, 1979)과 human flourishing을 선호(Bloomfield, 2014)하는 앵글로 색슨(Anglo-Saxon)계 신아리스토텔레스주의(neo-Aristotelian) 철학자들도 존재하지만, 유다이모니아는 상태뿐만 아니라 행위도 포함하는 개념이기 때문에 그러한 표현이 적절하지 않으며, 일상생활에서 보통 사람들이 말하는 행복은 주로 쾌락적 행복을 지칭하므로 유다이모니아를 그것과 확실하게 구별해서 사용하지 않으면 보통 사람들이 쾌락적 행복만을 뜻하는 것으로 오해하기 쉬워 유다이모니아를 행복과 등치시키는 것에 반대하는 견해도 있다(Cooper, 1987).

이고 목적이며 다른 무엇인가를 위한 도구가 될 수 없는 것이다(Irwin, 2015; Bruni and Zamagni, 2016). 이와 같은 맥락에서 아리스토텔레스는 부는 인간이 추구해야 할 최고선이 될 수 없다고 주장했다. 왜냐하면, 부는 다른 무엇인가를 이루는데 필요한 수단일 뿐 목적 그 자체일 수 없기 때문이다.

아리스토텔레스에 따르면, 이론적 지성으로서의 소피아(sophia)는 덕의 일부로 인간은 소피아를 소유하고 행함으로써 행복에 다다를 수 있다(Irwin, 2015; Russell, 2004). 덕의 일부이며 실천적 지성으로서의 프로네시스(phronesis) 또한 그것의 실현을 통한 프락시스(praxis)로써 인간의 행복에 영향을 미친다. 그는 이처럼 행복을 추구하는 인간의 삶을 크게 세 가지 유형으로 구분했는데 쾌락을 추구하는 쾌락주의적 삶과 명예를 추구하는 정치적 삶은 행복을 위한 이상적 삶이 될 수 없고, 철학적 삶이야말로 가치가 크다고 주장했다(Stumpf and Fieser, 2002). 쾌락주의적 삶은 본능에 지배받는 동물의 삶과 다를 바 없고, 명예를 추구하는 것은 곧 자신보다 타인의 기준에 의존하는 것이기 때문에 한계가 있다는 것이다(Irwin, 2015).

한편, 행복에 관한 로마 철학의 핵심은 로마 제국의 16대 황제이며 철인황제(哲人皇帝)로 불린 마르쿠스 아우렐리우스(Marcus Aurelius)의 『명상록(Meditations)』을 통해 알 수 있다(Aurelius, 2006). 스토아학파의 영향을 많이 받은 아우렐리우스는 자연의 섭리에 순응하는 인간을 지향했던 스토아학파의 사유에 기반하여 인간이 자신의 불행을 말하는 것은 인간이 자연의 이치에 제대로 순응하지 못하고 스스로의 문제를 감정적 차원의 문제로 치환시키는 오류를 범한 것이라 여겼다(Mclynn, 2009). 아우렐리우스는 인간이 욕망으로부터 자유로운 상태 즉, 아파테이아(apatheia)가 곧 행복이라 여겼다. 따라서 아우렐리우스에게 부와 명예를 희구하는 삶은 결코 행복한 삶이 아니며, 그것들을 희구하는 과정에서 자연의 이치를 오해하지 않도록 깨어 있는 이성의 유지가 중요했다.

중세 철학에서의 행복 논의는 중세 철학의 선구자였던 아우렐리우스 아우구스티누스(Aurelius Augustinus)와 토마스 아퀴나스(Thomas Aquinas)를 통해 알 수 있다. 아우구스티누스는 기본적으로 행복이란 무엇이라는 실체의 문제와 그것을 어떻게 얻을 것인지 방법의 문제에 천착했다(Russell, 2004). 그는 만물은 모두 신의 피조물이란 사유에 입각하여 인간의 행복 또한 신의 피조물로 오로지 신을 통해서만 얻을 수 있는 것으로 보았다. 그리하여 신의 영광을 구현하는 질서 잡힌 카리타스(caritas)를 통해 행복을 얻을 것인지 아니면, 신으로부터 멀어져 물질적 욕망을 추구하는 쿠피니타스(cupiditas)에 빠져 불행해질 것인지를 인간 의지의 문제로 여겼다(Stumpf and Fieser, 2002).

아퀴나스의 인간관은 기본적으로 아리스토텔레스의 인간관에 기반 해 있다. 즉, 아리스토텔레스가 인간을 완전한 지성체가 아닌 영혼과 육체의 복합물로 간주하고, 인간의 지성은 신적인 지성이 아니라 감각적인 지성에 불과하며, 자족성, 안정성, 궁극적인 종국성을 모두 갖춘 완전한 행복을 누릴 수 없는 유한한 존재로 보는 것과 같이, 아퀴나스는 불완전한 존재로서의 인간은 현세에서 완전한 행복을 누릴 수 없다고 보았다(Doig, 2001). 아퀴나스는 인간이 추구하는 선은 외적으로 주어진 것으로 인간의 영혼을 위한 것이라기보다 인간이 희구하는 육체 상태 유지를 위한 것으로 보았다(Aquinas, 2008). 다시 말해, 아퀴나스는 인간은 영혼의 완성을 지향하지 않고, 부와 명예와 같은 삶의 과정에서 유한하고 가변적인 외적 선을 추구하여 불완전한 행복에서 벗어나지 못하기 때문에(Kerr, 2009) 인간이 행복해지기 위해서는 종교적 가르침에 따라 살아야 한다고 믿었던 것이다(McMahon, 2006).

(2) 근대 철학에서의 행복

① 임마누엘 칸트와 행복

서양의 근대 철학을 종합했던 임마누엘 칸트(Immanuel Kant)는 행복은 확정적인 개념이 될 수 없다고 여긴다.[10] 다시 말해, 모든 인간은 행복하기를 바라지만 아무도 자신이 무엇을 진정으로 원하는지 확정적으로 말할 수 없다는 것이다. 왜냐하면, 행복 개념을 규정하기 위해서는 인간이 현재 향유하고 있는 행복과 미래에 누릴 행복의 총량을 알아야 하는데 유한한 인간은 그것을 알 수 없기 때문이다(Scruton, 2001).

칸트는 도덕 원리와 행복 원리를 별개의 것으로 구별했고, 인간 의지의 근거는 행복 원리가 아니라 도덕 원리가 되어야 한다고 주장했다(Kant, 2014). 다시 말해, 행복 원리는 결코 올바른 행위를 결정하는 기준이 되는 도덕 원리의 원천이 될 수 없고, 도덕 원리에 기반한 행복 추구만이 최고선이 될 수 있다는 것이다. 왜냐하면, 인간이 특정 행위를 할 것인지 하지 말 것인지를 결정하는 순간에 자연의 원리에 의해 크게 영향을 받는 행복 원리에 따라 행위의 여부를 결정한다면, 그것은 이성에 기반한 도덕 원리에 따라 행위의 여부를 결정하는 것과 결코 같을 수 없기 때문이다(Forst, 2017). 칸트는 이것을 인간이 행복을 추구할 때 절대적인 기준이 존재하는 것이 아니라 각자의 주관에 따라 그것을 느끼거나 혹은 못 느끼는 것처럼 행복 원리의 우연성이 매우 강하여 인간의 실천 원리로 부적합하기 때문이라고 설명한다.

이와 같은 도덕 원리와 행복 원리에 관한 칸트의 구별은 행복 원리가 도덕 원리의 결정 조건이 되어서는 안 된다는 의미 즉, 실천철학의 원리가 될 수 없다는 의미이지 그것이 곧 칸트가 행복 추구를 거부한다는 뜻은 아니다(Kant, 2011). 오히려 칸트는 최상의 선으로서의 덕과 완결된 선으로서의 행복으로 최고선이 구성된다고 보았다(Kant, 2002). 다시 말해, 도덕성을 구성하는 덕과, 도덕적 조건을 만족시키는 도덕성의 결과로서 행복이라는 두 요소에 의한 최고선은 순수실천이성의 대상 그 자체이며, 둘 중 어느 한쪽이 없는 것을

10 서양의 근대철학은 대략 17세기 중반부터 18세기 말 또는 19세기 초까지 유럽에서 등장한 철학을 말하며, 이 시기 철학자로는 존 로크(John Locke), 조지 버클리(George Berkeley), 데이비드 흄(David Hume), 르네 데카르트(René Descartes), 바뤼흐 스피노자(Baruch Spinoza), 고트프리트 라이프니츠(Gottfried Leibniz), 니콜라 말브랑슈(Nicolas Malebranche), 칸트, 헤겔 등이 대표적이다.

순수실천이성에는 수용할 수 없는 것이 된다.[11]

그러나 이상의 칸트의 선험적 인식은 경험적 수준에서는 실천 가능하지 않다(Kant, 2014, 2002). 그것은 행복 원리와 도덕 원리가 근본적으로 이질적이기 때문에 경험적 수준에서 상호 배타적일 수밖에 없기 때문이다. 다시 말해, 칸트의 주장처럼 최고선이 가능하기 위해서는 행복 추구 욕구가 도덕 원칙을 만족시켜주거나 도덕 원리가 행복을 가져올 수 있어야 하는데 두 경우 모두 불가능하기 때문이다(Höffe, 2012). 왜냐하면, 전자의 경우 행위의 준거를 개인의 욕구에서 찾기 때문에 불가능하고, 후자의 경우 개인이 도덕 원리에 근거하여 행위를 한다고 하여 그것이 곧 결과적으로 행복을 가져온다고 확신할 수 없기 때문이다.

② 게오르크 헤겔과 행복

게오르크 빌헬름 프리드리히 헤겔(Georg Wilhelm Friedrich Hegel)은 행복을 현실 세계와 종교개혁 전의 기독교적 세계관에 기반한 피안 세계 간 분열로 인해 발생하는 고통, 이른바 '불행한 의식'으로부터 자유로운 상태로 본다(McMahon, 2006). 그러한 상태에서의 삶은 개인의 대상적 실재와 현실성이 통일된 상태이며, 자신의 삶이 자신뿐만 아니라 공동체를 위해서도 유익하다는 신념에 기반 해서 살아가는 것이다(Hegel, 2003). 그러나 헤겔이 주장하는 행복한 삶은 현실성이 많이 떨어진다. 왜냐하면, 나의 삶의 방식이 최선이라고 실천하는 것처럼 타인도 동일한 방식으로 실천하게 되어 서로 충돌할 경우 투쟁이 발생할 수밖에 없기 때문이다.

헤겔 또한 칸트처럼 행복을 정념에 기초한 것으로 보지만, 칸트가 사랑이나 동정과 같은 감성이 도덕과 분리된 것으로 여기는 것과 달리, 기본적으로

11 따라서 칸트의 시각에 따르면, 스토아학파는 덕을 강조함으로써 행복을 소홀히 하였고, 에피쿠로스학파는 행복을 강조하고 덕을 소홀히 함으로써 근본적인 한계를 갖게 되는 것이다.

도덕과의 조화가 필요하다고 보는 점에서 차이가 있다. 헤겔은 인간이 행복해지기 위해서는 주변과의 조화 속에서 자아를 실현해 가는 과정이 필요하다고 본다(Singer, 2001). 따라서 헤겔은 행복에 대한 인간의 능동성을 부정하고 자연의 이치에의 순응을 통해 행복을 찾으려는 스토아학파에 비판적이다.

③ 아르투르 쇼펜하우어와 행복

헤겔과 동시대에 살았던 아르투르 쇼펜하우어(Arthur Schopenhauer)는 허무주의자로 만물을 고통의 관점에서 바라보고, 인간은 삶에 대한 맹목적 의지에 종속된 존재로 인간의 욕망은 결코 채워질 수 없는 것이라 여겼다. 그는 욕망이 채워져 만족한 상태는 권태이고, 욕망이 채워지지 않은 상태는 고통으로 행복이란 권태와 고통 사이의 어떠한 잠정적인 감정이라 했다(Schopenhauer, 1966[1819]). 쇼펜하우어는 행복은 주관적인 것이라며 인간은 결국 모든 행위를 자신이 결정하기 때문에 인간이 행복해지기 위해서는 타인의 기준이 아닌 자신만의 기준에 따라 살아가야 한다고 하였다(Schopenhauer, 2001[1851]). 그는 자신만의 기준의 예로 인간됨을 꼽고 있는데 이는 시간과 공간을 초월해서 존재하고, 쉽게 변화하지도 않으며, 노력한다고 해서 얻을 수 있는 것이 아닌 절대적인 것이다(Atwell, 1990). 그는 개인이 욕망하여 하고 싶은 것과 능력에 따라 할 수 있는 것과 없는 것을 구분하는 등 자신의 인간됨에 기반 해 자신의 욕망을 줄여 고통으로부터 자유로워지는 길로 독서와 교양을 통한 사상가와의 교감을 꼽는다(Durant, 1961).

④ 공리주의와 행복

행복에 관한 공리주의적 해석은 두 가지로 구분해서 살펴볼 수 있다. 먼저, 최대 다수의 최대 행복(the greatest happiness of the greatest number)을 주장한 제러미 벤담(Jeremy Bentham)은 『도덕 및 입법의 원리 서설(An Introduction to the Principles of Morals and Legislation)』에서 인간의 모든

감정은 고통과 쾌락의 지배를 받는다며 행복은 고통이 없는 상태와 쾌락을 의미한다고 보았다(Bentham, 1876[1789]).[12] 따라서 벤담의 공리주의(Benthamite)에서의 행복은 쾌락적 행복을 의미하고, 인간의 경제적 행위의 직접적 목표는 곧 쾌락 추구가 되며, 도덕의 궁극적 목적은 행복 증진이었다(Bruni and Zamagni, 2016). 즉, 특정 행위가 도덕적으로 선한지를 판단하는 것은 그것과 다른 가능한 모든 행위를 통해 얻을 수 있는 쾌락의 크기를 고려하여 보다 더 큰 쾌락을 안겨주는 행위를 기준으로 했다.

벤담은 모든 개인이 각자의 주관에 따라 서로 다른 행복을 느낀다며 행복의 주관성을 인정하고, 놀이, 예술, 도덕적 행위 등 모든 행위는 개인에게 쾌락을 안겨주는 한에서 진정한 의미를 갖는다고 하였다(Burns, 2005; Smart and Williams, 1973). 그는 쾌락과 고통을 양적으로 측정할 수 있다고 믿었으며,[13] 수량적 계산에 기반하여 어떠한 행위가 생산하는 쾌락의 양이 다른 행위가 생산하는 쾌락의 양과 동일하다면 두 행위는 같은 가치를 갖는다며 행복을 양적 공리주의적으로 해석하였다.[14]

존 스튜어트 밀(John Stuart Mill)은 행복을 다음과 같이 제시된 3단계 논증을 통해 논의하였다(Crisp, 1997: 72).

Ⓐ 행복은 바람직하다(Happiness is desirable).

12 벤담이 쾌락주의자(hedonist)로 불릴 수는 있겠지만, 관능주의자(sensualist)와는 거리가 있다(Crisp, 1997: 21).

13 벤담의 쾌락 계산법에서 기준이 되는 강도, 확실성, 근접성, 생산성, 지속성, 순수성, 범위와 같은 7가지 요소 중 근접성이나 지속성과 같이 상대적으로 계산이 용이한 것도 있지만, 대부분 명쾌한 측정이 불가능하다는 것이 관련 학계의 중론이다. 이와 관련하여 로저 크리스프(Roser Crisp)는 벤담에 의해 제시된 행복 계산법이 실제 인간의 행복을 계산해 낼 수 있는지를 따지기 보다는 행복 계산법이 근거하고 있는 가정의 논리성을 다투는데 초점을 맞출 것을 제안하고 있다(Crisp, 1997: 22).

14 벤담의 최대 다수의 최대 행복 원리는 개인의 부, 지위와 무관하게 모든 사람의 행복이 동일한 가치를 갖는다는 것으로 이에 따르면 귀족 한 명의 행복과 평민 한 명의 행복은 동일한 것이 된다. 이는 벤담의 공리주의가 윤리로서만이 아니라 18세기 후반 당시 영국의 귀족주의에 반하여 평등주의를 확산하는 민주주의적 사회변혁 성격도 지녔음을 보여주는 것이다.

Ⓑ 일반 행복은 바람직하다(The general happiness is desirable).
Ⓒ 행복 이외에 어느 것도 바람직하지 않다(Nothing other than happiness is desirable).

이처럼 행복을 그 어떤 것보다 바람직한 것으로 보았던 밀은 기본적으로 도덕의 궁극적 목적이 행복 증진이라는 측면에서는 벤담을 완전히 반대하지는 않았지만,[15] 그의 양적 공리주의에는 비판적이었으며, 쾌락의 질적 차원을 강조하였다. 밀은 쾌락이 결코 동질적이지 않고 그 질이 개인마다 상이하다고 보았던 것이다. 그는 단순히 쾌락의 양이 행복을 결정하는 것이 아니라 행복은 인간의 개별성, 발전성, 사회적 공감 등과 같이 인간 욕구의 본질적 요소와 뗄 수 없는 관계에 있다고 하였다(Mill, 2015). 다시 말해, 밀의 행복론은 쾌락에 기반한 유쾌한 삶의 추구라는 측면에서는 벤담적 요소를, 바람직한 가치를 추구하는 의미 있는 삶의 추구라는 측면에서는 아리스토텔레스적 요소를 함께 갖고 있었던 것이다.

2) 심리학과 행복

(1) 수동적 인간과 행복

질병 모델(Disease Model)에 기반한 제1세대 심리학은 주로 19세기 후반부터 20세기 초반까지의 주류 심리학으로 조현병, 열등감, 엘렉트라 콤플렉스, 오이디푸스 콤플렉스 등과 같은 정신 질환을 치료하는 연구에 집중했다(Shirave, 2015). 지그문트 프로이트(Sigmund Freud), 칼 융(Carl Jung), 알

15 밀이 최대 다수의 행복을 추구하면서도 행복의 질적 차원에 주목한 것은 『자유론(On Liberty)』에서 자기 관련 행위(self-regarding act)개념을 통해 다수의 행복을 이유로 소수의 행복이 침해 받는 것을 비판하는 등 당시 민주주의 초기 다수에 의한 횡포를 경계하기 위한 측면도 있었다. 이와 같은 밀의 일종의 '무지한 대중에 의한 지배'에 대한 공포심은 『대의정부론(Considerations on Representative Government)』에서 교육 수준에 따라 2표 이상의 효력을 인정하자는 등 대의 민주주의의 기본 원리를 부정하는 데까지 이르기도 했다(Mill, 1991[1861]).

프레드 아들러(Alfred Adler) 등이 이 모델에 기반 하여 연구했다. 그러나 이들은 심리학자가 심리학자가 아닌 피해자행동연구자(victimologist)나 병리학자가 되어버렸다는 비판으로부터 자유롭지 못했다(Woody and Viney, 2017). 다시 말해, 이들은 인간이 선택을 할 수 있고 책임을 질 수 있는 자유 의지가 있음을 망각해버렸다는 것이다.

제2세대 행동심리학(Behavioural Psychology)은 주로 벌루스 스키너(Burrhus F Skinner), 존 왓슨(John Broadus Watson), 이반 파블로프(Ivan Petrovich Pavlov)등에 의해 주도되었다. 이들은 기본적으로 인간의 행동은 이전의 행동에 의해 크게 영향을 받기 때문에 인간의 자유 의지란 일종의 환상으로 그 유효성을 인정하지 않았다(Hergenhahn and Henley, 2014). 이들은 인간의 행동은 처벌과 보상 메커니즘에 따라 거의 기계적인 반응을 하는 형태로 수정될 수 있다고 주장했다(Schacter, Gilbert, and Wegner, 2011). 특히, 이들이 고안한 조작적 조건형성(operant conditioning) 개념은 상벌 체계를 잘 조성하면 원하는 행동을 하도록 유도할 수 있다는 것으로 좁게는 가정에서의 훈육 수단이나 직장에서의 생산력 증대 수단, 넓게는 국가적 수준에서 독재자에게 악용될 수 있다는 점에서 비판 받았다(Chomsky, 1980; Staddon, 1999).

이와 같이 인간의 주체성을 인정하지 않고 수동적 존재로 여겼던 1, 2세대 심리학은 행복을 적극적으로 연구했다기보다는 주로 인간의 정신 상태 연구에 집중했고 특히, 인간의 부정적 감정을 최소화하는 데에 관심을 가졌다(Parker, 2007). 즉, 우울증, 화, 정서 불안 등과 같은 부정적 감정 상태를 최소화하는 것이 곧 즐거움, 만족, 희망, 자부심과 같은 긍정적 감정을 극대화 하는 것으로 여기고 부정적 감정의 감소를 통해서 행복을 증대시킬 수 있다고 여겼다(Myers and Diener, 1995; Diener, 1984). 이는 곧 이들이 인간의 자율성을 인정하지 않았기 때문에 수동적 주체로서의 인간과 관련하여 쾌락적 행복에 대한 논의를 제한적으로는 할 수 있었겠으나, 능동적 주체로서의 인간과 관련하여 유다이모니아에 대한 연구 가능성은 거의 없었다는 것을 의미한다.

(2) 능동적 인간과 행복

제3세대 인본주의 심리학(Humanistic Psychology)은 주로 질병 모델을 비판하면서 태동하여 대략 20세기 중반에 두드러진 주류 심리학으로 기본적으로 인간을 행동주의와 결정론에 기반하여 분석하고 판단하는 것에 반대하며 인간의 능동성을 강조했다(Shirave, 2015). 이들은 자아실현을 향한 인간의 태생적 동인(drive) 및 자신의 역량과 창조성을 실현해가는 과정을 강조했다. 예를 들면, 아브라함 매슬로(Abraham Maslow)는 욕구 위계론을 통해 인간은 가장 기초 욕구인 생리적 욕구(physiological needs) 충족을 시작으로 안전 욕구(safety needs), 사랑과 소속 욕구(love and belonging), 존경 욕구(esteem), 자아실현 욕구(self-actualization) 충족순으로 자신의 만족을 추구한다고 했다(Maslow, 1954, 1943).[16]

이외에도 신프로이트 학파, 게쉬탈트(Gestalt) 학파, 실존주의 심리학자(existentialist psychologist) 등 다양한 부류가 인본주의 심리학에 속해 있고, 이들의 구체적 논의가 차이가 없지는 않으나 대체로 다섯 가지 원칙에는 동의한다(Benjafield, 2015; Hothersall, 2004). 첫째, 인간은 부분으로 나눠질 수 없으며 부분의 합을 능가한다. 둘째, 인간은 인간적 맥락에서 존재한다. 셋째, 인간은 타자와의 맥락 속에서 인식한다. 넷째, 인간은 선택할 수 있고, 그렇기 때문에 책임성을 지닌다. 다섯째, 인간은 의도를 가질 수 있고, 목표를

16 클래이톤 앨더퍼(Clayton Alderfer)는 매슬로가 인간이 물질적인 욕구가 충족되면 정신적인 욕구 충족을 지향한다고 주장한 점에는 동의했지만, 개인의 욕구는 사회문화적 환경에 따라 달라질 수 있다며 인간 욕구를 다섯 가지로 일반화한 것에는 비판적이었다. 앨더퍼는 인간은 매슬로가 주장하는 상위 욕구 충족에 실패하면 하위 욕구 충족을 위해 퇴보할 수 있다고 보았으며, 인간의 욕구를 생존 관련 욕구(existence needs), 관계 욕구(relatedness needs), 성장 욕구(growth needs)와 같이 세 가지로 구분하였다(Alderfer, 1972).

지향하며, 의미, 가치, 창조성을 추구한다.

이처럼 인간의 능동성을 인정하게 되면서 대략 1970년대에 이르러 인간의 긍정적 감정과 부정적 감정은 상호 독립적인 메커니즘에 의해 작동되기 때문에 부정적 감정 상태를 최소화함으로써 긍정적 감정 상태를 증대시킨다는 논리의 오류를 비판하면서 긍정적 감정 상태를 증진시키기 위해서는 감정의 긍정적 측면을 연구하여야 한다는 이른바 쾌락 심리학(hedonic psychology) 부류가 등장했다(Kahneman, Diener, and Schwarz, 1999). 고대 그리스의 쾌락주의의 영향을 많이 받은 쾌락 심리학자들은 주로 부정적 감정이 없고, 긍정적 감정이 있는 상태를 뜻하는 주관적 웰빙 개념에 기반하여 행복을 단일한 상태로 보지 않고 다차원적인 상태로 해석했다(Kahneman and Krueger, 2006). 다시 말해, 주관적 웰빙을 첫째, 감정 상태와 관련하여 만족감이나 즐거움과 같은 긍정적인 감정 상태나 화가 나거나 슬프거나 우울한 부정적인 감정 상태로 보거나 둘째, 삶에 대한 주관적 인지 상태와 관련하여 과거부터 현재, 미래 삶에 대한 주관적 평가를 통해 행복을 논의했다.

쾌락 심리학은 대략 1990년대 이후 제4세대 긍정 심리학(Positive Psychology)으로 발전했다(Thin, 2012). 긍정 심리학은 인본주의 심리학의 영향을 많이 받았으며 기본적으로 인간의 단점과 약점보다는 장점과 강점에 주목하는 긍정 지향적(positive orientation) 시각을 견지했다(Seligman and Csikszentmihalyi, 2000).[17] 긍정 심리학이 학계에 자리매김 한 이후 전성기를 맞게 된 것은 대략 마틴 셀리그만(Martin Seligman)이 1998년에 미국 심리학회 회장이 되고 2000년에 셀리그만과 미하이 칙센트미하이(Mihaly Csikszentmihalyi)가 미국 심리학자(American Psychologist)라는 논문집에 긍

17 가장 대표적인 예로 2005년부터 2015년까지의 갤럽 자료를 분석한 결과, 긍정적인 감정의 존재가 부정적인 감정의 부재보다 행복에 훨씬 더 유의미한 영향을 미치는 것으로 나타나는(Helliwell, Huang, and Wang, 2016: 18) 등 긍정 심리학의 유효성은 실제 경험적 연구를 통해서도 밝혀지고 있다.

정 심리학 관련 특별호를 발행한 이후로 본다(Horowitz, 2018).[18]

초기 긍정 심리학은 쾌락 심리학과 비슷하게 개인이 주관적으로 느끼는 긍정적인 감정 상태에 초점을 맞춰 행복 연구를 진행했다. 이후 긍정 심리학은 행복을 개인이 자신의 삶에 대해 얼마나 만족하는지와 같은 일면적인 쾌락보다는 삶에 대한 낙관적 인식을 바탕으로 주로 자기 긍정, 삶의 목적, 환경 통제, 긍정적 관계, 자아실현, 자율성 등과 같이 개인이 노력을 통해 성취할 수 있는 요소에 초점을 맞춰 논의함으로써 유다이모닉 요건을 더 많이 고려했다(Seligman, 2013; Ryan and Deci, 2001; Ryff and Singer, 2008; Robbins, 2008). 이는 후기 긍정 심리학이 아리스토텔레스의 유다이모니아 개념의 영향을 많이 받았음을 보여주고 있고, 이것이 곧 쾌락 심리학과 가장 크게 구별되는 점이라는 것은 많은 연구들을 통해 증명되고 있다(MacGregor and Litter, 1998; King and Napa, 1998).[19]

18 긍정 심리학의 맹아는 미국에서 심리학 교육 과정을 처음으로 제공한 윌리엄 제임스(William James)때부터 시작된 것으로 알려져 있다. 제임스는 철학, 병리학, 심리학을 아우르는 학자로 객관성은 주관성을 근본으로 한다며 인간의 주체성을 강조했다는 측면에서 긍정 심리학의 씨앗을 뿌렸다는 것이다(Froh, 2004). 그리고 1950년에 미국심리학회 회장이었던 조이 폴 길포드(Joy Paul Guilford)의 창조성에 관한 논의와 1958년에 미국심리학회 회장이었던 해리 프레데릭 할로우(Harry Frederick Harlow)의 사랑의 본성의 관한 논의에서도 긍정 심리학적 요소가 많이 반영되었지만, 이들은 그것을 셀리그만 처럼 이른바 '마케팅'을 하지는 못했다(Horowitz, 2018). 또한, 매슬로가 1954년에 출간한 『동기와 성격(Motivation and Personality)』에서 인간의 부정적인 측면 연구에만 몰두하는 이전의 심리학이 반쪽짜리 연구에 불과하다며 그 한계를 비판하면서 긍정 심리학이란 용어를 처음 사용하는 등(Maslow, 1954) 긍정 심리학이 셀리그만에 의해 주류 심리학으로 자리 매김하기 전에도 관련 논의가 전혀 없었던 것은 아님을 알 수 있다.

19 그 외 주관적 웰빙(subjective well-being) 용어를 첫 사용한 에드 디너(Ed Diener), 성장형 마인드셋과 고정형 마인드셋(growth and fixed mindset) 개념을 창안한 캐롤 드웩(Carol Dweck), 자기 결정 이론(self determination theory)의 에드워드 데시(Edward Deci)와 리차드 라이언(Richard Ryan), 자기효능 이론(self-efficacy theory)의 알버트 반두라(Albert Bandura), 확장 및 증강 이론(broaden and build theory)의 바바라 프레드릭슨(Barbara Fredrickson) 등 긍정 심리학은 다양한 형태로 발전하고 있다.

(3) 원상태 회복과 행복

행복에 대한 심리학적 연구에서 가장 많이 알려진 것 중 하나가 바로 원상태 회복 논리로 이는 두 가지 유형으로 구체화되었다. 첫 번째는 이른바 '행복의 설정 값(set point of happiness)'논리로 이는 주로 개인의 성격과 행복 간 관계를 설명하는데 초점을 맞추고 있다(Headey and Wearing, 1992; Stutzer and Frey, 2010). 행복의 설정 값 논리는 기본적으로 개인은 각자의 유전자와 성격에 따라 자신만의 행복 설정 값이 존재하며(Johns and Ormerod, 2007; Larsen, 2000), 인간의 행복은 장기간에 걸쳐 변화하는 주변 환경에 적응하게 된다고 주장했다(Graham, Chattopadhyay, and Picon, 2010; Kringelbach and Berridge, 2010; Layard, 2005). 이러한 주장은 일생 동안의 행복 수준이 타고난 천성(nature)의 영향을 많이 받는다고 보고한 미국 미네소타의 1,155쌍의 쌍둥이(총 2,310명) 연구(Lykken and Tellegen, 1996) 등 여러 연구를 통해 지지되었다(Kahneman and Krueger, 2006; Lyubomirsky, Sheldon, and Schkade, 2005).

두 번째, 이른바 '쾌락의 쳇바퀴 모델(the hedonic treadmill model)'도 행복의 설정 값 논리와 유사한 입장을 취했다(Horowitz, 2018). 이 모델은 일생에서 긍정적, 부정적 사건 모두 일정 기간 동안 행복에 영향을 미칠 수는 있지만, 그 영향력은 시간이 지남에 따라 점차 감소하고 사건이 발생하기 이전의 상태로 되돌아가게 된다고 설명했다(Mencarini and Sironi, 2012; Diener, Lucas, and Scollon, 2006; Carver and Scheier, 1990). 복권에 당첨된 사람의 행복감이 증대하려면 당첨 금액이 대략 50,000달러에서 1,000,000달러 사이는 되어야 하고, 그 효과는 시간이 경과함에 따라 감소하게 된다는 연구(Brickman, Coates, and Janoff-Bullman, 1978)와 긍정적인 사건이든 부정적인 사건이든 현재 행복감에 유의미한 영향을 미치기 위해서는 두 달 이내에 발생한 것이어야 하고, 그 기간을 경과한 것이면 영향력이 거의 미미하다고 보고한 연구(Suh, Diener, and Fujita, 1996)를 예로 들 수 있겠다.

그러나 원상태 회복 논리는 크게 두 가지 차원에서 비판 받고 있다. 첫 번째 차원은 원상태 회복 논리가 사회-문화적 환경의 영향력을 간과하고 있다는 것이다. 여기에는 크게 네 가지 논점이 있다. 첫째, 국가마다 행복의 평균이 상이한 것은 각각 다른 사회-문화적 환경에 처해 있기 때문인데, 바로 이 이유 때문에 각 개인들이 신속하고 완전한 적응으로써 원상태를 회복한다고 말 할 수 없다는 것이다(Helliwell, Huang, and Wang, 2017; Haybron, 2013). 둘째, 동일한 사회에 살고 있어도 정책 등과 같은 요소로부터 유의미한 영향을 받는 정도가 집단에 따라 다르기 때문에 어떤 집단은 기존 상태가 오래 지속되는가 하면 다른 집단은 그렇지 않을 수도 있다는 것이다(Barrington-Leigh, 2013). 셋째, 장애, 결혼, 사별, 실업 등과 같이 살면서 겪게 되는 중요한 사건의 효과가 어떤 사람에게는 단기적일 수 있으나, 다른 사람에게는 장기적으로 영향을 미칠 수도 있기 때문에 원상태 회복을 일률적으로 적용할 수 없다는 것이다(Lucas, 2007a, 2007b; Lucas et al., 2003; Yap, Anusic, and Lucas, 2012; Clark and Georgellis, 2013; Grover and Helliwell, 2014). 넷째, 다른 국가로 이민을 한 이민자들의 행복감이 이민 전 원래 자신이 거주하던 국가의 비슷한 사람들과 비교했을 때 보다 더 행복하다는 결과에 비춰봤을 때, 원상태 회복 논리가 사회-문화적 환경이 미치는 영향을 잘 고려하지 못했다는 비판이 타당하다는 것이다(Frank, Hou, and Schellenberg, 2016; Helliwell, Bonikowska, and Shiplett, 2016; IOM, 2013).

두 번째 차원은 원상태 회복 메커니즘 자체에 대한 회의론이다. 많은 연구들은 설정 값 자체가 영원한 것이 아니라 근본적으로 변할 수도 있는데, 이럴 경우 원상태 회복 메커니즘 자체가 더 이상 작동할 수 없게 된다고 비판한다. 예를 들면, 독일 사회경제패널(German Socio-Economic Panel, GSEP) 자료에서 16세 이상 2,843명을 분석한 연구(Headey, 2006)와 함께 성형 수술이 성공적일 경우(Wengle, 1986), 일주일에 최소 하루 정도 남에게 친절을 베푼 경우(Sheldon and Lyubomirsky, 2004), 실업 상태가 반복되는 경우(Lucas et al., 2004), 배우자를 상실한 경우(Lucas et al., 2003) 등 여러 경험적 연구들에 의해 원상태 회복 메커니즘의 한계가 밝혀지고 있다.

3) 경제학과 행복

(1) 고전 및 신고전경제학과 행복

아담 스미스(Adam Smith), 토마스 로버트 맬서스(Thomas Robert Malthus), 데이비드 리카도(David Ricardo) 등으로 대표되는 고전경제학(classical economics)은 대략 19세기 후반부터 20세기 초반까지의 주류 경제학으로 중상주의를 비판하며 생산, 소비, 분배, 교환의 관점에서 경제 구조를 분석하는 등 경제 현상을 주로 거시적인 시각에서 해석했다(Roncaglia, 2017; Hunt and Lautzenheiser, 2011). 이들은 경제학을 과학의 한 분과로 성립시키기 위해 주로 객관적인 대상을 연구했다(Ginsberg, 1999). 따라서 개념의 추상성이 높은 행복은 이 시기 경제학의 주요 연구 대상으로 주목 받지 못했다(Graham, 2016).

한편, 윌리엄 스탠리 제번스(William Stanley Jevons), 칼 멩거(Carl Menger), 마리 에스프리 레옹 발라스(Marie Esprit Léon Walras) 등을 중심으로 객관적 가치론을 비판하고, 한계효용론을 주장한 한계혁명(marginal revolution) 이후의 신고전경제학은 개인의 행태에 관심을 갖는 등 미시적이고 주관적인 요소를 연구 주제로 관심을 갖기 시작했다(Bruni and Porta, 2007). 신고전경제학이 쾌락주의의 영향을 많이 받아 행복을 효용에 기반 해서 설명하고 행복을 극대화하는 것을 곧 쾌락을 극대화하는 것으로 여기는 등 행복에 대한 연구가 전혀 이뤄지지 않았던 것은 아니지만, 그렇다고 이 시기에 행복을 본격적으로 연구했던 것도 아니었다(Posner, 1979; Bruni and Zamagni, 2016). 여러 가지 이유 중에서 가장 중요한 것은 바로 한계혁명 이후 더욱 두드러진 수리 모델에 기반한 경제학적 설명의 한계 때문이었다. 즉, 합리적 선택 모델에 기반해 있었으므로 추상적이고 주관성이 강한 행복을 수리적으로 계량화하여 명확하게 설명하기에는 근본적인 한계가 있었던 것이다.

(2) 행복 경제학

고전 및 신고전경제학의 한계를 넘어 이른바 '행복 경제학(Happiness Economics)'의 이름으로 경제학이 본격적으로 행복을 연구하게 된 것은 비교적 최근 경향이다. 예를 들면, 스위스의 브루노 프레이(Bruno S. Frey)는 『행복: 경제학의 혁명(Happiness: A Revolution in Economics)』에서 행복에 관한 경제학적 해석을 종합적으로 제시했다. 특히, 그는 경제학의 전통 개념인 효용으로써 행복의 원천을 두 가지로 구분해서 설명했다. 다시 말해, 인간은 도구적 재화나 서비스를 기반으로 창출되는 결과적 효용(outcome utility)을 통해서 행복할 수도 있고, 결과를 낳게 되는 제도화된 과정이나 절차를 기반으로 창출되는 절차적 효용(procedural utility)을 통해서 행복할 수도 있다는 것이다(Frey, 2008).

이외에도 미국의 리차드 이스털린(Richard Easterlin), 티보 스키토프스키(Tibor Scitovsky), 다니엘 카너먼(Daniel Kahneman), 영국의 리차드 래이어드(Richard Layard)와 앤드류 오스왈드(Andrew Oswald), 캐나다의 존 포브스 헬리웰(John Forbes Helliwell) 등이 대표적이다. 그리고 이들은 모두 정통 경제학에서 많이 주목하지 않은 행복이라는 인간의 주관적 특성을 본격적으로 연구한다는 공통점이 있다. 행복에 관한 자신의 연구를 '행동과학과 경제학의 경계에 있다'고 한 오스왈드의 표현은 행복 경제학의 학문적 위치를 잘 축약한 대표적인 예이다.

행복 경제학자들은 신고전경제학의 쾌락주의 기반 행복 해석(Kahneman and Krueger, 2006; Alesina, Di Tella, and MacCullock, 2004) 즉, 소득이 많으면 더 많은 소비를 할 수 있고, 더 많은 소비는 효용을 높이기 때문에 행복감을 증가시키며, 이러한 법칙은 모든 국가에 적용될 수 있다는 설명(Ferrer-i-

Carbonell, 2005; Ferrer-i-Carbonell and Frijters, 2004; Senik, 2004; Frey and Stutzer, 2002)에 의구심을 가졌다.[20] 신고전경제학의 주장처럼 소득과 행복 간 관계가 단순 방정식으로 모두 설명되지 않았던 것이다. 다시 말해, 소득 증대가 일정 수준 이상이 되면 행복에 대한 소득 효과가 거의 무의미해졌던 것이다. 그리고 이와 같은 현상은 개인적 수준과 국가적 수준 두 측면 모두에서 동일하게 발생했다.

예를 들면, 스위스의 빈곤 상태 조사를 위해 1992년부터 1994년까지 6,000명이 조금 넘는 스위스 거주자를 대상으로 수집한 자료를 분석한 연구에서 한 달 소득이 5,000 스위스 프랑 이상인 그룹의 행복감이 한 달 소득이 그 보다 적은 그룹 보다 더 높은 것으로 나타났지만 그 차이는 미미한 수준에 그쳤다(Frey and Stutzer, 2000b). 그리고 미국의 경우, 가구 소득이 대략 75,000 US$까지는 행복 수준이 증가했지만, 그 이후부터는 정체되었다(Haybron, 2013: 73). 또한, 국가 전체적으로 봤을 때, GDP 증가가 국민 행복에 긍정적인 영향을 미치는 것은 GDP가 일정 수준까지 증가했을 때까지만 유효했고, 일정 수준 이상부터는 유의미한 영향을 미치지 못했는데, 이것은 소득 불평등과 자연 자원의 고갈 등 GDP 증가 효과를 상쇄시키는 요인들의 영향을 많이 받기 때문인 것으로 보고되고 있다(Kubiszewski et al., 2013; Max-Neef, 1995).

심지어 행복의 증가 정도가 소득이 증대됨에 따라 감소하는 경우도 발견되었다(Hagerty and Veenhoven, 2003; Stutzer and Frey, 2010). 예를 들면, 행복의 증가 정도는 소득 수준이 10,000 US$에서 20,000 US$ 사이인 경우 0.09, 20,000 US$에서 30,000 US$ 사이인 경우 0.05인 것으로 나타났다(Di Tella and MacCulloch, 2006). 소득 증대에 따른 행복의 감소 변화 크기가 선

20 경제학이 주목하는 소득과 행복 간 관계에 관한 연구는 근본적으로 부(wealth)는 행복 그 자체가 아니라 행복하기 위한 수단에 불과하다는 아담 스미스의 주장에 기반 해 있다(Smith, 1976[1759]).

진국 보다 개발도상국에서 더 크게 나타난다는 차이는 있으나(Clark, Frijters, and Shields, 2007), 소득이 증대됨에 따라 행복의 증가 정도가 감소하는 경향은 개발도상국(Lelkes, 2006; Graham and Pettinato, 2002)과 선진국(Shields and Price, 2005; Blanchflower and Oswald, 2004) 모두에서 유효한 것으로 나타났다.

이와 같은 현상은 일반적으로 물질적인 풍요가 증대될수록 알코올 중독, 우울증, 이혼 등이 증가할 뿐만 아니라, 개인주의의 확산으로 인간관계도 파편화 되면서 지역 사회 및 사회적 응집도가 낮아지는 등 이른바 사회적 병리 현상의 영향을 많이 받기 때문인 것으로 설명된다(McKibben, 2007). 이러한 경향은 미국과 같은 경제적 선진국에서도 발생하지만(Sachs, 2018b, 2017) 특히, 정치사회적으로 안정적이지 못한 국가에서 상대적으로 더욱 두드러지는 것으로 보고되고 있다. 예를 들면, 이집트의 1인당 실질 GDP가 2005년 4,752 US$에서 2010년 6,369 US$로 증가했음에도 불구하고 해당 기간의 행복도는 29%에서 12%로 절반 이상 감소했으며, 튀니지의 경우도 2008년 1인당 실질 GDP가 8,891 US$였던 것이 2010년에 9,489 US$로 증가했으나 행복도는 각각 24%에서 14%로 크게 줄어들었다(Clifton and Morales, 2011).[21]

한편, 행복과 소득 간 관계에 대한 지금까지의 설명이 특정 시점 즉, 주로 단기간에 걸친 현상에 대한 설명이었던 것과 달리 종단 자료를 분석한 연구는 다른 결과를 보여주고 있다. 행복과 소득 간 장기적 관계를 분석해 보면 이른바 '이스털린 패러독스(Easterlin Paradox)'가 발생한다는 것이다. 이스털린 패러독스는 "장기간 동안 국가 소득이 증가하여도 행복은 증가하지 않는"(Easterlin et al., 2011: 1) 현상을 일컫는 것으로 미국의 경제학자 리차드 이스털린(Richard Easterlin)이 1974년 연구를 통해 첫 주장한 것이다

21 실제로, 2010년 말 튀니지에서 촉발된 반정부 시위는 2011년에 자스민 혁명(Jasmine Revolution)으로 이어졌다. 그리고 이집트에서는 코사리 혁명(Koshary Revolution)으로 이어졌다.

(Easterlin, 1974). 그는 경제 성장과 행복 수준은 반드시 일치하지 않고 일정 수준의 경제 성장 때까지는 행복감이 증가하지만 이후부터는 행복 수준이 정체된다고 하였다. 마치 쇼펜하우어가 '돈은 바닷물과 같아서 많이 마시면 마실수록 목마르게 된다'고 말한 것과 같은 이러한 결과는 1972년부터 2002년까지 30여년에 걸친 미국의 종단연구(Easterlin, 2005)와 〈그림 2-3〉에서 보는 바와 같이, 1972년부터 2016년까지 44년에 걸친 미국의 종단연구(Sachs, 2018b)에서도 동일하게 지지되었다. 뿐만 아니라, 이스털린 패러독스는 영국, 프랑스, 독일, 이탈리아, 아일랜드, 덴마크, 네덜란드, 벨기에, 그리스, 일본을 대상으로 한 국가 간 비교 연구(Easterlin, 1995), 영국, 미국, 독일, 호주 각국의 서베이 조사(Clark et al., 2018), 핀란드 연구(Alanen et al., 2010), 중국 연구(Kahneman and Krueger, 2006), 개발도상국 연구(Easterlin, 2016) 등에서도 동일하게 적용되는 것으로 밝혀졌다.[22]

이처럼 절대 소득이 증가함에 따라 행복의 증가 정도도 지속적이지 않을 뿐만 아니라, 행복에 대한 소득 효과가 사라지는 이유를 현재까지 학계는 크

〈그림 2-3〉 미국의 이스털린 패러독스[23]

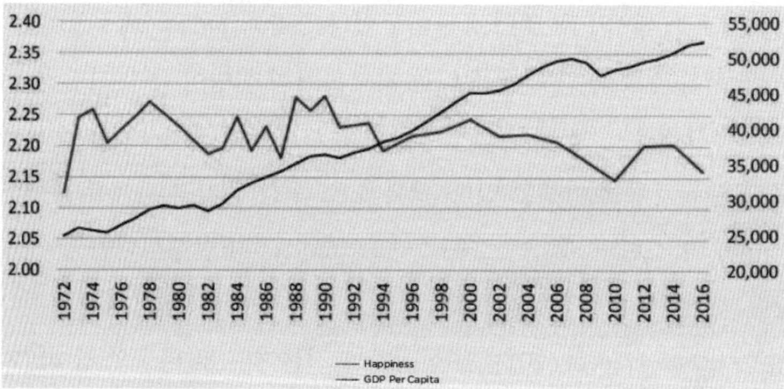

출처: (Sachs, 2018b: 147)

22 제프리 삭스(Jeffrey Sachs)는 이러한 현상을 부탄이나 코스타리카의 사례를 들며 '풍요의 역설(the paradox of affluence)'이라고 표현했다(RGB, 2012).

23 좌측 세로축은 평균 행복을, 우측 세로축은 1인당 GDP(US$)를 나타낸다(Sachs, 2018b: 147).

게 세 가지로 설명하고 있다. 첫째, 행복에 대한 소득의 영향은 소득의 절대적인 양뿐만 아니라, 주변 사람들과 비교함으로써 발생하는 위치적 외부효과(positional externality)의 영향도 받는다는 행복에 대한 상대 소득 효과 때문이라는 것이다(Bruni, 2016; Clark, Frijters, and Shields, 2007; Helliwell and Putnam, 2004; Clark and Oswald, 1998).[24] 즉, 대부분의 사람들은 보통 타인과의 비교를 통해 자신의 부의 정도를 평가하기 때문에 자신의 소득이 증대했더라도 주변 사람들의 소득 또한 상승한 경우에는 더 높은 소득에 대한 욕망 또한 증가하여 결과적으로 소득 증대가 행복감에 유의미한 영향을 미치지 못하게 된다는 것이다(Boettke and Coyne, 2012; Di Tella and MacCulloch, 2006; Layard, 2006, 2005). 이러한 설명은 마르크스가 상대적 경제 상황의 중요성을 강조한 것과도 그 맥을 같이한다. 다시 말해, 마르크스가 만약, 작고 저렴한 집이 비슷한 집들에 둘러싸여 있다면 집 주인은 불행하지 않겠지만, 더 크고 호화로운 집이 근처에 세워진다면 작고 저렴한 집의 주인은 이전 보다 덜 행복하게 될 것이라고 한 것과 크게 다르지 않은 것이다(Marx, 1947[1929]).

보다 구체적으로, 사라 솔닉(Sarah Solnick)과 데이비드 헤멘웨이(David Hemenway)의 연구에 따르면, 자신의 소득이 50,000 US$이고 타인의 소득이 25,000 US$인 A국가와 자신의 소득이 100,000 US$이고 타인의 소득이 200,000 US$인 B국가 중 어느 국가에서 살기를 원하는지 선택하도록 했을 때, 응답자들은 A국가를 선택해 절대 소득 보다는 상대 소득을 더 우선시하는 것으로 나타났다(Solnick and Hemenway, 1998). 같은 연구 결과가 이웃의 소득 증대(Luttmer, 2005), 고가의 자동차 분포(Winkelmann, 2012) 등

---

24 특히, 전통 사회에 비해 상대적으로 타인 지향성이 강한 현대 사회의 특성을 고려하면 (Riesman, 1950) 소득 증대와 행복 간 1차 방정식적인 설명은 인간의 사회성을 고려하지 못한 것으로 설득력이 약하다. 이처럼 인간이 자신의 상황을 타인과의 비교를 통해 인식하는 경향은 경제적 영역뿐만 아니라 소셜 미디어 사용을 통한 인간관계와 행복 등 사회적 관계 전반에서 드러나고 있다(Freitas, 2017).

그 외 다양한 사례들에서도 확인되었다(Alpizar, Carlsson, and Johansson-Stenman, 2005; Johansson-Stenman, Carlsson, and Daruvala, 2002). 그리고 그 효과는 모든 소득 수준에서 동일하게 나타나는 것으로 분석되었다(Clark et al., 2017; Layard, Mayraz, and Nickell, 2010).

뿐만 아니라, 상대 소득 효과가 행복에 영향을 미치는 것은 국가 간 비교 연구에서도 증명되고 있다. 예를 들면, 〈그림 2-4〉는 OECD 국가들에 거주하는 15세 학생들을 대상으로 한 국제학업성취도평가(The Programme for International Student Assessment, PISA)의 2015년 연구 결과로 각국 학생들의 행복감이 동급생의 부의 크기에 따라 어떻게 영향을 받는지 잘 보여주고 있다. 세로축은 동급생의 부의 크기가 1단위만큼 증가했을 때 평균 행복의 변화량을 표시한 것이고, 행복의 변화량이 통계적으로 유의한 경우에만 막대그래프를 진하게 표시하였는데, OECD 국가 전체 평균을 봤을 때, 15세 학생들의 행복감은 동급생이 부자일 경우 감소하였으며, 이는 통계적으로도 유의한 것으로 나타났다(OECD, 2017c: 182). 몬테네그로, 크로아티아, 러시아, 튀니지, 브라질을 포함한 18개 국가들에서도 동일한 경향이 발견되었고, 모두 통계적으로 유의한 것으로 나타났다.[25] 언뜻 봤을 때, 카타르, 영국, 프랑스, 독일을 포함한 9개 국가에 거주하는 15세 학생들의 경우, 동급생이 부자일 때 자신들의 행복감도 증가한 것처럼 보이지만 통계적으로 유의한 경우는 오스트리아 단 한 국가에 불과했다.

둘째, 옷, 음식, 집 등과 같이 인간의 의식주에 관한 기본적인 욕구를 채워주는 물질재(material goods)와 교육, 일자리, 환경, 교통 등과 같이 희소성과

25 국립아일랜드대학교(National University of Ireland)가 시행한 아일랜드 학령기 아동의 건강행태(Irish Health Behaviour in School-aged Children, IHBSC) 자료의 분석 결과, 동급생들 간 행복에 대한 부의 상대 효과에 젠더 차이가 있는 것으로 밝혀졌다(Hudson, 2013). 즉, IHBSC 2002년 자료에서 10세 이상 남녀 학생 6,559명(10-12세 2,006명, 13-15세 3,193명, 16세 이상 1,360명)을 분석한 결과, 동급생들 간 상대적 부가 남학생들의 행복에만 부정적인 영향을 미치고 여학생들에게는 그렇지 않았던 것이다(Hudson, 2013: 43-44).

〈그림 2-4〉 OECD 국가 15세 학생들의 행복의 상대적 소득 효과

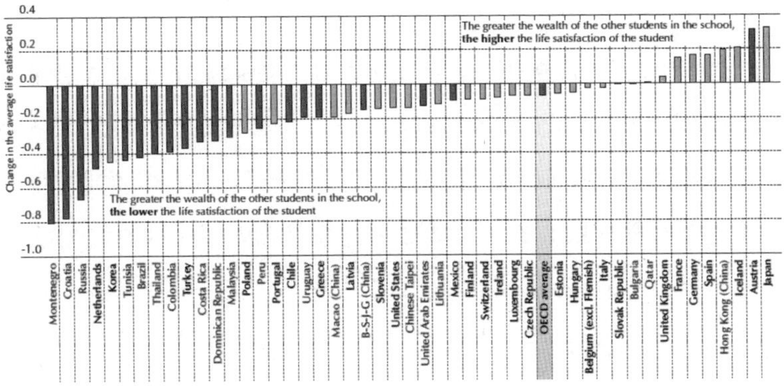

출처: (OECD, 2017c: 182)

대체재 존재 여부에 따라 그 가치가 상대적으로 결정되는 지위재(positional goods)의 근본적인 특성 차이 때문이라는 것이다. 프레드 허쉬(Fred Hirsch)에 따르면, 경제 성장 초기 단계에는 물질재가 중요한 반면, 일정 수준만큼 경제 성장이 이뤄진 이후에는 지위재가 중요해 지는데, 물질재에 대한 욕구는 재정적 자원 투입의 확대를 통해서 해소할 수 있지만, 지위재에 대한 욕구는 재정적 자원 투입의 크기에 의해 해소되는 것이 아니다(Hirsch, 1977). 왜냐하면, 지위재로 인한 만족감은 소유 여부 보다는 타인과의 비교를 통해 결정되고, 지위재 획득을 둘러싼 경쟁은 제로섬 게임의 특징을 지니기 때문이다(Bianchi, 2009).[26]

셋째, 이른바 '적응(adaptation)-열망(aspiration)'이라는 행복 적응 메커니즘 때문이라는 것이다. 이 메커니즘을 알로이스 스투쩌(Alois Stutzer)와 브루노 프레이(Bruno Frey)는 다음과 같이 설명하고 있다.

"행복은… 소득에 대한 열망과 실제 소득 사이의 차이에 크게 영향을 받는다… 적응 과정과 일치하게, 소득(증가)에 따라 소득에 대한 열망도 증가하게 된다. 그러나 행복에 대한 더 높은 소득의 효과가… 더 큰 열망과 완전히 균형을 이루는 것은 아니

26 장기적으로 인간은 지위재 보다 소득에 더 잘 적응한다(Di Tella and MacCulloch, 2006).

다"(Stutzer and Frey, 2010: 691, 괄호 안 저자 삽입).

다시 말해, 증가한 소득으로 느꼈던 행복감에 적응하게 되고, 그로 인해 나아진 상황에 따라 더 많이 열망하게 되는 구조가 반복된다는 것이다. 이스털린 패러독스의 발생 원인에 대해 이스털린 스스로 인간이 시간이 경과함에 따라 환경에 적응하게 되므로 소득 증대로 인한 행복감도 일정 시간이 지나면 그 효과가 사라지게 된다(Easterlin, 2001)고 설명한 것도 스투쩌와 프레이의 설명과 크게 다르지 않다.

이와 같은 행복의 적응-열망 메커니즘을 다니엘 카네만과 동료들(Kahneman et al., 2004)은 두 가지로 구분하여 보다 구체적으로 설명하고 있다. 첫째, 쾌락의 쳇바퀴 효과(hedonic treadmill effect)는 현재보다 더 나은 것을 구입해서 느끼는 행복감의 수준은 적응 메커니즘에 의해 다시 원상태 수준으로 돌아오게 된다는 것이다. 둘째, 만족의 쳇바퀴 효과(satisfaction treadmill effect)는 지금보다 소득 수준이 나아지면 그에 따라 욕망의 수준도 올라가기 때문에 객관적으로 소득 수준이 나아진 정도가 행복감 향상에 유의미한 영향을 미치지 못한다는 것이다.

이상의 설명은 모두 심리학의 원상태 회복 논리와 유사한 것으로 개인의 적응력의 유효성과 함께 사회 환경의 역할의 중요성도 인식하고 있다는 점에서는 의미가 있는 설명이다. 그러나 이는 이스털린 패러독스의 발생 원인을 거시적 차원에서 단순히 추정하고 있을 뿐이다. 다시 말해, 소득이 증대됨에도 행복감은 정체되는 과정에서 인간과 사회문화적 환경 간 구체적인 적응 메커니즘을 보여주는 데에는 한계가 있는 것이다.

(3) 관계재와 행복

지금까지 살펴본 행복의 경제학적 해석은 모두 쾌락적 행복에 집중한 것으로 기본적으로 행복의 공리주의적 해석과 그 맥을 같이하고 있다. 이와 같은 시각은 인간이 특정 행위를 하게 되는 내적 동기를 정확하게 설명하지 못하는 한계를 극복하지 못한 것으로 기존 경제학이 이른바 비-도구적(non-instrumental) 관계를 수단으로만 간주하고 결코 목적으로 보지 않았기 때문이었다(Bruni, 2012). 이와 관련하여 최근 경제학은 관계재(relational goods)와 행복 간 관계에 주목하고 있다(Gui and Sugden, 2005).

캐롤 울래너(Carole Uhlaner)에 따르면, 관계재는 다음과 같이 정의될 수 있다.

> "관계재는 사람들 간 상호작용에 기반하고 … 개인이 홀로 획득할 수 없으며 … 임의적 관계가 아닌(non-arbitrary) 특정인과의 적절한 공동 행위(joint action) 후 상호 동의에 의해서만 획득될 수 있다"(Uhlaner, 1989: 253-254, 괄호 안 원문).

그리고 루이지노 부루니(Luigino Bruni)가 관계재를 주요(primary) 관계재와 비주요(non-primary) 혹은 부차적인(secondary) 관계재와 같이 두 종류로 구분(Bruni, 2012)한 것과 달리, 울래너는 보다 구체적으로, 관계재를 네 가지 유형으로 구분했다. 다시 말해, 사람들 간의 상호작용이 직접적인지 혹은 간접적인지에 따라 직접 접촉에 의한 관계재(direct-contact relational goods)와 간접 접촉에 의한 관계재(indirect-contact relational goods)로 구분하고,[27] 관계재가 소비적인지 혹은 도구적인지에 따라 소비 관계재(relational consumption goods)와 생산 관계재(relational instrumental goods)로 구분했다(Uhlaner, 1989).[28]

---

27 직접 접촉에 의한 관계재는 한 사람이 타인과 같은 행위를 할 때 인정을 얻는 형태를 취한다. 간접 접촉에 의한 관계재는 면대면 접촉이 없는 경우에도 관계재를 얻을 수 있는 경우로 이때 집단의 구성원들은 모두 집단 구성원이라고 인정을 받아야만 한다. 간접 접촉에 의한 관계재는 집단 구성원들에게 인정받고, 해당 집단에의 소속감이 강화되는 것을 포함한다(Uhlaner, 1989).

28 경제학자였던 베네데토 구이(Benedetto Gui)와 울래너는 관계 그 자체는 관계재가 아니라고 했다. 예를 들면, 우정은 반복된 상호작용 혹은 우호적인 정서 상태일 뿐 관계재가 될 수 없다는 것이다(Bruni, 2012). 반면, 마사 누스바움(Martha Nussbaum)은 관계재를 우정

관계재의 기본 전제는 기존의 경제적 모델과 차별성을 갖는다. 다시 말해, 합리적 선택 모델이 인간이 비용과 편익을 계산하여 최대 효용을 얻을 수 있는 선택을 한다는 것과 달리, 관계재는 인간이 그러한 목적에 반드시 종속되지도 않을 뿐만 아니라 합리적 선택이 꼭 도움이 된다고 여기지 않는다고 전제한다(Uhlaner, 1989). 부루니에 따르면, 관계재는 그러한 전제하에 기본적으로 일곱 가지 특성을 지닌다(Bruni, 2012: 88-90, 2013: 176-177).

첫째, 정체성(identity)에 관한 조건을 충족해야 한다. 즉, 관계 맺기에 참여하는 주체는 개인(들)이거나 특정 단체(specific set)이어야만 하고 누구나 익명으로 제공 또는 교환할 수 있는 경우는 관계적이라 보지 않는다. 따라서 돈은 비록 상호 동의에 기반하고 있지만 결코 관계재가 될 수 없는 것이다(Uhlaner, 1989). 예를 들면, 10만 원은 누가 제공하든 금전적으로 항상 동일하게 10만 원의 가치만 지니기 때문이다.

둘째, 호혜성(reciprocity)을 갖춰야 한다. 즉, 관계재는 개인이 홀로 생산하고 소비할 수 없는 재화로 오로지 타자와의 상호작용에 의해서만 누릴 수 있는 재화이다. 따라서 관계재는 개인이 혼자 즐기는 사유재(private goods)나 불특정 다수가 즐기는 공공재(public goods)와 달리 타인과 공유했을 때에만 그것의 가치를 느낄 수 있다.

셋째, 동시성(simultaneity)을 갖춰야 한다. 즉, 시장에서의 재화는 사적이든 공적이든 생산과 소비가 분리되는 것과 달리 관계재는 동시에 생산되고 소비된다. 물론, 관계재의 생산이 비대칭적으로 이뤄질 수는 있으나 그것을 소비하는 데에는 완전한 무임 승차자는 결코 발생할 수 없다. 예를 들면, 친구들끼리 공동 여행을 하거나 파티를 할 때 사전에 전혀 준비를 하지 않은 이가 있을 경우 준비 노력의 정도가 상호 비대칭적일 수 있으나, 여행이나 파티를

(friendship), 사랑(reciprocal love), 사회참여(civil engagement)와 같이 세 가지로 구분했다(Nussbaum, 2001). 누스바움은 관계를 통해 구성되는 선(the good)을 관계재로 보았기 때문에 관계 자체가 선이 되는 인간의 경험이 곧 관계재가 되고, 그러한 관계재는 관계 그 자체에서 발생하고 소멸된다고 여겼던 것이다.

즐기는데 있어 전혀 준비를 하지 않은 이도 호혜적 관계에 편입되지 않으면 관계재를 즐길 수 없게 된다.

넷째, 관계 맺기에 있어 동기(motivation)가 중요하다. 즉, 관계재 형성을 위한 관계 맺기의 동기는 관계 형성 그 자체가 목적이어야만 하는 것이지 관계 맺기가 다른 목적 달성을 위한 수단으로 전락해서는 안 된다는 것이다. 예를 들면, 타인과 함께 식사를 하는 자리가 비즈니스를 위한 자리가 되면 그것은 관계재를 형성하는 행위가 아니라는 것이다. 그러나 이러한 조건이 곧 비즈니스적 관계에서는 관계재가 형성될 수 없다는 것을 의미하지는 않으며, 비즈니스적 관계라도 도구성으로부터 자유롭다면 관계재가 형성될 수 있다.

다섯째, 관계재는 발생적 현상성(emergent phenomenon)을 갖는다. 즉, 기존의 경제학적 모델에서의 생산과 달리, 관계 맺기를 통해 관계재가 형성될 때에는 관계 형성에 참여한 주체들이 예초에 의도하지 않은 형태의 관계재가 생산될 수도 있다는 것이다. 예를 들면, 자녀 양육의 특정 방법에 대해 문의하기 위해 친구와 전화 통화를 하면서도 자녀 양육 이외의 사안에 대해 대화를 하게 됨으로써 예초에 기대했던 자녀 양육법 이외와 관련된 내용을 중심으로 한 관계재가 형성될 수 있는 것이다. 관계재의 이러한 특성 때문에 전통적인 의미의 시장 거래에서도 관계재가 형성될 수 있는 것이다.

여섯째, 관계재는 무상성(gratuitousness)을 지닌다. 즉, 관계 맺기가 관계재 형성 이외의 목적에서 발로되지 않고 관계재가 관계재 그 자체의 목적에서 벗어나지 않았을 때 관계재로서의 역할을 제대로 할 수 있다는 것이다. 관계 맺기에 있어 관계 맺기 그 자체가 동기가 되어야 하는 동기성을 만족하고, 이기심에 기반해 있지 않을 때에 관계재는 선한 것이 될 수 있다(Nussbaum, 2001).

일곱째, 관계재는 재화(goods)로서의 성격을 지닌다.[29] 관계재는 욕구를

29 관계재는 공공재도 아니고 사유재도 아닌 제3영역의 재화이다(Bruni, 2016).

충족시킬 수 있기 때문에 재화이지만 무상성을 지니기 때문에 시장 가격을 지닌 상품이 될 수는 없다. 단, 이것이 곧 관계재가 기회비용을 수반하지 않는다는 것을 의미하는 것은 아니다. 그러나 모든 것을 돈으로 환산할 수 있다고 여기는 기회비용의 전제에까지 동의하여 관계재의 금전적 설명 가능성까지 인정하는 것은 아니다.

이상의 특성을 지닌 관계재가 행복에 유의미한 영향을 미친다는 것은 경험적인 연구를 통해서도 증명되고 있다. 예를 들면, 세계 가치관 조사(World Values Survey, WVS) 자료를 활용한 연구에 따르면(Bruni and Stanca, 2008), 가족 또는 친구와 함께 시간을 보내거나 다른 사람들과 스포츠 활동을 하면 행복에 긍정적인 영향을 미치는 것으로 나타났다. 그리고 자원봉사 활동도 행복에 긍정적인 영향을 미쳤고, 그 정도는 소득 10분위에서 1분위를 상승하는 정도와 같은 것으로 나타났다.

4) 정치학과 행복

(1) 행복을 추구하는 호모 폴리티쿠스와 국가

호모 폴리티쿠스(Homo Politicus)와 관련하여 정치 철학의 근원적인 질문 중 하나인 인간은 왜 정치를 하는가에 대한 학자들의 다양한 견해는 크게 두 가지로 요약될 수 있다. 먼저, 정치의 외양에 초점을 둔 견해로 전근대 정치 철학을 넘어 이른바 근대 정치 철학의 아버지로 불리는 니콜로 마키아벨리(Niccolò Machiavelli)를 대표적인 예로 들 수 있다. 그는 정치로부터 도덕을 분리시키고, 권력과 악, 폭력 등을 정치에서 배제하지 않았으며, 오히려 그것들을 정치에 엄연히 존재하는 것으로 간주했다(Rubin, 2015). 그는 『군주론(The Prince)』에서 정치에 종교와 철학적 진리를 적용하는 것에 반대하고, 정치는 끊임없이 변화무쌍한 것이며, 군주가 권력을 통해 자신의 명예와 영광을 과시하기 위한 도구로 간주했다(Machiavelli, 1992[1532]). 그는 냉엄한 권력 투쟁의 장에서 군주가 갖춰야 할 중요한 덕목 중 하나로 정치권력의 현명한 사용을 꼽고 있다. 다시 말해, 군주의 권력을 지켜내는 수단으로써의 정치는 고도의 책략이 요구되는 행위로 그것을 시혜적으로 사용하는 군주는 그 시혜를 받는 소수에게는 이익과 행복을 안겨줄 수는 있으나, 그들을 제외한 만인에게는 불행을 안겨주며 지탄의 대상이 될 수 있음을 경계했다.

두 번째, 고대 그리스 철학자들처럼 정치의 목적을 정치의 본질적 측면에 집중하여 선을 실현하기 위한 행위로 보는 견해이다. 대표적인 예로 아리스토텔레스를 들 수 있겠다. 그는 『니코마코스 윤리학(The Nicomachean Ethics)』에서 인간의 정치의 목적은 유다이모니아의 실현에 있다고 했다(Aristotle, 1953). 다시 말해, 고도의 정치적 행위는 소나 말과 같은 동물이 결코 행할 수 없는 오로지 인간만이 영위할 수 있는 것으로 동물은 행복을 성취할 수 없는 반면, 인간은 정치적 삶의 실천을 통해 행복을 실현하고 느낄 수 있다고 여겼다. 이와 같은 정치적 동물로서 인간의 정치적 행위에 의한 고도의 구성물인 국가와 인간의 관계에 대해 아리스토텔레스는 『정치학(Politics)』에서 다음과 같이 말했다.

> "주어진 상황에서 최선의 정체에서 사는 자들이 가장 행복(pp. 363) … 이상 정체의 궁극적인 목표는 행복이며(pp. 401) … 최선의 정체란 국가가 가장 잘 다스려지는 정체이고, 행복에 이를 수 있는 가능성이 가장 큰 국가가 가장 잘 다스려지는 국가(pp. 402)"(Aristotle, 2011, 괄호 안 숫자는 페이지).

다시 말해, 아리스토텔레스는 인간은 천성적으로 정치적인 동물이기 때문에 폴리스(polis)에 거주하는 시민이 됨으로써 자신의 목적을 달성할 수 있으며, 인간의 삶의 욕구로부터 태동한 국가는 인간의 행복을 위해 존속한다고 보았던 것이다(Pellegrin, 2015).

이처럼 행복에 관한 정치학적 해석은 결국에는 근본적으로 정치적 인간으로서의 개인과 국가 간 관계에 관한 논의로 수렴된다고 하여도 과언이 아니다. 이와 관련하여 16세기부터 18세기 영국의 아담 스미스와 토마스 홉스

(Thomas Hobbes)의 논의에 주목할 필요가 있다. 개인의 자유와 국가 간 관계에 있어 스미스가 '보이지 않는 손' 논리에 기반 하여 시장에 대한 최소한의 국가 개입을 주장한 것은 곧 개인 행복에 대한 자유 보장의 중요성을 역설한 것으로 이는 홉스가 자연권으로서의 개인의 자유 보장을 주장한 것과 동일한 것이었다.

그러나 홉스는 자원이 한정되어 있고, 영광을 위하는 인간의 열정이 부족하며, 서로를 믿지 못하는 불신 때문에 한 국가(인간)는 다른 국가(인간)를 두려워하게 되어 먼저 공격을 하게 되고, 또 그 반대의 상황도 발생한다며 기본적으로 인간과 국가의 내재적 속성을 갈등이라고 보았다(Hobbes, 2009[1651]). 따라서 홉스는 스미스가 개인의 자유 보장이 보이지 않는 손에 의해 조화를 이루게 된다고 본 것과 달리, '만인에 대한 만인의 투쟁'상태로 전락할 것이라며 이를 방지할 중재자 곧, 강력한 국가(Leviathan)의 필요성을 주장했다(Hobbes, 2009[1651]). 홉스는 국가가 붕괴하면 개인은 다시 자연 상태로 내몰려 불행해질 것이기 때문에 국가에 절대 권력을 부여하여 국가가 자신의 권력을 개인의 자유 보장을 위해 사용하도록 해야 한다고 주장했다. 이때 홉스의 리바이어던은 개인의 모든 영역에 간섭하는 존재라기보다는 개인이 자연 상태로 내몰리지 않도록 공동의 선을 지키기 위해 법 집행을 엄격하게 할 수 있는 강력한 힘을 가진 국가를 의미하는 것으로 봐야 하며, 이것이 곧 홉스가 국가를 'state'라는 표현 대신 'commonwealth'라고 표현한 이유이다(Flathman, 2002; Rubin, 2015). 다시 말해, 홉스가 주장한 국가의 주요 역할은 외세로부터 개인의 자유와 재산을 보호하고, 계약의 충실한 이행으로 자연 상태로 되돌아가지 않게 하는 것에 집중되어 있지 오늘날 복지국가처럼 후생을 강조한 것으로까지 해석할 수는 없는 것이다(King and Kendall, 2004).

그러나 개인의 생존과 직결되는 문제, 대표적으로 빈곤과 관련해서 국가의 역할은 단순히 조정자의 역할에만 한정되었던 것은 아니었다. 인류 역사를 반추해 보면, 빈곤이 만연한 시대에는 빈곤 퇴치가 곧 정치의 여러 궁극적 목적 중 하나가 되었지만, 절대적 빈곤이 상대적으로 크게 감소하고 상대적 빈곤이 주요 사회문제가 되는 시대의 시민들은 부의 축적 그 자체 보다 행복 추구를 더 가치 있는 것으로 여기는 경향이 강했었다(Halpern, 2010). 이처럼 정치의 역할을 시민의 행복 추구로 여기는 이른바 '행복 정치학(Politics of Happiness)'은 사회의 궁극적 목적을 경제성장으로 간주하고, 그 결과로써 단기적인 복지를 증대시키려는 시각에 의문을 제기한다(Alanen et al., 2010). 행복의 정치학은 정치 자체가 시민들을 직접적으로 행복하게 하는 데에는 한계가 적지 않지만, 그들이 행복을 추구하는 과정과 방법을 보다 정의롭게 하는 데에는 매우 유용할 수 있다고 여긴다.

이와 같이 정치가 개인의 행복을 위한 본연의 역할을 충실히 수행할 수 있도록 하는 방법과 관련하여 우리는 다시 고대 그리스로 돌아가 생각해 볼 필요가 있다. 즉, 정치적 동물로서 개인과 국가의 관계와 관련하여 아리스토텔레스가 던졌던 근본적인 질문 중 하나인 '어떤 정치 체제가 인간이 이상적인 삶을 사는데 가장 적절한 것인가?'(Aristotle, Stalley, and Barker, 2009)라는 질문에 천착할 필요가 있는 것이다. 왜냐하면, 아리스토텔레스의 오랜 질문은 수 천 년이 지난 이 시대에도 여전히 유효하기 때문이다. 다시 말해, 데이비드 이스턴(David Easton)의 주장처럼 정치의 가장 기본적인 기능을 희소한 가치의 권위적 배분으로 보는 현대 정치학의 시각에 비춰보면(Easton, 1965a, 1965b), 인간의 행복을 위한 정의로운 자원 배분의 원활함을 보장해주는 여러 가지 국가 정책과 제도의 지속 가능성이 바로 정치 체제에 의해 결정되기 때문이다.[30]

---

30 피터 홀(Peter Hall)과 로즈마리 테일러(Rosemary Taylor)는 제도(institution)를 '정치 조직(polity)이나 정치경제의 조직적 구조에 배태된 공식적이고 비공식적인 절차, 관례, 규범, 관습'(Hall and Taylor, 1996: 938)으로 정의한다. 그리고 쥴리아노 보놀리(Giuliano Bonoli)는 '실제 생활에서의 제도는 한 국가의 헌법에서부터 불문법적인(unwritten) 관습에까지 이르는 규칙과 구조의 총합'(Bonoli, 2000: 39)이라고 보았다. 그리고 더글라스 세실 노스

(2) 정치 체제와 행복

① 세계 민주주의의 확산

스테판 하버(Stephen Haber)에 따르면, 역사상 첫 주권 국가가 기록되기 시작한 대략 기원전 3천년 경부터 세계 대다수 국가들은 권위주의적 정치 체제를 운용해왔다(Haber, 2008: 693). 권위주의적 정치 체제에 비해 그 역사가 상대적으로 길지 않은 민주주의는 사무엘 헌팅턴(Samuel Huntington)에 따르면, 크게 세 번의 민주화 물결과 두 번의 반-민주화 물결을 겪으면서 발전해 왔다(Huntington, 1993b, 1991).[31] 첫 번째 민주화 물결은 미국 독립혁명과 프랑스 혁명이 있었던 시기로 대략 1828년부터 1926년까지를, 제2차 세계대전에서 시작된 두 번째 민주화 물결은 1943년부터 1962년까지를, 포르투갈 독재의 붕괴에서 시작된 세 번째 민주화 물결은 1974년부터 현재까지를 말한다.[32] 반면, 첫 번째 반-민주화 물결은 주로 제1차 세계대전 전이나 후에 민주주의 체제를 도입한 국가들에서 독재주의가 확산된 1922년부터 1942년까지를, 두 번째 반-민주화 물결은 제2차 세계대전 이후 1958년부터 1975년까지 독재주의가 확산된 것을 말한다.

이와 같은 헌팅턴의 구분은 〈그림 2-5〉에서 보는 바와 같이, Polity IV Project의 Polity2 지수(CSP, 2017)와 타투 반하넨(Tatu Vanhanen)의 민주주의 지수(Index of Democracy, ID)(Vanhanen, 2003)를 기준으로 1820년부터 2010년까지의 세계 민주주의 확산 분석 결과와도 대부분 일치하는 것을 알

(Douglass Cecil North)에 따르면, 제도는 헌법, 법률, 재산권과 같이 국가에 의해 만들어지는 공식적인 규칙과 전통, 관습, 행위 규범과 같이 문화적인 차원의 비공식적 규칙으로 구분될 수 있다(North, 1991). 노스는 인간에게 있어 제도의 중요성을 제도가 인간이 자신을 둘러싼 세계를 해석하고, 일정한 행동을 선택하는 주관적이고 정신적인 기준을 구성하는데 영향을 미칠 뿐만 아니라, 인간이 상호작용을 하면서 발생하게 되는 예측 불가능성을 감소시킴으로써 거래 비용을 줄이는 데 영향을 미치는 점에서 찾았다(North, 1990).

31 칼 포퍼(Karl Popper)는 많은 국민들이 원할 때, 평화적으로 정권을 교체할 수 있는 시스템이 보장되어야 민주주의 국가이고, 그것이 불가능하면 독재국가라고 하였다(Popper, 1945).

32 여기서 현재는 헌팅턴의 책이 발간된 시기를 고려해서 이해해야 한다.

〈그림 2-5〉 세계 민주주의의 확산

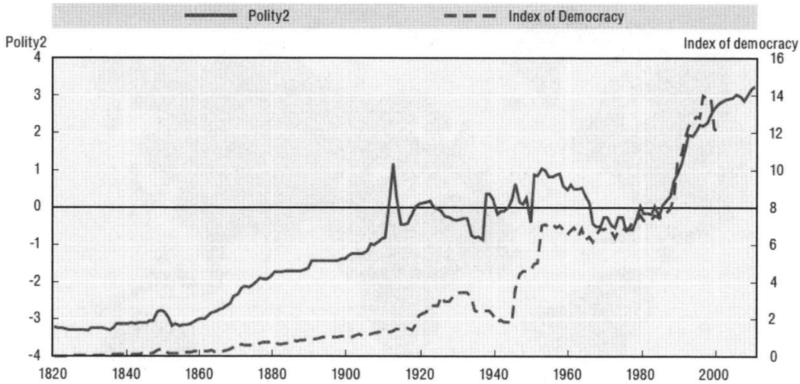

출처: (Foldvari and Buzasi, 2014: 165)
비고: Polity2(1800년-2010년), ID(1810년-2000년)

수 있다. 민주주의가 19세기와 20세기에 크게 발전한 것은 두 지수를 통해 공통적으로 확인할 수 있으나 민주주의의 확산 속도와 시점상에는 서로 차이가 있었다. 다시 말해, Polity2 지수의 경우 대략 1860년대부터 시작된 민주화가 1960년대까지 지속되다가 주춤한 후 1980년대 이후에 다시 확산되었음을 보여주는 반면, ID의 경우 19세기 동안에는 민주화가 서서히 진행되다가 1920년대에 비약적으로 확산된 후 제2차 세계대전 이후에 크게 확산되었음을 보여주고 있다(Foldvari and Buzasi, 2014).[33]

그러나 민주주의가 전 세계적으로 확산되고 있다고 해서 지구상의 모든 국가가 민주주의 정치 체제에 기반해 있는 것은 아니다. 이는 몬티 마셜(Monty Marshall)과 가브리엘 엘진가-마셜(Gabrielle Elzinga-Marshall)이 폴리티 지수(POLITY score)를 기준으로 전 세계 정치 체제를 분류한 〈그림 2-6〉을 보면 한 눈에 알 수 있다. 다시 말해, 마셜과 엘진가-마셜이 폴리티

33 이와 같은 차이점이 발생하는 이유는 Polity2 지수와 ID가 측정하는 내용이 서로 다르기 때문이다. 다시 말해, 전자는 완전한 독재(-10)부터 완전한 민주주의(+10)를 고려하는 것으로 주로 법적 권리(de jure rights)와 관련된 요소를 통해 측정하는 반면, 후자는 선거 참여와 경쟁을 고려하여 주로 사실상 권리(de facto rights)와 관련된 요소를 통해 민주주의의 정도(0%-100%)를 측정하기 때문이다(Foldvari and Buzasi, 2014: 163-167).

〈그림 2-6〉 세계의 독재 및 민주주의 국가 분포

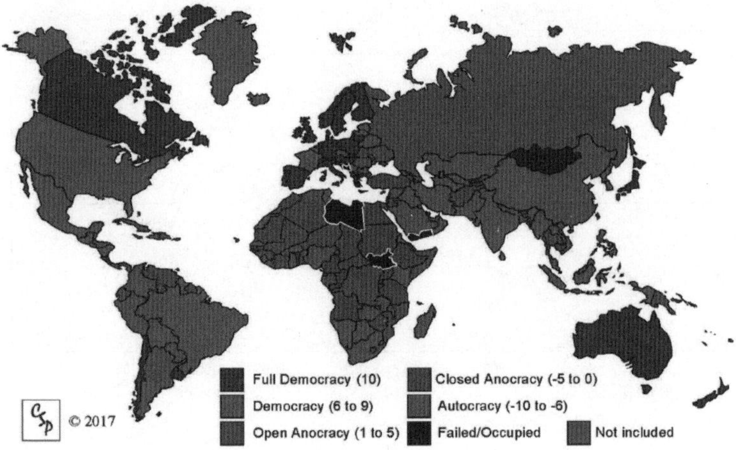

출처: (Marshall and Elzinga-Marshall, 2017: 32)

지수가 -10부터 -6인 경우를 독재국가로, -5부터 0인 경우를 닫힌 준 독재국가로, 1부터 5인 경우를 열린 준 독재국가로, 6부터 9인 경우를 민주주의 국가로, 10인 경우를 완전히 제도화 된 민주주의 국가로, 그 밖의 경우를 실패 혹은 점령 국가로 구분한 바에 따르면,[34] 중국과 러시아 및 대부분의 중동과 아프리카 국가 등은 민주주의 국가가 아닌 것으로 나타났다(Marshall and Elzinga-Marshall, 2017: 31-32).[35]

---

34 필자가 준 독재국가로 번역한 아노크라시(anocracy)는 엄격히 말해 독재주의도 아니고 민주주의도 아닌 경우로, 집권 정부가 일정한 정치적 권력을 가지면서도 그것이 절대적인 영향력을 행사하지는 못해 정치사회적으로 불안한 체제에 속한다.

35 크레딧 스위스(Credit Suisse)의 보고서에서는 알제리와 같은 열린 준 독재국가와 리비아와 같은 실패 혹은 점령 국가를 이른바 '관리받는 민주주의(managed democracy)'로, 말리와 같은 열린 준 독재국가를 제도화 된 민주주의로 구분하고 있다(O'Sullivan and Subramanian, 2015: 33). 이는 동 보고서가 몇 년도 폴리티 지수를 사용했는지 밝히고 있지 않아 자세히 알 수는 없으나, 폴리티 지수가 음수이면 민주주의가 부재한 경우로, 0부터 5까지는 관리받는 민주주의로, 5를 초과하면 제도화된 민주주의로 구분한 것(O'Sullivan and Subramanian, 2015: 33)에서 기인한 것으로 보인다. 한편, 다수의 연구들에서 특히, 아프리카 국가들의 경우, 특정 시기 이후 해당 국가에 형식적이나마 민주주의적인 요소가 도입 되는 등의 변화가 발생하면 그 시기를 기준으로 정치 체제 구분이 크게 달라지는 경우도 있다.

② 민주주의 및 사회(공산)주의와 행복

전체주의나 독재와 같이 개인의 의사 표현과 자유로운 선택이 제한받는 닫힌 정치 체제에 기반한 국가에 사는 사람보다 민주주의와 같이 개인의 자유로운 의사 표현을 제도적으로 보장하는 열린 정치 체제에 기반한 국가에 사는 사람의 행복감이 더 높다는 것은 잘 알려져 있다(Frey and Stutzer, 2000a; Lelkes, 2006). 예를 들면, WVS 자료를 이용하여 40개국을 비교 분석한 연구에서는 프리덤 하우스 민주주의 지표(Freedom House Democracy Index)와 행복 간 정적 상관관계가 있는 것으로 나타났다(Veenhoven, 2000a; Schyns, 1998). 그리고 국제 사회조사 프로그램(International Social Survey Programme, ISSP)의 1998년 자료를 이용하여 28개국 간 비교 분석 결과, 민주주의와 행복 간에는 정적 상관관계가 존재했으며, 이는 소득과 언어 및 종교로 측정한 문화적 변수를 통제해도 유효했다.[36]

그리고 민주주의와 행복 간 정적 상관관계는 민주주의 체제가 공고하며, 그 역사가 길수록 강한 경향을 띠었다. 예를 들면, 러시아, 헝가리, 라트비아, 슬로바키아와 같이 민주주의 체제가 약하고 그 전통이 짧은 사회주의 국가들에서 보다 아일랜드, 영국, 미국, 뉴질랜드, 덴마크, 스위스와 같이 민주주의 체제가 공고하고 역사가 긴 국가들에서 민주주의와 행복 간 정적 상관관계가 더 강한 것으로 나타났다(Dorn et al., 2006).[37] 이와 같은 경향은 사회주

36 ISSP의 1998년 자료는 '최근 당신의 삶을 전반적으로 고려했을 때 얼마나 행복 또는 불행하다고 말할 수 있습니까?'라는 질문에 매우 행복함, 꽤 행복함, 많이 행복하지 않음, 전혀 행복하지 않음이라고 응답하도록 했다(Dorn et al., 2006: 509).

37 민주주의의 다차원성을 양적 측정을 통해 모두 담아내기는 쉽지 않다. 예를 들면, 정치적 경쟁, 선거 참여, 공민권과 같이 민주주의의 세 가지 차원을 밝힌 로버트 달(Robert Dahl)을 기준으로 봤을 때(Dahl, 1971), Polity IV(CSP, 2017)는 선거권 확대를 측정하지 못하고, 호세 체이법과 동료들(Cheibub, Gandhi, and Vreeland, 2010)은 공민권을 측정하지 못하고 있다. 여기에서의 민주주의 측정은 정치 지도자가 경쟁적인 선거를 통해 선출되는지 등 민주주의를 상대적으로 촘촘하게 해석하고 0-10점으로 측정하는 Polity IV의 지표와 개인 사업을 할 수 있는 권한이 보장되는지 등 민주주의를 상대적으로 넓게 해석하고 1-7점으로 측정하는 프리덤 하우스의 지표 모두를 활용하여 이뤄졌다(Dorn et al., 2006: 510-511). 민주주의의 양적

의 체제에서 민주주의 체제로 이행하는 과정에 있는 국가들 중 민주화가 더 많이 된 국가와 더 적게 된 국가 간에도 나타났다. 예를 들면, 슬로베니아처럼 상대적으로 더 많이 민주화된 국가일수록 벨라루스처럼 상대적으로 덜 민주화된 국가 보다 행복도가 더 큰 것으로 분석되었다(Berg-Schlosser, 2004).

특히, 사회주의에서 민주주의로의 이행기를 겪은 과거 공산주의 국가들의 경우, 이행 경로와 관련해서는 중앙 및 동유럽 국가들과 구소련 연방 국가들 간 차이가 있지만, 이들은 모두 동일하게 공산주의 체제에 거주했던 사람들의 행복감이 그들과 동일한 소득 수준에 있으면서 공산주의에서 민주주의로의 이행기를 겪지 않은 다른 국가 거주자들의 행복감 보다 낮다는 이른바 '이행기 행복 격차(Transition Happiness Gap, THG)'현상을 보였다(Guriev and Melnikov, 2017; Gruen and Klasen, 2012). 이와 같은 THG 현상은 과거 사회주의에 기반 했던 국가들이 매우 짧은 시간에 사회주의가 붕괴하고 새로운 체제로 이행할 때 사회경제 및 정치 제도 등 사회 전체가 새롭게 재구조화 되면서 민주주의와 자본주의를 중심으로 하는 이전에 겪어보지 못한 제도의 도입으로 상당한 혼란을 겪었기 때문으로 보인다(Lavigne, 1999).[38] 예를 들면, 새로운 제도를 형성하는 과정에서 이전의 사회주의 체제에서의 공공재가 약화되고, 인간 자본의 가치가 평가 절하되었을 뿐만 아니라, 소득 불평등이 심화되었으며(Guriev and Zhuravskaya, 2009), 사회 안전망과 실업률도 악화되었다(Easterlin, 2009). 뿐만 아니라, 새로운 사회 규범에 따른 혼란(Graham and Pettinato, 2002)과 민영화와 같은 대규모 개혁 정책에 대한

측정에 한계가 있지만, 민주주의를 엄격한 의미와 넓은 의미 두 차원 모두를 고려한 연구라는 점에서 다른 유사 연구들 보다 결과의 신뢰성이 상대적으로 높다고 평가할 수 있겠다.

38 민주화의 과정에 대한 설명은 거시와 미시적 과정 둘 모두 중요하게 고려하여 설명되어야 한다는 것이 중론(Grzymala-Busse and Luong, 2008)이다. 그 중에서 특히, 민주화의 거시 구조적 요건에 대한 고전적 설명은 경제적 발전과 그에 따른 도시화, 중산층의 성장, 문해력의 증대가 시민들의 정치 참여를 증가시켰고, 그것이 곧 권위주의적 정부에 대해 민주화를 요구하는 정치 개혁의 원동력으로 작용하게 되었다는 것이다(Lipset, 1960; Lerner, 1964; Moore, 1966).

거부감은 확산(Popova, 2014)되었던 반면, 사회적 신뢰와 같이 행복감을 높여 줄 수 있는 요소들은 상대적으로 많이 감소하였다(Bennett, Nikolaev, and Aidt, 2016).

그러나 후기-사회주의(post-socialist) 국가들의 THG 현상은 시간이 지남에 따라 점차 사그라지는 것으로 보고되고 있다. 예를 들면, 밀레나 니콜로바(Milena Nikolova)는 1981년부터 2008년까지의 유럽 가치관 조사(European Values Survey, EVS) 자료와 1981년부터 2014년까지의 WVS 자료를 통합하여 구성한 1981년부터 2014년까지의 통합 가치관 조사(Integrated Values Surveys) 자료와 함께 세계은행의 세계 개발지표(World Development Indicators)와 PRS 국제 국가 위험 가이드(PRS International Country Risk Guide)를 활용하여 후기-사회주의 국가와 선진국 간 행복을 비교 분석하였다(Nikolova, 2016).[39] 분석 결과, 후기-사회주의 국가에 사는 사람들이 서구 선진국에 사는 사람들보다 덜 행복했으며, 그 차이는 평균 0.9로 나타났다(Nikolova, 2016: 138). 그러나 〈그림 2-7〉에서 보는 바와 같이, 두 국가들 간 행복감의 차이가 1994년부터 1998년에는 1.8, 1999년부터 2004년에는 1.3, 2005년부터 2009년에는 0.7, 2010년부터 2013년에는 거의 없어져 시간이 지남에 따라 행복감의 차이가 소멸되는 것으로 나타났다. 니콜로바는 후기-사회주의 국가와 선진국 간 행복의 차이에 민주적 제도 특히, 법치주의(Rule of Law, RoL)가 영향을 많이 미쳤으며,[40] 시간이 지남에 따라 민주적 제도가 갖춰지면서 행복감의 차이도 감소하는 것으로 보았다.[41]

39 행복은 '전혀 만족하지 못한다'를 1점으로 '완전히 만족한다'를 10점으로 측정했다(Nikolova, 2016: 134).

40 RoL 변수는 세계은행이 운영하는 세계 거버넌스 지표(Worldwide Governance Indicators, WGI)를 활용한 것이다(Nikolova, 2016: 135). RoL 측정에 대한 보다 자세한 논의는 스테판 보그트(Stefan Voigt)의 논의를 참고하기 바란다(Voigt, 2012).

41 사회 참여와 사회적 네트워크를 중심으로 측정된 과거 사회주의 국가들의 사회적 자본 또한 사회주의 국가들이 이행기 과정을 모두 마치고 새로운 제도들이 뿌리를 내림에 따라 사회가 안정을 되찾으면서 서구 유럽과 거의 같은 수준으로 회복되는 것으로 분석되었다

〈그림 2-7〉 후기-사회주의 국가와 선진국 간 행복 추이 비교

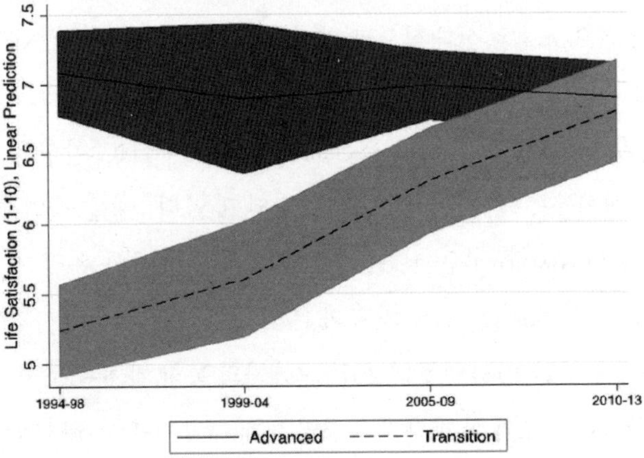

출처: (Nikolova, 2016: 138)

〈그림 2-8〉 행복과 GDP(LTS 자료 기반)[42]

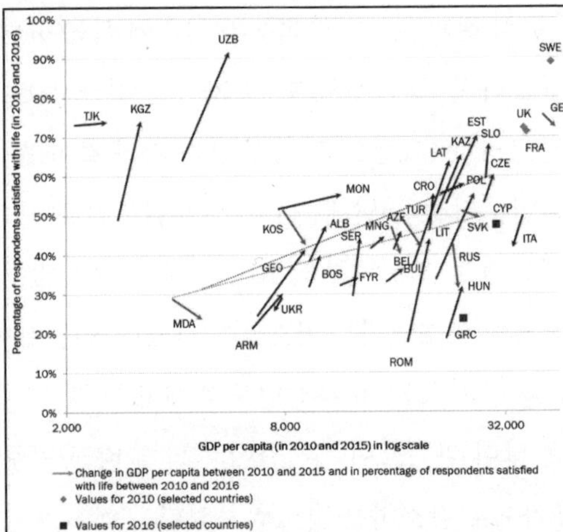

출처: (Guriev and Melnikov, 2017: 8)

(Fidrmuc and Gërxhani, 2008).

42 LTS는 유럽부흥개발은행(European Bank for Reconstruction and Development)이 2006년에 1차, 2010년에 2차, 2015년부터 2016년에 3차 조사를 한 것으로 본 연구에서는 주로 3차 자료를 많이 활용하였으며, 행복을 '모든 것을 고려했을 때, 나는 지금 내 삶에 만족한다'는 문항에 '매우 동의하지 않는다'부터 '매우 동의한다'까지 5점으로 측정하였다(Guriev

이와 같은 THG 완화 현상은 최근 연구에서도 동일하게 보고되고 있다. 예를 들면, 세르게이 구리에브(Sergei Guriev)와 니키타 멜니코브(Nikita Melnikov)는 과거 사회주의였던 29개 국가와 이들의 비교 대상인 독일, 이탈리아, 그리스, 터키, 키프로스의 약 51,000명을 상대로 2006년부터 2016년까지 시행한 생애 전환기 조사(Life in Transition Survey, LTS) 자료를 분석하였다(Guriev and Melnikov, 2017). 분석 결과, 〈그림 2-8〉에서 보는 바와 같이 2010년 이래로 THG 현상이 약화되어 온 것으로 밝혀졌다(Guriev and Melnikov, 2017: 5).

이와 더불어, 구리에브와 멜니코브는 LTS 자료보다 더 많은 국가 사례를 통해 THG 완화 효과를 재확인하였다. 즉, 과거 사회주의였던 31개 국가 및

〈그림 2-9〉 행복과 GDP(GWP 자료 기반)[43]

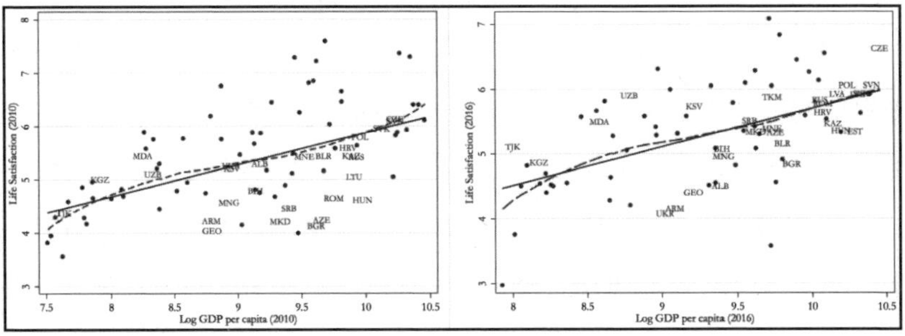

출처: (Guriev and Melnikov, 2017: 10)

---

and Melnikov, 2017: 3). 2010년과 2016년의 GDP와 행복 간 관계를 보여주는 두 점선은 극단 값을 보인 키르기스스탄, 타지키스탄, 우즈베키스탄을 제외한 것이고, 녹색 화살표는 GDP와 행복감 모두 향상한 경우를, 붉은색 화살표는 GDP와 행복감 모두 악화된 경우를, 노란색 화살표는 GDP는 증가했지만 행복감은 감소한 경우를 말한다(Guriev and Melnikov, 2017: 8).

43 소득이 비슷한 국가 간 비교를 위해, 비교 대상 국가 중 과거 사회주의 국가들이 달성한 적이 없는 1인당 국민 소득이 35,000달러(US$) 보다 적은 경우로 한정하여 실제 분석에 포함된 비교 대상 국가는 약 40개국이었다(Guriev and Melnikov, 2017: 9-10). 행복은 0점부터 10점까지의 캔트릴 사다리로 측정하였으며(Guriev and Melnikov, 2017: 3), 국가명이 표시된 점은 과거 사회주의 국가를, 국가명이 표시되지 않은 점은 비교 대상 국가를, 실선은 GDP와 행복 간 관계를 나타낸다(Guriev and Melnikov, 2017: 10).

지역과 이들의 비교 대상인 133개국의 약 450,000명을 상대로 2010년부터 2016년까지 시행한 갤럽 세계설문조사(Gallup World Poll, GWP) 자료를 추가로 분석한 것이다(Guriev and Melnikov, 2017). 분석 결과, 〈그림 2-9〉에서 보는 바와 같이, 거의 대부분의 과거 사회주의 국가들이 2010년에는 GDP와 행복 간 관계를 보여주는 전체 추세 곡선의 하부에 위치하고 있었던 반면, 2016년에는 그렇지 않은 것으로 나타났다(Guriev and Melnikov, 2017: 10).

위와 같이 구리에브와 멜니코브는 THG 완화 효과의 일반성을 밝혀낸 후 LTS와 GWP 자료의 추가 분석을 통해 THG에 대해 다섯 가지 결론을 도출했다. 첫째, THG 완화 효과는 대략 2011년부터 2013년에 시작된 것으로 나타났다(Guriev and Melnikov, 2017: 10-11). 둘째, THG 완화 효과는 행복의 쌍방 변화 효과 때문임에 주의해야 한다는 것이다(Guriev and Melnikov, 2017: 5). 다시 말해, THG 완화 현상은 오롯이 과거 사회주의 국가들의 행복감 증가에 따른 일방적 효과가 아니라, 서유럽 국가들의 상대적인 행복감 감소의 영향도 함께 받은 결과라는 것이다. 셋째, THG 완화 현상에는 연령과 교육 수준의 차이가 존재했다(Guriev and Melnikov, 2017: 17). 즉, THG 완화는 주로 중년 이하 코호트에서 발생했는데 특히, 교육 수준이 높을수록 그 효과가 컸던 반면, 과거 사회주의 국가의 노인 세대의 경우 여전히 비교 대상 국가의 노인들 보다 행복감이 낮았다. 넷째, THG 완화 현상에는 젠더 차이가 존재했다(Guriev and Melnikov, 2017: 19). 즉, 과거 사회주의 국가에서는 남녀 행복감의 차이는 유의미하지 않았지만, 비교 대상 국가에서는 여성의 행복감이 남성의 행복감보다 꾸준히 높게 나타났던 것이다. 다섯째, THG 완화 현상에는 소득 수준에 따른 차이가 존재했다(Guriev and Melnikov, 2017: 21). 즉, THG 완화 현상은 저소득층이나 고소득층이 아닌 주로 중산층으로부터 영향을 많이 받았다는 것이다.

각 국가의 민주주의 체제가 단일하지 않고, 시민들이 민주주의를 인식하는 수준도 다양하기 때문에 지금까지의 논의로써 민주주의 체제를 갖췄는지 여부 자체가 행복에 유의미한 영향을 미친다고 주장하는 데에는 어느 정도 한계가 있을 수밖에 없다. 그럼에도 불구하고, 한 가지 확신할 수 있는 점이 있다. 즉, 상대적으로 더 많이 민주적으로 개방된 정치 체제를 갖춘 국가에 거주하는 사람이 그렇지 않은 국가에 거주하는 사람 보다 행복감을 더 느낄 개연성이 높다는 것이다.

(3) 거버넌스와 행복

국가의 정치 체제 종류뿐만 아니라 그것의 운용 또한 행복과 밀접한 관련이 있다. 다시 말해, 한 국가가 민주주의 정치 체제를 채택하고 있는지 여부뿐만 아니라, 민주주의 체제하 제도들이 얼마나 실질적으로 투명하고 잘 운영되는지도 행복에 매우 큰 영향을 미친다. 민주주의 정치 체제가 군주 혹은 독재와 같은 전체주의 정치 체제 보다 상대적으로 덜 부패하고 더 투명하며, 포용적인 제도와 정책 조성, 공정한 경쟁, 신뢰와 법치주의,[44] 선거와 정치 참여 보장 등을 통해 시민들의 욕구 충족에 더 잘 대응하는 등(Minogue, 2000; Helliwell et al., 2014; Council of Europe, 2017) 이른바 '좋은 거버넌스(good governance)'를 제공함으로써 국민 행복에 긍정적으로 작용하는데(O'Donnell et al., 2014; Hudson, 2006)[45] 특히, 국가가 경제 위기를 맞은 상황에서도 좋은 거버넌스는 국민들의 행복에 긍정적인 영향을 미칠 만큼 행

---

44 해롤드 버만(Harold J. Berman)이 밝힌 바와 같이, 법은 절대적인 것이 아니라 사회역사적 산물이기 때문에 법치의 개념 또한 각 사회마다 달리 정의될 수밖에 없지만(Berman, 1983), 법치가 인간에 의한 지배가 아닌 법이라는 제도에 의한 지배라는 점은 법치주의를 적용하는 모든 사회에 공통적으로 해당되는 것이다(Hayek, 1960). 그리고 법치주의는 보통 독립적인 사법부와 법률이 존재하며, 법을 모든 사람에게 적용하되 소급 적용하지 않는다는 공통점도 갖는다(World Bank, 2017). 또한 법치주의는 민주주의와 밀접하게 관련되며, 정부의 기능이 법의 틀 내에서 이뤄지도록 할 뿐만 아니라 인권, 재산권, 시장 경제가 기능할 수 있도록 해준다(Carothers, 1998).

45 저소득 국가에서는 정치 제도에 비해서 경제 제도와 사법 제도가 행복에 더 중요한 영향을 미치는 반면, 중간 및 고소득 국가에서는 정치 제도가 행복에 더 중요한 역할을 하는 것으로 밝혀졌다(Bjørnskov, Dreher, and Fischer, 2010).

복에 좋은 거버넌스의 역할은 매우 중요하다(Helliwell, Huang, and Wang, 2017).[46]

예를 들면, 33개 기관에 걸쳐 35종류 데이터에서 추출한 전 세계 212개 국가 및 지역을 아우르는 1996년부터 2008년 사이의 세계 거버넌스 지표(Worldwide Governance Indicators, WGI)를 활용한 연구에 따르면(Kaufmann, Kraay, and Mastruzzi, 2009),[47] 정부가 좋은 거버넌스를 제공할수록 행복에 긍정적인 영향을 미치는 것으로 나타났다. 다시 말해, 효과적인 국정운영(government effectiveness), 규제의 질(regulatory quality), 법치주의(rule of law), 부패의 통제(control of corruption), 참여와 책임(voice and accountability), 정치적 안정과 비폭력(political stability and absence of violence)과 같이 여섯 가지로 측정된 거버넌스(Kaufmann, Kraay, and Mastruzzi, 2009: 6)와 행복 간에 긍정적인 상관관계가 성립한 것이다. 이와 비슷하게, 거버넌스의 중요성 IV(Governance Matters IV) 자료를 활용한 정부의 질(Kaufmann, Kraay, and Mastruzzi, 2005)과 WVS 자료에 기반한 행복 간 관계를 분석한 결과, 〈그림 2-10〉에서 보는 바와 같이 두 요소 간에는 정적 상관관계가 있는 것으로 나타났다(Helliwell and Huang, 2008).[48]

---

46 대략 주로 1990년대 이후 활발하게 사용된 현대적 의미의 거버넌스가 무엇을 뜻하는지에 대해 정부의 공정성(Rothstein and Teorell, 2008), 효과적인 정부 서비스 제공(Rotberg, 2014; Boardman, 2014), 행정적 절차의 질 확보(Holt and Manning, 2014), 경제적 성장과 발전에의 기여(Rothstein and Tannenberg, 2014), 민주주의 원칙과 제도의 강화(Rodrik, 2007) 등 학자들 마다 의견이 다양하며, 좋은 거버넌스에 대한 합의된 하나의 정의도 존재하지 않으나 주로 정부의 역할에 대한 규범적 판단에 집중되는 경향이 있다(OECD, 2017e).

47 광의의 거버넌스는 한 국가에서 정부가 행하는 전통과 제도를 말하며, 정부가 선출/견제/대체되는 과정, 정부가 건전한 정책을 효과적으로 구성하고 집행하는 역량, 경제 및 사회적 상호 작용을 통치하는 제도에 대한 시민과 국가의 존중을 포함한다(Kaufmann, Kraay, and Mastruzzi, 2009: 5). 2017년 기준, WGI는 1996년부터 2016년까지 200여 국가의 거버넌스 관련 자료를 제공하고 있다.

48 정부의 질 측정을 위한 여섯 가지 요소에는 모두 동일한 가중치가 부여되었고(Helliwell and Huang, 2008: 597), 행복 측정은 1981년-1984년, 1990년-1993년, 1995년-1997년, 1999년-2002년의 WVS 자료를 활용하였다(Helliwell and Huang, 2008: 598).

〈그림 2-10〉 세계 거버넌스의 질과 행복

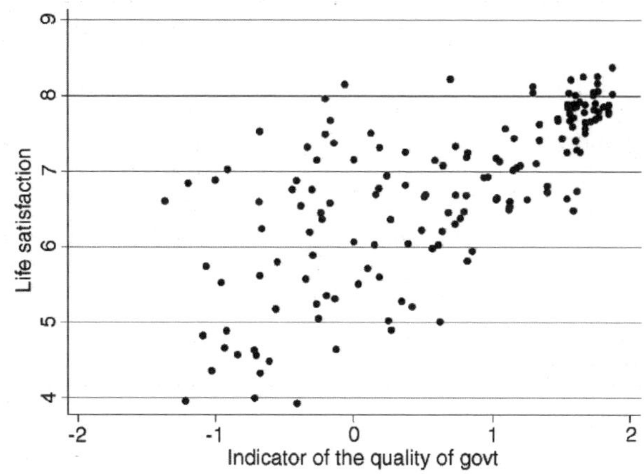

출처: (Helliwell and Huang, 2008: 598)

뿐만 아니라, 잰 코넬리스 오트(Jan Cornelis Ott)가 거버넌스의 중요성 VII(Governance Matters VII) 자료를 활용하여 측정한 거버넌스(Kaufmann, Kraay, and Mastruzzi, 2008)와 행복 간 관계 분석에서도 두 요소 간에 전반적으로 정적 상관관계가 있는 것으로 나타났다.[49] 구체적으로, 〈그림 2-11〉의 왼쪽 그래프에서 보는 바와 같이, 2006년 127개 국가들에서 거버넌스의

〈그림 2-11〉 세계 거버넌스의 기술적 · 민주적 질과 행복[50]

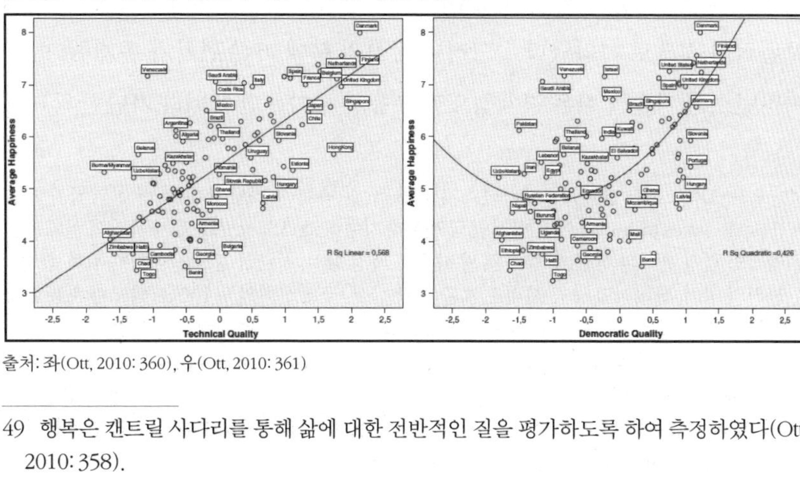

출처: 좌(Ott, 2010: 360), 우(Ott, 2010: 361)

49 행복은 캔트릴 사다리를 통해 삶에 대한 전반적인 질을 평가하도록 하여 측정하였다(Ott, 2010: 358).

〈표 2-3〉 세계 거버넌스의 기술적 · 민주적 질과 행복 간 상관관계

		국가 수	행복의 평균과의 상관관계	
			기술적 질	민주적 질
권역	서방 국가	21	+0.70**	+0.45*
	동유럽	23	+0.40*	+0.46*
	라틴아메리카	23	+0.51*	+0.48*
	중동	11	+0.71*	+0.27
	아시아	22	+0.73**	+0.65**
	아프리카	26	+0.52**	+0.39*
	계	127 (태평양 지역 한 국가 포함)	+0.75**	+0.60**
부	부유한 국가	56	+0.62**	+0.46**
	가난한 국가	56	+0.39**	+0.06**

출처: (Ott, 2010: 362)
비고: *P〈0.05; **P〈0.01

기술적 질(technical quality)과 행복 간에 전체적으로 정적 상관관계가 있음을 알 수 있다. 또한, 같은 그림의 오른쪽 그래프에서 보는 바와 같이, 소수의 이상치가 없지는 않으나 전반적으로 거버넌스의 민주적 질(democratic quality)과 행복 간에도 정적 상관관계가 있음을 알 수 있다.

그리고 이와 같은 일반적인 경향은 민주주의 체제에 더 친화적인 서방 국가들의 특징과 같이 특정 정치 문화적 특성 때문이 아니라 보편적인 현상인 것으로 밝혀졌다. 다시 말해, 〈표 2-3〉에서 보는 바와 같이, 거버넌스의 기술적 질 및 민주적 질과 행복 간 상간계수는 각각 0.75와 0.60으로 모든 국가에 보편적인 것으로 나타났다.[51] 그러나 국가의 부에 따른 편차가 존재했다. 즉, 거버넌스의 기술적 질은 경제적으로 부유한 국가뿐만 아니라 가난한 국가에

50 오트(Ott, 2010: 357)는 거버넌스의 기술적 질 측정의 타당성은 현재 취약국가 지수(Fragile States Index)의 이전 버전인 국가실패 지수(Failed State Index)가 국가의 실패를 물리적인 국경 통제의 상실, 합법적 폭력 사용의 독점 상실, 집단적 결정을 내리기 위한 합법적 권위의 침식, 합리적인 공공 서비스 제공 능력 상실, 국제 사회의 일원으로 외국과 소통할 수 있는 능력 상실로 측정한 것(Foreign Policy Magazine, 2007)과 비교하여 검증했고, 거버넌스의 민주적 질 측정의 타당성은 정치적 권리 지수(Political Rights Index)의 선거 과정에서의 자유, 정치적 다원주의와 참여, 정부의 기능 측정치(FH, 2007)와 비교하여 검증했다.

51 중동의 경우, 거버넌스의 민주적 질은 통계적으로 유의하지 않았으나 그것의 방향성이 전반적인 경향에서 크게 벗어난 것은 아니었다(Ott, 2010: 361).

서의 행복에 중요한 반면, 거버넌스의 민주적 질은 상대적으로 부유한 국가에서의 행복에 더 중요한 것으로 나타난 것이다.

이처럼 행복에 대한 좋은 거버넌스의 중요성은 명목상으로만 민주주의 체제를 채택하고 있는 많은 후진국들 특히, 아프리카 국가들을 사례로 한 연구에서 보다 명확하게 드러난다.[52] 예를 들면, 〈그림 2-12〉에서 보는 바와 같이, 2013년부터 2015년까지 아프리카 34개국의 행복과 민주적 결핍(democratic deficits)[53] 간에 강한 부적 상관관계가 있음을 알 수 있다. 그리고 〈그림 2-13〉에서 보는 바와 같이, 2005년부터 2015년까지 아프리카 15개 국가의 행복의 변화와 민주주의에 대한 만족도 변화 간 관계가 강한 정적 상

〈그림 2-12〉 아프리카 국가들의 행복과 민주적 결핍 관계

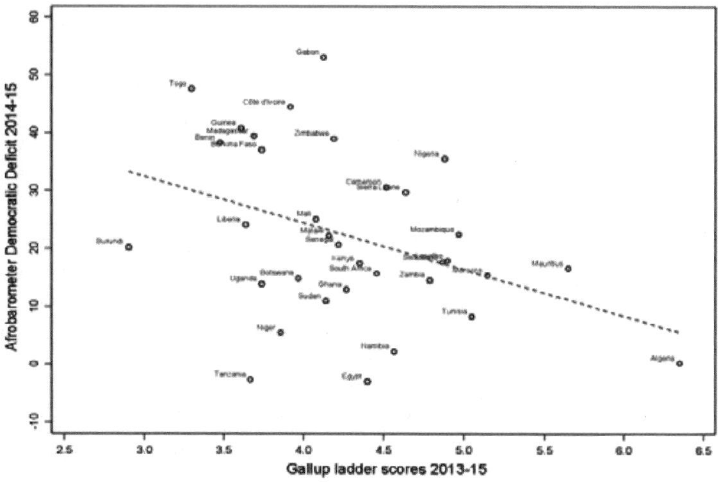

출처: (Møller et al., 2017: 94)

52 전 세계 195개 국가와 14개 지역을 대상으로 각각의 참정권(political right)과 공민권(civil liberty)을 기준으로 자유의 정도를 평가하는 미국 프리덤 하우스의 2017년 세계 자유 보고서에 따르면(FH, 2017: 2), 195개 국가 중 25%는 전혀 자유롭지 않고(not free), 30%는 부분적으로 자유로웠는데(partly free), 이는 각각 전 세계 총 인구 74억 명 중 36%와 25%에 해당하는 것이었다(FH, 2017: 4).

53 민주적 결핍은 민주주의에 대한 선호와 그 기능에 대한 만족도 간 차이를 말하므로 그 값이 클수록 결핍의 정도가 크다(Moller et al., 2017: 92).

관관계에 있는 것으로 보아 행복과 민주주의에 대한 만족도 간 정적 관계가 지속성도 갖는 것을 알 수 있다.[54]

〈그림 2-13〉 아프리카 국가들의 행복 변화와 민주주의에 대한 만족도 변화 관계[55]

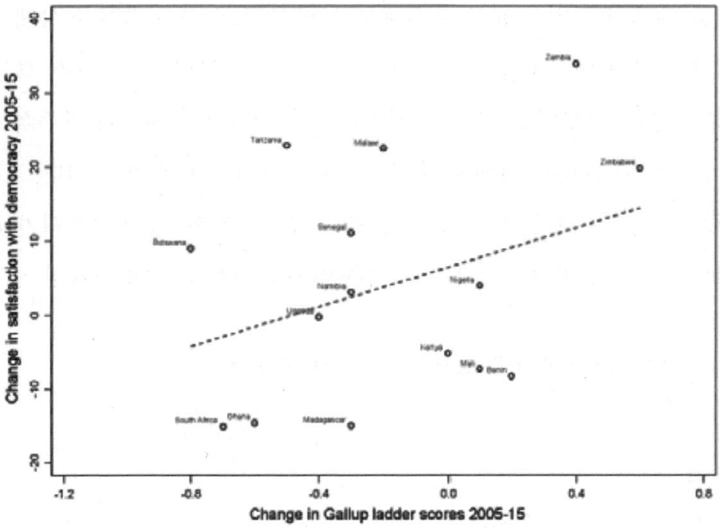

출처: (Møller et al., 2017: 94)

(4) 민주주의는 왜 행복 친화적인가?

베버는 『직업으로서의 정치(Politics as a Vocation)』에서 민주주의는 선동과 열정을 갖추고 있는 후보가 선거를 통해 대표자로 당선된 이후에 자신을 선출했던 시민을 통치하는 일종의 대중 정서에 기댄 독재에 불과하다며 시

54 이와 같은 아프리카 민주주의의 위기에 대해 아프리카 연합 위원회(The African Union Commission)는 '우리가 원하는 아프리카, 아젠다 2063(Agenda 2063, The Africa We Want)'를 통해 아프리카 대륙의 모든 정부가 좋은 거버넌스를 제공하는 민주주의 체제를 구축하기 위한 비전을 제시했다(AUC, 2015). 이것은 아프리카 역사상 제국주의 열강의 식민지에서 해방되는 '제1의 자유화', 독재의 폭압으로부터의 '제2의 자유화'(Mills and Herbst, 2012)에 이은 '제3의 자유화(Third Liberation)'로 일컬어지며, 아프리카 대륙에서 민주주의 체제를 적용하고 있는 국가가 증가하였지만 그것이 구호에 그치고 실질적 민주주의는커녕 형식적 민주주의조차 이룩하지 못한 아프리카 국가들이 내실 없는 거버넌스(poor governance)를 넘어 좋은 거버넌스를 이루고자 하는 열망이 담긴 것이었다(Møller et al., 2017).

55 여기서 변화량은 2005년과 2015년 두 시점 간 절대적 차이로 측정되었다(Moller et al., 2017: 94).

민이 주권자인 민주주의는 애초부터 있을 수 없다고 비판했다. 이와 비슷하게, 칼 슈미트(Carl Schmitt)는 『합법성과 정당성(Legality and Legitimacy)』과 『헌법이론(Constitutional Theory)』에서 국민 투표식 민주주의(plebiscitary democracy) 체제의 국민은 저항이 가장 적고 쉬운 일종의 기정 사실(fait accompli)을 선택하게 되는 문제점을, 의회제민주주의(parliamentary democracy) 체제는 기반이 취약한 통치권을 행사하는 문제점을 안고 있어 결국 두 민주주의 체제 모두 국민이 실제 결정을 하는 것은 아니라며 민주주의의 근본적인 한계를 비판했다(Schmitt, 2008, 2004).[56] 그럼에도 불구하고, 왜 민주주의 체제가 독재 체제보다 더 행복 친화적일까? 이에 대한 대답은 주로 두 가지 즉, 민주주의 체제의 운영 절차와 그 결과가 가져오는 효과에서 찾을 수 있다.[57]

첫째, 운영 절차가 가져오는 효과와 관련하여 민주주의 체제가 독재 체제보다 개인의 참정권을 더 폭넓게 보장하고, 지방 자치의 폭도 넓게 인정하는 점을 들 수 있다. 이와 관련하여 먼저, 브루노 프레이(Bruno Frey)와 알로이스 스투쩌(Alois Stutzer)의 연구를 살펴볼 필요가 있다(Frey and Stutzer, 2000b). 프레이와 스투쩌가 1992년부터 1994년까지 수집한 스위스 거주자 6,000여 명 대상의 자료를 분석하여 26개 칸톤(Canton)에서의 국민발안(popular initiative)과 같은 직접 참정권과 행복 간 유의미한 정적 상관관계를 발견했다.[58] 즉, 직접 참정권 지표가 1만큼 상승할 때 행복감이 2.8% 상승

56 최장집은 한국의 민주주의와 관련하여 국민 투표식 민주주의를 통치자나 대표의 선출만 있을 뿐 선출해준 시민들에 대해서 책임을 지지 않는 정치 체제라고 비판한다(최장집, 2016).

57 이외에도 독재 체제보다 민주주의 체제가 개인의 재산권을 상대적으로 더 강하게 보호하고(Keefer and Knack, 1997), 공공재 제공도 훨씬 폭넓게 제공하며(Lake and Baum, 2001), 법치주의를 적용함으로써 경제가 발전하기 때문(IBRD and World Bank, 2017)이라는 견해도 있다.

58 6점 만점의 직접 참정권 변수는 헌법과 법률의 발의 및 개정 등과 관련된 변수를 활용하여 산출하였고(Frey and Stutzer, 2000b: 937), 행복은 '요즘 당신의 삶에 전체적으로 얼마나 만족하십니까?'라는 질문에 '완전히 불만족한다'부터 '완전히 만족한다'까지 10점 만점 척

하였는데, 이는 월 소득이 2,000 스위스 프랑(CHF) 미만인 그룹이 월 소득 2,000 CHF 이상-3,000 CHF 미만인 그룹으로 상승했을 때에 증가하는 행복감 정도와 같은 것이었다(Frey and Stutzer, 2000b: 925-926). 그리고 직접 참정권 지수가 5.69로 가장 큰 바젤 지역에 사는 사람들 중 완전히 만족한다고 응답한 사람의 비율이 직접 참정권 지수가 1.75로 가장 작은 제네바 지역에 사는 사람들 중 완전히 만족한다고 응답한 사람의 비율보다 11%가 더 높은 것으로 나타났다(Frey and Stutzer, 2000b: 927).[59] 뿐만 아니라, 이와 같은 직접 참정권이 행복에 미치는 긍정적 영향이 특정 조건에 의한 것이 아니라, 모든 주민들에게 고르게 영향을 미치는 것을 발견했다. 다시 말해, 성별 차이, 교육 수준, 고용 여부, 소득 수준에 따라 행복에 대한 직접 참정권의 긍정적 효과의 차이가 전혀 발견되지 않았던 것이다(Frey and Stutzer, 2000b: 932).

나아가 프레이와 스투쩌가 스위스 국민들과 외국인들 간 행복에 대한 직접 참정권의 절차적 효용(procedural utility)의 크기를 비교한 결과, 직접 참정권을 행사할 수 있는 스위스 국민의 절차적 효용은 3.4%였던 반면, 직접 참정권을 절대 행사할 수 없는 외국인의 절차적 효용은 1%인 것으로 나타났다(Frey and Stutzer, 2000b: 933). 이는 스위스 연방법에 따라 차별을 받지 않을 권리가 있는 외국인들이 스위스의 행복에 대한 직접 참정권의 결과적 효용(outcome utility)을 누리는 것과 달리, 스위스 국민들은 행복에 대한 직접 참정권의 결과적 효용뿐만 아니라 절차적 효용도 누리고 있음을 보여주는 것이다. 다시 말해, 이와 같은 결과는 행복과 직접 참정권 간 긍정적 관계에서 결과적 효용보다 상대적으로 절차적 효용의 중요성을 보여주는 것으로 행복에 있어 민주주의적 절차의 투명한 보장이 얼마나 중요한지를 시사하

도로 측정한 후 데이터 정제 과정을 거쳐 총 8단계로 보정해서 분석에 사용하였다(Frey and Stutzer, 2000b: 921).

59 1848년에 성립된 스위스 연방을 구성하는 26개 칸톤은 모든 지역이 연방 정부로부터 자치권을 보장받으며, 직접 참정권의 인정 폭은 각 주마다 다양하다.

고 있다.[60]

그리고 행복에 대한 지방 자치의 효과를 알아보기 위해 프레이와 스투쩌는 행복은 직접 참정권과 행복 간 관계 분석 때와 동일하게 측정하고, 지방 자치는 지방 정부의 자율성 정도로 측정하여 분석하였다.[61] 다시 말해, 지방 정부의 자율성 지표를 26개 칸톤의 총 1,856곳의 지방 정부 행정 수장들이 자신들의 지방 정부의 자율성 인식 정도를 '전혀 자율적이지 않다'부터 '매우 자율적이다'까지 총 10점으로 평가하도록 구성하였다(Frey and Stutzer, 2000b: 922). 분석 결과, 지방 자치가 활성화될수록 행복에 긍정적인 영향을 미치는 것으로 나타났다. 예를 들면, 지방 정부의 자율성 지수가 1만큼 증가할 때, 매우 행복하다고 응답한 사람이 3.3% 증가했던 것이다(Frey and Stutzer, 2000b: 938).[62]

또한, 루이스 디아즈-세란노(Luis Diaz-Serrano)와 안드레스 로드리게스-포세(Andreas Rodríguez-Pose)가 2002년부터 2008년까지의 ESS 자료에서 30개국에[63] 거주하는 15세 이상 성인 103,601명을 대상으로[64] 한 연구에서도 이와 비슷한 결과가 도출되었다(Diaz-Serrano and Rodríguez-Pose, 2012). 다시 말해, 중앙 정부의 정치권력을 지방 정부로 분권화할수록 행복

60 시민들이 참정권을 통해 정치 과정에 직접 참여하는 것은 위정자들에 대한 시민들의 통제력을 확대할 수 있게 해주고, 정부 정책이 시민들의 선호를 반영할 수 있는 가능성을 높임으로써 시민들의 행복에 긍정적인 영향을 미치는 것으로 생각할 수 있다(Tyler, 2006; Frey and Eichenberger, 1999).

61 행복에 대한 지방 자치의 영향을 분석한 연구를 찾아보기는 쉽지 않은 편이다(Diaz-Serrano and Rodríguez-Pose, 2012: 180).

62 이와 같은 결과가 스위스의 연방 정부와 지방 정부가 상호 배타적인 관계에 있다는 것을 의미하지는 않으며, 오히려 연방제와 지방 자치체는 행복 증진에 상호 보완적인 관계에 있다(Frey and Stutzer, 2000b: 928).

63 저자들은 30개국 중 대부분이 유럽 국가(Diaz-Serrano and Rodríguez-Pose, 2012: 184)라고만 했을 뿐 모두 유럽 국가들이라고 하지는 않았으며, 구체적인 국가명도 밝히고 있지 않다.

64 분석에 포함된 사례는 최소 103,601명에서 최대 112,898명이었다(Diaz-Serrano and Rodríguez-Pose, 2012: 188).

도가 높아졌던 것이다. 보다 구체적으로, 지방 자치가 행복에 긍정적인 영향을 미치는 것은 지방 정부가 중앙 정부의 정치나 정책에 영향을 미칠 수 있는 권한(shared-rule)이 확대되었기 때문이 아니라, 각 지방에 맞는 정책과 지방의 공공재 및 서비스 제공을 시행할 수 있는 정치적 자율성(self-rule, B=2.30, p<0.001)이 확대되었기 때문인 것으로 밝혀졌다(Diaz-Serrano and Rodríguez-Pose, 2012: 189).[65]

둘째, 민주주의 체제의 운영 결과가 가져오는 효과와 관련해서는 민주주의 체제가 독재 체제보다 개인의 인권과 자유를 더 폭넓게 보장하는 점을 들 수 있다. 왜냐하면, 사람들은 인간으로서의 존엄성을 지킬 수 있고, 자신이 생각하고 느끼는 대로 자유롭게 결정할 수 있을 때에 편안함을 느끼기 때문이다(Helliwell et al., 2014; Haybron, 2013). 예를 들면, 세계 121개국을 대상으로 분석한 연구에 따르면, 민주주의 체제를 운영하고 있는 국가일수록 독재 체제를 운영하고 있는 국가보다 처형이나 종교 통제, 언론 검열 등이 더 적고 인권 보장을 더 중시하는 것으로 나타났다(Mulligan, Gil, and Sala-i-Martin, 2004). 또한, 개인의 자유가 더 많이 보장될수록 더 행복하다고 보고하는 연구 결과도 많다. 예를 들면, 〈그림 2-14〉는 GWP 자료를 기준으로 2016년 세계 개인의 자유와 행복 간 관계를 보여주고 있다. 개인의 자유 인식과 행복을 각각 '이 나라에서, 당신은 당신 삶에서 원하는 것을 선택할 자유에 대해 만족 혹은 불만족 하십니까?'라는 질문과 캔트릴 사다리로 측정한 결과, 개인의 자유 인식도가 높을수록 행복감도 큰 것으로 나타났다(Ortiz-Ospina and Roser, 2017). 아프리카의 탄자니아, 르완다 등 일부 국가들과 같이 개인의 자유 인식도는 높지만 행복감은 낮게 나타난 예외적인 경우가 없지 않지만, 개인의 자유 인식도가 낮으나 행복감은 높게 나타난 경우

65 이와 비슷하게, 66개국에 거주하는 약 60,000명을 대상으로 한 분석 결과, 지방 분권화가 지방 정부의 예산 운용 권한을 확대하여 지방 정부의 소비를 늘릴 수 있게 할 경우에 행복에 긍정적인 영향을 미쳤다고 보고한 연구도 있다(Bjørnskov, Dreher, and Fischer, 2008).

<그림 2-14> 세계 개인의 자유와 행복(GWP 자료 기반)

출처: (Ortiz-Ospina and Roser, 2017)

는 단 한 국가도 없었다.

이처럼 개인의 자유와 행복 간 정적 상관관계는 장기간 자료를 토대로 한 연구에서도 동일하게 발견되고 있다. 예를 들면, 잉글하트와 동료들은 1981년부터 2007년까지의 WVS의 52개국 자료 중 평균 17년[66] 동안의 추적 조사 결과를 기준으로 분석한 결과, 거의 대부분의 국가들에서 26년 동안 행복감이 증가하였는데 이에 개인의 선택 자유가 가장 큰 영향을 미쳤으며, 그것의 설명력이 30%인 것을 발견했다(Inglehart et al., 2008). 또한, <그림 2-15>에서 보는 바와 같이, 개인의 선택 자유의 변화와 행복의 변화 간에는 정적 상관관계가 있었는데, 두 변수 간 증가 및 감소 상관관계의 크기가 r=.71로 매우 강한 것으로 나타났다.

잉글하트와 동료들의 연구 보다 규모가 더 크고 기간도 더 긴 연구에서도 개인의 자유가 행복에 긍정적인 영향을 미치는 것으로 나타났다. 즉, 1981년

66 각 국가의 실제 서베이 기간은 현장 조사 여건 상 10년 미만부터 26년까지 다양했다(Inglehart et al., 2008: 267).

〈그림 2-15〉 세계 개인의 자유와 행복(WVS 자료 기반)[67]

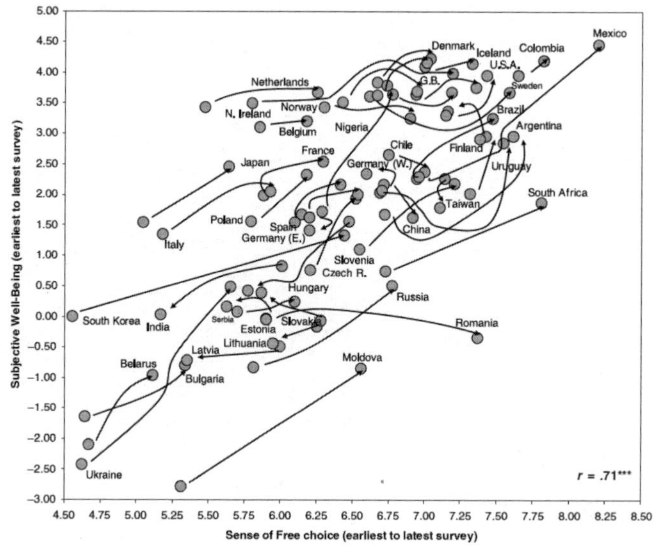

출처: (Inglehart et al., 2008: 275)

부터 2014년까지의 WVS 자료를 활용하여 97개국에 거주하는 16세부터 99세까지의 성인 324,320명을 분석한 결과, 개인의 선택과 자신의 삶의 통제의 자유가 행복에 긍정적인 영향을 미친 것이다(Ngamaba and Soni, 2017).[68] 그리고 이와 같은 경향은 행복을 4점 만점 척도로 측정했을 경우(r=.091, p=.000) 뿐만 아니라, 10점 척도로 측정했을 경우(r=.197, p=.000)에도 동일하게 유지되었다(Ngamaba and Soni, 2017: 9).

---

67 가로축의 선택 자유는 '전혀 없다(1점)'부터 '매우 크다(10점)'로 측정되었고, 세로축의 주관적 웰빙은 생활만족과 행복의 측정치를 활용하여 도출되었다. 생활만족을 '전혀 만족하지 않는다(1점)'부터 '매우 만족한다(10점)'로, 행복을 '매우 행복하다(1점)'부터 '전혀 행복하지 않다(4점)'로 측정 한 후 두 변수의 가중치를 동일하게 처리하여 [주관적 웰빙=생활만족-(2.5×행복)]로 도출하였다(Inglehart et al., 2008: 267). 따라서 매우 만족하고 매우 행복한 경우로 최대 7.5점부터 불만족스럽거나 불행한 사람이 만족하거나 행복한 사람보다 많은 경우로 음의 값까지 분포할 수 있다.

68 개인의 선택과 삶의 통제 자유는 '당신의 삶에 대한 선택과 통제의 자유가 얼마나 많이 있다고 느끼십니까?'에 대한 응답을 10점 만점 척도로 측정하였다(Ngamaba and Soni, 2017: 6).

5) 사회학과 행복

사회학은 기본적으로 행복을 개인적 요인의 영향만으로 설명하는 것을 거부하며, 행복은 사회적 영향으로부터 결코 자유로울 수 없다고 여긴다(Glatzer, 2000). 그리고 종합 학문으로서 사회학은 타 학문과의 융합적 해석을 시도하기 때문에 행복에 관한 사회학적 해석 또한 그 내용이 매우 다양하고 광범위하여 앞에서 논의한 여러 학문 분야의 행복 논의와 중복되는 점이 적지 않다. 그러므로 여기에서는 앞에서 논의한 행복의 철학, 심리학, 경제학, 정치학적 해석과 직접적으로 중복되는 부분은 최대한 제외하도록 노력했다. 따라서 주요 사회학자들의 행복 해석과 행복에 영향을 미치는 핵심적인 사회적 요소를 중심으로 논의하도록 한다.

(1) 고전사회학과 행복

일반적으로, 고전사회학자들이 행복을 직접적으로 논의한 경우는 찾아보기가 쉽지 않지만, 그들의 주요 논의가 행복 관련 논의에 제공해 주는 함의는 매우 크다(Jugureanu, 2016). 먼저, 마르크스는 『독일 이데올로기(The German Ideology)』에서 생산을 인류 최초의 역사적 행위라 주장하고, 인류의 재생산을 위해서는 성적 욕구와 물질적 욕구가 필요하다며 쾌락적 행복 추구의 필요성을 인정했다(Marx and Engels, 1965[1845]). 마르크스에 따르면, 능동적으로 실천하는 유적 존재로서의 인간은 필요한 것을 자연으로부터 얻을 수밖에 없기 때문에 노동을 하지 않고는 살 수 없는 존재이다. 그는 이를 『경제학, 철학 수고(Economic and Philosophic Manuscripts of 1844)』에서 유적 존재로서의 인간과 인간의 총체적 활동으로서의 노동이라는 관점에서 자본주의의 분업에 따른 노동과 인간의 소외를 비판했다(Marx, 2007[1927]). 다시 말해, 인간은 노동을 통해 자신을 실현하며 살아야 함에도 불구하고, 자본주의 사회에서 인간은 노동을 통해 자신을 실현하는 것이 아니라 오히려 노동으로부터 소외되는 불행한 존재라는 것이다. 노동이 생산한 가치 중에서 노동자에게 주어지는 것이 임금, 지주에게 지불되는 것이 지대, 그 외는 모두 이윤이 되는데 노동이 이익의 원천임에도 불구하고, 자본주의 사회에서 생산수단을 소유하지 못한 노동자들에게 이윤이 돌아가지 않는 노동 착취의 불행이 구조화되었다는 것이다(Marx, 1972[1867]).[69]

마르크스에 따르면, 자본주의는 근원적으로 인간을 행복하게 할 수 없는 시스템이다. 즉, 자본주의는 구조적으로 채워질 수 없는 인간의 탐욕을 조성하여 늘 부족함을 느끼게 만든다는 것이다(Marx, 1972[1867]). 왜냐하면, 경제 공황의 늪에 빠지지 않고 자본주의가 유지되기 위해서는 생산된 상품이 끊임없이 구매되고 소비되어야 하는데, 이 구조를 지속 가능하게 하기 위해 자본주의는 사람들에게 결코 채워질 수 없는 소비 욕망을 계속해서 부추길 수밖에 없기 때문이다(Balibar, 2017).

마르크스는 모든 가치는 노동으로부터 나온다는 노동 가치설에 기반 하여 자본주의에서 노동자들이 노동으로부터 소외되는 불행한 삶을 근본적으로 변화시켜야 한다고 주장했다(Zhang, 2017). 이를 위해서는 자본가 계급과 프롤레타리아 계급 사이의 지배와 종속 관계가 소멸하고 생산 수단의 공동소유를 통해 자본가와 프롤레타리아 모두 평등하고 행복한 공산주의 사회를 이룩해야 한다고 주장했다. 그는 『공산당 선언(Manifesto of the Communist Party)』에서 '지금까지 인류의 역사는 모두 계급투쟁의 역사'라며(Marx and Engels, 1983[1848]) 자본주의 또한 생산력과 생산 관계의 모순에 따라 계급투쟁이 필연적으로 발생하게 되어 모두가 평등하고 행복한 공산주의 사회가 도래할 것이라고 확신했다(Marx, 1904[1859]).

자본주의에 대한 막스 베버(Max Weber)의 연구는 소명의식에 기반한 금

69 마르크스에게 있어 일은 돈과 무관하게 개인의 자유의지에 의해 선택된 육체적, 정신적인 행위이다. 반면, 노동은 돈을 벌기 위해 시장에서 계약에 따라 매매되는 육체적, 정신적인 행위이다. 자본주의에서 매매된 노동은 개인이 마음대로 사용할 수 없게 되고, 그렇게 상품화된 노동으로써 얻은 돈을 통해 느끼는 행복은 일을 통해 느끼는 행복 보다 그 깊이에서 차이가 날 수 밖에 없다.

욕적인 생활 즉, 쾌락적 행복의 억제와 밀접하게 연결되어 있다. 자본주의를 합리적인 경제 체제라 믿었던 베버는 동양이 아닌 왜 근대 서구에서 자본주의가 발전했는지 의문을 가졌다. 그는 『프로테스탄티즘의 윤리와 자본주의 정신(The Protestant Ethic and the Sprit of Capitalism)』에서 그 이유를 종교 특히, 프로테스탄티즘과 자본주의의 선택적 친화성 때문이라고 답했다(Weber, 1976[1904]). 서구의 근대적 부기, 계량화 등과 같은 다른 요인도 없지 않았으나 쾌락적 욕망을 억누르는 금욕주의의 역할이 상당했다는 것이다. 칼뱅주의에 내재하는 프로테스탄티즘에 따르면, 인간은 예정조화설에 따라 사후에 천국으로 갈지 지옥으로 갈지 이미 정해져 있었다. 그런데 현생에서는 자신이 구원을 받았는지 못 받았는지를 알 수 없기 때문에 그 여부를 사업에 성공한 것으로 판별할 수 있다고 여겼다. 따라서 개개인은 이윤을 극대화하려고 하고, 얻은 소득을 소비하는 것보다 절약하고 금욕하여 또 다른 이윤 추구를 위해 재투자하는 데 총력을 기울이게 되었던 것이 자본주의의 태동에 상당한 영향을 미쳤다는 것이다.

게오르그 짐멜(Georg Simmel)은 자본주의 사회에서 인간의 행복에 큰 영향을 미치는 돈의 의미를 고찰했다. 짐멜에 따르면, 돈의 객관적 가치는 존재하지 않으며 단지 심리적 차원에서만 존재하게 된다. 다시 말해, 어떠한 대상이 가치를 갖게 되는 것은 그것의 가치를 측정해주는 돈의 객관적 가치 때문이 아니라 그 대상을 욕망하는 인간의 의지 때문이고, 돈은 그 과정에서 대상과 인간 간 관계를 객관적으로 맺어주는 역할을 할 뿐이라는 것이다(Simmel, 2013). 예를 들면, 자동차, 반지, 아파트 등은 그 자체로 가치를 갖는 것이 아니라, 그것들을 평가하는 인간이 자신만의 주관적 과정을 통해서 그것들이 지닌 가치의 객관성을 인정할 때에만 그것들의 가치가 구성된다는 것이다. 결국 짐멜에 따르면, 자본주의 사회에서 인간은 대상을 향한 주관적 과정을 통해 스스로의 욕망을 구성하고, 그러한 욕망을 돈을 통해 향유하는 존재라는 것이다.

한편, 에밀 뒤르켐(Emile Durkheim)의 연구는 행복한 삶을 사는데 있어 기쁨, 슬픔과 같은 개인의 심리 상태나 소득, 재산과 같은 경제적인 요소로 설명할 수 없는 사회적 사실(social facts)로서의 사회적 연대의 중요성을 잘 설명해 주고 있다. 뒤르켐은 기본적으로 사회 질서와 통합에 큰 관심을 보였고 특히, 분업사회에서 사회적 연대가 어떻게 가능한가를 고민했다. 이러한 연구 관심이 구체화 된 것이 바로 『사회분업론(The Division of Labour in Society)』으로 여기에서 그는 사회 규제와 법률 형태를 연구함으로써 사회적 사실로서의 사회적 연대를 파악하기 위해 노력했다(Durkheim, 1984[1893]). 그는 전통 사회는 분업이 미발달했고, 집단 규범과 동질성이 강하며, 강한 믿음으로 결속된 기계적 연대(Mechanical Solidarity)의 특징을 보였지만, 이후 공업화, 도시화, 산업화로 인해 분업이 촉진됨에 따라 집단 규범이 더 이상 개인을 강하게 구속하기 어렵게 되어 이질성을 더 많이 인정하게 되는 유기적 연대(Organic Solidarity)가 현대 사회의 특징이 되었다고 분석했다. 뒤르켐은 현대 사회의 분업이 서로의 필요성을 인정하게 함으로써 오히려 이질성이 강한 개인들을 통합시켜주는 역할을 할 것이라 여겼다.

그는 산업화로 인해 기계적 연대가 강한 사회가 유기적 연대가 강한 사회로 진화하는 과정에서 이전의 가치관과 도덕률이 무너지게 되는 급변 상황으로 새로운 질서가 형성되지 못해 사람들이 혼란을 겪는 아노미(Anomie) 상태에 놓이게 된다고 보았다. 인간이 아노미 상태에 놓이게 되면 자신을 둘러싼 환경과의 유대가 약해지면서 자살에 쉽게 노출되게 된다. 뒤르켐은 자살이 개인의 생리적인 원인 보다는 사회적 조건에 따라 달라지는 것으로 여기고 사회 유형에 따른 자살률의 변화를 분석하여 남성이 여성 보다, 개신교 신자가 가톨릭 신자 보다, 부자가 빈자 보다, 독신자가 기혼자 보다 자살할 가능성이 높다는 점을 밝혀냈다. 이러한 결과의 원인을 각 집단의 결속력과 규범적 통제 정도에서 찾은 뒤르켐은 그 정도에 따라 자살을 숙명적 자살, 이기적 자살, 이타적 자살, 아노미적 자살과 같이 네 가지 유형으로 분류하였다

(Durkheim, 2002[1897]).

이와 같은 뒤르켐의 사회적 연대와 행복 간 관계에 대한 연구는 행복과 사회적 지지 간 관계에 대한 연구에 큰 영향을 미쳤다. 행복에 대한 사회적 지지의 유효성에 관한 연구는 특히, 경제적 논리로 모두 설명할 수 없는 행복에 유의미한 영향을 미치는 요소를 설명해 줄 수 있다는 점에서 그 의미가 매우 크다(Graham, 2009; Glatzer, 2000). 이들은 주로 가족, 친구, 이웃 및 지역 사회 등과 같이 사람 간 상호작용에 의해 발생하는 사회적 지지가 행복에 미치는 영향을 설명하는데 집중했다(Alanen et al., 2010; Hamermesh and Abrevaya, 2011). 예를 들면, 친한 친구가 많고 같이 즐거운 시간을 더 많이 보내는 사람이 상대적으로 그렇지 못한 사람들 보다 더 행복하고(Henderson, Byrne, and Duncan-Jones, 1981; Graham, 2011), 인간관계의 폭이 넓은 사람이 그렇지 않은 사람보다 더 행복한 것으로 나타났다(Argyle, 1987).[70]

또한, 뒤르켐은 인간은 자신의 행복뿐만 아니라 자녀의 행복에도 깊은 관심을 갖는 특징이 있다고 여겼다(Morrison, 2006). 그리고 그 이유를 자원의 불평등에서 찾았다. 다시 말해, 인간은 현재 자신이 소유한 자원이 다른 사람과 비교했을 때 부족할 뿐만 아니라, 사회적으로 불평등하게 배분되어 있다고 인식하기 때문에 자신의 자녀가 다른 사람들보다 더 적은 자원을 가지고 사회에 진입하게 되면 행복하지 못할 것이라고 걱정한다는 것이다.

(2) 소비자본주의와 행복

폴 사뮤엘슨(Paul Samuelson)에 따르면, 자본주의 사회에서 행복은 '행복=소비/욕망'로 표현될 수 있다(Samuelson, 1961[1948]). 이 공식대로라면 소비자본주의 사회에서 행복을 극대화하는 지름길은 소비를 늘리고, 욕망을

70 경제적으로 빈곤선 위에 위치한 사람들의 행복감이 빈곤선 아래에 위치한 사람들의 행복감 보다 친구나 가족과 같은 사회적 관계의 영향을 더 많이 받는 것으로 나타났다(Lane, 2000).

줄이는 것이다. 만약, 이와 같은 주장이 참이라면 우리는 다음과 같이 최소한 네 가지 의문을 갖지 않을 수 없다.

첫째, 소비를 무한하게 늘릴 수 있을 만큼 모든 사람들이 경제적으로 넉넉한가? 이 물음에 대한 답변은 결코 긍정적일 수 없다. 다시 말해, 사회의 경제적 자원은 구조적으로 결코 균등하게 분포되어 있지 않기 때문이다(Dahl, 2005; Bartels, 2008; Chang, 2010; Wood, 2017a).

둘째, 만약 소비하고 싶은 만큼 경제적인 조건이 갖춰졌다고 가정했을 때, 과연 일반적으로 소비와 행복은 (정)비례 관계에 있는가? 이와 관련하여 자본주의 사회가 경제적으로 풍요로워지면 풍요로워질수록 인간의 소비 심리는 끊임없이 확장되지만, 그에 따른 만족은 늘 채워지지 못하고 오히려 허무함이나 박탈감이 커지는 역설적인 상황이 전개된다는 것이 학계 중론이다(James, 2008; Veblen, 2007; Tawney, 1920). 다시 말해, 소비를 하면 할수록 오히려 불행해지는 이른바 '어플루엔자(affluenza)'라는 일종의 소비자본주의 사회의 질병에 걸리게 된다는 것이다(James, 2007; Hamilton and Denniss, 2005; De Graaf, Wann, and Naylor, 2001).

셋째, 만약 시간적으로 짧게나마 소비와 행복 간 (정)비례 관계가 성립하는 경우가 전혀 없는 것이 아니라면, 과연 그 관계는 지속적인가? 소비와 행복 간 (정)비례 관계에 있는 경우에도 한계효용 및 적응 메커니즘에 따라 그 관계가 지속적일 수 없다는 것은 앞에서 이미 많은 연구를 통해 논증하였다. 더욱이 소비가 끊임없이 이뤄져야 생산물을 처분할 수 있고, 그래야만 유지 가능한 자본주의의 기본 속성에 비춰본다면(Fromm, 2012[1976]; Baudrillard, 2007[1970]; Bauman, 2004), 소비자본주의하 인간은 지속 불가능한 소비와 행복의 굴레에 갇혀 있는지도 모른다.

넷째, 보다 근본적으로 소비자본주의는 과연 욕망을 줄이려는 우리의 노력이 유효할 수 있는 구조적인 조건을 갖춘 시스템인가? 이에 대해서 긍정적인 결론을 내리기는 쉽지 않다. 가장 대표적인 사례로 상품을 생산한 기업이 소비를 촉진시키기 위해 부단히 노력하는 것을 들 수 있는데 그 중에서 특히, 광고 전략과 진부화 전략을 빼놓을 수 없다.

광고 전략의 경우, 소비자본주의 사회에서 소비자는 광고를 통해 상품에 대한 필수 정보를 제공받는 수준을 이미 넘어 상품을 소비하도록 각종 기호를 동원하여 유혹하는 광고 전략에 무방비로 노출된 지 오래다. 이와 관련하여, 존 케네스 갤브레이스(John Kenneth Galbraith)가 자본주의 사회에서는 자율적인 주체의 욕망이 일종의 환상이 될 수 있다고 비판한 점에 주목할 필요가 있다. 갤브레이스에 따르면, 특히 경제적으로 부유한 국가의 경우, 시장에서 수요에 맞춰 공급이 이뤄지는 관계가 역전될 가능성이 크다는 것이다. 즉, 주로 광고 산업에 의해 재화에 대한 주체의 욕망이 구성될 뿐만 아니라, 오히려 공급이 수요를 만들어 내는 상황이 발생한다는 것이다(Galbraith, 1998[1958]).

광고 전략보다 더 적극적인 것이 상품의 수명을 인위적으로 단축시켜 소비를 부추기는 진부화 전략으로 세르주 라투슈(Serge Latouche)에 따르면, 진부화 전략은 크게 세 가지 유형으로 나타난다(Latouche, 2014). 아직 유용한 제품을 핵심 내용의 변화 없이 주로 디자인만 변경한 후 그것을 새로운 상품이고 기존 제품보다 유행에 앞선 것처럼 느끼게 만드는 심리적 진부화, 기술 발전에 따른 기술적 진부화, 제품의 수명을 제품 설계 단계에서부터 인위적으로 단축시키는 계획적 진부화(planned obsolescence)가 소비자본주의 사회에서 만연해 있다는 것이다. 그리고 소스타인 베블렌(Thorstein Veblen)에 따르면, 기본적으로 인간의 소비는 개인적인 만족감의 충족에만 그치는 것이 아니라 타인에게 자신의 지위를 사회적으로 드러내려는 일종의 '과시 소비'의 특성을 갖고 있으며(Veblen, 2007) 특히, 소비자본주의 사회에서 상품이 개인의 사회적 지위를 나타내주는 일종의 기호 형식들 중의 하나로써 개인의 정체성과도 연결된다(Baudrillard, 2007)는 점에 비춰보면, 소비를 통한 인간의 행복 추구는 애초부터 인간성의 침식을 담보로 하는 행위인지도 모른다.

결국, 소비자본주의 사회에서 인간은 소비를 통해서도, 욕망의 절제를 통해서도 지속적인 행복을 담보하지 못하는 것이다. 다시 말해, 인간은 행복해지기 위해 소비를 하지만 소비자본주의 사회에서 시장 메커니즘에 의해 조성된 신자유주의적 소비 주체성에 포섭됨에 따라 아무리 소비해도 채울 수 없는 욕망을 추구하게 되는 것이다. 그럼으로써 더 많은 경제적 자원을 갈망하게 되며, 자신의 정체성도 망각하게 되는 불행의 악순환에 스스로 빠지게 되는 것이다. 이것은 곧, 지그문트 바우만(Zygmunt Bauman)이 소비자본주의에 의해 추동되는 소비를 통한 행복 보장은 결코 현실화되기 어렵고(elusive), 인간으로 하여금 존재하지 않는 더 나은 삶을 찾기 위한 끝없는 덫에 가두는 결과를 초래하게 될 뿐이며(Bauman, 2008), 늘 새로운 일이 발생하게 하여 따분함을 예방하기 위해 돈이 필요하게 되고 그것을 통해 끊임없이 소비를 해야 느낄 수 있는 소비자본주의의 소비문화가 정의하는 행복(Bauman, 2004)에 갇히게 되는 것이라고 비판한 것과 같은 것이다. 또한, 앨리 러셀 혹실드(Arlie Russell Hochschild)가 소비자본주의는 행복이 지닌 본래의 의미심장함과 가치를 퇴색시키고, 상품화 과정에서 얻어지는 일종의 부산물에 불과한 것으로 전락시켜버리는 보다 근원적인 부작용을 초래한다(Hochschild, 2003)고 비판한 것과도 크게 다르지 않다.

(3) 사회적 자본과 행복

사회적 자본(Social Capital) 개념은 아리스토텔레스, 샤를-루이 몽테스키외(Charles Louis Montesquieu), 아담 스미스, 알렉시 드 토크빌(Alexis de Tocqueville), 존 스튜어트 밀, 막스 베버 등 고전 학자들에 의해서도 다뤄지기는 했지만(Ferragina, 2012: 11; Halpern, 2008: 3), 사회학에서는 일반적으로 피에르 부르디외(Bourdieu, 1986), 재임스 콜멘(Coleman, 1988), 로버트 푸트남(Putnam, 1993a) 이후에 본격적으로 연구된 것으로 알려져 있다.

사회적 자본을 사회적 연결망의 일원이 됨에 따라 얻을 수 있는 개인의 능력(Portes, 1998)이나 개인이 속한 집단의 자원에 접속하면서 얻을 수 있는 자원의 일종(Lin, 2003)으로 간주하는 미시적 해석과 달리 특히, 콜멘과 푸트남은 거시적 시각에서 사회적 자본을 다음과 같이 정의하고 있다.[71]

> "사회적 자본은 단일체가 아니라 다원체로 사회 구조적 측면과 행위자의 행위를 가능하게 하는 두 가지 요소를 공통적으로 가지며 … 생산적이고 … 완전히 대체될 수 없으며 … 행위자들 간 관계 구조에 내재되어 있고 … 행위자 자체 혹은 생산의 물리적 형태에 존재하지 않는다. 목적이 분명한 조직도 인간처럼 행위자가 될 수 있으므로 기업 간에도 사회적 자본이 구성될 수 있다"(Coleman, 1988: S98).

> "조정된 행위를 가능하게 함으로써 사회의 효율성을 증진시킬 수 있는 신뢰(trust), 규범(norms), 네트워크(networks)와 같은 사회적 조직"(Putman, 1993a: 167, 괄호 안 원문).[72]

이와 같은 거시적 해석에 따르면, 사회적 자본은 개인 수준을 넘어 조직이나 집단 등에서도 형성될 수 있는 것이 되는데, 이처럼 추상적인 사회적 자본의 개념을 보다 구체화 하려는 노력이 그 크기와 종류를 구분하는 것으로 나타났다. 예를 들면, 부르디외는 사회적 자본의 규모는 행위자가 동원할 수 있는 네트워크의 크기와 그가 소유한 경제적 자본, 문화적 혹은 상징적 자본의 크기에 따라 달라진다고 하였다(Bourdieu, 1986: 249). 종류의 경우, 나이, 인종, 사회 계급 등 유사한 정체성을 지닌 개인 혹은 집단 간 형성되는 결합적(bonding) 사회적 자본과 서로 다른 정체성을 지닌 개인 혹은 집단 간 형성되는 가교적(bridging) 사회적 자본과 같이 두 가지로 구분될 수도 있다

---

71 부르디외(Bourdieu, 1986: 248)는 "사회적 자본은 실제 혹은 잠재적 자원의 집합체인데 … 다소 제도화된 서로 알고 있는 관계 … 달리 말하면, 그룹의 회원 …"으로 정의하고 있고, OECD(2001: 41)는 "사회적 자본은 그룹 내 혹은 그룹 간 협력을 가능하게 하는 네트워크, 공유 규범, 가치와 이해"로 정의하고 있다.

72 후쿠야마는 사회적 자본을 신뢰와 동일한 의미로 간주하기도 한다(Fukuyama, 2002).

(Helliwell and Putnam, 2004; Halpern, 2008).

이처럼 그 개념을 구체화하려는 노력에도 불구하고, 사회적 자본은 개념 자체의 추상성이 상당히 높을 뿐만 아니라(Knack and Keefer, 1997), 사회적 자본의 핵심 요소 중 하나인 네트워크 구조의 경우 강한 폐쇄적 네트워크나 약한 개방적 네트워크로 구분할 수 있는 등 매우 다차원적인 특성을 갖고 있기 때문에(Granovetter, 1973; Bourdieu, 1986; Coleman, 1988; Putman, 2001, 1993a) 사회적 자본을 측정하는 합의된 단일 측정 지표는 존재하지 않는다(Clark, 2016; Viry et al., 2017). 이 때문에 경험적 연구 마다 개념 정의와 측정 지표의 적용이 상이하게 이뤄지고 있다. 그럼에도 불구하고, 사회적 신뢰가 높은 사회에 사는 사람들이 그렇지 않은 사회에서 사는 사람들보다 더 행복하다(Helliwell, Huang, and Wang, 2017)고 한 것과 유사하게[73] 수많은 학자들이 사회적 자본과 행복 사이에 정적인 상관관계가 존재한다는 데에는 한 목소리를 내고 있다(Kangas, 2013; Helliwell and Putnam, 2004; Sampson, Raudenbush, and Earls, 1997; Verba, Schlozman, and Brady, 1995).[74]

---

73 마크 그라노베타(Mark Granovetter)는 신뢰에 대한 기존의 다양한 논의를 비판 정리하면서 신뢰를 어느 한 쪽에 치우쳐 논의하는 것에 반대한다. 그는 원칙적으로 소규모 수준과 대규모 수준 모두에서 신뢰를 고찰할 것을 주장하면서도 개인적 수준에서의 신뢰의 결과가 대규모 수준의 결과로 연결될 것이라 성급하게 간주하는 것을 경계하며, 그렇게 주장하기 위해서는 그 연결이 어떻게 발생하는지를 자세히 설명할 수 있어야 한다고 주장하고 있다(Granovetter, 2017: 80).

74 사회적 자본이 행복에 유의미한 영향을 미친다고 밝힌 여러 연구 중 특히, 건강 요소와 관련해서 대표적으로 혁신적이고 고전적인 연구로 평가받아(Aiello, 2017) 미국 역학 저널(American Journal of Epidemiology)이 역사적인 논문이라며 2017년에 재 출판한 1979년의 논문을 예로 들 수 있다. 리자 버크만(Lisa Berkman)과 레오나르드 시메(Leonard Syme)가 미국 캘리포니아주 알래메다 카운티(Alameda County)에 거주하는 사람들을 대상으로 1965년부터 9년 동안 추적 연구한 결과 사회적 접촉 정도가 건강에 유의미한 영향을 미치는 것으로 밝혀졌다. 다시 말해, 30세부터 69세 남성 2,229명과 여성 2,496명을 대상으로 사회적 접촉을 결혼, 친한 친구와 친척과의 연락, 교회 참여, 공개 및 비공개 협회 참여를 기준으로 했을 때, 네 가지 모두에서 더 많이 접촉할수록 그렇지 않은 경우에 비해 사망률이 낮게 나왔고, 이는 9년 동안 지속되었으며, 네 가지 영역별 영향력의 크기는 결혼, 친한 친구와 친척, 교회 참여, 공개 및 비공개 협회 참여 순인 것으로 나타났다(Berkman and Syme, 2017).

예를 들면, WVS 자료(1990-1991년, 1995-1997년, 1999-2001년)를 이용하여 푸트남이 제시한 신뢰, 규범, 네트워크와 행복 간의 관계를 밝힌 연구에 따르면, 특히 신뢰가 행복에 유의미한 영향을 미치는 것으로 나타났다(Bjørnskov, 2006).[75] 또 다른 대규모 자료를 활용한 국가 간 비교 연구에서도 동일한 결과가 보고되었다. 예를 들면, 프란세스코 사라시노(Francesco Sarracino)는 1980년부터 2005년의 WVS와 EVS 자료를 통합한 자료에서 도출한 총 15개국에 거주하는 86,021명을 대상으로[76] 사회적 자본과 행복 간 관계를 분석하였다(Sarracino, 2012: 153).[77] 사라시노는 사회적 자본을 특히, 관계적 사회적 자본과 비관계적 사회적 자본으로 구분하여 전자에 해당되는 타인에 대한 신뢰, 단체에 참여하는 것(membership), 무급 자원봉사가 행복에 미치는 영향을 분석했다.[78] 분석 결과, 〈그림 2-16-1〉부터 〈그림 2-16-3〉에서 보는 바와 같이, 소수의 예외적인 국가가 전혀 없는 것은 아니지만, 전반적으로 모든 관계적인 사회적 자본과 행복 간에 정적 상관관계가 성립하는 것으로 나타났다.[79]

---

75 신뢰의 형성은 곧 타인을 인정하는 과정이 전제되어야 가능하다. 즉, 정치적으로 서로 다른 견해를 가진 사람, 경제적으로 부유한 사람과 그렇지 못한 사람, 장애인, 노인, 이민자 등 사회적 약자, 서로 다른 문화를 가진 사람 등 사회 모든 구성원들 사이에 정치 · 경제 · 사회 · 문화적 이질성에 대한 상호 인정이 있어야 서로 대화가 가능하고 상호 신뢰 형성 과정을 거칠 수 있는 것이다. 그런데 이때의 인정은 악셀 호네트(Axel Honneth)에 따르면, 사랑, 존중, 존경과 같이 개인의 자아 형성에 중요한 요소에 결정적인 영향을 미치게 된다. 다시 말해, 사랑의 측면에서의 인정은 자신이 사랑받고 있음을 느끼게 하여 자기 확신을 심어주고, 존중의 측면에서의 인정은 평등함을 느끼게 하여 자기 존중감을 키워주며, 존경의 측면에서의 인정은 개개인의 특수성과 능력을 인정받게 하여 자기 존경을 체험할 수 있게 해준다는 것이다(Honneth, 1995; Fraser and Honneth, 2003).

76 15개 국가는 호주, 벨기에, 캐나다, 덴마크, 핀란드, 프랑스, 독일, 아일랜드, 이탈리아, 일본, 네덜란드, 노르웨이, 스페인, 스웨덴, 영국이었다(Sarracino, 2012: 143).

77 이 연구의 초기 버전은 (Sarracino, 2010)을 참고하기 바란다.

78 사라시노는 비관계적인 사회적 자본을 경찰, 언론, 의회, 교육 시스템, 정당 등에 대한 신뢰(Sarracino, 2012: 141)와 같이 사람들 사이의 관계가 아닌 주로 기관이나 제도에 대한 신뢰로 구분하고 있다.

79 행복의 측정은 '모든 것을 고려했을 때, 당신은 어떻다고 말할 수 있다'는 문항에 아주 행복하다부터 전혀 행복하지 않다와 같이 4점 척도로 측정되었다(Sarracino, 2012: 144).

〈그림 2-16-1〉 신뢰와 행복

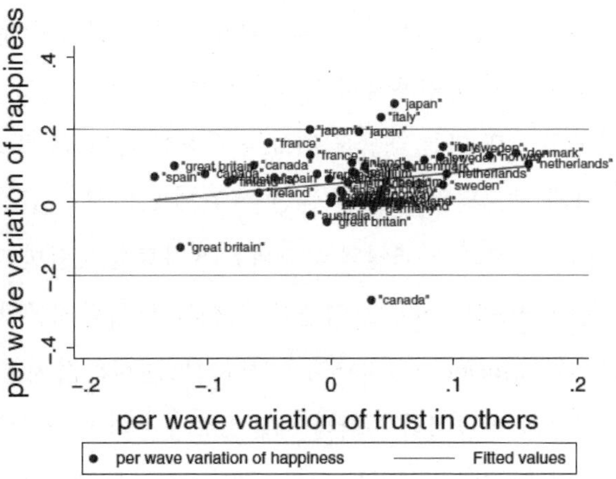

출처: (Sarracino, 2012: 153)

〈그림 2-16-2〉 단체 참여와 행복

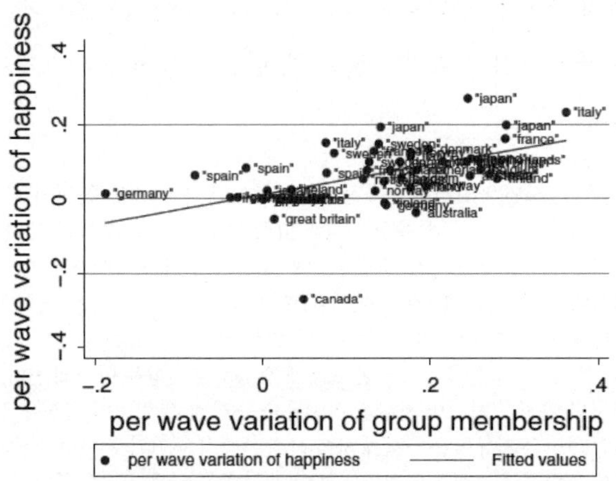

출처: (Sarracino, 2012: 153)

뿐만 아니라, 사라시노가 비관계적인 사회적 자본으로 구분한 것도 행복에 긍정적인 영향을 미치는 것으로 나타났다. 예를 들면, 유럽바로미터 서베이(Eurobarometer Survey, ES) 자료를 통해 유럽의 15개국을 분석한 연구에 따르면(Hudson, 2006), 유럽중앙은행(European Central Bank, ECB),

〈그림 2-16-3〉 무급 자원봉사와 행복

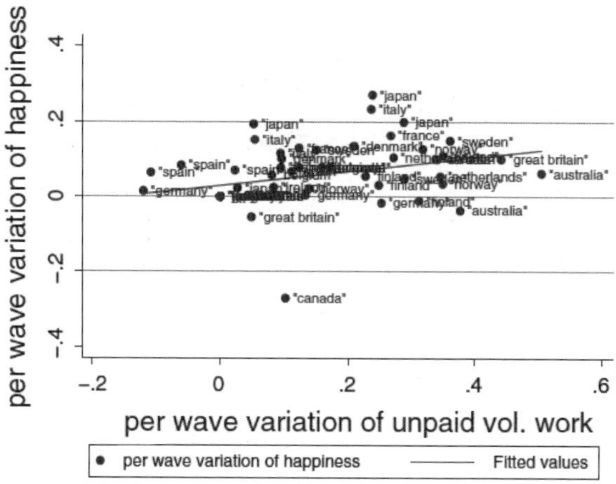

출처: (Sarracino, 2012: 153)

유럽연합(European Union, EU), 각국 정부, UN과 같은 공공 기관이나 법과 같은 제도에 대한 신뢰 정도가 개인의 행복에 유의미한 영향을 미치는 것으로 밝혀졌다. 이와 같은 행복에 대한 신뢰 효과는 아시아 국가들에서도 동일하게 확인되었다. 예를 들면, 아시아 바로미터 서베이(AsiaBarometer Survey, ABS) 자료를 활용해 아시아 29개국의 총 39,082명을 분석한 연구에 따르면(Tokuda, Fujii, and Inoguchi, 2010), 사회적 신뢰도가 높은 국가에 사는 사람들이 그렇지 못한 국가에 사는 국민들보다 행복한 것으로 나타났다.

또한, 영국의 사례연구는 사회적 자본이 행복에 긍정적인 영향을 미칠 뿐만 아니라, 그 영향력의 크기를 구체적으로 밝히고 있다. 행복에 대한 친구, 친척, 이웃과의 소통과 같은 관계적인 사회적 자본의 효과를 검증하기 위해 1997년부터 2003년까지의 영국 가구패널조사(British Household Panel Survey, BHPS) 자료 중 16세부터 65세까지의 18,547명을 분석한 결과,[80] 친

80 이것은 BHPS 7-10차, 12차 자료를 분석한 것인데, 이는 6차 조사에서 행복 관련 문항이 처음 도입되었다가 11차 조사에서 삭제되고 12차 조사부터 다시 도입되었기 때문이다

구와 친척을 만나는 횟수, 이웃과 대화를 하는 횟수 모두 행복에 긍정적인 영향을 미치는 것으로 나타났다(Powdthavee, 2008).[81] 그리고 잠재가격방법(shadow pricing method)을 통해 보다 구체적인 효과를 추가 분석한 결과, 특히 친구와 친척과의 교류 수준이 한 단위만큼 증가할 때 그것이 행복에 긍정적으로 영향을 미치는 것은 금전적으로 일 년에 최대 £85,000의 가치를 갖는 것으로 나타났는데, 이는 가구 소득이 행복에 미치는 영향력이 £9,800인 것 보다 거의 9배 많은 것이었다(Powdthavee, 2008: 1474-1475).[82]

그리고 한국도 외국과 같은 결과를 보이고 있었다. 예를 들면, 서울에 거주하는 만 15세 이상 남녀를 대상으로 2003년부터 매 해 실시되는 서울 서베이의 도시정책지표조사 자료 중 2005년부터 2012년까지 8년 동안 총 382,354명의[83] 자료를 분석한 결과, 사회적 자본과 행복 간에는 정적인 상관관계가 성립하는 것으로 나타났다(정명은, 김미현, 장용석, 2014). 즉, 사회적 자본의 일종인 관용과 신뢰가 행복 증진에 긍정적으로 작용한 것이다. 뿐만 아니라, 이와 같은 관계는 재산 수준과는 무관하게 유효했으며, 상관성의 크기가 시간이 지날수록 더 커지는 것으로 나타났다(정명은, 김미현, 장용석, 2014).[84]

(Powdthavee, 2008: 1462). 추가 종단분석에는 5차 자료들 모두에 포함된 5,007명에 대해서만 수행되었다(Powdthavee, 2008: 1463).

81 행복은 '당신의 삶에 대해 전반적으로 만족하지 않으십니까 혹은 만족하십니까?'라는 질문에 매우 만족하지 못한다부터 매우 만족한다까지 7점 척도로, 사회적 자본은 '같이 거주하지 않는 친구나 친척을 당신의 집이나 그 외 장소에서 얼마나 자주 만나십니까?', '이웃과 얼마나 자주 대화를 하십니까?'라는 각각의 질문에 전혀 만나지(하지)않는다부터 거의 매일 만난다(한다)까지 5점 척도로 측정되었다(Powdthavee, 2008: 1463).

82 이는 행복에 대한 결혼의 금전적 가치가 약 £50,000 정도인 것보다도 많고, 이혼이나 사별로 인한 손실액 £139,000, 실업으로 인한 손실액 £143,000의 거의 $\frac{2}{3}$ 정도를 보충할 수 있는 것이다(Powdthavee, 2008: 1475).

83 표본 수는 2005년에 48,760명, 2006년에 48,207명, 2007년에 48,207명, 2008년에 48,668명, 2009년에 46,146명, 2010년에 47,003명, 2011년에 45,605명, 2012년에 49,758명이었다(정명은, 김미현, 장용석, 2014: 169).

84 지금까지 살펴본 것처럼, 사회적 자본이 행복에 유의미한 영향을 미친다는 공통된 연구 결과는 행복이 오롯이 개인적인 영역의 문제만으로 그치는 것이 아니라, 사회 구조적인 요소의

또한, 한국보건사회연구원이 전국의 만 19세 이상-만 75세 이하 남녀 3,648명을 대상으로 2014년 7월 7일부터 8월 20일까지 조사한 자료에 따르면, 사회적 자본이 풍부할수록 행복감도 증가하는 것으로 밝혀졌다(김미곤 외, 2014).[85] 다시 말해, 한국 사회에 대한 신뢰도를 5분위로 구분했을 때, 1분위는 5.70점, 2분위는 5.89점, 3분위는 6.22점, 4분위는 6.37점, 5분위는 6.87점으로 사회적 신뢰도가 증가할수록 행복감도 증가하는 것으로 나타났다(김미곤 외, 2014: 176). 그리고 이와 같은 경향은 봉사활동이 증가할 때에도 동일한 것으로 나타났다(김미곤 외, 2014: 176).

6) 사회정책학과 행복

(1) 자본주의와 사회정책의 발전

자본주의는 기본적으로 생산 수단을 소유하지 못한 사람들을 상품화시키는 시스템이기 때문에 자본주의 하 인간의 삶은 전반적으로 불안전한 상태에 놓여 있을 수밖에 없다(Marx, 2007[1927], 1972[1867]; Giddens, 1997, 1996; Callinicos, 1985). 뿐만 아니라, 자본주의는 사람들로 하여금 인간관계에서 물질적이고 목적 지향적인 이해관계를 우선시하게 하여 인간성의 침식을 일상화하기 때문에(Hirschman, 1992) 개개인의 행위에 대한 정당성의 판단은 뒤로 밀리고 그 자리를 효율성과 성과가 대신하게 되면서 범죄와 같은 일탈이 만연하게 될 위험성이 커지게 된다(Messner and Rosenfeld, 1997). 만약, 그러한 상황이 적절히 관리되지 못해 심각한 수준에 다다르면 사회 정의나 도덕은 설 자리를 잃게 되어 인간은 결국 아노미 상태에 빠지게 되는 것이다(Merton, 1968). 그런데 자본주의에 기반한 시장의 힘은 인간의 물적 조건뿐만 아니라 신념이나 믿음과 같은 정신세계에까지 막대한 영향력을 행사하는

영향으로부터 자유롭지 않다는 것을 시사한다. 이에 관해서는 제5장의 사회적 행복 부분에서 자세히 논의하겠다.

85 행복의 측정은 '○○님께서는 어제 어느 정도 행복하셨습니까?'라는 물음에 대해 10점 만점의 캔트릴 사다리로 측정되었다(김미곤 외, 2014: 253).

제도로 국가만큼 그에 대항하여 균형을 찾을 수 있는 제도를 찾기는 쉽지 않은 상황이다(Lane, 2000, 1999; Heilbroner, 1986). 이러한 자본주의의 구조적 폐단에 의한 인간성의 파괴로부터 인간을 보호하기 위한 목적에서 시작된 것이 바로 사회정책이다.

그런데 사회정책이 무엇인지에 대해서 학자들마다 의견이 정확하게 일치하는 것은 아니다. 그러나 지금까지 시도된 사회정책의 거의 모든 정의가 리차드 모리스 티트머스(Richard Morris Titmuss)가 "사회서비스에 관한 정의는 사회서비스의 목적과 관련되어야지 목적(복지의) 달성을 위해 적용된 행정적 방법과 제도적 장치에 관한 것이어서는 안 된다"(Titmuss, 1958: 42, 괄호 안 저자 삽입)고 한 것의 영향을 받았다는 점에서는 공통점을 갖는다. 사회정책의 정의에 대한 주요 사회정책학자들의 다양한 견해를 비교해 보면 다음과 같다.

토마스 험프리 마셜(Thomas Humphrey Marshall)은 사회정책을 주로 사회복지와 관련된 정부의 제반 정책으로 보며 다음과 같이 정의하고 있다.

> "사회정책은 시민들에게 서비스나 소득을 제공함으로써 시민들의 복지에 직접적인 영향을 미치는 행동(혹은 조치)과 관련된 정부의 정책이다. 사회정책의 핵심은 사회보험, 공공부조, 주거 정책, 교육, 범죄 처리를 포함 한다"(Marshall, 1967: 6, 괄호 안 저자 삽입).

반면, 하틀리 딘(Hartley Dean), 고스타 에스핑-앤더슨(Gosta Esping-Andersen), 폴 스피커(Paul Spicker), 피터 타운센드(Peter Townsend)는 마셜보다 사회정책의 범위를 상대적으로 더 넓게 설정하며, 그것을 각각 다음과 같이 보다 더 명확하게 밝히면서 정의하고 있다.[86]

86 마셜 또한 사회정책을 완전하게 사회복지 정책으로만 한정했다고 할 수 없지만, 상대적으로 그 범위를 딘, 에스핑-앤더슨, 타운센드 보다 명확하게 밝혔다고 하기도 어렵다.

"사회정책을 대문자 S와 대문자 P로 쓰면(Social Policy) 학문으로서의 사회정책을 의미하고, 소문자 s와 소문자 p로 쓰면(social policy) 사회 보장, 건강(보건의료), 교육, 사회적 돌봄과 보호 혹은 인간의 웰빙과 관련된 많은 분야에서 결정되는 일반적 혹은 특정 정책이나 정책들을 말한다"(Dean, 2006: 2, 괄호 안 저자 삽입).

"사회정책은 사회적 위험의 공적 관리를 의미 한다(pp. 36) … 사회정책은 복지국가가 없어도 존재할 수 있지만, 복지국가는 사회정책이 없이는 존재할 수 없다. 사회적 위험을 해결하기 위한 집단적인 정치적 행동 같은 것이 있는 한 사회정책은 존재하는 것이다(pp. 33)"(Esping-Andersen, 2003: 33-36, 괄호 안 페이지 번호).

"복지 연구는 전통적으로 '사회정책'이라고 일컬어진다. 대부분의 경우, 사회정책은 건강 돌봄(health care), 연금, 사회사업(social work), 주거 등과 관련된 이슈, 정책, 제도를 말한다. 그러나 사회정책은 사회를 위한 정책들 또는 '사회적' 정책과 같이 보다 넓은 것을 지칭한다 … 복지국가가 항상 그러한 사회를 위한 정책과 관련된다고 가정하는 것은 잘못된 것이다"(Spicker, 2017: 83, 괄호 안 원문).

"사회정책은 서비스 및 사회 구조와 가치를 유지 혹은 변화시키는 단체들과 조직들에 대한 제도화 된 통제를 말한다. 가끔 이러한 통제는 완전히 의식적(명시적)이고, 정부의 대변인이나 다른 사람들에 의해 의식적(명시적)으로 표명된다. 그것은 가끔 비명시적이고 심지어 인지조차 되지 않는다. 이런 의미에서 모든 사회는 사회정책을 가지고 있다"(Townsend, 1976: 6, 괄호 안 저자 삽입).

다시 말해, 딘은 사회정책이 웰빙 관련 일반 정책까지 포함하는 것으로 보고 있고, 에스핑-앤더슨은 사회정책을 복지국가나 사회복지 정책 보다 더 넓게 보고 있다. 특히, 스피커와 타운센드는 사회정책을 사회와 관련된 거의 모든 정책을 포괄하는 것으로 간주함으로써 사회정책을 매우 광범위하게 정의하고 있다.[87] 그러나 스피커가 사회정책이 건강, 연금, 주거 등의 복지정책과 관련됨을 부정하지 않았고, 타운센드도 사회정책이 사회복지나 건강, 교육, 사

87 다른 사회정책학자들과 달리 타운센드가 사회정책을 매우 광범위하게 정의하는 이유는 부분적으로 그의 지적 뿌리가 사회학에 근거하고 있기 때문인 것 같다. 다시 말해, 그는 "나는 사회정책을 연구하는 것이 사회학으로부터 분리된 것은 잘못되었다고 믿는다"(Townsend, 1976: 1)며 사회학의 가치 기반과 탈-가치 기반적 성격에 관한 오해로 사회정책이 분리됨으로써 그 시야가 협소해진 것을 안타까워하고 있다.

회보장 등과도 관련된다(Townsend, 1976: 2)고 보는 점에서는 다른 학자들과 의견을 같이한다고 할 수 있겠다.

이 외에도 앨빈 루이스 쇼르(Alvin Louis Schorr)와 마틴 레인(Martin Rein)의 정의도 사회정책학에서는 비교적 중요하게 다뤄지고 있는데 그 내용은 위에서 다룬 바와 크게 다르지 않다(Schorr, 1968; Rein, 1970). 결국, 사회정책이 무엇인지에 관한 주요 학자들의 공통된 논의를 종합해 보면, 인간이 태어나 죽을 때까지 모두 질병, 실업, 재해, 은퇴 등으로부터 완전히 자유롭지 못해 일상생활에서 누구나 행복하기 위해서 위와 같은 위험으로부터 자신을 보호해 주는 데에 반드시 필요한 사회 안전망을 제공해 주는 것과 관련된 정책이 곧 사회정책이라는 것이다. 이러한 사회정책을 적극적으로 지지하고, 폭넓게 제공하기 위한 국가의 책임을 자본주의 체제 내에서 제도화한 것이 바로 복지국가이다(Mishra, 1990).

그런데 카가 주장한 바와 같이, 역사적으로 복지국가는 19세기의 자유방임주의에 대한 반대 논리로써 그것을 극복하는 대안 국가 모델로 출현했다(Carr, 1951)는 데에는 학계에 이견이 거의 없지만, 복지국가의 출현과 발전의 구체적인 동학에 대해서는 다양한 해석이 존재한다. 예를 들면, 대략 1960년대부터 1970년대에는 복지국가의 발전을 산업화 모델(industrialization model)에 기반하여 설명하였다. 이 모델은 복지국가를 산업화의 결과로 얻어진 풍부한 경제적 부의 부산물(Wilensky, 1975; Pryor, 1968; Cutright, 1965)과 산업화로 인해 발생한 사회 문제에 대한 대응의 결과로 보았다(Jaeger and Kvist, 2005: 18-19).[88] 다시 말해, 제2차 세계대전 이후부터 이른바 '황금 시대(Golden Age)'로 일컬어지는 1970년대 중반까지 유럽을 중심으로 이뤄진 복지국가 제도화의 확산은 축적된 부에 대한 케인즈주의적 경제 정책의 적용으로 가속화되었다는 것이다(Spicker, 2017; Richardson, 1960).

88 산업화 모델은 복지국가가 발전하게 된 정치 및 제도적 요소와 문화적 요소를 고려하지 못하는 한계가 있다(Bonoli, 2000: 33).

1980년대에 들어서는 노동 운동과 진보주의 정당에 의해 복지국가가 팽창하게 되었다는 권력 자원 모델(power resource model)에 의해 주로 설명되었다(Stephens, 1979; Esping-Andersen, 1985). 다시 말해, 노동자 계급 동원(mobilization)의 성공이 복지국가 팽창의 핵심 요인(Korpi, 1983)이었던 반면, 보수주의 세력은 복지국가 축소를 위해 노력했다는 것이다(Castles, 1982). 그리고 이때부터 복지국가에 대한 정치적 논란이 크게 확산되면서 복지국가 위기 담론이 본격적으로 등장하기 시작하였다(Offe, 1984; Powell and Hewitt, 2002). 즉, 대략 1980년대부터 보수주의자들은 복지국가는 사람들을 복지에 의존하게 하여 노동 시장에 참여할 동기를 약화시키고, 결혼을 통해 가족을 구성하는 데에도 소극적으로 만들며, 복지국가 확대를 위한 증세는 개인의 자유를 심대하게 억압하여 종국에는 사회 붕괴를 초래할 위험이 크다고 주장했다(Dean and Taylor-Gooby, 2013). 반면, 진보주의 세력에게 전통적인 복지국가는 인구 및 가족, 노동 시장 등의 변화로 인해 발생하는 후기 산업사회의 새로운 사회적 위험(new social risk)에 대한 욕구를 제대로 만족시켜주지 못하는 한계가 있었다(Bonoli, 2005; Taylor-Gooby, 2004a, 2004b, 1999).

위와 같은 복지국가의 축소와 확대를 둘러싼 좌우 대립으로 복지국가의 개혁이 쉽지 않은 환경에서 세계 경제 성장의 둔화와 인구 고령화 현상 등에 의한 부작용 때문에 이른바 '항구적 긴축(permanent austerity)' 시대가 열리게 됨으로써(Pierson, 1998, 1994) 전통적 복지국가의 위기와 '새로운 복지국가 건설'에 관한 매우 다양한 담론이 계속해서 확대되고 있다(Byrne and Ruane, 2017; Taylor-Gooby and Stoker, 2011; Norman, 2010; Taylor-Gooby, 2009; Taylor-Gooby and Larsen, 2004; Hemerijck, 2002; Esping-Andersen, 2002). 결국, 복지국가의 발전은 특정 모델만으로 완전하게 설명될 수 없으며, 정치경제와 제도 및 사회문화적 요소 간 역동적인 상호작용의 결과로 보아야 할 것이다(Bonoli, 2000). 다시 말해, 산업화로 축적한 경제적 부를 민주주의의 성숙과 사회인구적 변화로 정부의 사회적 지출 증가에 대한 사회적 합의를 이루면서 복지국가가 시작될 수 있었고, 이후 계속되는 정치경제 및 사회문화적 환경의 변화로 복지국가도 끊임없이 변화를 거듭하고 있는 것이다(Pierson, 2006; Dean, 2006).

(2) 복지국가 유형과 행복

앞에서 간략하게 살펴본 사회정책의 발전사는 결국 인간의 존엄성을 시장에 의한 상품화로부터 지켜내기 위한 인류의 노력이 축적된 것으로 요약될 수 있다. 이와 같은 노력을 보다 논리적으로 설명하기 위해 많은 학자들이 주로 국가, 시장, 가족을 중심으로 각자 나름의 근거에 기반 하여 복지국가의 유형을 분류하였다.[89] 비교적 복지국가 유형화 노력의 고전 학자에 속하는 티트머스는 국가를 복지 서비스 제공 역할에 따라 전통적인 광의의 사회복지를 모두 포함하는 사회복지(social welfare) 제공 국가, 주로 영국, 미국, 프랑스와 같이 조세정책을 통해 간접적인 복지를 제공하는 재정복지(fiscal welfare) 제공 국가, 미국, 일본, 스위스처럼 직장에서 제공하는 직업복지(occupational welfare) 제공 국가와 같이 세 가지로 구분했다(Titmuss, 1958).[90]

이후 시도된 복지국가 유형화 노력들은[91] 마크 클레인만(Mark Kleinman)

---

89 이와 같은 복지국가 유형화 시도 자체에 대해 복지국가가 정체되어 있는 것이 아니라 끊임없이 변화하고 있기 때문에 복지국가를 정체되어 있다고 전제하고 그것의 유형을 구분하는 것은 문제가 있다(Bambra, 2006)고 비판하는 경우도 있다.

90 이와 같은 티트머스의 노력은 1974년에 보다 발전된 형태로 제시되었다. 다시 말해, 티트머스는 기존의 세 가지 모델을 사회복지의 제공이 1834년 영국의 신빈민법(New Poor Law)과 같이 가족과 시장의 역할이 부족할 때에 보조적으로만 주어져야 한다는 의미의 잔여적 복지 모델(residual welfare model), 시장에서의 직무수행정도, 생산성의 정도, 성취한 지위 정도에 따라 차등이 있어야 하고, 주로 사회보험에 기반 하며, 현 상태 유지에 집중하는 프로그램을 강조하는 산업 성과 모델(industrial achievement performance model), 욕구에 기반 하여 시장 밖에서 보편적 서비스와 선택적 서비스 모두 제공하되 낙인 효과를 경계하며, 사회통합과 연대를 강조하는 제도적 재분배 모델(institutional redistributive model)로 발전시켜 제시하였다(Titmuss, 1974).

91 예를 들면, 해롤드 윌렌스키(Harold L. Wilensky)와 찰스 르보(Charles N. Lebeaux)는 미

이 주장한 바와 같이 거의 모두 티트머스의 영향을 받은 것으로 볼 수 있는데 (Kleinman, 2002: 29) 그 중에서 가장 대표적인 것이 에스핑-앤더슨의 유형화이다(Kleinman, 2002; Arts and Gelissen, 2002; Castles, 1998).[92] 에스핑-앤

국이나 일본과 같은 잔여적 복지국가(residual welfare state)와 스칸디나비아 국가들과 같은 제도적 복지국가(institutional welfare state)로 구분하였다(Wilensky and Lebeaux, 1958). 이후 윌렌스키는 한 국가의 GNP에서 사회보장 지출이 차지하는 비율을 기준으로, 오스트리아, 독일, 벨기에, 프랑스, 네덜란드, 스웨덴 등과 같이 15%이상인 국가를 선진 복지국가(welfare state leader), 영국, 덴마크, 핀란드, 노르웨이 등과 같이 10%이상부터 15% 미만인 국가를 중간 지출국가(middle rank spenders), 스위스, 호주, 미국 등과 같이 10%미만인 국가를 후진 복지국가(welfare state leggards)와 같이 이전의 구분을 보다 구체화하였다(Wilensky, 1975). 그리고 노만 퍼니스(Norman Furniss)와 티모시 알랜 틸턴(Timothy Alan Tilton)은 정부 개입 형태에 따라 미국과 같이 자본가의 보호를 우선하며 정부와 시장 사이의 협력을 강조하는 적극적인 복지국가(positive state), 영국과 같이 최저 생활을 보장하지만 개인의 책임과 국가와 기업의 협력을 강조하는 사회보장 국가(social security state), 스웨덴과 같이 최저 생계 보장을 넘어 전반적인 평등을 추구하며 정부와 노동조합의 협력을 강조하는 사회복지국가(social welfare state)로 구분하였다(Furniss and Tilton, 1977). 또한, 라메쉬 미쉬라(Ramesh Mishra)는 미국이나 영국과 같이 사회복지와 경제를 대립 관계로 보아 경제에 악영향을 미친다고 여겨지는 복지를 제한하는 다원적 혹은 분화된 복지국가(pluralist or differentiated welfare state), 오스트리아나 스웨덴처럼 사회복지와 경제를 상호 의존적인 관계로 보는 조합주의적 혹은 통합된 복지국가(corporate or integrated welfare state)로 구분하였다(Mishra, 1984). 그리고 예란 테르본(Göran Therborn)은 사회복지의 확대 정도와 노동시장의 완전고용 정도에 따라 스웨덴, 노르웨이, 오스트리아와 같이 복지정책과 완전 고용정책도 강한 개입주의 복지국가(strong interventionist welfare state), 벨기에, 덴마크, 네덜란드와 같이 복지정책은 강하지만 노동정책은 약한 부드러운 보상적 복지국가(soft compensatory welfare state), 스위스, 일본과 같이 복지정책과 완전 고용정책도 약한 완전 고용 지향적 작은 복지국가(full employment-oriented small welfare state), 미국, 영국, 캐나다, 오스트리아, 뉴질랜드와 같이 복지정책과 노동정책이 모두 약한 시장 지향적 복지국가(market-oriented welfare state)로 구분하였다(Therborn, 1987).

92 에스핑-앤더슨의 복지국가 유형화는 유명한 만큼 비판도 많이 받았다. 앤 숄라 올로프(Ann Shola Orloff)가 공적 노동 시장의 외부에서 이뤄지는 노동 즉, 여성의 돌봄과 가사 노동을 전혀 고려하지 못했다고 비판한 것이 가장 대표적이다(Orloff, 1993). 이러한 비판에 대해 에스핑-앤더슨은 1990년의 유형화가 남성 중심적 복지국가 이론에 기반 해 있고, 가족 구조의 급격한 변화에 따른 영향의 반영 필요성을 인정하면서(Esping-Andersen, 2003: 48-50) 1990년의 복지국가 유형을 여성의 역할을 반영한 가족주의 혹은 탈가족화(de-familialization) 개념을 고려하여 보완하였다(Esping-Andersen, 2003). 그러나 탈상품화 등 그가 통계 분석에 사용했던 각종 복지 지표 구성이 불완전하고, 그것의 기준 값이 임의적으로 설정되었으며(Scruggs and Allan, 2006; Bambra, 2007), 복지국가나 개별 복지 프로그램 보다 훨씬 범위가 넓은 레짐 개념의 사용이 부적절하다(Powell and Barrientos,

더슨은 인간이 시장에서 노동력을 상품으로 팔지 않으면서 시장으로부터 얼마나 자유롭게 사회적으로 수용되며 적절한 수준의 생활을 영위할 수 있는지를 의미하는 탈상품화(de-commodification)의 정도,[93] 복지국가의 주요 제도가 사회 계층화(social stratification)에 영향을 미치는 정도, 주로 국가, 시장, 가족을 중심으로 한 공공영역과 사적영역의 혼합(public-private mix) 정도에 따라 복지국가를 세 가지 유형으로 구분하였다(Esping-Andersen, 1990).[94] 미국, 영국, 캐나다, 호주와 같이 주로 앵글로색슨 국가들이 속하는 자유주의 복지국가(Liberal Welfare Regime)는 탈상품화의 정도가 매우 낮고 계층화도 매우 높다.[95] 또한, 시장의 역할을 강조하고, 가족과 국가는 주변적

2011)는 비판에는 뚜렷한 해명을 하고 있지 않다. 뿐만 아니라, 그의 기준이 사회적 돌봄 서비스(Anttonen and Sipila, 1996), 주거 서비스(Kleinman, 2002, 1996), 정신건강 서비스(Goodwin, 1997) 등과 같이 구체적인 복지 서비스에는 적용되지 못한다고 비판하는 경우도 있다. 한편, 최근 폴 스피커(Paul Spicker)는 그와 같은 논쟁의 근원을 복지국가를 정체된 것으로 간주하고, 복지 서비스가 정부에 의해 제공된다는 점에만 주목하여 그것들을 모두 동일한 것으로 전제하기 때문이라고 진단하면서 복지국가를 고정된 특정 유형으로 보지 말고 이른바 '가족끼리 닮음(family resemblance)'(Spicker, 2017: 4) 현상의 하나로 분석하는 것이 대안이 될 수 있다고 한다. 스피커의 주장대로라면, 영국의 국민보건서비스(National Health Service, NHS)와 호주의 실업 정책은 스웨덴 형으로 구분할 수 있고, 프랑스의 교육 정책은 스페인 형이라고 말할 수 있다는 것이다(Spicker, 2017: 4). 그러나 복지국가 유형화는 본질적으로 총체주의(holism)에 기반 하여 시도되는 것이기 때문에 에스핑-앤더슨의 유형화가 구체적인 복지 서비스에도 적용되어야 한다는 데에 반대하는 의견(Myles, 1998)도 있는 것처럼 각각의 복지 서비스가 에스핑-앤더슨의 복지국가 유형과 일치하지 않는다는 비판의 적절성뿐만 아니라, 스피커의 주장처럼 각각의 복지 서비스가 어떤 국가 유형과 닮았는지를 분석하는 것이 복지국가 수준의 논의에 얼마나 유효성이 있는 것인지 의문이 남는다.

93 에스핑-앤더슨의 탈상품화 개념은 완전히 새로운 것이라기보다 칼 폴라니(Karl Polanyi)와 클라우스 오페(Claus Offe)가 자본주의에 의한 노동력의 상품화를 논의한 것을 발전시킨 것으로 볼 수 있다(Polanyi, 1944; Offe, 1984, 1972).

94 마틴 포웰(Martin Powell)과 아르만도 바리엔토스(Armando Barrientos)에 따르면, 에스핑-앤더슨이 구분한 사민주의적 복지국가, 보수주의적 복지국가, 자유주의적 복지국가는 모두 일종의 해석적 도구로써의 '이상형(ideal type)'으로(Powell and Barrientos, 2011), 각 복지국가 유형 자체뿐만 아니라 각 유형에 완전히 일치하는 국가 또한 실존하지 않는 것으로 이해해야 한다.

95 테다 스카치폴(Theda Skocpol)은 역사적 제도주의 관점에서 미국 복지국가의 출현이 늦고, 유럽에 비해 상대적으로 그 규모가 작은 이유를 전통적으로 미국의 국가 제도의 힘이 약한 것에서 찾았다(Skocpol, 1995).

인 역할을 하여 자산 조사를 통한 제한적인 공적 프로그램을 중요시한다. 그리고 오스트리아, 프랑스, 독일, 이탈리아와 같이 주로 유럽 대륙의 국가들이 속하는 보수주의 복지국가(Conservative Welfare Regime)는 (주로 가구주일 경우)탈상품화의 정도가 높고 계층화도 높다.[96] 이들은 가족의 역할을 강조하는 반면 시장의 역할을 덜 강조하며, 국가는 보조적인 역할을 하여 사회보험에 크게 의존하지만, 재분배 효과는 크지 않은 편이다.[97] 그리고 스웨덴, 노르웨이, 덴마크와 같이 주로 스칸디나비아 국가들이 속하는 사민주의 복지국가(Social Democratic Welfare Regime)는 탈상품화의 정도가 매우 높고 계층화도 매우 낮다. 가족과 시장은 주변적인 역할을 하는 반면, 보편주의에 기반하여 국가의 역할을 강조함으로써 사회권을 통해 최소한의 보장을 넘어 최대한의 평등을 추구한다.[98]

특히, 에스핑-앤더슨의 탈상품화 개념은 복지국가의 양적 측면과 질적 측면 모두를 내포하는 특징을 갖고 있다.[99] 다시 말해, 노동의 탈상품화를 촉진

96 보수주의 복지국가를 기독민주(Christian-Democratic) 혹은 조합주의 복지국가(Corporatist Welfare Regime)로 명명하는 경우도 있다.

97 사회보험이 지속되기 위해서는 보험에 대한 기여도 끊이지 않아야 하기 때문에 반드시 노동 시장이 원활하게 운영되어야만 한다. 따라서 보수주의 복지국가의 공적 부조는 일반적으로 열등 처우의 원칙에 따라 운용되며, 개인의 자조를 강조할 수밖에 없는 구조를 갖고 있다(Esping-Andersen, 2003).

98 크리스 디밍(Chris Deeming)과 데이비드 헤이즈(David Hayes)가 요약한 에스핑-앤더슨의 이상적인 각 복지국가가 지닌 핵심 요소는 다음과 같다(Deeming and Hayes, 2012: 813). 첫째, 사민주의적 복지국가는 기본적으로 포괄적인 사회적 보호시스템을 제공하고 그에 따라 세율이 높은 편이다. 그리고 실업자를 위한 임금 대체율의 수준이 높고, 공적 연금의 보장 수준도 높은 편이다. 또한, 적극적인 노동 시장 정책을 펼치며, 여성의 노동 시장 참여율이 높다. 둘째, 보수주의적 복지국가는 기본적으로 아동, 임신, 육아 휴직 등의 혜택을 통해 전통적인 남성 생계부양 모델을 지지한다. 그리고 전반적으로 직업 관련 혜택이 관대한 편이며, 사민주의적 복지국가에 비해 여성이나 노인의 노동 시장 참여가 낮은 편이다. 셋째, 자유주의적 복지국가는 기본적으로 잔여적인 사회보장 시스템을 추구한다. 그리고 대부분의 복지 혜택의 수준이 낮고 기간은 짧은 편이며, 사민주의적 복지국가에 비해 부모와 아동을 위한 공적 서비스가 약한 편이다. 또한, 보수주의 복지국가에 비해 노동 시장 규제가 약하고 여성의 노동 시장 참여율은 높은 편이다.

99 에스핑-앤더슨은 탈상품화 개념을 연금, 환자나 장애인의 소득 유지, 실업 급여와 같이 복

할 수 있도록 하는 사회복지 프로그램이 다양하게 있는 것도 중요하지만, 그러한 프로그램이 제공하는 혜택이 인간을 시장으로부터 자유롭게 할 수 있을 정도인지도 중요하다는 것이다(Esping-Andersen, 1990). 왜냐하면, 사회보장제도 등이 존재하지만 그것들이 미약할 때에는 사람들을 시장으로부터 자유롭게 할 수 있을 만큼의 탈상품화 효과를 발휘하지 못하기 때문이다. 이러한 상황은 사람들이 반드시 필요하다고 느끼는 경우 소득이나 복지 수급을 잃게 될 위험 부담이 없이 직업의 구속으로부터 자유롭게 벗어날 수 있게 함으로써 시장으로부터 자유롭게 해줄 수 없기 때문이다(Esping-Andersen and Kolberg, 1991).

이후 프란시스 지오프리 카스틀레스(Francis Geoffrey Castles)는 에스핑-앤더슨의 복지국가 유형화를 수정 및 발전시켜 복지국가 유형을 네 가지로 구분하였다. 다시 말해, 아일랜드, 일본, 스위스, 미국이 속하는 자유주의 복지국가, 독일, 이탈리아, 네덜란드가 속하는 보수주의 복지국가, 벨기에, 덴마크, 노르웨이, 스웨덴이 속하는 사민주의 복지국가, 영국, 호주, 뉴질랜드가 속하는 급진적(radical) 복지국가로 구분한 것이다(Castles, 1993).[100] 에스핑-앤더슨과 카스틀레스의 복지국가 유형화의 구체적인 내용이 모두 동일

지정책과 관련하여 구체화했지만, 그것의 적용 범위는 그 보다 훨씬 넓다. 탈상품화 개념은 보편적 복지국가에서 잔여적 복지국가뿐만 아니라, 사회 일반에 광범위하게 적용될 수 있는 것이다. 다시 말해, 사회를 탈상품화 정도에 따라 보편적 복지 혜택을 제공하는 사회, 자산조사(means-test)에 따른 잔여적 복지 혜택을 제공하는 사회, 미약한 혜택을 제공하는 사회로 구분하는 것도 가능한 것이다(Pacek and Radcliff, 2008).

100 이 외 남유럽형(Southern European Model) 복지국가(Bonoli, 1997; Ferrera, 1996)와 중앙 및 동유럽형(Central and Eastern European Model) 복지국가(Fenger, 2007; Kovacs, Polese, and Morris, 2017)를 추가한 경우도 있다. 또한, 동아시아 복지국가의 성격을 산업화를 중심으로 하는 발전주의적 복지국가(developmental welfare regime)나 생산주의적 복지 자본주의(productivist welfare capitalism)로 규명한 경우도 있는데(Holliday, 2000; Gough, 2001, 2000), 이처럼 동아시아 복지국가를 서구적 시각에서 해석하는 데에 제한적인 접근이 필요하다는 견해도 있다(Kim, 2018). 한국의 경우, 권위주의적 정부에 의해 주도된 산업화 시기의 발전주의적 복지국가가 아직 지속되고 있다는 시각과 민주화를 이룩한 이후 발전주의적 복지국가가 큰 변화를 맞이했다고 보는 시각이 공존하고 있는 상황이다(정무권, 2009; 김연명, 2002).

하지는 않지만, 미국을 자유주의 복지국가로, 독일을 보수주의 복지국가로, 노르웨이와 스웨덴을 사민주의 복지국가로 분류한 점에서는 서로 같았다(Deeming and Hayes, 2012: 814).

한편, 이처럼 서로 다른 유형의 복지국가 마다 제공되는 복지 혜택도 다르기 때문에 각 유형의 복지국가가 행복에 미치는 영향도 달라질 것으로 예상할 수 있다. 다시 말해, 일반적으로 사민주의 복지국가 유형에 속하는 복지국가들의 복지 혜택이 다른 유형에 속하는 복지국가들 보다 관대하기 때문에 사민주의 복지국가에 거주하는 사람들이 사민주의 이외의 복지국가에 거주하는 사람들보다 행복하다는 것이다. 이와 같은 추론이 담론이나 이론적 수준에서 이뤄진 경우를 찾아보는 것은 그리 어렵지 않다(Kuivalainen and Nelson, 2012; Hussain, Kangas, and Kvist, 2012; Wilkinson and Pickett, 2010).

그보다 구체적인 통계 분석으로는 먼저, 2000년부터 2005년까지의 WVS 자료에서 18개 OECD 회원국의 약 30,000명을 분석한 크리스 디밍(Chris Deeming)과 데이비드 헤이즈(David Hayes)의 연구를 들 수 있겠다(Deeming and Hayes, 2012). 디밍과 헤이즈는 복지국가 유형에 따라 행복에 미치는 영향이 어떻게 달라지는가를 알아보기 위해 자료 분석을 세 가지로 구분해서 시행했다. 먼저, OECD 회원국을 에스핑-앤더슨의 복지국가 유형에 따라 구분하여 분석한 결과, 보주수의 복지국가에 거주하는 사람들이 사민주의 복지국가에 거주하는 사람들보다 덜 행복할 확률이 2.01배 높게 나왔으나 자유주의 복지국가와 사민주의 복지국가에 거주하는 사람들 간에는 통계적으로 유의미한 차이가 도출되지 않았다(Deeming and Hayes, 2012: 818-819). 두 번째, OECD 회원국을 카스틀레스의 복지국가 유형에 따라 구분하여 분석한 결과, 자유주의 복지국가에 거주하는 사람들이 사민주의 복지국가에 거주하는 사람들보다 덜 행복할 확률은 2.09배($p<.001$) 높았고, 보수주의 복지국가에 거주하는 사람들이 사민주의 복지국가에 거주하는 사람들보다 덜 행복할 확률은 2.28배($p<.001$) 높았으며, 급진주의 복지국가에 거주하

는 사람들이 사민주의 복지국가에 거주하는 사람들보다 덜 행복할 확률은 2.19배(p<.001) 높은 것으로 나타났다(Deeming and Hayes, 2012: 820). 세 번째로, 에스핑-앤더슨과 카스틀레스가 모두 동일한 유형으로 분류한 국가들과 카스틀레스가 급진주의 복지국가로 구분하는 호주를 분석한 결과,[101] 보수주의 복지국가에 거주하는 사람들이 사민주의 복지국가에 거주하는 사람들 보다 덜 행복할 확률이 거의 4배 정도 높았다(Deeming and Hayes, 2012: 821).

다음으로, 크리스토퍼 디밍(Christopher Deeming)과 켈빈 존스(Kelvyn Jones)가 2002년부터 2010년까지의 ESS 자료를 활용하여 30개 국가를 대상으로 복지국가 유형에 따른[102] 행복의 차이를 분석한 연구를 예로 들 수 있겠다(Deeming and Jones, 2015).[103] 디밍과 존스의 분석 결과, 사민주의 복지국가에 거주하는 사람들이 불행할 가능성이 가장 적은 것으로 밝혀졌는데,[104]

101 에스핑-앤더슨과 카스틀레스가 모두 동일한 유형으로 분류한 경우는 자유주의 복지국가의 미국, 보수주의 복지국가의 독일(서독), 사민주의 복지국가의 스웨덴과 노르웨이였고, 카스틀레스가 급진주의 복지국가로 분류하는 호주를 에스핑-앤더슨은 자유주의 복지국가로 구분하고 있다(Deeming and Hayes, 2012: 814).

102 분석 대상인 30개 국가를 에스핑-앤더슨, 마우리지오 페레라(Maurizio Ferrera), 메노 펭거(Menno, HJM. Fenger)의 복지국가 유형화(Esping-Andersen, 2003, 1990; Ferrera, 1996; Fenger, 2007)에 따라 구분하여 분석하였다. 즉, 덴마크, 노르웨이, 핀란드, 스웨덴은 사민주의(노르딕) 복지국가에, 오스트리아, 벨기에, 프랑스, 독일, 룩셈부르크, 네덜란드, 스위스는 보수주의(조합주의) 복지국가에, 영국, 아일랜드는 자유주의 복지국가에, 불가리아, 체코, 크로아티아, 에스토니아, 헝가리, 폴란드, 러시아, 슬로바키아, 슬로베니아, 우크라이나는 동유럽(후기-공산주의) 복지국가에, 그리스, 포르투갈, 스페인, 이탈리아는 남유럽(지중해) 복지국가에, 이스라엘, 터키, 키프로스는 기타 지중해 복지국가에 포함시켰다(Deeming and Jones, 2015: 261).

103 행복은 '모든 것을 고려했을 때, 당신은 얼마나 행복하다고 말씀하시겠습니까? 0점은 매우 불만족스러움을 10점은 매우 만족스러움을 뜻합니다' 라는 문항으로 측정되었는데(Deeming and Jones, 2015: 263), 0점부터 4점까지는 불행하다(unhappy)로, 5점 이상은 행복하다(happy)로 재조정하여 분석하였다(Deeming and Jones, 2015: 262).

104 분석 대상자는 2002년에 42,359명, 2004년에 48,487명, 2006년에 43,000명, 2008년에 52,626명, 2010년에 50,781명으로 총 237,253명이었다(Deeming and Jones, 2015: 261). 그러나 30개국 모두 ESS 1차부터 5차 조사에 모두 포함된 것은 아니었기 때문에 필요에 따라 결측값을 보정하여 분석하였다(Deeming and Jones, 2015: 262).

이는 인구 및 사회 경제적 변수와 시간에 따른 변화를 고려했을 때에도 동일한 것으로 밝혀졌다(Deeming and Jones, 2015: 271-272).[105] 이와 같은 결과는 보다 구체적으로, 〈그림 2-17〉에서 보는 바와 같이 네 가지 경우로 구분해서 살펴 볼 수 있다.

먼저, 〈그림 2-17〉의 막대그래프는 시간을 고정하고 사민주의 복지국가를 기준으로 각 복지국가 유형에 따라 불행이 발생할 상대적 오즈(relative odds)를 나타낸 것이다. 사민주의 복지국가에 거주하는 사람들이 불행할 가능성이 가장 낮은 반면, 동유럽 복지국가에 거주하는 사람들이 불행할 가능성이 가장 컸다. 즉, 사민주의 복지국가에 거주하는 사람들이 불행을 겪을 오즈를 1로 했을 때, 동유럽 복지국가에 거주하는 사람들이 사민주의 복지국가에 거주하는 사람들 보다 불행할 가능성이 5배 더 컸다(Deeming and Jones, 2015: 269-270). 그리고 보수주의, 남유럽 및 기타 지중해 복지국가들에 거주하는 사람들이 불행할 수준은 비슷했고, 자유주의 복지국가에 거주하는 사람들이 불행할 수준이 사민주의 복지국가에 거주하는 사람들 다음으로 낮았다.

반면, 다른 변수의 고려 없이 시간에 따른 불행의 변화를 나타낸 〈그림 2-17〉의 왼쪽 두 번째 선 그래프를 보면, 자유주의 복지국가에 거주하는 사람들의 불행 경험이 지속적으로 증가되어 온 것을 알 수 있다. 남유럽과 기타 지중해 복지국가들에 거주하는 사람들도 자유주의 복지국가에 거주하는 사람들과 유사한 경향을 보였지만, 그 정도는 기타 지중해 복지국가에 거주하는 사람들이 더 컸다. 반면, 사민주의, 보수주의, 동유럽 복지국가들에 거주하는 사람들의 불행 경험은 계속해서 감소했으며, 그 정도는 동유럽 복지국가에 거주하는 사람들이 가장 컸다. 이와 같은 경향은 GDP를 고려하여 시간에 따른 불행의 변화를 나타낸 〈그림 2-17〉의 오른쪽 두 번째 선 그래프와 연

105 사민주의 복지국가에 거주하는 사람들이 불행을 겪을 가능성이 낮은 경향은 2008년 글로벌 금융 위기를 거치면서도 거의 그대로 유지되었다.

령, 성별, 개인 별 소득을 고려하여 시간에 따른 불행의 변화를 나타낸 〈그림 2-17〉의 오른쪽 첫 번째 선 그래프에서도 그대로 유지되었다.[106]

〈그림 2-17〉 복지국가 유형과 행복[107]

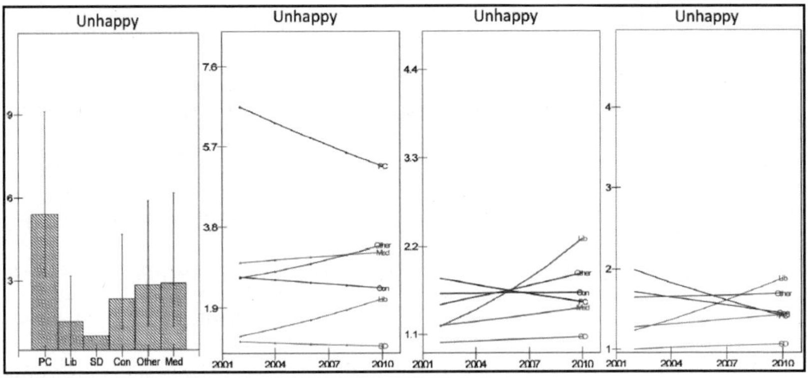

출처: (Deeming and Jones, 2015: 271-272)

(3) 복지국가의 확대와 행복

지금까지 살펴본 것처럼, 사민주의 복지국가가 다른 유형의 복지국가들 보다 행복 증진에 유리하다면, 복지국가의 확대가 행복 증진에 긍정적으로 작용한다고 말 할 수 있을까? 이와 관련하여, 복지국가의 확대가 반드시 행복에 유의미하게 긍정적인 영향을 미친다고 단정할 수 없다고 보고하는 연구가 전혀 없는 것은 아니다. 정부의 사회적 지출 확대와 행복 간에 유의미한 관계가 성립하지 않는다는 연구(Bjørnskov, Dreher, and Fischer, 2007a;

106 그래프를 자세히 비교해 보면, 연령, 성별, 개인 별 소득을 고려한 경우(오른쪽 첫 번째 선 그래프), 보수주의 복지국가에 거주하는 사람들만 시간에 따라 불행 경험이 감소하였고, 나머지 경우는 모두 동일한 경향을 보였음을 알 수 있다.

107 그래프 왼쪽부터, 첫 번째는 시간을 고정하고 기타 변수를 전혀 고려하지 않은 경우를(Deeming and Jones, 2015: 269), 두 번째는 다른 변수 고려 없이 시간만 고려한 경우를(Deeming and Jones, 2015: 270), 세 번째는 시간과 GDP만 고려한 경우를(Deeming and Jones, 2015: 271), 네 번째는 시간과 함께 연령, 성별, 개인 소득만 고려한 경우를 나타낸 것이다(Deeming and Jones, 2015: 272). 그리고 범례는 SD(사민주의/노르딕 복지국가), Con(보수주의/조합주의 복지국가), Lib(자유주의 복지국가), PC(동유럽/후기-공산주의 복지국가), Med(남유럽/지중해 복지국가), Other(기타 지중해 복지국가)와 같다.

Ouweneel, 2002)와 복지국가의 규모와 행복 간에 유의미한 관계가 성립하지 않는다는 연구(Veenhoven, 2000b)를 대표적인 예로 들 수 있겠다.

반면, 니콜라스 바(Nicholas Barr)는 복지국가의 확대가 이른바 '로빈 후드(Robin Hood)' 기능(Barr, 2012)과 '돼지 저금통(Piggy Bank)' 기능(Barr, 2001)의 확대를 통해 행복 증진에 기여할 수 있다고 주장한다. 다시 말해, 로빈 후드 기능을 통해 자원을 사회적으로 재분배하고, 돼지 저금통 기능을 통해 자원을 생애 주기적으로 재분배함으로써 행복 증진에 긍정적인 역할을 한다는 것이다. 이와 같은 맥락에서, 국민의 기본적인 생활 영위에 반드시 필요한 욕구를 복지국가가 사회 안전망으로써 보완해 주는 것이 행복에 긍정적인 영향을 미치는 것은 일반적이라고 보고하는 연구 또한 매우 많다(Easterlin, Wang, and Wang, 2017; Bando, Galiani, and Gertler, 2017; Kolev and Tassot, 2016; Pacek and Radcliff, 2008). 다시 말해, 선행연구들은 모든 복지국가의 확대가 오롯이 행복에 유의미하게 긍정적인 영향을 미친다고 단정할 수는 없지만, 복지국가의 확대는 대개 행복 증진에 기여하고, 최소한 행복에 부정적인 영향을 미치는 경우를 찾아보기는 쉽지 않다는 것을 말해주고 있다.

이처럼 복지국가의 확대가 행복 증진에 기여하는 경로는 크게 두 가지 경우로 구분해서 고찰해 볼 수 있다. 첫 번째는 복지국가의 확대가 행복 친화적인 환경을 조성함으로써 간접적으로 행복 증진에 유의미한 영향을 미치는 경우이다. 두 번째는 탈상품화 및 사회적 지출의 확대와 같이 상대적으로 봤을 때, 행복 친화적인 환경 조성보다 직접적으로 행복 증진에 유의미한 영향을 미치는 경우이다.

① 행복 친화적인 환경 조성과 행복

복지국가의 확대가 행복 친화적인 제반 환경을 조성함으로써 간접적으로 행복 증진에 기여하는 경우는 건강 및 심리적 지지, 경제적 지지, 사회 환경적 지지로 구분해서 살펴볼 수 있다. 먼저, 복지국가의 확대는 사람들이 기본적인 삶을 영위하며 인간으로서의 존엄성을 지키는 데에 악영향을 미치는 빈곤(Lister, 2004; Townsend, 1993) 등으로부터 유발되는 수치심(shame)이나 사회적 낙인과 같은 깊은 심리적 상처(Garthwaite, 2016; Walker et al., 2013; Chase and Walker, 2012; Townsend, 1979)로부터 보호해줌으로써 행복에 긍정적인 영향을 미친다. 뿐만 아니라, 복지국가의 확대는 건강 불평등으로 인한 부작용을 완화시켜 줌으로써(Dahl et al., 2006; Beckfield and Krieger, 2009) 행복에 긍정적인 영향을 미친다.

또한, 복지국가의 확대는 소득 불평등을 완화시켜줌으로써도 행복 증진에 기여한다. 룩셈부르크 소득 연구(Luxembourg Income Study, LIS) 자료와 국제노동기구 사회지출 데이터베이스(International Labour Organization Social Expenditure Database, ILOSED)를 활용하여(ILO, 2014) 1980년부터 2010년까지 OECD 회원국 30개국 및 비회원국 20개국의 사회 지출과 소득 불평등 간 관계를 분석한 연구를 대표적인 예로 들 수 있겠다(Bergh, Kolev, and Tassot, 2017). 다시 말해, 사회 지출이 확대될수록 국내 소득 불평등이 감소($B=-.260$, $p<0.05$, $R^2=0.344$)하여 행복에 대한 상대 소득의 부정적인 효과가 완화된 것이다(Bergh, Kolev, and Tassot, 2017: 17).[108]

그리고 복지국가의 확대는 행복 증진에 유리한 사회 환경적 요소를 촉진시킴으로써 행복 증진에 기여한다. 〈그림 2-18〉에서 보는 바와 같이, ESCAP에 따르면, 사회적 지출과 환경성과 지수(Environmental Performance Index, EPI) 간에는 긍정적인 상관관계가 성립하는 것으로 나타났다(ESCAP, 2015). 호주, 뉴질랜드, 일본은 높은 사회적 지출로 EPI도 상위권을 기록했지만, 사회적 지출이 낮은 방글라데시, 인도, 네팔 등은 EPI도 열악했다. EPI가 높아

108 사회 지출은 국제노동기구(International Labour Organization, ILO)의 세계 사회적 보호 보고서(World Social Protection Report) 2014/15를 참고하고(ILO, 2014), 소득 불평등은 지니 계수와 함께 LIS에서 가구 가처분 소득을 기준으로 한 소득 5분위 배율(80/20 income ratio)로 측정하였다(Bergh, Kolev, and Tassot, 2017: 9).

〈그림 2-18〉 사회적 지출 확대와 환경

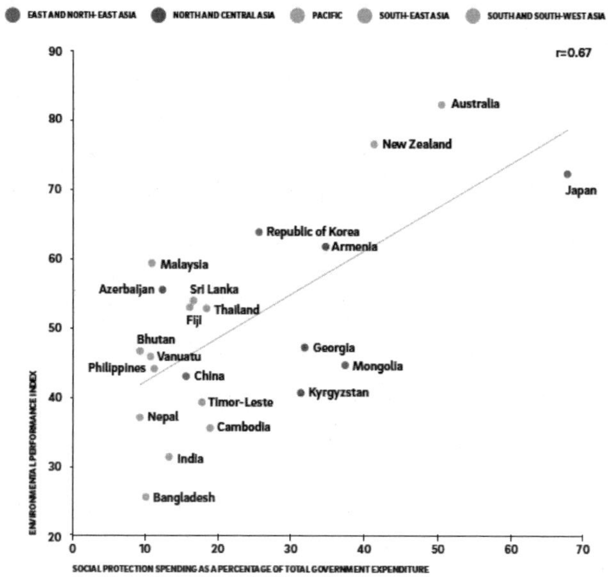

출처: (ESCAP, 2015: 43)

지면 기후 변화로 인한 재난적인 자연 재해에 대한 회복 탄력성이 증대되고(World Bank, 2011), 생물 다양성이 확대되며, 산림이나 물 자원 등 인간의 행복에 반드시 필요한 자연 자원의 관리가 용이해지기 때문에(FAO, 2015) 행복 증진에 긍정적인 영향을 미칠 것이라는 점은 누구나 쉽게 유추할 수 있다.

또한, 복지국가의 확대는 행복의 향상에 부정적인 요소를 억제함으로써도 행복 증진에 기여한다. 사회적 불안으로부터 저항력이 큰 사회가 자본주의의 폐단으로 인한 이른바 '제도적 아노미(institutional anomie)'를 완화시켜주어 사람들이 범죄와 같은 일탈 행동의 유혹을 뿌리칠 수 있는 사회 환경을 조성해 주는 역할도 한다는 스티븐 메스너(Steven Messner)와 리차드 로젠펠드(Richard Rosenfeld)의 연구를 예로 들 수 있겠다(Messner and Rosenfeld, 1997). 다시 말해, 메스너와 로젠펠드는 에스핑-앤더슨의 탈상품화 개념을 적용하여 자본주의 사회에서 탈상품화가 확대되면 살인률이 감소(B=-.161, $p<0.05$, $R^2=0.548$)한다는 사실을 밝혀낸 것이다(Messner and Rosenfeld, 1997: 1404).

보다 최근의 사례로 〈그림 2-19〉에서 보는 바와 같이, 사회적 지출과 사회불안 지수(Social Unrest Index, SUI) 사이에 반비례 관계가 성립함을 밝힌 경우도 있다(ESCAP, 2015). 사회적 지출 비중이 큰 뉴질랜드, 호주, 일본의 SUI는 상대적으로 낮은 반면, 사회적 지출 비중이 낮은 캄보디아, 방글라데시, 네팔, 필리핀은 상대적으로 SUI가 컸다. 이는 뉴질랜드, 호주, 일본 사회가 캄보디아, 방글라데시, 네팔, 필리핀 사회 보다 사회적 혼란으로부터의 저항력이 더 크다는 것을 의미한다. 이처럼 SUI가 낮아 보다 안정된 사회에서는 사회적 연대가 촉진되고, 정부 및 타인에 대한 신뢰가 향상되는 등(Curci, Khatiwada, and Tobin, 2011) 행복 증진에 긍정적인 영향을 미치는 요소가 더 풍부할 것이라는 점은 어렵지 않게 알 수 있다.

〈그림 2-19〉 사회적 지출 확대와 사회 불안

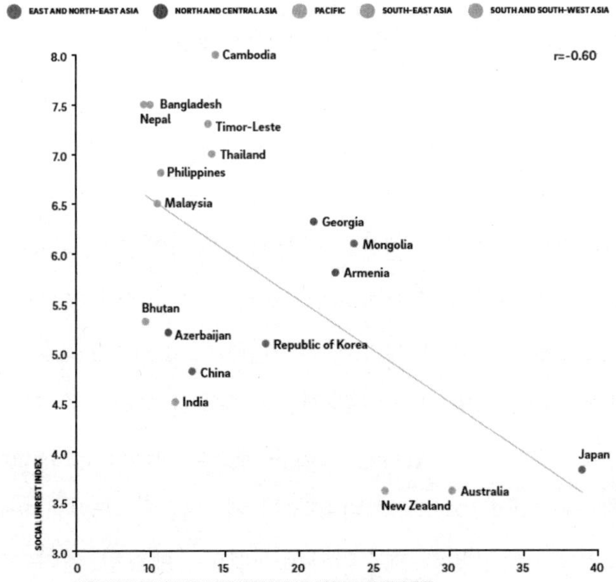

출처: (ESCAP, 2015: 41)

② 탈상품화의 확대와 행복

복지국가의 확대에 따른 탈상품화의 확대는 인간이 시장에 종속되는 정도를 약화시킴으로써 스스로의 상품화를 통해 생존해야 하는 정도도 감소시켜 행복에 긍정적인 영향을 미친다. 예를 들면, 〈그림 2-20〉에서 보는 바와 같이, ES 자료를 활용하여 1975년부터 2002년까지 오스트리아, 벨기에, 덴마크, 핀란드, 프랑스, 독일, 아일랜드, 이탈리아, 네덜란드, 스웨덴, 영국과 같이 유럽 11개국을 분석한 결과,[109] 탈상품화의 확대가 행복 증진에 긍정적으로 기여하는 것(B=.005, $p<0.05$, $R^2=0.94$)으로 나타났다(Pacek and Radcliff, 2008: 271).[110] 그리고 1981년부터 2000년까지의 WVS 자료를 활용하여 위의 유럽 11개국에 미국, 캐나다, 호주, 뉴질랜드, 노르웨이, 스위스, 일본과 같이 보다 많은 국가들을 대상으로 한 추가 분석에서도 위와 동일하게 탈상품화가 확대될수록 행복감이 증가하는 것(B=.033, $p<0.05$, $R^2=0.36$)으로 나타났다(Pacek and Radcliff, 2008: 272).[111]

이와 비슷하게, 1990년-1993년의 WVS 자료 등을 분석한 연구에서도 탈상품화의 확대는 행복에 긍정적인 영향을 미치는 것으로 밝혀졌다(Radcliff, 2001). 다시 말해, 탈상품화는 국가 수준(B=.056, $p<0.01$, $R^2=0.517$)에서 뿐만 아니라(Radcliff, 2001: 943), 개인 수준(B=.019, $p<0.001$, $R^2=0.303$)에서도 행복 증진에 기여했다(Radcliff, 2001: 945). 그리고 이와 같은 긍정적인 관계는 소득 수준과 무관하게 성립되는 것으로 나타났다. 즉, 탈상품화와 행복 간

109 EU에 늦게 참여한 오스트리아, 핀란드, 스웨덴은 1996년부터 2002년까지의 자료만 활용할 수 있었고, 그리스, 룩셈부르크, 포르투갈, 스페인은 결측값 때문에 분석에서 제외되었다(Pacek and Radcliff, 2008: 274).

110 행복은 '당신은 당신의 삶에 대해 전반적으로 매우 만족, 꽤 만족, 별로 만족하지 못하는, 전혀 만족하지 못합니까?'라는 물음에 대한 응답으로 측정하였다(Pacek and Radcliff, 2008: 270).

111 행복은 '모든 것을 고려했을 때, 현재 당신은 당신의 삶에 대해 얼마나 만족 혹은 불만족하십니까?'라는 물음에 대한 응답으로 1점부터 10점으로 측정하였다(Pacek and Radcliff, 2008: 271-271).

〈그림 2-20〉 유럽의 탈상품화의 확대와 행복[112]

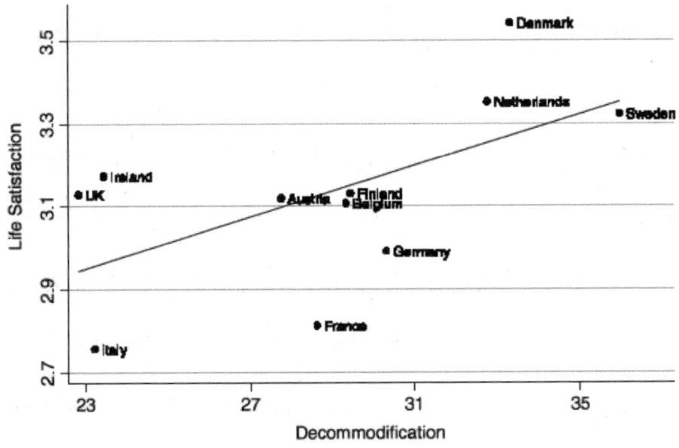

출처: (Pacek and Radcliff, 2008: 272)

긍정적인 관계는 소득 수준이 낮은 집단(B=.022, p〈0.01, R^2=0.296) 뿐만 아니라, 높은 집단(B=.015, p〈0.05, R^2=0.293)에서도 동일하게 성립한 것이다(Radcliff, 2001: 946).

또한, 1981년부터 2007년까지의 WVS 자료에서 OECD 회원국 21개국을 분석한 연구에서도[113] 탈상품화의 확대가 행복 증진에 기여하는 것으로 나타났다(Flavin, Pacek, and Radcliff, 2014).[114] 그리고 그 효과는 국가적 수준과 개인적 수준 모두에서 유효한 것으로 밝혀졌다. 즉, 국가적 수준에서의 탈상품화의 확대(B=.034, p〈0.001, R^2=0.77)뿐만 아니라(Flavin, Pacek, and Radcliff, 2014: 1252), 개인 수준에서의 탈상품화의 확대(B=.151, p〈0.001, R^2=0.12)도 행복 증진에 긍정적으로 작용했다(Flavin, Pacek, and Radcliff, 2014: 1249).[115]

---

112 세로축은 해당 국가 전체 행복의 평균값이다(Pacek and Radcliff, 2008: 270).

113 최종 분석에는 1981-1984년, 1989-1993년, 1994-1999년, 2000-2004년, 2005-2007년의 자료가 활용되었고, 분석 대상 21개 국가는 호주, 오스트리아, 벨기에, 캐나다, 덴마크, 핀란드, 프랑스, 독일, 영국, 그리스, 아이슬란드, 아일랜드, 이탈리아, 일본, 네덜란드, 노르웨이, 포르투갈, 스페인, 스웨덴, 스위스, 미국이었다(Flavin, Pacek, and Radcliff, 2014: 1254).

114 행복은 '모든 것을 고려했을 때, 요즘 당신은 당신의 삶에 대해 전반적으로 얼마나 만족하십니까?'라는 문항에 대한 응답으로 측정하였다(Flavin, Pacek, and Radcliff, 2014: 1246).

115 결측값 때문에 탈상품화 분석에 포함된 국가는 총 16개국이었고(Flavin, Pacek, and Radcliff, 2014: 1252), 개인은 총 32,996명이었다(Flavin, Pacek, and Radcliff, 2014: 1249).

③ 사회적 지출 확대와 행복

복지국가의 확대에 따른 사회적 지출의 확대 또한 행복 증진에 긍정적인 영향을 미치는 것으로 밝혀졌다. 예를 들면, 〈그림 2-21〉에서 보는 바와 같이, 1975년부터 2002년까지의 ES 자료에서 유럽의 11개국을 분석한 결과,[116] 사회적 지출의 확대로 실업 급여와 같은 사회적 급여(social wage) 혜택이 강화될수록[117] 행복감이 증가(B=.005, $p<0.001$, $R^2=0.94$)한 것으로 나타났다(Pacek and Radcliff, 2008: 271).[118] 또한, WVS의 1981년부터 2000년까지의 자료를 활용하여 위의 유럽 11개국에 미국, 캐나다, 호주, 뉴질랜드, 노르웨

〈그림 2-21〉 유럽의 사회적 지출 확대와 행복[119]

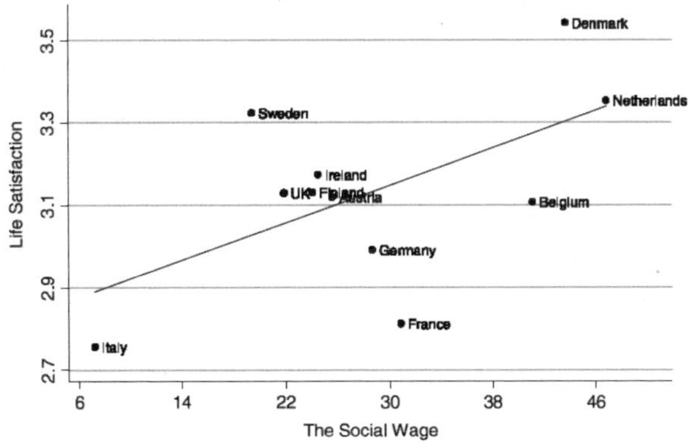

출처: (Pacek and Radcliff, 2008: 272)

---

116 오스트리아, 핀란드, 스웨덴은 EU에 참여가 늦어 1996년부터 2002년까지의 자료만 활용 가능했고, 그리스, 룩셈부르크, 포르투갈, 스페인은 결측값 때문에 분석에서 제외되었으며 (Pacek and Radcliff, 2008: 274), 오스트리아, 벨기에, 덴마크, 핀란드, 프랑스, 독일, 아일랜드, 이탈리아, 네덜란드, 스웨덴, 영국만 최종 분석에 포함되었다(Pacek and Radcliff, 2008: 270).

117 복지국가에서 지급되는 사회적 급여는 보통 현금을 지급하는 경우와 현물을 지급하는 경우 모두에 사용되지만, Hicks(1999)와 Kenworthy(1999)에 따라 이 연구에서는 그 의미를 실업 상태가 되었을 때 시민권에 근거하여 현금을 지급받는 경우로 제한하였다(Pacek and Radcliff, 2008: 270).

118 행복은 '당신은 당신의 삶에 대해 전반적으로 매우 만족, 꽤 만족, 별로 만족하지 못하는, 전혀 만족하지 못합니까?'라는 물음에 대한 응답으로 측정하였다(Pacek and Radcliff, 2008: 270).

이, 스위스, 일본을 추가하여 한 분석에서도 위와 동일하게 사회적 급여가 확대될수록 행복감이 증가(B=.009, $p<0.05$, $R^2=0.36$) 한 것으로 나타났다(Pacek and Radcliff, 2008: 272).[120]

또한, 1차부터 5차까지의 WVS 자료에서 추출한 21개 OECD 회원국을 분석한 연구에서도[121] 사회복지 지출의 확대가 행복[122] 증진에 긍정적인 영향을 미치는 것으로 밝혀졌다(Flavin, Pacek, and Radcliff, 2014).[123] 그리고 이러한 효과는 국가적 수준뿐만 아니라 개인적 수준 모두에서 유효한 것으로 나타났다. 다시 말해, 국가적 수준에서의 사회복지 지출의 확대(B=.020, $p<0.05$, $R^2=0.68$)뿐만 아니라(Flavin, Pacek, and Radcliff, 2014: 1252),[124] 개인적 수준에서의 사회복지 지출의 확대(B=.027, $p<0.05$, $R^2=0.12$)도 행복 증진에 긍정적으로 작용했으며(Flavin, Pacek, and Radcliff, 2014: 1249), 이는 저소득 집단뿐만 아니라 고소득 집단 모두에게 긍정적인 것으로 나타났다(Flavin, Pacek, and Radcliff, 2014: 1250).

이와 동일한 결과가 더 많은 국가들을 대상으로 한 국가 간 비교 연구에서뿐만 아니라 종단 연구에서도 도출되었다. 예를 들면, 2005년부터 2009년까지 OECD 34개국을 대상으로 한 GWP 자료를 분석한 결과, 보건의료 비용

---

119 세로축은 해당 국가 전체 행복의 평균값이다(Pacek and Radcliff, 2008: 270).

120 행복은 '모든 것을 고려했을 때, 현재 당신은 당신의 삶에 대해 얼마나 만족 혹은 불만족하십니까?'라는 물음에 대한 응답으로 1점부터 10점으로 측정하였다(Pacek and Radcliff, 2008: 271-271).

121 분석은 1981-1984년, 1989-1993년, 1994-1999년, 2000-2004년, 2005-2007년의 자료를 활용하여 호주, 오스트리아, 벨기에, 캐나다, 덴마크, 핀란드, 프랑스, 독일, 영국, 그리스, 아이슬란드, 아일랜드, 이탈리아, 일본, 네덜란드, 노르웨이, 포르투갈, 스페인, 스웨덴, 스위스, 미국을 대상으로 시행되었다(Flavin, Pacek, and Radcliff, 2014: 1254).

122 행복은 '모든 것을 고려했을 때, 요즘 당신은 당신의 삶에 대해 전반적으로 얼마나 만족하십니까?'라는 문항에 대한 응답으로 측정하였다(Flavin, Pacek, and Radcliff, 2014: 1246).

123 사회복지 지출은 GDP 대비 총 사회복지 지출 비율로 측정하였다(Flavin, Pacek, and Radcliff, 2014: 1246).

124 결측값 때문에 사회복지 지출 분석에 포함된 국가는 총 21개국이었고(Flavin, Pacek, and Radcliff, 2014: 1252), 개인은 총 47,531명이었다(Flavin, Pacek, and Radcliff, 2014: 1249).

〈그림 2-22〉 사회적 지출 확대와 이민자의 행복[125]

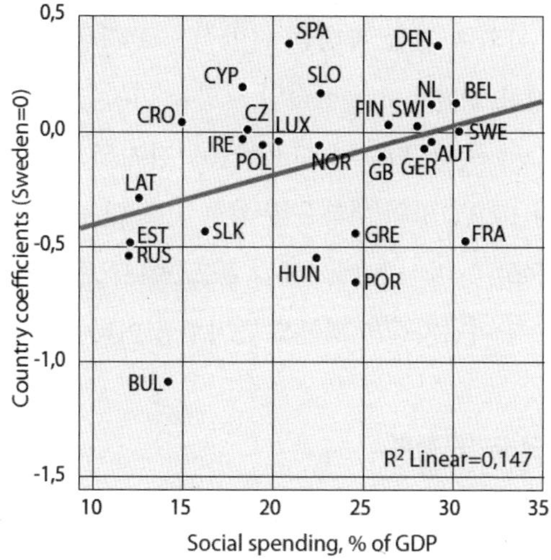

출처: (Kangas, 2013: 160)

의 자비 부담 비율의 증가는 행복에 부정적인 영향을 미친 반면, 실업 급여의 지급은 행복에 긍정적인 영향을 미친 것으로 나타났다(Boarini et al., 2013). 또한, GWP 자료, 세계은행의 세계개발지표(World Development Indicators) 자료, 국제노동기구 사회보장지출 데이터베이스(International Labour Organization Social Security Expenditure Database, ILOSSED) 자료에 공통적으로 포함된 38개 국가의 36,426명으로 구성한 통합 자료를 분석한 결과, 사회정책 확대를 위한 지출이 증가할수록 행복감도 증가하는 것으로 나타났다(Kolev and Tassot, 2016).[126] 그리고 국제통화기금(International Monetary Fund, IMF)의 정부 재정 통계(Government Finance Statistics) 자료에서 1990년부터 2009년까지의 종단 자료를 구성하여 중간 및 저소득 국가 55개국의 사회 지출을 분석한 연구에서는 정부의 사회 지출 증가가 전체적인 복지 수

125 세로축은 복지국가 레짐과 행복 간 회귀분석 결과(Kangas, 2013: 155)에서의 국가 변수를 더미화한 것이다(Kangas, 2013: 157).

126 세 자료 모두 공통되는 기간은 2009년, 2010년, 2011년이었고(Kolev and Tassot, 2016: 12), 회귀분석 결과는 B=.043, $p<0.01$, $R^2=0.324$ 이었다(Kolev and Tassot, 2016: 18).

준을 향상시킨 것으로 나타났다(Haile and Niño-Zarazúa, 2017).

뿐만 아니라, 사회적 지출 확대는 일반적으로 자국민보다 행복에 취약한 이민자들의 행복 증진에도 긍정적인 영향을 미치는 것으로 밝혀졌다. 올리 칸가스(Olli Kangas)가 2002년부터 2010년까지의 ESS 자료를 통합하여 28개국의 이민자 17,837명의 행복을 분석한 것을 대표 사례로 들 수 있겠다(Kangas, 2013: 146).[127] 다시 말해, 〈그림 2-22〉에서 보는 바와 같이, 정부의 사회 지출이 클수록 이민자들의 행복도 증가한 것이다.

(4) 사회정책과 빈곤 국가의 행복

행복 증진에 대한 사회정책의 긍정적 역할은 지금까지 살펴본 중간 혹은 매우 잘 사는 국가들의 경우보다 아프리카와 같이 빈곤 상태에 빠져 있는 국가의 경우를 보면 보다 명확하게 드러난다. 먼저, 2017년 기준, 아프리카 국가들의 행복 상태를 보여주는 〈그림 2-23〉을 보면, 아프리카는 전반적으로 행복한 상태가 아님을 한 눈에 알 수 있다(Møller et al., 2017). 다시 말해, 아프리카 국가들 중에서 상대적으로 양호한 상태인 알제리와 리비아의 행복도가 10점 만점에 6.5점 미만이었고, 모로코, 나이지리아, 소말리아의 행복도는 5.5점 미만인 점을 고려하면, 실질적으로 아프리카는 전체적으로 불행한 상태라고 평가할 수 있을 것이다.

이처럼 아프리카 국가들의 행복감이 전반적으로 낮은 원인을 한 두 가지로 한정시켜 말할 수는 없다. 그러나 적어도 빈곤의 영향이 1차적이라는 점에는 많은 이들이 부정하기 어려울 것이다. 대표적으로, 일상생활에서 빈곤으로부터 얼마나 자유로운지를 측정하는 빈곤 경험 지표(Live Poverty Index)를[128] 활용한 아프리카 바로미터 서베이(Afrobarometer Survey, AS)의 분석

---

127 최종 분석 자료는 2002년, 2004년, 2006년, 2008년, 2010년의 ESS를 통합한 것이고, 불가리아의 이민자가 50명으로 가장 적었으며, 스위스의 이민자가 1,886명으로 가장 많았다(Kangas, 2013: 146).

128 빈곤 경험 지표는 인간이 1년 동안 얼마나 자주 충분한 음식, 깨끗한 물과 집, 약이나 치료,

〈그림 2-23〉 아프리카 국가들의 행복

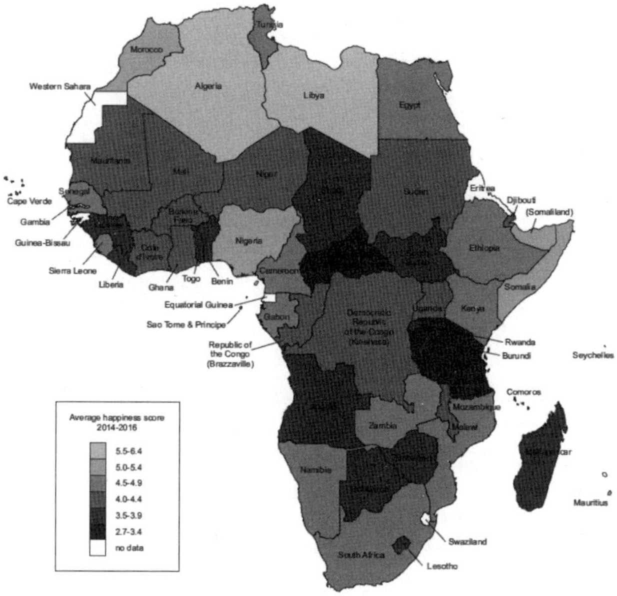

출처: (M ø ller et al., 2017: 88)

결과를 보면 한 눈에 알 수 있다. 다시 말해, 〈그림 2-24〉에서 보는 바와 같이, 2013년부터 2015년까지 아프리카 34개국의 행복과 빈곤 경험 간 관계를 보면 빈곤 경험을 적게 한 국가일수록 그렇지 않은 국가보다 행복도가 높아 행복과 빈곤 간 강한 부적 상관관계가 성립하는 것을 알 수 있다.

뿐만 아니라, 행복에 대한 빈곤의 부정적인 영향은 지속적인 것으로 나타났다. 이 또한 AS 분석 결과를 보면 쉽게 알 수 있다. 다시 말해, 〈그림 2-25〉에서 보는 바와 같이, 2005년부터 2015년까지 아프리카 15개 국가의 행복의 변화와 빈곤 경험 지표의 변화 사이에 강한 부적 상관관계가 성립한 것이다.

그런데 이와 같은 아프리카 국가들의 낮은 행복감은 정부의 역할 강화를 통해 개선될 수 있는 것으로 밝혀졌다. 다시 말해, 사회정책 확대를 통한 행복

요리 연료, 현금 소득, 가정 전기와 같은 6가지 필수품이 없이 살았는지를 측정한다(Mattes, 2008).

〈그림 2-24〉 행복과 아프리카 국가의 빈곤 경험 관계[129]

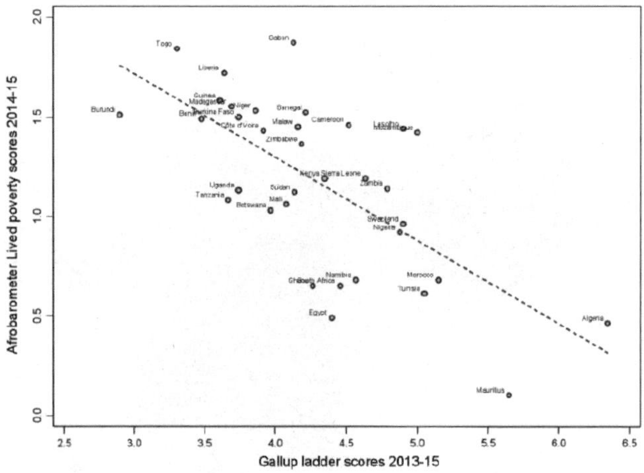

출처: (Møller et al., 2017: 95)

친화적인 환경을 조성함으로써 행복감이 전반적으로 나아질 수 있는 것으로 나타난 것이다. 예를 들면, 〈그림 2-26〉에서 보는 바와 같이, 2013년부터 2015년까지 아프리카 34개국의 행복과 국가가 제공하는 사회기반시설 서비스 사이에 정적 상관관계가 성립하는 것을 알 수 있다.[130]

행복 친화적인 환경 조성뿐만 아니라, 보다 직접적으로 사회적 지출을 확대함으로써도 행복감을 향상시킬 수 있는 것으로 나타났다. 빈곤한 가정을 대상으로 한 정기적인 사회적 급여의 지급이 행복 증진에 기여함을 밝힌 람라투 아타(Ramlatu Attah)와 동료들의 연구를 일례로 들 수 있겠다. 즉, 케냐의 기근안전망 프로그램(Hunger Safety Net Programme), 가나의 탈 빈곤생활지원 프로그램(The Ghana Livelihood Empowerment against Poverty Programme), 짐바브웨의 조화로운 사회현금지급 프로그램(The

129 레소토, 모잠비크, 스와질란드는 2013년부터 2015년까지의 행복 관련 자료가 없어 2009년부터 2011년까지의 자료를 사용했고, 모로코는 2014년부터 2015년까지의 빈곤 경험 지표 자료가 없어 2011년부터 2013년까지의 자료를 사용했다(Møller et al., 2017: 95).

130 여기서 사회기반시설 서비스는 도로와 교량, 전기, 물과 위생시설, 기초 건강 서비스와 같이 네 가지로 측정되었다(Møller et al., 2017: 97).

〈그림 2-25〉 아프리카 국가의 행복 변화와 빈곤 경험 변화 관계[131]

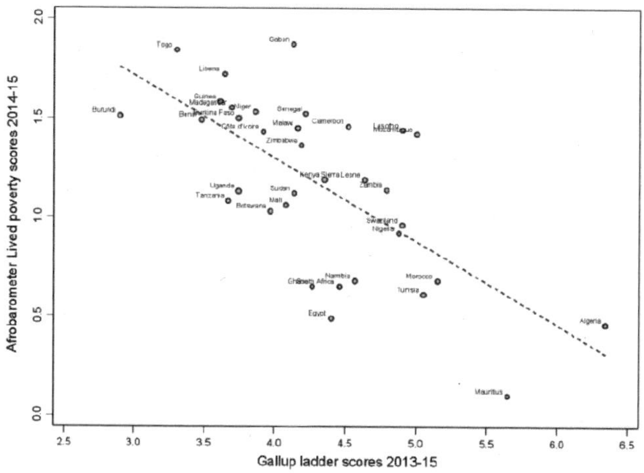

출처: (Møller et al., 2017: 96)

〈그림 2-26〉 행복과 아프리카 국가의 사회기반시설 서비스 관계[132]

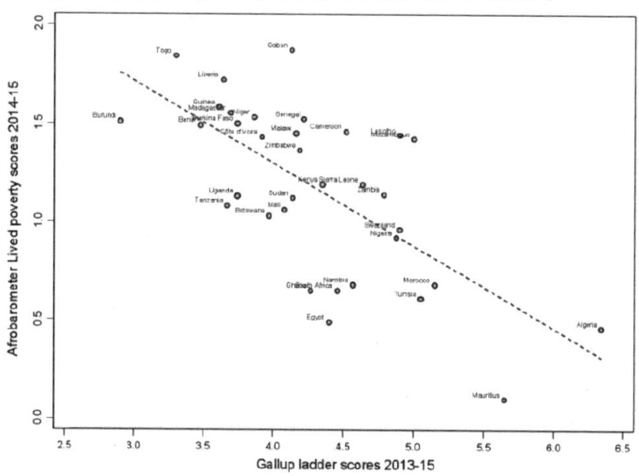

출처: (Møller et al., 2017: 97)

Harmonised Social Cash Transfer), 레소토의 아동 수당 프로그램(The Child

131 여기서 변화량은 2005년과 2015년 두 시점 간 절대적 차이로 측정되었다(Moller et al., 2017: 96).

132 레소토, 모잠비크, 스와질란드는 2013년부터 2015년까지의 행복 관련 자료가 없어 2009년부터 2011년까지의 자료를 사용했다(Møller et al., 2017: 97).

Grants Programme)의 수급자들을 심층 인터뷰를 통해 분석한 결과, 각국 정부로부터 받은 지속적인 사회적 현금 지급이 모든 해당 프로그램 수급자들의 행복 수준을 증대시킨 것이다(Attah et al., 2016).[133]

133 아타와 동료들은 해당 논문에서 질적 연구방법을 가나, 짐바브웨, 레소토의 수급자들에게만 적용하고, 케냐 수급자들에게는 혼합 연구방법을 적용했으나, 양적 분석 결과에 대해서는 자세하게 서술하고 있지 않다(Attah et al., 2016).

제3장
우리는 얼마나 행복한가?

제3장에서는 우리가 얼마나 행복한지를 행복의 주요 계량적 측정 결과를 중심으로 세계 각 국의 행복 상태와 한국의 행복 상태의 비교 분석을 통해 종합적으로 고찰한다. 이를 위해 먼저, 추상적인 행복을 계량적으로 어떻게 측정하는지 선행 연구를 중심으로 검토하고, 그러한 방법의 장점과 단점에 대해서 논의한다. 이어서 세계와 한국의 전반적인 행복 상태를 살펴본 후, 행복에 유의미한 영향을 미치는 요소 즉, 사회 인구 및 경제적 지위, 건강, 가족, 일에 따라 행복 상태가 어떻게 달라지는지를 비교 고찰한다. 마지막으로, 장애인, 유아 및 아동, 청소년, 노인, 이민자, 북한이탈주민과 같이 사회적 약자들의 행복 상태를 비교 분석한다.

1. 행복, 어떻게 측정할 것인가?

알랭 바디우(Alain Badiou)가 "완전한 행복은 무한에 대한 유한한 향유"(Badiou, 2016: 104)라고 밝힌 바와 같이, 인간이 완전한 행복을 향유하는 것은 불가능하다. 뿐만 아니라, 행복은 객관적 실체가 아니기 때문에 인간은 행복을 완전하게 인식할 수도 없다. 그러나 한 가지 확실한 것은 행복은 주관적이며 다차원적이라는 것이다. 그렇기 때문에 이론적으로 봤을 때, 행복을 실증주의적 시각에서 정확하게 측정할 수 있는 완벽한 척도는 엄격히 말해 존재하지 않는다(Crivelli, Bella, and Lucchini, 2016). 이와 관련하여, 다니엘 해이브론(Daniel Haybron)은 행복을 정확하게 측정하는 것은 불가능하다며 개념적 수준에서 다음과 같이 밝히고 있다.

> "당신은 아마도 행복처럼 복잡하고 포착하기 어려운 것은 측정이 불가능하다고 생각할 것이다. 당신 생각이 맞다. 행복을 정확하게 측정하는 것은 불가능하다. 우리는 결코 한 사람이 얼마나 행복한지 정확한 숫자를 매길 수 없다"(Haybron, 2013: 43).

그렇다면, 지금 우리가 측정하고 있는 행복은 무엇일까? 이에 대해 해이브론은 우리가 행복을 측정하는 대부분의 경우는 그것의 평균을 측정하는 것이며, 행복을 비교한다는 것은 곧 대략적으로 측정한 평균을 비교하는 것이라고 한다. 그리고 한 그룹의 행복을 측정할 때 발생하는 오류는 다른 그룹의 행복을 측정할 때에도 발생하기 때문에 두 그룹의 비교에서 발생하는 차이는 행복의 측정 오류와 무관하게 두 그룹 간 행복의 차이를 유의미하게 반영하는 것으로 간주해도 무리가 없다고 한다. 다시 말해, 보통의 경우, 행복을 흐리고 우중충한 날에 측정하면 맑고 화창한 날에 측정하는 것보다 낮게 나올 가능성이 높지만, 직장을 잃은 사람의 행복을 맑고 화창한 날에 측정한다고 하여 직장을 잃지 않은 사람 보다 행복할 가능성이 높아지는 것이 아닌 것처럼 직장을 잃지 않은 사람이 직장을 잃은 사람보다 더 행복하다고 결론을 내리는 것은 논리적으로 문제가 없다는 것이다(Haybron, 2013).

이처럼 행복의 주관성과 다차원성 때문에 그것을 과학적으로 측정할 수 있는가에 대해 개념적 수준에서 많은 의문이 제기되는 것은 그리 놀라운 일이 아니다. 결국, 행복 측정 문제의 핵심은 근원적으로 완벽한 측정이 불가능한 것에 대해 그것의 본질에 '과학적으로' 얼마나 '더 가까이 다가갈 수 있는지'에 관한 것으로 볼 수 있다. 이에 대해 최근 많은 연구들은 행복 관련 측정 도구 및 자료의 신뢰성과 타당성의 괄목할 만한 향상으로 행복의 계량적 측정과 비교 분석이 어느 때 보다 과학적이고 체계적으로 이뤄질 수 있다고 평가하고 있다(De Smedt, 2013; Lim and Putnam, 2010; George, 2010; Radcliff, 2001).

예를 들면, OECD는 각국 정부가 행복을 측정할 때 두 가지를 필수적으로 고려하도록 권고하고 있다(OECD, 2013). 첫 번째는 삶에 대한 전반적 평가이고, 두 번째는 쾌락적 행복에 영향을 미치는 요소와 더불어 삶의 의미나 목적 등 유다이모니아와 관련된 요소를 측정하는 것이다. OECD는 위 두 가지 중 최소한 첫 번째는 반드시 측정해야 한다고 강조한다(OECD, 2013). 그리고 CMEPSP는 행복을 곧 주관적 웰빙으로 간주하고, 이를 측정하기 위해서는 소득이나 물질적 요소를 초월하는 삶에 관한 인지적 평가, 긍정적 감정, 부정적 감정과 같이 세 가지 측면을 고려해야 한다고 했다(Stiglitz, Sen, and Fitoussi, 2009). 이와 같이 행복의 측정과 관련된 대표적인 논의를 종합해 보면, 행복의 계량적 측정은 주관적인 행복감을 측정하는 것과 그러한 행복감에 유의미한 영향을 미치는 중요 변수를 측정하는 것과 같이 크게 두 가지로 구분해 볼 수 있다.

1) 주관적 행복감의 계량적 측정

사람들이 주관적으로 느끼는 행복감을 계량적 지표를 통해 측정하는 데에는 크게 두 가지 방법이 있다. 첫 번째는 쾌락적 행복 추구와 관련이 깊은 경우로 행복하다고 느끼는 긍정적인 감정의 정도를 측정하는 것이다. 두 번째는 유다이모니아의 추구와 관련이 깊은 경우로 자신이 한 일에 대해 가치 있다고 느끼는 정도를 측정하는 것이다.

그리고 위 두 가지 측정 방법은 모두 두 가지 측정 시점과 조합해서 적용될 수 있다. 첫 번째는 순간적 행복 측정으로 삶의 한 순간의 행복도를 측정하는 방법이다. 다시 말해, 지난 얼마 동안의 기간을 제시하면서 과거의 행복도를 측정하거나 질문을 하는 현 시점의 행복도를 측정하기도 하는 것이다. 두 번째는 전반적 행복 측정으로 삶의 전반적인 기간 동안의 행복도를 측정하는 방법이다.

대표적인 예를 들면 다음과 같다.

(1) 쾌락적 행복 측정 사례

① 세계 행복 보고서[1]

"제일 아래에 0부터 가장 높은 곳에 10이 새겨진 사다리를 떠올려 보세요. 사다리의 가장 높은 곳은 당신이 가능한 최고의 삶을, 가장 낮은 곳은 최악의 삶을 의미합니다. 지금 당신은 사다리의 어디쯤에 서있다고 느끼십니까?"(Helliwell, Huang, and Wang, 2016: 9).

② 세계 가치관 조사

"모든 것을 고려했을 때, 요즘 당신의 삶에 대해 전반적으로 얼마나 만족하십니까? '완전히 불만족스러움'을 뜻하는 0과 '완전히 만족스러움'을 뜻하는 10이 적힌 카드를 이용한다면 당신의 삶의 전반적인 만족 상태가 어디에 해당한다고 보십니까?"(WVS, 2014).

③ 유럽 사회 조사

"모든 것을 고려했을 때, 얼마나 행복하다고 느끼십니까?"(ESS, 2006: 15).[2]

④ 경제협력개발기구

"모든 것을 고려했을 때, 당신은 얼마나 행복합니까? 아래 질문은 당신이 얼마나 만족한다고 느끼는지 0부터 10까지의 수치로 묻고 있습니다. 0은 전혀 만족하지 못함을, 10은 완전히 만족함을 뜻합니다"(OECD, 2013: 256).

⑤ 영국 통계청

"전반적으로, 어제 얼마나 행복하다고 느끼셨습니까?(전혀 행복하지 않은 경우 0점, 완

1 WHR은 갤럽의 측정 방법을 적용한 것이다.
2 ESS 3차(2006-2007년) 자료를 기준으로 한 것이며, 매우 불행한 경우 0점, 매우 행복한 경우 10점으로 응답하도록 구성되었다.

전히 행복한 경우 10점)"(Tinkler and Hicks, 2011: 21).

(2) 유다이모니아 측정 사례

① 유럽 사회 조사

"나는 전반적으로 내가 한 일에 대해 소중하고 가치 있다고 느낀다"(ESS, 2006: 52).[3]

② 경제협력개발기구

"전반적으로 당신의 삶에서 당신이 한 일에 대해 어느 정도 가치가 있다고 느낍니까? 아래 질문은 당신이 한 일에 대해 얼마나 가치 있다고 느끼는지 0부터 10까지의 수치로 묻고 있습니다. 0은 전혀 만족하지 못함을, 10은 완전히 만족함을 뜻합니다"(OECD, 2013: 253).

③ 영국 통계청

"전반적으로, 당신이 한 일에 대해 어느 정도 가치가 있다고 느끼십니까?(전혀 가치가 없는 경우 0점, 완전히 가치가 있는 경우 10점)"(Tinkler and Hicks, 2011: 21).

2) 중요 변수의 계량적 측정

앞에서 살펴본 주관적 행복감에 대한 계량적 측정 방법은 크게 첫째, 개념적 차원에서 행복의 다차원성을 제대로 포착할 수 없으며 둘째, 그러한 다차원성에 기반한 심리를 단일 척도로 측정하여 얻은 결과로 정확하게 포착할 수 없다는 한계가 있다(NEF, 2009a). 그렇기 때문에 사람들이 주관적으로 느끼는 행복감에 유의미하게 영향을 미치는 이른바 '객관적 요소'를 계량적으로 측정하는 방법이 병행되고 있다.[4] 이때, 공통적으로 중요하다고 여겨지고, 실제 측정을 위해 선정되는 공통 요소들도 없지 않지만, 행복의 개념에 대한 학

---

3 ESS 3차(2006-2007년) 자료를 기준으로 한 것이며, 응답은 ①강하게 동의 ②동의 ③동의도 부정도 하지 않음 ④동의하지 않음 ⑤전혀 동의하지 않음으로 구성되었다.

4 행복에 유의미한 영향을 미치는 객관적 요소를 측정하는 것이 주관적 행복감을 측정하는 것보다 상대적으로 더 과학적(또는 객관적)일 수는 있으나, 그것이 행복 본연의 의미를 모두 담아낼 수 있다는 뜻은 아니다.

계의 일관된 합의가 존재하지 않는 것처럼 행복에 유의미한 영향을 미치는 중요한 요소에 대한 견해 또한 일치하지 않기 때문에, 그것을 측정하고자 하는 주체와 그들의 연구 목적에 따라 실제 측정에 선정되는 요소가 상이한 경우가 결코 적지 않다.[5]

대표적인 예를 들면 다음과 같다.

(1) 경제협력개발기구

다음 질문들은 당신 삶의 특정 부분들에 대해 얼마나 만족하는지를 0부터 10까지의 수치로 묻고 있습니다. 0은 전혀 만족하지 못함을, 10은 완전히 만족함을 뜻합니다.

가. 당신의 생활 수준에 대해 얼마나 만족하십니까?
나. 당신의 건강에 대해 얼마나 만족하십니까?
다. 당신이 성취한 것에 대해 얼마나 만족하십니까?
라. 당신의 인간 관계에 대해 얼마나 만족하십니까?
마. 당신의 안전에 얼마나 만족하십니까?
바. 당신의 지역 사회 소속감에 얼마나 만족하십니까?
사. 당신의 미래 보장에 대해 얼마나 만족하십니까?
아. 당신이 하고 싶은 일을 하는 시간에 대해 얼마나 만족하십니까?
자. 당신의 지역 환경에 대해 얼마나 만족하십니까?
차. 당신의 직업에 대해 얼마나 만족하십니까?
(OECD, 2013: 262).

(2) 프랑스 경제성과 및 사회발전 측정위원회

가. 물질적 생활수준(소득, 소비와 부)
나. 건강
다. 교육
라. 개인 활동(일 포함)
마. 정치적 발언과 거버넌스

---

5 이 때문에 행복과 관련된 여러 기관들의 연구 결과가 상이할 수밖에 없고, 서로 다른 관점에서 연구된 결과로써 행복을 평가하기 때문에 경험적 연구 결과에 근거한 행복의 논의 또한 이론적 논쟁만큼이나 복잡해 질 수밖에 없는 것이다.

바. 사회 연결과 관계
사. 환경(현재와 미래 상태)
아. 신체 및 경제적 불안정
(Stiglitz, Sen, and Fitoussi, 2009).

(3) 영국 통계청

가. 개인 웰빙
나. 관계
다. 건강
라. 일 관련 사항
마. 거주지 관련 사항
바. 개인 재정
사. 경제
아. 교육과 숙련 기술
자. 거버넌스
차. 자연 환경
(ONS, 2016b).

(4) 이탈리아 국립통계청과 국가경제노동위원회

가. 건강
나. 교육과 (직업)훈련
다. 일-가정 균형
라. 경제적 웰빙
마. 사회관계
바. 정치와 제도
사. 안전(안보)
아. 주관적 웰빙
자. 자연과 문화유산
차. 환경
카. 연구와 혁신
타. 서비스의 질
(Istat and Cnel, 2014).

(5) 일본 웰빙 측정 위원회

가. 사회-경제적 조건: 기본 욕구, 주거, 육아/교육, 고용, 사회시스템
나. 건강: 신체적 건강, 심리적 건강
다. 관계: 라이프 스타일, 가족 연대, 지역사회와의 유대, 자연과의 친밀성
(CMW, 2011: 9).

3) 계량적 행복 측정의 장점과 단점

앞에서 살펴본 주관적 행복감과 중요 변수의 계량적 측정 방법 모두 장점이 있다. 다시 말해, 주관적 행복감의 계량적 측정은 하나의 질문을 통해 행복의 정도를 전반적으로 파악하고자 하기 때문에 일상생활에서 다양한 경험을 통해 발생하는 여러 가지 선호 중에서 자신에게 중요하다고 여겨지는 요소가 개인 마다 다름에도 불구하고 그것을 자연스럽게 포착해 낼 수 있는 장점이 있다(Stiglitz, Sen, and Fitoussi, 2009). 그리고 행복에 유의미한 영향을 미치는 중요한 요소를 계량적으로 측정하는 것은 개념 및 이론적 수준에서 행복에 영향을 미칠 것이라고 여겨지는 다양한 요소 중에서 실제로 유의미한 영향을 미치는 중요 변수를 경험적으로 확인할 수 있는 장점이 있다(Ravallion, 2016).[6]

그러나 행복의 계량적 측정은 단점도 가지고 있는데, 이는 크게 다섯 가지로 구분해 볼 수 있다. 첫째, 응답자의 주관적 평가에 배태된 한계점이 있다. 다시 말해, 행복의 정도 판단을 응답자 스스로의 평가와 보고에 의존하기 때문에 그 결과는 상당히 주관적일 수밖에 없다. 따라서 그러한 측정 결과로 개인적 수준에서 응답자 간 행복의 정도를 상호 비교하는 것뿐만 아니라, 국가적 수준에서 국가 간 행복의 정도를 상호 비교하는 데에도 일정 수준의 한계

---

6 이는 특히, 행복을 증진하기 위한 정부의 정책적 대응을 보다 용이하게 해주는 장점이 있다. 예를 들면, 소음 공해의 위해성(Van Praag and Baarsma, 2005), 홍수와 같은 재난(Luechinger and Raschky, 2009), 쾌적한 공기의 중요성(Welsch, 2002), 테러의 위험성(Frey et al., 2009)이 행복에 유의미한 영향을 미친다는 것을 실증적으로 보여줌으로써 관련 정부 정책 마련을 용이하게 할 수 있는 것이다.

를 배태할 수밖에 없다(Becchetti, Corrado, and Sama, 2016; Gilbert, 2007).

둘째, 시간 관련 요소의 영향을 많이 받는 한계가 있다. 다시 말해, 대부분의 사람들은 아침에 일어나 저녁에 취침하기 전까지 수많은 긍정적 혹은 부정적 경험을 통해 감정의 기복을 겪기 때문에 행복 측정도 응답자가 질문을 받은 순간과 그 전의 기분에 영향을 받지 않을 수 없어 응답 결과가 어느 정도는 필연적으로 오염될 수밖에 없다는 것이다(O'Donnell et al., 2014; Pavot and Diener, 2009). 예를 들면, 응답을 받기 전 긍정적 혹은 부정적 경험의 영향을 받는 이른바 '경험 효과'(Helliwell, Huang, and Wang, 2017), 기념일 등에 가까워지는 날에 발현될 가능성이 높은 이른바 '이벤트 효과'(Deaton, 2012), 평일보다 주말에 더 행복하다고 응답하는 이른바 '주말 효과'가 가장 대표적이다(Bonikowska et al., 2014; Helliwell and Wang, 2015, 2014; Stone, Schneider, and Harter, 2012; Ryan et al., 2010). 이처럼 응답자가 행복 관련 질문을 받은 시점을 기준으로 그 전에 겪은 사건들에 의한 영향으로부터 결코 자유롭지 못하기 때문에 행복의 순간적 측정과 전반적 측정 결과도 서로 동일하지 않고 늘 차이가 발생하게 되는 것이다. 이는 곧, 순간적 측정과 전반적 측정 어느 한 쪽만으로 과학적인 측정을 하는 데에 한계가 있어 최소한 두 경우 모두를 고려해야 해석 시 편의를 최소화할 수 있음을 시사한다.[7]

셋째, 준거기준효과(frame-of-reference effects)가 발생할 수 있다. 즉, 응답자가 어느 국가, 어떤 사회에 거주하느냐에 따라 사회구조적 환경이 달라질 수밖에 없으므로 자신의 행복감을 비교할 준거 집단의 설정 또한 다양할 수밖에 없다. 이 때문에 동일한 사안에 대해 각 국의 국민들이 서로 다르게 가치를 부여하는 경향을 띠는 것이다(Helliwell, 2016; Helliwell, Bonikowska, and Shiplett, 2016). 이와 같은 준거기준효과를 예측 할 수 없기 때문에 그것

7 응답자가 특정 시점을 중심으로 비교적 단기간에 걸쳐 자신의 행복도를 평가하는 방식으로 측정하는 것보다 삶 전반에 걸쳐 평가할 수 있는 질문을 통해 측정할 때 주말 효과가 사라지는 점을 고려하여 장기간의 삶을 반추해 볼 수 있는 질문을 활용하는 것이 측정 오류를 줄이는데 효과적일 수 있다는 제안(Helliwell, Huang, and Wang, 2017)도 이와 같은 맥락에 있다.

의 영향을 받는 값 또한 천차만별일 수밖에 없는 한계로부터 결코 자유롭지 못하다.

넷째, 이른바 '절정과 끝 법칙(peak and end rule)'으로부터 자유롭지 못하다(Kahneman, Diener, and Schwarz, 1999). 대부분의 인간은 특정 경험에 대한 느낌을 표현할 때 해당 느낌이 가장 강할 때와 끝날 시점의 정도를 기준으로 응답하는 경향이 강하다. 사람들이 특정 느낌이 얼마 동안 지속되었는지, 그러한 느낌이 평균적으로 어떠했는지를 고려하면서 응답하는 것이 쉬운 것은 아니라는 것이다.

마지막으로, 문화적 차이로부터 영향을 많이 받는 한계가 있다(Rice and Steele, 2004; Helliwell, Huang, and Wang, 2017). 가장 흔한 경우가 바로 언어 문화적 차이와 감정 표현 관련 사회적 규범의 차이로부터 오는 한계이다. 언어 문화적 차이의 경우, 편차가 없는 완벽한 번역이 불가능하기 때문에 오류가 발생하게 되는 경우를 생각해 볼 수 있다. 예를 들면, 영어의 꽤 행복하다(pretty happy)와 매우 행복하다(very happy)를 특정 언어로 옮길 때 pretty와 very의 정도 차이를 담아내기 어려운 경우뿐만 아니라, 헝가리어 'jólét'이 웰빙을 뜻할 수도 있고, 부(wealth)를 의미할 수도 있는 것처럼 한 단어가 다양한 의미로 쓰이는 경우 오류가 발생할 가능성은 더욱 높아진다(Exton, Smith, and Vandendriessche, 2015). 감정 표현 관련 사회적 규범 차이의 경우, 부정적인 감정을 노출시키는 것을 부정적으로 인식하는 사회에서는 실제 응답자가 규칙적으로 부정적인 감정을 느끼는 경우에도 응답은 그렇지 않다고 할 가능성이 높은 한계가 있다(Exton, Smith, and Vandendriessche, 2015).

2. 전반적 행복

1) 세계의 전반적 행복

세계 모든 국가들을 대상으로 행복을 장기적으로 분석한 연구를 찾아보기는 쉽지 않다. 그러나 OECD가 1820년부터 2000년까지 약 180년 동안의 세계 주요 국가들의 행복의 추이를 분석한 2014년 보고서를 통해 세계 행복의 장기적 경향을 대략적으로나마 파악해 볼 수는 있다.[8] 동 보고서가 소득, 건강, 교육, 정치적 자유, 환경, 개인 안전과 같이 총 여섯 가지 항목을 종합하여 행복을 측정한 결과를 요약하면 〈그림 3-1〉에 제시된 바와 같다(Rijpma, 2014).[9] 10년 간격의 인구 가중 평균을 반영하고, 세계 평균을 0으로 하여 표준화 했을 때, 전 세계 행복도는 전반적으로 시간이 지남에 따라 증가 추세를 보여 왔으며, 대략 1950년대 이후부터 눈에 띠게 증가한 것으로 나타났다. 권역별로 자세히 보면, 전 기간에 걸쳐 서유럽지국(Western Offshoots)의 행복도가 가장 높은 반면, 사하라 사막 이남 아프리카의 행복도가 가장 낮았으며, 단 한 해도 세계 평균에 미치지 못한 것으로 나타났다. 그리고 대략 1950년대 전후를 기준으로 행복도의 증가 폭이 가장 컸던 곳은 동아시아였고, 서유럽이 그 뒤를 이었다.

8 OECD는 아르헨티나, 호주, 브라질, 캐나다, 중국, 독일, 이집트, 스페인, 프랑스, 영국, 인도네시아, 인도, 이탈리아, 일본, 케냐, 멕시코, 나이지리아, 네덜란드, 폴란드, 러시아 연방, 스웨덴, 태국, 터키, 미국, 남아프리카와 같이 총 25개국을 서유럽, 동유럽과 과거 사회주의 연합, 서유럽지국(支國, Western Offshoots), 라틴아메리카와 카리브해 국가, 사하라 사막 이남 아프리카, 중동 및 북아프리카, 동아시아, 남아시아 및 동남아시아와 같이 8개 권역으로 구분하여 분석하고 있다.

9 소득은 소득 불평등을 반영한 1인당 GDP와 실제 임금으로, 건강은 신장과 평균 수명으로, 교육은 평균 교육 기간으로, 정치적 자유는 polity2 지표로, 환경은 종의 다양성 평균으로, 개인 안전은 살인율로 측정하였다(Rijpma, 2014: 257). 여기서 polity2 지표는 187개국을 대상으로 한 Polity IV Project(CSP, 2017)에서 참고한 것으로 완전한 독재를 뜻하는 -10부터 완전한 민주주의를 뜻하는 +10으로 측정한 것이다(Rijpma, 2014: 163).

〈그림 3-1〉 세계 행복의 장기 추이

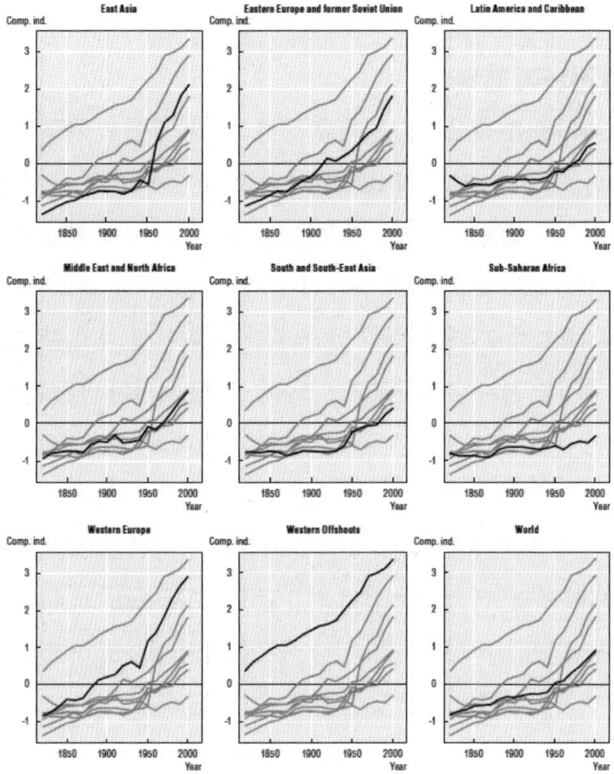

출처: (Rijpma, 2014: 259)

반면, 세계 행복을 단 · 중기적으로 분석한 연구는 상대적으로 찾아보기 쉽다. 예를 들면, 〈그림 3-2〉는 2006년부터 2013년까지의 GWP의 통합 자료를 바탕으로 구성한 세계 행복 점수의 분포를 나타낸 그래프이다. 이 기간 동안 세계 행복의 평균 점수는 5.423이었다. 이를 기준으로 31%의 국가가 낮은편(0-4점), 37%의 국가가 중간 정도(5-6점), 32%의 국가가 높은편(7-10점)에 속했고, 이러한 경향은 2006년부터 2013년까지 각 년도 별로도 비슷한 것으로 나타났으며, 전반적으로 세계 행복 점수는 정규 분포 상태를 보이는 것으로 나타났다(Exton, Smith, and Vandendriessche, 2015).

〈그림 3-2〉 세계 행복 점수 분포

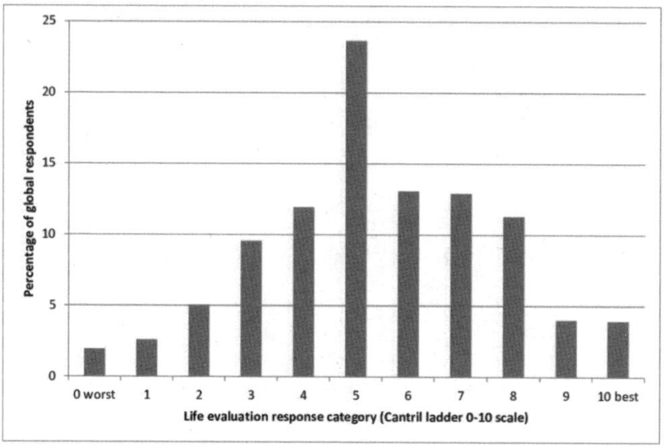

출처: (Exton, Smith, and Vandendriessche, 2015: 29)

〈그림 3-3〉은 옥스퍼드대학교의 재임스 마틴 스쿨이 2014년부터 2015년까지의 GWP의 자료를 바탕으로 구성한 세계 행복 지도이다.[10] 전반적으로, 북미와 유럽, 오세아니아에 위치한 국가들의 행복도가 가장 높게 나타났다. 그리고 대부분의 동유럽과 아시아 국가들이 중간 정도였으며, 가장 행복도가 낮은 곳은 대부분 아프리카에 위치한 국가들인 것으로 나타났다.

〈그림 3-3〉 세계 행복 지도

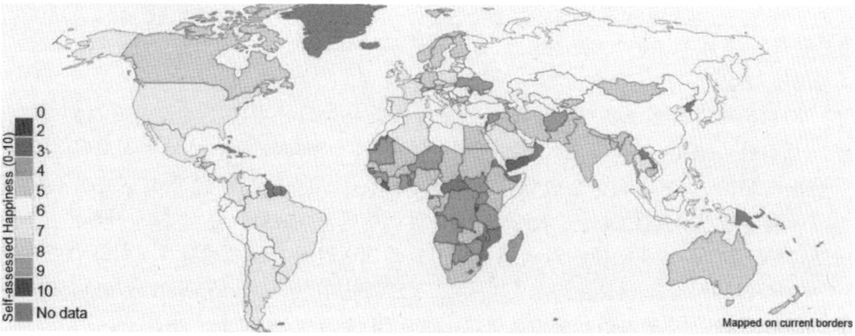

출처: (Oxford Martin School and University of Oxford, 2017)

10 최근 자료가 부족한 일부 국가의 경우 2014년 이전의 자료를 활용하였다.

〈표 3-1〉 세계 행복 순위와 평균 점수

세계 평균 = 5.264	순위	지역/국가	행복점수 (평균)	순위	지역/국가	행복점수 (평균)
권역	1	북아메리카와 호주 및 뉴질랜드	6.958	6	동아시아	5.343
	2	서유럽	6.635	7	동남아시아	5.280
	3	라틴아메리카-카리브해 국가	6.193	8	중동 및 북아프리카	5.003
	4	중앙 및 동유럽	5.848	9	남아시아	4.355
	5	독립국가연합	5.460	10	사하라사막 이남 아프리카	4.425
국가 (상 · 하위 10위)[11]	1	핀란드	7.632	147	말라위	3.593
	2	노르웨이	7.594	148	아이티	3.591
	3	덴마크	7.555	149	라이베리아	3.533
	4	아이슬란드	7.495	150	시리아	3.507
	5	스위스	7.487	151	르완다	3.495
	6	네덜란드	7.441	152	예멘	3.471
	7	캐나다	7.328	153	탄자니아	3.462
	8	뉴질랜드	7.324	154	남수단	3.349
	9	스웨덴	7.314	155	중앙아프리카공화국	2.905
	10	호주	7.272	156	브룬디	2.693

출처: (Helliwell et al., 2018: 16-23 재구성)

그러나 WHR의 분석 결과를 좀 더 자세히 살펴보면 권역 및 국가별로 상당한 편차가 있음을 알 수 있다.[12] 예를 들면, 〈표 3-1〉은 2015년부터 2017년까지 세계 행복 점수의 평균값을 요약한 것이다.[13] 전 세계 행복 점수는 평균 5.264(표준편차 2.298)로 절반을 조금 넘는 수준이었다(Helliwell et al., 2018:

11 한국의 행복 점수는 5.875점으로 세계에서 57번째로 행복한 국가였다(Helliwell et al., 2018: 22).

12 WHR은 인간의 발전은 행복의 확산 정도에 따라 평가되어야 하고, 정부의 목적은 행복을 극대화할 수 있는 조건을 조성하는 것이다는 두 가지 명제에 기반 하여 기획되어(Layard, 2016) 2012년 4월에 처음으로 발간 된 이후 2013년, 2015년, 2016년, 2017년, 2018년까지 총 6차례 발간되었다. 그리고 WHR은 각 국의 거주민을 대표하는 분석 결과 산출을 목적으로 하고 있어 분석에 포함된 각 국의 응답자들은 시민권 유무에 의해서가 아니라 해당 국가에 거주하는 사람을 대상으로 했으며, 주로 걸프협력회의(Gulf Cooperation Council) 회원국들에서 비-시민권자의 비율이 높았다(Helliwell, Huang, and Wang, 2017: 24).

13 행복은 0점부터 10점까지의 캔트릴 사다리를 통해 측정하였고, 각 국의 사정에 따라 3년 모두 측정이 이뤄지지 못한 경우도 있었으며, 응답자는 대략 1,000여명 정도(2017년 아이슬란드의 최소 500명부터 2016년 중국의 최대 4,373명까지 분포)였다(Helliwell et al., 2018의 statistical appendix 1: 7-9).

16). 권역별로 보면, 중동 및 북아프리카, 남아시아, 사하라 사막 이남 아프리카를 제외한 모든 곳이 세계 평균보다 높은 것으로 나타났다. 특히, 남아시아와 사하라 사막 이남 아프리카는 10점 만점의 절반에도 미치지 못했다. 국가별로 봤을 때, 상위 10위에는 캐나다, 뉴질랜드, 호주를 제외하고 모두 유럽 국가들이 자리했고, 10개국 모두 평균 7점 이상을 기록했으며, 가장 행복한 국가는 핀란드였다. 하위 10위에는 중동에 위치한 예멘과 시리아, 북아메리카 카리브해에 위치한 아이티를 제외하고 모두 아프리카에 위치한 국가들이 자리했으며, 가장 불행한 국가는 브룬디였다.

이와 같은 행복의 편차는 경제적으로 부유한 OECD 국가들 사이에서도 존재하는 것으로 밝혀졌다. 다시 말해, 2015년 기준 OECD 회원국 35개국의 행복을 내림차순으로 정리한 〈그림 3-4〉에서 보는 바와 같이, 전체 35개국 행복의 평균은 10점 만점에 6.5점이었는데, 총 15개국의 행복 수준은 평균에 미치지 못했다. 그리고 노르웨이와 스위스가 7.6점으로 가장 행복한 반면, 포르투갈이 5.1점으로 가장 불행한 것으로 나타났으며, 한국은 5.8점으로 29위를 기록했다.

〈그림 3-4〉 OECD 국가들의 행복

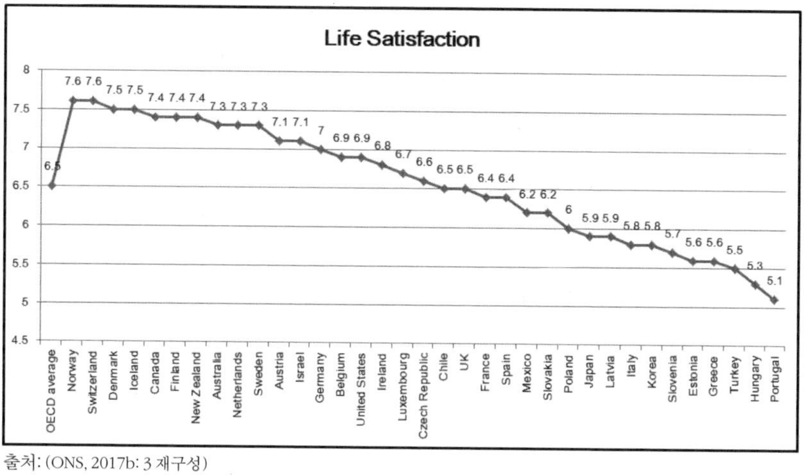

출처: (ONS, 2017b: 3 재구성)

2) 한국의 전반적 행복

우리나라의 전반적 행복은 국제기구, 정부 기관, 민간 기관의 연구 결과로 나눠서 살펴 볼 수 있겠다. 먼저, 국제기구의 경우, OECD가 OECD 행복 측정틀(OECD Framework for Measuring Well-being, OECD FMW) 중 물질적 조건과 삶의 질을 기준으로 각 국의 행복을 측정한 결과를 예로 들 수 있겠다.[14] 한국의 행복을 다른 OECD 국가들과 비교하여 상대적인 강점과 약점을 중심으로 도식화 한 〈그림 3-5〉에서 보는 바와 같이, 가구 소득, 부, 고용율의 경우 OECD 평균 보다 낮은 반면, 장기 실업률은 2016년에 거의 0에 가까울 만큼 OECD 국가 중 가장 낮은 수치를 기록했다(OECD, 2017e: 262). 그리고 노동자들의 작업 긴장도와 주택 구입능력은 OECD 국가 중 가장 높았다. OECD 국가 중 하위 그룹에 속하는 항목으로는 주관적 건강, 사회적 지지, 공기의 질

〈그림 3-5〉 OECD FMW에 따른 한국의 행복[15]

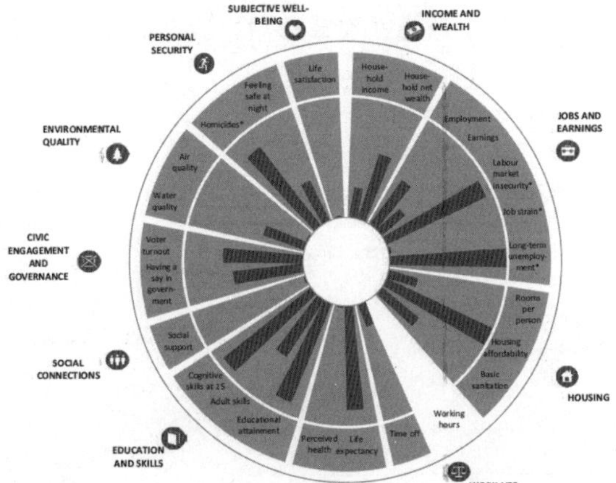

출처: (OECD, 2017e: 262)

14 OECD FMW 중 네 가지 자본의 경우, 각 자본을 측정하는 항목별 성과를 3등급으로 구분하여 제공되고 있다. 한국은 자연 자본 중 3가지 항목, 경제적 자본 중 5가지 항목, 인간 자본 중 6가지 항목이 1등급을 기록하였으나 사회적 자본에서 최고 등급을 받은 항목은 단 하나도 없었다(OECD, 2017e: 264). 보다 자세한 내용은 제6장에 설명되어 있다.

등이었다.

두 번째, 정부 기관의 경우 먼저, 통계청을 예로 들 수 있겠다. 통계청의 삶의 질 관련 지표 측정은 2000년부터 이뤄지고 있었지만, 관련 지표 개발을 위한 체계적인 연구는 2009년 부산에서 개최된 OECD 세계포럼을 계기로 시작되었다. 이후 자료의 질, 적절성, 중립성을 기준으로[16] 선정한 12개 영역의 80개 측정 지표를[17] 이용하여 2014년부터 '국민 삶의 질 지표'를 본격적으로 측정하기 시작하였다.

〈그림 3-6〉에 제시된 바와 같이, 2015년 객관지표 종합지수는 112.9, 주관지표 종합지수는 111, 전체 종합지수는 111.8로 2006년 대비 각각 12.9%, 11%, 11.8%가 증가하였다(통계청, 2017a: 6).[18] 10년 동안 객관지표 종합지수와 전체 종합지수는 전반적으로 큰 변화 없이 증가하는 추세를 보였지만, 주관지표 종합지수의 증감 폭은 상대적으로 더 컸던 것을 알 수 있다. 통계청은 이와 같은 차이를 2008년부터 2009년 사이에는 소득만족도, 소비생활만족도, 사회 안전에 대한 평가 지표의 상승 때문에, 2010년부터 2011년 사이

---

15 살인과 같이 개념 자체가 부정적인 의미를 포함하고 있는 항목에는 별표(*)를 했는데, 긍정적·부정적 항목 모두 막대그래프 길이가 길수록 더 나은 결과를 의미하고, 흰색으로 표시된 항목은 자료가 없는 경우이다(OECD, 2017e: 262). 항목 별로 주로 2015년이나 2016년 자료를 활용한 것이지만, 일부에는 그 이전 자료도 사용되었다.

16 자료의 질의 경우 공식통계, 전체 인구 포괄, 시계열 자료를, 적절성의 경우 액면 타당도, 최종성과 기준, 이해의 용이성, 정책 반응성, 상황 적합성을, 중립성의 경우 정치적 편향성이 없는 자료를 기준으로 삼았다(통계청, 2017a: 15).

17 각 영역별로, 소득/소비(가구평균 순자산, 소득 만족도 등), 고용/임금(고용률, 근로시간, 일자리 만족도 등), 사회복지(공적연금 가입률, 개인부담 의료비 비중 등), 주거(1인당 주거면적, 주거환경 만족도 등), 건강(기대수명, 비만율, 스트레스 인식 정도 등), 교육(고등교육 이수율, 학교생활 만족도 등), 문화/여가(평균 여가 시간, 여가 활용 만족도 등), 가족/공동체(독거 노인 비율, 자살률, 지역사회 소속감 등), 시민참여(투표율, 부패인식 지수, 자원봉사활동 참여율 등), 안전(강력범죄 발생률, 사회 안전에 대한 평가, 산업 재해율 등), 환경(하수도 보급률, 미세먼지 농도 등), 주관적 웰빙(긍정 정서, 부정 정서 등)을 예로 들 수 있다(통계청, 2017a: 11-12).

18 통계청은 종합지수를 별도로 측정하여 발표하고 있지 않으며, 여기에 제시된 종합지수는 통계청의 자료를 근거로 한국 삶의 질 학회가 작성한 것이라고 밝히고 있다(통계청, 2017j). 이와 관련된 보다 자세한 내용은 제6장에서 논의했다.

〈그림 3-6〉 한국의 삶의 질 종합지수 변화

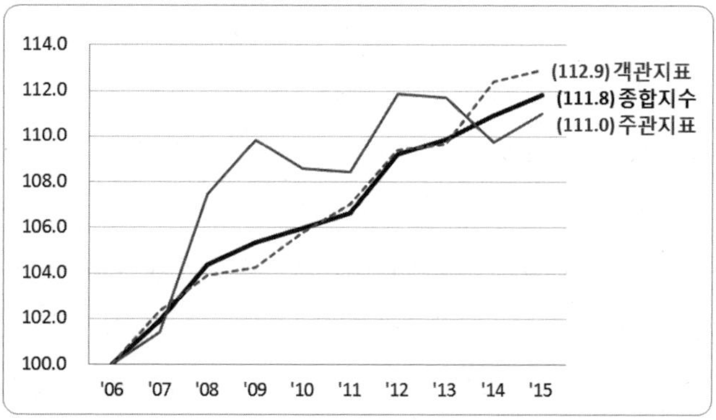

출처: (통계청, 2017a: 6)

에는 학교생활 만족도, 스트레스 인식 정도, 여가 활용 만족도의 하락 때문이라고 설명하고 있다(통계청, 2017a).

보다 구체적으로, 〈그림 3-7〉에서 보는 바와 같이, 2006년부터 2015년까지 10년 동안 영역별 종합지수의 증감률을 살펴보면, 가족/공동체, 고용/임금, 주거, 건강, 시민참여 영역은 평균보다 낮게 증가한 것을 알 수 있다. 반면, 환경, 문화/여가, 주관적 웰빙, 사회복지, 소득/소비, 안전, 교육 영역은 평균보다 높게 증가하였다. 특히, 12개 영역 중 유일하게 가족/공동체 영역의 경우 1.4%가 감소함으로써 이전보다 사회적 연대감의 감소 추세가 두드러진 것으로 나타났다.

그리고 한국보건사회연구원의 한국복지패널 자료 분석을 통해서도 살펴

〈그림 3-7〉 한국의 삶의 질 영역별 지수 변화

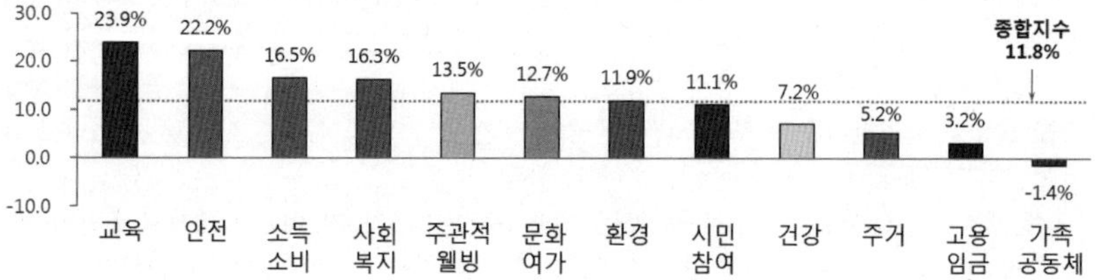

출처: (통계청, 2017a: 1)

볼 수 있다.[19] 즉, 2017년 2월 18일부터 5월 21일까지 전국의 6,581가구를 조사한 결과(김태완 외, 2017: 7), 전체적으로는 행복한 편인 것으로 나타났다. 다시 말해, 현재 생활에 불만족하는 비율은 4.57%인 반면, 만족하는 비율은 66.96%로 10명 중 약 6명 정도는 행복한 편에 속했다(김태완 외, 2017: 145). 그러나 저소득층의 경우에는 이와 반대인 것으로 밝혀졌다. 즉, 현재 생활에 만족하는 비율은 41.64%인 반면, 현재 생활에 불만족하고 그저 그렇다고 응답한 비율은 각각 11.56%와 46.8%로 10명 중 약 4명 정도만 행복한 편에 속했던 것이다(김태완 외, 2017: 145).

세 번째, 민간 기관의 경우, 현대경제연구원의 경제적 행복지수(Economic Happiness Index, EHI)를 예로 들 수 있겠다.[20] 현대경제연구원은 EHI를 '개인의 경제적 요인과 관련하여 만족과 기쁨을 느끼는 상태에 대한 평가로 경제 상태, 의식, 외부 요건 등에 의해 변화되는 것'으로 정의한다(현대경제연구원, 2016: 15). EHI는 경제적 안정, 경제적 우위, 경제적 발전, 경제적 평등, 경제적 불안으로 구성되는 경제적 행복 요소와 전반적 행복감과 같이 총 여섯 가지 하위 요소로 구성된다. EHI는 100점 만점으로 총 11개[21] 문항으로 이뤄지며, 긍정적 답변은 100점, 중립적 답변은 50점, 부정적 답변은 0점을 부여하여 〈그림 3-8〉에 제시된 방정식을 통해 도출된다. EHI는 첫 조사를 한 2007

19 한국복지패널은 제주도를 포함한 전국의 7,072가구를 대상으로 15세 이상 가구원을 2006년부터 조사해왔다(김태완 외, 2017: 5).

20 2007년 12월에 시작된 EHI 측정은 보통 전국 20세 이상 성인 남녀 800명부터 1,000여 명을 대상으로 전화 설문조사를 통해 매년 상 · 하반기 2회 조사 결과를 발표한다.

21 11개 항목의 구체적인 질문 내용은 다음과 같다(현대경제연구원, 2018: 13). • 경제적 안정(①나(또는 귀댁의 가장)의 일자리와 소득은 비교적 안정적이다 ②지금의 추세라면 내 노후의 경제 상황은 안정적일 것 같다) • 경제적 우위(①나는 내 주변 사람들보다 경제적으로 나은 편이다 ②최근 6개월 동안 경제적 열등감으로 마음 상한 경험이 있다) • 경제적 발전(①나의 소득, 자산 등 경제력은 계속 증가하고 있는 추세이다 ②나의 경제적인 생활 수준은 나아지고 있다) • 경제적 평등(①현재 우리사회의 경제적 불평등은 크게 우려할 만한 수준은 아니다 ②앞으로 우리사회는 지금보다 경제적으로 평등해 질 것이다) • 경제적 불안(①내가 느끼는 체감 물가는 나를 불안하게 한다 ②내가 느끼는 체감 실업률은 나를 불안하게 한다) • 전반적 행복감(나는 경제적으로 행복하다).

년 12월에 39.9점을 기록했고, 2017년 12월에는 45.1점을 기록하는 등 전반적으로 봤을 때, 증가 추세에 있지만 단 한 번도 50점을 넘은 경우는 없었다(현대경제연구원, 2018: 1).[22]

〈그림 3-8〉 경제적 행복지수 산출 방법

$$EHI = \frac{\frac{\text{경제적 안정}+\text{경제적 우위}+\text{경제적 발전}+\text{경제적 평등}+\text{경제적 불안}}{5} + \text{전반적 행복감}}{2}$$

출처: (현대경제연구원, 2018: 12)

3. 사회 인구 및 경제적 지위와 행복

1) 연령과 행복[23]

(1) 세계의 연령과 행복

연령과 행복 간 관계에 대한 지금까지의 연구 결과는 일관되지 않고 둘 간의 다양한 패턴이 보고되고 있다(Graham, 2011; Andrew and McKennel, 1980). 먼저, 많은 연구들이 연령과 행복 간에는 U자형 관계가 성립한다고 보고하고 있다. 예를 들면, 2002년의 ISSP 자료에서 29개국에 걸쳐 약 42,187명을 분석한 연구에서 연령과 행복 간에 U자형 관계가 성립하는 것으로 나타났다(Ono and Lee, 2013). 보다 구체적으로, 연령과 행복 간 U자형 관계를 지지하면서 가장 행복감이 낮은 연령대를 대략 50대 혹은 45세부터 64세경이라고

22 2017년 12월 결과는 전국 20대 이상 성인 남녀 1,007명을 대상으로 2017년 12월 4일부터 16일까지 전화 설문조사를 한 결과이다(현대경제연구원, 2018: 10).

23 이 부분 논의 내용의 일부는 뒤에 이어질 노인과 행복 부분의 논의 내용과 중첩되는 경우가 있다. 그러나 경험적 연구나 통계 조사 결과 등 구체적인 내용이 중첩되는 것은 아니다. 두 부분을 통합하여 논의하려고 했지만, 행복에 영향을 미치는 주요 요소로써 연령의 영향력과 주요 사회적 약자로서 노인의 중요성을 고려했을 때, 각각의 항목에 보다 직접적으로 관련되는 내용을 중심으로 분리하여 논의하는 것이 적절하다고 판단하였다.

보고하는 경우도 많이 있다(Gerdtham and Johannesson, 2001; Blanchflower and Oswald, 2008, 2004; Stone et al., 2010; Fortin, Helliwell, and Wang, 2015; Helliwell, Huang, and Wang, 2017).

이와 비슷하게, 2000년부터 2005년까지의 18개 OECD 회원국의 약 30,000명을 에스핑-앤더슨의 복지국가 유형 구분에 따라 분석한 결과, 젊은이와 노인의 행복감은 높은 반면, 중년이 가장 불행한 것으로 밝혀졌다(Deeming and Hayes, 2012: 818). 그리고 이와 동일한 자료를 카스틀레스의 복지국가 유형에 따라 구분하여 시행한 분석에서도 연령과 행복 간 U자형 관계가 유효하였다. 예를 들면, 18세부터 24세 젊은이들에 비하여 25세부터 34세는 1.45배(90%), 35세부터 44세는 2.21배(99%), 45세부터 54세는 3.10배(99%), 55세부터 64세는 2.39배(99%), 65세 이상은 1.68배(95%) 더 불행할 가능성이 높은 것으로 나타났다(Deeming and Hayes, 2012: 820). 이는 중년인 35세부터 54세가 18세부터 24세 젊은이보다 불행할 가능성이 2-3배 높고, 노인인 65세 이상이 18세부터 24세 젊은이 보다 불행할 가능성이 1.5배 이상 높지만, 노인들이 중년들보다 불행할 가능성은 더 낮기 때문에 전체적으로 연령과 행복 간에 U자형 관계가 성립한다고 볼 수 있다는 것이다(Deeming and Hayes, 2012: 819).

연령과 행복 간 U자형 관계에 관한 최근의 체계적인 연구로 테렌스 정(Terence C. Cheng), 나타부드 파우드타비(Nattavudh Powdthavee), 앤드류 오스왈드(Andrew J. Oswald)의 연구를 빼놓을 수 없다(Cheng, Powdthavee, and Oswald, 2017). 세 학자들은 영국의 1991년부터 2008년까지의 BHPS, 독일의 1984년부터 2008년까지의 GSEP, 호주의 2001년부터 2010년까지의 호주 가구 소득 및 노동조사(Household, Income and Labour Dynamics in Australia, HILDA)와 의사들만을 대상으로 하는 호주 의료인 고용과 삶의 균형 패널조사(Medicine in Australia Balancing Employment and Life, MABEL)[24] 자료를 모두 활용하여 연령과 행복 간 횡단 및 종단적 관계를 종합적으로 분석했다(Cheng, Powdthavee, and Oswald, 2017: 130).[25] 그 결과, 두 경우 모두 중년을 중심으로 연령과 행복 간에 U자형 관계가 성립하는 것으로 나타나 연령과 행복 간 U자형 관계가 횡단 분석에서 코호트 효과 등이 생략되었기 때문이 아니냐는 비판이 타당하지 않은 것으로 밝혀졌다(Cheng, Powdthavee, and Oswald, 2017: 135).

예를 들면, 먼저, 〈그림 3-9〉는 네 가지 자료의 연령과 행복 간 관계의 횡단 분석 결과를 요약한 것이다. 각 그래프에 표시된 점들은 각각의 자료에서 해당 연령에 따른 행복의 평균값의 추정치를 나타내고 있는데, 이를 기반으로

〈그림 3-9〉 영국, 독일, 호주의 연령과 행복(횡단 분석)

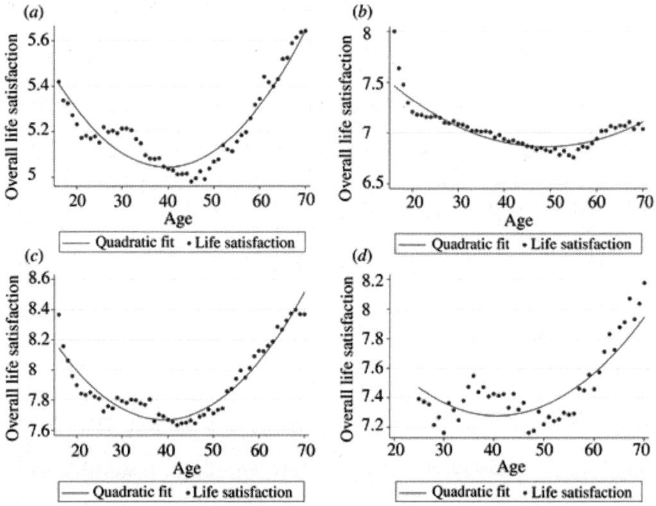

출처: (Cheng, Powdthavee, and Oswald, 2017: 131)
비고: BHPS(a), GSEP(b), HILDA(c), MABEL(d)

24 호주의 의사들만을 대상으로 하는 MABEL(Cheng, Powdthavee, and Oswald, 2017: 130)의 자료 구축은 2008년에 시작된 이후 매년 이뤄지고 있는데, 저자들은 분석에 활용한 MABEL 자료를 3개 차수(3 waves)라고만 언급하고 있을 뿐(Cheng, Powdthavee, and Oswald, 2017: 139) 자료의 정확한 연도를 밝히고 있지는 않다.

25 평균 나이는 BHPS, GSEP, HILDA, MABEL 자료 각각 40.9세, 40.5세, 39.4세, 45.4세였으며, 행복은 네 자료 모두 '당신의 삶에 대해 전반적으로 얼마나 만족하십니까?'라는 문항으로 측정하였지만, BHPS는 7점 만점 척도로, 나머지 세 자료는 11점 만점 척도로 응답하게 하였다(Cheng, Powdthavee, and Oswald, 2017: 130).

전체적인 경향을 도출한 결과 네 가지 자료 모두 중년에 행복감이 가장 낮아 연령과 행복 간에 U자형 관계가 성립함을 확인시켜 주고 있다. 보다 구체적으로, 최저 연령은 BHPS가 43.3세, GSEP가 53세, HILDA가 43.1세, MABEL이 40.7세로 밝혀졌다(Cheng, Powdthavee, and Oswald, 2017: 131). 다시 말해, 국가 전체적으로 봤을 때, 영국은 43.3세, 독일은 53세, 호주는 43.1세, 호주 의사들은 40.7세 전에는 행복감이 감소하다가 그 후부터 70세까지 행복감이 증가한다는 것이다.

이와 같은 연령과 행복 간 U자형 관계는 〈그림 3-10〉에서 보는 바와 같이 동일한 개인이 나이를 들어감에 따라서도 성립하는 것으로 밝혀졌다. 다시 말해, 각 그래프에 표시된 점들은 각각의 자료에서 해당 연령에 따른 행복의 평균값의 변화량을 나타내고 있는데, 이를 기반으로 전체적인 경향을 도출한 결과, 네 가지 자료 모두에서 변화량이 전혀 없어 0으로 나타난 중년의 특정 연령 이전에는 행복의 평균값이 감소했다가 해당 연령 이후에는 증가하는 것으로 밝혀진 것이다. 보다 구체적으로, 행복의 평균값이 변화하지 않은 연령이 BHPS가 42.3세, GSEP가 41.1세, HILDA가 40.1세, MABEL이 46.9세로 나타났다(Cheng, Powdthavee, and Oswald, 2017: 132).[26] 이와 같은 결과는 개인을 중심으로 봤을 때, 영국은 42.3세, 독일은 41.1세, 호주는 40.1세, 호주 의사들은 46.9세 전에는 행복감이 감소하다가 그 후부터 70세까지는 행복감이 증가한다는 것을 의미한다. 이처럼 중년을 중심으로 하는 연령과 행복 간 U자형 관계는 남녀를 구분해서 각각 분석한 결과에서도 동일하게 유지되었다(Cheng, Powdthavee, and Oswald, 2017: 134).[27]

26 양측 검정에서 MABEL만 신뢰수준이 90%였고, 나머지 세 자료의 신뢰수준은 모두 99%였으며(Cheng, Powdthavee, and Oswald, 2017: 132), 회귀분석 결과는 사회경제적 변수를 통제하여 도출된 것이다(Cheng, Powdthavee, and Oswald, 2017: 137).

27 구체적으로, 영국의 남성과 여성은 각각 44세와 43세, 독일의 남성과 여성은 각각 44세와 37세, 호주의 남성과 여성은 각각 41세와 39세, 호주의 남성 의사는 50세에 행복감이 가장 낮았으며, 호주의 여성 의사의 정확한 연령 추정은 확정하기가 어려웠다(Cheng, Powdthavee, and Oswald, 2017: 134).

〈그림 3-10〉 영국, 독일, 호주의 연령과 행복(종단 분석)

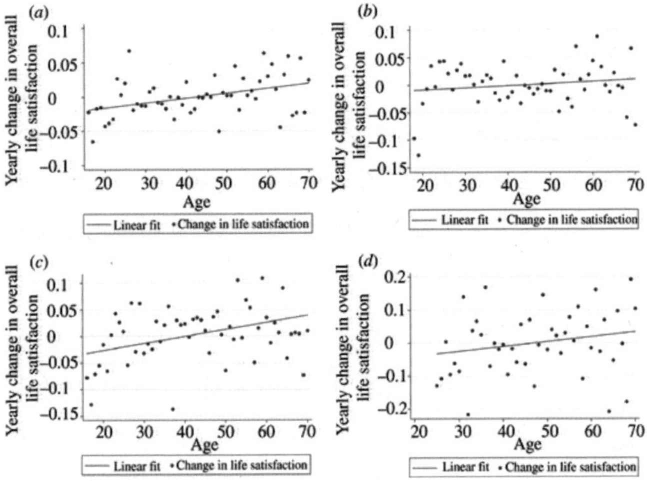

출처: (Cheng, Powdthavee, and Oswald, 2017: 132)
비고: BHPS(a), GSEP(b), HILDA(c), MABEL(d)

이처럼 연령과 행복 간 U자형 관계가 성립하는 이유에 대해서는 다양한 설명이 있다. 예를 들면, 연령이 증가할수록 원하는 소비량은 빠르게 증가하지만, 그것을 실현할 수 있게 해주는 실제 유용 가능한 금융 자원은 그만큼 증가하지 못하기 때문이라며 경제적 자원을 기준으로 설명하는 경우가 있다(Frijters and Beatton, 2008; Fischer, 2009). 또한, 연령과 행복 간 U자형 관계를 보이는 사람들 중에서 결혼을 하지 않은 이들보다 결혼한 이들에게서 U자형 효과가 더 약하게 나타나는데, 그 이유를 중년기의 여러 욕구들을 부부가 함께 채워 나갈 수 있기 때문이라고 해석하는 경우도 있다(Helliwell and Grover, 2014).

두 번째, 연령과 행복 간 비례 관계를 보고하는 연구도 있다. 다시 말해, 연령이 증가하면 그에 따라 행복감도 증가한다는 것이다(Witt et al., 1980). 예를 들면, 1992년부터 1994년까지 스위스의 26개 칸톤에서 거주하는 6,000여명을 대상으로 수집한 자료를 분석한 결과, 젊은 사람보다 60세 이상 고령자가 더 행복한 것으로 나타났다(Frey and Stutzer, 2000b: 925). 이처럼 나이가 들수록 행복감이 증가하는 이유를 사회-감정적 선택이론(socio-emotional selectivity theory)은 나이가 들수록 풍부한 인생 경험을 바탕으로 소득 상실이나 사랑하는 사람을 잃는 등 부정적인 사건을 능숙하게 조절하며 극복할 수 있는 감정적인 지혜가 쌓이게 되고, 이벤트에 참석하거나 친구와 소통하는 것 등을 통해 부정적인 요소를 상쇄시킬 수 있는 기회를 비교적 용이하게 이용할 수 있기 때문이라고 설명하고 있다(Carstensen, Fung, and Charles, 2003; Carstensen, 1991, 1995; Lawton, 1996; Lockenhoff and Carstensen, 2004).[28]

세 번째, 그 외 연령과 행복 간 다양한 결과를 보고한 경우도 있다. 예를 들면, 미국의 2,727명의 중년을 연구하여 연령과 행복이 반비례 관계에 있다는 주장의 논리성이 결여되어 있음을 증명해 보인 연구가 있다(Mroczek and Kolarz, 1998: 1345). 또한, 비록 소수이지만, 중년 이후에 행복감이 증가하다가 70대 말경에 감소하는 연령과 행복 간 S자형 관계를 보고한 연구도 있다(Bonke et al., 2016).

한편, 연령과 행복 간 관계를 행복 불평등의 시각에서 연구한 경우도 있다. 대표적으로, 2013년부터 2017년 자료 중 가능한 가장 최근의 자료를 활용하여(OECD, 2017e: 109-111) OECD 국가들의 연령에 따른 행복 불평등을 분석한 경우를 예로 들 수 있겠다. 구체적으로, 〈그림 3-11〉은 OECD FMW의 물질적 조건과 삶의 질 영역에 속하는 항목들 중 주거를 제외한 10가지 항목들에[29] 각각 동일한 가중치를 부여하여 각 항목별 연령에 따른 평균 성과를 종합적으로 고려한 결과를 기반으로 상 · 중 · 하로 구분되는 OECD 국가들의 연령에 따른 행복 불평등을 행복 불평등이 낮은 비율을 기준으로 오름차

28 이처럼 사회-감정적 선택이론은 연령이 증가함에 따라 행복이 증가하는 이유는 설명할 수 있지만, 연령이 증가함에 따라 행복이 감소했다가 다시 증가하는 연령과 행복 간 U자형 관계를 설명하지는 못한다(Steptoe, Deaton, and Stone, 2015: 642).

29 10가지는 소득과 부, 직장과 소득, 건강, 일-가정 균형, 교육과 훈련, 사회적 연결, 사회참여와 거버넌스, 환경의 질, 개인의 안전, 주관적 웰빙이었다(OECD, 2017e: 83).

순으로 요약한 것이다(OECD, 2017e: 85). 젊은이들의 영역별 성과를 중년의 영역별 성과와 비교한 〈그림 3-11〉의 상단 그래프를 보면 에스토니아의 연령별 행복 불평등이 가장 덜 심각했는데, 구체적으로 젊은이와 중년 간 행복 불평등이 낮은 비율이 72%, 중간 정도가 18%, 높은 정도가 5%로 나타났다(OECD, 2017e: 84). 폴란드, 그리스, 라트비아, 포르투갈 등의 두 연령 그룹 간 행복 불평등이 상대적으로 양호한 편에 속한 반면, 덴마크, 영국, 핀란드, 노르웨이 등의 두 연령 그룹 간 행복 불평등은 상대적으로 심각한 수준인 것으로 나타났다.[30] 그리고 노인들의 영역별 성과를 중년의 영역별 성과와 비교한 〈그림 3-11〉의 하단 그래프를 보면, 노인과 중년 간 행복 불평등이 낮은 비율이 62%를 기록한 노르웨이가 연령별 행복 불평등이 가장 덜 심각한 것

〈그림 3-11〉 OECD 국가들의 연령에 따른 행복 불평등[31]

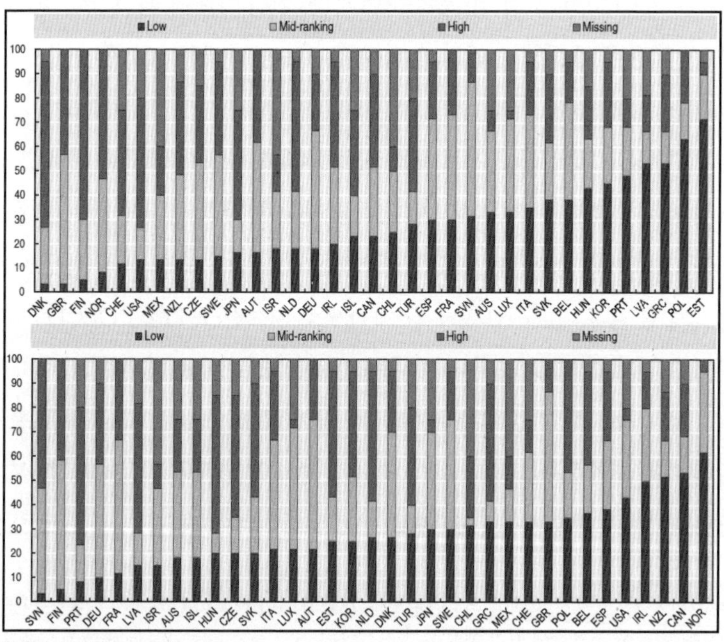

출처: (OECD, 2017e: 85)
비고: 상단 그래프(젊은이 기준 중년 비교), 하단 그래프(노인 기준 중년 비교)

30 한국은 6위를 기록했다(OECD, 2017e: 85).

으로 나타났다(OECD, 2017e: 84).[32] 노르웨이의 젊은이와 중년 간 행복 불평등이 낮은 비율이 8%에 불과했던 것을 고려하면 거의 반대에 가까운 결과인데, 에스토니아의 경우에도 노르웨이와 비슷한 양상 즉, 젊은이와 중년 간 행복 불평등이 낮은 비율이 72%였는데, 노인과 중년 간 행복 불평등이 낮은 비율은 25%로 크게 감소했다.

OECD는 이러한 현상을 연령에 따라 행복에 일정한 패턴이 존재하는 것으로 보고 그것을 세 가지로 해석하고 있다(OECD, 2017e: 84). 먼저, 에스토니아, 폴란드, 라트비아, 슬로베니아와 같이 젊은이와 중년 간 행복 불평등의 비교에서 상위권에 위치한 국가들이 노인과 중년 간 행복 불평등을 비교할 때에 하위권으로 이동하는 경우에는 나이가 들수록 행복감이 줄어드는 것을 보여주고 있다는 것이다. 이와 반대로 두 번째, 노르웨이, 뉴질랜드, 미국, 덴마크와 같이 젊은이와 중년 간 행복 불평등의 비교에서 하위권에 위치한 국가들이 노인과 중년 간 행복 불평등을 비교할 때에 상위권으로 이동하는 경우에는 나이가 들수록 행복감이 증가하는 것을 보여주고 있다는 것이다. 세 번째, 터키나 네덜란드와 같이 젊은이와 중년 간 행복 불평등의 비교에서나 노인과 중년 간 행복 불평등의 비교에서 크게 변화가 없는 경우에는 연령 그룹 간 행복이 비교적 균등하게 분포되어 있거나 연령과 행복 간 U자형 혹은 역 U자형 관계를 보일 가능성이 크다는 것이다.

(2) 한국의 연령과 행복

한국의 경우에도 연령과 행복 간 관계에 대한 연구 결과가 일치하지 않고 다양하다. 먼저, 연령과 행복 간 관계가 전반적으로 반비례한다고 보고하는 경

31 OECD가 연령 구분 기준을 명확하게 밝히고 있지 않아 그룹 간 정확한 연령 기준은 알 수 없었다. 그러나 부록의 통계표를 검토해 보면, OECD는 이 분석에서 젊은이를 대략 0세부터 30대, 중년은 40대부터 50대, 노인은 60대 혹은 65세 이상으로 구분하고 있는 것으로 보인다(OECD, 2017e: 114-115).

32 한국은 19위를 기록했다(OECD, 2017e: 85).

우가 있다. 대표적으로 한국노동연구원, 한국산업연구원, 한국여성정책연구원이 한국노동패널조사(Korean Labor and Income Panel Study, KLIPS) 자료를 기반으로 실시한 일과 행복에 관한 공동 연구(이하, 경제 · 인문사회연구회 총서)를 예로 들 수 있겠다(안주엽 외, 2015). 1998년에 실시한 KLIPS 1차 자료부터 2014년의 17차 자료를 기반으로 실시한 경제 · 인문사회연구회 총서는 연령을 청년층(15-29세), 중년층(30-54세), 장년층(55-64세), 고령층(65세 이상)과 같이 네 그룹으로 구분하여 연령과 행복 간 관계를 분석하였다. 〈그림 3-12〉의 왼쪽 그래프에서 보는 바와 같이, 1998년 이래 모든 연령층에서 행복도는 증가해왔지만, 연령이 높을수록 행복도가 낮은 것으로 나타났다.[33] 이와 비슷하게, 2014년 자료 분석 결과를 보면(〈그림 3-12〉의 오른쪽 그래프), 청년층부터 35세-39세까지는 행복도가 증가하다가 이후 감소하는 것으로 나타났다. 그리고 전체 여성과 남성의 행복도는 각각 3.42점과 3.43점으로 성별 간 유의미한 차이는 없는 것으로 분석되었다(안주엽 외,

〈그림 3-12〉 한국의 연령과 행복

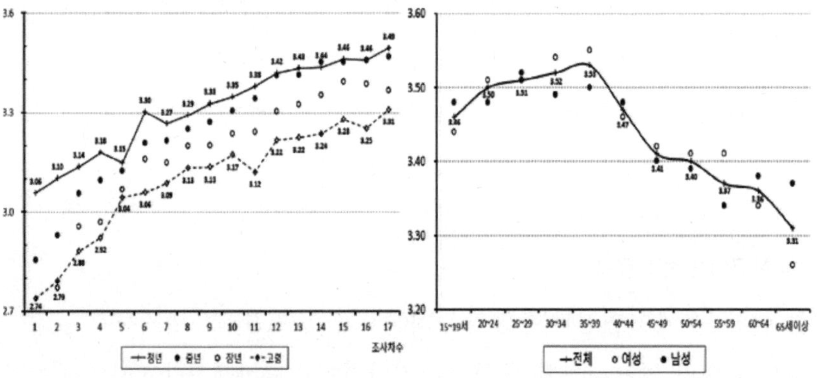

출처: 좌(안주엽 외, 2015: 32), 우(안주엽 외, 2015: 69)

33 경제 · 인문사회연구회 총서는 행복을 '전반적으로 생활에 얼마나 만족하고 계십니까?'라는 질문에 대하여 5점 척도(매우 만족스럽다, 만족스럽다, 보통이다, 불만족스럽다, 매우 불만족스럽다)에 응답하는 형식으로 측정하였다(안주엽 외, 2015). 0점부터 10점까지의 캔트릴 사다리를 이용한 행복 측정은 2015년 18차 조사에서부터 실시하고 있다(이규용 외, 2015).

2015: 67).

이와 비슷하게, 현대경제연구원도 연령과 행복 간 반비례 관계를 보고하고 있다. 예를 들면, 2007년 12월 첫 조사부터 2016년 12월까지 총 19회에 걸친 EHI의 연령별 평균값은 20대가 46점, 30대가 43.8점, 40대가 39.7점, 50대가 36.8점, 60세 이상이 35.3점으로 연령이 증가할수록 EHI가 감소하는 것으로 나타났다(현대경제연구원, 2017: 4). 2017년 기준, 20대는 일자리 문제(29.9%), 30대는 주택 문제(35.5%), 40대는 자녀 양육 및 교육 문제(34.8%), 50대(47.8%)와 60세 이상(60.0%)은 노후준비 문제가 경제적 행복에 가장 큰 장애 요인으로 작용하는 것으로 밝혀졌다(현대경제연구원, 2017: 7).[34]

두 번째, 비록 전국 조사는 아니지만, 연령과 행복 간 U자형 관계를 보고하는 연구도 있다. 예를 들면, 서울대학교 행복연구센터와 헤이데이(HEYDAY)는 2017년 5월 16일부터 6월 8일까지 경험표집법(Experience Sampling Method)을 이용하여 서울에 거주하는 30대부터 60대 성인 남녀 480명을 대상으로 행복을 측정했다.[35] 이 연구 결과에 따르면, 연령과 행복은 남성과 여성 모두에서 U자형 관계를 보였다. 〈표 3-2〉에 제시된 바와 같이, 남성의 경우 30대 이후 행복도가 감소하기 시작하여 50대에 행복감이 가장 낮았다가 60대에 다시 증가했고, 여성의 경우 40대에 행복도가 가장 낮았다가 이후 다시 증가한 것을 알 수 있다. 이와 같은 현상을 두 기관은 남성의 경우 50대에 주로 자식 부양과 부모 봉양의 부담이 겹치기 때문이고, 여성의 경우 육아 부담이 주로 40대에 집중되기 때문이라고 해석하고 있다(헤이데이, 2017: 31).

34 전국 20세 이상 성인 남녀 1,007명을 대상으로 2016년 12월 7일부터 21일까지 전화 설문조사를 통해 조사하였다(현대경제연구원, 2017: 11).

35 이들은 행복감을 7점 척도로써 총 다섯 가지 항목을 측정하여 그 결과를 매우 불만족(5-9점), 불만족(10-14점), 약간 낮음(15-19점), 중간(20-24점), 높음(25-29점), 매우 높음(30-35점)으로 구분했다(헤이데이, 2017: 30).

〈표 3-2〉 서울의 연령과 행복

	30대	40대	50대	60대
남성	19.4	18.3	17.2	20
여성	19.3	18.3	19.5	19.8

출처: (헤이데이, 2017: 31)

2) 성별과 행복

(1) 세계의 성별과 행복

일반적으로, 남녀의 행복에는 차이가 있는 것으로 보고되고 있다. 예를 들면, 2000년부터 2005년까지의 WVS 자료에서 18개 OECD 회원국의 약 30,000명을 에스핑-앤더슨의 복지국가 유형 구분에 따라 분석한 결과, 여성이 남성보다 불행할 가능성이 낮은 것으로 밝혀졌다(Deeming and Hayes, 2012: 818). 보다 구체적으로, 같은 자료를 카스틀레스의 복지국가 유형에 따라 구분하여 시행한 분석에서는 여성이 남성보다 불행할 가능성이 0.82배(90%) 낮은 것으로 나타났다(Deeming and Hayes, 2012: 820).

그런데 이러한 행복의 성별 차이에는 성불평등에 대한 사회문화적 인식 및 태도가 상당한 영향을 미치는 것으로 알려져 있다. 이와 관련하여, WVS 자료의 57개국과 오아시스 프로젝트(OASIS project)의 노르웨이, 영국, 독일, 스페인, 이스라엘을 대상으로 한 자료를 분석한 결과,[36] 성불평등에 대해 관대한 사회일수록 교육, 고용, 승진 등과 같이 성취를 할 수 있는 자원에 대한 여성의 접근권이 줄어들게 되면서 여성의 행복감에 부정적인 영향을 미칠 가능성이 커진다(Tesch-Römer, Motel-Klingebiel, and Tomasik, 2008)고 보고하는 경우도 있지만, 특히, 평등의 가치가 인간의 기본적인 욕구임과 동시에 인간으로서 당연하게 추구하는 가치라는 점에서 성불평등이 종국적으로 남녀 모두의 행복에 부정적인 영향을 미친다는 점에 대해서는 이견이 거의 없다(Ferrant, Kolev, and Tassot, 2017; Graham and Pettinato, 2002). 다시 말해,

36 오아시스 프로젝트의 결과는 Lowenstein and Ogg(2003)에 자세하게 설명되어 있다.

〈그림 3-13〉 세계 성불평등과 행복[37]

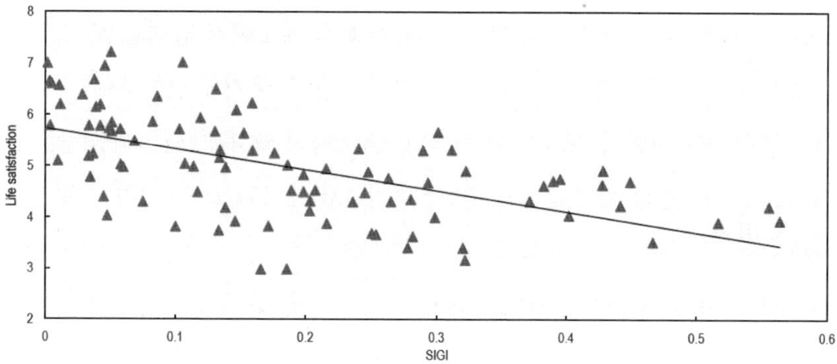

출처: (Ferrant, Kolev, and Tassot, 2017: 20)

남성과 여성 모두 성불평등 정도가 강한 사회보다는 약한 사회에서 더 행복하다는 것이다(Bjørnskov, Dreher, and Fischer, 2007b).

예를 들면, OECD의 사회제도와 젠더지표(Social Institutions and Gender Index, SIGI)[38] 2012년 자료와 2014년 GWP 자료를 분석한 결과, 성불평등이 행복에 부정정인 영향을 미쳤으며 그 결과는 개인과 국가 수준 모두에서 유효한 것으로 밝혀졌다(Ferrant, Kolev, and Tassot, 2017). 먼저, 개인 수준의 경우, SIGI 값이 클수록 행복도가 감소하는 결과는 남성과 여성 모두에게 동일하게 발견되었다. 보다 구체적으로, SIGI가 1단위만큼 증가하면, 행복감은 0.157만큼 감소(B=-.157, p<0.01)하는 것으로 나타났다(Ferrant, Kolev, and Tassot, 2017: 24).[39] 둘째, 국가 수준에서도 〈그림 3-13〉에서 보는 바와 같이,

37 분석 대상 국가를 성불평등이 매우 낮음(SIGI<0.04), 성불평등이 낮음(0.04<SIGI<0.12), 성불평등이 중간 정도(0.12<SIGI<0.22), 성불평등이 높음(0.22<SIGI<0.35), 성불평등이 매우 높음(SIGI>0.35)과 같이 다섯 그룹으로 구분할 수 있다(Ferrant, Kolev, and Tassot, 2017: 16).

38 SIGI는 결혼, 유산 등 여성에게 차별적인 가족법 관련 사항, 여성에 대한 폭력 등 신체 관련 사항, 아들 선호 관련 사항, 자원 및 재산과 자산의 제한 관련 사항, 공민권 제한 관련 사항과 같이 공식 및 비공식적으로 이뤄지는 여성에 대한 차별과 관련된 5가지 영역을 측정하여 산출한다(Branisa et al., 2014).

39 SIGI 값은 0부터 1까지 분포하며, 값이 클수록 성불평등 정도가 크다는 의미이다(Ferrant, Kolev, and Tassot, 2017: 15).

성불평등이 클수록 행복감이 감소(r=-.72*)하는 것으로 나타났다(Ferrant, Kolev, and Tassot, 2017: 19). 다시 말해, 사회적 제도에서 남녀를 보다 평등하게 대우하는 국가에 사는 사람들이 그렇지 않은 국가에 사는 사람들보다 더 행복하다는 것이다. 보다 구체적으로, 한 국가의 SIGI가 1단위만큼 증가하면, 그 나라 국민의 행복감은 0.404만큼 감소(B=-.404, p〈0.01)하는 것으로 나타났다(Ferrant, Kolev, and Tassot, 2017: 23).

이와 같이 국가 수준에서의 성불평등이 행복에 부정적인 영향을 미치는 정도는 세계를 권역별로 구분해서 비교해 보면 편차가 존재하는 것으로 드러났다. 〈그림 3-14〉에서 보는 바와 같이, 행복의 절대적 감소 크기의 평균을 기준으로 했을 때, 중동과 북아프리카 지역(0.42), 남아시아 지역(0.33), 사하라 사막 이남 아프리카 지역(0.32)의 행복이 큰 폭으로 감소한 반면, 라틴아메리카와 카리브해 지역(0.07) 및 OECD회원국들(0.05)의 행복의 감소

〈그림 3-14〉 세계 성불평등과 행복의 절대적 감소 비교[40]

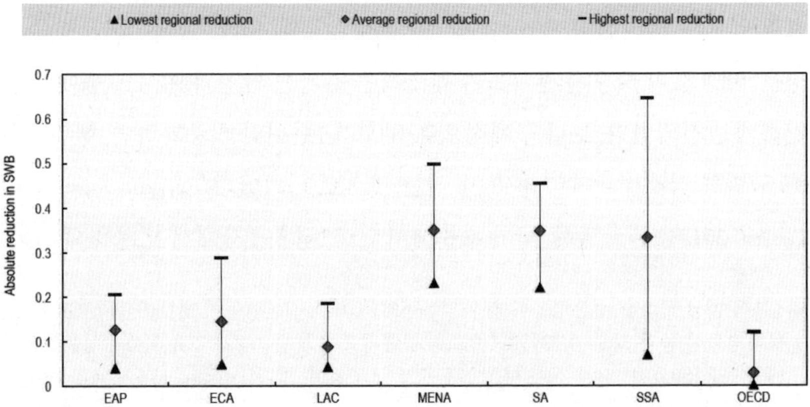

출처: (Ferrant, Kolev, and Tassot, 2017: 27)

40 동아시아와 태평양(EAP) 지역 6개국, 동유럽과 중앙아시아(EECA) 지역 9개국, 라틴아메리카와 카리브해(LAC) 지역 15개국, OECD 회원국 5개국, 중동과 북아프리카(MENA) 지역 4개국, 남아시아(SA) 지역 6개국, 사하라사막 이남 아프리카(SSA) 지역 23개국으로 총 68개국이 포함되었다(Ferrant, Kolev, and Tassot, 2017: 27).

폭은 비교적 작은 것으로 나타났다(Ferrant, Kolev, and Tassot, 2017: 28). 그리고 권역 내에서 행복의 감소폭의 편차가 가장 컸던 사하라 사막 이남 아프리카의 경우, 가장 적게는 남아프리카공화국의 0.06부터 가장 크게는 말리나 남수단의 0.6까지 약 10배 가까이 차이가 났다(Ferrant, Kolev, and Tassot, 2017: 27).

보다 구체적으로, 〈표 3-3〉에서 보는 바와 같이, 같은 수준만큼 성불평등이 증가할 경우, 권역과 소득에 따라 행복의 상대적 감소 차이가 발생하는 것을 알 수 있다. OECD 회원국을 제외하고 권역별로 봤을 때, 라틴아메리카와 카리브해 지역이 1.11% 감소하여 상대적으로 가장 적게 감소하는 반면, 중동과 북아프리카 지역은 8.69% 감소하여 가장 크게 감소하는 것으로 나타났다. 또한, 소득 별로 비교했을 때에는 고소득 국가는 0.17%, 중간 소득 국가는 4.21%, 저소득 국가는 8.14%가 감소하여 소득이 적을수록 행복이 더 많이 감소한 것을 알 수 있다.

이와 비슷한 결과가 이민자들 사이에서도 성립되는 것으로 나타났다. 즉, 2002년부터 2010년까지의 ESS 자료를 통합하여 28개국의 이민자 17,837

〈표 3-3〉 세계 성불평등과 행복의 상대적 감소 비교

		상대 감소
지역별	동아시아와 태평양 지역	2.78%
	동유럽과 중앙아시아 지역	2.45%
	라틴아메리카와 카리브해 지역	1.11%
	중동과 북아프리카 지역	8.69%
	남아시아 지역	7.32%
	사하라사막 이남 아프리카 지역	7.46%
	OECD 회원국	0.85%
소득별	고소득 국가	0.17%
	중간소득 국가	4.21%
	저소득 국가	8.14%
세계 평균		4.41%

출처: (Ferrant, Kolev, and Tassot, 2017: 28)

〈그림 3-15〉 유럽 이민자의 성별과 행복[41]

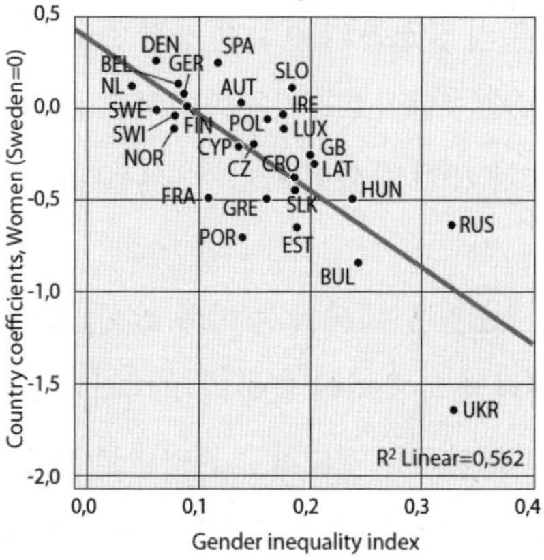

출처: (Kangas, 2013: 160)

명을 분석한 결과, 남녀 간 성불평등이 크면 남성과 여성 모두의 행복에 부정적인 것으로 밝혀진 것이다. 예를 들면, 〈그림 3-15〉에서 보는 바와 같이 성불평등 지수(Gender Inequality Index, GII)가 클수록 여성의 행복에 부정적인 영향(R^2=0.562)을 미쳤다(Kangas, 2013). 그리고 GII와 국가별 계수(country coefficient) 관계를 추가 분석한 결과, 성불평등이 크면 여성(r=-.75**)과 남성(r=-.69**) 모두의 행복에 부정적인 것으로 나타났다(Kangas, 2013: 158).

보다 최근의 경우로, 〈그림 3-16〉은 2013년부터 2017년 자료 중 가능한 가장 최근의 자료를 활용하여(OECD, 2017e: 109-111) OECD 국가들의 성별에 따른 행복 불평등을 요약한 것이다. OECD FMW의 물질적 조건과 삶의 질 영역에 속하는 11가지 항목들 중 9가지 항목들에[42] 각각 동일한 가중치를 부여하여 각 항목의 남성에 대한 여성의 평균 성과를 종합적으로 고려한 결과를 기반으로 상 · 중 · 하로 구분되는 OECD 국가들의 성별에 따른 행

41 세로축은 복지국가 레짐과 행복 간 회귀분석 결과(Kangas, 2013: 155)에서의 국가 변수를 더미화한 것이다(Kangas, 2013: 157).

42 9가지는 직장과 소득, 건강, 일-가정 균형, 교육과 훈련, 사회적 연결, 사회참여와 거버넌스, 환경의 질, 개인의 안전, 주관적 웰빙이었다(OECD, 2017e: 83).

〈그림 3-16〉 OECD 국가들의 성별 간 행복 불평등

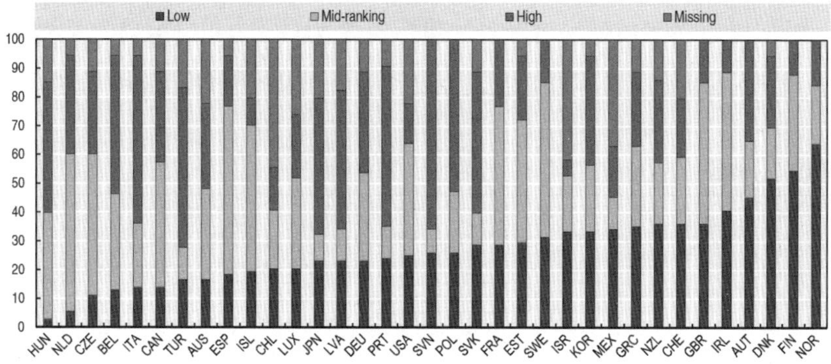

출처: (OECD, 2017e: 83)

복 불평등을 행복 불평등이 낮은 비율을 기준으로 오름차순으로 요약한 것이다(OECD, 2017e: 83). 성별 간 행복 불평등이 가장 덜 심각한 곳은 노르웨이였는데 구체적으로, 성별 간 행복 불평등이 낮은 비율이 64%, 중간 정도가 20%, 높은 정도가 16%로 나타났다(OECD, 2017e: 83).[43] 반면, 전반적으로 성별 간 행복 불평등이 높은 비율이 크게 나타난 국가는 이탈리아, 터키, 포르투갈, 슬로베니아였다. 괄목할 만한 것은 바로 복지 선진국이면서 남녀 평등지수가 매우 높다고 알려진 스웨덴이 13위를 기록한 것이다. OECD는 그 이유를 스웨덴 여성들의 성과 평가를 다른 나라 여성들의 성과 평가와 비교한 것이 아니라, 스웨덴 남성들의 성과 평가와 비교한 결과이기 때문이라고 해석하고 있다(OECD, 2017e: 84).

(2) 한국의 성별과 행복

한편, 한국의 경우 통계청의 최근 자료에 따르면, 외국과 달리 남녀의 행복감에 유의미한 차이가 없는 것으로 나타났다(나라지표, 2018). 예를 들면, 〈표 3-4〉에서 보는 바와 같이, 2013년부터 2017년까지 행복을 캔트릴 사다리로

43 한국은 11위를 기록했다(OECD, 2017e: 83).

측정한 결과, 행복감이 2013년 이후 전반적으로 증가 추세에 있었지만, 5년 동안 남녀 간 유의미한 차이는 없는 것을 알 수 있다.[44] 그리고 남녀 모두 행복의 평균이 6점에 그쳐 전반적으로, 보통 수준에 머물러 있다고 할 수 있겠다.

〈표 3-4〉 한국 남녀의 행복

		행복 정도(%)											
		0	1	2	3	4	5	6	7	8	9	10	평균
연도	2013	1.3	1.2	3.3	7.7	6.8	32.5	12.5	15.8	12.8	3.9	2.3	5.7
	2014	1.2	1.3	3.3	6.1	7.4	30.0	15.0	18.1	12.2	3.0	2.3	5.7
	2015	1.2	1.6	3.0	4.9	6.7	29.7	15.1	18.0	13.1	4.7	2.0	5.8
	2016	1.0	1.1	2.4	5.3	6.0	27.0	17.4	20.9	12.7	4.1	2.1	5.9
	2017	0.4	0.7	1.6	3.4	6.1	27.5	19.7	22.5	12.8	3.5	1.7	6.0
성별	남성	0.5	0.5	1.6	3.2	6.6	27.0	19.9	22.7	12.8	3.3	1.8	6.0
	여성	0.4	0.8	1.7	3.6	5.6	28.0	19.5	22.2	12.8	3.8	1.6	6.0

출처: (나라지표, 2018)

3) 종교와 행복

종교가 행복에 반드시 긍정적인 영향만 미친다고 단정할 수 없다는 연구 결과도 없지 않지만(Snoep, 2008), 행복에 대한 종교의 영향에 관한 대부분의 연구는 전반적으로 종교가 행복에 긍정적인 영향을 미친다고 보고하고 있다(Clark, 2016; Ellison and Levin, 1998). 그리고 종교와 행복의 정적 상관관계는 상당히 안정적인 것으로 나타났다. 가장 대표적으로, 행복에 대한 종교의 영향력이 사회의 정치경제 구조가 변화하는 경우에도 거의 변화 없이 유효한 경우를 예로 들 수 있겠다. 즉, 16세 이상을 대상으로 실시한 1992년과 1998년 헝가리 가구조사 데이터를 분석한 결과, 헝가리가 공산주의에서 자본주의로 변화한 것이 종교가 행복에 미치는 영향에 유의미한 변화를 가져

44 비록 전국을 대표하는 연구는 아니지만, 2016년 4월부터 5월까지 대전광역시의 5개 구에 거주하는 만 20세부터 69세 남녀를 대상으로 실시한 '양성평등 확산 및 여성친화도시 조성을 위한 시민 설문조사'에서 배우자가 있으면서 일을 하고 있는 1,114명을 추출하여 분석한 연구에서도 행복의 유의미한 성별 차이는 발견되지 않았으며, 건강, 여가, 가족, 사회적 관계와 관련된 변수가 남녀 모두의 행복에 공통적으로 유의미한 영향을 미치는 것으로 나타났다(주혜진, 2017).

오지 못한 것으로 밝혀진 것이다(Lelkes, 2006).

이처럼 종교가 행복에 긍정적인 영향을 미치는 이유는 크게 두 가지로 구분해서 살펴볼 수 있다. 첫 번째 이유는 인간의 욕구 충족과 관련이 깊다. 매슬로에 따르면, 욕망을 가진 존재로서의 인간은 그 욕구가 충족되면 행복하고 그렇지 못하면 고통을 느끼는데, 종교는 인간에게 심리적 안녕 욕구를 충족시켜줌으로써 행복감을 높여준다(Maslow, 1954; Idler and Kasl, 1997). 이와 비슷하게, 종교는 동물과 달리 삶의 의미를 추구하는 인간의 가치 지향적인 삶의 욕구를 충족시켜줌으로써도 행복감을 증진시켜준다(Deaton and Stone, 2013). 인간이 불교, 기독교, 이슬람교, 유대교 등 대부분의 종교들이 주장하는 용서와 감사를 행하면서 심리적 안정감을 느끼는 것도 이와 같은 원리이다(Myers, 2014).

종교의 행복 증진 효과의 두 번째 이유는 뒤르켐이나 짐멜이 인간에게 종교가 중요한 이유를 종교의 사회적 기능에서 찾았던 것과 관련이 깊다(Simmel, 1997; Durkheim, 2002[1897]). 즉, 인간은 종교 모임에서 같은 신념을 가진 사람들과 동일한 가치를 추구하면서 심리적 안녕을 얻을 뿐만 아니라, 그들과 상호작용 함으로써 연대감을 증진시키는 등 행복에 긍정적인 영향을 미치는 여러 요소의 도움을 받게 되는 것이다(Putnam and Campbell, 2010). 또한 종교 모임에 나가는 사람들은 친구를 더 많이 만날 가능성이 커지고, 집단에 대한 소속감이 증대되기 때문에 종교 모임에 나가지 않는 사람들 보다 더 행복할 가능성도 커진다(Krause, 2008; Krause and Wulff, 2005; Ferriss, 2002).

(1) 세계의 종교와 행복

세계의 종교와 행복 간 관계에 관하여 먼저, 단일 국가를 대상으로 한 연구의 예를 들면, 2006년부터 2007년까지 미국 성인 전체를 대상으로 한 신념의 중요성 서베이(Faith Matters Survey) 자료를 분석한 결과, 종교가 종교적 모임을 통해 친구 관계 등 사회적 네트워크를 확장시킴으로써 행복에 긍정적인 영향을 미치는 것으로 밝혀졌다(Lim and Putnam, 2010). 그리고 영국의 2008년 BHPS 자료에서 12,190명을 추출하여 분석한 연구에서도 종교가 행복에 긍정적인 영향을 미치는 것으로 밝혀졌다(Zotti, Speziale, and Barra, 2016). 다시 말해, 종교를 선택하고 그것을 믿는 것(religious), 종교적 의례에 참여하는 것(attendance), 종교적 믿음(belifes)의 행복에 대한 오즈(odds)가 각각 0.132(99%), 0.271(99%), 0.221(99%)로 나타난 것이다(Zotti, Speziale, and Barra, 2016: 1038).[45] 독일의 경우, 1990년부터 2005년까지의 GSEP 자료에서 추출한 1,525명을 분석한 결과, 종교 활동을 많이 하면 행복감이 증가(b=0.17, 99%)한 반면, 종교 활동을 적게 하면 행복감이 감소하는 것으로 밝혀졌다(Headey et al., 2008: 18).[46] 또한, 2009년에 시행된 네덜란드 생애과정 종단 연구(NEtherlands Longitudinal Lifecourse Study, NELLS)의 1차 자료에서 추출한 14세부터 49세 성인 5,312명을 분석한 결과, 행복에 대한 가톨릭과 이슬람교의 영향력에 차이가 있는 것으로 밝혀졌다(Kate, Koster, and Waal, 2017: 142). 다시 말해, 이슬람교를 믿는 사람들은 종교가 없는 사람들보다 덜 행복한 반면, 가톨릭을 믿는 사람들은 종교가 없는 사람들 보다 더 행복했다. 이와 같은 결과는 이슬람교를 믿는 사람들의 이슬람교에 대한 믿음과 소속감 때문이라기보다 그들에 대한 사회적인 혜택이 낮았기 때문이었으며, 가톨릭을 믿는 사람들의 행복감이 종교가 없는 사람들 보다 더 큰 이유는 가톨릭에 대한 믿음 때문이라기보다 소속감 때문인 것으로 나타났다(Kate, Koster, and Waal, 2017: 135).[47] 이란의 무슬림 대학생 271명을 대상으로 한

45 종교를 믿는 것은 어느 종교든 믿고 있고 무종교가 아닌 경우, 종교적 의례 참여는 빈도를 중심으로 4점 척도로, 종교적 믿음은 종교를 믿는 것이 자신의 삶에 변화를 가져오는 정도를 4가지로 측정한 후 이분형으로 변환하였으며(Zotti, Speziale, and Barra, 2016: 1033-1034), 행복은 7점 척도로 측정하였다(Zotti, Speziale, and Barra, 2016: 1035).

46 종교 활동은 교회에 출석 혹은 다른 종교 활동에 참여하는 것을 4점 척도로, 행복은 10점 만점 척도로 측정되었다(Headey et al., 2008: 10).

47 믿음은 신이나 영혼 혹은 생명력(life force)의 존재에 대한 믿음 여부를 묻는 4개 문항에 대

연구에서 이슬람교에 대한 믿음이 강할수록 더 행복(r=.256, P=.01)한 것으로 나타난 것도 이와 같은 맥락에서 볼 수 있겠다(Sahraian et al., 2013).

뿐만 아니라, 국가 간 대규모 비교 분석에서도 수많은 연구들이 종교가 행복에 긍정적인 영향을 미친다고 보고하고 있다. 예를 들면, 2003년부터 2007년까지 ESS 자료에서 26개 국가에 거주하는 16세부터 80세 성인 86,701명을 분석한 결과, 기독교가 10점 만점으로 측정한 행복에 긍정적인 영향을 미치는 것으로 밝혀졌다(Clark and Lelkes, 2009). 다시 말해, 연령, 결혼, 소득, 교육, 고용, 국가 변수를 통제한 상태에서 가톨릭(b=0.191, 95%)과 개신교(b=0.198, 95%) 모두 행복에 긍정적인 영향을 미쳤다(Clark and Lelkes, 2009: 24). 뿐만 아니라, 종파와 무관하게 결혼식이나 장례식 이외에 종교 의식에 참석하는 것(b=0.130, 95%)과 종교적 의식과 무관하게 기도를 하는 것(b=0.079, 95%)도 행복에 긍정적인 영향을 미치는 것으로 나타났다(Clark and Lelkes, 2009: 24).

또한, 종교가 삶에서 중요하다고 믿는 사람일수록 그렇지 않은 사람 보다 더 행복하다는 연구 결과가 GWP와 갤럽 일일설문조사(Gallup Daily Poll) 두 자료 모두에서 동일하게 나타나고 있다(Deaton and Stone, 2013). 그리고 WVS의 1차부터 3차 자료를 분석한 연구에 따르면, 종교와 행복 간에는 정적 상관관계가 있으며, 이는 개인 수준뿐만 아니라 국가 수준에서도 유효한 것으로 나타났다(Helliwell and Putnam, 2004).[48] 이와 비슷하게, 1981년부터 2014년까지의 WVS 자료에서 97개국에 거주하는 16세부터 99세까지의 성인 324,320명을 분석한 연구에서도 전반적으로 종교를 믿는 사람이 그렇지

한 답변을 이분형 응답으로 재조정하여 측정하고, 소속감은 종교적 행사에 참석하는 빈도를 7점 척도로 측정하였으며, 행복은 5점 척도로 측정하였다(Kate, Koster, and Waal, 2017: 142-143).

48 아직 정교하게 검증되지 않은 소수 의견이지만, 종교가 개인적 수준의 행복에는 긍정적인 영향을 미치는 반면, 국가적 수준의 행복에는 부정적인 영향을 미치는 이른바 '종교 참여의 패러독스(religious engagement paradox)'를 주장하는 경우도 있다(Myers, 2014: 93 재인용).

않은 사람보다 행복한 것으로 나타났지만, 각 종교와 행복의 측정 방법에 따라 다소 편차가 있는 것으로 밝혀졌다(Ngamaba and Soni, 2017).[49]

먼저, 행복을 4점 만점 척도로 측정했을 경우, 평균 행복이 개신교(3.21점), 불교(3.17점), 기타 종교(3.17점), 가톨릭(3.13점), 유대교(3.06점), 힌두교(3.05점), 이슬람교(3.03점), 무종교(3.02점), 동방정교(2.72점) 순서로 높게 나와 유일하게 동방정교를 믿는 사람은 종교가 없는 사람 보다 덜 행복한 것으로 나타났다(Ngamaba and Soni, 2017: 8). 그러나 상관관계 분석에서는 동방정교(r=-.1444, p〈.01) 뿐만 아니라 이슬람교(r=-.0171, p〈.01)와 종교가 없는 경우(r=-.0203, p〈.01)에는 오히려 행복에 부정적인 영향을 미치는 것으로 밝혀졌다(Ngamaba and Soni, 2017: 14). 두 번째, 행복을 10점 만점 척도로 측정했을 경우에는 가톨릭(7.12점), 개신교(7.07점), 기타종교(6.97점), 불교(6.88점), 유대교(6.85점), 무종교(6.62점), 힌두교(6.23점), 이슬람교(6.16점), 동방정교(5.43점) 순서로 행복도가 높아 힌두교, 이슬람교, 동방정교를 믿는 사람이 종교가 없는 사람보다 덜 행복한 것으로 나타났다(Ngamaba and Soni, 2017: 10). 그리고 상관관계를 분석한 결과, 힌두교(r=-.0266, p〈.01), 이슬람교(r=-.0932, p〈.01), 동방정교(r=-.1555, p〈.01)를 믿는 경우에는 오히려 행복에 부정적인 영향을 미쳤지만, 그렇다고 종교를 믿지 않는 것(r=.0024, P값 무효)이 행복에 긍정적으로 작용하는 것도 아니었다(Ngamaba and Soni, 2017: 14).

그런데 이처럼 종교가 행복에 긍정적인 영향을 미치는 것은 각 국가의 맥락에 따라 편차도 존재하는 것으로 밝혀졌다. 이러한 경향은 크게 두 가지 경우로 구분해 볼 수 있다. 첫째, 사회문화적 여건에 따라 행복에 대한 종교의 영

49 분석 대상으로 선정한 종교의 종류는 미국의 퓨 연구소(Pew Research Center, PRC)가 2015년에 조사한 세계 종교 인구 분포 비율에 따랐고, 조상 숭배 등을 기타 종교로, 무신론자, 불가지론자, 종교가 없는 경우를 모두 무종교로 분류하였으며, 무슬림은 시아파(Shia)와 수니파(Sunni)를, 개신교는 영국 성공회, 복음주의파(Evangelical)와 펜테코스트파(Pentecostal) 등을 포함한다(Ngamaba and Soni, 2017: 2-5).

향력이 달라지는 경우이다. 예를 들면, 1997년부터 2004년까지 WVS 자료에서 79개국에 거주하는 약 100,000여 명을 분석한 결과, 종교가 행복에 긍정적인 영향을 미치지만 그 효과는 상황에 따라 차이가 있었다(Okulicz-Kozaryn, 2010). 다시 말해, 개인이 혼자 신을 믿고 종교 생활을 하는 것(individual religiosity)이 아니라, 다른 사람과 함께 종교 조직에 소속되어 함께 종교 의식에 참여하면서 종교 생활을 함(social religiosity)으로써 사회적 자본이 촉진될 때에는 종교가 행복에 긍정적인 영향을 미쳤지만, 사회적 자본 형성에 기여를 못할 때에는 행복에 유의미한 영향을 미치지 못했다(Okulicz-Kozaryn, 2010: 163). 또한, 종교를 믿는 사람들이 무종교인들 보다 덜 행복한 경우(b=-.278, 90%)도 있었지만, 종교를 믿는 사람들이 무종교인들 보다 종교를 믿는 사람들이 더 많이 사는 국가에 거주할 경우에는 무종교인들 보다 더 행복(b=.671, 99%)한 것으로 나타났다(Okulicz-Kozaryn, 2010: 164).

이와 비슷하게, 2005년부터 2008년까지의 WVS 자료에서 42개국의 49,943명을 분석한 연구에서도 행복에 대한 종교의 긍정적인 영향은 사회적 여건에 따라 차이가 있는 것으로 나타났다(Lun and Bond, 2013). 다시 말해, 종교적 믿음에 대한 사회화가 일반적으로 이뤄지고 있는 문화를 가진 국가에서는 종교 활동이 행복에 긍정적인 영향을 미친 반면, 그렇지 않은 국가에서는 부정적인 영향을 미치는 것으로 나타났다(Lun and Bond, 2013: 311-312). 또한, 종교 집단에 대한 사회적 반감이 강한 문화를 가진 국가에서 종교적 지도자의 권위에 대한 믿음과 행복 간 긍정적인 상관관계가 종교 집단에 대한 사회적 반감이 약한 국가에서 보다 강한 것으로 나타났다(Lun and Bond, 2013: 310-311).[50]

두 번째는 종교에 대한 국가의 규제에 따라 행복에 대한 종교의 영향력에

50 사회적 반감은 PRC가 2006년 중반부터 2008년 중반 사이에 구성한 10점 만점의 사회적 반감 지수(Social Hostilities Index)를 활용하였고, 종교적 사회화는 WVS 자료에 아이가 집에서 배우도록 권장할 만하다고 제시된 10가지 가치 중 하나인 종교적 신념을 중요하다고 응답한 것을 기준으로 도출하였다(Lun and Bond, 2013: 309).

차이가 있는 경우이다. 대표적으로, 1999년부터 2004년의 WVS 자료에서 65개국에 거주하는 총 93,142명을 분석한 결과, 행복에 대한 종교의 긍정적 영향이 정부의 규제 정도에 따라 달라지는 경우를 예로 들 수 있겠다(Elliott and Hayward, 2009). 다시 말해, 전반적으로 정부 규제의 강도와 무관하게 종교를 믿는 사람이 무종교인 보다 더 행복한 가운데(Elliott and Hayward, 2009: 303), 개인의 종교 정체성이 행복에 긍정적으로 작용하고, 그것의 영향력의 크기는 정부의 규제가 강할수록 커지는 한편, 종교 활동에 참여하는 것은 행복에 긍정적인 영향을 미치지만, 그것은 정부의 규제가 약할 때에만 유효했다(Elliott and Hayward, 2009: 285).[51] 그리고 정부의 규제가 강해지면 행복에 대한 종교 활동의 긍정적인 영향력이 약화되었으며, 정부의 규제가 매우 강해지면 종교 활동에 참여하는 것이 오히려 행복에 부정적인 영향을 미치는 것으로 나타났다(Elliott and Hayward, 2009: 303).

(2) 한국의 종교와 행복

한국의 종교와 행복 간 관계 분석은 대표적으로 정종현 교수님의 연구를 예로 들 수 있겠다(Jung, 2014). 정종현은 한국 성인 남녀 1,599명을 대상으로 한 KGSS의 2009년 자료를 분석하여 일반적으로, 종교 행사에 더 많이 참여할수록 더 행복하다(b=.149, P〈.001)는 사실을 밝혀냈다(Jung, 2014: 1135).[52] 이와 같은 정종현의 연구 결과는 기존 연구들에서도 많이 지지된 것으로 새

51 행복은 10점 만점 척도로 측정하였고(Elliott and Hayward, 2009: 291), 개인의 종교 정체성은 교회에 다니는 것과 같은 조직적인 종교와 무관하게 개인의 신앙심 유무와 무신론자 유무로 평가하였으며, 종교 활동 참여는 7점 만점의 척도로 빈도를 측정하여 도출하였다(Elliott and Hayward, 2009: 292). 그리고 정부 규제는 정부 종교 규제 지수(Government Regulation of Religion Index)와 프리덤 하우스의 정치적 권리 및 공민적 자유 척도를 활용하여 공민적, 종교적, 정치적 자유와 같이 세 가지 측정치를 종합하여 도출하였으며, 10점 만점 기준, 값이 클수록 규제가 강함을 의미한다(Elliott and Hayward, 2009: 293).

52 행복은 삶 전체적으로 얼마나 행복한지를 5점 척도로, 종교 행사 참여 빈도는 8점 척도로 측정하였다(Jung, 2014: 1131).

삼스러운 것은 아니다(Childs, 2010; Barkan and Greenwood, 2003). 그런데 정종현의 분석 결과를 좀 더 구체적으로 살펴보면, 크게 두 가지 흥미로운 점이 발견된다.

첫째, 행복에 대한 종교의 긍정적 효과에 젠더 간 편차가 존재했다. 다시 말해, 종교 행사에 더 많이 참여하는 여성(b=.207, P<.001)은 그렇지 않은 여성보다 더 행복한 반면, 남성들 사이에서는 종교 행사의 참여 빈도가 그들의 행복에 의미 있는 영향력을 전혀 발휘하지 못한 것이다(Jung, 2014: 1136). 이와 같은 결과는 기존의 연구와도 크게 다르지 않은 것인데(Simon and Nath, 2004; Ferraro and Kelley-Moore, 2000), 특히, 한국의 행복에 대한 종교의 긍정적 효과에 젠더 차이가 존재하는 이유를 정종현은 한국의 가부장적 사회질서에서 찾고 있다. 즉, 여전히 가부장적 질서가 공고한 한국 사회에서 여성은 남성에 비해 공적 영역에서 자아실현을 할 수 있는 기회가 적은 반면, 종교조직에서 리더십을 발휘하여 자존감을 높일 수 있는 기회는 더 많기 때문에 종교 행사의 중요성이 이미 사회에서 기득권을 점유하고 있는 남성 보다 상대적으로 여성에게 더 크다는 것이다(Jung, 2014: 1140).

둘째, 행복에 대한 종교의 긍정적 효과의 편차는 종교 간에도 존재했다. 다시 말해, 분석 대상에 포함된 불교, 가톨릭, 개신교, 기타 종교 중에서 개신교(b=.195, P<.001)만 행복에 긍정적인 영향을 미쳤고, 나머지 종교들은 행복에 의미 있는 영향을 전혀 미치지 못한 것이다(Jung, 2014: 1137). 이처럼 다른 종교와 달리 개신교만 행복에 긍정적인 영향을 미치는 이유를 정종현은 한국 개신교의 특수성 때문이라고 설명하고 있다. 즉, 한국 개신교가 대형화되면서 신자들 간 유대는 약화되는 반면, 익명성과 소외는 강화되는 현상이 발생하자 소그룹 모임을 활성화시켜 개신교에 대한 신자들 개개인의 소속감을 북돋웠기 때문에 개신교가 행복에 긍정적으로 작용하게 되었다는 것이다(Jung, 2014: 1141).

4) 결혼과 행복

제시 버나드(Jessie Bernard)가 이른바 '그의 결혼'과 '그녀의 결혼'을 주장한 것처럼, 대부분의 부부는 결혼 생활에서 남편과 아내의 권력 차이와 그로 인한 갈등 관계를 피할 수 없다(Bernard, 1982). 그러나 이것이 곧 결혼이 행복에 부정적인 영향을 미친다고 결론을 내리는 절대적 근거가 될 수는 없다. 실제로, 결혼 생활과 관련된 많은 연구들은 전반적으로, 결혼이 행복에 긍정적인 영향을 미치며, 그 효과가 남성과 여성 모두에게 유효하다고 보고하고 있다(Helliwell and Putnam, 2004; Stack and Eshleman, 1998; Ross, Mirowsky, and Goldsteen, 1990). 이와 같은 행복에 대한 결혼의 긍정적 효과의 이유는 대체로 세 가지 정도로 설명되고 있다.

첫째, 결혼을 함으로써 배우자로부터 사랑받고 있다는 느낌을 받는 등 결혼 자체가 심리적인 안정감을 주기 때문이다(Piña and Bengtson, 1993). 둘째, 결혼을 하면 고소득을 올리거나 자산을 형성하는 데 있어 혼자일 때 보다 유리하고, 재정 상태에 보다 만족할 가능성이 커지기 때문이다(Stack and Eshleman, 1998; Korenman and Neumark, 1991; Becker, 1981). 셋째, 결혼은 신체 및 정신 건강 모두에 긍정적인 역할을 한다(Simon, 2002; Burton, 1998; Ali and Avision, 1997). 왜냐하면, 아프거나 외로울 때 배우자로부터 간병이나 심리적 지원을 받을 수 있는 가능성이 훨씬 커지기 때문이다(Stolzenberg, 2001; Waite and Gallagher, 2000).

(1) 세계의 결혼과 행복

외국의 경우, 전반적으로 결혼을 하는 것이 행복에 긍정적인 영향을 미치는 것으로 보고되고 있다. 예를 들면, 먼저 1992년부터 1994년까지 스위스 거주자 6,000여명을 대상으로 수집한 자료를 분석한 결과, 아직 자녀는 없지만 결혼을 한 부부가 결혼을 하지 않은 사람들 보다 더 행복한 것으로 나타났다(Frey and Stutzer, 2000b: 925). 이와 비슷하게, WVS(2000년-2005년) 자료 중 18개 OECD 회원국의 약 30,000명을 에스핑-앤더슨의 복지국가 유형 구분에 따라 분석한 결과, 결혼한 사람이 그렇지 않은 사람보다 덜 행복할 가능성이 낮은 것으로 밝혀졌다(Deeming and Hayes, 2012: 818). 그리고 동일한 자료를 카스틀레스의 복지국가 유형에 따라 구분하여 분석한 결과, 결혼한 사람 보다 미혼(2.64배, 99%), 이혼(2.79배, 99%), 사별(3.03배, 99%), 별거 등 헤어진 사람(3.08배, 99%)이 더 불행할 가능성이 높게 나타났다(Deeming and Hayes, 2012: 820). 또한, 1981년부터 2007년까지의 WVS 자료에서 21개 OECD 회원국을 대상으로 분석한 결과, 결혼을 하는 것이 행복 증진에 긍정적인 것으로 밝혀졌다(Flavin, Pacek, and Radcliff, 2014). 보다 대규모의 장기 연구로, 1981년부터 2014년까지의 WVS 자료에서 97개국에 거주하는 16세부터 99세까지의 성인 324,320명을 분석한 경우에도 결혼이 행복에 긍정적인 영향을 미치는 것으로 밝혀졌다(Ngamaba and Soni, 2017). 이와 같은 행복에 대한 결혼의 긍정적 효과는 행복을 4점 만점 척도로 측정했을 경우(b=.079, p=.000)뿐만 아니라, 10점 만점 척도로 측정했을 경우(b=.028, p=.144)에도 성립하는 것으로 나타났다(Ngamaba and Soni, 2017: 9).

(2) 한국의 결혼과 행복

한국의 경우, 결혼과 행복 간 관계가 외국의 경우와 달리 다소 복잡한 것으로 나타났다. 예를 들면, 한국보건사회연구원이 2014년 7월 7일부터 8월 20일까지 전국의 만 19세 이상부터 만 75세 이하 남녀 3,648명의 행복을 10점 만점의 캔트릴 사다리로 측정한 결과(김미곤 외, 2014: 28), 배우자가 없는 사람의 행복도가 배우자가 있는 사람 보다 낮은 것으로 나타났다(김미곤 외, 2014: 193). 그런데 경제 · 인문사회연구회 총서(안주엽 외, 2015)에 따르면, 전반적으로 기혼 유배우자의 행복도가 기혼 무배우자(사별, 별거, 이혼)와 미혼자의 행복도보다 높다고 평가할 수 있지만, 구체적인 내용은 단순하지 않았다. 〈그림 3-17〉에서 보는 바와 같이, 1998년부터 2003년까지 5년 동안은 기혼

〈그림 3-17〉 한국의 결혼과 행복

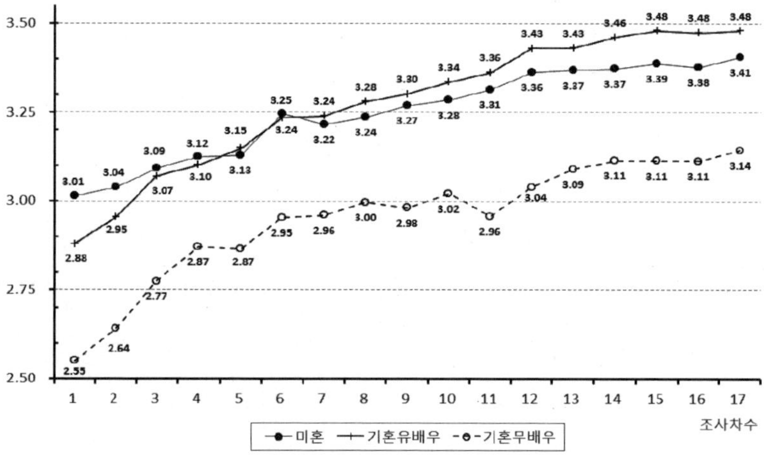

출처: (안주엽 외, 2015: 42)

유배우자와 미혼자 간 행복도의 차이가 일정하지는 않았으나, 2003년 이후부터는 기혼 유배우자의 행복도가 미혼자의 행복도보다 높았으며, 그 차이도 확대되는 추세에 있었다. 그러나 결혼을 했어도 배우자가 없을 경우에는 오히려 미혼자보다 덜 행복한 것으로 나타났다. 즉, 〈그림 3-17〉에서 보는 바와 같이, 미혼자의 행복도가 기혼 무배우자의 행복도보다 낮았던 적은 1998년 이래 단 한 해도 없었음을 알 수 있다.

반면, 미혼자가 기혼자보다 더 행복하다고 보고하는 경우도 있다. 예를 들면, 현대경제연구원의 2017년 EHI에 따르면,[53] 미혼자의 행복도는 43.9점으로 기혼자의 행복도 36.3점보다 높은 것으로 나타났다(현대경제연구원, 2017: 6). 이러한 결과를 현대경제연구원은 미혼자들이 기혼자들에 비해 경제적 부양책임으로부터 상대적으로 더 자유롭기 때문인 것으로 해석하고 있다. 또한 이혼 혹은 사별한 사람의 행복도가 15.5점인 것으로 나타나(현대경제연구원, 2017: 6) 결혼을 했어도 배우자가 없는 경우 오히려 미혼자보다 덜

53 전국의 20세 이상 성인 남녀 1,007명을 대상으로 2016년 12월 7일부터 21일까지 전화 설문조사를 실시하여 분석한 것이다(현대경제연구원, 2017: 11).

행복하다는 경제 · 인문사회연구회 총서(안주엽 외, 2015)와 동일한 결과를 보여주고 있다. 이와 같은 현상을 현대경제연구원은 이혼 혹은 사별한 사람들이 그렇지 않은 사람들보다 경제적으로 빈곤해질 위험에 상대적으로 더 많이 노출되기 때문인 것으로 해석하고 있다(현대경제연구원, 2017).

5) 교육과 행복

다소 이견이 없지 않지만, 대부분의 연구는 교육이 행복에 긍정적인 영향을 미친다고 보고하고 있다(Helliwell, 2003; Frey and Stutzer, 2002). 그런데 행복에 대한 교육의 긍정적인 효과의 원인은 정규 교육과 비정규 교육이 다소 차이가 있는 것으로 나타났다. 먼저, 정규 교육의 경우 특정 시점에서 학업 성취도가 좋은 경우 그로 인해 행복감이 증대될 수는 있지만, 이것이 곧 정규 교육 자체가 직접적으로 행복감을 높이는 것을 의미하는 것은 아니다. 즉, 정규 교육을 통해 사회적으로 경쟁력이 있다고 믿어지는 학교에서 학위를 취득함으로써 소득 수준이 더 높은 직장에 취직할 수 있는 가능성이 커지고, 취직 후 승진에도 더 유리해질 가능성이 커짐에 따라 행복감이 향상될 가능성도 더 높아지는 것이다(Clark et al., 2018; White, 2014; Plagnol and Easterlin, 2008; Argyle, 1999).

반면, 직업 교육이나 취미 생활을 위한 교육과 같은 비정규 교육의 경우 그러한 교육을 받는 것 자체가 행복감을 증진시키는 것으로 보고되고 있다. 이러한 결과는 정규 교육과 비정규 교육 간 성격 차이에서 비롯된 것으로 보인다(Michalos, 2008; Hartog and Oosterbeek, 1998). 다시 말해, 정규 교육은 자신의 의지에 의해서라기보다는 해야만 하는 성격이 상대적으로 강한 반면, 비정규 교육의 경우 자신이 하고 싶어서 이수하는 것이기 때문에 정규 교육보다 직접적으로 긍정적인 영향을 미칠 가능성이 크다는 것이다.

(1) 세계의 교육과 행복

세계의 교육과 행복 관련 연구의 예를 들면, 먼저, 1992년부터 1994년까지 스위스의 26개 칸톤에서 6,000여 명의 거주자를 대상으로 수집한 자료를 분석한 결과, 교육 수준이 높을수록 그렇지 않은 사람들 보다 더 행복한 것으로 밝혀진 경우를 들 수 있다(Frey and Stutzer, 2000b: 925). 또한, ISSP 자료 중 가족과 젠더 역할의 변화에 관한 2002년 자료에서 29개국에 걸쳐 약 42,187 명을 분석한 결과, 교육 수준이 높을수록 행복감도 높은 것으로 나타났다 (Ono and Lee, 2013). 그리고 1980-1982년, 1990-1991년, 1995-1997년, 1999-2001년, 2004-2008년의 WVS 자료에서 70개국에 걸쳐 약 100,000여 명을 분석한 결과에서도 교육 수준이 높은 사람이 그렇지 않은 사람보다 행복한 것으로 나타났다(Kroll, 2013).

보다 최근의 연구는 〈그림 3-18〉에서 보는 바와 같이, 2013년부터 2017년 자료 중 가능한 가장 최근의 자료를 활용하여(OECD, 2017e: 109-111) OECD 국가들의 교육 수준에 따른 행복 불평등을 분석한 사례를 들 수 있다. 〈그림 3-18〉은 OECD FMW의 물질적 조건과 삶의 질 영역에 속하는 항목들 중 주거를 제외한 10가지 항목들에[54] 각각 동일한 가중치를 부여하여 각 항목별 교육 수준에 따른 평균 성과를 종합적으로 고려한 결과를 기반으로 상·중·하로 구분되는 OECD 국가들의 교육 수준에 따른 행복 불평등을 행복 불평등이 낮은 비율을 기준으로 오름차순으로 요약한 것이다(OECD, 2017e: 86). 초등교육 이수자의 영역별 성과와 대학교육 이상 이수자의 영역별 성과를 비교한 〈그림 3-18〉의 상단 그래프를 보면 아일랜드의 교육 수준별 행복 불평등이 가장 덜 심각했는데, 구체적으로 초등교육 이수자와 대학교육 이상 이수자 간 행복 불평등이 낮은 비율이 55%, 중간 정도가 28%, 높은 정도

54 10가지는 소득과 부, 직장과 소득, 건강, 일-가정 균형, 교육과 훈련, 사회적 연결, 사회참여와 거버넌스, 환경의 질, 개인의 안전, 주관적 웰빙이었다(OECD, 2017e: 83).

〈그림 3-18〉 OECD 국가들의 교육 수준에 따른 행복 불평등

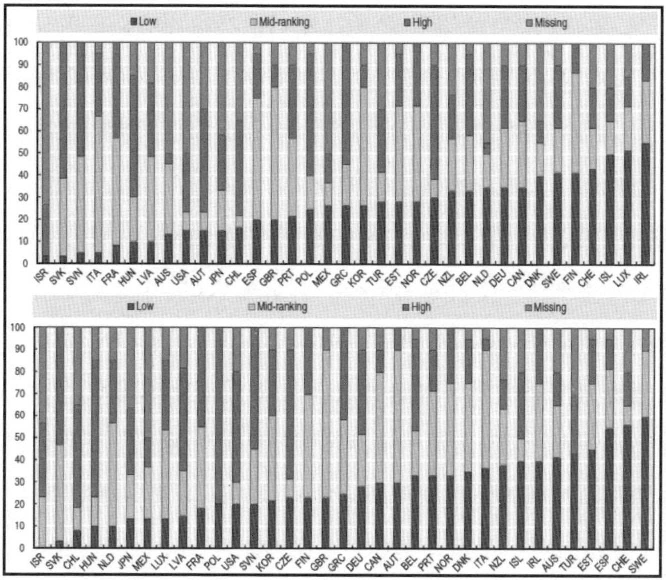

출처: (OECD, 2017e: 86)
비고: 상(초등교육 이수자 기준 대학교육 이상 이수자 비교), 하(중등교육 이수자 기준 대학교육 이상 이수자 비교)

가 17%로 나타났다(OECD, 2017e: 85).[55] 그리고 룩셈부르크, 스위스, 핀란드, 스웨덴 등의 두 그룹 간 행복 불평등이 상대적으로 양호한 편에 속한 반면, 이스라엘, 슬로바키아, 슬로베니아, 이탈리아, 프랑스 등의 두 그룹 간 행복 불평등은 상대적으로 심각한 수준인 것으로 나타났다. 그리고 중등교육 이수자의 영역별 성과와 대학교육 이상 이수자의 영역별 성과를 비교한 〈그림 3-18〉의 하단 그래프를 보면 스웨덴의 중등교육 이수자와 대학교육 이상 이수자 간 행복 불평등이 낮은 비율이 60%로 교육 수준별 행복 불평등이 가장 덜 심각했다(OECD, 2017e: 87).[56] 스위스, 스페인, 에스토니아 등의 두 그룹 간 행복 불평등은 상대적으로 양호한 편에 속한 반면, 이스라엘, 슬로바키아, 칠레 등은 상대적으로 심각한 것으로 나타났다.

55 한국은 17위를 기록했다(OECD, 2017e: 86).

56 한국은 22위를 기록했다(OECD, 2017e: 86).

이상의 교육 수준과 행복 간 관계 분석 결과 특히, 두 가지 점이 괄목할 만하다. 먼저, 룩셈부르크의 경우, 초등교육 이수자와 대학교육 이상 이수자의 비교에서는 행복 불평등이 상대적으로 양호한 정도로 2위를 차지했으나, 중등교육 이수자와 대학교육 이상 이수자의 비교에서는 행복 불평등이 낮은 비율이 13%로 감소해 28위로 급락했다(OECD, 2017e: 87). 두 번째, 핀란드, 아일랜드, 네덜란드, 멕시코의 교육 수준별 행복 불평등이 낮은 비율이 초등교육 이수자와 대학교육 이상 이수자의 비교에서보다 중등교육 이수자와 대학교육 이상 이수자의 비교에서 감소한 반면, 호주, 이탈리아, 스페인의 교육 수준별 행복 불평등이 낮은 비율은 초등교육 이수자와 대학교육 이상 이수자의 비교에서보다 중등교육 이수자와 대학교육 이상 이수자의 비교에서 증가했다. OECD는 이러한 현상을 행복에 대한 교육의 효과가 호주, 이탈리아, 스페인에서 더 크다는 것을 의미한다고 해석하고 있다(OECD, 2017e: 87).

(2) 한국의 교육과 행복

한국의 교육과 행복과 관련하여 한국보건사회연구원의 2014년 사회통합 및 국민행복 인식조사 분석 결과에 따르면, 학력 수준이 낮을수록 행복감이 감소하는 것으로 나타났다(김미곤 외, 2014: 193).[57] 그리고 경제 · 인문사회연구회 총서(안주엽 외, 2015)에서도 교육 수준이 높을수록 행복도도 높은 것으로 나타났지만, 그 격차는 줄어드는 것으로 밝혀졌다. 예를 들면, 〈그림 3-19〉에서 보는 바와 같이, 교육 수준과 행복도 간 정적 상관관계는 1998년 이래 한 해도 빠짐없이 지속되고 있지만, 교육 수준과 행복도 간 차이는 감소하는 추세임을 알 수 있다. 다시 말해, 1998년 대졸 이상의 행복도와 고졸 미만의 행복도 간 차이가 0.5로 가장 컸지만 2014년에는 그 차이가 0.28까지 감

57 설문조사는 2014년 7월 7일부터 8월 20일까지 전국의 만 19세 이상-만 75세 이하 남녀 3,648명을 대상으로 실시되었으며(김미곤 외, 2014: 28), 행복은 '○○님께서는 어제 어느 정도 행복하셨습니까?'라는 물음에 10점 만점의 캔트릴 사다리로 측정하였다(김미곤 외, 2014: 253).

〈그림 3-19〉 한국의 교육과 행복

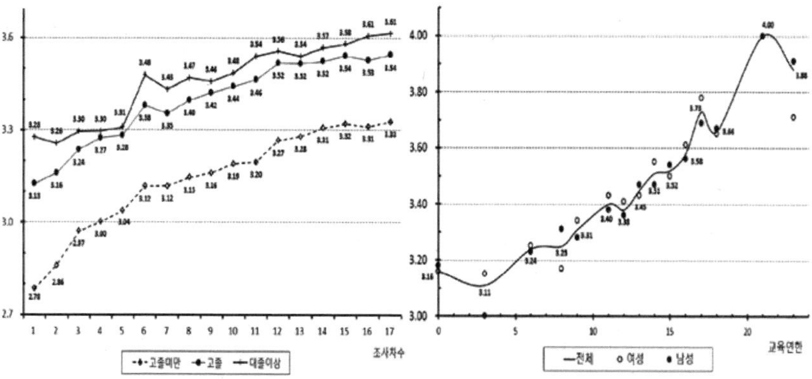

출처: 좌(안주엽 외, 2015: 37), 우(안주엽 외, 2015: 73)
비고: 좌(1998-2014년 자료), 우(2014년 자료)

소하였다. 그리고 전반적으로 교육 기간이 길수록 행복도가 높고, 교육 기간에 따른 행복의 성별 차이는 줄어들지 않는 것으로 나타났다. 예를 들면, 교육연한과 행복도 간 관계에 관한 2014년 자료 분석 결과를 보면(〈그림 3-19〉의 오른쪽 그래프), 행복도가 21년 이후 얼마 동안은 감소했으나 21년까지는 전반적으로 증가하는 추세를 보였으며, 성별 간 차이는 가장 커지는 것으로 나타났다.[58]

그리고 현대경제연구원의 2017년 학력에 따른 EHI의 평균값은 38.4점으로 50점에도 못 미쳤지만 전반적으로 학력이 높을수록 행복도가 큰 것으로 나타났다.[59] 예를 들면, 중졸(23.7점)과 고졸(33.1점)자의 행복 지수는 평균보다 낮았고, 대졸자는 41점으로 평균보다 높았으며, 대학원 졸업자가 46.2점으로 가장 높게 나타났다. 이와 같은 현상을 현대경제연구원은 중졸 및 고졸자의 경우 대부분 고령층에 해당하거나 주로 자영업에 종사할 가능성이 높기 때문인 것으로 해석하고 있다(현대경제연구원, 2017: 5).

58 교육 연한은 고교 중퇴 11년, 고졸 12년, 대졸 16년으로 계산하였다(안주엽 외, 2015: 73).
59 전국 20세 이상 성인 남녀 1,007명을 대상으로 2016년 12월 7일부터 21일까지 전화 설문조사를 한 결과이다(현대경제연구원, 2017: 11).

6) 소득(자산)과 행복

일반적으로, 소득 수준이 높거나 자산이 많아 경제적 자원이 풍부한 경우가 필요한 재화와 서비스를 구매할 수 있는 능력도 더 키워주기 때문에 소득 수준이 낮거나 자산이 적어 경제적 자원이 풍부하지 못한 경우 보다 행복에 긍정적인 영향을 미친다고 알려져 있다(Stutzer and Frey, 2010; ONS, 2017b). 이러한 경제적 자원과 행복 간 1차적인 관계뿐만 아니라, 이스털린 패러독스 등 보다 복잡한 행복의 경제학적 논의들은 제2장에서 자세히 살펴보았다. 따라서 여기에서는 주로 경제적 자원과 행복 간 관계의 실증 분석 결과를 자세히 검토하기로 한다.

(1) 세계의 소득(자산)과 행복

먼저, 2000년부터 2005년까지 OECD 18개 회원국의 약 30,000명을 에스핑-앤더슨의 복지국가 유형 구분에 따라 분석한 결과, 국가 수준에서는 1인당 GDP가 낮은 국가가 높은 국가보다, 개인 수준에서는 가장 낮은 소득 구간의 사람들이 높은 소득 구간의 사람들보다 불행할 가능성이 높은 것으로 밝혀졌다(Deeming and Hayes, 2012: 818). 그리고 동일한 자료를 카스틀레스의 복지국가 유형에 따라 구분하여 분석한 결과, 국가 수준에서 1인당 GDP가 낮은 국가가 높은 국가보다 불행할 가능성이 1.93배(99%) 높았고, 개인 수준에서는 소득이 가장 높은 구간의 사람들(0.37배, 99%), 중위 값에 위치한 사람들(0.51배, 99%)이 소득이 가장 낮은 사람들보다 불행할 확률이 낮은 것으로 나타났다(Deeming and Hayes, 2012: 820).

OECD 국가들의 비교 연구 결과는 세계적 수준에서도 동일하게 유지되는 것으로 밝혀졌다. 예를 들면, 〈그림 3-20〉에서 보는 바와 같이, 2015년 기준 전 세계적으로 행복한 국가는 일반적으로 경제적으로도 부유한 국가인 것으로 나타났다.[60] 그리고 이와 같은 결과는 동일한 방법으로 분석한 2005년 이

60 이 결과는 한 시점에서의 소득과 행복 간 관계를 보여주는 것이지 소득 증대와 행복 간 장기

〈그림 3-20〉 세계의 소득과 행복(국가별)[61]

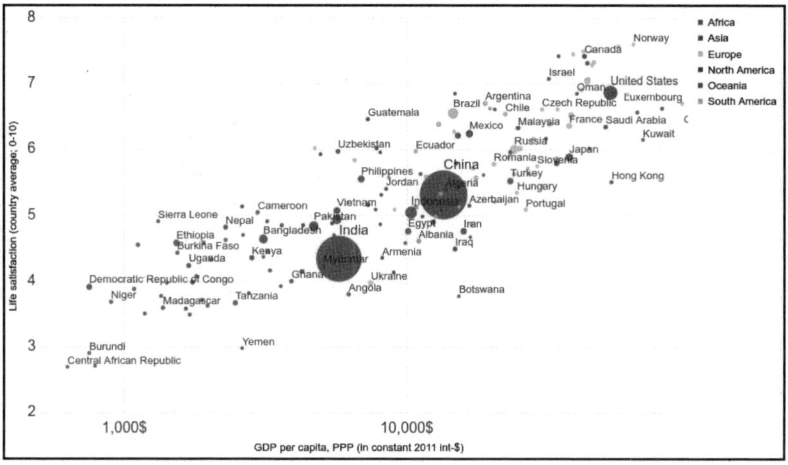

출처: (Ortiz-Ospina and Roser, 2017)

래 지속되어 왔을 뿐만 아니라, 경제적으로 부유한 국가에 사는 사람일수록 가난한 국가에 사는 사람보다 더 행복하다고 응답하는 경향이 있다는 점을 통제한 경우에도 일관되게 나타났다(Ortiz-Ospina and Roser, 2017).

지금까지의 분석 자료보다 규모가 크고, 보다 장기적인 최근의 분석 결과는 앤드류 젭(Andrew Jebb), 루이스 태이(Louis Tay), 에드 디너(Ed Diener), 시게히로 오이시(Shigehiro Oishi)가 GWP 자료를 활용한 연구를 통해 자세히 알 수 있다. 2005년부터 2016년까지 164개국의 15세 이상 성인 1,709,734명(남성 47%)을 대상으로 한 GWP 자료를 분석한 결과 소득 수준이 향상될수록 행복감도 증가했지만, 소득이 일정 수준에 다다르면 행복감은 더 이상 증가하지 않았으며, 일부 경우에는 소득이 증가하면 오히려 행복감이 감소하는 것으로 밝혀졌다(Jebb et al., 2018).[62]

적인 관계를 보여주는 것은 아니다.

61 가로축의 소득은 각국의 인플레이션과 가격을 고려하여 조정한 1인당 GDP로 측정하였고, 세로축의 행복도는 캔트릴 사다리로 측정된 것이다(Ortiz-Ospina and Roser, 2017).

62 자료 수집은 주로 1시간 정도의 면대면 인터뷰를 통해 이뤄졌는데, 전체 인구의 최소 80%가 전화기를 사용하고 있는 국가의 경우에는 전화 통화로도 자료를 수집했고, 소득 변수

보다 구체적으로, 〈그림 3-21〉의 왼쪽 그래프는 0점부터 10점까지의 캔트릴 사다리를 이용하여 삶의 전반적인 평가로 측정한 행복과 소득 간 관계를 연령, 젠더, 결혼, 국가, 서베이 시행 연도를 통제하여 분석한 결과를 세계 전체와 9가지 권역별로[63] 요약한 것이다. 삶의 전반적인 평가를 기준으로 한 행복과 소득 간 관계에서 행복에 대한 전 세계 소득 포만점(satiation point)은 95,000 US$로 이때의 행복도는 약 7.58점에 이르렀고, 포만점의 전 세계 평균은 85,000 US$였으며, 40,000 US$부터 125,000 US$까지 분포한 전 세계 소득 포만점은 크게 두 그룹으로 구분되었다(Jebb et al., 2018: 34). 다시 말해, 서유럽과 스칸디나비아(100,000 US$), 북아메리카(105,000 US$), 호주와 뉴질랜드(125,000 US$), 동아시아(110,000 US$), 중동과 북아프리카(115,000 US$)는 소득 포만점이 높은 그룹에 속한 반면, 동유럽과 발칸(45,000 US$), 동남아시아(70,000 US$), 라틴 아메리카와 카리브해(35,000 US$), 사하라 사막 이남 아프리카(40,000 US$)는 소득 포만점인 낮은 그룹에 속했다(Jebb et al., 2018: 34). 그런데 각 권역별 소득의 중앙값과 소득 포만점 사이에는 강한 정적 상관관계(r=.75. p=.03)가 성립했는데(Jebb et al., 2018: 34), 이와 같은 결과는 행복에 대한 소득 효과의 중요성은 경제적으로 후진국보다는 선진국에서 상대적으로 더 강하다는 기존의 연구 결과들과도 일치하는 것이다(Tay, Morrison, and Diener, 2014).

그러나 소득 포만점 이후에는 소득이 증가하면 오히려 행복감이 감소하는 행복 전환점(turing point)에 다다르는 것으로 나타났다. 그런데 이와 같은 현상이 모든 권역에서 발생한 것은 아니었다. 다시 말해, 의미 있는 행복의 전

는 월간 가구 소득을 연간 소득으로 환산한 이후 균등화 가구 소득(equalized household income, US$)으로 재조정한 것이다(Jebb et al., 2018: 37).

63 9개 권역은 갤럽과 미국 중앙정보국(Central Intelligence Agency)이 역사, 경제적 발전 정도, 언어, 종교 등을 고려하여 사하라 사막 이남 아프리카(AF), 호주와 뉴질랜드(AUS), 동아시아(EA), 동유럽과 발칸(EE), 라틴 아메리카와 카리브해(LA), 중동과 북아프리카(ME), 북아메리카(NA), 동남아시아(SE), 서유럽과 스칸디나비아(WE)로 구분한 것을 따랐다(Jebb et al., 2018: 34).

〈그림 3-21〉 세계의 소득과 행복(권역별)[64]

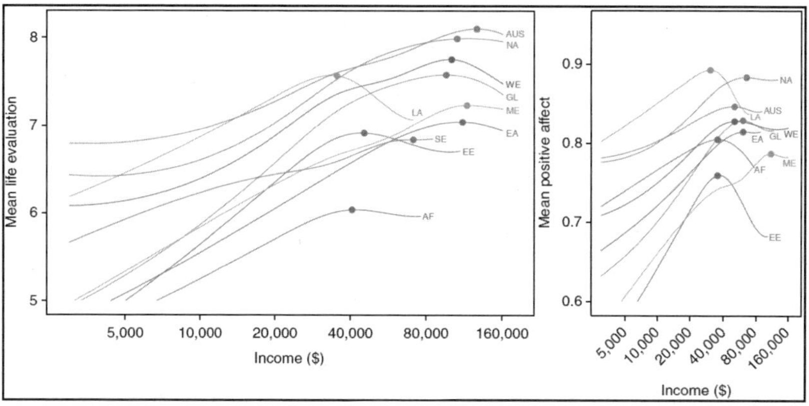

출처: (Jebb et al., 2018: 34)
비고: GL(전 세계)

환점은 서유럽과 스칸디나비아, 동유럽과 발칸, 동아시아, 라틴 아메리카와 카리브해, 북아메리카 지역에서만 두드러졌다(Jebb et al., 2018: 34).

그리고 〈그림 3-21〉의 오른쪽 그래프에서 보는 바와 같이, 어제의 긍정적인 감정의 평가로 측정한 행복과[65] 소득 간 관계를 연령, 젠더, 결혼, 국가, 서베이 시행 연도를 통제하여 분석한 경우에도 비슷한 결과가 도출되었는데, 이때 행복에 대한 소득 포만점은 삶의 전반적인 평가를 기준으로 한 행복과 소득 간 경우보다 전반적으로 낮은 수준인 것으로 밝혀졌다. 다시 말해, 행복에 대한 전 세계 소득 포만점은 60,000 US$였고, 소득 포만점의 전 세계 평균은 55,000 US$였으며, 세계 소득 포만점은 30,000 US$부터 110,000 US$까지 분포했다(Jebb et al., 2018: 34). 서유럽과 스칸디나비아 및 호주와 뉴질랜드의 소득 포만점은 50,000 US$, 동유럽과 발칸 및 사하라 사막 이남 아프리카의 소득 포만점은 35,000 US$, 동아시아의 소득 포만점은 60,000 US$, 라

64 그래프에서 각각의 점은 행복에 대한 소득 포만이 발생한 소득 점을 나타낸다(Jebb et al., 2018: 34).

65 긍정적인 감정 변수는 어제의 행복, 즐거움, 웃음(smiling/laughter)의 세 가지 경험을 통합하여(Cronbach's α=.72) 도출하였다(Jebb et al., 2018: 37).

틴 아메리카와 카리브해의 소득 포만점은 30,000 US$, 북아메리카의 소득 포만점은 65,000 US$, 중동과 북아프리카의 소득 포만점은 110,000 US$로 분석된 가운데[66] 의미 있는 행복 전환점은 발견되지 않았다(Jebb et al., 2018: 34).

한편, 〈그림 3-22〉는 위와 동일한 자료를 활용하여 행복에 대한 소득 포만점이 젠더와 교육 수준에 따라 어떻게 달라지는지를 분석한 결과를 요약한 것이다. 먼저, 삶의 전반적인 평가로 측정한 행복(〈그림 3-22〉의 왼쪽 그래프)과 어제의 긍정적인 감정의 평가로 측정한 행복(〈그림 3-22〉의 오른쪽 그래프)에 대한 남성과 여성의 소득 포만점은 각각 90,000 US$와 100,000 US$, 65,000 US$와 55,000 US$로 절대적 크기는 차이가 있었지만, 그러한 차이가 통계적으로 유의한 것은 아니었다(Jebb et al., 2018: 34). 그리고 행복 전환점은 남성과 여성 모두 삶의 전반적인 평가로 측정한 행복에서만 통계적으로 유의미한 것으로 밝혀졌다(Jebb et al., 2018: 35).

반면, 교육 변수를 최대 8년까지 교육을 받은 기초 교육 혹은 그 미만 수준, 9년부터 15년까지 교육을 받은 중고등 교육 수준, 16년 이상의 교육을 받은 대학 이상의 교육 수준 각각을 낮음(low), 보통(moderate), 높음(high)으로 구분하여(Jebb et al., 2018: 37) 분석한 결과, 행복에 대한 소득 포만점이 교육 수준에 따라서 유의미한 차이가 있는 것으로 밝혀졌다. 예를 들면, 〈그림 3-22〉의 왼쪽 그래프에서 보는 바와 같이, 행복을 삶의 전반적인 평가로 측정했을 때, 교육 수준이 낮은 경우 70,000 US$, 보통인 경우 85,000 US$, 높은 경우 115,000 US$로 교육 수준이 높아질수록 행복에 대한 소득 포만점도 상승했으며, 행복 전환점 또한 유의미한 것으로 나타났다(Jebb et al., 2018: 35). 그리고 〈그림 3-22〉의 오른쪽 그래프에서 보는 바와 같이, 어제의 긍정적인 감정의 평가로 측정한 행복과 교육 수준 간에도 이와 비슷한 경향이 발견되

66 동남아시아의 경우, 의미 있는 소득 포만점이 발견되지 않았다(Jebb et al., 2018: 34).

〈그림 3-22〉 세계의 소득과 행복(젠더와 교육 수준 별)[67]

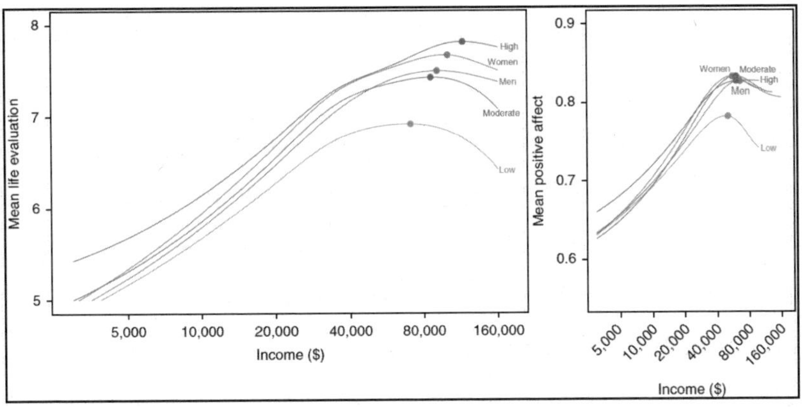

출처: (Jebb et al., 2018: 35)

었다. 즉, 교육 수준이 낮은 경우 50,000 US$, 보통인 경우 60,000 US$, 높은 경우 80,000 US$로 교육 수준이 높아질수록 행복에 대한 소득 포만점도 상승했지만, 유의미한 행복 전환점은 발견되지 않았다(Jebb et al., 2018: 35).

지금까지의 분석 결과에 대해 젭과 동료들은 크게 두 가지 점에서 해석의 주의를 당부하고 있다. 먼저, 분석 자료의 한계를 고려해서 해석해야 한다는 것이다. 즉, 면대면 인터뷰의 응답률은 대략 70% 정도로 크게 무리가 없었지만, 전화 조사의 응답률은 대략 15%에 그쳤으며, 사하라 사막 이남 아프리카, 중동과 북아프리카 권역의 경우 안전 문제로 모든 세부 지역이 조사에 포함되지는 못했다(Jebb et al., 2018: 35). 또한, 전체 분석 자료의 규모는 세계 권역별 비교 분석에 적절했지만, 고소득층의 빈도는 다소 부족하여 행복 전환점을 회귀 모델을 통해 분석하지 못하고 소득 포만 이후의 모든 소득의 평균을 비교하여 도출했다는 것이다(Jebb et al., 2018: 35).

두 번째, 결과의 해석과 관련하여 두 가지가 함께 고려되어야 한다는 것이다. 첫째, 젭과 동료들은 전반적으로 행복에 대한 소득 포만점이 예초에 예상한 것 보다 낮은 수준으로 도출되었다며 그 이유를 소득 변수를 가구 소득의

67 그래프에서 각각의 점은 소득 포만이 발생한 소득 점을 나타낸다(Jebb et al., 2018: 35).

원자료 대신 균등화 가구 소득을 활용했기 때문이라고 설명하고 있다(Jebb et al., 2018: 35). 다시 말해, 권역별 비교 분석을 위해서는 소득 변수를 표준화하여야 했기 때문에 가구원 수를 통제함으로써 기준이 1인 가구 소득이 되었다는 것이다. 따라서 본래의 모든 가구원 수를 고려한 소득 포만점은 위 분석에서 제시된 소득 포만점에 가구원 수의 제곱근 값을 곱한 값으로써 예초보다 금액의 크기가 증가할 것으로 추론할 수 있겠다(Jebb et al., 2018: 36). 둘째, 행복에 대한 소득 포만점은 인구 집단 간 차이와 관계된 것이지 개인 수준에서의 변화에 관한 것은 아니라는 점에 주의해야 한다. 다시 말해, 소득 포만점은 한 개인이 소득 포만점 이후에 본래의 월급보다 두세 배 더 많은 월급을 받게 될 경우에 개인이 행복을 더 느끼지 못한다는 것을 의미하는 것이 아니라, 기준점에서 소득이 더 높은 집단이 소득이 낮은 집단보다 더 행복하게 되는 것은 아니라는 것을 의미 한다는 것이다(Jebb et al., 2018: 36).

(2) 한국의 소득(자산)과 행복

한국의 경우, 먼저 전국 18세 이상 남녀를 대상으로 한 한국 종합사회조사(Korean General Social Survey, KGSS)의 2009년 자료에서 추출한 1,525명을 분석한 결과, 전반적으로 소득 수준이 높아질수록 행복감 또한 상승했으나 물질주의적 가치관을 가진 사람들의 경우 그렇지 않은 사람들에 비해 행복감이 더 낮은 것으로 밝혀졌다(이민아, 송리라, 2014).[68] 이와 같은 결과는 물질주의적 가치관을 지닌 사람들의 경우 대부분 물질주의적 가치관이 약한 사람들에 비해 자신의 경제적 상황과 성취에 대한 만족감이 낮다는 선행 연구들과도 동일한 것이다(Sirgy, 1998; Ryan and Dziurawiec, 2001). 반면, 물질주의적 가치관을 지니고 있더라도 소득 수준이 높아지면 물질주의적 가치관

68 그러나 이상의 결과는 교육과 직업 변수가 일관된 효과를 갖지 않았던 것으로 두 변수가 소득 변수를 경유하여 행복에 유의미한 결과를 미쳤을지도 모를 가능성에 대해 명확하게 결론을 내릴 수 없는 한계를 갖는 것임에 주의해야 한다(이민아, 송리라, 2014: 108).

이 행복에 부정적인 영향을 미치는 효과가 상쇄된다는 선행 연구들과는 배치되는 결과이다(Nickerson et al., 2003; Diener and Biswas-Diener, 2002).

그리고 2014년 7월 7일부터 8월 20일까지 전국의 만 19세 이상부터 만 75세 이하 남녀 3,648명의 행복을 10점 만점의 캔트릴 사다리로 측정한 결과(김미곤 외, 2014: 28), 소득이나 재산이 증가할수록 행복도도 증가하는 것으로 밝혀졌다.[69] 다시 말해, 저소득층(중위 소득 50% 이하), 중산층(중위 소득 50%-150%), 고소득층(중위 소득 150% 이상)의 행복도가 각각 5.2점, 6.2점, 7.0점으로 나타났다(김미곤 외, 2014: 175). 그리고 이와 같은 경향은 가구 소득을 10분위로 분류하여 분석한 결과에서도 동일하게 나타났다(김미곤 외, 2014: 174).[70]

이와 비슷하게, 2014년 KLIPS 자료를 분석한 결과, 일 년 동안 가구의 총소득이 증가할수록 전반적으로 행복도도 증가하는 것으로 밝혀졌다(안주엽 외, 2015). 〈그림 3-23〉에서 보는 바와 같이, 가구 총 소득이 1억 8백만 원 이상부터 1억 2천만 원 미만인 그룹의 행복도가 3.79로 가장 높았으나, 이때부터 유의미한 행복 전환점에 다다르는 것으로 나타났다. 다시 말해, 1억 2천만 원 이상인 그룹부터는 행복도가 감소했으며, 이와 같은 경향에 성별 차이는 없었다.[71] 그러나 남성의 감소폭(3.81-3.74=0.07)이 여성의 감소폭(3.78-3.76=0.02)보다 더 컸다(안주엽 외, 2015: 83).

---

69 행복은 '○○님께서는 어제 어느 정도 행복하셨습니까?'라는 물음으로 측정되었다(김미곤 외, 2014: 253).

70 즉, 소득 1분위는 5.08점, 소득 2분위는 5.58점, 소득 3분위는 5.77점, 소득 4분위는 6.38점, 소득 5분위는 6.09점, 소득 6분위는 6.33점, 소득 7분위는 6.44점, 소득 8분위는 6.64점, 소득 9분위는 6.72점, 소득 10분위는 7.22점이었다(김미곤 외, 2014: 174).

71 가구 총 소득이 전혀 없다고 응답한 그룹에서 남성은 3.24점, 여성은 3.43점으로 남녀의 행복도 차이가 가시적이었다(안주엽 외, 2015: 83).

〈그림 3-23〉 한국의 소득과 행복

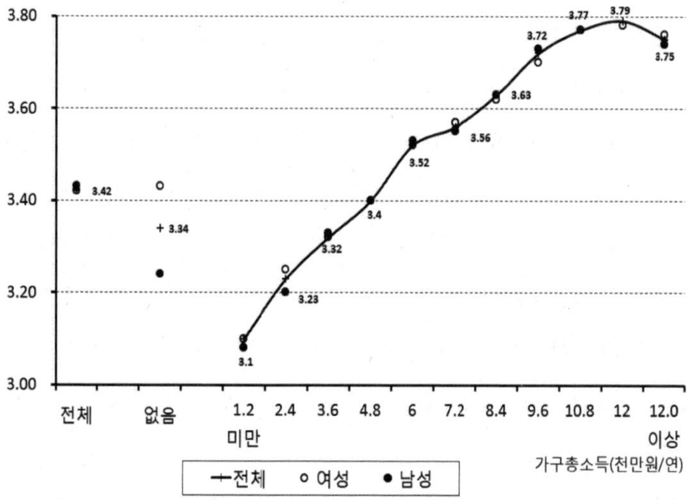

출처: (안주엽 외, 2015: 82)

4. 건강과 행복

인간이 행복감을 느끼면 좌 뇌 피질이 우 뇌 피질 보다 더 많은 활동을 한다는 등 행복감에 대한 뇌의 반응에 근거하여(Urry et al., 2004; Davidson, 2003) 뇌파의 측정을 통해 행복을 해석하고자 하는 행복의 뇌 과학적 접근을 현대 의학계는 뇌에 대한 정확한 인식조차 못하고 있는 상황에서 아직 시기상조로 보고 있다. 그런데 인간이 느끼는 행복감을 오로지 생물학적 존재로서 인간의 생리적 작용에 의한 것으로만 본다면, 스트레스는 적을수록, 뇌유래신경영양인자(Brain Derivated Neurotrophic Factor), 도파민(dopamine), 베타-엔돌핀(β-endorphin), 세로토닌(serotonin), 옥시토신(oxytocin)과 같은 물질은 많이 분비될수록 행복감이 증가하게 된다는 데에는 현대 의학계에 이견이 없다.

그러나 이와 같은 메커니즘을 전혀 다른 시각에서 해석하는 경우도 있다.

즉, 영국의 진화생물학자인 리차드 도킨스(Richard Dawkins)와 같이 위와 같은 부정적인 물질의 분비를 최소화하고 긍정적인 물질의 분비를 최대화하려는 인간의 뇌신경 메커니즘을 치열한 경쟁 속에서 자신의 유전자를 후손에게 계승시키려는 일련의 정보 처리 과정으로 해석 하는 입장(Dawkins, 2016) 등 인간의 행복과 신체와의 직접적인 상호 작용을 둘러싸고 수많은 해석이 존재하는 것이 사실이다. 그럼에도 불구하고, 일반적으로 건강 상태가 행복에 유의미한 영향을 미치며, 건강 상태가 좋은 사람일수록 그렇지 않은 사람보다 더 행복하다는 데에는 학문 분야를 막론하고 거의 이견이 없다(Albert and Freedman, 2010; Sabatini, 2014; Dolan, Peasgood, and White, 2008; Kangas, 2013).

1) 세계의 건강과 행복

1980년부터 2008년의 WVS 자료에서 70개국에 걸쳐 총 약 100,000명을 분석한 결과, 건강 수준이 높은 사람이 그렇지 않은 사람 보다 행복한 것으로 밝혀졌다(Kroll, 2013).[72] 이와 비슷하게, 1981년부터 2007년까지의 WVS 자료에서 OECD 회원국 21개국을 대상으로 분석한 결과, 건강 상태가 좋지 않으면 행복에 부정적인 영향을 초래하는 것으로 나타났다(Flavin, Pacek, and Radcliff, 2014).[73] 또한, 1981년부터 2014년까지의 WVS 자료에서 97개국에 거주하는 16세부터 99세까지의 성인 324,320명을 분석한 경우에도 건강이 행복에 긍정적인 영향을 미치는 것으로 밝혀졌다(Ngamaba and Soni, 2017). 이와 같은 행복에 대한 건강의 긍정적 효과는 행복을 4점 만점 척도

72 각 국에 해당되는 자료는 1980년-1982년, 1990년-1991년, 1995년-1997년, 1999년-2001년, 2004년-2008년의 자료 중에서 가능한 가장 최근의 것을 활용하였다(Kroll, 2013: 11).

73 최종 분석에는 WVS 1차-5차 자료가 활용되었고, 21개 국가는 호주, 오스트리아, 벨기에, 캐나다, 덴마크, 핀란드, 프랑스, 독일, 영국, 그리스, 아이슬란드, 아일랜드, 이탈리아, 일본, 네덜란드, 노르웨이, 포르투갈, 스페인, 스웨덴, 스위스, 미국이었다(Flavin, Pacek, and Radcliff, 2014: 1254).

로 측정했을 경우(b=.262, p=.000)뿐만 아니라 10점 만점 척도로 측정했을 경우(b=.141, p=.000)에도 성립하는 것으로 나타났다(Ngamaba and Soni, 2017: 9).

행복에 대한 정신 건강의 영향력 또한 상당히 강한 편으로 평가 받고 있다(O'Donnell et al., 2014). 예를 들면, 미국, 호주, 영국, 인도네시아 모두에서 2017년 기준, 신체적 건강, 결혼, 교육, 소득을 모두 통제했을 때 정신 질환이 행복에 부정적인 영향을 미치는 것으로 나타났다(Ortiz-Ospina and Roser, 2017).[74] 특히, 미국, 호주, 영국의 경우 정신 질환과 행복 간 부적 상관관계의 크기가 소득과 행복 간 상관관계의 크기보다 더 큰 것으로 나타났다(Ortiz-Ospina and Roser, 2017).

이와 같은 결과는 행복에 대한 건강의 영향력이 경제적 변수의 영향력 보다 더 크다는 기존의 연구 결과와도 일치하는 것이다. 대표적으로, 행복에 의미 있는 영향을 미치는 결정 변수를 찾고자 생애과정모델에 기반 하여 영국 코호트 연구(British Cohort Study)에서 1970년 3월 둘째 주에 출생한 사람들을 분석한 연구를 예로 들 수 있겠다. 즉, 소득이 행복에 미치는 영향이 유의미 한 것은 사실이지만 변량을 0.5%밖에 설명하지 못하는 반면, 신체적 건강과 정신적 건강 모두 소득보다 훨씬 중요한 것으로 분석되었던 것이다(Layard et al., 2014).

특히, 건강과 행복의 관계에 있어 주요 건강 요소에 비해서 상대적으로 주목을 덜 받는 질병이 행복에 미치는 영향을 분석한 연구를 빼 놓을 수 없다. 덴마크 코펜하겐에 있는 레오혁신랩과 행복연구소(LEO Innovation Lab and The Happiness Research Institute, LEO IL and HRI)가 2017년에 184개국에서 건선(psoriasis)을 앓고 있는 총 121,800명을 대상으로[75] 건선이 행복에 미치

74 물론, 더 행복한 사람이 그렇지 못한 사람보다 정신 질환의 정도가 덜 하는 양방향 영향 관계가 불가능 한 것은 아니지만, 중요한 것은 정신 질환과 행복은 하나의 짝으로 묶여져 있다는 것이다(Ortiz-Ospina and Roser, 2017).

75 LEO IL and HRI는 자가 진단을 기준으로 건선을 앓고 있다고 한 각 국의 15세 이상 남녀를

는 영향을 조사하여 발표한 세계건선행복보고서(World Psoriasis Happiness Report, WPHR)가 그것이다(LEO IL and HRI, 2017).[76] LEO IL and HRI의 분석 결과, 〈그림 3-24〉에서 보는 바와 같이, 건선으로 인한 스트레스는 행복에 부정적인 영향을 미치는 것으로 밝혀졌다. 다시 말해, 건선 스트레스와 행복 간 개인 비교를 보여주는 왼쪽 그래프에서 보는 바와 같이, 전체 10,133명의 건선을 앓고 있는 사람들 중 약 54%가 긴장되거나 스트레스를 받는다고 응답했으며, 스트레스 지수가 0으로 가장 낮은 사람의 행복도와 스트레스 지수가 40으로 가장 높은 사람 간 행복도의 차이는 5.4점으로 나타났다(LEO IL and HRI, 2017: 33). 그리고 오른쪽 그래프에서 보는 바와 같이, 행복에 대한 건선 스트레스의 부정적 영향은 국가 간 비교에서도 성립하였다(LEO IL and HRI,

〈그림 3-24〉 스트레스와 행복[77]

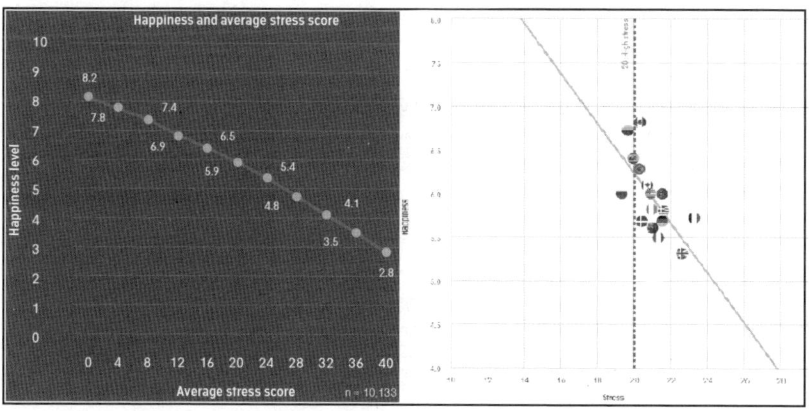

출처: 좌(LEO IL and HRI, 2017: 33), 우(LEO IL and HRI, 2017: 74)

대상으로 PsoHappy라는 모바일 앱과 인터넷을 통해 조사하였다(LEO IL and HRI, 2017: 16). 최초 조사는 184개국에 걸쳐 실시했지만 표집 절차 후 분석에 포함된 국가는 174개국이었고, 구체적인 통계 분석에 포함된 국가는 호주, 브라질, 캐나다, 중국, 콜롬비아, 덴마크, 프랑스, 독일, 그리스, 아일랜드, 이탈리아, 일본, 멕시코, 노르웨이, 포르투갈, 러시아 연방, 스페인, 영국, 미국으로 19개국이었다(LEO IL and HRI, 2017: 17).

76 심장, 간, 폐 등 신체 주요 기관에 문제가 있는 경우와 우울증과 같은 정신 질환과 같이 행복에 부정적인 영향을 미친다는 것이 명백한 사례 보다는 건선과 같이 생명 위협이나 정신 질환으로 이어지기 어려운 건강 문제가 행복에 어떤 영향을 미치는지를 고찰하는 것이 행복에 대한 건강의 영향을 보다 잘 보여줄 수 있어 건선을 사례로 선정했다.

2017: 73).

건선을 앓고 있는 사람들의 행복의 국가 간 비교 결과, 6.8점을 기록한 멕시코가 1위를 차지했고, 4.28점으로 조사 국가 중 최하위(19위)를 기록한 국가는 중국이었다(LEO IL and HRI, 2017: 59). 이처럼 건선을 앓고 있는 사람들의 행복은 국가 간에 차이가 있었지만, 모든 국가에서 건선을 앓고 있는 사람이 그렇지 않은 일반 국민 보다 전반적으로 덜 행복하다는 점에서는 국가 간에 차이가 없었다(LEO IL and HRI, 2017: 59). 보다 구체적으로, 〈그림 3-25〉에서 보는 바와 같이, 중증 건선을 앓고 있는 사람들은 동일한 국가에 거주하는 보통 사람들 보다 최소 7.31%(포르투갈)부터 최대 37.95%(독일 혹은 호주)[78]만큼 덜 행복한 것으로 나타났다.

이처럼 건선을 앓고 있는 사람들과 그렇지 않은 사람들 간 행복의 차이는 〈표 3-5〉에서 보는 바와 같이 각 국가의 중증 건선을 앓고 있는 사람과 동일

〈그림 3-25〉 중증 건선을 앓고 있는 사람과 일반 국민의 행복 차이[79]

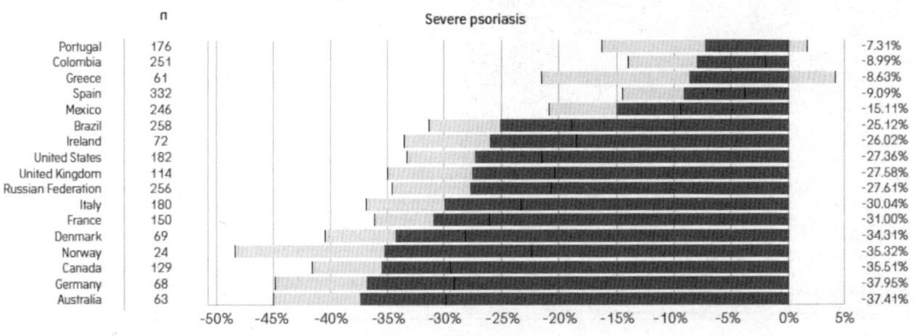

출처: (LEO IL and HRI, 2017: 61)

---

77 스트레스 지수는 최소 0점부터 최대 40점까지 분포하며, 20점 이상이면 스트레스 수준이 높다고 판정했다(Cohen and Janicki-Deverts, 2012).

78 필자가 최대값을 기록한 국가를 특정하지 않은 이유는, 막대그래프 오른쪽에 제시된 각 국 수치에서 독일이 -37.95%를, 호주가 -37.41%를 기록했지만, 막대그래프를 비교해 보면 두 국가의 수치 표기에 오류가 있는 것으로 보였기 때문이다.

79 24명으로 사례수가 가장 적은 노르웨이의 경우, 건선을 앓고 있는 사람의 총 수는 각각 중간 수준과 미약한 수준이라고 응답한 89명과 54명을 더한 167명이었으며, 그 외 모든 국가는 그보다 훨씬 많았다(LEO IL and HRI, 2017: 61).

한 수준으로 행복하다고 응답한 일반 국민을 비교해 보면 더욱 명확하게 드러난다. 다시 말해, 중증 건선을 앓고 있는 사람들 중 5.85점으로 가장 행복한 콜롬비아에 사는 중증 건선을 앓는 사람의 행복 수준은 라트비아의 일반 국민이 누리는 행복 수준과 같다는 것이다. 특히, 2017년 세계행복 순위 1위를 기록한 노르웨이의 경우(Helliwell, Huang and Wang, 2017: 20), 해당 국가에 살고 있지만 중증 건선을 앓으면 남아프리카공화국에 사는 일반 국민과 크게 다르지 않은 행복감을 느낀다는 결과를 보면, 건선이 행복 감소에 얼마나 큰 영향을 미치는지 잘 알 수 있다.

〈표 3-5〉 중증 건선을 앓고 있는 사람의 행복 수준의 국가 간 비교[80]

중증 건선을 앓고 있는 국민의 행복(2017년 WPHR)			일반 국민의 행복 (2017년 WHR)		
국가	순위	점수	국가	순위	점수
콜롬비아	1	5.85	라트비아	54	5.850
스페인	2	5.82	투르크메니스탄	59	5.822
멕시코	3	5.58	벨라루스	67	5.569
아일랜드	4	5.16	소말리아	93	5.151
미국	5	5.08	나이지리아/베트남	94	5.074
브라질	6	4.97	네팔	99	4.962
덴마크	7	4.94	몽골	100	4.955
노르웨이	8	4.88	남아프리카공화국	101	4.829
영국	9	4.86			
포르투갈	10	4.82			
그리스	11	4.78	팔레스타인 영토	103	4.775
캐나다	12	4.72	불가리아	105	4.714
호주	13	4.56	케냐	112	4.553
독일	14	4.45	에티오피아	119	4.460
			스리랑카	120	4.440
러시아연방	15	4.38	아르메니아	121	4.376
•[81]	16	4.32	인도	122	4.315
이탈리아	17	4.17	캄보디아	129	4.168

출처: (LEO II and HRI, 2017: 60 재구성; Helliwell, Huang and Wang, 2017: 20-22)

---

80 2017년 WHR의 행복은 2014년부터 2016년의 행복을 종합한 수치(Helliwell, Huang and Wang, 2017: 20-22)라는 점에 주의할 필요가 있다. 그리고 WPHR에 제시된 각 국의 행복도와 동일한 값이 WHR에 없을 때에는 WPHR을 기준으로 가장 근사한 경우를 비교 대상국으로 제시했다.

81 해당 국가명은 원문의 그림(LEO II and HRI, 2017: 60)에 'Federation'이라고만 표기되어 있어 유효한 국가명이 아니었다. 분석에 포함된 19개국 전체와 확실하게 표기된 국가들을

2) 한국의 건강과 행복

건강이 행복에 유의미한 영향을 미치는 것은 우리나라도 예외가 아니다. 예를 들면, 2017년 6월 16일부터 20일까지 전국의 17개 시 · 도에 거주하는 15세부터 69세 남녀 1,000명을 대상으로 이메일을 통해 실시한 설문조사 결과를 요약한 〈그림 3-26〉에서 보는 바와 같이, 우리나라 사람들은 행복에 영향을 미치는 여러 가지 요소 중에 건강을 가장 중요하게 생각했다. 다시 말해, 행복한 삶을 위해 건강이 가장 중요하다고 응답한 비율은 47.8%였고, 소득(38.3%), 가족이나 대인관계(8.3%), 여가 및 문화생활(3.8%), 안전한 생활(1.5%), 기타(0.3%)순으로 그 뒤를 이었다(관계부처합동, 2018c: 13).

구체적으로, 먼저 전국의 성인 남녀 1,599명을 대상으로 한 KGSS 2009년 자료를 분석한 결과, 스트레스의 강도가 높을수록 행복감이 감소하는 것을 밝혀낸 연구를 예로 들 수 있겠다(Jung, 2014).[82] 행복에 대한 스트레스의 부정적 영향력은 남성(b=-.259, P<.001)과 여성(b=-.388, P<.001) 모두에게 통

〈그림 3-26〉 한국의 행복한 삶의 요건

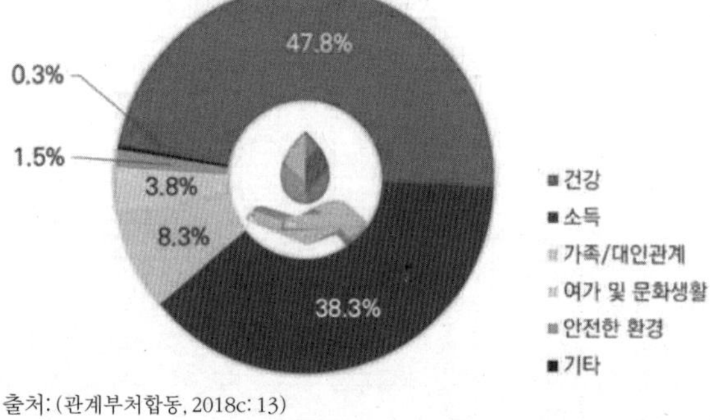

출처: (관계부처합동, 2018c: 13)

모두 대조해 보면 프랑스와 일본이 빠져 있어 아마도 둘 중 한 국가임을 추정할 수 있었지만, 확실하게 단정할 수는 없어 필자의 표 구성에서는 결측 값으로 처리했다.

82 스트레스 지수는 재정적 스트레스, 직업적 스트레스, 가정 스트레스와 같이 세 가지 요소를 측정하여 도출(Cronbach's α=.702)했으며, 행복은 삶 전체적으로 얼마나 행복한지를 5점 척도로 측정하였다(Jung, 2014: 1131-1132).

계적으로 유의하였다(Jung, 2014: 1136). 그런데 여성의 경우, 종교 행사에 많이 참여할수록 행복에 대한 스트레스의 부정적 영향력이 감소한 반면, 남성의 행복과 스트레스의 관계에는 종교가 아무런 영향을 미치지 못하는 것으로 나타났다(Jung, 2014: 1139).

보다 최근의 사례로, 2014년에 한국보건사회연구원이 전국의 만 19세 이상부터 만 75세 이하 남녀 3,648명의 행복을 10점 만점의 캔트릴 사다리로 측정한 연구에 따르면, 우울증이 강할수록 행복감이 줄어드는 것으로 밝혀졌다(김미곤 외, 2014: 173). 그리고 같은 자료에서 자신의 건강 상태에 대해 만족하지 않는 사람들의 경우, 행복하다고 응답한 비율은 20.1%인 반면, 행복하지 않다고 응답한 비율은 33.2%였다(보건복지데이터포털, 2018c). 반대로, 자신의 건강 상태에 만족하는 사람들의 경우, 행복하다고 응답한 비율이 59.7%인 반면, 행복하지 않다고 응답한 비율은 5.8%에 그쳤다(보건복지데이터포털, 2018c).

5. 가족과 행복

행복에 유의미한 영향을 미치는 요소로 일곱 가지를 꼽은 래이어드는 그 중에서 가족 관계가 가장 중요하다고 하였다(Layard, 2005).[83] 래이어드와 비슷하게 해이브론도 행복에 있어 가족의 중요성을 사회적 관계와 연결시키며 다음과 같이 밝히고 있다.

> "인간의 행복에 관계(relationships)가 중요하다고 말하는 것은 마치 물고기에게 물이 중요하다고 말하는 것과 같다. 행복에 중요한 모든 것들 중에 아마도 우리가 가장 바

83 래이어드가 중요하게 여긴 일곱 가지는 가족 관계, 건강, 재정, 일, 커뮤니티와 친구, 개인의 자유, 개인의 가치였다(Layard, 2005).

르게 해야 하는 것은 가족, 친구, 지역사회와 같은 관계이다"(Haybron, 2013: 68, 괄호 안 원문).

이처럼 관계를 통한 사회적 지지의 일종인 가족의 지지가 일반적으로, 신체 및 정신적 건강에 긍정적인 영향을 미침으로써 행복감도 증진시킨다는 데에는 이견이 없다(Clark et al., 2018; Helliwell, Huang, and Wang, 2017; Reeves, 2009).

1) 세계의 가족과 행복

행복에 대한 가족의 긍정적인 효과는 대규모 국가 간 장기 비교 연구를 통해서 증명되었다. 다시 말해, 1981년부터 2014년까지의 WVS 자료를 활용하여 97개국에 거주하는 16세부터 99세까지의 성인 324,320명을 분석한 결과, 가족이 행복에 긍정적인 영향을 미치는 것으로 나타났다(Ngamaba and Soni, 2017).[84] 이처럼 가족과 행복 간 정적 상관관계는 행복을 4점 만점 척도로 측정했을 경우(r=.048, p=.000)뿐만 아니라, 10점 만점 척도로 측정했을 경우(r=.024, p=.000)에도 동일하게 유지되는 것으로 밝혀졌다(Ngamaba and Soni, 2017: 10).

그런데 행복에 대한 가족의 효과를 보다 구체적으로 살펴보면, 세대 간 관계와 부부 간 관계가 행복에 미치는 영향과 같이 두 가지로 구분해서 논의할 수도 있다. 먼저, 연합적 연대, 애정적 연대, 구조적 연대, 기능적 연대, 규범적 연대, 동의적 연대와 같이 6가지로 구분되는 세대 간 연대의 경우, 이론적으로는 세대 간 관계를 긍정적인 시각에서 평가하지만, 실제 행복에는 가족 구성원 간 상황에 따라 긍정적인 영향을 미칠 수도 있고 혹은 부정적인 영향을 미칠 수도 있다(Giarrusso et al., 2005; Berkman and Glass, 2000; Parrott

84 가족 변수는 자신의 삶에서 가족이 얼마나 중요하다고 느끼는지를 4점 만점 척도로 측정하였다(Ngamaba and Soni, 2017: 7).

and Bengtson, 1999; Bengtson and Roberts, 1991). 반면, 세대 간 관계의 부정적 측면에 해당하는 세대 간 갈등의 발생이 전반적으로 행복에 부정적인 영향을 미친다는 데에는 이견이 없다. 그러나 세대 간 양면성(intergenerational ambivalence)이 행복에 어떤 영향을 미치는지에 대해서는 아직 학계에 관련 연구결과가 보고되지 않아 현재로선 의미 있는 결론을 도출 할 수 없는 상황이다(Luscher, 2005, 2004, 2000; Luscher and Pillemer, 1998).

이와 같은 행복에 대한 세대 간 관계의 효과를 러셀은 자녀와 부모 각각의 입장에서 설명하고 있다(Russell, 2013[1930]). 즉, 자녀의 경우, 친구나 애인은 자신을 좋아했던 장점을 잃게 되면 자신을 떠날 수도 있는 존재인 반면, 가족 구성원인 부모는 자신에게 무조건적인 애착을 갖고 있고, 자신이 실패를 하더라도 떠나지 않고 곁에서 위안을 주는 존재라는 것이다. 부모의 경우, 자신의 모습을 닮은 자녀를 보면서 자신의 삶이 연장된 느낌을 받을 뿐만 아니라, 아직 독립적이지 못한 자녀의 부족한 부분을 자신이 채워주면서 부모로서의 권력욕도 채울 수 있게 해준다는 것이다.

둘째, 가족으로서 부부 간 안정적인 관계도 행복에 긍정적인 영향을 미치는 것으로 알려져 있다(Dolan, Peasgood, and White, 2008). 그러나 부부 혹은 가족 관계에서의 역할 요소가 개입되면서부터 그것을 둘러싸고 발생하는 긍정적 혹은 부정적 상호작용으로 인해 가족이 행복에 긍정적 혹은 부정적인 영향을 미칠 수도 있게 된다(South and Spitze, 1994; Greenstein, 1996). 그 중에서도 일과 생활의 균형을 어떻게 맞추느냐가 가족과 행복 간 관계에서 특히 중요한 요소인 것으로 밝혀졌다(OECD, 2015a; Voydanoff, 2004; Coltrane, 2000).

그 이유는 크게 두 가지로 나눠서 살펴볼 수 있다. 첫째, 주로 일과 생활의 균형이 이뤄지는 형태에 따라 힘든 일을 하는 시간과 개인의 여유 시간이 결정되기 때문이다(Jacobs and Gerson, 2001; Schor, 1992).[85] 둘째, 배우자 간

85 이에 대한 고전적인 설명으로는 개리 베커(Gary Becker)의 시간 할당 이론을 들 수 있겠다. 베커에 따르면(Becker, 1965), 임금을 받는 일, 집안 일, 육아 등은 휴식을 취하거나, 소비를

행복의 확산효과(spillover effect) 때문이다. 일반적으로, 인간은 남을 도와주면서 자기 확신과 함께 올바른 일을 하고 있다는 확신을 갖게 되면서 행복감을 느끼기 마련인데(Meier and Stutzer, 2008) 특히, 부부 간 행복의 경우 남편의 행복은 부인에게, 부인의 행복은 남편에게 확산되는 효과가 있기 때문에(Powdthavee, 2009b) 일과 생활의 균형이 행복에 미치는 영향력을 더욱더 무시할 수 없는 것이다.

이와 관련하여 OECD 국가에 거주하는 부부의 육아 휴직 편차의 고찰을 통해 일과 생활의 균형을 둘러싼 부부의 행복을 어느 정도 유추해 볼 수 있다. 예를 들면, 2012년 기준, OECD 30개 회원국에 거주하는 부부의 육아휴직 분담에 관한 태도를 조사한 자료에 따르면,[86] 대부분 남편과 모두 남편이 해야 한다고 응답한 비율은 최소 0%에서 최대 5%(멕시코)에 불과한 반면, 대부분 아내와 모두 아내가 해야 한다고 응답한 비율은 최소 26%(스웨덴)에서 최대 88%(불가리아)였으며, 부부가 균등하게 분담을 해야 한다고 응답한 비율은 최소 7%(불가리아)에서 최대 61%(스웨덴)로 밝혀졌다(OECD, 2016c: annex). 이러한 태도는 실제 부부의 육아 휴직 분담에 그대로 반영되고 있었다. 즉, 2013년 기준, OECD 국가에 거주하는 남편의 육아 휴직 비율이 아이슬란드 45.6%, 스웨덴 45%, 포르투갈 43%, 노르웨이 40.8%, 룩셈부르크 25.7% 벨기에 25.7%, 독일 24.9%, 덴마크 24.1%, 핀란드 18.7%, 캐나다 13.6%, 이탈리아 11.8% 등으로 나타난 것이다(허민숙, 2018: 3 재인용).[87] 비

하거나, 여가를 즐길 수 있는 시간을 줄이게 된다.

86 육아휴직 분담 태도는 "부부가 모두 전일제로 근무하고 있는데 아이가 태어났다고 생각해 보세요. 그리고 부부는 모두 직장 상황이 비슷하고 유급 육아휴직을 사용할 수 있습니다. 유급 육아휴직 기간을 남편과 아내가 어떻게 분배해야 할까요?"와 같은 질문에 대한 응답으로 측정하였다(OECD, 2016c: 7).

87 남편의 육아 휴직 기간은 남편의 육아 휴직 비율에 유의미한 영향을 미치지 못하는 반면, 남편의 육아 휴직 기간 동안의 소득 대체율은 유의미한 영향을 미치는 것으로 나타났다. 다시 말해, 남편의 육아 휴직 참여 비율과 소득 대체율 간에는 상관관계가 높은(r=.615, p=.01) 반면, 남편의 육아 휴직 기간과는 통계적으로 유의미한 결과가 도출되지 않았다(허민숙, 2018: 3 재인용).

록, 남편의 육아 휴직이 부부의 행복에 미치는 영향에 대한 구체적인 통계 결과는 아직 없지만, 일과 생활의 균형이 행복에 유의미한 영향을 미친다는 점(OECD, 2015a; Voydanoff, 2004; Coltrane, 2000)과 직장을 다니면서 자녀를 양육하는 아내는 남편보다 시간 활용에 더 많은 제약이 있어 대개 행복감이 남편보다 낮은 편이다(Nomaguchi, Milkie, and Bianchi, 2005)는 점에 비춰본다면, 육아 휴직을 사용하는 남편의 비율이 높은 국가일수록 부부의 행복도 높을 가능성이 클 것으로 미루어 짐작해 볼 수 있겠다.

2) 한국의 가족과 행복

한국의 경우, 가족의 구성원에 따라 행복감이 다른 것으로 보고되고 있다. 예를 들면, 〈그림 3-27〉에서 보는 바와 같이, 노인, 장애인, 만성질환자, 실업자, 금융 채무 불이행자, 한부모 가구에 따라 행복감에 차이가 있는 것으로 밝혀졌다(보건복지데이터포털, 2018a, 2018b).[88] 즉, 노인이 없는 경우(6.35점)가 있는 경우(5.65점)보다, 장애인이 없는 경우(6.29점)가 있는 경우(5.37점)보다, 만성질환자가 없는 경우(6.37점)가 있는 경우(5.52점)보다, 실업자가 없는 경우(6.31점)가 있는 경우(5.43점)보다, 금융 채무 불이행자가 없는 경우(6.23점)가 있는 경우(4.53점)보다 행복했으며, 단독가구(5.67점)나 한부모가구(5.58점)보다 일반가구(6.30점)가 더 행복한 것으로 나타났다.

한편, 행복에 대한 일과 생활의 균형 효과와 관련해서는 한국의 가사 노동 분업이 지나치게 아내에게 편중되어 있는 특징에 주목할 필요가 있다. 이는 세 가지 차원에서 살펴볼 수 있다. 먼저, 가사 노동과 일에 대한 남녀의 인식 차이의 경우, 2017년 기준 19세 이상 남녀를 대상으로 한 통계청 조사에 따르

88 이 자료는 2014년에 한국보건사회연구원이 전국의 만 19세 이상부터 만 75세 이하 남녀 3,648명을 대상으로 행복을 10점 만점의 캔트릴 사다리로 측정한 결과(김미곤 외, 2014: 171)를 기반으로 보건복지데이터포털이 가구 단위별로 각 항목을 도식화한 것이다(보건복지데이터포털, 2018a, 2018b). 가족과 가구의 개념은 다르기 때문에 해당 수치의 해석에 주의가 필요하다.

〈그림 3-27〉 한국의 가족 구성원에 따른 행복의 차이

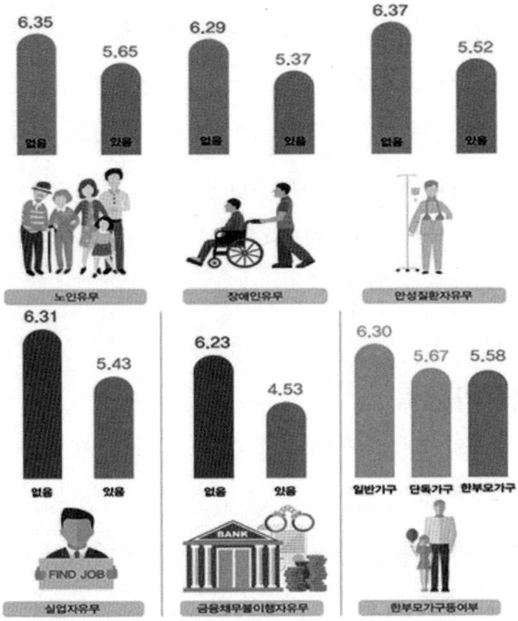

출처: (보건복지데이터포털, 2018a, 2018b)

면, 일을 우선시 하는 남성의 비율은 49.9%인 반면, 여성의 비율은 33.7%였으며, 가사 노동과 일 둘 다 비슷하게 중요하다고 응답한 남성의 비율은 39%였던 반면, 여성의 비율은 48.4%로 나타났다(통계청, 2017g: 28).

이와 같은 인식 차이는 두 번째, 남편과 아내 사이의 실제 가사 노동 분담에 그대로 반영되고 있다. 예를 들면, 부부가 함께 살고 있는 가구에서 19세 이상 남편과 아내의 노동 분담 실태를 조사한 결과, 2016년 기준, 78.9%의 남편과 79.6%의 아내가 가사를 아내가 주도한다고 응답하였다(나라지표, 2017b). 반면, 같은 해에 남편이 가사를 주도한다고 응답한 경우는 남편은 3.3%, 아내는 2.7%에 그쳤다(나라지표, 2017b).

세 번째, 맞벌이와 육아휴직 현황을 통해서도 알 수 있다. 예를 들면, 2005년부터 2016년까지 한국의 맞벌이와 육아휴직 현황을 요약한 〈표 3-6〉에서 보는 바와 같이, 2013년에 맞벌이 가구가 다소 감소했지만, 전체적으로 계

속 늘어나고 있는 추세임을 알 수 있다. 그럼에도 불구하고 육아휴직의 절대 다수가 남편이 아닌 아내에게 편중되고 있다. 비록, 남편의 육아휴직 비율이 2005년 1.9%에서 2016년 8.5%까지 증가하기는 했지만, 여전히 아내의 육아휴직 비율이 90%를 초과하고 있다. 이와 같은 결과는 곧, 열 가구 중 아홉 가구의 아내가 육아를 도맡아 한다는 것을 의미한다.[89]

〈표 3-6〉 한국의 맞벌이 및 육아휴직 현황[90]

	년도	2005	2006	2007	2008	2009	2010
육아휴직	전체	10,700	13,670	21,185	29,145	35,400	41,733
	남성 수 (%)	208 (1.9)	230 (1.7)	310 (1.5)	355 (1.2)	502 (1.4)	819 (2)
	여성 수 (%)	10,492 (98.1)	13,440 (98.3)	20,875 (98.5)	28,790 (98.8)	34,898 (98.6)	40,914 (98)
	년도	2011	2012	2013	2014	2015	2016
	전체	58,137	64,069	69,616	76,833	87,339	89,795
	남성 수 (%)	1,402 (2.4)	1,790 (2.8)	2,293 (3.3)	3,421 (4.5)	4,872 (5.6)	7,616 (8.5)
	여성 수 (%)	56,735 (97.6)	62,279 (97.2)	67,323 (96.7)	73,412 (95.5)	82,467 (94.4)	82,179 (91.5)
맞벌이	년도	2011	2012	2013	2014	2015	2016
	가구 수 (%)	5,071 (43.6)	5,097 (43.5)	5,055 (42.9)	5,186 (43.9)	5,206 (43.9)	5,531 (44.9)

출처: (통계청, 2017g: 23; 나라지표, 2017a)

한국에도 이처럼 아내에게 편중된 가사 노동이 부부의 행복에 미치는 영향에 관한 구체적인 통계 결과는 아직 없지만, 일과 생활의 균형이 행복에 유

89 이와 같은 한국의 상황은 여성의 교육 수준이 향상되고, 노동 시장 참여가 증가하며, 전통적인 남녀 성역할에 대한 인식이 변화함에 따라 더 이상 집안일을 오롯이 여성의 책임으로 간주하는 시각에도 변화가 없는 것은 아니지만, 적어도 육아와 관련해서는 여전히 여성의 역할이 더 중요하다고 여겨지고 있기 때문에 부부 사이에 아이가 태어나게 되면 일반적으로 남성 보다는 여성이 직장에서 보내는 시간이 감소하는 경향이 지배적이다(Van der Lippe and Siegers, 1994; Coltrane, 2000)고 하는 선행연구와도 같은 결과이다. 그리고 베커의 설명처럼, 여성 보다 남성의 임금이 더 많은 비교우위적 상황(Becker, 1981)과 대개 여성의 시간 조정이 가능할 때 남성들이 자신의 시간 사용 패턴을 변경하면서 적응하려고 하지 않는다는 점(Noonan, Estes, and Glass, 2007)에 비춰본다면, 이와 같은 한국의 상황이 쉽게 변화하지 않을 것임을 미루어 짐작해 볼 수 있겠다.

90 맞벌이 가구 수와 비율은 전체 가구를 유배우자 가구로 했을 때이다(나라지표, 2017).

의미한 효과를 미친다는 점(OECD, 2015a; Voydanoff, 2004; Coltrane, 2000)과 직장 노동과 자녀 양육을 병행하는 아내가 남편보다 행복감이 낮은 편(Nomaguchi, Milkie, and Bianchi, 2005)이라는 점에 비춰본다면, 한국의 아내가 남편 보다 불행할 가능성이 더 클 것으로 생각된다. 더욱이 한국 사회의 가부장적 질서가 여전히 공고하다(손승영, 2011; 조정문, 장상희, 2007)는 점을 고려하면, 아내가 남편보다 불행할 것이라는 유추의 설득력은 더욱 커진다. 에드워드 루빈(Edward Rubin)이 중세 초기에는 결혼하여 자녀를 갖는 것이 개인의 명예와 가문의 연속성을 유지하는 것으로 여겨졌다가 중세 중반부터 근대 초기에는 개인의 명예와 가문의 연속성 유지에 더하여 신의 기대에 부응하는 것으로 변화했으며, 현대에는 자기만족으로 여겨지고 있어서 과거와 달리, 현대의 자녀 양육은 직장을 갖는 등 자아실현을 위한 여러 가지 활동과 함께 균형을 잡아야 하는 일이 되거나 자아실현을 위해 포기해야 하는 것으로 여겨진다(Rubin, 2015: 190-191)고 한 점을 고려해 보면, 가부장적 질서가 공고한 한국 사회에서 직장을 통한 자아실현과 육아를 병행하는 아내가 받는 스트레스의 크기는 결코 남편의 그것보다 작지 않을 것이다.

6. 일과 행복

1) 일의 개념

마르크스는 인간을 유적 존재라고 했다(Marx, 2007[1927]). 삶에 있어 노동의 중요성을 강조한 그의 단적인 표현은 다양하게 재해석되었고, 학자들마다 노동, 일 등에 관해 그 개념을 다르게 적용해 왔다. 예를 들면, 한나 아렌트(Hannah Arendt)에게 일은 활동적 삶(vita activa)과 관련이 깊다(Arendt, 1998).[91] 그녀는

91 서구에서 실천을 강조하는 활동적 삶(vita activa)에 대한 정신을 강조하는 관조적 삶(vita contemplativa)의 우월성은 대체로 플라톤 이래로 지속되어 왔는데, 아렌트는 인간의 삶에

활동적 삶을 다시 노동(labour), 일(work), 행위(action)와 같이 세 가지로 구분했다. 노동은 유사 이래 인간이 생존을 위해 수행한 자연적 활동을 의미하고, 일은 창조를 통해 인간의 가치를 실현하는 활동을 의미한다. 행위는 복수의 사람들과의 상호작용을 전제로 자신의 능력을 공동체 안에서 실현하는 활동으로 정치성을 띠고 있다.

로버트 벨라(Robert Bellah)와 동료들의 경우, 일(work)에 대한 노동자들의 인식을 세 가지로 구별했다(Bellah et al., 2007). 첫째, 일을 직업(job)으로 볼 경우, 주로 금전적 보상에 집중하게 되고, 일을 통해 생리적 욕구, 안전 욕구와 같이 1차원적 욕구 충족을 목적으로 한다. 둘째, 일을 경력(career)으로 볼 경우, 1차원적 욕구 충족이 중요하지 않은 것은 아니지만, 일을 통해 개인의 성취와 승진에 보다 집중하게 된다. 셋째, 일을 소명(calling)으로 볼 경우, 1차원적 욕구 충족과 개인적 성취가 중요하지 않은 것은 아니지만, 그보다 더 큰 가치 즉, 공동체 혹은 사회에 기여하는 데 보다 집중하게 된다.

2) 고용과 행복

일에 대한 해석이 다양한 것과 달리, 실제 노동자들이 노동 시장에서 고용되거나 실업 상태에 빠지는 것을 구별하는 데에는 이견이 없다. 일반적으로, 고용은 사람들에게 자신이 필요한 존재임을 확인시켜주는 반면, 실업은 인간의 삶을 유지하는 기본 요소를 무너뜨려 행복에 부정적인 영향을 미친다는 데에도 관련 학계에 이견이 거의 존재하지 않는다(Clark et al., 2018; ONS, 2017b; Clark, 2016; O'Donnell et al., 2014).[92] 그리고 이는 수많은 경험적 연구들을 통해서도 증명되고 있다(De Neve and Ward, 2017; Kangas, 2013;

서 활동적 삶과 관조적 삶은 모두 중요하다며 활동적 삶의 평가 절하를 비판했다(Arendt, 1998).

92 이와 같은 현상을 전통적으로는 실업으로 인해 소득이 감소할 뿐만 아니라 기존 일상생활이 흐트러지고, 사회적 지위를 상실하며, 사회적 접촉의 기회도 박탈되기 때문인 것으로 설명하고 있다(Eisenberg and Lazarsfeld, 1938).

Kassenboehmer and Haisken-DeNew, 2009; Blanchflower and Oswald, 2004; Helliwell and Putnam, 2004; Frey and Stutzer, 2000a, 2000b; Winkelmann and Winkelmann, 1998).[93]

몇 가지 대표적인 대규모 연구를 예로 들면, 먼저, 1975년부터 1991년까지 ES 자료의 264,710명과 1972년부터 1994년 미국 사회조사(General Social Survey, GSS) 자료의 26,668명을 분석한 결과, 인플레이션과 실업률이 낮을 때에 그렇지 않을 때보다 행복한 것으로 나타났다(Di Tella, MacCulloch, and Oswald, 2001). 이와 비슷하게, 1981년부터 2007년까지의 WVS 자료를 활용하여 OECD의 21개 회원국을 대상으로 분석한 결과, 실업이 행복에 부정적인 영향을 미치는 것으로 밝혀졌다(Flavin, Pacek, and Radcliff, 2014). 그리고 2000년부터 2005년까지 WVS의 18개 OECD 회원국에 거주하는 약 30,000명을 카스틀레스의 복지국가 유형에 따라 구분하여 분석한 결과, 실업을 당한 사람이 직장을 가진 사람보다 불행할 가능성이 3.05배(99%) 높은 것으로 나타났다(Deeming and Hayes, 2012: 820).

이처럼 실업을 당한 사람이 그렇지 않은 사람 보다 덜 행복한 것은 유럽이나 OECD 국가들에서 뿐만 아니라, 전 세계적으로도 동일한 것으로 밝혀졌다. 이러한 결과는 대륙별(〈그림 3-28〉의 왼쪽 그래프)[94] 비교에서 뿐만 아니

93 보다 행복한 사람이 그렇지 않은 사람보다 더 잘 고용되고 실업을 겪을 가능성도 낮다는 실업과 행복 간 역 인과성(reverse causality) 관계를 보고하는 연구도 없지는 않다. 예를 들면, 미국의 전미 청소년 및 성인 건강 종단 연구(The National Longitudinal Study of Adolescent to Adult Health) 자료를 활용하여 청소년과 청장년(young adults)을 대상으로 추적 분석한 결과, 보다 행복한 사람일수록 이후에 고소득자가 되는데 이때, 보다 잘 고용되고 승진될 수 있는 변수가 매개 역할을 하는 것으로 나타났다(De Neve and Oswald, 2012).

94 푸른색 막대그래프는 현재 일을 하고 있는 사람을, 붉은색 막대그래프는 실업자를 나타낸다. 세로축은 갤럽의 캔트릴 사다리를 이용하여 측정했으며, 가로축은 서유럽 지역(W Europe), 중앙 및 동유럽 지역(C+E Europe), 독립국가연합 지역(CIS), 동남아시아 지역(SE Asia), 남아시아 지역(S Asia), 동아시아 지역(E Asia), 라틴아메리카와 카리브해 지역(LA+Carib), 북아메리카와 호주 및 뉴질랜드 지역(NA+ANZ), 중동과 북아프리카 지역(MENA), 사하라 사막 이남 아프리카 지역(SSA)을 나타낸다(De Neve and Ward, 2017: 151).

〈그림 3-28〉 세계의 고용과 행복

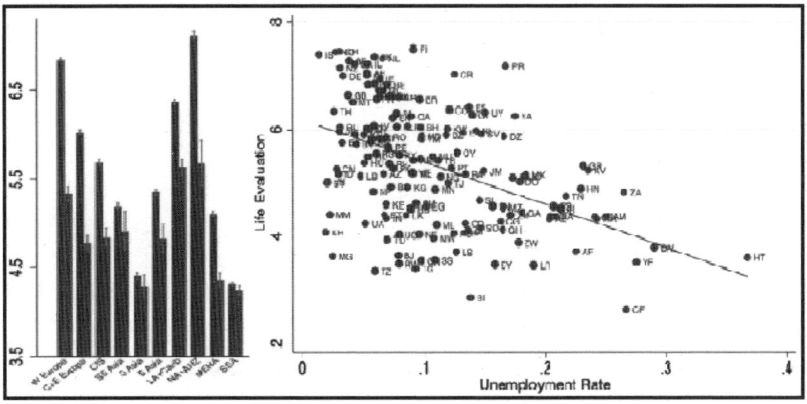

출처: 좌(De Neve and Ward, 2017: 151), 우(De Neve and Ward, 2017: 155)

라, 국가별(〈그림 3-28〉의 오른쪽 그래프)[95] 비교에서도 모두 동일하게 나타났다. 또한, 국가 규모가 큰 경우 하위 구성체들에서도 동일한 경향이 유지되었는데, 대표적으로 미국의 경우 모든 주 별 실업과 행복 간 관계에서도 부적 상관관계에 변화가 없었다(De Neve and Ward, 2017).

이와 같은 행복에 대한 실업의 부정적 충격은 배우자의 사망에 따른 상실감과 비슷할 정도로 막강하다고 하는데(Clark and Oswald, 1994), 이는 크게 세 가지로 구분해서 논의해 볼 수 있다.[96] 첫 번째는 적응 메커니즘의 오작동과 관련된 것이다. 다시 말해, 다른 사건과 달리 실업으로 인한 초기 충격이 행복에 부정적 작용을 하는 데에는 시간이 지나도 잘 적응하지 못한다는 것

95 21세부터 60세를 대상으로 한 GWP 자료를 분석한 결과이다(De Neve and Ward, 2017: 173).

96 이 외에도 다양한 연구 결과가 존재한다. 예를 들면, 원하지 않게 직장을 그만 두게 된 여성의 전반적인 건강 수준을 낮추고 만성 질환의 위험을 높인다는 유럽 건강과 고령화 및 은퇴 조사(Survey of Health, Ageing and Retirement in Europe, SHARE)를 기반으로 한 유럽 국가들의 사례 연구(Schröder, 2013), 실업으로 인한 사망 위험이 20%를 초과한다는 미국의 사례 연구(Sullivan and von Wachter, 2009)와 더불어 실업률이 높을 때에는 직업을 구하기 어렵기 때문에 본인이 원하는 직종이 아니더라도 종사할 확률이 높고, 실업을 당한 주변 사람들에 대한 미안함 때문에 행복감이 낮아진다는 것이다(De Neve and Ward, 2017: 173).

〈그림 3-29〉 실업의 충격에 대한 적응[97]

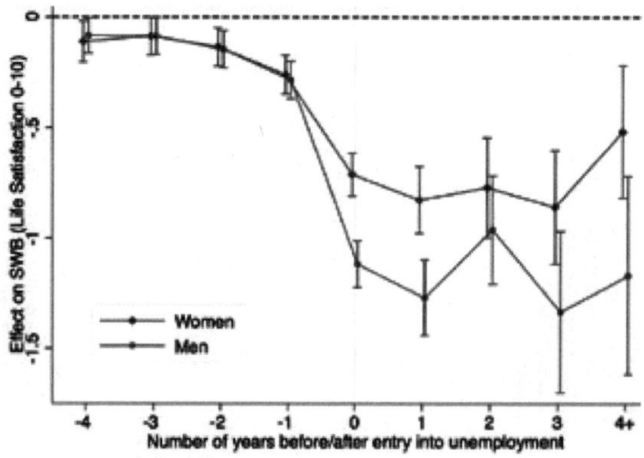

출처: (De Neve and Ward, 2017: 153)

이다(O'Donnell et al., 2014; Clark and Georgellis, 2013; Clark et al., 2008). 예를 들면, 〈그림 3-29〉에서 보는 바와 같이, 실업으로 인한 초기 충격 발생 후에 시간이 경과해도 행복감은 계속해서 회복되지 못하고 있음을 알 수 있다. 그리고 이러한 경향은 남녀 모두에게 동일하게 발생했지만, 여성보다는 남성에게 좀 더 강하게 나타났다(De Neve and Ward, 2017).

두 번째는 실업의 흉터 효과(scarring effect)와 관련된 것이다. 다시 말해, 실업을 당한 사람은 재고용이 되더라도 이미 겪은 실업으로 인한 불행의 경험이 완전히 사라지지 않고 상처로 남아 있게 된다는 것이다(De Neve and Ward, 2017). 예를 들면, GSEP 자료에서 서독 지역에 거주하면서 1984년 기준 25세부터 55세였던 16,959명의 남성과 20,563명의 여성을 대상으로 1984년부터 1994년까지의 실업과 행복 간 관계를 연구한 결과 실업을 겪었던 이들에게 실업의 흉터 효과가 발견되었다(Clark, Georgellis, and Sanfey, 2001). 이들의 연구와 동일한 자료로 동일한 연구 대상자 추출 조건을 적용하되 그 기간을 1984년부터 2005년까지 늘린 연구(Knabe and Ratzel, 2011)에

97 이 그래프는 GSEP 자료를 분석한 것으로 가로축의 0이 실업이 발생한 시점이다(De Neve and Ward, 2017: 172).

서도 실업의 흉터 효과가 발견되었고, 재고용이 된 후에도 흉터 효과는 지속되었으며, 이때 실업의 흉터 효과는 미래 실업에 대한 두려움을 유발하고 이러한 두려움이 실업을 겪은 이들을 불행하게 하는 것으로 밝혀졌다.

첫 번째와 두 번째가 실업을 당한 당사자에 관한 것이었다면 세 번째는 주변인과 관련된 것으로 실업의 부정적 여파 효과(spillover effect)와 관련된 것이다. 다시 말해, 실업은 실업을 당한 당사자뿐만 아니라 주변의 그렇지 않은 사람들에게 노동 시장의 불안정성을 직접 느끼게끔 함으로써 지금 실업을 당하지 않았더라도 다음에 자신의 차례가 기다리고 있다고 느끼는 등 미래 잠재 실업 대상자로서 그들의 행복감에 부정적인 영향을 미친다는 것이다(Easterlin, Wang, and Wang, 2017; Di Tella, MacCulloch, and Oswald, 2001). 예를 들면, 1984년부터 2004년까지의 GSEP 자료에서 조사 시점을 기준으로 전일제 혹은 부분제 종사자 중 18세부터 65세까지의 19,022명, 1976년부터 2002년까지 GSS 자료에서 조사 시점을 기준으로 전일제 혹은 부분제 종사자 중 17,534명(공공 영역 종사자 1,342명, 사적 영역 종사자 16,192명), 1989년부터 1994년까지의 ES 자료에서 13개 유럽 국가들의 노동자 50,262명(공공 영역 종사자 20,787명, 사적 영역 종사자 29,475명)을 분석한 연구에서도 실업률이 올라가면 현재 고용 상태에 있는 사람들의 행복감이 줄어드는 것을 발견했는데, 이러한 부작용 여파 효과는 공공 영역에 종사하는 사람들보다 사적 영역에 종사하는 사람들에게 더 강하게 나타났으며, 연구자들은 그 이유를 높은 실업률이 사람들의 직업 안정성에 대한 두려움을 유발하기 때문인 것으로 미루어 짐작하고 있다(Luechinger, Meier, and Stutzer, 2010).

한편, 고용이 되었다고 해서 모두가 동일하게 행복한 것은 아닌 것으로 밝혀졌다. 이는 크게 두 가지 경우로 구분해서 살펴볼 수 있겠다. 먼저, 고용의 질에 따라 행복감에 편차가 존재했다. 특히, 신자유주의가 확산된 이후 노동 시장이 급속히 유연화되면서(Davies, 2017) 고용의 질이 행복에 미치는 영향이 이전보다 더 중요해졌는데, 단순히 직장에 다니고 있는지 여부보다 해

〈그림 3-30〉 세계의 직업 종류와 행복

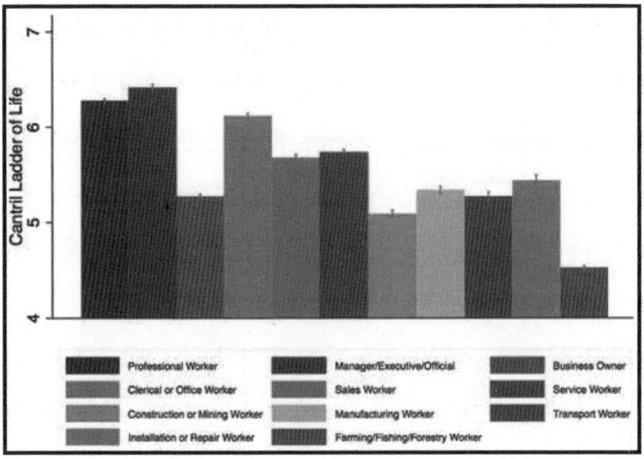

출처: (De Neve and Ward, 2017: 157)

당 직장에서의 계약 형태 즉, 정규직인지 비정규직인지에 따라 고용이 행복에 미치는 영향이 크게 달라진 것이다(Sachs, 2016; Sennet, 1998; 안주엽 외, 2017). 예를 들면, 2000년부터 2005년까지 WVS의 18개 OECD 회원국에 거주하는 약 30,000명을 에스핑-앤더슨의 복지국가 유형 구분에 따라 분석한 결과, 여러 고용 형태 중에 전일제로 고용된 사람이 가장 행복한 것으로 나타났다(Deeming and Hayes, 2012: 818).

두 번째, 종사하는 직종의 유형에 따라 행복감에 편차가 있었다. 다시 말해, 화이트칼라들이 블루칼라들보다 일반적으로 더 행복하다는 것이다(O'Donnell et al., 2014). 예를 들면, 〈그림 3-30〉에서 보는 바와 같이, 건설업, 광업, 제조업, 농업, 어업, 임업과 같이 노동 집약적인 직업에 종사하는 블루칼라들의 행복도는 10점 만점에 평균 약 4.5점 정도인 반면, 관리자, 전문가와 같은 화이트칼라들의 행복도는 10점 만점에 평균 약 6점 정도인 것으로 조사되었다.

3) 세계 노동자 행복

스웨덴 스톡홀름(Stockholm)에 본부가 있는 유니버섬(Universum)은 기업이 능력이 출중한 인재를 채용하는데 적지 않은 비용이 소요될 뿐만 아니라, 채용된 인재가 회사에 충성심을 갖고 오래 근무할 수 있도록 하는 것이 기업의 비용을 줄이고 경쟁력을 확보하는 데 매우 중요한 역할을 한다며 경영자는 노동자 행복지수에 민감하게 반응해야 한다고 권고한다. 이에 따라 유니버섬은 유니버섬 글로벌 노동자 행복지수(Universum Global Workforce Happiness Index, UGWHI)를 조사하여 발표하고 있다. 55개국에 걸쳐 주로 경험이 풍부하고 경제적 상황에 영향을 덜 받는 약 250,000명의 고급 인력(intellectuals)을 대상으로 UGWHI를 산출한다.

2016년 전체 UGWHI에 따르면, 세계 10위권 안에 코스타리카와 남아프리카를 제외한 8개국이 모두 유럽 국가들인 것으로 나타났다(Universum, 2016).[98] 보다 구체적으로, <그림 3-31>에서 보는 바와 같이 유니버섬은 글로벌 노동자 행복 유형을 네 가지로 구분하고 있다. 다시 말해, 가로축에 현재 직장에 대한 만족도와 현재 직장을 타인에게 추천하고 싶은 정도, 세로축에 현재 직장에 대한 충성도를 기준으로 만족형(fulfilled), 묶인형(stranded), 추구형(seeker), 안절부절형(restless)으로 제시하고 있다.

1사분면에 위치한 만족형은 현재 직장에 대한 만족도가 높고, 타인에게 추천하고 싶은 정도도 높은 반면, 다른 직장으로 옮기고 싶은 정도는 낮은 경우이다. 이들은 현재 직장에 대한 충성도가 가장 큰 특징을 지녔다. 만족형은 스위스, 벨기에, 오스트리아, 프랑스, 독일, 덴마크, 핀란드 등 주로 유럽 국가들에 많은 것으로 나타났다.

2사분면에 위치한 묶인형은 현재 직장에 대한 만족도와 타인에게 추천하고 싶은 정도가 모두 낮지만, 그렇다고 다른 직장으로 옮기는데 적극적이지

98 벨기에(1위), 노르웨이(2위), 코스타리카(3위), 덴마크(4위), 남아프리카(5위), 오스트리아(6위), 스위스(7위), 그리스(8위), 체코(9위), 러시아(10위) 순이었다(Universum, 2016: 4).

〈그림 3-31〉 유니버섬 글로벌 노동자 행복 유형

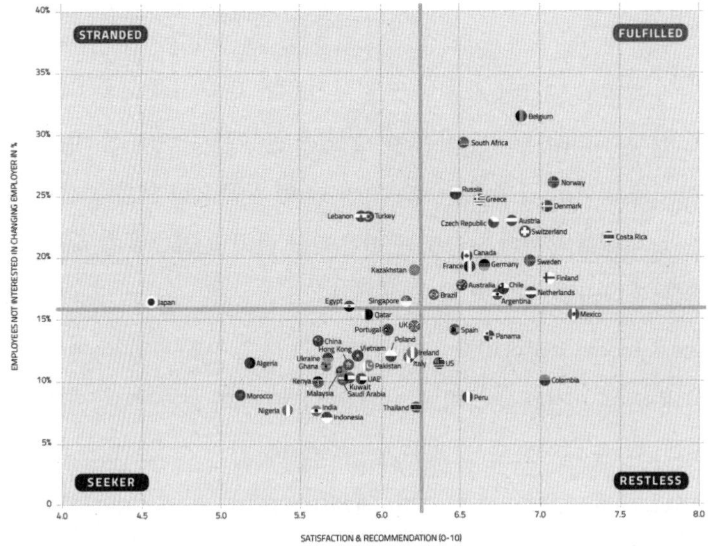

출처: (Universum, 2016: 12)

도 않은 경우이다. 묶인형은 경제 상황이 좋지 않아 실업률이 높은 경우뿐만 아니라, 취업하기가 어렵지 않은 경우에도 만연할 가능성이 크다. 이들은 일본, 싱가포르, 터키, 카자흐스탄, 레바논에 많이 분포한 것으로 나타났다.

3사분면에 위치한 추구형은 현재 직장에 대한 만족도와 타인에게 추천하고 싶은 정도가 모두 낮다. 그리고 다른 직장으로 옮기는데 적극적이다. 추구형은 영국, 이탈리아, 포르투갈, 아일랜드 등과 같은 일부 유럽 국가들 이외에 나이지리아, 알제리, 가나, 파키스탄 등 대부분의 저개발 국가들에 많이 분포한 것으로 나타났다.

4사분면에 위치한 안절부절형은 현재 직장에 대한 만족도와 타인에게 추천하고 싶은 정도가 모두 높음에도 불구하고, 다른 직장으로 옮기고 싶은 열망도 큰 경우이다. 경영자 입장에서는 다른 세 유형보다 상대적으로 더 많은 관심을 가져야 하는 유형으로 꼽힌다. 안절부절형은 미국, 스페인, 콜롬비아, 페루, 파나마에 많이 분포한 것으로 나타났다.

4) 한국의 일과 행복

경제 · 인문사회연구회 총서에 따르면, 기업 규모, 고용 형태, 근무 일수, 근속 기간이 일과 행복에 유의미한 영향을 미치는 것으로 나타났다(안주엽 외, 2015). 먼저, 기업 규모와 관련하여(〈그림 3-32〉 상좌) 전반적으로, 규모가 클수록 행복도도 증가하는 경향을 보였다. 그리고 300인 미만 기업의 경우 남녀 행복도가 3.47점으로 동일하여 성별 차이가 없었다. 5인 미만부터 300인 미만 기업 종사자의 행복도의 경우 성별 차이가 거의 없었으나, 300인 이상부터 1,000인 이상 기업 종사자의 행복도의 경우 성별 차이가 상당했으며, 규모가 커질수록 그 격차도 증가하는 것으로 나타났다.

고용 형태와 행복도 간 관계의 경우(〈그림 3-32〉 상우), 남녀 모두 정규직의 행복도가 비정규직의 행복도보다 높게 나왔으나,[99] 그 차이는 여성 정규직과 비정규직 간(3.54점-3.3점=0.24점)보다 남성 정규직과 비정규직 간(3.56점-3.28점=0.28점)에서 더 컸다(안주엽 외, 2015: 158). 비정규직을 유형별로 봤을 때, 일일근로자의 행복도가 3.16점으로 가장 낮았고, 재택 근로자의 전체 행복도(3.54점)는 정규직 근로자의 전체 행복도(3.56점)와 큰 차이가 없었으나, 오히려 남성 재택 근로자의 행복도(3.67점)가 남성 정규직 행복도(3.56점)보다 더 큰 것으로 나타났다. 그러나 여성 재택 근로자의 행복도(3.5점)가 남성 재택 근로자의 행복도(3.67점)보다 작았다.

근무 일수와 행복도 간 관계의 경우(〈그림 3-32〉 하좌), 남녀 모두에서 주 5일 근로자의 행복도가 가장 높았으나 여성(3.51점) 보다 남성(3.58점)의 행복도가 더 컸다(안주엽 외, 2015: 147). 주 5일 미만 근로자의 경우 근무 일수가 감소할수록 행복도도 감소했으나, 주 5일 초과 근로자의 경우 근무 일수가 증가할수록 행복도가 감소했다. 또한 주 5일 미만 근로자의 경우 여성이 남성보다 행복한 반면, 주 5일 초과 근로자의 경우 여성보다 남성이 더 행복한

99 정규직이 비정규직보다 행복하다는 것은 한국보건사회연구원의 2014년 사회통합 및 국민행복 인식조사에서도 동일하게 나타났다(김미곤 외, 2014: 193).

〈그림 3-32〉 한국의 일과 행복

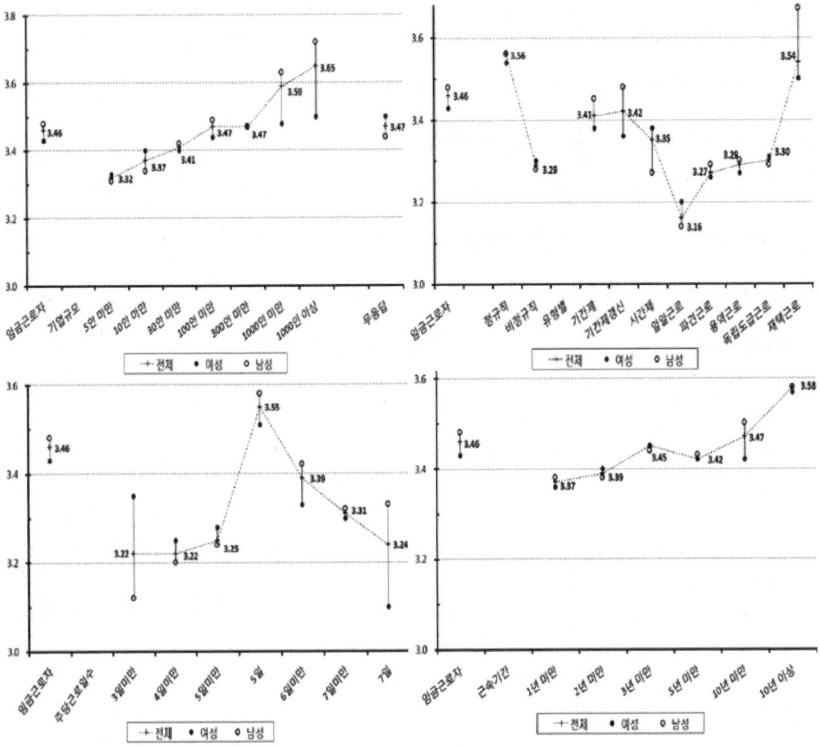

출처: 상좌(안주엽 외, 2015: 163), 상우(안주엽 외, 2015: 157), 하좌(안주엽 외, 2015: 148), 하우(안주엽 외, 2015: 168)

것으로 나타났다.

근속 기간과 행복도 간 관계의 경우(〈그림 3-32〉 하우), 남녀 모두에서 근속 기간이 길수록 행복도도 높은 것으로 나타났다. 그리고 10년 이상 근속한 경우 행복도가 3.58점으로 가장 높았다. 근속 기간과 행복도 간 성별 차이는 0.01점부터 0.02점으로 전반적으로 차이가 거의 없었으나, 5년 이상부터 10년 미만 그룹의 경우 0.08점으로 가장 크게 나타났다.

또 다른 전국 규모의 연구인 현대경제연구원의 2017년 EHI에 따르면,[100]

100 전국 20세 이상 성인 남녀 1,007명을 대상으로 2016년 12월 7일부터 21일까지 전화로 설문조사를 한 것이다(현대경제연구원, 2017: 11).

직종에 따라 행복의 편차가 있는 것으로 나타났다. 예를 들면, 자영업자(28.1점)나 주부(29.4점)에 비해 공무원(46.9점)이 상대적으로 더 행복한 것으로 나타났다(현대경제연구원, 2017: 3). 이와 같은 현상을 현대경제연구원은 계속되는 경기 침체로 자영업이 몰락하는 추세이고, 가계 소득도 늘어나지 않는 상황인 반면, 공무원은 고용 안정성을 보장받기 때문이라고 해석하고 있다.

한편, 삼성경제연구소처럼 특정 직장인들만을 대상으로 행복을 연구한 경우도 있다. 삼성경제연구소는 직장인의 행복 구성 요소를 직장 생활의 만족도, 직장에서의 정서, 직장 생활의 가치로 보고 직장인의 행복을 다음과 같이 정의하고 있다(국립국어원, 2018).

> "전반적으로 평가했을 때, 직장 생활에 대한 만족도가 높고, 직장에서 긍정적인 정서를 가지고 있으며, 직장 생활이 가치 있다고 느끼는 상태"(예지은 외, 2013: 27).

이를 기반으로 2013년 4월 4일부터 12일까지 삼성경제연구소 직장인 회원 849명을 온라인으로 조사한 결과, 전체 행복 수준이 평균 55점으로 상당히 낮은 것으로 나타났다. 20대가 48점, 30대가 53점으로 20대와 30대는 평균에도 미치지 못했고, 40대는 56점, 50대는 61점으로 전반적으로 연령이 높아질수록 행복감이 증가하는 추세를 보였으며, 연령 그룹 간 차이도 통계적으로 유의한 것으로 분석되었다(예지은 외, 2013: 31). 그리고 직장인의 행복에 유의미한 영향을 미치는 요인으로는 중요한 순서에 따라 긍정적인 감성(1위), 업무의 의미감(2위), 상사와 조직의 지원(3위)인 것으로 분석되었다(예지은 외, 2013: 33).

7. 사회적 약자와 행복[101]

1) 장애인과 행복

일반적으로, 장애는 주로 건강을 해치고, 소득을 줄어들게 하며, 사회생활 등을 어렵게 함으로써 행복에 부정적인 영향을 미치는 것으로 잘 알려져 있다(Powdthavee, 2009a; Albert and Freedman, 2010; Larkin, 2013; Schneider, 2013). 그런데 장애가 행복에 미치는 부정적인 영향에 있어 장애 그 자체가 행복에 악영향을 미치는 것도 중요하지만, 그 결과에 심리학에서 말하는 행복의 원상태 회복 메커니즘이 거의 적용되지 않는다는 점에서 훨씬 더 심각하다고 할 수 있다. 다시 말해, 장애가 없는 보통 사람들의 행복감은 감소한 이후 일정 시간이 경과하면 행복감이 회복되는 것이 일반적이지만, 장애로 인해 감소한 행복감은 원상태 회복이 거의 불가능하다는 것이다. 이와 같은 현상은 여러 종단 자료를 활용한 연구들에서 증명되고 있다.

예를 들면, 〈그림 3-33〉은 1997년부터 2004년까지의 BHPS 자료를 활용하여 매우 심각한 수준의 장애를 경험한 2,500명을 분석한 결과로 장애가 발생하면 행복감이 급격히 감소하고, 이후 행복감이 조금씩 나아지는 추세를 보여주고 있다.[102] 그러나 결코 원래 상태로 회복되지는 않고 있다. 다시 말해, 장애가 발생하기 전인 T-2 시점과 T-1 시점의 행복감은 모두 4.8이었다가 장애가 발생한 T 시점에 3.7로 하락한 이후 조금씩 회복이 되었으나 T+2 시점에 4.1까지만 회복되는 데 그치고 있다(Oswald and Powdthavee, 2008: 1066). 이상의 결과만 놓고 봤을 때에는 장애가 발생한 이후 T+2보다 더 긴

---

101 일반적으로, 여성도 사회적 약자에 속하지만, 여성의 행복을 직접적으로 다룬 통계나 정교하고 체계적인 연구 결과를 찾아보기 어려워 본 저서에서는 부족하지만 앞에서 논의한 성별 및 가족과 행복 부분을 참고하기 바란다. 여성의 행복과 관련한 자세한 논의는 후속 연구를 통해 보완될 수 있기를 기대한다.

102 여기서 말하는 매우 심각한 수준의 장애(quite serious levels of impairment)란, 일을 할 수 없을 만큼 장애가 있는 경우를 말한다(Oswald and Powdthavee, 2008: 1065).

〈그림 3-33〉 장애와 행복(8년간 BHPS 기준)

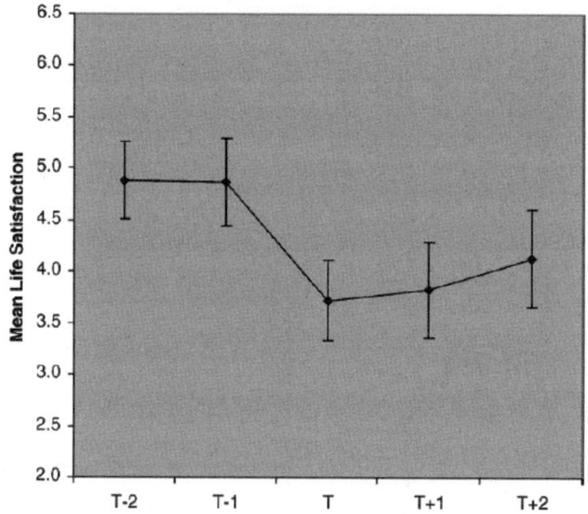

출처: (Oswald and Powdthavee, 2008: 1067)
비고: T=1년

시간 동안 관찰을 하면 행복감이 나아지는 추세가 지속되어 결국 원상태만큼 회복될 수 있다고 기대할 수 있는 여지가 전혀 없지는 않다.

그러나 보다 더 긴 시간 동안 관찰한 연구들도 장애가 행복에 미치는 악영향이 지속적임을 일관되게 보고하고 있다. 예를 들면, 리차드 루카스(Richard Lucas)는 영국과 독일의 대규모 종단 연구를 활용하여 장애가 행복에 어떤 영향을 미치는지를 분석하였는데 두 경우 모두 부정적인 영향을 미쳤을 뿐만 아니라, 한 번 감소한 행복감은 거의 전혀 회복되지 않았다(Lucas, 2007b). 보다 구체적으로, 〈그림 3-34〉에서 보는 바와 같이, 1984년부터 2002년까지의 GSEP 자료에서 장애를 겪은 675명의 장애와 행복 간 관계를 분석한 결과, 장애의 강도가 강한 그룹뿐만 아니라 약한 그룹에서도 장애가 발생한 이후의 행복감은 거의 나아지지 않았다.[103] 또한, 〈그림 3-35〉에서 보는 바와 같

103 장애가 발생한 이후 최소한 3년 동안 응답을 유지한 679명을 분석 대상으로 했으나 최종 분석에는 4명이 탈락했고, 남성 55.5%, 여성 44.5%로 구성되었으며, 장애가 발생한 시점의 평균 나이는 53.63세였다(Lucas, 2007b: 720). 장애 유무는 자가 보고가 아닌 공식적으로 장애 인증을 받았는지를 기준으로 하였으며, 장애의 강도는 10-100%로 응답하도록 하였다

이, 1991년부터 2002년까지의 BHPS 자료에서 장애를 겪은 272명의 장애와 행복 간 관계를 분석한 결과, 장애가 발생한 이후의 행복감은 거의 회복되지 못했으며, 이는 우울증을 통제한 경우에도 동일하게 유지되었다.[104]

〈그림 3-34〉 장애와 행복(19년간 GSEP 기준)[105]

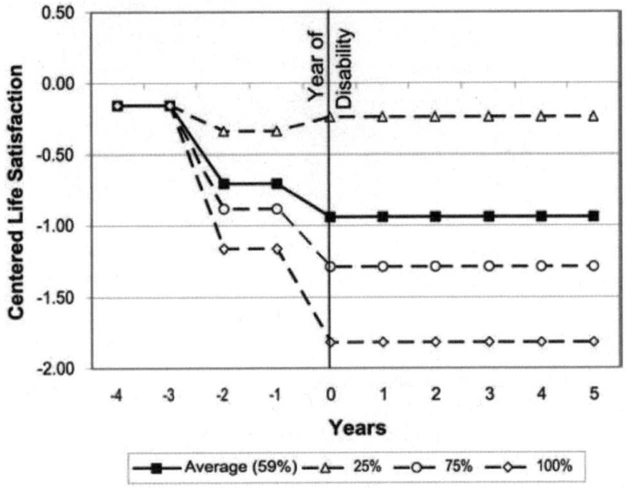

출처: (Lucas, 2007b: 721)

한편, 한국 장애인의 행복 수준은 보통 혹은 그보다 조금 높은 수준인 것으로 나타났다. 예를 들면, 한국보건사회연구원이 2017년 9월부터 10월까지 전국의 36,200 가구를 면접 조사하여 도출한 2017년 장애인실태조사에 따르면(보건복지부 · 한국보건사회연구원, 2018a: 1),[106] 자신의 삶에 만족하는

(Lucas, 2007b: 719). 〈그림 3-34〉에 나타난 바와 같이, 장애 강도가 25%로 상대적으로 약한 경우에 행복감의 변화 폭은 25%보다 강한 경우에 비해 그리 크지 않았다.

104 장애가 발생한 이후 최소한 3년 동안 응답을 유지한 272명을 분석 대상으로 하였고, 남성 43.9%, 여성 56.1%로 구성되었으며, 장애가 발생한 시점의 평균 나이는 59.38세였다(Lucas, 2007b: 722).

105 이 결과는 장애 발생 전 평균 7.18년(1-17년 분포)과 장애 발생 후 평균 7.39년(3-18년 분포) 동안 추적 분석한 것으로 %는 장애의 강도를 나타낸다(Lucas, 2007b: 720).

106 장애인실태조사는 장애인복지법에 근거하여 2007년 이후 3년마다 실시하고 있다(보건

〈그림 3-35〉 장애와 행복(12년간 BHPS 기준)[107]

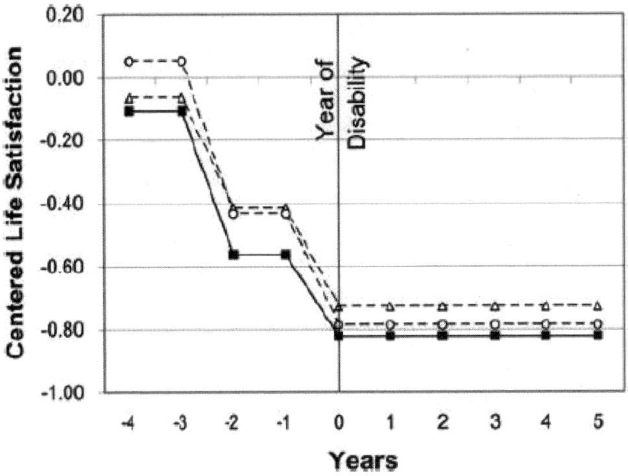

출처: (Lucas, 2007b: 723)

비율과 불만족하는 비율이 각각 58.6%와 41.4%로 전체 행복도는 5점 만점 기준 3.2점인 것으로 나타났다(보건복지부 · 한국보건사회연구원, 2018a: 18, 2018b: 6). 그리고 한국장애인고용공단이 2016년 5월 15일 기준, 전국의 만 15세부터 64세까지의 장애인 중 4,577명을 대상으로 실시한 2016년 장애인 고용패널조사를 토대로 2017년에 재조사한 결과에 따르면(한국장애인고용공단, 2018: 6), 2017년 기준, 만 16세부터 65세 장애인의 행복은 7.47점인 것으로 나타났다(한국장애인고용공단, 2018: 212).[108]

그런데 장애인이 장애가 없는 사람들보다 만성 질환이 상대적으로 더 빨리 발생할 수 있는 가능성이 높다(한국장애인개발원, 2017: 117)는 점에 비춰

복지부 · 한국보건사회연구원, 2018a: 1).

107 이 결과는 장애 발생 전 평균 3.48년(1-9년 분포)과 장애 발생 후 평균 5.31년(3-11년 분포) 동안 추적 분석한 것이다(Lucas, 2007b: 722). 사각형의 진한 실선은 전체 샘플의 경우를, 삼각형의 점선은 우울증을 통제한 경우를, 원형의 점선은 매 년 신체적 장애가 있다고 응답한 경우를 나타낸다(Lucas, 2007b: 723).

108 행복은 '○○님은 요즘 얼마나 행복하십니까?'라는 물음에 10점 만점의 캔트릴 사다리로 측정하였다(한국장애인고용공단, 2018: 523).

봤을 때, 앞으로 장애인의 행복감이 장애가 없는 이들보다 상대적으로 더 나아질 가능성은 낮아 보인다. 뿐만 아니라, 2017년 기준, 만 19세 이상 전체 장애인 중 주관적 건강 상태가 좋다고 느끼는 비율은 14.9%에 그쳐 전체 인구의 31%가 좋다고 느끼는 것에 크게 못 미친 반면, 나쁘다고 느끼는 비율은 51.3%로 전체 인구의 18.4%가 나쁘다고 느끼는 것보다 훨씬 많은 것도 장애인이 불행에 취약할 가능성을 높여주고 있다(보건복지부 · 한국보건사회연구원, 2018b: 4). 이와 비슷하게, 2017년에 만 19세 이상 전체 장애인 중 우울하다고 느낀 비율은 18.6%로 전체 인구의 13.3%가 우울하다고 느낀 것보다 많았으며, 자살을 생각한 적이 있었던 비율은 14.3%로 전체 인구의 5.1%가 자살을 생각한 적이 있다고 한 것보다 훨씬 많았던 점(보건복지부 · 한국보건사회연구원, 2018b: 4)과 더불어 2017년에 만 19세 이상 전체 장애인 중 스트레스를 느끼는 비율은 58%로 전체 인구의 27.9%가 스트레스를 느낀다고 한 것보다 두 배 이상 많았던 점(보건복지부 · 한국보건사회연구원, 2018a: 13) 또한 장애인의 행복에 부정적인 영향을 미칠 가능성이 높다. 더욱이 2005년에 214,000 가구로 전체 장애인 중 11%를 차지했던 장애인 1인 가구가 2017년에는 811,000 가구로 전체 장애인 중 26.4%(보건복지부 · 한국보건사회연구원, 2018a: 8)로 증가하고 있어 이들의 취약한 건강 및 심리 상태의 지지를 위한 돌봄 자원의 제공이 보다 어려워져 행복감이 낮아질 가능성이 커질 것으로 예상된다. 이와 관련하여 2017년 기준, 우리나라 장애인들이 소득보장(41%), 의료보장(27.6%), 고용보장(9.2%)순으로 국가와 사회로부터 지원을 받고 싶다고 한 것에 비춰보면(보건복지부 · 한국보건사회연구원, 2018a: 31), 이들의 행복 증진을 위해서 사회보장제도의 보다 적극적인 지원이 필요해 보인다.

2) 유아 및 아동과 행복

일반적으로, 몇 살까지를 유아로 볼 것인지에 대해 합의된 견해는 존재하지 않는다. 예를 들면, 옥스퍼드 영영사전, 롱맨 영영사전, 메리암-웹스터 영영사전, WHO는 주로 생후 28일 혹은 2달까지를 유아(newborn or neonate)로, 생후 2개월 후부터 1년까지를 유아(infant)로, 생후 1년부터 4살까지를 유아(toddler)로 지칭하고 있다(WHO, 2016). 그리고 우리나라 국립국어원의 표준국어대사전은 유아(幼兒)를 생후 1년부터 만 6세까지의 어린 아이라고 정의하고 있다(국립국어원, 2018). 또한 우리나라 '유아교육법' 제2조는 유아에 해당하는 나이를 만 3세부터 초등학교 취학 전까지로 규정하고 있다(국가법령정보센터, 2017b). 이처럼 유아에 대한 정의는 다양하지만, 모두 인간이 태어난 이후부터 시작되는 생애주기 또는 생애과정을 기준으로 했을 때, 첫 단계에 해당한다는 데에는 이견이 없다.

아동의 연령 범주 또한 매우 다양하게 규정되고 있다. 예를 들면, 〈표 3-7〉에 제시된 바와 같이 UN은 아동권리협약(United Nations Convention on the Rights of the Child, UNCRC)에 따라 18세 미만을 아동으로 간주하지만,[109] WHO는 12세 미만까지만 아동으로 규정하고 있다. 미국과 영국은 각 해당

〈표 3-7〉 아동 연령 규정의 다양성

규정 주체	연령	근거법
UNCRC	18세 미만	-
WHO	12세 미만	-
미국	18세 미만	• Child Citizenship Act • Uniform Juvenile Court Act • The Fair Labor Standards Act
	13세 미만	• Children's Online Privacy Act
영국	18세 미만	• Children and Young Person Act
	13세 미만	• Sexual Offences Act
한국	18세 미만	• 아동복지법[110]

출처: (여성가족부, 2016: 16-17)

109 UNCRC는 1989년 11월 20일에 유엔 총회에서 만장일치로 승인되어 1990년 9월 2일에 발효되었으며(OHCHR, 1989), 우리나라는 1991년에 가입하였다(보건복지부, 2017: 287).

법률에 따라 13세 미만 혹은 18세 미만까지 아동으로 규정하고 있다. 우리나라의 경우, 아동복지법에 따라 18세 미만까지만 아동에 포함시키고 있다.

특히, 유아와 아동은 생애 주기에서 개인의 미래뿐만 아니라 사회의 미래를 형성하는 기초 단계로 유아와 아동기의 행복은 이후의 행복에도 유의미한 영향을 미치기 때문에 매우 중요하다(O'Donnell et al., 2014; 권지영, 2018; 김은영, 2018). 유아와 아동의 행복에 관한 다양한 접근은 크게 두 가지 시각으로 구분해 볼 수 있다. 첫째, 인간 발달 관점은 발달 심리학과 생태학적 논의에 기반 하여 주로 인간 자본과 사회적 능력 형성에 초점을 맞춘다(Baltes, 1997; Bronfenbrenner, 1979). 둘째, 유아와 아동의 인권 관점은 유아와 아동의 행복에 중요한 요소가 무엇인지를 결정하는 과정에 인간으로서 유아와 아동의 시각을 적극적으로 반영하려고 한다(Ben-Arieh et al., 2001; Casas, 1997; OHCHR, 1989).

행복에 영향을 미치는 여러 가지 요소 중에 유아와 아동의 행복은 특히, 가족의 영향을 크게 받는 편인데, 이는 크게 두 가지로 구분해 볼 수 있다. 첫째, 유아와 아동은 부모 양육의 영향을 거의 절대적으로 받기 때문에 유아와 아동의 행복은 부모의 양육을 둘러싼 영향으로부터 결코 자유롭지 않다(TCS, 2017). 둘째, 2008년 글로벌 금융 위기 때에 명확하게 드러난 것처럼 유아와 아동은 다른 성장기 때보다 가족의 사회 경제적 지위의 영향을 상대적으로 더 많이 받는다(UNICEF, 2014; Mcloyd, Jocson, and Williams, 2016; Chzhen et al., 2017). 그래서 사회 경제적 지위가 낮은 가족의 유아와 아동의 행복은 그렇지 않은 가족의 유아와 아동의 행복보다 훨씬 취약하며, 행복의 거의 대부분의 요소에서 상대적으로 더 낮은 수치를 보이는 것이다(OECD, 2015a).

110 한국의 청소년기본법이 청소년을 9-24세로 규정하고 있기 때문에 아동과 겹치는 9-17세에 관련된 국가 정책을 부처에 따라 청소년정책 혹은 아동정책으로 달리 명명하고 있다(여성가족부, 2016: 2-3).

보다 구체적으로 먼저, 유아의 행복의 경우, 발달 단계의 특성상 유아를 직접 조사하기가 쉽지 않을 뿐만 아니라, 유아가 자신의 감정을 표현하는 것에 서툴기 때문에 유아의 행복에 관한 구체적인 연구는 다른 성장 단계의 행복 연구에 비해서 상대적으로 찾아보기가 쉽지 않다.[111] 비록 제한적이지만, 현재까지 유아를 대상으로 한 행복 연구는 크게 두 가지로 분류할 수 있겠다. 첫째, 유아를 면담하여 직접 행복감을 평가하게 하는 경우이다. 둘째, 유아를 양육하는 부모나 보육 교사의 시각에서 유아의 행복을 평가하도록 하는 경우이다.

한국의 육아정책연구소가 2014년에 전국의 만4세 부터 5세 유아 1,000명과 그들을 양육하는 부모 1,000명을 대상으로 행복감을 조사하였다.[112] 본 조사에서 유아에게 행복감을 직접 물어보기 전에 자신의 감정 표현이 서툴 수 있다는 유아의 특성을 고려하여 기분이 나쁜 상태와 좋은 상태를 표현하는 그림으로 응답하는 방법을 연습시켰다.[113] 다시 말해, "○○는 행복하다고 생각하니?"라는 질문에 1점(매우 불행)부터 4점(매우 행복)에 해당하는 그림을 고르게 하였다(도남희, 배윤진, 김지예, 2014: 181). 그리고 유아의 응답을 보완하기 위해 양육 부모에게 "부모님께서 보시기에 ○○의 평소 모습(행복한 정도)은 어떠합니까?"라는 질문에 전혀 행복하지 않음(1점)부터 매우 행복함(4점)에 해당하는 그림을 고르게 하였다(도남희, 배윤진, 김지예, 2014: 190).

이러한 과정을 거쳐 분석한 결과, 전체 유아의 행복감은 3.6점으로 나타났

111 전 세계 유아의 행복을 체계적으로 분석한 연구를 찾아보기가 어려워 이 부분에서는 우리나라 유아의 행복에 관한 자료만 다뤘다. 부족한 부분은 후속 연구에서 보완될 수 있기를 기대한다.

112 유아의 경우, 만4세와 5세가 각각 50%, 남아 51.2%, 여아 48.8%였고, 부모의 경우, 94.1%가 어머니, 2.6%가 아버지, 3%가 조부모였다(도남희, 배윤진, 김지예, 2014: 12).

113 표정 그림으로 한 사전 감정 표현 연습은 "오늘 ○○의 기분은 어때요? 4개의 카드 중에 골라볼까요?"라는 질문에 1점(매우 불행)부터 4점(매우 행복)에 해당하는 그림을 고르게 하였다(도남희, 배윤진, 김지예, 2014: 180).

는데, 남아와 여아의 행복감이 각각 3.58점과 3.61점이었다(도남희, 배윤진, 김지예, 2014: 133). 그리고 양육 부모가 바라보는 전체 유아의 행복감은 3.33점으로 남아와 여아의 행복감이 각각 3.32점과 3.34점이었다(도남희, 배윤진, 김지예, 2014: 134). 이처럼 부모 입장에서 바라보는 유아의 행복감 보다 실제 유아 스스로 느끼는 행복감이 크게 나타난 것을 부모가 상대적으로 낮게 평가한 것인지 아니면 유아가 상대적으로 높게 평가한 것인지 정확하게 단정할 수는 없지만, 둘 모두 4점 만점에 최소 3점 이상을 보고한 것을 고려하면 우리나라 유아의 행복감은 전반적으로 높은 편이라고 평가할 수 있을 것이다.[114]

그런데 이와 같은 유아의 행복에는 유아 자신의 역량, 부모와 교사의 특성 모두 결정적인 영향을 미치는 것으로 밝혀졌다. 예를 들면, 제7차 한국아동패널 자료에서 평균 72.12개월 된 유아가 있는 972가구와 유아교육기관의 교사 972명을 분석한 결과,[115] 유아의 자아 존중감, 학업능력(문해능력), 사회적 유능감이 유아의 행복에 긍정적인 영향을 미치는 것으로 나타났다(이경선, 2017: 314).[116] 그리고 어머니의 양육 효능감, 어머니의 행복감, 애정적인 부모 간 양육 행동, 통합적인 부모 간 양육 행동은 유아의 행복에 긍정적인 영향을 미치는 반면, 통제적인 양육 행동은 부정적인 영향을 미치는 것으로 나타났다(이경선, 2017: 314). 아버지의 경우, 아버지의 행복감과 애정적인 부모 간 양육 행동은 유아의 행복에 긍정적인 영향을 미쳤지만, 양육 스트레스

114 그러나 본 연구 결과의 해석에 주의가 요구된다. 왜냐하면, 2014년 육아정책연구소 조사는 6년 차 취약계층 영유아 통합육아지원방안 연구의 일환으로 진행된 것으로 전국 221개 드림스타트 사업 지역을 중심으로 실제 서베이가 실시되어 응답자가 저소득층에 편중되어 있는 한계가 있기 때문이다(도남희, 배윤진, 김지예, 2014: 2).

115 아버지, 어머니, 유아 모두 각각 972명이었고, 유아의 구성은 남아가 497명(51.1%), 여아가 475명(48.9%)이었으며, 기관 유형은 어린이집이 335곳(34.8%), 유치원이 637곳(65.5%)이었다(이경선, 2017: 309-310).

116 이 연구에서 유아의 행복은 유아 자신과 부모가 각각 응답한 유아의 행복감 모두를 합한 값이다(이경선, 2017: 308).

는 부정적인 영향을 미쳤다(이경선, 2017: 316). 교사와 관련해서는 유아가 다니는 기관에 대한 선호도가 클수록 유아의 행복에 긍정적인 영향을 미치는 것으로 나타났다(이경선, 2017: 316). 이와 비슷하게, 2013년 4월 22일부터 5월 10일까지 경기도 9개 유치원의 만 5세 유아 어머니와 담임교사 총 271명을 대상으로 수집한 자료를 분석한 연구에서도 어머니의 취업 여부에 따라 유아의 행복감 간 차이는 없었으나, 방과 후까지 유치원을 이용하는 유아의 행복감(3.91점)이 그렇지 않은 유아의 행복감(3.79점)보다 큰 것으로 나타났다(전은옥, 최나야, 2013: 114).[117]

한편, 아동의 행복에 관한 자료는 유아의 행복에 관한 자료 보다 상대적으로 접근하기 쉬운 편이다. 예를 들면, Save the Children(StC)은 2014년부터 주요 20개국(Group of 20, G20)을 대상으로 아동 번영 지수(Child Prosperity Index, CPI)를 발표해 오고 있다.[118] CPI는 건강, 교육, 소득, 안전, 고용, 양성평등, 사회기반시설, 환경과 같이 총 8가지 항목에 걸쳐 평가한 결과로써 도출된다(StC, 2016).[119] 〈표 3-8〉에서 보는 바와 같이 G20의 2016년 CPI에 따르면, 전체 19개국 중 독일이 1위를 차지했고, 최하위는 인도였으며, 한국은 7위로 나타났다.[120] CPI와 1인당 GDP를 기준으로 한 각 국의 경제 수준을 비교 하면, 1위를 차지한 독일의 GDP 순위는 4위로 나타난 반면, GDP 순위 1위

117 이때 유아의 행복감은 어머니와 교사가 응답한 수치를 합산하여 도출한 것으로(전은옥, 최나야, 2013: 113) 유아가 직접 응답한 결과를 토대로 한 것은 아님에 주의해야 한다.

118 미국, 영국, 프랑스, 독일, 이탈리아, 캐나다, 일본으로 구성된 G7과 신흥 12개국에 더불어 유럽연합 의장국으로 구성된 G20은 세계 경제의 약 85%를 차지하는데, 1999년 각국 재무장관을 중심으로 결성되었다가 2008년 글로벌 금융 위기 때부터 정상회의로 격상되었다.

119 8가지 항목은 모두 18가지 지표로 구성된다(StC, 2016: 4). 그런데 청소년이나 성인과 비교했을 때, 아동의 빈곤이 훨씬 심각하기 때문에 아동의 행복과 관련해서는 반드시 빈곤 상태를 고려해야 함에도 불구하고(UNICEF and the World Bank Group, 2016), CPI는 빈곤을 직접 측정하지 못하는 대신 빈곤 측정과 관련된 소득, 평균 수명, 학교 출석과 같은 지표로써 보완하고 있다(StC, 2016: 3). StC는 아동이 생존하고, 보호받으며, 학습할 수 있는 것이 중요하다고 여겨 8가지 항목 중 건강, 교육, 양성 평등은 다른 항목 보다 가중치를 2배 더 부여하고 있다(StC, 2016: 42).

120 여기에서는 유럽연합을 제외한 총 19개국에 대한 분석만 실시했다(StC, 2016: 5).

와 2위를 기록한 미국과 사우디아라비아 각각의 CPI 순위는 9위와 15위로 나타났다.[121] 이것은 곧 경제적으로 잘 사는 국가라고 해서 반드시 그 나라의 아동이 행복한 국가라고 할 수 없으며, 아동의 행복에는 비경제적인 요소도 중요한 영향을 미친다는 것을 의미한다.

〈표 3-8〉 G20의 아동 번영 지수

	순위	국가	순위	국가	순위	국가	순위	국가
전체 순위	1	독일	6	영국	11	중국	16	인도네시아
	2	프랑스	7	한국	12	러시아	17	브라질
	3	일본	8	이탈리아	13	아르헨티나	18	남아프리카
	4	호주	9	미국	14	멕시코	19	인도
	4	캐나다	10	터키	15	사우디 아라비아	-	-
항목별 1위	항목	국가	항목	국가	항목	국가	항목	국가
	양성평등	독일	환경	브라질	교육	캐나다	고용	독일
	사회기반시설	영국	건강	일본	안전	영국	소득	독일

출처: (StC, 2016: 5-6 재구성)

이와 비슷하게, UNICEF가 2009년부터 2010년 자료를 활용하여 경제적으로 선진국으로 분류되는 29개국의 11세, 13세, 15세 아동의 행복감을 0점부터 10점으로 측정한 결과를 2013년 4월에 발표하였다(UNICEF, 2013).[122] 〈그림 3-36〉은 10점 만점에 6점 이상이라고 응답하여 행복도가 높다고 분류할 수 있는 아동의 비율을 나타낸 것이다(UNICEF, 2013: 39). 상위권에 속하는 네덜란드와 아이슬란드의 경우 그 비율이 90% 이상이었고, 80%를 초과하지 못한 경우는 폴란드와 루마니아 두 국가들뿐이었으며, 가장 낮은 루마니아에서도 75%를 초과하는 것으로 나타났다.[123]

한편, 분석 대상 국가 선정 시, 각국의 경제적 발전 정도를 제한하지 않고,

121 1인당 GDP가 독일은 47,033달러, 미국은 55,904달러, 사우디아라비아는 53,565달러였다(StC, 2016: 5).

122 호주, 한국, 일본, 뉴질랜드, 불가리아, 칠레, 멕시코 등은 경제적으로 선진 국가로 분류되지만, 관련 자료가 부족하여 분석에 포함시키지 못했다(UNICEF, 2013: 2).

123 6점 이상이라고 응답한 아동의 전체 비율은 85%였다(UNICEF, 2013: 39).

〈그림 3-36〉 선진 29개국 아동의 행복

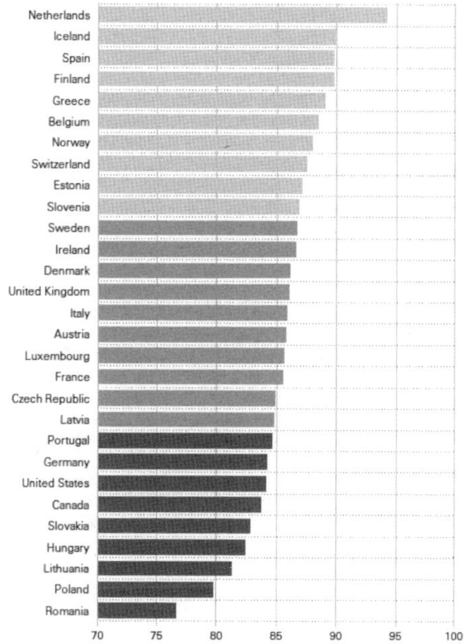

출처: (UNICEF, 2013: 39)

최대한 많은 국가를 선정하려고 노력한 연구로 제이콥스 재단(Jacobs Foundation)의 후원으로 이뤄진 국제 아동 웰빙 서베이(International Survey of Children's Well-Being, ISCWeB)가 있다.[124] ISCWeB은 선행 연구들에 근거하여(Arts and Gelissen, 2002; Esping-Andersen, 2006) 2013년부터 2015년까지 분석 대상 국가로 16개국을 선정하고, 각 국에 거주하는 8세, 10세, 12세 아동의 행복을 조사하였다. 먼저, 15개국의 10세와 12세 아동을 대상으로 한 연구[125] 결과, 〈그림 3-37〉의 상단 그래프에서 보는 바와 같이, 10세와 12세 아동 모두에서 10점으로 응답한 비율이 61.5%로 전반적으로 아동들은 행복한 것으로 나타났다.[126] 그리고 〈그림 3-37〉의 하단 그래프에서 보는 바와 같이, 12세 아동들만 분석했을 때에도 행복감이 전반적으로 높게 나타난 가운데, 루마니아, 콜롬비아, 이스라엘,

124 아동 관련 행복 조사의 대부분이 다른 기관의 연구 결과를 기초로 2차적으로 산정한 것과 달리, ISCWeB는 아동을 직접 면접하여 얻은 자료에 기반한 것이라는 장점이 있다(Rees and Main, 2015: 4).

125 15개 국가는 알제리, 콜롬비아, 에스토니아, 에티오피아, 독일, 이스라엘, 네팔, 노르웨이, 폴란드, 루마니아, 남아프리카공화국, 한국, 스페인, 터키, 영국이었고, 10세와 12세 아동은 각각 총 17,613명과 18,292명이었다(Rees and Main, 2015: 16-19).

126 10세와 12세 아동의 행복은 '전체적으로 당신의 삶에 대해 얼마나 만족하십니까?'라는 질문에 0점(전혀 만족하지 않는다)부터 10점(완전히 만족한다)으로 측정하였다(Rees and Main, 2015: 34).

〈그림 3-37〉 10세와 12세 세계 아동의 행복

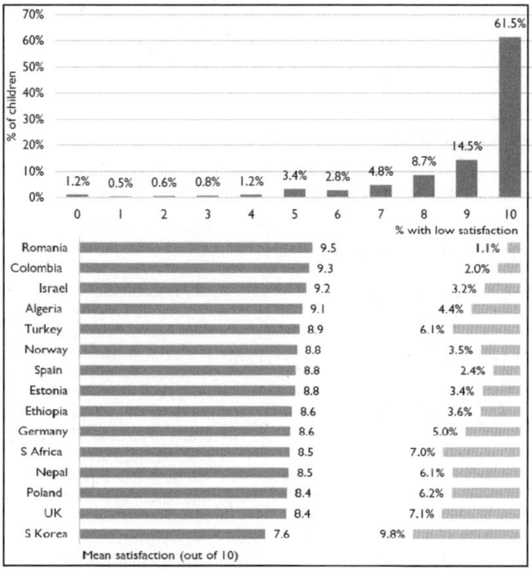

출처: (Rees and Main, 2015: 35-39 재구성)

알제리에 거주하는 12세 아동들의 행복감은 모두 9점 이상으로 행복감이 상당히 컸지만, 그 외 국가는 모두 8점 이하를 기록했다. 특히, 한국의 12세 아동들의 경우 유일하게 7점대를 기록하여 15개국 중 행복도가 가장 낮았던 반면, 불행하다고 응답한 비율은 9.8%로 15개국 중 가장 높게 나타났다. 또한, 16개국의 8세 아동 17,496명을 대상으로 한 연구에서도[127] 4점 만점에 4점이라고 응답한 비율이 75%로 전반적으로 아동들은 행복한 것으로 나타났다 (Rees, Andresen, and Bradshaw, 2016: 11).[128]

우리나라의 경우, 2013년 11월 8일부터 12월 15일까지 전국의 만 18세

127 16개 국가는 알제리, 콜롬비아, 에스토니아, 에티오피아, 독일, 이스라엘, 몰타, 네팔, 노르웨이, 폴란드, 루마니아, 남아프리카공화국, 한국, 스페인, 터키, 영국이었다(Rees, Andresen, and Bradshaw, 2016: 7).

128 몇몇 국가들의 경우, 8세 아동의 행복 측정에 10세, 12세의 행복 측정 방법의 적용이 불가능하여 8세 아동의 행복은 '전체적으로 당신의 삶에 대해 얼마나 행복합니까?' 라는 질문에 0점(전혀 만족하지 않는다)부터 4점(완전히 만족한다)으로 응답한 결과로 측정하였다 (Rees, Andresen, and Bradshaw, 2016: 8-10).

미만 아동 총 2,009명을 대상으로[129] 실시한 2013년 아동종합실태조사에 따르면, 아동의 행복감은 평균 3.03점인 것으로 나타났다(김미숙 외, 2013: 201).[130] 이는 행복을 지난 1년 동안에 대한 총 여섯 문항에 1점(전혀 그렇지 않다)부터 4점(매우 그렇다)으로 응답한 결과를 종합하여 측정한 것이었다(김미숙 외, 2013: 543).[131] 이를 100점 만점으로 환산 시 아동 행복의 평균은 75.8점으로 한국 아동의 행복감은 전반적으로 높은 편이라고 할 수 있겠다. 그러나 편차도 존재했다. 예를 들면, 가정 형편이 보통인 경우보다 기초수급자인 경우, 대도시 보다는 농어촌에 거주하는 경우, 양부모 가정보다는 한 부모 혹은 조손 가정인 경우에 상대적으로 덜 행복한 것으로 나타났다(김미숙 외, 2013: 202).

보다 최근의 연구로 한국육아정책연구소가 2015년에 실시한 한국아동패널(Panel Study on Korean Children, PSKC)의 어머니 1,565명, 아버지 1,483명, 교사 1,203명, 아동 1,557명을 대상으로 아동의 행복을 분석한 것을 예로 들 수 있다(이정림 외, 2015: 134).[132] 분석 결과, 부모와 교사가 응답한 아동의 행복은 아버지(5.8점), 어머니(5.74점), 교사(5.67점) 순으로 높았고, 아동은 자신의 행복을 3.57점으로 평가했다(이정림 외, 2015: 134). 부모와 교사, 아

---

129 연령별 구성을 보면 9-11세 639명, 12-14세 708명, 15-17세 662명이었다(김미숙 외, 2013: 70).

130 아동종합실태조사는 아동복지법 제11조 제1항에 따라 5년마다 시행해야 하는데(국가법령정보센터, 2017c) 2017년 기준 가장 최근의 아동종합실태조사는 2013년에 이뤄진 것이다.

131 여섯 문항은 '나는 행복하다, 나는 대체로 기분이 좋다, 일기나 편지 메모지 등에 자살에 대한 글을 자주 쓴다, 나는 불행한 편이라고 생각한다, 나는 평소에 즐겁게 생활한다, 나는 스트레스를 많이 받는다'였다(김미숙 외, 2013: 543).

132 PSKC는 한국육아정책연구소가 제주도를 포함한 전국에서 2008년에 태어난 신생아 2,150명을 대상으로 진행해 오는 종단 연구이다(이정림 외, 2015: 1). 본 연구에 활용된 아동은 2015년 기준 만 7세로 초등학령기에 해당되었다(이정림 외, 2015: 4). 아동의 행복을 부모와 교사에게는 '아버지(어머니, 선생님)께서 보시기에 ○○의 평소 모습(행복도)은 어떠합니까?'라는 질문에 매우 행복하지 않다부터 매우 행복하다까지 7점 척도로 측정하였다(이정림 외, 2015: 368-398). 그리고 아동에게는 '○○ 생각에 ○○는 행복하지 않은 사람이야? 아니면 행복한 사람이야?'는 질문을 포함 한 4가지 문항(이정림 외, 2015: 360)에 대해 전혀 행복하지 않아요부터 매우 행복해요까지 4점 척도(이정림 외, 2015: 46)로 측정하였다.

동의 행복감 척도가 서로 달라 이와 같은 결과를 직접적으로 비교하는 데에는 한계가 있다. 그러나 적어도 아동의 행복의 경우 4점 만점 척도라는 점을 고려해 보면 행복감이 상당히 높다고 할 수 있겠다.

그런데 아동의 행복은 부모의 교육 수준, 가구 소득, 육아 지원 기관에 따라 편차가 있는 것으로 나타났다. 즉, 고졸 이하인 부모가 상대적으로 아동의 행복을 낮게 평가하는 편이었고(이정림 외, 2015: 133), 가구 소득에 따라서는 월간 가구소득이 300만 원 이하일 경우 부모와 교사 모두 아동의 행복감이 가장 낮게 나온 반면, 아동이 응답한 행복은 가구소득이 501만 원 이상일 경우 가장 낮게 나왔다(이정림 외, 2015: 134). 육아 지원 기관별로 봤을 때에는 아동의 행복감이 부모와 교사 모두 반일제 이상, 어린이 집, 유치원 순으로 높다고 응답한 반면, 아동은 어린이집, 유치원, 반일제 이상 순으로 행복감이 높다고 응답하였다(이정림 외, 2015: 134).

3) 청소년과 행복

일반적으로, 소년과 청년을 통칭하는 의미로 사용되는 청소년(靑少年)에 대한 규정은 일관되지 않는다. 다시 말해, 청소년기(adolescence)가 주로 사춘기가 시작된 이후부터 육체 및 감정적으로 성숙될 때까지를 일컫는 반면, 청소년기(youth)는 아동과 청소년(adolescent)에서 성인(adult)으로 전환되는 기간을 말하는데, 청소년(youth, young person)에 대한 규정은 청소년(adolescent)에 대한 규정보다 정치경제 및 사회문화적 상황에 따라 국가와 기관 마다 다양하게 적용하고 있어 연령 구분도 일치하지 않는 것이다(Commonwealth Secretariat, 2016; Clark-Kazak, 2009). 일례로, 〈표 3-9〉에 요약된 바와 같이 주요 국제기구 및 조직, 미국과 영국 및 한국의 구체적인 청소년 연령 규정만 보아도 매우 다양함을 알 수 있다.[133]

---

133 일본은 청소년이라는 용어를 사용하지 않고 법률에 따라 아동, 소년, 미성년자, 연소자 등으로 구분하고 있다(여성가족부, 2016: 18).

〈표 3-9〉 청소년 연령 규정의 다양성

조직	연령	조직	연령
• UNESCO • ILO	15-24세	• UNFPA	10-24세
• WHO	10-29세	• UN Habitat (Youth Fund)	15-32세
• World Bank	15-34세	• UN World Programme of Action for Youth	15-24세
• EU • The Commonwealth	15-29세	• African Union	15-35세

국가	연령	근거법	국가	연령	근거법
미국	24세 이하	Federal Youth Coordination Act	영국	18세 미만	Children and Young Person Act
	21세 이하	Runaway and Homeless Youth Act		18세 미만	Sexual Offences Act
	14-21세	The Workforce Investment Act	한국[134]	9세-24세	청소년기본법

출처: (Commonwealth Secretariat, 2016: 8; 여성가족부, 2016: 16-17)

그런데 청소년(adolescent)과 청소년(youth, young person)은 맥락에 따라 그 의미가 구분되면서도 서로 공통점도 갖고 있다. 예를 들면, 아동기와 성인기 중간에 위치하는 청소년(adolescent, youth, young person)으로서 자율성을 획득하기 위해 노력하면서도 동시에 부모의 영향으로부터 완전히 독립하지 못한 기간에 속한다. 그리고 30세 이하 세계 청소년 인구는 전 세계 인구의 절반을 차지할 만큼 큰 비중을 차지하고 있고(IYF, 2017: vii), 15세부터 29세를 기준으로 했을 때에는 약 18억 명에 달하며, 이 중 약 87%는 개발도상국에 거주하고 있는 등(Commonwealth Secretariat, 2016: 5) 인구학적으로도 매우 중요한 의미를 공유하고 있다.

(1) 세계 청소년의 행복

국제 청소년 재단(International Youth Foundation, IYF)은 29개국의 15세부

134 통계청은 청소년을 장래인구추계나 사망원인통계에서는 9세부터 24세로, 사회조사에서는 13세부터 24세로, 인구총조사에서는 15세부터 29세로 설정하고, 여성가족부는 청소년종합실태조사에서 청소년을 9세부터 24세로, 대검찰청은 범죄분석에서 청소년을 18세 이하로, 교육부 · 보건복지부 · 질병관리본부는 청소년건강행태온라인조사에서 청소년을 중-고등학생으로 설정하는 등 기관에 따라서도 청소년의 범위를 달리 사용하고 있음에 주의해야 한다(통계청 · 여성가족부, 2018: i).

〈그림 3-38〉 세계 청소년 웰빙 지수

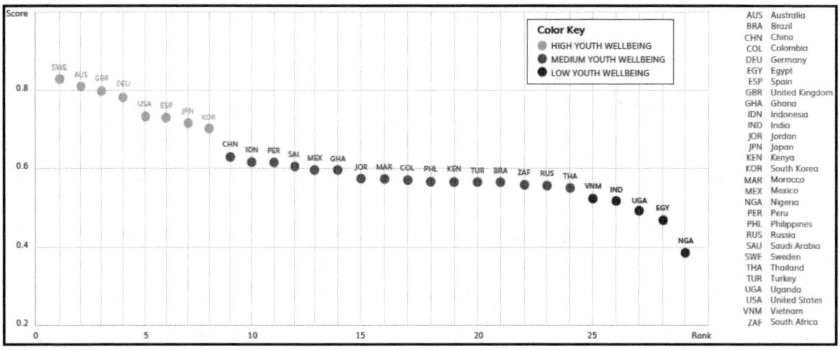

출처: (IYF, 2017: xvi-xvii)

〈표 3-10〉 세계 청소년 웰빙 지수의 국가별 비교

순위	국가	점수	순위	국가	점수	순위	국가	점수
1	스웨덴	0.83	11	페루	0.62	15	브라질	0.57
2	호주	0.81	12	사우디아라비아	0.61	22	남아프리카	0.56
3	영국	0.80	13	멕시코	0.60	22	러시아	0.56
4	독일	0.78	13	가나	0.60	24	태국	0.55
5	미국	0.73	15	요르단	0.57	25	베트남	0.52
5	스페인	0.73	15	모로코	0.57	25	인도	0.52
7	일본	0.72	15	콜롬비아	0.57	27	우간다	0.49
8	한국	0.70	15	필리핀	0.57	28	이집트	0.47
9	중국	0.63	15	케냐	0.57	29	나이지리아	0.39
10	인도네시아	0.62	15	터키	0.57		-	

출처: (IYF, 2017: xvi-xvii)

터 24세를 대상으로[135] 양성평등, 경제적 기회, 교육, 건강, 안전과 안보, 사회 참여, 정보통신기술(ICT)과 같이 7개 영역에 걸쳐 총 35개 측정 지표를 통해 2017년 세계 청소년 웰빙 지수(Global Youth Wellbeing Index, GYWI)를 도출했다.[136] 〈그림 3-38〉과 〈표 3-10〉에서 보는 바와 같이, 2017년 기준 GYWI가 높은 국가는 8개국, 중간 정도는 16개국, 낮은 국가는 5개국으로 나타났다. 아시아의 일본과 한국을 제외하고 모두 유럽 국가나 미국과 호주가 높은 그

135 2017년 GYWI의 일부 지표는 10세부터 29세까지 고려한 것이고, 15세부터 29세 청소년 18억 명의 68%를 분석에 포함시켰다(IYF, 2017: xiv).

136 영역별 가중치는 양성평등과 ICT에 10.94%를, 그 외 영역에는 모두 15.63%를 부여했다(IYF, 2017: 147-148).

〈그림 3-39〉 OECD 국가 15세 학생들의 행복[137]

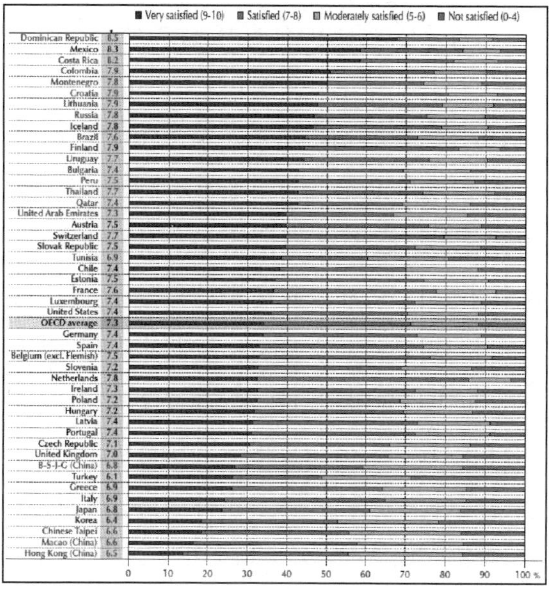

출처: (OECD, 2017c: 71)

룹에 속했고, 베트남, 인도, 우간다, 이집트, 나이지리아가 낮은 그룹에 속했다.

또한, 15세 학생들을 대상으로 3년마다 실시되는 PISA를 통해서도 세계 청소년의 행복을 가늠해 볼 수 있다. 예를 들면, 〈그림 3-39〉는 2015년 PISA 결과 중 일부로 OECD 국가에 거주하는 15세 학생들의 행복 분포를 보여주고 있다. 이들의 행복은 평균 7.3점으로 전반적으로 행복하다고 평가할 수 있겠다(OECD, 2017c: 70).[138] 그러나 국가 간 편차도 존재한다. 아랍에미리트 학생들의 행복이 7.3점으로 OECD 평균과 동일하고, 영국, 이탈리아, 그

137 PISA에서 학생들이 매우 행복하다고 응답한 결과와 갤럽에서 조사한 동일한 국가에 거주하는 성인의 행복 간 상관계수는 0.2로 PISA의 행복 조사 결과가 반드시 해당 국가 전체의 행복과 유의미한 관계에 있는 것은 아님에 주의해야 한다(OECD, 2017c: 71).

138 행복은 학생들이 자신의 삶에 얼마나 만족하는지를 0점(전혀 만족하지 않는다)부터 10점(매우 만족한다)으로 답한 결과로 측정했다(OECD, 2017c: 70).

리스, 아일랜드, 폴란드, 일본, 한국, 중국 등 10개국 이상의 학생들의 행복이 OECD 평균에도 미치지 못하고 있다(OECD, 2017c: 71). 그리고 0점부터 4점 사이에 응답하여 행복감이 낮다고 한 경우의 비율이 네덜란드는 4%에 그쳤던 반면, 한국과 터키는 20%를 넘은 것으로 나타났다(OECD, 2017c: 70).[139]

그리고 거의 대부분의 OECD 국가들에서 행복의 젠더 차이가 존재하는 것으로 나타났다. 예를 들면, 〈그림 3-40〉은 각 국가에서 매우 행복하다고 응답한 남학생과 여학생의 차이가 적은 국가부터 큰 국가 순서로 왼쪽에서 오른쪽으로 위치시켜 나타낸 것이다. OECD 국가 전체적으로, 매우 행복하다고 응답한 남학생의 비율(39%)과 여학생의 비율(29%) 간 차이가 10%에 이르렀을 뿐만 아니라(OECD, 2017c: 286-287), 0점부터 4점 사이에 응답하여 행복감이 낮다고 한 남학생의 비율(9%)과 여학생의 비율(14%) 간 차이도 5%로 나타났다(OECD, 2017c: 72). 더욱이 오스트리아, 핀란드, 아이슬란드, 룩셈부르크, 네덜란드, 슬로베니아와 같이 15세 학생 전체의 행복감이

〈그림 3-40〉 OECD 국가 15세 학생들 행복의 젠더 차이[140]

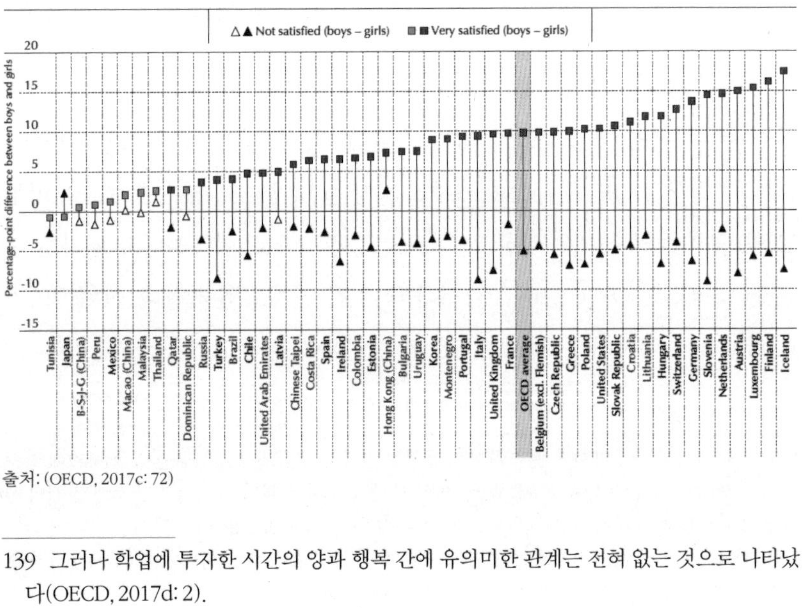

출처: (OECD, 2017c: 72)

139 그러나 학업에 투자한 시간의 양과 행복 간에 유의미한 관계는 전혀 없는 것으로 나타났다(OECD, 2017d: 2).

OECD 전체 행복의 평균보다 높은 국가들에서도 매우 행복하다고 응답한 남학생과 여학생 간 비율 차이가 14%를 기록한 것에 비춰보면(OECD, 2017c: 73), OECD 국가에 거주하는 15세 학생들의 행복의 젠더 차이는 광범위하게 퍼져 있다고 평가할 수 있겠다.

또한, 외국으로 이주한 청소년과 그렇지 않은 청소년 간 행복에도 차이가 있는 것으로 밝혀졌다. 예를 들면, 〈그림 3-41〉은 OECD 국가들의 15세[141] 원주민 학생과 1세대 이민 학생들의 행복을 최소 0점부터 최대 10점까지의 캔트릴 사다리로 측정 후 7점 이상 응답자를 행복한 것으로 간주하여 해당되는 각각의 비율을 비교한 것이다(OECD, 2018b: 70).[142] 전체적으로, 1세대 이민 학생들이 원주민 학생들보다 덜 행복하며 OECD와 EU 모두에서 전체적으로 평균 6% 정도 차이가 나는 것을 알 수 있다. 그리고 조사에 포함된 총 34개국 가운데 1세대 이민 학생들과 원주민 학생들 간 행복의 차이가 통계적으로 유의한 경우는 최소 5%의 차이를 보인 룩셈부르크에서부터 최대 25%의 차이를 보인 리투아니아까지 총 17개국인 것으로 나타났다.[143] 이처럼 전반적으로 1세대 이민 학생들이 원주민 학생들보다 덜 행복한 이유를 OECD는 1세대 이민 학생들이 정체성 혼란, 언어 문제, 새로운 교육 환경에의 적응 문제, 사회적

140 진한 삼각형과 사각형으로 표시된 경우만 젠더 차이가 통계적으로 유의미한 경우이다(OECD, 2017c: 72).

141 분석은 PISA 자료를 근거로 했기 때문에 조사 대상 연령은 정확히 15세 3개월부터 16세 2개월까지 분포해 있다(OECD, 2018b: 16).

142 원주민 학생은 부모가 모두 해당 국가에서 태어난 원주민일 경우를 말하고, 1세대 이민 학생은 조사에 응시한 때에 자신이 태어나지 않은 국가에서 학교를 다니고 있으면서 양 부모가 생존해 있는 경우는 부모 모두 해당 국가에서 태어나지 않은 경우(혹은 한 부모 가정인 경우, 부모 둘 중 한 명이라도 해당 국가에서 태어나지 않은 경우)를 의미한다(OECD, 2018b: 48).

143 그러나 이것이 곧 나머지 17개국의 원주민 학생과 1세대 이민 학생들 간 행복 격차가 무의미하다고 해석되는 논리적 근거가 될 수는 없다. 왜냐하면, 10점 만점에서 5-6점 이상을 행복한 경우로 분류하는 많은 연구들과 비교했을 때(UNICEF, 2013), 해당 연구는 그 기준을 7점 이상으로 설정하여 상당히 보수적으로 해석하고 있기 때문이다. 예외적으로, 에스토니아와 헝가리와 같은 두 국가에서 원주민 학생이 1세대 이민 학생들 보다 덜 행복하다고 나타난 것도 이와 같은 맥락을 고려해서 해석되어야 할 것이다.

〈그림 3-41〉 OECD 국가 15세 원주민 학생과 1세대 이민 학생의 행복 차이[144]

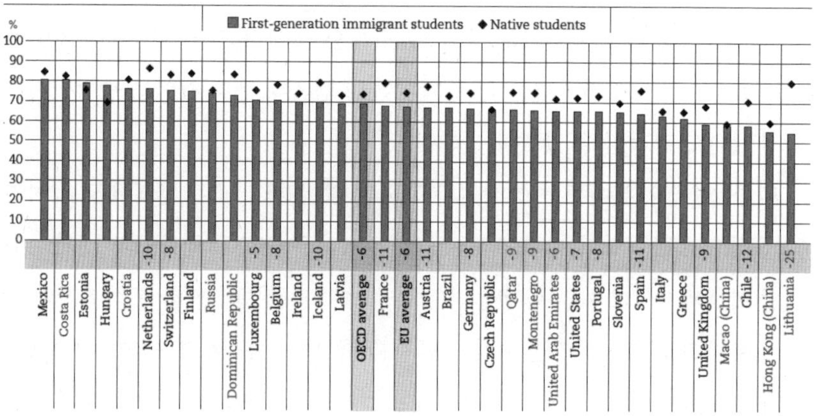

출처: (OECD, 2018b: 71)

배제 등 새로운 국가에 이주하여 겪게 되는 부정적인 경험의 영향이 크기 때문인 것으로 해석하고 있다(OECD, 2018b: 25-26; OECD, 2018c: 2).

한편, 국내 기관이 실시한 비교 분석을 통해 한국, 중국, 일본 청소년의 행복을 가늠해 볼 수도 있다. 예를 들면, 여성가족부와 한국청소년정책연구원은 2012년 6월 4일부터 7월 23일까지 전국의 초등학교 5학년부터 고등학교 3학년에 재학 중인 한국, 중국, 일본의 학생들을 대상으로 행복감을 비교 분석하였다. 〈그림 3-42〉의 왼쪽 그래프에서 보는 바와 같이, 중국 청소년들의 행복감의 평균이 83.8점으로 가장 높았고, 이어서 한국과 일본 청소년순이었다. 오른쪽 그래프는 교급별 행복감의 평균으로 세 국가 모두 교급이 낮을수록 더 행복한 것으로 나타났다. 중국과 일본은 일반계 고등학생이 전문계 고등학생보다 더 행복했지만, 한국은 그 반대로 나타났다. 연구진은 이것을 한국의 일반계 고등학생이 전문계 고등학생보다 대입을 둘러싼 학업 스트레스를 더 많이 받기 때문이라고 해석하고 있다(여성가족부, 2012: iii).

144 1세대 이민 학생들과 원주민 학생들 간 행복의 차이가 통계적으로 유의한 경우에만 국가명 다음에 그 수치를 명기했다(OECD, 2018b: 71).

〈그림 3-42〉 한국, 중국, 일본 청소년의 행복 비교[145]

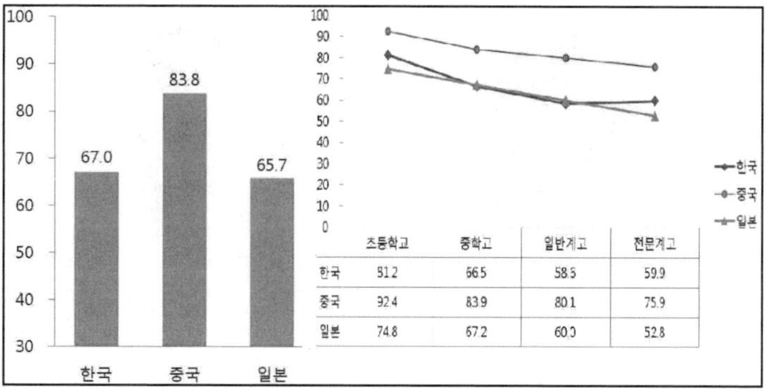

출처: 좌(여성가족부, 2012: 56), 우(여성가족부, 2012: iii)
비고: 왼쪽의 막대 그래프는 각 국 초중고생 전체 평균을, 오른쪽의 선 그래프는 교급 별 평균을 나타낸다.

(2) 한국 청소년의 행복

한국청소년연구원은 전국 초등학교 4학년부터 고등학교 3학년 재학생 10,783명을 대상으로 2015년 5월부터 7월까지 안전, 활동, 참여, 환경, 경제, 관계, 주관적 웰빙, 건강, 교육과 같이 총 9가지 영역에 걸쳐 청소년 행복 관련 설문조사를 실시하였다(김영한 외, 2015). 〈그림 3-43〉은 매우 불만족을 0점으로, 매우 만족을 10점으로 측정한 결과를 초등학생, 중학생, 고등학생 각각의 행복과 전체 행복의 지역 차이를 요약해서 보여주고 있다. 초등학생의 경우, 강원도 지역 초등학생이 8.27점으로 가장 행복한 반면, 7.44점을 기록한 광주광역시 초등학생의 행복도가 가장 낮은 것으로 나타났다. 중학생의 경우, 부산광역시 지역 중학생이 7.59점으로 가장 행복한 반면, 대전광역시와 전라남도 지역 중학생의 행복도는 동일하게 6.39점으로 가장 낮게 나타났다. 고등학생의 경우, 제주도 지역 고등학생이 6.91점으로 가장 행복한 반면, 5.71점을 기록한 전라북도 지역 고등학생의 행복도가 가장 낮은 것으로 나타났다.

145 학교에 나니고 있지 않은 청소년은 분석에서 제외되었고, 행복은 '나는 지금 행복하다'는 항목에 매우 그렇다(1점)부터 전혀 그렇지 않다(4점)로 측정하였으며(여성가족부, 2012: 543), 응답자 수는 한국 5,094명, 중국과 일본이 각각 2,066명이었다(여성가족부, 2012: 56).

〈그림 3-43〉 한국의 지역별 청소년의 행복

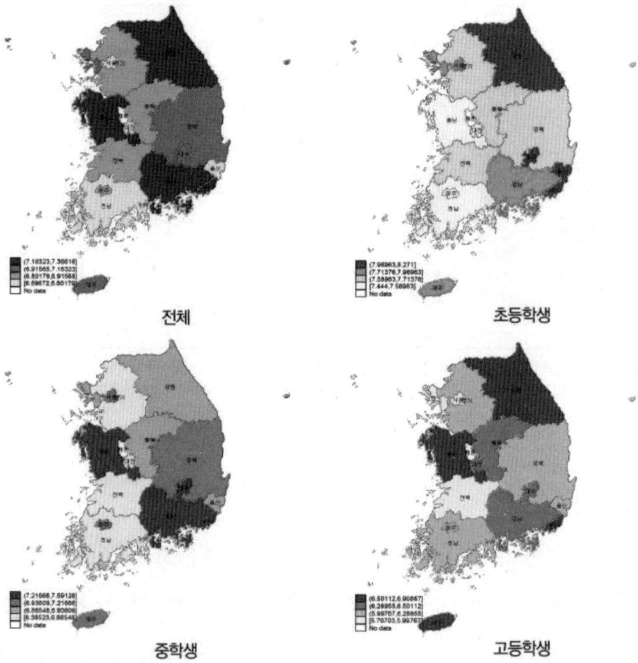

출처: (김영한 외, 2015: 25)

그리고 한국청소년정책연구원과 한국직업능력개발원 등은 2016년 4월 초부터 약 2주 동안 전국의 만 20세부터 29세 3,997명을 대상으로 인터넷 조사를 통해 생활의식 실태 조사를 하였다(이종원 외, 2016).[146] 에드 디너(Ed Diener)와 동료들(Diener et al., 1985)의 생활 만족 측정 도구(The Satisfaction with Life Scale)를 활용하여 행복감을 '전혀 그렇지 않다'부터 '매우 그렇다'까지 4점 척도로 측정하여[147] 분석한 결과, 평균값을 기준으로 여성(2.24점)보다는 남성(2.33점)이, 20대 후반(2.25점)보다는 20대 초반(2.32점)이 더 행

146 고등학교 재학 중 혹은 군복무 중인 경우에는 연령이 만 20세가 되었어도 연구에서 제외하였다(이종원 외, 2016: 112).

147 측정은 ①지금 내 생활은 내가 바라던 대로이다 ②나는 좋은 환경에서 살아가고 있다 ③나는 지금의 내 생활에 만족한다 ④나는 지금까지 원하는 것을 대부분 이루어왔다 ⑤다시 태어나도 지금처럼 살고 싶다와 같이 총 다섯 문항을 통해 이뤄졌다(이종원 외, 2016: 241).

복한 것으로 나타났다. 그리고 상위 계층(2.6점)이 하위 계층(2.03점)보다, 시·군 거주자(2.28점)보다 서울특별시 거주자(2.31점)가 더 행복한 것으로 나타났다.

보다 최근의 사례로 통계청과 여성가족부가 합동으로 청소년기본법에 근거하여 9세부터 24세를 대상으로 한 청소년 통계를 예로 들 수 있겠다. 2017년 기준 9세부터 24세 청소년의 행복감은 1점부터 10점까지의 척도를 기준으로 했을 때 평균 7.1점으로 행복감의 수준이 높은 편인 것으로 밝혀졌다(통계청·여성가족부, 2018: 44). 그런데 9세부터 12세, 13세부터 18세, 19세부터 24세의 행복감이 각각 7.6점, 7.1점, 6.9점으로 분석되어 연령이 증가할수록 행복감 수준이 감소하는 것으로 나타났다(통계청·여성가족부, 2018: 44).

이와 같은 한국 청소년의 행복에는 다양한 요인이 영향을 미치는 것으로 보고되고 있다. 예를 들면, 서울특별시 강남구, 은평구, 관악구의 초·중·고 및 대학생 190명을 대상으로 한 연구에 따르면, 주변 사람들로부터 우호적인 지지를 받는 관계적 자원이 많을수록, 고난을 극복할 수 있는 자기효능감이 클수록, 학업 성취도가 높을수록 행복감이 높았으며, 이들은 가구 월평균 소득이 행복에 긍정적인 영향을 미치는 것 보다 각각 60배, 30배, 20배 더 크게 영향을 미치는 것으로 나타났다(박영신, 김의철, 2009).[148] 그리고 2012년 3월부터 4월까지 16곳의 청소년수련원에서 청소년 활동에 참여하고 있는 중·고등학생 308명을 대상으로 청소년 활동과 행복 간 관계를 분석한 연구에 따르면, 청소년 활동 참여 동기와 만족도가 회복탄력성을 매개로 행복감에 유의미한 영향을 미치는 것으로 나타났다. 즉, 청소년 활동의 참여 동기와 만족도가 높으면 회복탄력성이 증대되어 행복감에도 긍정적인 영향을 미친다는 것이다(진은설, 2013).[149]

---

148 응답자의 연령은 11세부터 29세로 평균 17.27세, 최빈값이 18세였다(박영신, 김의철, 2009: 408).

149 청소년 활동 참여 동기, 만족도, 회복탄력성은 모두 전혀 그렇지 않다(1점)부터 매우 그렇다(5점)로, 행복은 전혀 그렇지 않다(1점)부터 매우 그렇다(7점)로 측정되었다(진은설,

4) 노인과 행복

인구 고령화는 전 세계 거의 모든 국가에서 발생하고 있으며, 이미 거부할 수 없는 세계적 추세로 굳어진 지 오래다. 예를 들면, 〈그림 3-44〉에서 보는 바와 같이 전 세계 60세 이상 노인 인구 비율은 1980년에 8.5%였던 것이 2017년에는 12.7%까지 증가했다(UN DESA, 2017a: 1). 오는 2030년에는 그 비율이 16.4%, 2050년에는 21.3%까지 증가할 것으로 예상된다(UN DESA, 2017a: 1).[150]

우리나라 통계청에 따르면, 2017년 기준 전체 인구 5,144만 6천 명 중 65세 이상 노인은 707만 6천 명으로 13.8%를 차지했다(통계청, 2017e: 14). 이 중 독거노인의 경우, 2013년에 1,107,000명이었던 것이 2016년에는 1,266,000명까지 증가하여 전체 노인 인구의 약 18.8%에 이르렀다(통계청, 2017h: 6). 그리고 2017년 기준 노령화 지수는[151] 104.8로 1990년 노령화 지수 20.0보다 5배가 증가했으며, 2030년에는 212.1로, 2050년에는 399.0까지 증가할 것으로 예상되고 있다(통계청, 2017e: 16).[152]

그런데 다른 연령대와 달리 노인의 경우 무엇보다도 신체적으로 많이 쇠약한 특징을 공유하고 있다. 그렇기 때문에 그들의 행복은 상대적으로 더 다양한 요소들로부터 더 많은 영향을 받을 수밖에 없다. 예를 들면, 노인의 행복은 사회인구 및 경제적 요소 중 특히, 결혼 상태(Pinquart and Sörensen, 2001), 소득 수준(Yang, 2008; Pinquart and Sörensen, 2000), 교육 수준(Pinquart and Sörensen, 2000)의 영향을 많이 받는다. 그리고 건강 상태의 영

2013: 197-198).

150 실선과 점선은 각각 1980년부터 2017년까지, 2018년부터 2050년까지의 추정치를 나타낸다.

151 노령화 지수(ageing index)는 0세부터 14세까지의 유소년 인구에 대한 65세 이상 노인 인구 비로 [(65세 이상 노인 인구/0세부터 14세까지의 유소년 인구)×100]으로 산출한다.

152 전국의 17개 시 · 도 중 노령화 지수가 100 이상인 곳은 9개로 전체의 52.9%였고, 229개 시 · 군 · 구 중 노령화 지수가 100 이상인 곳은 156개로 전체의 68.1%인 것으로 나타났다(통계청, 2017c: 2).

〈그림 3-44〉 세계 60세 이상 고령자 비율

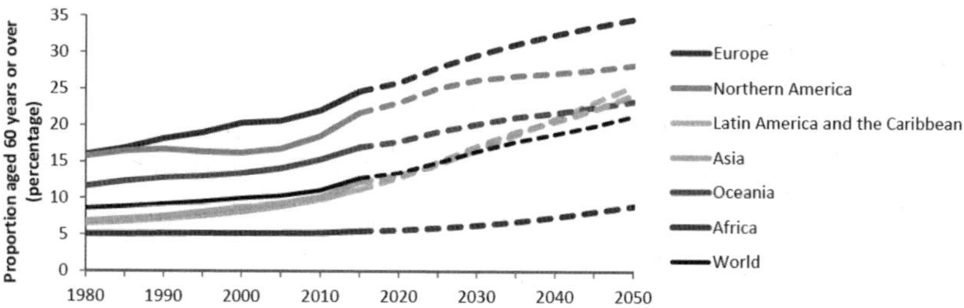

출처: (UN DESA, 2017a: 1)

향력 또한 큰 편이다(Kirby, Coleman, and Daley, 2004; Steverink et al., 2001).

그리고 노인의 행복은 사회적 관계의 영향도 많이 받는다. 예를 들면, 사회적 지지 중에서 노인이 자원봉사(Morrow-Howell et al., 2002; Greenfield and Marks, 2004)를 하는 것과 가족과 친구를 지지해 주는 경우(Piferi and Lawler, 2006; Thomas, 2010) 노인의 행복감은 일반적으로 향상된다. 그러나 노인이 돌봄 노동을 제공할 경우에는 행복에 부정적인 영향을 미치기도 한다(Pinquart and Sörensen, 2003).

노인이 많이 겪는 은퇴 또한 노인의 행복에 많은 영향을 미친다. 다시 말해, 개인별로 차이가 없지는 않지만, 일반적으로 은퇴는 노인의 역할에 급격한 변화를 초래하고(Morgan and Kunkel, 2007), 노인의 소득과 소비에 유의미한 영향을 미침으로써 행복에도 유의미한 영향을 미치며 특히, 평소에 건강 상태가 양호하지 못한 경우에 비자발적인 은퇴 효과가 겹치게 되면 노인의 행복에 심각한 피해를 주는 것으로 나타났다(Hansson et al., 2017; Bender, 2004). 그런데 이와 같은 노인의 행복에 대한 은퇴 효과의 지속성에 대한 연구 결과는 일관되지 않은 것으로 보고되고 있다. 다시 말해, 은퇴가 노인의 행복에 미치는 부정적인 영향이 은퇴 이후의 시간이 경과할수록 감소하기도 하고, 시간의 경과와 무관하기도 하는 등 일반화하기 어려운 것으로 밝혀졌다(Pinquart and Schindler, 2007; Gall, Evans, and Howard, 1997; Richardson and Kilty, 1991).

그리고 주로 노인이 흔하게 겪는 연령에 대한 차별적 인식이나 태도도 노인의 행복에 많은 영향을 미치는 것으로 밝혀지고 있다. 그런데 이 경우 연령에 대한 차별적 인식이나 태도가 직접적으로 노인의 행복에 영향을 미치는 것은 아니었다. 다시 말해, 주로 행복에 결정적인 영향을 미치는 요소에 영향을 미침으로써 간접적으로 행복에 영향을 주는 경우가 많다는 것이다.

예를 들면, 나이가 들어가는 것을 긍정적으로 인식하는 노인은 그렇지 않은 노인보다 더 오래 사는 것으로 밝혀졌다(Levy et al., 2002). 즉, 오하이오 고령화 및 은퇴 종단연구(Ohio Longitudinal Study of Aging and Retirement)에서 50세 이상 660명을 추적 조사한 결과, 자신이 늙어 가는 것을 긍정적으로 인식하는 경우가 그렇지 않은 경우보다 7.5년 더 오래 사는 것으로 나타났다(Levy et al., 2002: 261). 그리고 이와 같은 결과는 연령, 성별, 사회경제적 지위, 외로움, 기능적 건강 요소를 모두 고려했을 때에도 일관되게 유지되었다(Levy et al., 2002: 261).

또한, 나이 듦에 대해 긍정적인 생각을 하는 노인은 그렇지 않은 노인보다 치매(dementia)에 걸릴 위험이 낮은 것으로 밝혀졌다(Levy et al., 2018). 다시 말해, 미국의 건강과 은퇴 연구(Health and Retirement Study, HRS)에 참여한 노인 중 치매를 전혀 앓고 있지 않은 4,765명을 4년 동안 추적 조사한 결과, 나이 듦에 대해 긍정적인 생각을 하는 노인에게 치매가 발생할 위험은 2.6%였던 반면, 부정적인 생각을 하는 노인에게 치매가 발생할 위험은 4.61%로 나타났다(Levy et al., 2018: 5).[153] 그리고 이와 같은 경향은 치매가 걸릴 확률을 높이는 APOE-ε4를 지닌 노인들 간 비교 분석에서도 그대로 유지되었다. 즉, HRS의 동일한 분석 대상자 중에서 APOE-ε4를 지닌 노인들 중 나이 듦에 대해 긍정적인 생각을 하는 노인에게 치매가 발생할 위험은 2.7%였던 반면, 부정적인 생각을 하는 노인에게 치매가 발생할 위험은 6.14%로 나타난 것이

153 평균 나이 72세, 백인 96%, 흑인 6%, 기타 3%였고, 학력은 86%가 고졸 이상이었으며, 93%가 기혼자였다(Levy et al., 2018: 2).

다(Levy et al., 2018: 5).

이 외에도 주로 장애 회복, 기억력, 스트레스와 관련된 논의가 많이 이뤄지고 있다. 예를 들면, 나이 듦에 대해 긍정적인 인식을 갖고 있는 노인은 부정적인 인식을 지닌 노인보다 심각한 장애에서 회복될 확률이 44%가 더 높았다(Levy et al., 2012: 1973). 그리고 나이 듦에 대한 긍정적인 인식을 촉진하는 중재 프로그램이 제공되면 노인의 기억력이 향상되는 반면, 부정적인 인식을 촉진하는 중재 프로그램은 기억력을 감퇴시켰다(Levy, 1996). 또한, 나이 듦에 대한 부정적인 인식을 갖고 있는 노인은 스트레스 즉, 코티솔(cortisol)이 44%가 증가한 반면, 긍정적인 인식을 갖고 있는 노인의 코티솔은 증가하지 않았다(Levy et al., 2016: 141).

(1) 세계 노인의 행복

우리는 앞에서 연령과 행복 간 관계 고찰을 통해 이미 세계 노인 행복의 특징의 일부를 살펴보았다. 따라서 여기에서는 연령과 행복 부분에서 부족했던 논의를 중심으로 살펴보겠다. 세계 노인의 행복을 체계적으로 분석한 최근의 대표 사례로 앤드류 스텝토(Andrew Steptoe), 앵거스 디턴(Angus Deaton), 아더 스톤(Arthur Stone)의 연구를 빼놓을 수 없다. 이들이 2006년부터 2010년까지의 GWP 자료에서 약 298,041명을 분석한 결과, 노년기의 행복이 모두 연령과 행복 간 U자형 관계의 적용을 받는 것은 아닌 것으로 밝혀졌는데, 그 결과는 크게 두 가지로 구분해서 살펴볼 수 있겠다(Steptoe, Deaton, and Stone, 2015).[154]

154 권역별로 분석에 포함된 국가와 분석 대상자 수는 다음과 같다(Steptoe, Deaton, and Stone, 2015: 642). 먼저, 경제적으로 부유한 영어권에는 미국, 캐나다, 영국, 아일랜드, 호주, 뉴질랜드와 같이 총 6개국의 13,762명이 포함되었다. 구소련 연방과 동유럽권에는 알바니아, 아르메니아, 아제르바이잔, 벨라루스, 보스니아헤르체고비나, 불가리아, 크로아티아, 체코, 에스토니아, 조지아, 헝가리, 카자흐스탄, 코소보, 키르기스스탄, 라트비아, 리투아니아, 마케도니아, 몰도바, 몬테네그로, 폴란드, 루마니아, 러시아, 세르비아, 슬로바키아, 슬로베니아, 타지키스탄, 투르크메니스탄, 우크라이나, 우즈베키스탄과 같이 총 29개국의 63,325

〈그림 3-45〉 세계 노인의 행복(삶 전체의 행복)

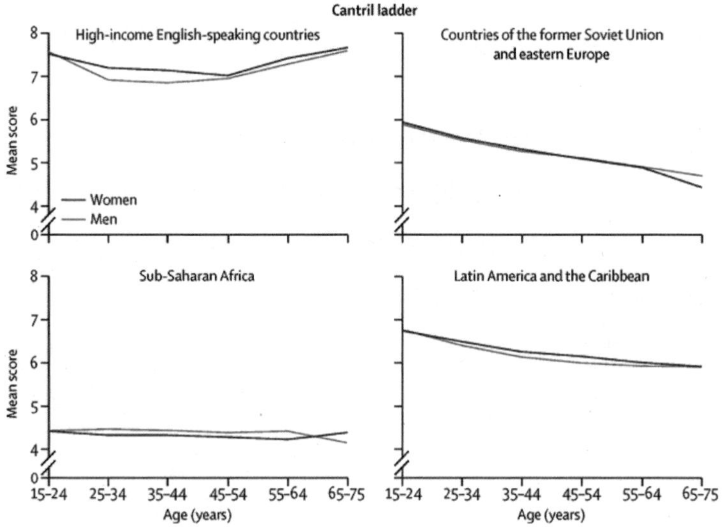

출처: (Steptoe, Deaton, and Stone, 2015: 642)

먼저, 〈그림 3-45〉에서 보는 바와 같이, 삶의 전반에 걸친 행복도를 10점 만점의 캔트릴 사다리로 측정하여 평균을 비교한 결과, 다른 연령과 비교한 세계 노인의 행복은 권역 별 상황에 따라 다르게 나타났다. 고소득의 영어권 국가들의 경우, 노인의 행복도는 7점 이상으로 다른 연령대 보다 높은 편이었다. 그러나 구소련 연방과 동유럽 국가들 및 라틴 아메리카와 카리브해 국가들의 노인의 행복은 모두 다른 연령대 보다 낮았는데, 전자는 행복도가 5점 이하까지 낮아진 반면, 후자는 6점 이하로 감소하지 않은 점에서 차이가

명이 포함되었다. 사하라 사막 이남 아프리카에는 앙골라, 베냉, 보츠와나, 부르키나파소, 브룬디, 카메룬, 중앙아프리카공화국, 차드, 코모로, 콩고(브라자빌), 콩고 민주공화국, 코트디부아르, 에티오피아, 가나, 기니, 케냐, 라이베리아, 마다가스카르, 말라위, 말리, 모리타니, 모잠비크, 나미비아, 니제르, 르완다, 세네갈, 시에라리온, 소말리아, 남아프리카, 수단, 탄자니아, 토고, 우간다, 잠비아, 짐바브웨와 같이 총 35개국의 124,800명이 포함되었다. 그리고 라틴아메리카와 카리브해에는 아르헨티나, 벨리즈, 볼리비아, 브라질, 코스타리카, 칠레, 콜롬비아, 쿠바, 도미니카공화국, 에콰도르, 엘살바도르, 과테말라, 가이아나, 아이티, 온두라스, 자메이카, 멕시코, 니카라과, 파나마, 파라과이, 페루, 푸에르토리코, 트리니다드토바고, 우루과이, 베네수엘라와 같이 총 25개국의 96,154명이 포함되었다.

있었다. 반면, 사하라 사막 이남 아프리카 국가들에 거주하는 노인의 행복도는 4점 이상 5점 미만에 그쳐 상당히 불행한 상태였으며, 다른 연령대와도 큰 차이가 없었다. 그리고 네 권역 모두 남녀 노인 간 행복의 유의미한 차이는 없었다.

두 번째, 동일한 자료를 대상으로 단기간의 행복을 분석한 경우에도 노년기의 행복이 모두 연령과 행복 간 U자형 관계의 적용을 받는 것은 아닌 것으로 밝혀졌다(Steptoe, Deaton, and Stone, 2015). 다시 말해, 〈그림 3-46〉에서 보는 바와 같이, 어제 행복감을 많이 느끼지 않은 비율을 비교한 결과, 다른 연령과 비교한 세계 노인의 행복은 권역별 상황에 따라 달랐는데, 전체적으로 봤을 때, 고소득의 영어권 국가, 라틴 아메리카와 카리브해 국가, 사하라 사막 이남 아프리카 국가, 구소련 연방과 동유럽 국가 순서로 그 비율이 낮은 것으로 밝혀졌다. 구체적으로, 고소득의 영어권 국가들의 경우, 어제 많이 행복하지 않았다고 응답한 노인의 비율은 10% 내외에 그쳤으며 다른 연령대보다 크게 높거나 낮은 편도 아니었다. 그러나 구소련 연방과 동유럽 국가들

〈그림 3-46〉 세계 노인의 행복(어제의 행복)

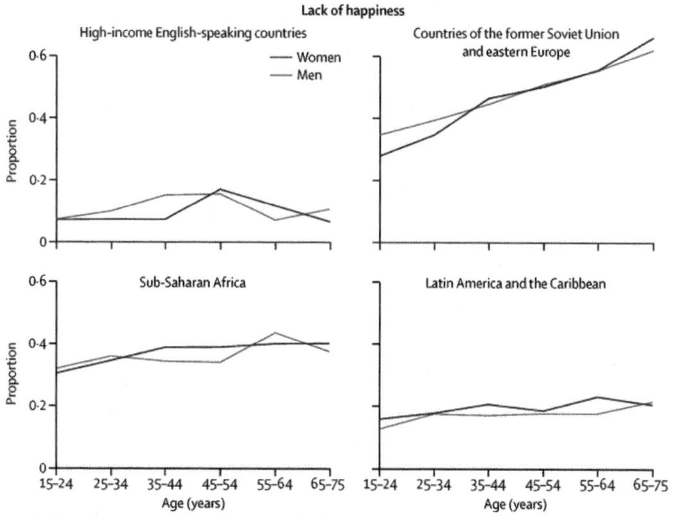

출처: (Steptoe, Deaton, and Stone, 2015: 644)

에 거주하는 노인이 어제 많이 행복하지 않았다고 응답한 비율은 50%를 초과하였으며, 다른 연령대와도 편차가 상당히 컸다. 사하라 사막 이남 아프리카 국가들에 거주하는 노인이 어제 많이 행복하지 않았다고 응답한 비율은 40% 이상이었지만, 다른 연령대와 비교했을 때 그 편차는 10% 내외에 그쳤다. 라틴 아메리카와 카리브해 국가들에 거주하는 노인들의 경우, 어제 많이 행복하지 않았다고 응답한 비율은 20% 내외였으며, 다른 연령대와도 큰 차이가 없었다. 그리고 네 권역 모두 남녀 노인 간 유의미한 차이는 없었다.

(2) 한국 노인의 행복

세계 노인의 행복과 마찬가지로, 한국 노인의 행복의 특징 일부 또한 연령과 행복 간 관계 고찰을 통해 이미 살펴보았다. 그러므로 여기에서는 한국의 연령과 행복 부분에서 부족했던 논의를 중심으로 살펴보겠다. 먼저, 우리나라 전체 노인의 행복과 관련하여, 2016년 3월 15일부터 4월 5일에 전국의 만 16세부터 74세 남녀 3,520명을 대상으로 실시한 동그라미재단의 한국사회 기회 불평등 조사에서 만 60세부터 74세 남녀 노인 534명을 추출하여 분석한 결과, 노인의 행복감은 그리 높지 않은 것으로 밝혀졌다(양재진, 이호연, 이정주, 2016).[155] 즉, 10점 만점을 기준으로 했을 때, 노인의 행복도는 5.74점으로 절반이 조금 넘는 수준에 그쳤으며, 표준편차는 2.006으로 노인들 사이의 행복 불평등이 다른 연령대의 행복 불평등(청소년은 1.995, 청년은 1.816, 중장년은 1.920) 보다 큰 것으로 나타났다(양재진, 이호연, 이정주, 2016: 83). 그리고 앓고 있는 만성 질환의 수를 기준으로 했을 때, 만성 질환을 더 많이 앓을수록 노인의 행복에 부정적인 영향(b=-.155, p=.001)을 미치는 것으로 나타

155 대상자 조사는 인터넷 설문을 기본으로 했지만, 인터넷에 익숙하지 않은 노인 115명에 대한 조사는 면대면 인터뷰를 통해 이뤄졌다(양재진, 이호연, 이정주, 2016: 79). 그리고 남녀 노인은 각각 254명(47.6%)과 280명(52.4%)이었고, 연령 분포는 60-64세가 310명(581.%), 65-69세가 169명(31.6%), 70-74세가 55명(10.3%)이었다(양재진, 이호연, 이정주, 2016: 81).

났다(양재진, 이호연, 이정주, 2016: 86).

그리고 우리나라 노인의 행복에 자녀와의 경제적 자원의 교환이 유의미한 영향을 미치는 것으로 밝혀졌다. 예를 들면, 고령화연구패널조사(Korean Longitudinal Study of Ageing, KLoSA) 2012년도 자료에서 성인 자녀와 동거하고 있지 않은 65세 이상 노인 2,444명을 분석한 결과, 성인 자녀와의 금전적 교환이 노인의 행복에 유의미한 영향을 미치는 것으로 밝혀졌다(전미애, 김정현, 2016).[156] 즉, 65세 이상 노인이 성인 자녀로부터 금전적 지원을 정기적으로 받는 경우(b=.088, p=.000)뿐만 아니라, 비정기적으로 받는 경우(b=.071, p=.002) 모두 노인의 행복감이 증대된 반면, 노부모가 성인 자녀에게 금전적 지원을 전혀 하지 않은 경우(b=-.119, p=.000)에는 노인의 행복감이 감소했다(전미애, 김정현, 2016: 259). 그리고 교육 수준이 높을수록, 자녀가 적을수록, 자녀와의 연락을 더 많이 할수록 노인의 행복감이 증가했다(전미애, 김정현, 2016: 260).

같은 자료에서 1,462명의 저소득 계층 노인만을 분석한 경우에도 이와 동일한 경향이 유지되었다. 다시 말해, 일 년의 가구 소득이 1,200만원 미만인 65세 이상 노인이 성인 자녀로부터 금전적 지원을 정기적으로 받는 경우(b=.133, p=.000)와 비정기적으로 받는 경우(b=.117, p=.002) 모두 노인의 행복감이 증가한 반면, 노부모가 성인 자녀에게 금전적 지원을 전혀 하지 않은 경우(b=-.185, p=.000)에는 노인의 행복감이 감소했다(전미애, 김정현, 2016: 260). 또한, 교육 수준이 높을수록, 자녀가 적을수록, 자녀와의 연락을 더 많이 할수록 노인의 행복감이 증가했다(전미애, 김정현, 2016: 261).

이와 비슷하게, 소득이 노인의 행복에 유의미한 영향을 미쳤는데, 그 효과는 공적연금 비중, 사적이전 비중, 자기소득 비중에 따라 차이가 있는 것으로 밝혀졌다. 예를 들면, 2014년도 KLoSA 자료에서 성인 자녀와 동거하고 있지

156 행복은 100점 만점으로 측정되었고(전미애, 김정현, 2016: 256), 여성 노인의 비율이 55.3%로 남성보다 많았다(전미애, 김정현, 2016: 257).

않은 65세 이상 노인 3,276명을 분석한 결과, 공적연금 비중이 클 때(b=.081, p=.000)뿐만 아니라 사적이전 비중이 클 때(b=.059, p=.013)에도 행복감이 증가했다(전미애, 김정현, 2017: 294). 반면, 자기소득 비중은 증가할수록 행복감을 감소시키는 것(b=-.028, p=.097)으로 나타났다(전미애, 김정현, 2017: 295).[157] 그리고 배우자가 있는 경우, 교육 수준이 높을수록, 건강상태가 좋다고 느낄수록 행복감도 증가했다(전미애, 김정현, 2017: 296).

그런데 비록, 전국 규모의 연구 결과는 아니지만, 노인의 행복은 환경의 영향도 많이 받는 것으로 밝혀졌다. 농촌이라는 지역 환경적 특징과 복지관을 이용할 수 있는 복지 환경적 특징과 관련된 경우를 대표 사례로 들 수 있겠다. 먼저, 농촌 지역의 환경과 관련하여 연세대학교의 건강한 노화 사업단이 경기도의 농촌 지역인 K군에서 2011년 12월부터 2012년 1월까지 조사한 한국인의 사회적 삶, 건강과 노화 프로젝트(Korean Social Life, Health and Aging Project) 패널 조사 1차 자료에 포함된 60세 이상 남녀 노인 814명을 대상으로 노인의 사회적 연결망이 행복에 미치는 영향을 분석한 결과, 사회적 연결망의 유형에 따라 행복 수준에 편차가 있음을 밝혀낸 것을 예로 들 수 있겠다(박경순, 박영란, 염유식, 2017).[158] 다시 말해, 노인의 사회적 연결망을 사회적 연결망의 크기, 친족 구성 정도, 만남 빈도, 친한 정도에 따라 고립형, 외향형, 중도형, 친족 집중형으로 구분하여(박경순, 박영란, 염유식, 2017: 164-165) 분석한 결과, 외향형 노인이 가장 행복한 반면, 고립형 노인이 가장 불행한 것으로 나타난 것이다. 구체적으로, 행복을 5점 만점으로 측정했을 때, 외향형(3.61, p<.001), 친족 집중형(3.52, p<.001), 중도형(3.33, p<.001), 고립형(3.24, p<.001)순으로 행복도가 높았다(박경순, 박영란, 염유식, 2017: 169).

두 번째, 복지 환경과 관련해서는 2016년 4월에 전라북도의 12개시와 군

157 유의 수준은 p<.05, p<.01, p<.001, p<.10으로 판단하였다(전미애, 김정현, 2017: 295).

158 농촌 지역의 특성상 노인의 사회적 연결망에 배우자의 역할도 중요하다고 판단하여 60세 미만의 여성 배우자 45명(전체 노인의 5.5%)도 포함되었다(박경순, 박영란, 염유식, 2017: 159).

지역에 위치한 노인복지관 18곳을 대상으로 60세 이상 남녀 노인 815명을 분석한 결과, 노인복지관의 이용이 노인의 행복에 유의미한 영향을 미치는 사실을 밝혀낸 것을 예로 들 수 있겠다(김양이, 이연숙, 2017).[159] 즉, 노인복지관을 이용하는 노인의 자기 효능감이 증가하면 행복감도 증가하였으며, 사회적 지지를 많이 받는 경우에도 행복감이 증가하는 것으로 나타났다(김양이, 이연숙, 2017: 231). 그런데, 자기 효능감은 가족의 지지와 행복감 사이에서 완전매개 역할도 했다. 즉, 가족의 지지가 노인의 행복 증진에 직접적으로 영향을 미치는 것이 아니라 자기 효능감을 통해 간접적인 영향을 미쳤다(김양이, 이연숙, 2017: 232).

한편, 한국 노인의 행복과 관련하여 특히 보다 더 많은 관심이 필요한 이들이 있다. 그들은 바로 장애 노인들이다.[160] 물론, 앞에서 밝혔듯이, 인간의 평균적인 노화 과정을 겪는 보통의 노인도 다른 연령대보다 상대적으로 행복에 취약하지만, 장애 노인의 행복은 보통의 노인 보다 더 취약할 수밖에 없다. 장애 노인의 행복에 더 많은 관심이 필요한 또 다른 이유는 바로 장애 노인의 규모가 계속 증가하고 있기 때문이다.

예를 들면, 2017년 기준 우리나라 장애 인구는 총 2,668,411명으로 전체 인구 대비 5.39%의 장애 출현율을 기록하고 있었는데(보건복지부 · 한국보

159 행복은 Kozma and Stone(1980)이 행복을 측정하기 위해 활용한 24문항 중 22문항을 이용하여 측정했으며(김양이, 이연숙, 2017: 225), 남성 노인은 412명(50.8%), 여성 노인은 403명(49.4%), 60대는 208명(25.5%), 70대는 479명(58.8%), 80세 이상은 128명(15.7%), 도시 거주자는 488명(59.9%), 농촌 거주자는 327명(40.1%)이었다(김양이, 이연숙, 2017: 227).

160 한국장애인개발원에 따르면, 고령화된 장애인(ageing with disability)과 노인성 장애인(disability with ageing)을 지칭하는 용어가 노인성 장애인, 노인성 장애 노인, 노화과정 장애인, 노령화된 장애인 등으로 통일되어 있지 않지만, 고령 장애인과 장애 노인이 가장 많이 사용된다고 한다(한국장애인개발원, 2017: 575-576). 그리고 장애를 가진 상태에서 노화의 진행으로 노인이 된 장애 노인은 장애인복지 영역에서, 장애가 없었지만 노인이 되어 장애 노인이 된 노인은 노인복지 영역에서 연구하는 경향이 없지 않지만(Avlund et al., 2004), 필자는 이들이 모두 노화와 장애를 동시에 겪는다는 공통점을 중시하여 모두 장애 노인으로 보고 논의하겠다.

건사회연구원, 2018a: 5) 연령이 높을수록 장애 인구도 늘어나는 것으로 밝혀졌다. 다시 말해, 전체 장애인 인구 중 50세 이상은 75%(한국장애인개발원, 2018: 1), 65세 이상은 46.6%(보건복지부 · 한국보건사회연구원, 2018b: 2)인 반면, 20-30대는 약 9.4%, 40대는 약 10.4%로 나타난 것이다(보건복지부 · 한국보건사회연구원, 2018a: 8). 눈에 띄는 점은 2007년부터 2016년까지 10년 동안 64세까지는 시간이 흐를수록 장애 인구가 전체적으로 감소하는 추세였지만, 65세 이상 노인의 경우 2007년에 688,884명, 2010년에 934,634명, 2013년에 1,009,876명, 2016년에 1,089,317명 등 장애 인구가 10년 동안 한 해도 거르지 않고 증가해 왔다는 것이다(한국장애인개발원, 2017: 577).

그런데 장애 노인이 모두 동질적인 집단인 것은 아니다(Zarb and Oliver, 1993). 다시 말해, 장애 노인의 범주에 포함되는 경우는 크게 두 가지로 구분될 수 있다. 선천적으로 장애를 가지고 있었거나 젊은 시절에 장애가 발생한 후 노인이 된 장애 노인과 노인이 된 후 만성 질환 등 장애가 발생한 경우가 그것이다(양희택, 신원우, 2011). 이처럼 장애 노인은 이질적인 집단이지만, 장애 노인 모두 노화와 장애를 동시에 경험하는 이른바 이중고에 시달린다는 점에서는 동질적이다(Foreman, 1998).

이와 같은 우리나라 장애 노인의 행복도는 대략 중간 수준에 그치고 있는 것으로 밝혀졌다. 즉, 한국장애인개발원이 2017년 6월 5일부터 7월 7일까지 조사한(조상은 외, 2017: 99) 전국의 50세 이상 장애 노인 491명 중에서(조상은 외, 2017: 108) 393명을 분석한 결과, 자신의 삶에 대해 전반적으로 만족하지 않는 비율이 외부와 내부 장애 노인 모두 21.8%로 나타났고, 외부 장애 노인의 29.7%와 내부 장애 노인의 21.2%는 자신의 삶에 만족하는 것으로 응답하여 두 경우 모두 5점 만점에 평균 2.6점을 기록한 것이다(조상은 외, 2017: 126).[161] 그런데 2017년 기준, 장애 노인이 가장 필요로 하는 복지 서비스는 전

161 행복은 '귀하는 전반적으로 자신의 생활에 얼마나 만족하고 계십니까?'라는 질문에 5점 만점 척도로 측정하였다(조상은 외, 2017: 331).

체 장애 노인의 41.9%가 꼽은 의료보장이었고, 두 번째로 필요로 하는 복지 서비스는 36.8%가 꼽은 소득보장으로 나타나(한국장애인개발원, 2017: 589) 장애 노인의 행복을 위해서는 특히, 의료 및 소득보장이 보다 강화되어야 할 것으로 보인다.[162]

5) 이민자와 행복

(1) 세계 이민 동향

세계 이민 동향은 국경 통제, 비자 요건, 취업 요건 등 거의 전적으로 각국의 이민 규제 정책에 의해 결정된다. 예를 들면, 〈그림 3-47〉은 1900년부터 2013년까지 세계 약 40여 국가의 이민 규제 정책의 규제성(restrictiveness) 추이를 나타낸 것이다. 각국의 이민 규제 정책은 시간이 지날수록 규제 요건이 보다 정교해지고 있지만(De Hass, Netter, and Vezoli, 2014), 1945년 이후부터 전반적으로 규제가 이전보다 완화된 것을 알 수 있다.

〈그림 3-47〉 세계 이민 규제 정책의 규제성 변화[163]

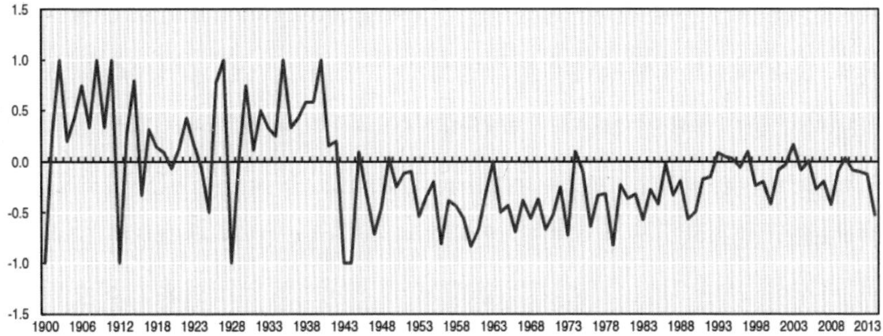

출처: (OECD, 2016b: 136)

162 우리나라 65세 이상 노인 중 소득과 재산이 모두 1,190,000원 미만인 경우(부부의 경우 1,904,000원), 매 월 최대 206,000원을 지급해 주는 기초연금 제도를 시행하여 2017년 기준 총 8조 961억 원이 지급되었다(통계청, 2017i: 1).

163 규제 정책의 값을 1로 설정하고, 0은 규제성의 변화가 없음을, 0보다 큰 값은 규제가 보다 강해진 정책의 수가 보다 완화된 정책의 수보다 많음을, 0보다 작은 값은 그 반대를 뜻한다 (OECD, 2016b: 136).

〈그림 3-48〉 세계 순이주율

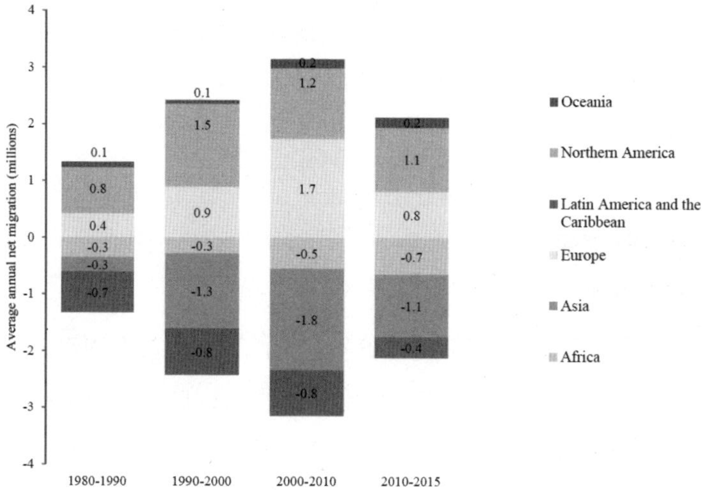

출처: (UN DESA, 2017b: 9)

이와 같은 이민 규제 정책의 완화는 전 세계 이민 추세를 다양화시키고 있다. 1980년부터 2015년까지 전 세계 이민의 대륙별 추세를 보여주고 있는 〈그림 3-48〉에서 보는 바와 같이, 한 국가나 지역에서 이민을 들어온 사람과 이민을 나간 사람 간 차이를 뜻하는 순이주율(Net Migration Rate)을 기준으로 했을 때, 전 세계 이민의 대륙별 일반적 추세는 유럽, 북아메리카, 오세아니아의 순이주율이 0보다 큰 반면 아시아, 라틴아메리카와 카리브해 국가, 아프리카의 순이주율은 0보다 작았다(UN DESA, 2017b). 다시 말해, 유럽, 북아메리카, 오세아니아는 이민을 들어오는 사람이 나가는 사람보다 많은 반면, 아시아, 라틴아메리카와 카리브해 국가, 아프리카는 이민을 들어오는 사람이 나가는 사람보다 적었던 것이다.

그러나 세계 이민 동향을 보다 구체적으로 국가별로 살펴보면, 전통적으로 이민을 받아들이던 국가와 이민을 보내던 국가가 고정적이지 않고 상황이 많이 변하고 있음을 알 수 있다(Skeldon, 2013).[164] 예를 들면, 〈그림 3-49〉

164 2017년 기준, 이민을 가장 많이 나간 국가를 순위별로 보면, 1위 인도(16.6백만 명), 2위

〈그림 3-49〉 세계 이민 국가(in-flows) 추세

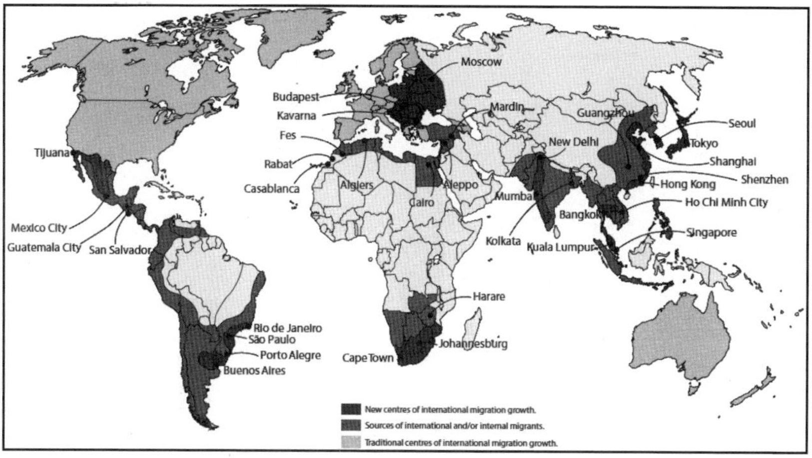

출처: (IOM, 2015: 37)

에서 보는 바와 같이 전통적으로 이민을 많이 받아들였던 국가에만 이민이 이뤄지는 것이 아니라, 새롭게 이민을 많이 받아들이는 국가들이 늘어나고 있음을 알 수 있다. 이것은 곧 이민의 세계화 현상이 확산되고 있음을 의미하는 것이다. 이와 같은 세계 이민에서 가장 큰 비중을 차지하는 것이 바로 결혼, 가족 모두가 함께 이민하는 가족 동반(accompanying family), 먼저 이민 간 가족의 초청으로 이민을 가는 가족 합류(family reunification), 입양과 같이 네 가지 항목으로 구성되는 가족 이민(family migration)인 것으로 나타났다 (OECD, 2017b: 110).[165]

그런데, 경제적으로 부유한 OECD 국가들로 이민을 간 경우, 이민자들은

멕시코(13백만 명), 3위 러시아 연방(10.6백만 명), 4위 중국(10백만 명), 5위 방글라데시(7.5백만 명), 6위 시리아(6.9백만 명), 7위 파키스탄(6백만 명), 8위 우크라이나(5.9백만 명), 9위 필리핀(5.7백만 명), 10위 영국(4.9백만 명), 11위 아프가니스탄(4.8백만 명), 12위 폴란드(4.7백만 명), 13위 인도네시아(4.2백만 명), 14위 독일(4.2백만 명), 15위 카자흐스탄(4.1백만 명), 16위 팔레스타인(3.8백만 명), 17위 루마니아(3.6백만 명), 18위 터키와 이집트(3.4백만 명), 20위 이탈리아(3백만 명)였다(UN DESA and PD, 2017: 13 재인용).

165 2015년 기준 한국의 가족 이민은 42%로 OECD 회원국 중 9위인 것으로 나타났다 (OECD, 2017b: 112-113).

〈그림 3-50〉 OECD 국가 이민자의 지역 분포

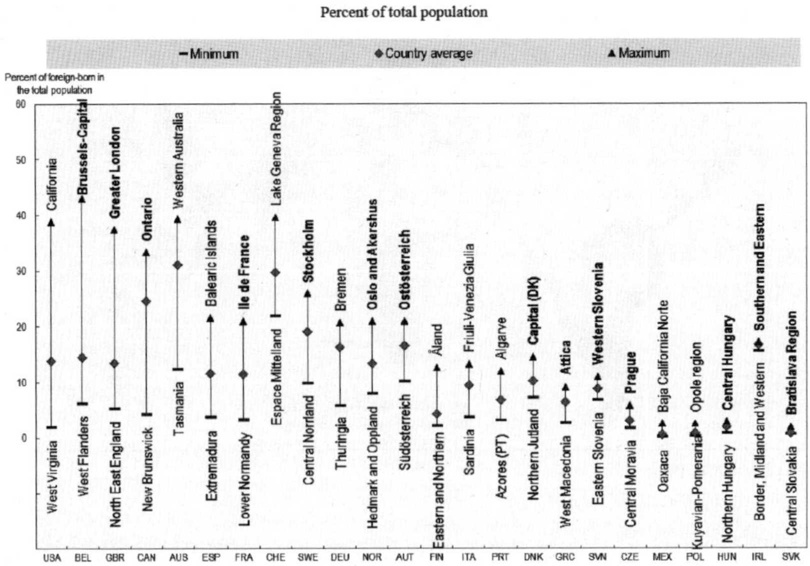

출처: (Ramírez et al., 2018: 12)

각 국가에 골고루 퍼져서 거주하는 것이 아니라, 주로 수도나 대도시에 정착하는 것으로 나타났다(Ramírez et al., 2018: 11). 예를 들면, 〈그림 3-50〉에서 보는 바와 같이, 2014년부터 2015년을 기준으로 했을 때, 몇몇 소수 국가들만 제외하고 대부분 수도나 대도시 지역에 거주하고 있음을 알 수 있다. 특히, 벨기에의 브뤼셀 수도(Brussels-Capital) 지역과 영국 런던의 경우 이민자가 해당 지역 전체 인구의 약 $\frac{1}{3}$을 차지했는데, 미국 캘리포니아주, 캐나다 온타리오주, 호주의 웨스턴 오스트레일리아주(Western Australia), 스위스의 레만호(Lake Geneva) 지역도 비슷한 경향을 보였다(Ramírez et al., 2018: 12).

한편, 한국의 경우, 통계청의 2016년 인구주택총조사에 따르면, 2016년 기준 국내 외국인은 141만 명으로 총인구의 2.8%를 차지하고 있으며, 이 중 50%가 중국계 국적 외국인으로 그 수가 총 71만 명인 것으로 조사되었다(통계청, 2017c: 2). 그리고 141만 명 중 62.8%에 해당되는 88만 명이 수도권에 거주하고 있었는데 경기도(47만 명, 33.4%), 서울(34만 명, 23.7%) 순서로 많이 거주하는 것으로 나타났다(통계청, 2017c: 2).

이와 비슷하게, 통계청과 법무부가 2017년 5월 23일부터 6월 6일까지 2017년 5월 15일 기준 국내에 91일 이상 체류하고 있는 15세 이상의 이민자를 조사한 결과(통계청 · 법무부, 2017: 95)[166] 〈표 3-11〉에서 보는 바와 같이, 이민자는 모두 127만 8천 명으로 나타났다. 그 중에서 남성은 70만 5천 명으로 55.1%를, 여성은 57만 3천 명으로 44.9%를 차지하여 남성이 여성보다 10% 정도 더 많았다. 출신 지역별로 보면, 전체의 92.1%에 해당하는 117만 7천 명이 아시아 출신이었는데, 이 중 한국계 중국인이 51만 1천 명으로 40%를 차지했다.

〈표 3-11〉 한국의 이민자 구성

	인구 (15세 이상)	아시아 국가					아시아 이외 국가
		전체	한국계 중국	중국	베트남	기타 아시아	
전체	1,278.0 (100.0)	1,177.0 (92.1)	511.0 (40.0)	148.4 (11.6)	150.4 (11.8)	367.2 (28.7)	101.0 (7.9)
남성	704.8 (100.0)	650.5 (92.3)	267.7 (38.0)	57.6 (8.2)	64.5 (9.2)	260.8 (37.0)	54.3 (7.7)
여성	573.2 (100.0)	526.5 (91.9)	243.4 (42.5)	90.8 (15.8)	85.9 (15.0)	106.4 (18.6)	46.7 (8.1)

출처: (통계청 · 법무부, 2017: 4)
비고: 단위(1,000명, %)

(2) 이민과 행복[167]

일반적으로, 이민자들은 그들이 정착한 국가의 원주민들에 비해 더 적은 보

166 여기서 이민자는 외국인과 귀화 허가자를 모두 포함하는 의미로 사용했다(통계청 · 법무부, 2017: 97).

167 이민자들의 행복에 관한 자료의 한계는 크게 다섯 가지 정도로 설명되고 있다(Font and Méndez, 2013; Lipps et al., 2013; Schachter, 2012; Šteinbuka, 2009). 첫째, 대부분의 대규모 통계 조사들은 기본적으로 자국민들의 삶에 관심을 갖지 이민자들의 삶에 대해서는 상대적으로 관심이 적다. 그래서 조사에 포함되는 절대적인 표본 수가 적을 뿐만 아니라, 있는 경우

수를 받거나 특히, 경제 위기 상황에서 가장 먼저 실직을 당할 확률이 높을 뿐만 아니라 인종 차별 등 사회적 배제를 당할 가능성도 더 높다(UN DESA and PD, 2017; OECD, 2017e). 따라서 이민자들의 행복은 원주민들에 비해서 상대적으로 불안정한 상황에 놓일 수밖에 없다. 이와 같은 이민자들의 행복에 결정적인 영향을 미치는 요소는 크게 네 가지 정도가 논의되고 있다.

먼저, 이민을 떠나는 이유가 이민자의 행복에 영향을 미칠 수 있다. 다시 말해, 새로운 기회를 찾아서 떠난 경우, 라이프 스타일 상 새로운 곳을 찾아간 경우, 학업 때문에 이민을 간 경우 등 자발적으로 이민을 간 것인지 혹은 자신의 의지 보다는 필요에 의해서 비자발적으로 떠난 것인지에 따라 이민자의 행복 수준이 달라질 수 있다는 것이다(Bryant and Merwood, 2008). 특히, 비자발적으로 이민을 간 경우, 새롭게 정착한 곳에서 뿐만 아니라 이민을 하는 과정에서도 불행할 가능성이 증가할 것이다.

둘째, 새로운 곳에서 겪게 될 정서적인 문제가 이민자의 행복에 영향을 미칠 수 있다(OECD, 2017e). 다시 말해, 자신이 살던 곳에서 이미 구축한 사회적 지지 기반으로부터 제공 받았던 정서적 지지를 새로운 곳에서는 과거만큼 받을 수 없게 됨과 동시에 새로운 사회적 지지 기반을 구축해야 하는 부담이 가중될 수 있는 것이다(OECD, 2018b). 그 과정에서 교육 수준, 경제적 자원 등 이민자들 마다 소유하고 동원할 수 있는 자원의 종류와 크기가 다르기 때문에 정서적 문제가 행복에 미치는 영향도 균등하지 않을 수 있다.

셋째, 이민 후 새롭게 정착한 국가가 이민자에게 얼마나 호의적인지가 이민자의 행복에 영향을 미칠 수 있다(OECD and European Union, 2015; Heath

---

에도 그들의 출신, 사회 경제적 배경 등 행복에 유의미한 영향을 미치는 변수들에 대한 조사가 정교하게 이뤄지기 어렵다. 둘째, 통계 조사를 위해 이민자들을 면접하는 것이 상대적으로 자국민에 대한 접근보다 훨씬 어렵다. 셋째, 어렵게 이민자들을 만나게 되어도 그들이 이미 차별을 경험했거나 타인에 대한 낮은 신뢰도 때문에 성실한 응답을 이끌어 내기 쉽지 않다. 넷째, 이민자들 중에는 상당수가 불법 체류 상태라 공식 등록부에서 누락된 경우 표본 선정에서부터 배제될 가능성이 크다. 다섯째, 어렵게 통계 조사에 성공하더라도 그들을 장기적으로 추적 조사하기 쉽지 않기 때문에 시간에 따른 변화상을 살펴보는 것은 매우 어렵다.

and Richards, 2016). 이것은 두 가지로 구분해서 생각해 볼 수 있다. 먼저, 이민을 떠나 새롭게 정착한 국가가 이민자들을 위한 사회권에 기반 하여 교육, 취업, 보건의료 서비스 이용 등 이민자들에게 얼마나 호의적으로 자원을 제공해주는 시스템을 갖추고 있느냐가 이민자의 행복에 영향을 미칠 수 있다(Eugster, 2018; Auer, Bonoli, and Fossati, 2017; Michie, 2017; Ruhs, 2015). 두 번째로, 새롭게 정착한 국가의 국민들이 이민자들에 대해 얼마나 호의적인 생각과 태도를 갖고 있느냐에 따라서도 이민자의 행복 수준이 달라질 수 있다(OECD, 2018c; Auer, Bonoli, and Fossati, 2017). 왜냐하면, 이민자들에 대한 관용(tolerance) 수준에 따라 이민자들이 차별이나 사회적 배제를 당할 가능성이 달라질 수 있기 때문이다(LI, 2017; Council of Europe, 2017). 예를 들면, 이민자 수용 지표(Migrant Acceptance Index, MAI)를 활용한 분석에서 이민자에 대한 수용도가 높은 국가에 거주하는 이민자들의 행복도가 그렇지 않은 경우 보다 높은 것으로 밝혀졌다.[168] 즉, 9점 만점으로 측정한 MAI가 2점 상승할 때 마다 10점 만점의 캔트릴 사다리로 측정한 행복도가 0.14점 증가하는 것으로 나타났다(Helliwell et al., 2018: 34).

넷째, 이민 후 새롭게 정착한 국가에서 보낸 시간이 이민자의 행복에 영향을 미칠 수 있다. 다시 말해, 개인의 거의 모든 것을 새롭게 설정해야 하는 이민의 영향에 대한 완충 효과가 이민 후 보낸 시간이 길수록 커질 수 있다는 것이다. 이것은 특히, 건강이나 사회적 차별 같은 요소보다는(Stillman et al., 2012; Neuman, 2014; Vang et al., 2017) 주로 고용이나 사회적 관계에 비교적 더 잘 적용되는 편이다(OECD and European Union, 2015).

2018년 WHR를 통해서 보면 이민자들의 행복은 그들이 정착한 국가별로

168 MAI는 이민자가 당신 나라에서 사는 것, 이민자가 당신의 이웃이 되는 것, 이민자가 당신의 가까운 친척 중 한 명과 결혼하는 것에 대해 '이 나라에서 살고, 일하는 외국에서 온 이민자들에 대해 몇 가지 질문을 하려고 합니다. 당신은 개인적으로 다음의 각각의 항목에 대해 좋다고 생각하는지(good thing) 아니면 나쁘다고 생각하는지(bad thing) 말씀해 주십시오' 라는 문항을 통해 측정되었다(Esipova et al., 2018: 161).

상당한 편차가 있는 것으로 밝혀졌다(Helliwell et al., 2018). 예를 들면, 〈표 3-12〉는 총 117개국을 대상으로 2005년부터 2017년까지 캔트릴 사다리를 통해 측정한 세계 이민자들의 평균 행복 점수를 비교한 것이다. 상위 10위에는 뉴질랜드, 호주, 캐나다, 멕시코를 제외하고 모두 유럽 국가들이 자리했고, 10개국 모두 평균 7점 이상을 기록했으며, 이민자들이 가장 행복한 국가는 핀란드였다. 하위 10위에는 조지아와 시리아를 제외하고 모두 아프리카에 위치한 국가들이 자리했으며, 이민자들이 가장 불행한 국가는 시리아였다. 상위 10위 국가들 중 멕시코를 제외한[169] 나머지 9개 국가는 모두 2015년부터 2017년까지의 원주민들을 대상으로 한 행복 조사에서도 상위 10위권에 위치한 국가들이었던 반면(Helliwell et al., 2018: 30), 모든 하위 10위 국가들은 2015년부터 2017년까지의 원주민들을 대상으로 한 행복 조사에서도 모두[170] 평균 4.7점 미만으로 107위 이하를 기록한 것으로 보아 원주민들이 행복한 국가로 이민한 경우가 그렇지 않은 국가로 이민한 경우보다 더 행복

〈표 3-12〉 세계 이민자 행복 순위

상위 10위	국가	행복점수 (평균)	하위 10위	국가	행복점수 (평균)
1	핀란드	7.662	108	니제르	4.057
2	덴마크	7.547	109	베냉	4.015
3	노르웨이	7.453	110	조지아	3.988
4	아이슬란드	7.427	111	기니	3.954
5	뉴질랜드	7.286	112	남수단	3.925
6	호주	7.249	113	코모로	3.911
7	캐나다	7.219	114	코트디부아르	3.908
8	스웨덴	7.184	115	르완다	3.899
9	스위스	7.177	116	토고	3.570
10	멕시코	7.031	117	시리아	3.516

출처: (Helliwell et al., 2018: 31-33 재구성)

169 2015년부터 2017년까지의 원주민을 대상으로 한 행복 조사에서 멕시코는 6.488점으로 24위를 기록했다(Helliwell et al., 2018: 21).

170 2015년부터 2017년까지의 원주민을 대상으로 한 행복 조사에 코모로는 포함되지 않았다(Helliwell et al., 2018).

〈그림 3-51〉 유럽 이민자의 행복

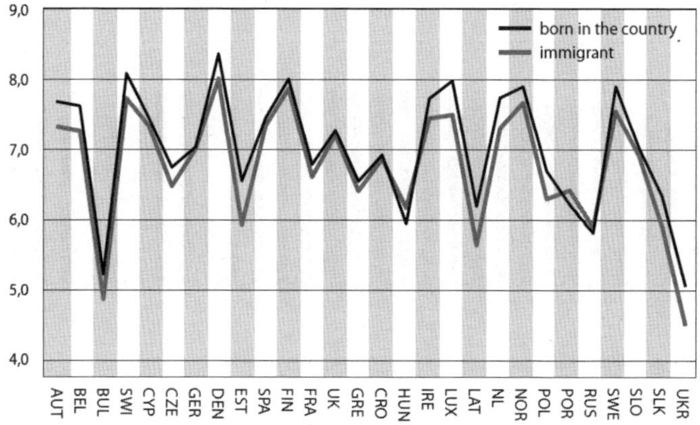

출처: (Kangas, 2013: 153)

할 가능성이 높아 보인다.

그런데, 전반적으로 이민자들이 원주민들보다 덜 행복한 것으로 밝혀졌다. 예를 들면, 2002년부터 2010년까지의 ESS 자료를 통합하여 28개국의 이민자 17,837명을 분석한 결과, 〈그림 3-51〉에서 보는 바와 같이 헝가리와 포르투갈을 제외하고 전반적으로 원주민이 이민자들 보다 더 행복한 것으로 나타났다(Kangas, 2013).[171] 보다 구체적으로, 덴마크, 스위스, 핀란드, 노르웨이, 스웨덴 이민자는 전체적으로 행복 수준이 높은 반면, 불가리아와 우크라이나 이민자의 행복이 가장 낮은 편이었다. 그리고 아일랜드, 오스트리아, 벨기에, 룩셈부르크, 네덜란드의 이민자는 모두 행복한 편이었지만, 원주민의 행복과의 격차는 큰 편이었다.

이러한 현상은 유럽에만 국한되지 않았다. 예를 들면, 대략 2013년 전후쯤의 자료를 기반으로 OECD 30개 국가들의 16세 이상 이민자들과 원래 해당

171 최종 분석 자료는 2002년, 2004년, 2006년, 2008년, 2010년의 ESS를 통합한 것이고, 불가리아의 이민자가 50명으로 가장 적었으며, 스위스의 이민자가 1,886명으로 가장 많았다(Kangas, 2013: 146).

〈그림 3-52〉 OECD 국가 이민자와 원주민의 행복 비교

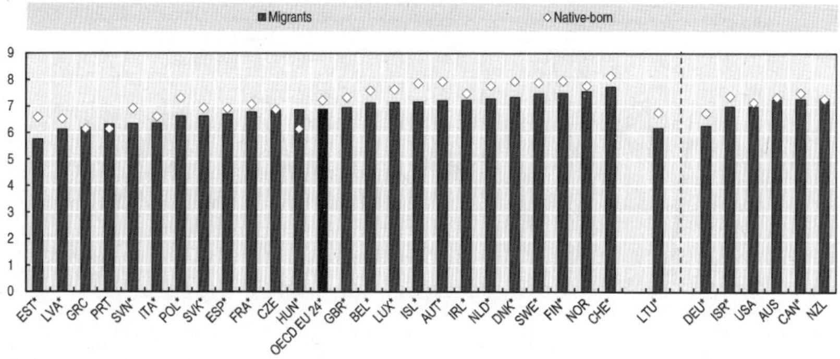

출처: (OECD, 2017e: 146)

국가에 거주한 같은 나이 원주민들의 행복을 비교한 〈그림 3-52〉에서 보는 바와 같이,[172] OECD 회원국 중 유럽 24개국들의 평균뿐만 아니라, 거의 대부분의 OECD 국가들에서 이민자들 보다 원주민들이 상대적으로 더 행복한 것으로 나타난 가운데 특히, 오스트리아, 덴마크, 아이슬란드, 폴란드, 에스토니아, 슬로베니아에서 그 격차가 컸다(OECD, 2017e: 145).[173] 그리고 헝가리 단 한 국가만 이와 같은 전반적인 경향과 반대로 이민자들이 원주민들 보다 상대적으로 더 행복하다고 보고되었다. 다시 말해, 그리스, 포르투갈, 체코와 같이 원주민들의 평균값이 이민자들의 평균값보다 큰 경우와 미국, 호주, 뉴질랜드처럼 거의 비슷한 경우 모두 그 차이가 통계적으로 유의하지 않았던 것이다.[174]

이러한 이민자들의 행복은 이민자가 어떤 유형의 복지국가에 정착하느냐에 따라 크게 영향을 받는 것으로 밝혀졌다(Kangas, 2013). 예를 들면, 〈그림 3-53〉에서 보는 바와 같이, 2002년부터 2010년까지의 ESS 자료를 통합하여

172 2017년 기준, 리투아니아는 OECD 회원국이 아니다.

173 과거에도 이와 동일한 연구 결과가 보고된 적이 있다. 예를 들면, 1992년부터 1994년까지 스위스의 26개 칸톤에서 거주자 6,000여 명을 대상으로 수집한 자료를 분석한 결과, 외국인이 스위스 국민보다 덜 행복한 것으로 나타난 것이다(Frey and Stutzer, 2000b: 925).

174 행복은 0-10점으로 측정하고, 신뢰도 90%를 기준으로 이민자와 원주민 간 행복의 차이가 통계적으로 유의한 국가에만 별표(*)를 표시하였다(OECD, 2017e: 146).

〈그림 3-53〉 이민자의 출신 및 정착 국가 유형에 따른 행복

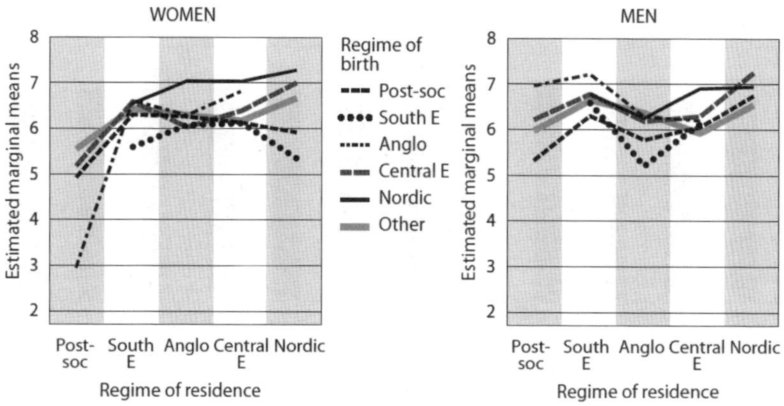

출처: (Kangas, 2013: 156)

28개국의 이민자 17,837명을 분석한 결과, 남성 이민자의 경우, 모든 출신국가에 있어 북유럽 국가에 정착할 때에 전반적으로 행복도가 높았던 반면, 남유럽 출신 이민자가 앵글로 색슨 국가에 정착하는 경우 행복도가 가장 낮았다. 여성 이민자의 경우, 남성 이민자처럼 북유럽 국가에 정착한다고 해서 행복도가 전반적으로 높은 것이 아니라 출신 국가별로 편차가 존재했으며, 앵글로 색슨 국가 출신이 후기-사회주의 국가에 정착하는 경우에 행복도가 가장 낮았다.

또한, 이민자들의 행복은 전반적으로 소득과 출신 지역에 따라 이민자와 동일한 조건의 본국 사람들의 행복과 차이가 있는 것으로 밝혀졌다. 예를 들면, 〈그림 3-54〉는 OECD 모든 국가들에서 2006년부터 2015년까지 활용 가능한 모든 자료를 통합하여 소득 수준과 출생 권역을 기준으로 이민자와 이민자와 동일 조건의 본국 국민 간 행복을 비교한 것이다.[175] 소득 수준별로 보

175 여기서 말하는 동일 조건이란, 이민자의 본 국가에 거주하며 성별, 나이, 교육 수준, 출생국가, 종교, 조사한 해가 같은 것을 말하고(OECD, 2017e: 147), 행복은 0-10점으로 측정하였으며, 90% 신뢰 수준에서 이민자와 이민자와 동일 조건의 본국 국민들 간 행복의 차이가 통계적으로 유의한 국가에만 별표(*)를 표시하였다(OECD, 2017e: 147).

〈그림 3-54〉 OECD 국가 이민자와 이민자와 동일 조건의 본국 국민의 행복 비교

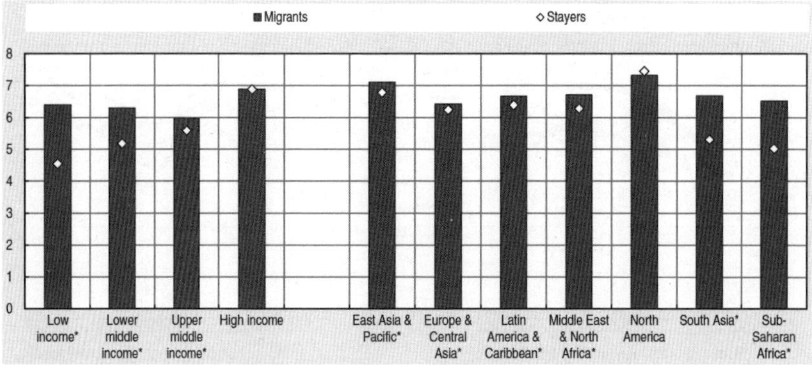

출처: (OECD, 2017e: 147)

면, 전반적으로 소득이 낮은 국가 출신의 이민자들이 동일 조건의 본 국 사람들 보다 행복한 경향을 보인 반면, 고소득 국가 출신 이민자의 행복과 동일 조건의 본 국 사람들의 행복 간에는 거의 차이가 없는 것으로 나타났다. 출생 권역별로 보면, 북아메리카 권역을 제외하고 모두 전반적으로 이민자가 동일 조건의 본국 사람들보다 행복했는데 특히, 남아시아와 사하라 사막 이남 아프리카 권역에서 그 차이가 컸다.[176]

한편, 한국의 이민자와 행복과 관련된 연구는 서울특별시가 2015년 10월 1일 기준으로 관광이 아닌 체류 목적으로 국내에 91일 이상 체류하고, 서울특별시에 거주하고 있는 만 20세 이상 외국인 2,500명을 대상으로 2015년 9월 18일부터 10월 31일까지 한 외국인 조사를 예로 들 수 있겠다(서울특별시, 2016). 동 조사가 가장 불행한 상태를 0점, 가장 행복한 상태를 10점으로 표기하도록 한 결과, 평균 7.44점으로 행복감이 큰 편인 것으로 나타났다. 보다

176 미국으로 이민을 간 사람들은 이와 반대되는 결과를 보인다고 보고한 경우도 있다. 예를 들면, WVS 자료(1981-1984년, 1990-1993년, 1995-1997년)와 1972년부터 2000년까지의 GSS 자료를 분석한 연구에 따르면, 미국으로 이민을 간 스웨덴 사람들의 행복감은 스웨덴 거주자들과 비슷하게 높게 나타났고, 리투아니아 사람들은 리투아니아 거주자들과 비슷하게 낮게 나타났다는 것이다(Rice and Steele, 2004). 그러나 이 연구 결과는 2018년 기준, 약 20여 년 오래된 자료에 근거한 것임에 주의할 필요가 있다.

구체적으로 〈표 3-13〉에 제시된 바와 같이, 여성 외국인보다 남성 외국인이 더 행복하고, 중국, 영미권, 유럽권 출신 외국인의 행복감이 전체 평균보다 컸으나 30대 이하 외국인의 행복감은 전체 평균보다 낮게 나타났다. 그러나 체류 기간에 따른 일정한 경향은 발견되지 않았다.

〈표 3-13〉 서울특별시 거주 외국인의 행복

	성별		국적						
	남성	여성	중국	일본	대만	베트남	기타 아시아권	영미권	유럽권
행복감	7.49	7.39	7.59	7.06	7.17	7.24	7.16	7.69	7.48
	연령				체류 기간				
	20대 이하	30대	40대	50대 이상	12개월 미만	24개월 미만	36개월 미만	48개월 미만	48개월 이상
행복감	7.43	7.4	7.52	7.46	7.48	7.46	7.35	7.51	7.4

출처: (서울특별시, 2016: 227)

6) 북한이탈주민과 행복

우리나라 '북한이탈주민의 보호 및 정착지원에 관한 법률'은 북한이탈주민을 다음과 같이 규정하고 있다.[177]

> (제2조) '북한이탈주민'이란 군사분계선 이북지역(북한)에 주소, 직계가족, 배우자, 직장 등을 두고 있는 사람으로서 북한을 벗어난 후 외국 국적을 취득하지 아니한 사람을 말한다(국가법령정보센터, 2017a).

그러나 이 책은 북한이탈주민을 북한에 주소, 직계가족, 배우자, 직장 등을 두고 있는 사람으로 북한을 벗어난 것은 제2조와 동일하나 북한을 벗어난 후 외국 국적을 취득하지 아니하였거나 한국 국적 등을 취득한 사람도 모두 포함하되 한국에 거주하고 있는 경우로 한정한다.

---

177 북한이탈주민이라는 공식 명칭에서의 이탈(離脫)이 부정적 의미를 지니고 있다며 탈북자, 탈북민, 새터민, 북한 이주민 등 다양한 용어로 불리고 있다. 필자도 이탈의 부정적 의미를 인정하지만, 법적 공식 용어가 있는 만큼 이 책에서는 공식적으로 제도화된 용어를 사용하겠다.

〈그림 3-55〉 국내 북한이탈주민 수 변화

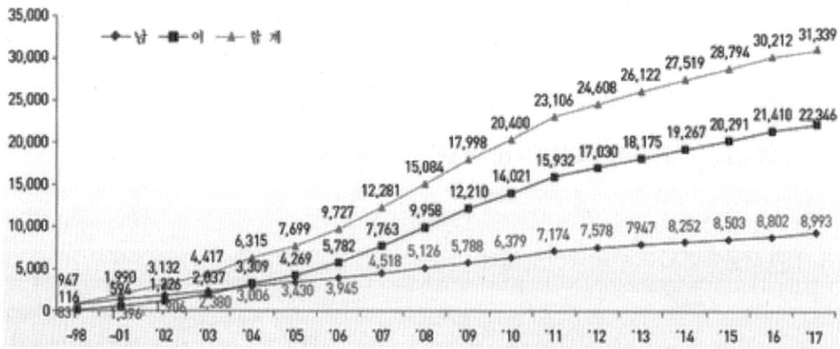

출처: (통일부, 2018b: 137)
비고: 단위(명)

1948년의 북한 귀순자를 우리나라 최초의 북한이탈주민으로 볼 수 있는데, 이후 그 수가 꾸준히 증가해 왔다(관계부처합동, 2018a: 9). 예를 들면, 〈그림 3-55〉에서 보는 바와 같이, 북한이탈주민은 지속적으로 증가하여 2017년까지 총 31,339명에 달하고 있다.[178] 눈에 띄는 점은 2002년부터 남성 북한이탈주민보다 여성 북한이탈주민의 수가 더 많아 진 이후 그 비율이 2017년 12월 기준, 총 71%에 이르렀다는 것이다(통일부, 2018b: 138).[179] 2017년 12월 말 기준, 연령별로는 20대부터 30대가 57.5%, 학력별로는 초 · 고급에 해당되는 중학교 학력자가 69.8%, 출신 지역별로는 함경북도가 61%, 양강도가 15.3%를 차지했다(통일부, 2018b: 138-139). 또한, 중국을 비롯한 제3국에서 출생한 북한이탈주민이 2011년에는 608명이었던 것이 2017년에는 1,437명으로 북한에서 출생한 북한이탈주민의 수를 초과한 것으로 밝혀졌다(관계부처합동, 2018a: 10).

한편, 북한이탈주민의 행복감은 전반적으로 높지 않은 것으로 보고되고 있다. 예를 들면, 통일연구원이 2016년 6월 20일부터 7월 20일까지 서울과

178 2018년 1월 기준, 북한이탈주민은 총 31,340명으로 집계되었다(관계부처합동, 2018b: 2).
179 여성 북한이탈주민의 비율은 1998년에 12%, 2001년에 46%, 2005년에 69%(통일부, 2017: 156), 2010년에 75%, 2017년에 83%(통일부, 2018b: 137)였다.

수도권, 부산, 인천에 거주하는 20대 이상 남녀 북한이탈주민 300명을 대상으로 한 조사에 따르면, 이들의 삶의 만족도는 7점 만점에 4.8점으로 나타났다(김수암 외, 2016: 274).[180] 4점일 경우 보통, 5점일 경우 약간 동의하는 것이기 때문에 북한이탈주민들의 삶의 만족도 수준은 전반적으로 낮은 편이라고 평가할 수 있겠다.[181]

보다 더 큰 규모의 분석으로 남북한하나재단이 1997년부터 2015년 12월까지 국내에 들어온 만 15세 이상 남녀 북한이탈주민 중 11,914명을 대상으로 2016년 6월부터 8월까지 조사한 연구를 예로 들 수 있겠다.[182] 남북한하나재단의 연구에 따르면, 행복하다고 응답한 사람이 47%로 절반을 넘지 못했으며, 이는 행복감을 100점 만점으로 환산 시 62.7점인 것으로 나타났다(남북한하나재단, 2017: 435).[183] 그 중에서도 여성보다는 남성이, 10대가 그 외 세대보다, 고학력일수록, 기혼인 경우, 가족 구성원이 많을수록 상대적으로 그렇지 않은 경우보다 더 행복한 것으로 나타났다(남북한하나재단, 2017: 436).

한국 정부는 북한이탈주민의 정착을 돕기 위해 통일부를 중심으로 북한이탈주민 협력체계를 구축하여 주택지원, 각종 정착금 지원, 교육 지원, 취업 지원 등을 꾸준히 해오고 있다(통일부, 2018b). 또한, 2014년 12월에 19개 정부 부처의 지원 정책을 종합하여 2015년부터 2017년까지 '제1차 북한이탈주민 정착지원 기본계획'을 시행한 바 있다(관계부처합동, 2018a: 3). 이어서 2018년에는 총 20개 중앙부처 및 기관과 지방 자치단체가 주축이 되어 구성하는 북한이탈주민대책협의회를 중심으로 '제2차 북한이탈주민 정착지원 기본계획'에 근거하여 북한이탈주민과 함께 하는 따뜻한 사회 구현을 목

180 이 조사 결과는 특정 지역의 300명에게만 한정되어 도출된 것으로 해석에 주의가 요구된다.

181 삶의 질은 '나는 나의 삶에 만족한다'는 문항에 1점(전혀 동의하지 않는다)부터 7점(매우 동의한다)으로 응답한 결과로 측정했다(김수암 외, 2016: 327).

182 해당 기간과 조건을 만족하는 전체 북한이탈주민 25,312명의 전수조사를 시도했지만, 실제 조사율은 47.1%에 그쳤다(남북한하나재단, 2017: 1).

183 행복은 '귀하는 어제 어느 정도 행복했다고 생각하십니까?'라는 질문에 1점(전혀 아님)부터 10점(매우 그러함)으로 응답하게 하여 측정하였다(남북한하나재단, 2017: 481).

표로 맞춤형 일자리를 통한 자립 지원(11개 과제), 청소년 교육 및 건강한 가정 형성 지원(10개 과제), 생활밀착형 서비스 확대(4개 과제), 탈북민정책 협업체계 정비(3개 과제), 하나센터 기반 강화 및 지원인력 역량 강화(4개 과제), 취약 탈북민 보호체계 확충 및 생활안정 지원(13개 과제), 탈북민을 포용하는 우리사회 환경 조성(6개 과제)과 같이 7가지 정책 분야를 중심으로 총 51개 세부 정책과제를 선정했다(관계부처합동, 2018b: 1). 그리고 2018년 상반기 중에 '탈북민 정착지원 민간협의회'를 출범시켜 민간 기관과의 협력도 강화하고 있다(통일부, 2018a: 3).

만약, 북한이탈주민을 위한 이와 같은 범정부적 지원 정책이 지속적으로 시행된다면, 전반적으로 높지 않은 것으로 밝혀진 북한이탈주민의 행복이 향상될 가능성이 커질 것이다. 이를 위해서는 우리 국민들의 북한이탈주민에 대한 인식 변화도 필요해 보인다. 왜냐하면, 북한이탈주민을 위한 정부의 지원 정책이 지속되기 위해서는 국민들의 지지가 필요한데, 원하는 북한이탈주민을 모두 받아들여야 한다는 데에 찬성한 비율이 2007년에 52%였던 것이 2016년에는 33.8%로 감소했고, 북한이탈주민을 더 많이 지원해야 한다는 데에 찬성한 비율도 2007년 59.1%였던 것이 2016년에는 41.3%로 감소(관계부처합동, 2018a: 12)하는 등 북한이탈주민에 대한 우리 국민들의 긍정적 인식이 계속해서 감소하고 있기 때문이다.

제4장

사회적 질과 행복

제4장에서는 사회적 질(Social Quality)과 행복의 관계에 대해 탐색적으로 고찰한다. 이를 위해 먼저, 유럽에서 어떤 과정을 거쳐 사회적 질 개념이 발전해 왔는지를 사회적 질에 관한 암스테르담 선언과 후기 브렉시트(Brexit) 선언을 중심으로 살펴본다. 이어서 사회적 질 이론의 구체적인 내용을 그것의 구성 원리와 요소를 중심으로 검토한다. 이를 바탕으로 행복에 대한 사회적 질의 영향력을 대표 연구들의 핵심 내용을 중심으로 살펴본 후, 사회적 질 이론에 기반한 행복 정책의 가능성과 잠재력을 전망해 본다.

1. 사회적 질 개념의 발전

자본주의 이후 인류가 지금까지 시도한 자본주의 시스템 안에서의 여러 가지 혁신 노력은 모두 우리의 삶을 진정으로 행복하게 하는데 실패했다. 그러한 노력의 가장 최근의 것 중 하나가 바로 신자유주의의 폐단에 대한 성찰이다. 주로 유럽의 학자들을 중심으로 이뤄진 신자유주의에 대한 성찰은 특히, 1980년대 유럽에서 물질적 풍요 속에 인간성의 침식이 만연됨에 따라 정의로운 사회가 어떻게 구성되는가에 관한 근본적인 반성의 목소리가 높아지면서 더욱 심화되었다.

이와 같은 맥락에서 물질적 풍요 속에 계속되는 빈곤 문제가 사회적으로 큰 이슈로 떠올랐다. 빈곤에 대한 기존 논의가 빈곤 계층 그 자체에 대한 연구에 머물러 있었던 것에 대한 반성으로 그들이 어떻게 빈곤의 나락으로 추락하는지 그 과정의 메커니즘 중 하나로써 사회적 배제(social exclusion)가 주목받게 된다. 사회적 배제에 대한 관심은 빈곤을 단지 물질적 차원만으로는 설명할 수 없고, 비물질적인 원인도 고려해야 하며 빈곤은 일차원적이지 않고 다차원적이다는 새로운 시각(Chakravarty and Lugo, 2016)에 기반하여 '누가 빈곤한가?'라는 물음에서 '어떻게 빈곤에 처하게 되는가?'라는 물음으로 빈곤에 관한 시각의 근본적인 변화를 의미하는 것이었다(Atkinson, 1998; Eurostat, 1998; Sumner, 2016).

이러한 유럽 학자들의 개별적 노력이 대략 1990년대부터 집단화 되면서 새로운 패러다임이 형성되고 있는데 이것을 축약하여 표현할 수 있는 것이 바로 '사회적 질'이다. 사회적 질 개념의 정교화에 대한 학계의 집단 논의는 1996년 11월에 네덜란드 정부의 지원을 받아 이뤄진 학술회의를 통해 1997년 6월에 '사회적 질 이니셔티브(Social Quality Initiative)'가 정식 출범함으로써 구체화되었다. 이후 사회적 질에 관한 암스테르담 선언(Amsterdam Declaration on Social Quality, ADSQ)과 사회적 질에 관한 후기 브렉시트 선언(The Post Brexit Declaration on Social Quality in Europe, PBDSQ)이 이어지면서 사회적 질 개념에 대한 논의가 확장되고 있다.[1]

1 유럽에 본부를 두고 있는 국제사회적질학회(International Association on Social Quality, IASQ)는 유럽에서 태동된 사회적 질 개념이 유럽을 넘어 전 세계에 적용될 수 있을 만큼 보편성을 지니도록 유럽 이외 지역 학자들과 연대하여 사회적 질 개념을 발전시키기 위해 노력해 오고 있다. European Observatory on Social Quality, South American Observatory on Social Quality, Australian Observatory on Social Quality, Asian Consortium for Social Quality와의 연대를 예로 들 수 있겠다. 그리고 유럽사회적질학회(European Foundation on Social Quality)라는 기존 명칭을 IASQ로 변경하고, 유럽적 시각에 집중했던 기존의 European Journal of Social Quality를 International Journal of Social Quality로 확대 개편한 것도 이와 같은 맥락에서 이뤄진 것으로 볼 수 있다.

1) 사회적 질에 관한 암스테르담 선언

ADSQ는 1997년 6월 10일에 네덜란드 암스테르담에서 사회적 질에 대한 연구를 하는 학자들이 모여 유럽의 사회적 질에 관해서 합의한 내용을 발표한 것이다(IASQ, 2017). 1990년대 당시 유럽의 학자들은 마스트리흐트 조약(Treaty of Maastricht)의 효력 발생으로 1993년 11월 1일 유럽연합이 출범함으로써 경제 및 재정적 통합이 확대되는 과정에서 사회적 차원의 통합 이슈가 상대적으로 평가 절하되어 유럽 통합의 정당성이 훼손되는 것을 염려하였다. 이를 보완하기 위한 노력의 결과, ADSQ는 1997년 10월에 유럽 의회 의장에게 제출되어 논의되었다(van der Maesen and Walker, 2014).

ADSQ는 유럽에서 빈곤, 실업, 제한된 보건의료 및 사회 서비스 이용 등과 같은 부정적인 지표가 확산되는 상황이 곧 유럽 사회가 위기에 처했음을 보여준다고 진단한다. 그리고 이러한 위기는 인간의 근본적인 존엄성을 해치

〈표 4-1〉 ADSQ의 사회적 질 향상 기본 요건

① 폭력과 생태적 위협으로부터의 안전과 보호
② 모두를 위한 적정 수준의 주거, 난방, 의복, 음식
③ 필요한 모든 사람들에게 의료 및 사회 서비스 제공
④ 자녀를 키울 수 있는 가정을 꾸리고, 가족 및 친구와 충분한 시간을 보낼 수 있는 것을 포함한 개인이 원하는 삶을 누릴 수 있는 기회
⑤ 직장에 고용되어 일하는 것뿐만 아니라, 모든 사람이 충분히 일할 수 있어야 함
⑥ 시장에서의 활동뿐만 아니라 사회가 필요로 하는 비급여 활동도 필요함
⑦ 모든 노동자들이 사회에 완전히 참여할 수 있을 만큼의 소득
⑧ 연령이나 질병 등으로 인해 더 이상 일할 수 없는 모든 이들에게 적당한 소득
⑨ 모든 젊은이, 노인, 장애인, 소수 민족, 이주민이 자신이 거주하는 지역 사회 및 사회 전체에 통합되는 것
⑩ 사회적 돌발 사태 발생 시 생활수준을 유지할 수 있게 해주는 사회보호시스템 제공
⑪ 사회보호시스템은 우선적으로 사회적 위험 방지에 초점을 맞추고, 이후 치료 및 재정적 보상을 위해 노력해야 함
⑫ 교육과 훈련 기회가 평생 보장되어야 함
⑬ 공정한 조세제도
⑭ 국적, 나이, 젠더, 인종, 종교, 정치적 지향 혹은 신념, 결혼, 성적 지향에 따른 차별 철폐

출처: (IASQ, 2017)

기 때문에 유럽 사회가 경제적인 풍요뿐만 아니라 활발한 사회 참여와 사회 정의가 실현될 수 있을 만큼 성숙되어야 한다고 여긴다. ADSQ는 이와 같이 성숙한 사회를 사회적 질이 확보된 사회로 규정하고 유럽이 궁극적으로 지향해야 할 사회라고 밝히고 있다.

〈표 4-1〉에 제시된 바와 같이, ADSQ는 사회적 질 향상에 필요한 기본 요건으로 14가지를 꼽고 있다. 그리고 이 요건들은 여러 정책 결정자, 입법자, 판사들에게 법적으로 영향을 미치고, 기본권으로 인식될 수 있어야 한다고 한다. 이를 위해 유럽연합이 유럽연합 수준에서 사회적 질을 보완하기 위한 결단을 보여줄 것을 주문하고 있다. ADSQ는 1,000여 명 이상의 학자와 정책 결정자들이 서명하였고, 16개 국가의 언어로 번역되어 보급되었다(Walker and Corbett, 2017).

2) 사회적 질에 관한 후기 브렉시트(Brexit) 선언

PBDSQ는 1997년의 ADSQ 이후에도 유럽 사회의 질이 크게 나아지지 않았을 뿐만 아니라, 신자유주의를 옹호하는 정책 결정자들로부터 사회적 질이 간과되어 온 상황을 비판하며(Walker, 2017), ADSQ 이후의 사회 변동 특히, 네 가지 차원의 변화로써 사회적 질에 관한 새로운 시각이 필요함을 역설하고 있다(Walker and Corbett, 2017). 첫째, 그동안 간과되어 온 사회적 경고 특히, 신자유주의의 폐단이 만연되면서 불평등이 급격히 증가하였고 결국 민주주의가 위협을 받는 상황이 변화되어야 한다. 둘째, 중동과 아프리카에서의 전쟁과 빈곤으로 인해 유발된 유럽의 이민 위기(migration crisis)는 유럽 사회에 도덕적, 경제적 도전을 안겨주고 있다. 이민 위기는 영국과 같은 몇몇 국가에게는 인종 차별과 외국인혐오증(xenophobia)과 같은 사회 문제도 유발시키고 있는데 이러한 상황이 해결되어야 한다. 셋째, 기후 변화로 인한 위기가 급박한 수준에 이르러 유럽 사회와 환경의 미래가 떼려야 뗄 수 없는 관계로까지 진행되었음을 인정하고 이에 적극적으로 대처해야 한다. 넷째,

영국의 유럽연합 탈퇴(Brexit) 결정과 같은 포퓰리즘적 민족주의(populist nationalism)가 만연하고 있는데, 유럽의 지도자들은 브렉시트로부터 더 포용적인 유럽을 조성하는 데 교훈을 얻어야 한다는 것이다.

그리고 PBDSQ는 근래 뉴 노멀 정치(the new normal politics)의 위험성에 대해 경고했다.[2] 영국의 브렉시트와 함께 미국에서 도널드 트럼프(Donald Trump)가 대통령으로 선출되면서 뉴 노멀 정치 시대의 막이 올랐다. 뉴 노멀 정치는 보수주의, 자유주의, 사회주의 등과 같은 이데올로기에 기반한 정치나 각각의 이데올로기에 기반한 이상적인 사회를 추구하는 형태로 발현되지 않는 특징이 있다. 즉, 뉴 노멀 정치는 주로 개방 대 폐쇄 구도에 기반하여 경쟁과 배제를 부추기는 방향으로 진행되고 있다. PBDSQ는 뉴 노멀 정치가 만연하게 되면 연대성과 협력, 사회 정의가 무너질 수밖에 없기 때문에 ADSQ가 추구한 가치와 함께 지속가능하고, 공정하며, 포용적이면서도 개방적이며 경제적으로 활발한 사회 조성을 위한 노력이 필요함을 역설하고 있다(Walker and Corbett, 2017: 4).

그리하여 PBDSQ는 〈표 4-2〉에 정리된 바와 같이, 사회적 질 향상에 필요한 기본 요건으로 15가지를 꼽고 있다. 구체적인 내용은 ADSQ와 거의 대동소이하며, 해당 요건들이 법적으로 구속력이 있도록 해야 함을 주장하는 것도 비슷하다.[3] 특히, PBDSQ는 유럽연합이 도입하는 모든 주요 정책이 사회적 질에 미칠 영향을 고려할 것을 주장하고 있다. 그러나 이를 위한 유럽연합

2 옥스퍼드 영영사전에 따르면, 뉴 노멀(the new normal)의 사전적 의미는 익숙하지 않거나 전형적이지 않았던 상황이 표준으로 수용되는 것을 의미하는데, 주로 2008년 글로벌 금융위기 이후 새롭게 등장한 세계 경제 질서를 지칭할 때 사용되었다. 이후 각 분야에서 이전에 정상적이지 않았던 것들이 새로운 표준이 된 상황을 지칭할 때에도 일반적으로 사용되고 있다.

3 PBDSQ는 ADSQ보다 20년 후에 이뤄졌음에도 불구하고 브렉시트라는 유럽의 거대 사회 변동을 앞 둔 상황이라는 점을 제외하고, 그것이 인식하는 사회적 위기 상황의 내용과 사회적 질 향상을 위한 기본 조건은 크게 다르지 않았다. 사회적 실이 지향하는 사회가 갖추고 있을 가치들은 항구적인 것이기 때문에 그것을 이루기 위한 기본 조건이 크게 달라지지 않은 것은 그리 놀랄 만한 것은 아니다.

의 정책이 강력한 하향식 지시를 통해서가 아닌 개방적이고, 참여 민주주의적인 과정을 거칠 것이며, 신자유주의에 기반한 불평등을 완화하는 방식이어야 함을 강조하고 있다. 또한, 현재 유럽연합 회원국의 다양함은 유지되면서도 회원국들이 사회적 질 향상을 염원하고 지지하는 것이 유럽연합 회원자격 유지와도 관련될 수 있도록 유럽연합 차원에서 관련 내용을 다뤄야 한다고 주장하고 있다(Walker and Corbett, 2017: 7).

〈표 4-2〉 PBDSQ의 사회적 질 향상 기본 요건

① 폭력과 생태적 위협으로부터의 개인과 가족의 안전 및 보호
② 깨끗한 공기와 물, 환경적으로 지속가능한 미래에 대한 기대
③ 모두를 위한 적정 수준의 주거, 난방, 의복, 음식
④ 필요한 모든 사람들에게 의료 및 사회 서비스 제공
⑤ 전 생애에 걸친 양질의 교육과 훈련의 보편적 제공
⑥ 건강한 삶과 불필요한 장애 예방을 위한 국가적 조치
⑦ 근무 여건, 기회 균등, 임금, 훈련, 육아 휴직, 연금과 같은 공정한 노동
⑧ 임금을 받는 경우나 그렇지 않은 경우 모두를 포함한 충분한 노동
⑨ 임금을 받든 사회보장 급여를 받든 사회에 완전히 참여할 수 있게 해주는 소득
⑩ 종합 과세를 통해 시민들이 공공서비스에 투자할 충분한 소득을 가질 수 있도록 적극적으로 사회적 연대 조성
⑪ 기업이나 부자의 탈세가 없는 공정한 조세제도
⑫ 모든 사람이 연령, 장애, 인종, 젠더 혹은 성적 지향에 상관없이 사회에 통합될 수 있는 기회
⑬ 사회적 돌발 사태 발생 시 양질의 생활수준을 유지할 수 있게 해주는 사회보호시스템 제공. 사회보호시스템은 사회적 위험을 방지하는데 우선적으로 초점을 맞추고, 이후 그것을 치료하고 재정적 보상을 한다.
⑭ 국적, 나이, 장애, 젠더, 인종, 종교, 정치적 지향 혹은 신념, 결혼, 성적 지향에 따른 차별 철폐
⑮ 소득, 부, 기회의 지역 불평등 감소

출처: (Walker and Corbett, 2017: 5-6)

2. 사회적 질 이론

1) 사회적 질 이론 구성 원리

사회적 질 이론은 기본적으로 인간을 고립된 주체로 보지 않고 사회 환경 속에서 타인과 사회 구조의 영향을 받으며 그들과 상호작용을 하는 사회적 존재로 간주한다(Honneth, 1995). 이러한 시각에 기반 하여 볼프강 벡(Wolfgang Beck)과 그의 동료들은 사회적 질을 다음과 같이 정의하고 있다.

> "시민들이 자신들의 웰빙과 잠재력을 증대시킬 수 있는 조건 하에서 사회, 경제적인 삶에 참여할 수 있는 정도"(Beck et al., 2001: 6).

이처럼 사회적 질의 정의가 매우 난해하고 추상적인 이유는 주로 사회적 질 이론의 구성 원리에서 기인한다. 그 중에서 특히, 사회적인 것(the social)의 구성을 둘러싼 세 가지 원리 즉, 존재론적(ontological) 차원, 인식론적(epistemological) 차원, 이데올로기적(ideological)이고 윤리적(ethical)인 차원의 원리가 핵심을 이루고 있다.

존재론적 차원의 원리는 세 가지 명제로 구성된다. 첫 번째 명제는 사회적인 것의 구성에 관한 것으로 사회적인 것은 행위자의 자아실현과 사회의 집단 정체성의 구성 간의 상호 작용에 의해 만들어진다는 것이다. 두 번째 명제는 사회적인 것의 기회 구조가 네 가지 기본 조건에 의해 결정된다는 것이다. 이때, 네 가지 조건은 행위자가 상호 작용을 할 수 있는지 여부와 관련된 임파워먼트(empowerment) 조건, 제도 혹은 조직적 맥락의 접근 가능성과 관련된 포용(inclusion) 조건, 상호 작용에 필요한 자원의 이용과 관련된 사회-경제적 보장(socio-economic security) 조건, 공동체에 대한 사회적으로 인정된 규범과 가치의 지지와 관련된 응집(cohesion) 조건이다. 세 번째 명제는 〈그림 4-1〉에서 보는 바와 같이, 사회적인 것의 구체화에 관한 것이다. 다

〈그림 4-1〉 사회적 질의 구체화

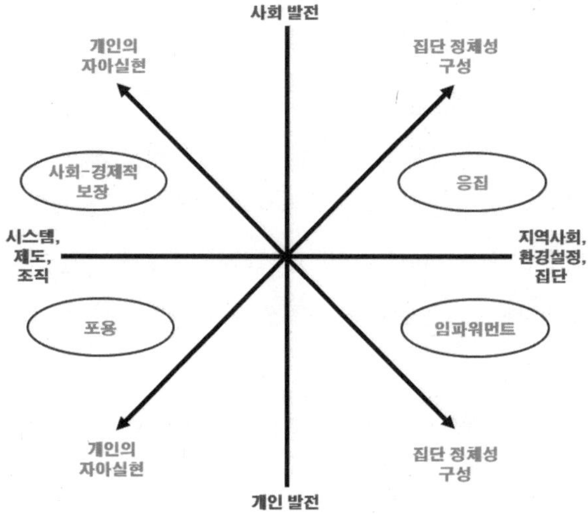

출처: (Beck, Maesen, and Walker, 2001: 312)

시 말해, 사회 발전과 개인 발전 사이의 역동성과 시스템 및 제도와 지역사회 사이의 역동성 간 상호 작용으로 개인의 자아실현과 집단 정체성의 구성이 가능하게 되는 것이다.

인식론적 차원의 원리에 따르면, 개인의 자아실현과 집단 정체성의 구성은 근본적으로 변증법적 관계에 있다. 둘의 변증법적 관계는 예측할 수 없는 상호작용의 영향을 받기 때문에 그 속성을 규정하는 것이 결코 쉽지 않음에도 불구하고, 인식론적 차원은 최소한 두 가지 특성과는 거리가 멀다고 할 수 있다. 첫째, 데이비드 흄(David Hume) 계열의 경험주의를 거부하고 반드시 실험과 사례를 통한 증명이 아닌 주관성과 사회 구조의 영향을 인정한다(Bhaskar, 2008). 둘째, 위르겐 하버마스(Jürgen Habermas)의 의사소통행위 이론을 부분적으로 수용한다(Habermas, 1996). 다시 말해, 행위자가 이성의 담지자임은 인정하지만, 자유로운 의사소통에 기초한 토론을 가능하게 하는 민주적이고 평등한 공론장의 이상적 조건은 현실에서 존재할 수 없다고 반박한다.

이데올로기적이고 윤리적인 차원의 원리는 근본적으로 사회적인 것이 문화적으로 배태된 것일 수밖에 없기 때문에 가치 개입으로부터 자유로울 수 없다고 간주한다. 이는 곧 사회적인 것이 상황과 맥락에 따라 달리 해석 될 수 있고, 그 결과에 대해 긍정적 혹은 부정적이라는 가치 판단을 할 수 있다는 의미가 된다(Taylor, 1994). 따라서 사회적 질이 우수한 사회는 바람직한 사회인 반면, 사회적 질이 저조한 사회는 그렇지 못한 사회이고, 사회적 질을 향상시키기 위한 국가 정책이 곧 바람직한 국가 정책이라고 판단할 수 있는 이정표가 마련될 수 있게 되는 것이다.

2) 사회적 질의 구성 요소

앞에서 설명한 사회적인 것이 구체화되는 변증법적 과정은 결과적으로 〈그림 4-2〉에서처럼 사회적 질의 네 가지 핵심 구성 요소를 형성한다. 먼저, 사회적 응집은 전통적 의미의 사회적 응집과는 구별된다(Lockwood, 1999). 다시 말해, 사회적 질에서의 사회적 응집은 단지 미시적 수준에서의 사회 관계를 뜻하는 것이 아니라, 시간과 공간의 응축 효과에 따른 글로벌 수준으로까지 확대된 사회관계를 의미한다(Castells, 1999; Harvey, 1990). 여기에는 공공 안전, 세대 간 연대, 사회적 지위와 경제적 응집, 사회적 자본, 네트워크, 신뢰, 이타주의가 모두 포함된다.

두 번째, 사회-경제적 보장은 반드시 복지와 기회라는 두 가지 요소를 포함해야 한다. 복지는 시민들을 다양한 사회적 위험으로부터 보호하고 최소한의 생활을 영유할 수 있도록 해줄 수 있어야 한다. 기회는 시민들이 일상생활에서 다양한 선택을 할 수 있는 능동성(agency)을 보장하는 것이다. 구체적으로 건강 유지, 고용과 노동 시장 보장, 물질적 보장, 주택 시장과 생활 보장, 먹거리 안전, 환경 이슈, 삶의 기회 보장이 사회-경제적 보장에 속한다.

세 번째, 제도에서의 포용과 평등한 기회는 정치 · 경제 · 사회 · 문화적 제도에 참여할 수 있는 권한을 의미하는 시민권의 개념과 밀접한 관련이 있다

<그림 4-2> 사회적 질의 구성

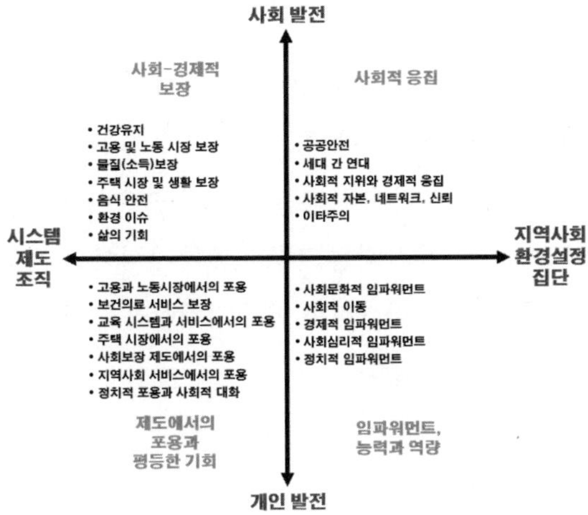

출처: (Beck, Maesen, and Walker, 2001: 344)

(Comite des Sages, 1996). 제도에서의 포용과 평등한 기회는 세 가지 방법을 통해 촉진될 수 있다. 즉, 물질적으로 안정되고, 공적 영역과 사적 영역에서 자율성을 확보하며, 자발적으로 참여하는 것이다(Beck, Maesen, and Walker, 2001). 구체적으로, 고용과 노동 시장에서의 포용, 건강 서비스 보장, 교육 체계와 서비스에서의 포용, 주택 시장에서의 포용, 사회보장제도에서의 포용, 정치적 포용과 사회적 대화가 여기에 속한다.

끝으로, 임파워먼트는 기본적으로 인간을 시혜를 받는 대상이 아닌 발전 과정에서의 주체로 간주한다. 임파워먼트에는 세 가지가 있다(Friedman, 1998). 첫째, 자기계발과 자아실현에 필요한 지식 및 기술과 관련된 개인적 차원의 임파워먼트가 있다. 둘째, 타인과의 관계와 관련된 사회적 차원의 임파워먼트가 있다. 셋째, 의사 결정 과정, 정보, 자원 등에 접근할 수 있도록 해주는 정치적 차원의 임파워먼트가 있다. 사회문화적 임파워먼트, 사회심리적 임파워먼트, 사회적 이동, 경제적 임파워먼트가 여기에 속한다.

3. 사회적 질 이론과 행복 정책

1) 행복의 결정 요인으로서의 사회적 질

리프킨은 허핑턴 포스트(Huffington Post)에 기고한 글에서 슈밥의 제4차 산업혁명 주장을 비판하며 제3차 산업혁명과 관련해 사회적 요소의 중요성을 아래와 같이 밝혔다.

> "디지털화된 제3차 산업혁명에서는 사회적 자본은 시장 자본만큼 중요하고, 소유만큼이나 접속(access)이 중요해지며, 지속가능성은 소비보다 중요해지고, 협력은 경쟁만큼이나 중요 … 삶의 질과 사회의 질을 측정하는 데 GDP의 중요성은 떨어지고 사회적 지표는 더 중요해진다"(Rifkin, 2017, 괄호 안 원문).

이와 같은 리프킨의 주장과 같은 맥락에서, 행복 증진에 물질적이고 경제적인 요소가 유의미한 영향을 미치지 않는 것은 아니지만, 그것은 일정 수준까지만 유효할 뿐이지 결코 항구적인 것은 아니라고 말할 수 있다.

예를 들면, 1985년부터 2008년까지의 캐나다 사회조사(Canadian General Social Survey, CGSS) 자료를 분석한 연구(Barrington-Leigh, 2013)는 다른 지역과 달리 퀘벡 지역의 행복도가 지속적으로 향상되었는데, 소득 변수는 그 이유를 전혀 설명하지 못했지만, 사회문화적인 요소와 같이 비물질적인 요인이 유의미한 영향을 미친 사실을 밝혀냈다. 이와 관련된 보다 구체적인 연구로 〈그림 4-3〉에서 보는 바와 같이, 잉글하트와 그의 동료들이 WVS 자료를 활용하여 전 세계 인구 약 90%에 해당되는 88개국의 1995년부터 2007년까지의 GDP와 행복 간 관계 분석을 예로 들 수 있겠다(Inglehart et al., 2008). 이들의 연구는 세 가지 점에서 행복의 결정 요인으로서 사회적 질의 중요함을 잘 보여주고 있다.

첫째, 전반적으로 봤을 때, 한 국가의 경제 발전은 행복에 긍정적인 영향을 미치며, 그 설명력(r=.62, p〈0.001)도 높은 편에 속한다(Inglehart et al., 2008:

〈그림 4-3〉 세계 GDP와 행복

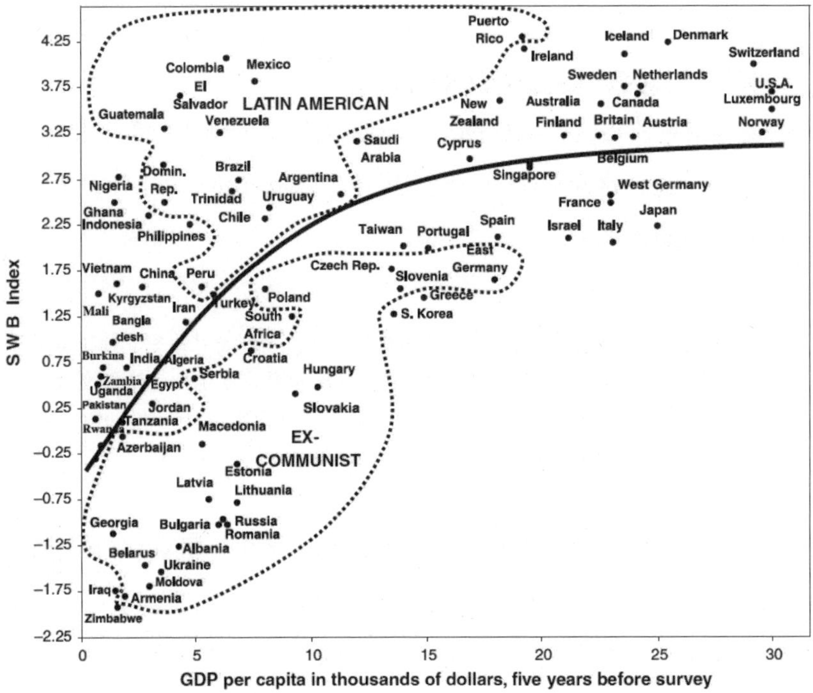

출처: (Inglehart et al., 2008: 269)

268). 다시 말해, 경제적으로 부유한 국가에 거주하는 사람이 그렇지 않은 국가에 거주하는 사람보다 전반적으로 더 행복하다고 말할 수 있다는 것이다. 그러나 전체적인 관계를 보여주는 회귀 곡선에서 보듯이 행복에 대한 경제 발전의 효과는 지속적이지 못했다.

둘째, 이와 같은 경제 발전과 행복 간 긍정적인 관계가 반드시 모든 국가에 일률적으로 적용되지는 않는다. 예를 들면, 라틴아메리카 국가들은 과거 공산주의 국가들과 경제적으로 비슷한 수준이었지만, 과거 공산주의 국가들보다 더 행복한 것으로 나타났다.[4] 이러한 차이의 원인은 라틴아메리카 국가들

4 라틴아메리카 국가들에 거주하는 사람들의 45%가 매우 행복하다고 응답한 반면, 구-공산권 국가들에 거주하는 사람들은 12%만이 매우 행복하다고 응답했다(Inglehart et al., 2008: 268).

에 거주하는 사람들이 과거 공산주의 국가들에 거주하는 사람들보다 선택의 자유를 더 많이 보장받는 데에서 찾을 수 있다. 즉, 과거 공산주의 국가의 거주민 중 10점 만점을 기준으로 9점 또는 10점에 해당하는 선택의 자유가 매우 보장된다고 응답한 비율은 21%에 그쳤던 반면, 라틴아메리카 국가의 거주민 중 그렇다고 응답한 비율이 두 배 이상인 45%로 나타났다(Inglehart et al., 2008: 270).

이상의 결과는 셋째, 공산주의 자체가 반드시 낮은 행복감을 유발하는 것은 아니라는 점을 말해주고 있다. 예를 들면, 베트남과 중국은 구소련 체제가 붕괴한 이후에도 공산주의를 유지했지만 구-공산권 국가들보다 행복도가 높았다. 다시 말해, 구-공산권 국가들의 낮은 행복도는 공산주의 붕괴 이전의 안정적인 정치경제 및 사회 시스템의 붕괴로 인해 사회적인 혼란이 증가하고, 공고했던 자신들의 체제에 대한 자부심도 무너지는 등 행복에 부정적인 요소가 확산되었기 때문이었지 단순히 GDP가 낮았기 때문이라고 볼 수 없다는 것이다(Inglehart et al., 2008: 268).

그렇다면, 물질적이고 경제적인 요소들이 결코 채울 수 없는 부분은 무엇일까? 이와 관련해서 우리는 먼저, 삭스가 미국의 행복도가 2006년부터 2007년에는 10점 만점에 7.35점이었는데, 2015년부터 2016년에는 6.83점으로 10여 년 동안 0.51점 하락(Sachs, 2017: 179)한 이유에 대해 다음과 같이 진단한 바에 귀 기울일 필요가 있다.

> "현대 미국 경제의 주된 역설은 … 1인당 GDP는 여전히 증가하고 있지만, 실제 행복은 감소하고 있다 … 이러한 상황이 최근 더 악화되었다 … 미국의 주된 정치 담론은 아메리칸 드림과 행복의 회복이 경제가 성장하면 그에 따라올 것으로 가정 … 경제 성장을 목표로 하고 있다 … 그러나 자료는 결정적으로(conclusively) 이러한 접근이 틀렸음을 보여주고 있다"(Sachs, 2017: 179, 괄호 안 원문).

계속해서 삭스는 행복 증진을 위해 경제 성장만 외치는 미국 정가에 행복에 대한 사회적 요소의 영향력을 강조하며, 다음과 같이 그 해결책을 제시하고 있다.

"미국은 오로지 혹은 주로 경제적 성장에 초점을 맞추기보다는 불평등 증가, 부패, 고립, 불신과 같은 다면적인 사회적 위기를 해결함으로써 행복을 증진 시킬 수 있으며, 증진 시켜야 한다(pp. 179) … 요약하자면, 미국의 위기는 경제적 위기가 아니라 사회적 위기이다. 이러한 미국의 사회적 위기는 널리 알려져 있지만, 그것이 공공정책에 반영되고 있지 못하다(has not translated into). 워싱턴의 거의 모든 공공정책 담론은 경제 성장률을 올리기 위한 순진한(naive) 시도에 집중되어 있다 … 사회적 위기의 실재 근원에 대한 직접적인 대응(forthright attack)이 미국의 행복에 훨씬 크고 빠른 긍정적 효과를 가져 올 것이다(pp. 180)"(Sachs, 2017: 179-180, 괄호 안 원문).

다시 말해, 물질적이고 경제적인 요소들이 채울 수 없는 것을 행복에 유의미한 영향을 미치는 다양한 사회적 요소에서 찾을 수 있다는 것이다.

이와 관련된 보다 구체적인 연구로 헬리웰과 그의 동료들의 연구를 예로 들 수 있겠다(Helliwell, Huang, and Wang, 2017). 그들은 사회적 지지, 선택의 자유, 관대함, 부패를 기준으로 한 사회적 기초가 행복에 미치는 영향을 분석했는데, 사회적 기초를 세계 평균까지 끌어올리면 캔트릴 사다리로 측정했을 때의 세계 행복 점수가 1.97점 증가한 것으로 나타났으며,[5] 이 효과는 GDP와 건강수명을 0점에서 평균까지 올리는 효과보다 큰 것이었다. 특히, 곤란한 상황에 처한 사람에게 도움을 줄 수 있는 사람 수를 증대시켰을 때의 효과는 가장 가난한 저개발 3개국의 1인당 소득을 세계 평균으로 끌어올리는데 필요한 재정[6] 투입을 통해 얻을 수 있는 행복 효과와 동일한 것이었다. 이것은 결국, 행복하기 위해서는 물질적이고 경제적인 요소도 필요하지만, 행복은 사회적 질의 향상을 통해 보다 더 잘 보장받을 수 있다는 것을 시사한다.

5 사회적 지지는 1.19점, 선택의 자유는 0.41점, 관대함은 0.25점, 적은 부패는 0.12점을 증가시키는 것으로 나타났다(Helliwell, Huang, and Wang, 2017: 37).

6 이는 약 600달러에서 10,000달러로 증가하는 것으로 1인당 소득 평균 16배 증가와 동일하다(Helliwell, Huang, and Wang, 2017: 37).

2) 사회적 질 이론 기반 행복 정책의 가능성

보수주의에 기반한 정치 세력과 진보주의에 기반한 정치 세력 중 어떤 정치 세력이 정부를 구성하든 늘 빠지지 않고 등장했던 것이 바로 경제를 성장시켜 국민 행복을 증진시키겠다는 것이었다. 이러한 정부 정책에 이스털린 패러독스는 경제 성장만으로는 행복 증진에 한계가 있음을 증명해 보였다. 다시 말해, GDP로 대표되는 국가 전체의 부는 증대되는 상황에서도 국민 개개인의 행복감은 나아지지 않고 정체되고 있으며, 그것을 수정하기 위한 정부의 노력이 지속됨에도 불구하고 나아지지 않는다면 정부의 경제 성장을 통한 일면적인 대응은 행복 증진의 근본적인 대안이 될 수 없다는 것이다. 경제 성장 과정이 시장에서 사고 팔 수 있는 물질적인 외적 재화 보다 상대적으로 그렇지 못한 비물질적인 내적 재화를 더 침식시킬 수밖에 없다는 점과 행복에 결정적인 영향을 미치는 비경제적인 요소들의 영향력을 고려한다면 (MacIntyre, 2013), 우리는 결국 소득뿐만 아니라 비경제적인 요소들의 동반 성장이 없이는 의미 있는 행복 증진이 어렵다는 점을 쉽게 유추할 수 있다. 다시 말해, 종국적으로 사회의 질이 나아지지 않고서는 행복의 보장을 장담할 수 없다는 것이다.

이와 같은 맥락에서 사회적 질 이론이 정부의 행복 정책에 주는 정책적 함의가 매우 크다. 앞에서 논의한 PBDSQ는 유럽이 역사적으로 겪어온 많은 고난과 역경 속에서 평화와 번영을 위해 노력해왔지만, 오늘날 그 노력의 결과는 경제적 번영을 위한 경쟁을 맹종하는 것으로 나타나고 있다고 비판했다. 그로 인해 빈곤과 불평등이 확산되고, 공공 서비스가 사기업에 매각되는 등 초국적 기업의 권력이 강화됨으로써 시민권이 약화되어 인류는 인간으로서 존엄한 삶을 영위할 수 있는 기회를 점점 잃어가고 있다는 것이다. PBDSQ는 이와 같은 현상에 대한 대응책으로써 사회적 질 이론의 정책적 중요성을 두 가지로 제시하고 있다(Walker and Corbett, 2017: 4-5).

첫째, 사회적 질은 사회적인 것(the social)을 체계적으로 고찰할 수 있게 함으로써 경제성과 사회성의 이분법을 초월하여 통합된 정책을 가능하게 한다. 이는 그동안 유럽 사회가 사회적 차원(social dimension)과 경제적 차원(economic dimension)의 차이점을 명확하게 구분하지 않고, 사회적(social)이라는 용어만 단순히 사용함으로써 사회적 차원이 경제적 차원에 의해 희석되어온 부작용을 종식시킬 수 있게 해준다. 다시 말해, 인간의 본성과 동기는 연대감, 사랑, 도덕 등과 같이 경제적 인간 논리로 환원시킬 수 없을 만큼 비물질적이며 다양한 차원을 지닌 매우 복잡한 구조를 갖고 있음에도 불구하고, 정책과 정치에 그러한 특성이 제대로 반영되지 못함으로써 신자유주의에 기반한 정책이 만연하게 되었다는 것이다. 반면, 사회적 질은 사회적인 것에 대한 고찰을 먼저 함으로써 사람들 간 생산과 재생산의 상호 연관성에 주목하여 경제적 관계를 보다 광범위한 사회적 관계 속으로 포함시킨다. 이로써 사회적 질은 자본주의를 인도적인 것으로 만드는 것(humanize capitalism)이 아니라 변환시킬 수 있게(transform capitalism) 되는 것이다.

둘째, 사회적 질은 단순한 지적 산물이 아니라 시민들의 임파워먼트를 신장시키는 실용적인 목표를 가지고 있다. 사회적 질은 정책 결정 권한이 주로 행정 또는 경제 전문가들에게 주어진 기술 관료적 시각을 극복하는 데에 정치의 역할이 중요함을 인정한다. 그리하여 사회를 변화시키기 위한 정치 프로그램을 제안하는 데에도 소극적이지 않다.

제5장

모두가 행복한 사회는 가능한가?

우리는 앞에서 행복에 관한 다양한 해석을 통해 행복의 다차원적인 특성과 함께 세계 및 한국의 행복 상황을 자세히 이해할 수 있었다. 그리고 사회적 질과 행복의 관계 고찰을 통해 행복을 향한 하나의 왕도는 존재하지 않고, 결코 사회의 단일 요소의 발전만으로는 더 나은 행복을 누릴 수 없으며, 사회적 질의 전반적인 향상이 필요함을 알 수 있었다. 제5장에서는 사회의 모든 구성원이 행복해질 수 있는 가능성을 높이기 위한 사회적 질 향상 방안에 대해 고찰한다. 이를 위해 먼저, 자본주의 사회에서 행복이 과연 온전히 개인이 책임져야 하는 문제인지, 아니면 사회적인 문제인지에 대해 논의한다. 이를 바탕으로, 다차원적인 사회적 질의 향상 방안 중에서 주로 경제적 요소 특히, 자본주의와 복지국가의 역할을 중심으로 살펴본다.[1]

1. 사회적 행복

래이어드는 인간에게 행복의 중요성이 자명하다는 것을 아래와 같이 표현

1 제4장에서 이미 고찰한 바와 같이, 다차원적인 사회적 질의 향상은 비단 경제적 요소의 향상만으로는 이뤄낼 수 없다. 그러나 지면의 한계상, 본 저서에서는 경제적 요소에만 집중해서 논의하고, 부족한 부분은 후속 연구를 통해 보완하겠다.

했다.

> "만약 우리가 행복이 왜 중요한가라는 질문을 받는다면, 행복 이외 추가 이유를 말할 수 없다. 행복은 확실히 (그 자체로) 매우 중요하다"(Layard, 2005: 113, 괄호 안 저자 삽입).

래이어드와 같은 맥락에서, 테렌스 헨리 어윈(Terence Henry Irwin)은 행복의 절대선적인 특성을 다음과 같이 밝혔다.

> "우리는 행복보다 더 위대한 선(good)을 만들어 낼 수 없다. 예를 들면, 덕(virtue)은 이미 행복에 포함이 되어 있기 때문에 우리는 정말로 행복에 덕을 추가할 수 없다. 만약, 우리가 행복의 선함(goodness of happiness)과 덕의 선함(goodness of virtue)을 집계(counting)했다면, 우리는 덕의 선함을 두 번 집계한 것이 된다. 왜냐하면, 우리는 이미 행복의 선함에서 덕을 집계했기 때문이다"(Irwin, 2015: 515, 괄호 안 원문).

이처럼 인간에게 중요할 뿐만 아니라 절대선으로 삶의 목적 그 자체인 행복을 인간은 대체로 고대에서 중세까지는 인간의 외부에서 찾았다. 즉, 이 시기 행복은 인간이 노력해서 찾을 수 있는 것이라기보다는 신으로부터 부여받을 수 있는 일종의 행운과도 같은 것이었다. 그래서 이 시기 행복을 누릴 수 있는 사람은 소수의 선택받은 사람들이라고 여겨졌다. 그러던 것이 13세기에 이르러 토마스 아퀴나스가 행복은 소수의 선택받은 사람들만 누릴 수 있는 것이 아니고, 종교적 가르침에 따른 삶을 살면서 누릴 수 있다고 함으로써 보통 사람들도 노력해서 누릴 수 있는 것으로 받아들여지게 되었다(McMahon, 2006). 이후 계몽주의시기를 거치면서 행복은 쾌락을 통해서도 얻을 수 있는 것으로 여겨짐에 따라 인간은 행복을 본격적으로 인간의 내적 요소에서 찾기 시작했다(Stearns, 2012). 최대 다수의 최대 행복의 달성이 개개인이 스스로의 쾌락을 극대화함으로써 가능하다고 한 공리주의자들의 주장이나 1776년 미국의 독립선언서에서 행복추구권을 주장하는 것 등이 모두 이와 같은 맥락에서 이뤄진 것으로 볼 수 있다. 그리고 현대에 들어 행복은 개인이 내적 노력을 통해서 또는 외적 조건의 달성을 통해서 성취할 수 있는 것으로도 여겨지고 있다(Horowitz, 2018; Radcliff, 2013).

그런데 폴 블룸필드(Paul Bloomfield)는 만약, 인간이 자신이 할 수 있는 한 최대한 행복해지는 것을 목표로 삼는다면, 그 사람은 결코 행복해질 수 없는 이른바 '행복의 역설(the paradox of happiness)' 상태에 빠질 것이라고 하였다(Bloomfield, 2014: 92-96). 그렇다면, 인간은 어떻게 최대한의 행복을 얻을 수 있는 것일까? 이에 대해 블룸필드는 인간은 자신의 최대한의 행복을 덕(virtue)을 행함으로써 얻을 수 있다며 다음과 같이 밝히고 있다.

> "만약, 우리가 할 수 있는 최대한으로 덕스러워 진다면(즉, 덕을 실천한다면), 우리는 가능한 최대한으로 행복해질 것이다"(Bloomfield, 2014: 207, 괄호 안 저자 삽입).

계속해서 블룸필드는 덕은 인간으로 하여금 스스로 만족할 수 있게 해주고, 회복 탄력성을 최대한으로 발휘할 수 있게 해주어 인간이 덕스러워지면 덕스러워질수록 가능한 최대한 인내할 수 있게 해준다며 행복해지기 위한 덕의 실천을 재차 강조한다(Bloomfield, 2014: 207).

만약, 블룸필드의 주장대로 인간이 덕을 실천한다면 분명 행복감은 증가할 것이다. 그러나 과연 인간의 행복을 인간이 덕을 실천하느냐 그렇지 않느냐와 같이 개인적인 노력 여부만으로 환원시켜 설명할 수 있을까? 다시 말해, 현대 자본주의 사회에서 행복은 개인적인 문제일까? 아니면 사회적인 문제일까?

이와 같은 질문에 주로 행복의 생물학적 결정론과 심리학적 시각에 기반한 행복 주관주의자들은 행복은 개인적인 문제이지 결코 사회적인 문제가 될 수 없다고 주장한다. 다시 말해, 거의 모든 인간의 행복은 선천적으로 타고난 유전자와 성격적인 특성에 의해 영향을 받기 때문에 행복은 개인의 생물학적 요인으로 대부분 설명될 수 있다는 것이다(Ebstein et al., 1996; Hamer, 1996; Lykken and Tellegen, 1996). 그러면서 심리학에서 말하는 행복의 설정값 논리가 결국은 생물학적으로 인간의 행복이 거의 결정되는 것을 증명해주고 있다고 한다(Larsen, 2000; Williams and Thompson, 1993).[2] 이러한 논리에 따르면, 개인의 행복은 오롯이 개인적인 요소에 의해 결정되는 것이기 때문에 사회적 지원이나 정책적 지원을 통해 나아질 수 있는 차원의 문제는 아닌 것이다. 이와 비슷하게 행복 자유주의자들의 시각에서도 행복 증진의 문제는 사회와는 무관한 개인적인 문제로 여겨질 뿐이다.

그러나 이들의 시각은 모두 논리적으로 모순된다. 먼저, 행복 주관주의자들의 주장은 근본적으로 인간의 기본적인 인권조차 고려하지 못하는 한계점을 가지고 있다. 행복 주관주의에 따르면, 자유를 박탈당한 노예가 주인으로부터 의식주를 제공받고, 물질적으로 만족할 만한 삶을 삶으로써 느끼는 안정감도 곧 행복으로 해석될 수 있어 인간적인 삶이 호도될 수 있는 여지가 충분하다. 다시 말해, 행복 주관주의자들처럼 행복이 단순히 개인의 마음먹기에 따른 것이라고 이해하면 장애인, 빈곤층, 거동이 불편한 노인 등과 같이 자신의 노력만으로는 사회 구조적으로 더 나은 미래를 일구기 어려운 상황에 처한 사회적 약자들의 고된 삶도 그들이 만족해하면 곧 행복한 삶이 되는 오류가 발생하는 것이다.

결국, 행복을 오롯이 개인적 수준에만 초점을 맞춰 바라보면 인간의 사회

2 물론, 모든 심리학자들이 현상을 100% 개인적인 요소로만 환원시켜서 설명하는 것은 아니다. 가장 대표적인 경우가 조지 엔젤(George Engel)과 같이 생물심리사회 모델(Biopsychosocial Model)에 기반한 임상심리학자들인데, 이들은 인간의 경험을 유전자와 같은 생물학적 자질, 성격이나 태도 등으로 특징지어지는 개인의 심리적 측면, 가족이나 사회 경제적 지위 등과 같은 사회문화적 요소가 복합적으로 영향을 미쳤다고 보고 있다(Engel, 1977). 그러나 실제 인간을 대상으로 연구할 때, 그들이 자극에 어떻게 반응하는지 통제 실험을 통해 비교적 용이하게 알 수 있지만, 그 과정에서 사회문화적 요소의 영향을 고려하는 것은 거의 불가능하기 때문에 생물심리사회 모델의 실효성과 적용 가능성에 대해서는 논란이 존재한다(Thompson, 2014).

성을 간과하게 되어 사회 구조의 영향 또한 탈락시켜 버리는 모순이 발생하게 되는 것이다(Taylor, 2011). 이러한 행복 주관주의의 논리적 한계는 필립 페팃(Philip Pettit)이 노예제 하에서 주인이 아무리 노예에게 친절을 베푼다 해도 주인과 노예의 주종 관계 자체가 자유의 박탈을 초래하는 것이며, 노예의 자유는 주종 관계를 철폐하지 않고는 결코 성취될 수 없다고 한 것과 같은 맥락에 있다(Pettit, 2002). 뿐만 아니라, 행복 주관주의자들의 논리적 한계는 마사 누스바움(Martha Nussbaum)이 행복이란 그 자체로 가치를 담고 있고, 결핍이 없는 완벽한 상태로 인간의 삶을 풍요롭게 하는 것이라고 한 것과도 너무도 거리가 먼 것이다(Nussbaum, 2001).

그리고 행복 자유주의자들의 시각 또한 많은 한계가 있다. 가장 대표적으로, 자유주의자들은 모든 사람이 완전한 개인주의 원칙을 잘 준수하고 타인의 이해를 해치지 않는 이른바 '순수 자유주의자'인 것은 아니라는 사실을 간과하고 있다. 아리스토텔레스의 표현을 빌리자면, 인간은 그 자체로서 완벽한 짐승도 아니고 또한 신도 아니다(Aristotle, Stalley, and Barker, 2009). 즉, 인간은 진공 속에 홀로 존재하는 것이 아니라 타인과 함께 사회 속에 존재하며, 각자가 처한 상황에 따라 이타심뿐만 아니라 이기심 또한 발휘할 수 있는 변화무쌍한 존재인 것이다. 이는 칼 폴라니(Karl Polanyi)가 자기-규제 메커니즘(self-regulating mechanism)을 가진 자본주의 시장에서 개인은 항상 자신만의 이익 극대화에 집중한다(Polanyi, 1944)고 지적한 것과도 별반 다르지 않다.

뿐만 아니라, 인간이 행복해지기 위해 반드시 필요한 자원은 자본주의 사회에서 결코 고르게 분포되어 있지 않다(Dahl, 2005; Bartels, 2008; Chang, 2010; Wood, 2017a). 이는 마치 孔子(공자)가 『論語(논어)』 제7편 述而(술이)에서 富而可求也(부이가구야) 雖執鞭之士(수집편지사) 吾亦爲之(오역위지) 如不可求(여불가구) 從吾所好(종오소호)라며(공자, 2017: 174) 부를 구하는 것이 생각만큼 쉽지 않다고 지적한 것과 크게 다르지 않다. 물론, 혹자는 공자의 말씀에 대해 개인이 부자가 될 수 없다면, 자신이 좋아하는 일을 하면서 행복해 질 수 있다며 행복은 개인의 선택에 달려 있다고 주장할 수도 있을 것이다. 그러나 자본주의 사회에서는 우리 모두가 부자가 될 수 없을 뿐만 아니라, 모든 이가 자신이 원하고 좋아하는 일이나 직업만 선택하며 살 수 있는 자유 또한 보장되는 것이 아니다.

자신이 원하는 삶을 선택할 수 있을 만큼 충분한 물질적 자원을 갖추지 못한 사람들이 현재의 빈곤한 상태에서 체념을 통해 느끼는 만족감은 행복이라고 할 수 없다. 다시 말해, 불평등이 존재하는 사회에서 개인은 스스로의 삶을 선택할 수 있는 완전한 자유를 누리기 어렵고, 역량이 부족한 상태에 있기 때문에(Sen, 2000a, 1999, 1985; Nussbaum and Sen, 1993) 행복을 개인의 능력 차이로 환원시켜 설명하는 것은 논리적 모순을 배태한 것일 수밖에 없는 것이다. 더욱이 그렇게 한정된 자원의 정의로운 분배를 위해 민주주의가 제대로 작동하는 것도 아니다(Wood, 2017b; Arendt, 2016; Dorling, 2015; Chang, 2007).

결국, 자본주의 사회에서 개인의 행복은 오롯이 개인의 노력에 의해서만 성취될 수 없으며, 사회 구조적 영향과 같은 개인의 노력으로 통제할 수 없는 것으로부터 결코 자유롭지 않다. 따라서 자본주의 사회에서 행복은 개인적인 차원으로만 환원시켜 설명할 수 없는 사회문제인 것이다.[3] 『혁명에 관하여(On Revolution)』에서 공공행복(public happiness) 개념을 내세웠던 아렌트가 진정한 행복은 단순히 사적인 것으로 치부될 수 없으며, 공적 이슈와 공공권력을 공유하는 데에 적극적으로 참여하지 않고서는 행복과 자유를 얻을

3 이러한 논쟁에 대해 필자는 기본적으로 행복은 개인적인 것인 동시에 사회적인 것이라고 생각한다. 다시 말해, 개인적인 수준에서 개인의 감정에만 주목할 때에는 행복을 개인적인 사안으로 한정해서 논의하는 것이 전혀 불가능한 것은 아니지만, 그러한 개인의 행복이 사회 구조적 영향으로부터 자유로운 것이라는 주장에는 동의할 수 없다. 그러나 행복의 사회성을 근거로 개인의 행복 책임이 모두 사회에 전가될 수 있고, 개인이 자신의 행복에 전혀 책임이 없다는 뜻으로 해석되어서는 곤란하다.

수 없다고 주장하며 행복의 사회성을 강조한 것(Arendt, 2006)도 이와 같은 맥락에 있는 것이다.

2. 자본주의의 모순과 행복

1) 세계의 경제적 불평등

경제적 불평등은 한 국가 내에서만 존재하는 것이 아니라, 전 세계 국가 간에도 존재하는 세계적인 현상이다. 이는 2017년 기준, 성인 한 명 당 세계 부(wealth)의 분포 현황을 보여주는 〈그림 5-1〉을 보면 명확하게 드러난다. 5,000 달러(US$)를 기준으로 부의 수준을 네 등급으로 구분했을 때, 성인 한 명이 100,000 달러(US$)를 초과하는 부를 가진 상위 1등급의 경우는 전반적으로 북미와 서유럽, 아시아-태평양 및 중동 지역의 일부 국가들에만 편중되어 있는 것을 알 수 있다(Shorrocks, Davies, and Lluberas, 2017: 7). 보다 구체적으로, 상위 10위에는 스위스(537,600 US$), 호주(402,600 US$), 미

〈그림 5-1〉 세계의 부

출처: (Shorrocks, Davies, and Lluberas, 2017: 8)

국(388,600 US$), 뉴질랜드(337,400 US$), 노르웨이(320,500 US$), 덴마크(281,500 US$), 벨기에(278,100 US$), 영국(278,000 US$), 싱가포르(268,800 US$), 프랑스(263,400 US$)가 위치했다(Shorrocks, Davies, and Lluberas, 2017: 8). 반면, 거의 대부분의 아프리카 국가들, 남아시아, 동유럽 및 남미 국가들은 3, 4등급에 해당하는 것으로 나타났다(Shorrocks, Davies, and Lluberas, 2017: 8-9).

그런데 〈그림 5-2〉에서 보는 바와 같이, 이와 같은 부의 불평등 현상을 2017년 기준, 성인 인구 규모와 비교해 보면 그 심각성을 보다 쉽게 알 수 있다. 성인 한 명이 1,000,000 달러(US$)를 초과하여 소유한 비율은 0.7%에 불과했지만, 이들은 전 세계 부의 45.9%를 차지했다. 반면, 성인 한 명이 10,000 달러(US$) 미만을 소유한 비율은 70.1%였지만, 이들은 전 세계 부 중 겨우 2.7%만 소유하고 있었다. 또한, 8.6%의 성인이 차지하는 전 세계 부는 85.6%로 막대한 반면, 절대 다수인 91.4%의 성인은 14.3%의 부만 소유하고 있었다.

그리고 세계를 권역별로 구분해서 분석했을 때에도 이와 같은 인구 대비

〈그림 5-2〉 세계 부의 피라미드

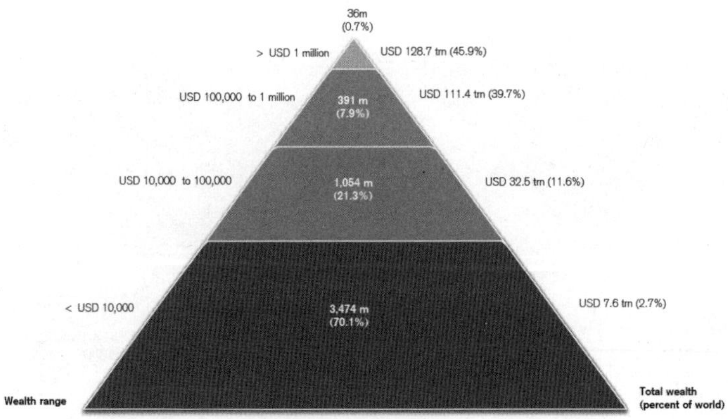

출처: (Shorrocks, Davies, and Lluberas, 2017: 21)

부의 불평등 현상은 변함이 없었다. 2017년 성인 한 명이 소유한 부를 기준으로 했을 때, 인구 대비 북미와 유럽이 차지하는 부의 비율이 세계 전체의 절반을 넘는 것으로 밝혀진 것이다. 다시 말해, 북미와 유럽이 차지하는 성인 인구 비율은 각각 5%와 12%에 불과한 반면, 부의 비율은 각각 36%와 28%로 총 17%의 인구가 전 세계 부의 64%를 소유하고 있었다(Shorrocks, Davies, and Lluberas, 2017: 6). 반면, 그 외 지역은 인구 대비 더 적은 부를 소유한 것으로 나타났다. 즉, 아시아-태평양 지역은 23%의 인구에 20%의 부를, 중국은 22%의 인구에 10%의 부를, 라틴아메리카는 9%의 인구에 3%의 부를, 인도는 17%의 인구에 2%의 부를, 아프리카는 12%의 인구에 단 1%의 부만 소유하고 있었다(Shorrocks, Davies, and Lluberas, 2017: 6).

한편, 세계 불평등 연구소(World Inequality Lab, WIL)가 2018년 세계 불평등 보고서에서 밝혔듯이, 이와 같은 세계의 경제적 불평등은 비단 최근에만 국한되는 것이 아니라, 과거부터 지속적으로 이어져온 현상이다.[4] 예를 들면, 전 세계 소득 상위 1%의 소득 점유율은 1980년에 16%였던 것이 2016년에는 20.4%로 증가한 반면, 소득 하위 50%의 소득 점유율은 1980년부터 2016년까지 최대 9%에만 미쳤을 뿐 단 한 해도 10%에 다다른 적이 없었다는 것이다(Alvaredo et al., 2017: 54). 그 결과, 전반적으로 봤을 때, 전 세계의 소득 불평등이 1980년 이래 유럽에서는 완만하게 증가하였지만, 북아메리카와 아시아에서는 급격히 증대되었으며, 브라질, 중동, 사하라 사막 이남 아프리카에서는 매우 높은 상태에서 안정화되었다는 것이다(Alvaredo et al., 2017: 286).

이와 같은 세계의 소득 불평등은 국가별 추세 비교를 통해 보면 더욱 적나라하게 드러난다. 예를 들면, 1980년부터 2016년까지 세계 주요 국가의 소득

4 이는 세계 장기 소득 증가 자료를 분석한 결과, 역사적으로 세계의 소득이 증대됨에 따라 소득 불평등도 증가하는 경향을 보였다(Atkinson, Piketty, and Saez, 2011)는 것과도 같은 것이다.

〈그림 5-3〉 주요 국가 소득 상위 1%의 소득 점유율 변화

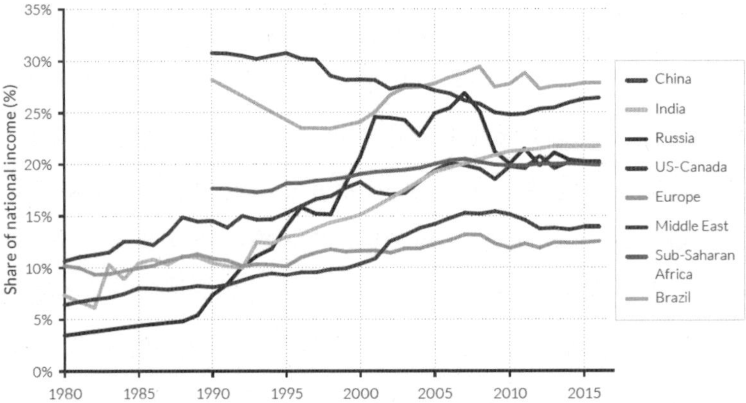

출처: (Alvaredo et al., 2017: 44)

〈그림 5-4〉 주요 국가 소득 상위 10%의 소득 점유율 변화[5]

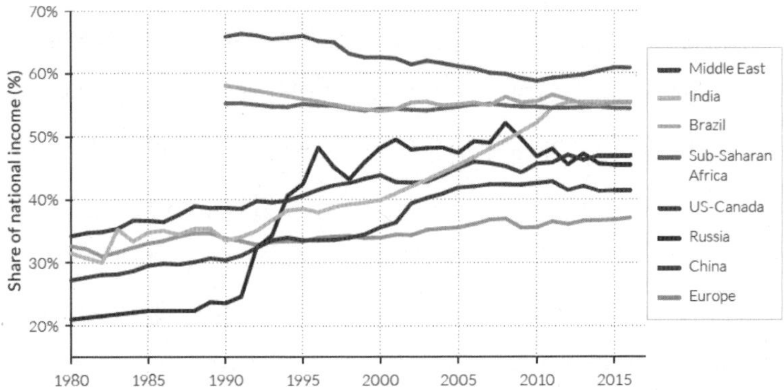

출처: (Alvaredo et al., 2017: 43)

상위 1%의 소득 점유율을 나타낸 〈그림 5-3〉에서보는 바와 같이, 주요 국가의 최근 소득 상위 1%의 소득 점유율이 전반적으로 유럽과 중국을 제외하고 브라질, 중동, 인도, 미국과 캐나다, 러시아, 사하라 사막 이남 아프리카에서 20%를 상회하고 있다. 또한, 1980년부터 2016년까지 세계 주요 국가의 소득

5 2016년 소득 상위 10%의 소득 점유율은 유럽 37%, 중국 41%, 러시아 46%, 미국과 캐나다 47%, 사하라 사막 이남 아프리카 54%, 브라질 55%, 인도 55%, 중동 61%였다(Alvaredo et al., 2017: 43).

상위 10%의 소득 점유율을 나타낸 〈그림 5-4〉에서 보는 바와 같이, 소득 상위 10%의 소득 점유율의 경우 1980년대 이후 주요 국가 모두에서 20% 이상을 기록하고 있으며 특히, 브라질, 중동, 인도, 사하라 사막 이남 아프리카에서는 1990년대 이후 단 한 해에도 50% 아래로 내려간 적이 없었다.[6]

경제적으로 부유한 그룹인 OECD 국가들에서도 이와 동일한 상황이 전개되어 왔다. OECD 국가들의 소득 불평등은 1970년대 후반이나 1980년대 초반에 미국, 영국과 같이 주로 영어권 국가들에서 두드러졌던 것이 1980년대 후반부터 보다 확산되어 2000년대에는 독일, 덴마크, 스웨덴과 같이 전통적으로 비교적 소득 불평등이 심하지 않다고 평가받는 국가들에까지 확대되었다(OECD, 2011). 1980년부터 2015년까지(혹은 최대한 가장 최근 해) OECD 국가들의 소득 상위 1%의 소득 점유율의 변화를 보여주는 〈그림 5-5〉를 통해서도 그러한 경향이 전반적으로 유지되고 있음이 확인되고 있다(OECD, 2018a).[7] 즉, 주로 영어권 국가들의 소득 상위 1%의 소득 점유율이 눈에 띄게

〈그림 5-5〉 OECD 국가들의 소득 상위 1%의 소득 점유율 변화

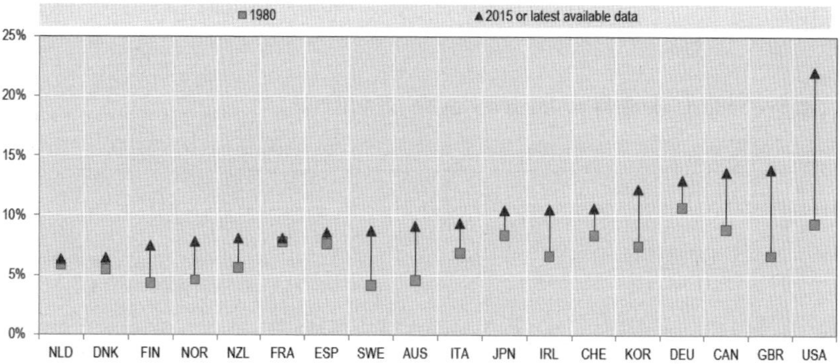

출처: (OECD, 2018a: 30)

6 가브리엘 주크만(Gabriel Zucman)이 탈세는 저소득자들 보다는 주로 고소득자들에게서 발생하고, 소득이나 재산 신고 누락 또한 저소득자들보다 고소득자들에게서 더 많이 발생한다고 한 점(Zucman, 2016)에 비춰본다면, 고소득자들의 실제 소득 점유율은 이 보다 더 클 것으로 미루어 짐작해 볼 수 있겠다.

7 1980년대에 OECD 국가들의 소득 상위 10%와 소득 하위 10%의 소득 비율이 7:1이었던 것이 2000년대 들어 9.5:1까지 증가하였다(Cingano, 2014: 9).

증가한 가운데, 핀란드, 노르웨이, 스웨덴과 같이 전통적으로 비교적 소득 불평등이 양호한 편에 속한다고 평가받는 국가들의 경우도 큰 폭으로 상승한 것으로 나타났다. 반면에 네덜란드, 프랑스, 스페인의 소득 상위 1%의 소득 점유율의 증가는 미미한 수준에 그쳤다.

또한, 1980년대 중반부터 2015년까지(혹은 최대한 가장 최근 해) OECD 국가들의 가처분 소득 기준 지니 계수(Gini's Coefficient)의 변화를 보여주는 〈그림 5-6〉을 통해서도 그러한 경향이 전반적으로 확인되고 있다.[8] 다시 말해, 총 22개 국가들 중 19개 국가들에서 소득 불평등이 증가하는 가운데, 터키만 소득 불평등이 상당히 감소했으며, 프랑스와 그리스의 소득 불평등 감소 정도는 미미하여 거의 변화가 없는 수준이었다(OECD, 2018a: 28). 비록, 3개 국가들이 전체적으로 소득 불평등이 증가하는 추세에서 다소 벗어나 있기는 하지만, 이것이 곧 OECD 국가들의 소득 불평등 증가 추세에 오류가 있다고 판단할 수 있는 근거가 되는 것은 아니다. 일반적으로, 중간층의 소득 변화에 매우 민감하게 반응하는 지니 계수의 특성도 함께 고려해 보면(Cobham, Schlogl, and Sumner, 2015; Deltas, 2003) 전반적인 추세에 근본적인 변화가

〈그림 5-6〉 OECD 국가들의 가처분 소득 기준 지니 계수의 변화

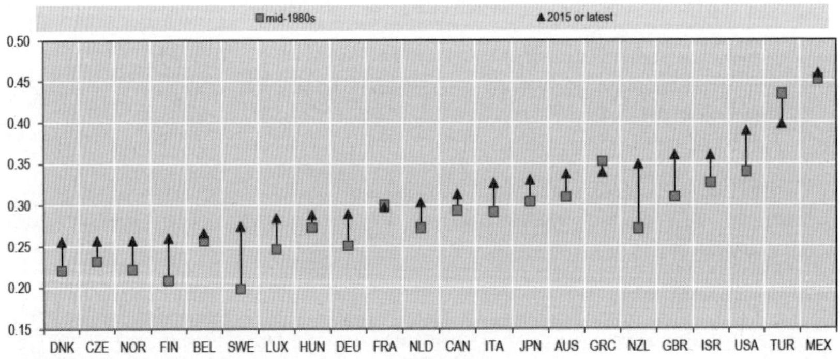

출처: (OECD, 2018a: 28)

8 1912년에 코라도 지니(Corrado Gini)가 개발한 지니 계수는 그 값이 0이면 완전 평등을, 1이면 완전 불평등을 의미한다.

없음을 유추해 볼 수 있다.

반면, 주요 국가들의 소득 하위 50%의 소득 점유율의 경우, 전반적으로 20% 이하에 그치는 것으로 나타났다. 보다 구체적으로, 1980년부터 2016년까지 세계 주요 국가들의 소득 하위 50%의 소득 점유율을 나타낸 〈그림 5-7〉에서 보는 바와 같이, 과거 사회주의 국가였던 러시아와 중국의 경우 1980년에 소득 하위 50%의 소득 점유율이 각각 30% 이상, 25% 이상을 기록했으나, 자본주의로 전환한 이후 소득 하위 50%의 소득 점유율이 급락했으며, 2000년 이후 두 국가 모두 20% 이하에 머물고 있다. 소득 하위 50%의 소득 점유율이 가장 낮게 나타난 곳은 중동이었는데, 2010년을 전후한 한두 해를 제외하고 줄곧 10% 이하를 기록했다. 이와 비슷하게 브라질, 사하라 사막 이남 아프리카의 소득 하위 50%의 소득 점유율은 1990년대 이후 15%를 넘어본 적이 없는 것으로 나타났다.

WIL 연구진들은 이러한 소득과 부의 불평등에 대해 앞으로 각국 정부가 어떻게 대응하느냐에 따라 크게 세 가지 경우로 진행될 가능성이 크다고 진단한다(Alvaredo et al., 2017: 250). 첫째, 만약, 각 국가 내 불평등이 1980년

〈그림 5-7〉 주요 국가 소득 하위 50%의 소득 점유율 변화

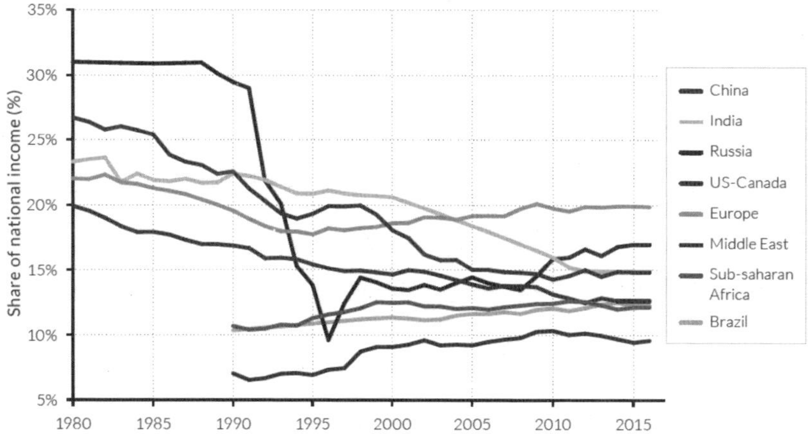

출처: (Alvaredo et al., 2017: 45)

이후의 추세를 유지한다면, 세계 소득 상위 1%의 소득 점유율은 2050년에 24%가 되는 반면, 소득 하위 50%의 경우 9%를 넘지 못하게 된다는 것이다. 둘째, 만약, 모든 국가들의 불평등 성장 궤적이 1980년 이후 미국의 그것과 동일하게 진행된다면, 세계 소득 상위 1%의 소득 점유율은 2050년에 28%가 되는 반면, 소득 하위 50%의 경우 6%까지 감소하게 된다는 것이다. 셋째, 만약, 모든 국가들의 불평등 정도가 1980년 이후 유럽처럼 상대적으로 완만하게 증가한다면, 세계 소득 상위 1%의 소득 점유율은 2050년에 19%로 감소되는 반면, 소득 하위 50%의 경우 13%까지 증가하게 된다는 것이다.[9] WIL 연구진들이 제시한 세 가지 가능한 경우 중 세계 역사가 실제 어느 경로로 진행될지는 아무도 알 수 없다. 그러나 이와 같은 세계 소득과 부의 불평등을 완화시키기 위한 각국 정부의 적극적인 정책적 개입이 없으면, 불평등이 앞으로 더욱 심화될 것이라는 점은 확실해 보인다(Alvaredo et al., 2017: 250).

그런데 각국 정부의 소득 불평등 완화 정책의 실효성을 증대시키기 위해서는 지니 계수 중심의 소득 불평등 진단에 주의가 요구되고 있다. 다시 말해, 지니 계수는 소득 불평등 정도를 보여주는 대표적인 지표로 널리 사용되고 있지만, 지수의 특성상 중간층의 변화에 민감하기 때문에 소득 불평등을 해소하기 위한 정책 수립에는 그리 유용한 정보를 제공하지 못한다. 왜냐하면, 일반적으로, 국가의 복지정책 수립에는 상대적으로 소득의 변화가 크지 않아 소득 불평등 완화 정책으로 유의미한 영향을 미치기 어려운 중간층보다 소득 상위 10%와 하위 40%의 소득 변화에 관한 정보가 더 중요한데, 지니 계수는 이와 같은 정보를 제공하지 못하기 때문이다(Cobham, Schlogl, and Sumner, 2015). 따라서 호세 가브리엘 팔마(José Gabriel Palma)가 소득 상위 10%와 하위 40%의 소득 점유율을 비교하여 산출한 팔마 비율(Palma Ratio)

9 만약, 미국과 유사한 경로로 진행된다면, 세계 소득 하위 50%의 경우, 2050년에는 1년에 성인 1명당 4,500유로의 소득을 올릴 수 있는 반면, 만약 유럽과 유사한 경로로 진행된다면, 같은 조건에서 9,100유로를 벌 수 있게 된다(Alvaredo et al., 2017: 250).

〈그림 5-8〉 팔마 비율로 본 세계 소득 불평등

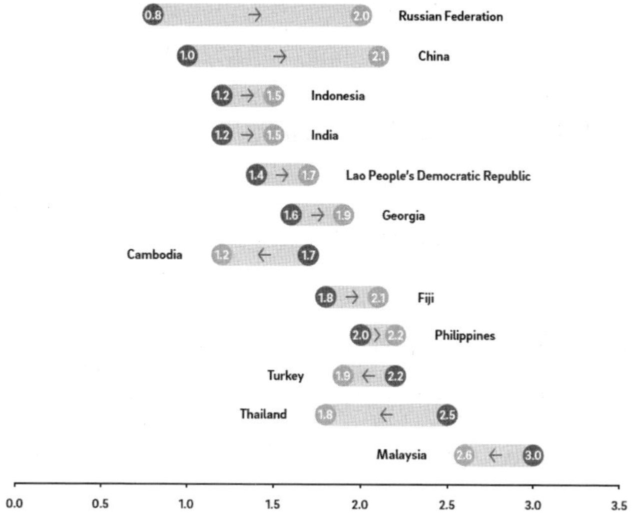

출처: (ESCAP, 2015: 25)

이 소득 불평등 완화를 위한 정책 수립에는 보다 유용하게 사용될 수 있다(Palma, 2011; Cobham and Sumner, 2013).[10]

〈그림 5-8〉에서 보는 바와 같이, 대략 1981년부터 2012년까지의 세계은행 자료를 바탕으로 몇몇 국가들의 팔마 비율의 변화를 분석한 연구를 팔마 비율을 기준으로 한 소득 불평등 측정 사례로 들 수 있겠다(ESCAP, 2015: 25).[11] 그래프를 보면, 이 기간 동안 전반적으로 소득 상위 10%가 벌어들인 소득이 하위 40%가 벌어들인 소득보다 두 배 정도 많은 것으로 나타났다(ESCAP, 2015: 25). 제시된 국가들만 비교했을 때, 러시아 연방의 팔마 지수가 1.2만큼 증가하여 소득 불평등의 악화 정도가 가장 컸고, 팔마 지수가 1.1만큼 증가한 중국이 그 뒤를 이었다. 캄보디아, 태국, 말레이시아, 터키의 경

10 팔마 비율이 1이면 소득 상위 10%와 하위 40%의 소득이 동일하다는 뜻이고, 팔마 비율이 낮으면 두 그룹 간 소득의 차이가 적다는 뜻이다.

11 자료의 시기가 모든 국가에 해당되는 것이 아니라, 각 국의 자료 분포 기간을 종합해 보면 1981년부터 2012년까지 분포되어 있다는 의미이다.

우, 팔마 지수는 감소했지만, 상위 10%와 하위 40% 그룹 간 소득 불평등은 여전했다.[12]

2) 경제적 불평등과 자본주의의 위기

자본주의 사회에서 소득 불평등, 가계 부채, 금융 위기 등은 결코 서로 독립적으로 움직이지 않고 긴밀한 상관관계를 맺고 있다(Bazillier and Hericourt, 2017; Dorling, 2015; Hutton, 2009). 다시 말해, 자본주의의 모순이 심화될수록 가계 소득은 줄어들 수밖에 없고, 이에 따라 가계 경제는 어려워지게 되며, 가계 경제가 어려워질수록 가계 부채는 늘어나기 마련이라는 것이다(Umney, 2018). 예를 들면, 1963년부터 2003년까지 미국의 가계 부채와 소득 불평등 간 관계를 나타낸 〈그림 5-9〉에서 보는 바와 같이, 1963년부터 1980년까지는 가계 부채와 소득 불평등이 서로 안정적인 추세를 이어오다가 1981년부터 급격히 증가하여 2003년까지 동일하게 증가 추세를 이어가고 있음을 알 수 있다.

이와 비슷한 맥락에서, 룩 래벤(Luc Laeven)과 파비안 발렌시아(Fabian

〈그림 5-9〉 미국의 소득 불평등과 가계 부채 추이

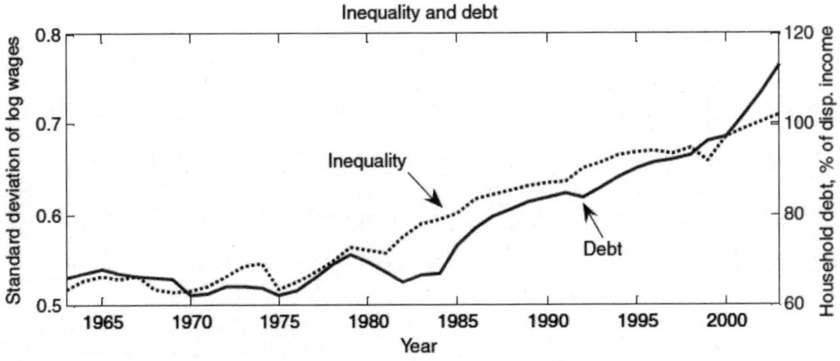

출처: (Iacoviello, 2008: 930)

---

12 팔마 지수가 감소했다는 것은 소득 불평등의 정도가 악화되지 않았다는 뜻이지, 소득 불평등 자체가 해소되었다는 의미는 아니다.

Valencia)는 신자유주의가 만연되어 자본주의의 고삐가 풀리게 된 것이 세계적인 금융 및 경제적 위기 초래에 큰 영향을 미쳤다고 보고하고 있다(Laeven and Valencia, 2008). 즉, 래벤과 발렌시아가 주로 IMF의 자료를 활용하여 1970년부터 2007년 사이 약 37개국을 분석한 결과, 은행의 시스템적인 위기가 124건이 발생한 것을 밝혀낸 것이다(Laeven and Valencia, 2008: 5). 그들은 동일한 시기에 환율 위기가 208건이 발생했으며, 국가 부채 위기는 63건이 발생한 것도 밝혀냈다(Laeven and Valencia, 2008: 6).

이와 같은 결과는 자본주의의 위기와 관련하여 카르멘 레인하트(Carmen Reinhart)와 케네스 로고프(Kenneth Rogoff)가 다음과 같이 밝힌 바와 크게 다르지 않다.

> "… 정부, 은행, 기업, 혹은 소비자 중 누구에게서든 부채가 과도하게 축적되면 … 시스템적 위기를 자주 초래하게 된다"(Reinhart and Rogoff, 2009: xxv).

다시 말해, 늘어나는 가계 부채는 그저 개별 가계만의 부담으로 끝나는 것이

〈그림 5-10〉 미국의 가계 부채율 추이

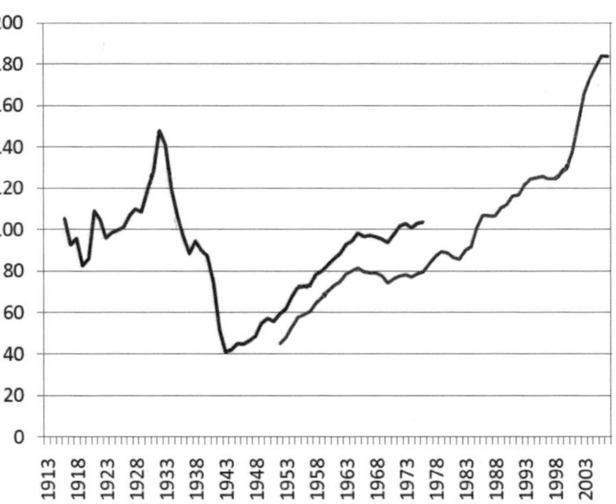

출처: (Wilkinson and Pickett, 2010: 296 재구성)

아니라, 가계 부채 부담이 심화될수록 경제 성장이 둔화되고, 국가 거시 경제에 큰 부담을 안겨주게 되며, 이것은 결국 국가 경제 위기로 이어지게 된다는 것이다(Büyükkarabacak and Valev 2010, OECD, 2015c). 예를 들면, 1913년부터 2008년까지 미국의 가계 부채율 추이를 나타낸 <그림 5-10>에서 보는 바와 같이, 두 부채율 곡선이 각각 1929년의 대공황과 2008년의 글로벌 금융위기 때 미국의 가계 부채율이 가장 높았던 것을 잘 보여주고 있다.[13]

한편, 미국의 두 경제 위기 때 소득 분배 상황을 보면 부의 불평등 심화가 극심했음을 알 수 있다. 예를 들면, <그림 5-11>은 토마 피케티(Thomas Piketty)와 엠마누엘 새즈(Emmanuel Saez)가 세계 최상위 소득 데이터베이스(World Top Incomes Database, WTID) 자료에 기반하여 1913년부터 2010년까지 미국의 개인 소득 신고서를 기준으로 상위 1%부터 10%까지 고소득자들의 소득점유율을 분석한 것이다. 전반적으로 상위 10% 고소득자들에게 소득이 편중되어 있는 상황에서 특히, 1929년 대공황 바로 전인 1928년과 2008년 글로벌 금융 위기 바로 전인 2007년에 모두 상위 1% 고소득자들의

<그림 5-11> 미국 상위 10% 고소득자 소득점유율 추이

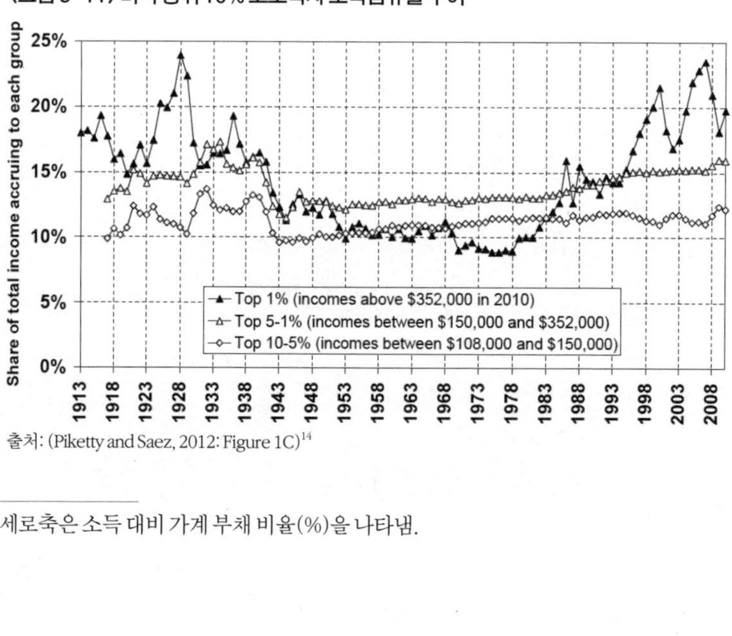

출처: (Piketty and Saez, 2012: Figure 1C)[14]

13 세로축은 소득 대비 가계 부채 비율(%)을 나타냄.

독식이 심한 시기와 일치했던 것으로 나타났다.

물론, 모든 학자들이 부의 편중이 바로 금융위기로 이어진다고 진단하는 것은 아니다. 예를 들면, 경제적 불평등이 경제 위기를 유발하는지에 대해서 명시적으로 그렇지 않다고 보고하는 경우가 없지는 않다(Bordo and Meissner, 2012). 그러나 2008년 글로벌 금융 위기의 근원을 국제적인 저축과 부채의 극심한 불균형이라고 밝힌 마틴 울프(Martin Wolf)의 연구(Wolf, 2010), 부동산 시장과 은행의 왜곡된 역할로 인한 부의 불균형으로 진단한 로버트 실러(Robert Shiller), 베서니 맥린(Bethany McLean)과 조 노세라(Joe Nocera), 마크 잔디(Mark Zandi)의 연구(Shiller, 2012; McLean and Nocera, 2010; Zandi, 2009), 가계 간 불평등에서 찾은 틸 반 트렉(Till van Treeck)의 연구(van Treeck, 2014)와 같이[15] 경제적 불평등이 경제 위기를 유발하는 데 유의미한 역할을 했다고 보고한 연구는 수 없이 많다(Alvaredo et al., 2017; Perugini, Hölscher, and Collie, 2016; Bertrand and Morse, 2016; Kumhof, Rancière, and Winant, 2015; Azzimonti, de Francisco, and Quadrini, 2014; Rajan, 2011).[16]

뿐만 아니라, 경제적 불평등과 경제 위기 간 관계에 대해 상대적으로 신중한 입장을 취하는 피케티와 새즈도 다음과 같이 지적하고 있다.

14 Piketty and Saez(2012)는 정확한 페이지를 표기하지 않고 있다. 이 자료는 Piketty and Saez(2003: 12)의 자료를 토대로 2010년까지 확장하여 구성한 것이며, 비슷한 자료로 Piketty and Saez(2006), Atkinson, Piketty, and Saez(2011)가 있다.

15 가계 간 불평등이 저축률을 감소시키고 개인 부채를 증대시켰으며 … 쉬운 대출이 더해져 … 크레딧 버블(credit bubble)이 출현하고 결국 대공황이 발생했다(van Treeck, 2014: 441-442).

16 지오바니 아리기(Giovanni Arrighi)는 이탈리아에서 네덜란드로, 네덜란드에서 영국으로, 영국에서 미국으로 진행된 세계 패권국(hegemon)의 역사적 전환은 새로운 패권국의 경제 규모, 국력, 제국주의적 역량이 모두 갖춰졌을 때 이뤄졌는데, 그 과정에서 막대한 부와 권력을 지닌 자본가들이 생산성의 위기를 초래하고, 금융 도박(financial gambling)에 몰누하여 기존 패권국을 경제적 위기의 종착점에 다다르게 한 것이 매우 중요한 역할을 했다고 보았다(Arrighi, 1994).

"부분적으로 우연성이 있다는 것은 명백하다 … 그러나 이것이 불평등 증대와 재정적 취약성 간 인과관계가 없다는 뜻은 아니다 … 재정 시스템은 매우 취약하여 불평등이 증대되지 않아도 아마도 스스로 붕괴될 수도 있는 것이다 … 이것이 불평등의 증대가 아무런 역할을 하지 않았다는 뜻은 아니다 … 상위 고소득자들의 소득 증대는 확실히 재정적 취약성을 악화시키는 데 기여한 것으로 보인다"(Piketty and Saez, 2012: 8).

다시 말해, 피케티와 새즈는 자본주의 재정 시스템 자체가 많이 취약하기 때문에 재정 시스템 스스로 불안정해질 수 있는 가능성을 완전히 배제할 수 없지만, 경제적 불평등이 재정 위기에 유의미한 영향을 미치는 것은 확실하다는 것이다.

3) 경제적 불평등과 행복 불평등

20세기 미국의 각본가였던 레오 칼빈 로스텐(Leo Calvin Rosten)은 '행복을 돈으로 살 수는 없지만, 가난하다고 살 수 있는 것도 아니다'라고 하였다. 행복에 대한 소득의 중요성을 결코 무시할 수 없음을 의미하는 로스텐의 주장

〈그림 5-12〉 소득 불평등과 행복[17]

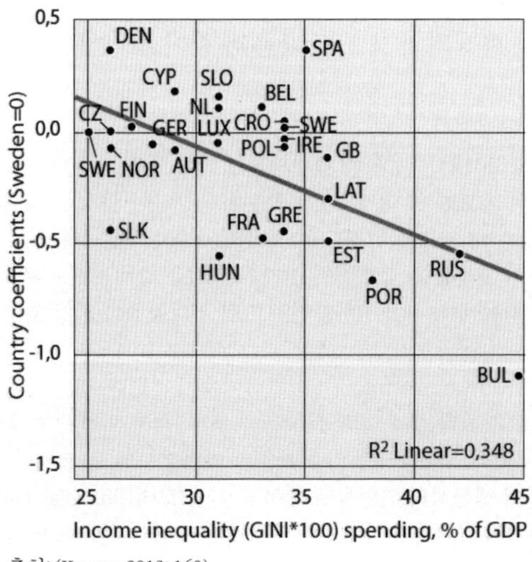

출처: (Kangas, 2013: 160)

과 같은 맥락에서, 소득 불평등이 행복에 부정적인 영향을 끼친다는 데에 동의하지 않는 학자를 찾아보기는 쉽지 않다(Frey, 2008; Bacon et al., 2010). 예를 들면, 2002년부터 2010년까지의 ESS 자료를 통합하여 28개국의 이민자 17,837명을 분석한 결과, 소득 불평등이 커지면 행복감이 감소하는 것으로 밝혀졌다(Kangas, 2013). 즉, 〈그림 5-12〉에서 보는 바와 같이, 지니 계수가 커질수록 행복에 부정적인 영향(R^2=0.348)을 미쳤다(Kangas, 2013: 160). 이와 같은 관계는 행복과 절대소득 불평등(r=-.59**)뿐만 아니라 상대소득 불평등과의 상관관계(r=-.39**)에서도 동일한 것으로 나타났다(Kangas, 2013: 159).

이와 같은 현상은 비단 유럽에만 국한되지 않는다. 앤드류 클라크(Andrew Clark), 사라 플리쉐(Sarah Flèche), 클라우디아 세닉(Claudia Senik)이 WVS와 주요 국가의 패널 자료를 활용하여 행복 불평등과[18] 경제 성장 간 관계를 종합적으로 분석한 연구를 예로 들 수 있겠다(Clark, Flèche, and Senik, 2016).[19] 〈그림 5-13〉은 WVS 대상 국가 전체의 행복 불평등과 경제 간 관계 분석 결과를 보여주고 있다. 소수의 예외가 없지는 않지만, 전체적으로 소득이

〈그림 5-13〉 행복 불평등과 경제(전체 국가)

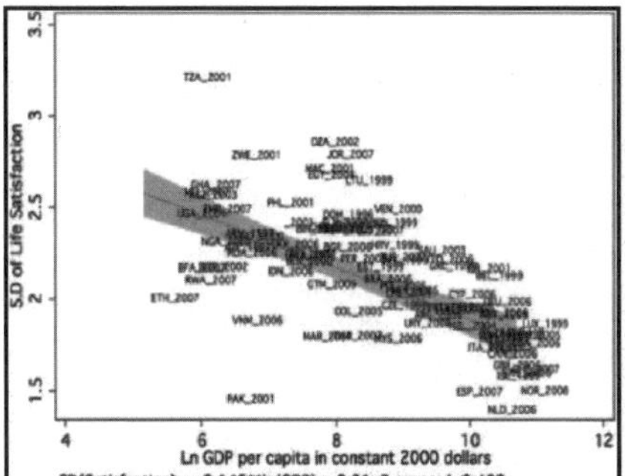

출처: (Clark, Flèche, and Senik, 2016: 408)

17 세로축은 복지국가 레짐과 행복 간 회귀분석 결과(Kangas, 2013: 155)에서의 국가 변수를 더미화한 것이다(Kangas, 2013: 157).

18 여기서 행복 불평등은 Helliwell, Huang, and Wang(2016)과 동일하게 각 국가의 행복 표준편차를 기준으로 한 것이다.

19 이들이 분석에 활용한 자료는 1981년부터 2008년까지의 WVS, 1996년부터 2008년까지의 BHPS, 1984년부터 2009년까지의 GSEP, 1972년부터 2010년까지의 GSS, 2001년부터 2009년까지의 HILDA 자료였다(Clark, Flèche, and Senik, 2016: appendix B).

높은 국가일수록 행복 불평등이 낮은 것으로 나타났다.[20]

그리고 〈그림 5-14〉는 행복 불평등과 GDP를 기준으로 한 경제 성장 간 관계의 보다 자세한 분석 결과를 보여주고 있다.[21] 왼쪽 그림은 GDP가 증가한 국가들만 포함시켜 분석한 것으로 소수의 예외가 없지 않으나, 전반적으로 각 국의 경제가 성장할수록 행복 불평등이 감소하고 있음을 보여주고 있다. 반면, 오른쪽 그림은 GDP가 감소한 국가들만 포함시켜 분석한 것으로 소수의 예외가 없지 않지만, 전반적으로 각 국의 경제가 침체될수록 행복 불평등이 증가하고 있음을 보여주고 있다.

위와 같이 소득이 높은 국가가 낮은 국가보다 행복 불평등이 낮고, 반대로 소득이 낮은 국가가 높은 국가보다 행복 불평등이 높다는 결과는 유의미한 통제 변수를 고려한 회귀분석에서도 동일하게 유지되었다(Clark, Flèche, and Senik, 2016: 415-416). 그러나 이것이 곧 이스털린 패러독스의 오류를 의미하는 것은 아니다. 왜냐하면, 클라크와 동료들의 연구 결과가 경제 성장

〈그림 5-14〉 행복 불평등과 경제(개별 국가)[22]

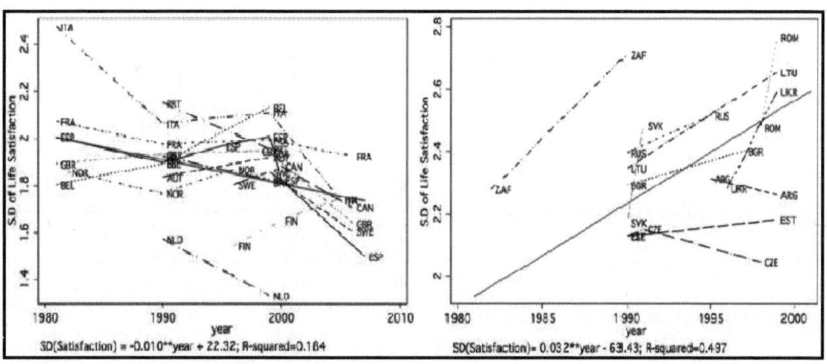

출처: (Clark, Flèche, and Senik, 2016: 408-409)

20 ES 자료를 이용한 추가 분석에서도 이와 동일한 결과가 나타났다(Clark, Flèche, and Senik, 2016: appendix A).

21 최소한 5년 동안의 수치를 제공할 수 있는 국가만 분석에 포함시켰다(Clark, Flèche, and Senik, 2016: 408).

22 각 그림 중앙의 굵은 실선은 평균치를 나타낸다.

에 따라 행복의 평균 수준도 함께 증가했다는 것을 의미하는 것은 아니기 때문이다(Clark, Flèche, and Senik, 2016: 418). 결론적으로, 그들은 소득 증대가 행복 불평등을 줄이는 이유를 소득 증대 그 자체에서 찾기 보다는 국가의 공공 서비스 제공에서 찾으면서 행복 불평등을 줄이는데 있어 소득 불평등 심화 예방의 필요성을 다음과 같이 주장하고 있다.

> "소득 성장은 더 많은 공공 서비스 제공을 가능하게하기 때문에 행복 불평등을 감소시키는 것이다. 그러나 만약, 이러한 성장이 소득 불평등을 지나치게 크게 한다면, 그 결과 행복 불평등은 증가할 것이다"(Clark, Flèche, and Senik, 2016: 416).

이와 같이 소득 불평등이 행복 불평등을 심화시키는 위험에 대해 우리는 어떻게 대응을 해야 할까? 이와 관련하여 조셉 스티글리츠(Joseph Stiglitz)가 미국의 경제적 불평등 문제 해결을 위해 제시한 정책이 상당한 시사점을 안겨주고 있다. 예를 들면, 〈그림 5-15〉에서 보는 바와 같이, 스티글리츠는 일상의 불평등을 양산하는 구조를 빙하에 빗대어 도식화 하면서 기술 발전과 세계화와 같은 거대한 파도에 휩쓸려 발생하는 불평등은 어쩔 수 없다고 주장하는 세력에 맞서 재정 규제와 기업의 거버넌스, 조세의 구조, 국제 무역과

〈그림 5-15〉 미국의 불평등 구조

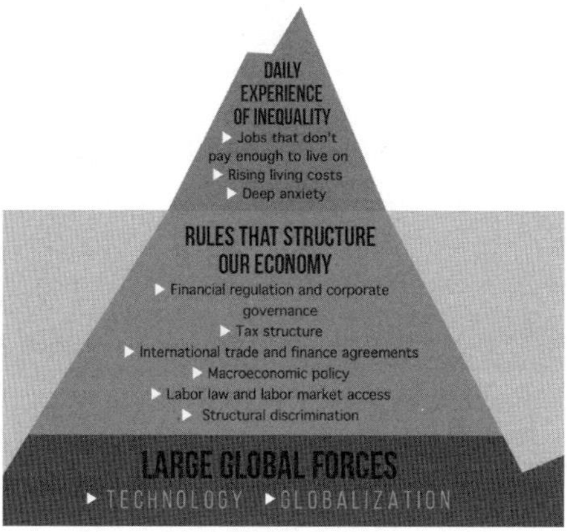

출처: (Stiglitz, 2015: 19)

금융 협정, 거시 경제 정책, 노동법과 노동 시장에의 접근, 구조적 차별 등과 같이 경제 구조를 결정하는 규칙들을 개혁함으로써 불평등을 완화시킬 수 있다고 주장한다(Stiglitz, 2015: 19).

물론, 위와 같은 스티글리츠의 해법이 모두 완전히 새로운 것은 아니며, 관련 분야의 여러 학자들에 의해 이미 제시 되었거나 여러 가지 사례 연구들을 통해 지지를 받았던 것으로 만약, 스티글리츠가 주장한 바를 모두 시행하기가 현실적으로 쉽지 않다면, 우리는 최소한 두 가지 대응 방법을 고려할 필요가 있다. 먼저, 첫 번째 대응 방법과 관련하여 앤서니 앳킨슨(Anthony Atkinson), 피케티, 새즈가 정부가 공공 정책을 디자인하는데 있어 특히, 상위 고소득자들의 상황을 파악하고 그들과 관련된 문제에 선제적으로 대응하는 것이 중요하다고 강조한 것에 주목할 필요가 있다. 왜냐하면, 상위 고소득자들이 경제적 부를 얼마나 소유하고 있는지가 전체 경제적 불평등에 큰 영향을 미치기 때문이다(Atkinson, Piketty, and Saez, 2011: 10). 이것은 곧 더 많은 국가들이 초고소득자들의 급여와 보너스를 규제하고, 세금을 늘리는 등의 정책을 적극적으로 시행해야 함을 시사한다(Piketty, 2017; Dorling, 2015; Arestis and Sawyer, 2013; Stiglitz, 2010; Krugman, 2009). 그 이유는 크게 두 가지로 구분해서 살펴볼 수 있다.

첫째, 정부의 적극적인 누진 과세 정책이 소득 불평등을 감소시켜 행복 친화적인 환경을 조성함으로써 행복 증진에 기여할 수 있기 때문이다. 예를 들면, 〈그림 5-16〉에서 보는 바와 같이, OECD 회원국들의 2012년부터 2015년 자료 중 가능한 최근의 자료를 분석한 결과, OECD 회원국들의 소득세 부과 및 현금 지원이 소득 불평등을 감소시키는 것으로 밝혀졌다(Causa and Hermansen, 2017).[23] 즉, 32개 OECD 회원국들을 전체적으로 봤을 때,[24] 소

23 일본은 2012년도 자료를 활용하였고, 칠레, 핀란드, 이스라엘, 한국, 네덜란드, 영국, 미국은 2015년도 자료를 활용하였으며, 그 외 국가는 모두 2014년도 자료를 활용하였다(Causa and Hermansen, 2017: 30).

24 헝가리, 멕시코, 터키의 소득세 관련 자료는 있으나 현금 지원 자료는 없어 OECD 평균 값

〈그림 5-16〉 OECD 국가들의 소득세 부과 및 현금 지원과 소득 불평등[25]

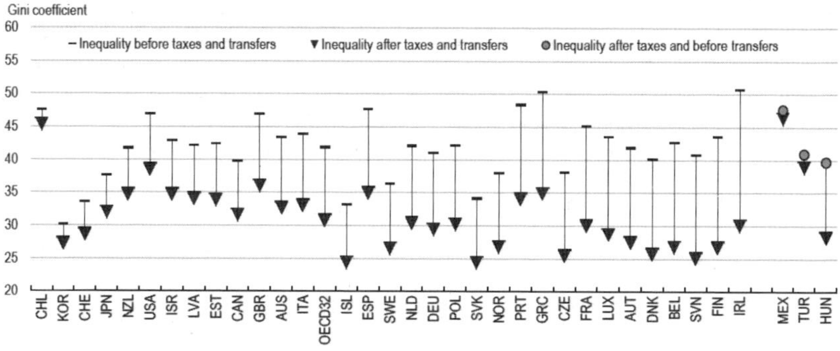

출처: (Causa and Hermansen, 2017: 30)

득세 부과 및 현금 지원이 이뤄진 이후 40%에서 45% 사이였던 지니 계수가 30%까지 감소한 것을 알 수 있다.[26] 그리고 소득세 부과와 현금 지원에 의한 소득 불평등 감소 효과가 가장 큰 경우는 지니 계수가 약 22% 감소한 아일랜드였던 반면, 가장 작은 경우는 지니 계수가 약 3% 감소한 칠레인 것으로 나타났다(Causa and Hermansen, 2017: 30). 또한, 상대적으로 소득 불평등이 크게 감소한 국가는 핀란드, 덴마크, 벨기에, 그리스 등이었던 반면, 한국, 스위스, 일본, 뉴질랜드 등의 소득 불평등 감소폭은 비교적 적은 것으로 나타났다.

이처럼 OECD 회원국들의 소득세 부과 및 현금 지원의 소득 불평등 감소 효과는 장기적으로도 지속적인 것으로 밝혀졌다.[27] 다시 말해, 〈그림 5-17〉에서 보는 바와 같이 1995년부터 2014년까지 20년 동안 단 한 해도 예외

산출에 포함시키지 않았다(Causa and Hermansen, 2017: 30).

25 은퇴하여 연금을 받고 있는 노인들은 제외하고, 노동을 하고 있는 사람들(working-age population)을 대상으로 분석한 것이다(Causa and Hermansen, 2017: 8).

26 그래프의 세로축은 소득세 부과 및 현금 지원 이전의 지니 계수와 소득세 부과 및 현금 지원 이후의 지니 계수 간 백분율로 측정한 것이다(Causa and Hermansen, 2017).

27 15개 회원국의 관련 값 산출에는 호주, 캐나다, 체코, 덴마크, 핀란드, 프랑스, 독일, 이스라엘, 이탈리아, 네덜란드, 뉴질랜드, 노르웨이, 스웨덴, 영국, 미국이 포함되었고, 30개 회원국의 관련 값 산출에는 소득세 부과 및 현금 지원의 소득 불평등 완화 효과 분석에 활용되었던 35개국 중 헝가리, 일본, 멕시코, 스위스, 터키를 제외한 회원국들이 포함되었다(Causa and Hermansen, 2017: 33).

〈그림 5-17〉 OECD 국가들의 소득세 부과 및 현금 지원에 따른 소득 불평등 완화 효과의 지속성[28]

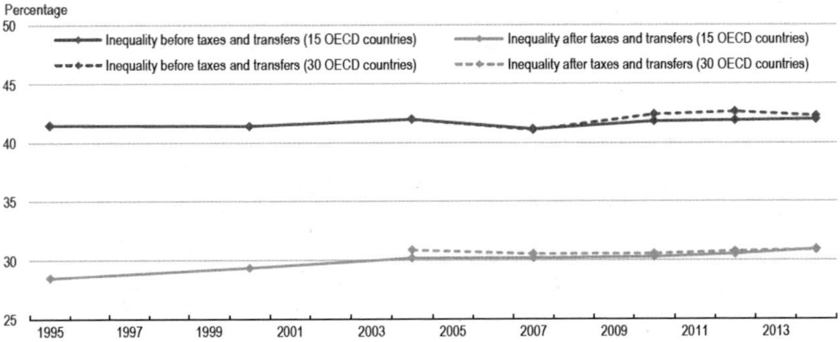

출처: (Causa and Hermansen, 2017: 33)

없이 소득세 부과 및 현금 지원이 소득 불평등을 감소시킨 것을 알 수 있다(Causa and Hermansen, 2017). 그러나 소득 불평등 완화 효과는 시간이 지남에 따라 미약하나마 전반적으로 감소하는 것으로 나타났다.[29]

둘째, 정부의 적극적인 누진 과세 정책이 직접적으로 행복 증진에 기여할 수도 있기 때문이다. 예를 들면, 2007년 GWP 자료 중 54개국의 총 59,634명을 분석한 결과 〈그림 5-18〉에서 보는 바와 같이, 누진 과세는 행복에 긍정적인 영향을 미치는 것으로 나타났다.[30] 그리고 누진 과세는 일상 경험의 긍정성은 높이고, 부정성은 낮추는 것으로 나타났다(Oishi, Schimmack, and Diener,

28 분석에는 연금 수급 노인들을 제외한 노동 인구(working-age population)만 포함되었다(Causa and Hermansen, 2017: 33).

29 장기적으로 지속성이 감소하는 원인에 대한 구체적인 연구가 없어 그 이유를 정확하게 알기는 어렵다. 그러나 OECD 회원국들을 기준으로 했을 때, 1990년에는 12개 국가가 부유세(net wealth tax)를 부과했는데, 2017년에는 프랑스, 노르웨이, 스페인, 스위스와 같이 4개 국가만 부유세 정책을 유지하고 있고(OECD, 2018a: 16), 1981년에 OECD 국가의 평균 소득세율이 65.7%였던 것이 2016년에는 43.3%까지 하락하는 등(OECD, 2018a: 17) 약 40여 년에 가까운 시간 동안 전반적으로 세금 부과 시스템이 역진적으로(regressive tax) 변화한 것이 직 · 간접적으로 영향을 미친 것은 아닐까 미루어 짐작해 본다.

30 54개국의 개인 소득세 자료는 Worldwide-Tax.com(http://www.worldwide-tax.com/index.asp#partthree)에서 추출하였고, 각국의 누진 과세율은 최대 세율과 최소 세율 간 차이로 산출하였다(Oishi, Schimmack, and Diener, 2012: 87).

〈그림 5-18〉 누진 과세와 행복

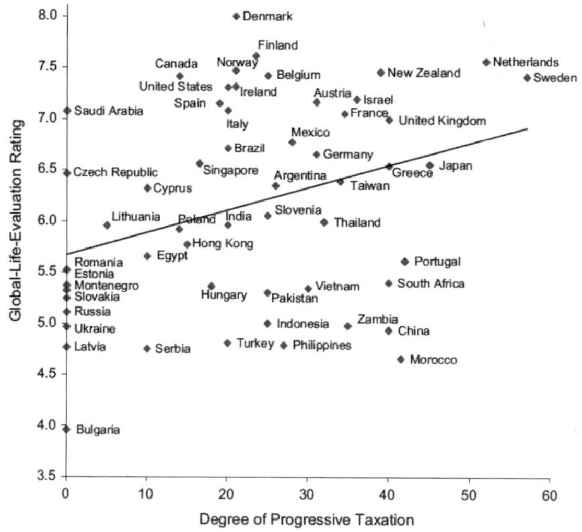

출처: (Oishi, Schimmack, and Diener, 2012: 88)

2012: 88).[31] 또한, 회귀분석 결과, 각국의 부의 크기와 불평등 정도와 무관하게 누진 과세는 전반적인 행복(B=.02, p〈0.01), 일상 경험의 긍정성(B=.002, p〈0.01), 일상 경험의 부정성(B=-.005, p〈0.05)에 유의한 영향을 미쳤다(Oishi, Schimmack, and Diener, 2012: 89). 이와 같은 결과는 곧, 부의 크기와 소득 분배 정도가 동일한 국가들 중에서 누진 과세 정도가 더 큰 국가에 사는 사람들이 더 적은 국가에 사는 사람들보다 더 행복하다는 것을 의미한다.

또한, 〈표 5-1〉에서 보는 바와 같이, 세계행복 순위와 총 조세 수입 순위 간 관계를 통해서도 동일한 경향을 확인할 수 있다. 다시 말해, 2017년 세계행복 순위에서 상위 10위를 차지한 모든 국가들이 OECD 회원국이었는데, 캐나다, 뉴질랜드, 호주를 제외하고 모두 유럽의 복지국가들이었던 것이다. 이들

31 갤럽이 말하는 행복은 세 가지 형태로 측정되었다. 즉, 전반적(global) 행복은 0점부터 10점까지의 캔트릴 사다리로, 일상 경험의 긍정성(positivity of daily experiences)은 10가지 항목에 대해 긍정과 부정으로, 일상 경험의 부정성(negativity of daily experiences)은 걱정, 슬픔, 우울, 지루함, 화남, 수치스러움에 대한 응답으로 측정했다(Oishi, Schimmack, and Diener, 2012: 87).

복지국가들이 모두 적극적인 세금 정책을 통해 세수를 충분히 확보하여 복지 서비스를 광범위하게 제공하는 것이 행복 증진에 긍정적인 영향을 미친다는 점은 그리 새로운 사실이 아니다.[32]

〈표 5-1〉 OECD 국가들의 총 조세 수입과 행복[33]

총 조세 수입 순위	국가	1인당 총 조세 수입 (US$/Capita)	세계행복 순위	국가
2	노르웨이	30,138.3	1	노르웨이
3	덴마크	24,526.8	2	덴마크
4	스위스	22,809.1	3	아이슬란드
5	스웨덴	21,800.0	4	스위스
7	아이슬란드	18,782.6	5	핀란드
8	핀란드	18,579.6	6	네덜란드
11	네덜란드	16,684.2	7	캐나다
16	캐나다	13,770.9	8	뉴질랜드
18	뉴질랜드	12,393.2	9	호주
36	호주	자료 없음	10	스웨덴

출처: (OECD, 2017a; Helliwell, Huang, and Wang, 2017: 20 재구성)

두 번째 대응 방법은 정부가 시장의 부작용에 대응하기 위한 목적의 노동시장 규제도 적극적으로 펼쳐야 한다는 것이다. 왜냐하면, 시장의 부작용을 완화하기 위한 정부의 개입은 행복 증진에 긍정적인 영향을 미치기 때문이다. 요나스 폰투손(Jonas Pontusson)에 따르면, 1990년대부터 2000년대 초반까지 사회적 시장 경제(Social Market Economies)를 운영한 국가들이 자유주의적 시장 경제(Liberal Market Economies)를 운영한 국가들보다 경제적 불평등을 더 감소시킴과 동시에 고용과 경제 성장은 확대시킨 것으로 나타났다(Pontusson, 2005).

---

32 총 조세 수입 순위에서 상대적으로 하위 그룹에 속한 캐나다(16위), 뉴질랜드(18위), 호주(36위)의 행복 순위도 각각 7위, 8위, 9위로 상위 10개국 중 하위 그룹에 속한다는 점도 총 조세 수입과 행복 간 관계를 잘 보여주고 있다.

33 WHR은 2014년-2016년 자료를 기반으로, OECD 회원국 총 조세 수입은 2015년 자료를 근거로 한 것이다.

또한, 1981년부터 2007년까지의 WVS 자료(1차-5차)에서 OECD 회원국을 대상으로 분석한 결과, 시장의 부작용에 대응하기 위한 정부의 적극적인 노동 시장 규제가 행복 증진에 긍정적인 영향을 미치는 것으로 밝혀졌다(Flavin, Pacek, and Radcliff, 2014). 다시 말해, 정부의 적극적인 노동 시장에 대한 규제는 국가적 수준의 행복 증진($B=.125$, $p<0.05$, $R^2=0.73$)뿐만 아니라,[34] 개인적 수준의 행복 증진($B=.313$, $p<0.001$, $R^2=0.12$)에도 긍정적으로 작용한 것이다. 그리고 개인적 수준의 행복의 경우, 노동 시장에 대한 적극적인 정부 규제가 저소득 그룹뿐만 아니라 고소득 그룹에게도 모두 긍정적인 영향을 미치는 것으로 나타났다(Flavin, Pacek, and Radcliff, 2014: 1250).

결국, 소득 불평등의 악순환 구조가 지속되는 한 행복 불평등 구조도 지속될 수밖에 없고, 그로 인한 자본주의 경제 위기와 사회경제적 불안정 또한 끊이지 않을 것은 명약관화하다. 그리고 신용대출시장(credit market)과 같이 애초부터 실질적으로 자본이 많은 사람들만 투자를 통해 이윤을 창출할 수 있는 기회를 누릴 수 있도록 불공평한 구조를 지니고 있는 자본주의적 금융제도(Gollier, 2018: 78) 등 자본주의는 이미 부를 독점하고 있는 사람들에게 더 많은 투자와 대출을 가능하게 하여 더 많은 부를 축적할 수 있는 가능성을 높여주는 반면, 그렇지 못한 사람들은 일정 수준 이상의 부를 일구기 쉽지 않은 구조를 갖고 있고(Wilkinson and Pickett, 2010; Dorling, 2018, 2015), 자본주의 사회에서 경제적 부, 권력, 사회적 지위 등 사회 불평등은 한 번 고착화되면 시간이 지나도 잘 변화하지 않으며, 그것들의 분배 상태가 안정화되는 이른바 불평등의 덫(inequality trap)을 형성하게 된다(Bourguignon, Ferreira, and Walton, 2007)는 점과 불평등의 덫은 시간이 지남에 따라 스스로 재생산되며, 세대에 걸쳐 전이되는(intergenerational transmission) 특성도 상당히 강한 편이다(Bebbington et al., 2008)는 점에 비춰보면, 개인이 그러한 불평

34 결측값 때문에 분석에 포함된 국가는 총 19개국이었다(Flavin, Pacek, and Radcliff, 2014: 1252).

등 구조에 대응하는 것은 거의 불가능함을 알 수 있다.[35] 뿐만 아니라, 피케티가 『21세기 자본(Capital in the Twenty-First Century)』에서 증명한 것처럼, 사적 자본의 수익률이 경제 성장률을 능가하는 자본주의의 구조적 한계에 의해서도 비롯되는 소득 불평등(Piketty, 2017)을 그러한 구조를 근본적으로 개혁하지 않고 완화시키는 것에만 집중하는 것은 마치 사막에서 신기루를 좇는 것과 같다. 바로 이러한 이유 때문에 신자유주의의 확산 이후 급격하게 경제적 세계화가 이뤄지고 있는 상황에서 시장에 대한 정부의 보다 적극적인 역할이 요구되고 있다(Soborski, 2018; Atkinson, 2015; ILO, 2008; Rodrik, 1998; Martin and Schumann, 1997). 자본주의 시스템의 역기능에 대한 이와 같은 정부의 적극적인 대응 정책이 자본주의의 폐단에 따른 사회 불안정을 근본적으로 해결하고 예방하여 행복 증진이라는 본연의 정책 목적을 달성하기 위한 근본적인 대안이 바로 경제 민주화다.[36]

4) 세계화와 경제 민주화

세계화 또는 지구화(globalisation)는 다차원적인 현상이기 때문에 그 의미를 한 가지로 한정해서 규정하는 것은 불가능하다. 예를 들면, 일상생활에서 세계화는 주로 세계의 다양한 사회들이 하나의 지구적 커뮤니티로 통합되는 것을 말하는데, 이때 통합의 의미를 넓게 보면 정치, 경제, 문화적인 통합으로 볼 수도 있고, 좁게 보면 경제적인 통합을 의미할 수도 있다(Greenfeld, 2016:

35 2018년 OECD 보고서는 부모의 소득, 교육 수준, 직업 등과 같은 사회경제적 지위뿐만 아니라, 건강 수준도 세대에 걸쳐 재생산되고 있는 상황을 매우 자세하게 분석해서 보여주고 있다(OECD, 2018d).

36 경제적 불평등에 대한 이와 같은 논리 이전에 우리는 토마스 마이클 스캔런(Thomas Michael Scanlon)의 주장의 당위성을 고민해 볼 필요가 있다. 그는 다양한 차원의 불평등이 사회 규범과 결합되어 비교적인 시각에서 논의되기 때문에 불평등의 허용 정도 또한 비교적으로 논의되는 모순이 반복되고 있으며, 특히 경제적 불평등의 심화는 가난한 이들의 모욕적인 삶도 비교적 수용될 수 있는 것으로 논의될 수 있는 여지를 열어주기 때문에 비인간적이며, 도덕적이지 못하다고 하였다(Scanlon, 2018).

99). 앤서니 기든스(Anthony Giddens)의 경우, 세계화를 지역에서 발생하는 일에 멀리 떨어진 곳에서 발생하는 일이 영향을 미치고, 반대로 멀리 떨어진 곳에서 발생하는 일에 지역적인 일이 영향을 미치는 방식으로 사회적 관계가 전 세계적으로 강화되는 것이라고 보았다(Giddens, 1990: 64).

그리고 세계화의 개념을 그 층위를 나눠서 보다 구체적으로 규정하는 경우도 있다. 예를 들면, 로버트 코헤인(Robert O. Keohane)과 조셉 나이(Joseph S. Nye)는 세계화를 기본적으로 상호 의존성의 네트워크가 자본 상품, 정보나 지식, 인간과 무력, 환경과 생물학적 관련 물질의 흐름을 통해 전 세계적으로 확산되는 것으로 보면서 희박한 세계화와 중첩적 세계화로 구분한다(Keohane and Nye, 2012; Keohane, 2005; Nye, 2001). 전자는 세계화가 일정하게 제한된 분야에서만 진행되며, 진행이 되는 경우에도 그것의 파급력이 그리 크지 않은 경우를 말하고, 후자는 세계화가 다양한 분야에서 진행되며, 그것의 영향력도 큰 경우를 말한다. 또한, 세계화를 국가 간 교역 규모가 증가하거나 이민자의 규모가 커지는 것과 같은 세계화의 양적 측면과 정부가 국가 외부의 압력으로부터 정책 시행에 부정적인 영향을 받거나 기후 변화로 삶의 질이나 종의 영속성이 영향을 받는 것과 같은 세계화의 질적 측면을 구분하기도 한다(Michie, 2017: 5).

그런데 세계화가 모든 영역에서 실질적으로 발생하고 있는지에 대해서는 관련 학계에 통일된 의견은 아직 존재하지 않는다. 다시 말해, 국가의 주권과 관련된 정치와 주로 정체성과 관련된 문화 영역에서의 세계화가 논리적으로 가능한 것이며 실제로 이뤄지고 있는지 아니면, 단순히 수사에 불과한 것인지에 대해서는 논란이 많은 반면, 경제적 세계화가 투자와 교역이 국가의 경계를 넘어 국가 간으로 대폭 확대됨으로써 세계적으로 경제적 협력과 의존이 강화되는 현상을 의미한다는 것에 대해서는 거의 논란의 여지가 없다(Steger, 2017; MacKinnon and Cumbers, 2011; House of Lords Economic Affairs Committee, 2003; HMSO, 2000). 이러한 경제적 세계화가 언제부터 시작된 것으로 볼 수 있는지에 대해서도 논란이 없지 않지만(O'Rourke and Williamson, 2004, 2002) 일반적으로, 인류가 현대에 들어 대략 두 번의 경제적 세계화를 겪은 것으로 알려져 있다.

먼저, 〈그림 5-19〉의 위쪽 그래프에서 보는 바와 같이, 제1차 경제적 세계화 시대는 약 1870년부터 1913년까지를 말한다. 이전과 달리 이 시기에 획기적으로 경제적 세계화가 가능하게 된 데에는 여러 가지 요인의 복합적인 상호작용의 결과였다. 18세기 후반의 산업화를 배경으로, 증기기관에 의한 철도 수송과 지중해와 홍해 및 인도양을 연결함으로써 아프리카를 거치지 않고, 유럽과 아시아를 곧바로 오갈 수 있게 한 수에즈 운하(Suez Canal)가 1869년에 개통됨으로써 급격히 늘어난 해운 등으로 교역 비용이 감소하여 생산성이 증대되었을 뿐만 아니라, 금본위제도의 도입과 확산으로 쌍방교역이 대폭 확대된 것을 예로 들 수 있겠다(Jacks, Meissner, and Novy, 2011; Zachary, 2003; López-Córdova and Meissner, 2003; Frieden, 1997; Maddison, 1995; Gastrell, 1897).

그러나 1914년부터 1918년까지의 제1차 세계대전이 지속되면서 주춤하기 시작한 제1차 경제적 세계화는 1929년의 대공황이 발발하면서 침체가 심화되었는데, 여기에는 대공황 시기 미국이 스무트-홀리 관세법(Smoot-Hawley Tariff Act)을 통해 보호주의로 돌아선 것이 결정적인 영향을 미쳤다(Johnson, 2018; Irwin, 2011). 이와 같은 흐름은 1939년부터 1945년까지의 제2차 세계대전 기간 동안까지 지속되었다(O'Sullivan and Subramanian: 2017: 7). 종전 후 브레턴우즈(Bretton Woods) 체제의 성립에 따라 1947년에 스위스 제네바에서 관세 및 무역에 관한 일반 협정(General Agreement on Tariffs and Trade, GATT)이 체결되면서 관세 및 수출과 수입 관련 장벽을 제거하고 국제 물자 교류의 활성화를 시도하여 국제 무역 확대에 일정한 효과를 거두기는 했지만(Johnson, 2018; Helleiner, 2016; Goldstein, Rivers, and Tomz, 2007), 1970년대의 오일 쇼크 및 냉전이 본격화됨에 따라 제1차 경제

〈그림 5-19〉 세계화의 확산[37]

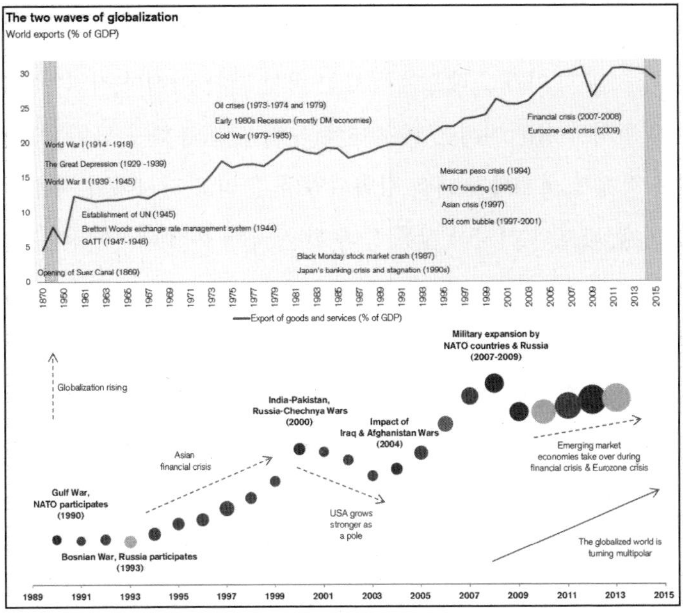

출처: 상(O'Sullivan and Subramanian: 2017: 8), 하(O'Sullivan and Subramanian: 2015: 42)

적 세계화의 침체 흐름을 근본적으로 선회시키지는 못했다.

그러던 것이 1990년대 초반 들어 공산권 국가들이 붕괴하고, 1995년 1월 1일에 GATT 체제가 세계무역기구(World Trade Organization, WTO) 체제로 대체되었으며, 각종 자유주의적 국제 무역 협정 체결이 증가함과 동시에 중

37 위쪽 그래프에서 녹색 공간은 경제적 세계화가 팽창한 시기를, 빨간색 공간은 경제적 세계화가 침체되는 시기를, 파란색 공간은 경제적 세계화 팽창에 장애 요소가 있는 시기를 나타낸다(O'Sullivan and Subramanian: 2017: 8). 그리고 아래 그래프에서 원의 크기는 다극성(multipolarity)의 크기를 나타내는데, 경제적 세계화의 팽창을 의미하는 파란색 원과 더불어 노란색 원은 지역적 군사 갈등, GDP 대비 부채의 성장이나 교역에 장애물이 발생한 것을 나타내고, 오렌지색 원은 노란색 원 보다 심한 분쟁과 부채 또는 교역의 장애물을 의미하며, 빨간색 원은 심각한 군사적 팽창, 불안정한 부채 또는 교역의 장애물을 나타낸다(O'Sullivan and Subramanian: 2015: 42). 또한, 아래 그래프에서 경제적 세계화의 정도는 교역과 재정 흐름 및 기술 발전을 종합한 값, 수출품 중에서 첨단 기술(high-tech) 수출품이 차지하는 정도, 국제적인 주식 이동과 같이 세 가지 항목을 종합하여 도출하였다(O'Sullivan and Subramanian: 2015: 42).

국이 부상함으로써 제2차 경제적 세계화 시대로 접어들게 되었다(O'Sullivan and Subramanian: 2017: 7). 제2차 경제적 세계화 시대를 보다 자세히 보여주는 〈그림 5-19〉의 아래 그래프에서 보는 바와 같이, 아시아 지역에서의 금융 위기가 발발하고 유럽에서는 1999년에 유럽 단일 통화가 도입되는 상황에서 제2차 경제적 세계화가 더욱 강화되었다. 그리고 러시아와 체첸 간 전쟁, 이라크 전쟁, 나토와 러시아 갈등 등과 같은 국제 분쟁 때문에 제2차 경제적 세계화가 다소 감소하기도 했지만, WTO 체제가 공고하고, 유럽과 중국 시장의 팽창으로 전반적으로 2008년 글로벌 금융 위기 때까지 제2차 경제적 세계화는 꾸준히 증가하였다. 대략 2008년 글로벌 금융 위기 이후부터 다극 체제(multipolar world)가 눈에 띄기 시작하면서 제2차 경제적 세계화가 정체기에 접어드는 듯 보이지만, 다시 팽창 추세로 전환될지, 계속 정체되는 수준을 유지함과 동시에 다극 체제가 확대될지, 아니면 소멸할지 지금으로선 단정하기 어려운 상황이다(O'Sullivan and Subramanian: 2017: 5).

한편, 자본주의 사회에서 경제 민주화가 무엇을 의미하는지에 대해서도 학자들 간 의견이 정확하게 일치하지 않는다. 한편에서는 시장이 불완전하기 때문에 국가가 시장에 적절히 개입하는 것을 경제 민주화라고 한다. 반면, 또 다른 한편에서는 국가가 시장에 개입하지 않고 기업이 자유롭게 시장에서 활동할 수 있도록 자유를 보장하는 것을 경제 민주화라고 하는 이도 있다. 그런데 만약, 경제 민주화를 동일한 조건에서 누구나 동일한 기회를 가질 수 있는 등 공정한 경쟁을 하며, 자신이 일한 만큼의 정당한 대가를 보장받는 등 공정한 분배를 하는 것이라고 간주한다면, 이때의 경제 민주화는 이론적으로 봤을 때, 자본주의와 근본적으로 양립 불가능하게 된다. 왜냐하면, 자본주의의 여러 핵심 논리 중 하나가 법적으로 자본가의 사적 자본의 소유를 넓게 인정하고, 그것을 바탕으로 이윤 추구를 위한 자유로운 시장 활동을 보장하는 것인데, 이것은 곧 자본가들과 노동자들의 자본의 차이로 인한 불평등한 출발선을 인정하는 것일 뿐만 아니라, 자본가들이 노동자들을 고용할 수 있는 권리와 노동자들의 임금에 대한 결정권을 보장하여 노동으로써 얻은 이윤에 대한 자본가들의 불로소득을 보장하는 것과 일맥상통하기 때문이다. 경제 민주화의 정의와 실체를 둘러싼 이와 같은 논쟁은 결국 인류가 자본주의를 역사의 한 페이지로 넘기고 그것을 대신할 새로운 정치경제 및 사회 시스템을 조성하지 않는 한 결코 근본적인 결론을 내릴 수 없다는 것을 의미하는 것이다.

그러나 경제 민주화와 관련하여 한 가지 확신할 수 있는 것이 있다. 그것은 바로 경제적 세계화가 각 국의 소득 불평등을 심화시켰고, 이는 보편적인 현상이 되었다는 것이다(Milanović, 2016; Arestis and Sawyer, 2013; House of Lords Economic Affairs Committee, 2003; Martin and Schumann, 1997). 예를 들면, 표준화된 세계 소득 불평등 자료(Standardized World Income Inequality Database)를 활용하여 1970년부터 2005년까지 80개국의 소득 불평등을 연구한 결과, 경제적 세계화가 확대될수록 소득 불평등이 심화된 것으로 밝혀졌다(Bergh and Nilsson, 2010). 다시 말해, 국제 교역 자유화가 확대될수록($B=-.662$, $p<0.05$, $R^2=0.144$), 신용거래, 노동 및 사업 관련 탈규제가 확대될수록($B=1.260$, $p<0.01$, $R^2=0.152$) 소득 불평등이 심화되었던 것이다(Bergh and Nilsson, 2010: 495-496). 또한, LIS 자료를 활용하여 1980년부터 2010년까지 OECD 회원국 30개국과 비회원국 20개국의 소득 불평등을 분석한 연구에서도 동일한 결과가 도출되었다. 즉, 코프 세계화 지수(KOF-Index of Globalization)(Dreher, 2006)를 활용하여 경제적 세계화를 측정하고, 지니 계수 및 LIS의 가구 가처분 소득을 기준으로 한 소득 5분위 배율(80/20 income ratio)로 소득 불평등을 측정하여(Bergh, Kolev, and Tassot, 2017: 9) 분석한 결과, 경제적 세계화가 확대될수록 국내 소득 불평등도 증가($B=.094$, $p<0.05$, $R^2=0.344$)하는 것으로 나타난 것이다(Bergh, Kolev, and Tassot, 2017: 17).

이와 같은 경제적 세계화의 확산에 따른 소득 불평등을 줄이기 위해 각 국이 노력을 하고 있지만, 큰 효과를 거두고 있지는 못하다. 이러한 결과는 경제적 세계화를 실질적으로 주도한 초국적 기업은 국경을 자유로이 넘나들면서 생산 시스템을 여러 국가에 재배치하는 이른바 신국제분업 전략을 합법적으로 시행할 수 있는 것과 달리, 각 국의 노동자들은 국경을 마음대로 오고 갈수 없기 때문에 각국 노조의 교섭력이 약화될 뿐만 아니라, 한 국가의 경제력에 초국적 자본의 영향력이 막대해지면서 자본에 대한 국가의 통제력도 약화되고 있는 것과도 밀접하게 연관되는 것이다(Steger, 2017; House of Lords Economic Affairs Committee, 2003).[38] 임마뉴엘 월러스타인(Immanuel Wallerstein)이 세계 자본주의 체계의 분업 시스템은 단일한 반면, 국가의 정치 구조는 다층적이기 때문에 경제적 세계화와 국가 정치는 구조적으로 갈등 관계에 놓일 수밖에 없다(Wallerstein, 2000, 2004; Wallerstein et al., 2013)고 한 점에 비춰보면, 경제적 세계화에 따른 소득 불평등을 완화시키기 위한 국가의 시장 규제는 각각이 사라지지 않고 존재하는 한 결코 끊이지 않을 것으로 보인다.

같은 맥락에서, 심화되는 소득 불평등에 대해 WIL 연구진들은 세계 각국 정부가 세계 경제 민주화를 위한 정책적 개입을 적극적으로 해야 한다고 주장하며 크게 두 가지 대안을 제시하고 있다(Alvaredo et al., 2017: 289). 첫 번째는 고소득자들을 대상으로 소득세와 상속세의 누진 시스템을 강화해야 한다는 것이다. 특히, 누진 상속세의 경우 상속세 제도가 실질적으로 거의 존재하지 않는 거나 마찬가지인 브라질, 인도, 러시아, 중동 등에 상대적으로 보다 중요하다(Alvaredo et al., 2017: 256). 두 번째는 저소득자들을 대상으로 공공

38 이처럼 초국적 자본이 국가의 통제력을 약화시키는 것에 대해 주로 미래학자들의 경우, 초국적 기업으로 인해 국가 간에 상품이 자유롭게 이동하고, 초국적 자본이 국가 간 경계를 모호하게 하고 있어 결국은 국가의 주권이 근본적으로 축소되고 있음을 의미한다고 주장하는 반면, 마이클 만(Michael Mann)과 같이 국가는 여전히 민주주의의 유지 및 재생산, 거시 경제 개발, 사회적 시민권의 보장, 폭력의 합법적 독점으로써 전쟁을 수행하는 유일한 조직으로 경제적 세계화로 인해 국가의 주권이 근본적으로 쇠퇴하였다는 데에 반대하는 견해도 있다(Mann, 2013, 2011).

재정 투자를 확대함으로써 교육 재정과 입학 시스템을 변화시켜 저소득층의 교육 기회와 고소득 직업에의 접근권 강화 등 보다 평등한 기회가 보장될 수 있도록 해야 한다는 것이다(Alvaredo et al., 2017: 268).

5) 완전한 경제 민주화는 가능한가?

자본주의의 폐단에 대해 신자유주의자들은 자본주의 사회에서 기회가 평등했으면 그로 인한 결과의 불평등은 어쩔 수 없는 것이라고 주장한다. 그러나 자본주의 사회에서 기회는 결코 평등하게 주어지지 않을 뿐만 아니라, 불평등한 기회의 악순환 구조가 공고하다는 것은 부정할 수 없는 사실이며, 설령 기회가 평등했더라도 기회의 이면에 있는 불평등한 조건으로 과정의 불평등이 유발되고 이로 인한 결과의 불평등은 결국 다시 불평등한 기회를 낳게 된다(Dahl, 2005; Bartels, 2008; Wood, 2017a; Ferreras, 2017; Bussolo, Checchiand, and Peragine, 2018). 이와 같은 문제를 근원적으로 해결하기 위한 가장 이상적인 처방은 이론적으로는 사회주의에서 주장하는 바와 같이 자본의 사적 소유를 완전히 철폐하고 모두 사회화 하는 것이다.[39]

그러나 이러한 이상적 목표 달성을 위한 이론적 해법에 과연 현실성이 담보된 것인지는 이상과는 다른 차원의 문제로 깊이 고민해 볼 필요가 있다. 지금까지 인류가 시도한 바에 따르면, 완전한 경제 민주화는 현실에서 이루기 결코 쉽지 않은 것만은 확실하다. 이와 관련하여 인류가 시도해 온 것들은 주로 자본주의 시스템의 부작용을 보완하기 위한 사회 구조적 개혁 노력이었고, 그것의 가장 최근 결과가 바로 복지국가로 발현되고 있다. 물론, 네오-마르크스주의자들의 시각에서 해석하면, 복지국가는 자본주의 시스템의 부작용을 근원적으로 해결할 수 없을 뿐만 아니라, 오히려 자본주의의 영속화

39 여기서 말하는 사회주의적 사적 소유 철폐는 생산재로서의 자본을 의미하는 것이지 소비재로서의 자본을 의미하는 것이 아니다. 다시 말해, 기계와 같은 생산 수단을 공동 소유함으로써 누구나 그것을 이용한 결과물을 소유할 수 있게 됨에 따라 노동자의 노동의 대가가 고스란히 노동자에게 귀속될 수 있게 되는 것이다.

에 기여한다는 비판이 가능할 것이다(O' Connor, 1973; Piven and Cloward, 1972; Offe, 1972). 그럼에도 불구하고, 복지국가가 비록 한계가 없지는 않지만 자본주의 유사 이래 불평등한 기회와 평등한 기회 속 불평등한 조건을 개혁하기 위한 현존하는 가장 거대한 진보 프로젝트임에는 틀림없다.

3. 복지국가와 사회적 질

1) 사회 불평등과 복지국가

인간이라면 누구나 동일한 유전자를 가지고 스스로 부모를 선택할 수 없는 공통적인 조건에서 태어났음에도 불구하고, 왜 어떤 이는 가난하게 살아가는 반면, 다른 이는 부자로 살아가는 것일까? 이와 같은 질문은 곧 사회 불평등에 대한 답을 찾기 위한 출발점으로 인간이 태어나 사회 구성원으로 살아가는 과정에서 정의로운 사회를 조성하려는 것과도 관련이 깊다. 기능주의의 시각에서 해석한다면, 사회 불평등은 사회 안정을 위해 불가피한 것일 뿐만 아니라, 사회 발전에 긍정적으로 기여하기 때문에 오히려 바람직한 것이 된다(Ritzer and Stepnisky, 2018; Dillon, 2014). 다시 말해, 사회에는 깨끗하고 즐거우며 누구나 할 수 있는 쉬운 일만 있을 수 없으며, 더럽고 힘들고 전문지식을 요구하는 어려운 일도 있을 수밖에 없는데 모든 역할에 대해 동일하게 대우한다면 모두가 편한 일만 하려고 할 것이기 때문에 종국에는 사회가 붕괴될 것이라는 것이다.

그러나 특정 직업이 다른 직업보다 사회적으로 더 중요하다고 단정할 수 있는 절대적 기준은 존재하지 않는다(Russell, 2013[1930]). 예를 들면, 농업에 종사하는 사람이나 청소를 하는 사람의 역할보다 주식 투자자의 역할이 더 중요하다고 단정할 수 있는 절대적 기준은 없다. 단지 자본주의 시스템이 금융 자본을 기반으로 한 주식 투자자들의 이윤 추구를 금지하고 있지 않고,

금융 투자를 통한 이익이 농사를 짓거나 청소를 하여 벌어들인 소득보다 훨씬 많아도 그것이 자본주의의 원칙에 따라 시장에서 교환을 통해 이뤄진 것이라면 모두 합법적인 것으로 인정받기 때문인 것이지 결코 농사를 위한 노동, 청소를 위한 노동, 주식 투자를 위한 노동 가치의 우열을 뜻하는 것이 아니다. 결국, 자본주의 사회에서 직업에 따른 대우의 차이는 자본주의 시스템에 의해서 구성된 것이지 각각의 노동의 가치에 우열이 존재하며, 그것에 기반 하여 사회적으로 정당성을 획득한 것이라고 할 수 없는 것이다.

오히려, 자본주의 시장에서의 노동에 대한 대가는 노동의 가치를 제대로 반영하고 있지 못하다. 특히, 물건을 직접 생산하는 공장 노동자들의 노동의 가치는 임금이라는 고정된 틀 속에서 그 총액 또한 고정적이기 때문에 이윤이 증대된 만큼에 비례하여 금전적으로 돌려받는 것이 아니라 거의 대부분의 증가분이 자본가에게 귀속되는 구조 속에 묶여 있다. 또한, 주부들의 가사노동은 가정뿐만 아니라 사회 유지에 크게 기여함에도 불구하고 시장에서의 노동과 동일하게 평가 받아 임금을 지급받는 것이 아니다. 결국, 자본주의 사회에서 자본가들의 부의 축적은 타인과 사회의 도움이 전제된 상태에서 이뤄진 것이며, 그렇기 때문에 사회 연대를 기반으로 최소한의 부의 공정한 분배를 위한 복지국가의 노력은 아무리 강조해도 지나치지 않다.

그렇다면, 인류가 절대적 평등을 이룩한 적이 있었을까? 만약, 소득이나 재산과 같이 경제적 자원을 기준으로 모든 사람이 똑같은 양을 소유한 적이 있었다면 인류는 역사적으로 절대적 평등을 이룩한 적이 있었다고 말 할 수도 있을 것이다. 그러나 역사적으로 인류가 그랬던 적은 없었다(Kurz, 2013; Hunt and Lautzenheiser, 2011). 그만큼 절대적 평등은 현실성이 취약하다는 것이다. 만약, 사회 불평등이 없는 사회를 곧 절대적 평등이 달성된 사회라고 보지 않고, 결과를 이룩하기 위한 과정의 평등과 결과적 대우의 차이를 사회적으로 정의롭다고 인정받는 사회라고 본다면, 자본주의 사회에서 불공정한 과정의 구조적인 모순의 해결이 전제되지 않는 한 사회 불평등에 대한 기능주의적 해석은 결코 타당하지 않다.

다시 말해, 자본주의 사회에서 사회 불평등은 결코 불가피한 것이 아니며, 우리 사회가 함께 풀어나가야 할 사회문제인 것이다. 사회 불평등 문제가 해결되지 않는 한 모두가 행복한 사회를 이룩하는 것은 불가능하다. 따라서 자본주의 사회에서 사회 불평등을 해결하고, 나아가 자본주의의 모순에 따른 기회의 불평등을 최대한 줄이며, 경쟁에서 패배한 사람들에게 또 다른 기회가 주어질 수 있으려면 우리 사회의 질이 향상되어야만 한다. 그런데 모두가 행복한 사회를 조성하기 위한 사회적 질을 향상시키기 위해서는 복지국가를 이룩하는 것이 최소한의 요건이다. 왜냐하면, 복지국가는 앞에서 논의한 사회적 질의 네 가지 구성 요소 즉, 사회 경제적 보장, 제도에서의 포용과 평등한 기회, 임파워먼트와 역량, 사회적 응집을 도모할 수 있는 가장 기본적인 자원을 제공해 주기 때문이다.

2) 사회보장과 사회적 질

복지국가의 여러 가지 복지제도 중에서도 특히, 사회적 질 향상의 최소한의 근간이 되는 것이 바로 인간의 생존과 직결되고, 인간으로서의 최소한의 존엄을 지키며 삶을 영위할 수 있게 해주는 사회보장제도이다. 왜냐하면, 사회보장제도는 생존을 위해 모든 사람이 필요로 하는 최소한의 자원을 보장해 주기 때문이다. 다시 말해, 비록 사회보장제도는 적극적인 사회복지 제도가 아니라 소극적인 사회복지 제도이지만, 사람이 우선 살고 봐야 사회복지도 있을 수 있기 때문에 사회보장제도는 모든 사회복지 제도의 시작인 것이다.

이러한 사회보장제도는 국가마다 다양하게 정의되고 있고, 그것의 구체적인 보장 범위와 혜택 또한 서로 일치하지 않는다(SSA and ISSA, 2018, 2017, 2016). 그러나 초기에는 소극적이었던 보장 범위가 점점 적극적으로 확대되었다는 공통점을 갖는다. 예를 들면, 이른바 '베버리지 보고서(Beveridge Report)'를 통해 1942년에 현대 복지국가의 뼈대를 제시한 윌리엄 베버리지

경(Sir William Beveridge)은 동 보고서에서 사회보장을 주로 소득보장을 중심으로 다음과 같이 정의했다.

> "사회보장은 … 소득을 보장하는 것 … 실업, 질병이나 사고로 소득이 중단된 경우, 노령으로 인한 은퇴, 본인 이외의 사망으로 인한 지원의 상실을 대비, 출생과 사망 및 결혼과 같이 예상치 못한 지출을 보전 … 사회보장은 주로…최소한의 소득을 보장 …"(Beveridge, 1942: 120).

이어서 베버리지는 일반적으로 사회보장제도의 기본 원칙으로 받아들여진 베버리지의 사회보험 6가지 원칙을 제시했다. 첫 번째는 균등한 최저 생계비 지급(flat rate of subsistence benefit) 원칙으로 소득에 무관하게 동일한 보험 급여가 이뤄져야 한다는 것인데, 산업 재해나 질병으로 인해 장애가 장기 지속될 경우에는 예외를 인정하고 있다(Beveridge, 1942: 121). 두 번째는 균등한 기여(flat rate of contribution) 원칙으로 보험의 혜택을 받을 사람들이나 그들의 고용주들은 의무적으로 보험에 가입해야 하며, 보험료는 소득 또는 자산 규모와 무관하게 균등하게 납부해야 한다는 것이다(Beveridge, 1942: 121). 세 번째는 행정 책임의 통합(unification of administrative responsibility) 원칙으로 효율성과 경제적 관점에서 각 지방마다 보장청(Security Office)을 설치하여 보험 관련 업무를 다루게 하고, 모든 기여금은 단일 사회보험기금(Social Insurance Fund, SIF)에 납부되며, 모든 보험 급여는 SIF를 통해 지급된다는 것이다(Beveridge, 1942: 121-122). 네 번째는 적정 급여(adequacy of benefit) 원칙으로 추가 자원의 지원이 없이도 보험료 자체로 최저 생계비를 보장할 수 있을 만큼 보험 급여의 양과 지급 시간이 적정해야 한다는 것이다(Beveridge, 1942: 122). 다섯 번째는 포괄성(comprehensiveness)의 원칙으로 모든 사람과 모든 욕구가 보장받을 수 있어야 하고, 사회보험으로 보장할 수 있는 어떠한 위험도 자산 조사를 하는 국가의 공공부조(national assistance)나 민간 보험(voluntary insurance)에 맡겨둬서는 안 된다는 것이다(Beveridge, 1942: 122). 여섯 번째는 계급 구분(classification)의 원칙으로 사회보험은 통일되고 포괄적이면서도 각 지역의 특수성 또한 고려해야 한다는 것이다(Beveridge, 1942: 122). 이때, 계급의 구분이란 경제 혹은 사회적 계급의 의미가 아니라, 보험이 각각의 보험 그룹(insurance class)에 속하는 보험자들의 다양한 욕구와 환경에 맞게 조정되어야 한다는 의미이다(Beveridge, 1942: 122).

비록, 베버리지 보고서가 사회보장제도의 초기 근간을 형성하는 데 큰 영향을 미친 것은 사실이지만, 그것이 제시한 내용이 모두 오늘날까지 적용되고 있지는 않으며, 오늘날 대부분의 국가에 보다 광범위하게 적용되는 원칙은 주로 ILO의 사회보장 관련 협정들이다. 그 중에서 가장 핵심적인 것으로 평가받는 1952년의 사회보장 협약 102(ILO Social Security Convention No. 102)는 유럽 사회보험 규약(European Code of Social Security)을 비롯한 대부분의 국가들의 사회보장제도의 최소 요건으로 고려될 만큼 그 중요성을 인정받고 있다. 사회보장 협약 102는 의료급여, 질병급여(sickness benefit), 실업급여, 노령급여, 직업재해 급여, 가족급여, 출산급여, 질병급부(invalidity benefit), 유족 보조금과 같이 총 9가지 분야의 최소 기준을 확립했다(ILO, 2018).[40] 그러나 각각의 구체적인 지원에 대해 각 국 정부의 세부 지침을 명기하지는 않고 보편적 방식, 사회보험 방식, 사회부조 방식과 같이 세 가지 유형의 프로그램을 통해 지원이 이뤄지도록 권고하고 있다.

한편, 2018년 기준, 우리나라의 사회보장기본법 제3조는 사회보장을 다음과 같이 매우 폭 넓게 정의하고 있다.

> "사회보장이란 출산, 양육, 실업, 노령, 장애, 질병, 빈곤 및 사망 등의 사회적 위험으로부터 모든 국민을 보호하고 국민 삶의 질을 향상시키는 데 필요한 소득 · 서비스를 보

40 질병급여는 주로 질병으로 인해 노동을 하지 못하게 되어 소득이 감소하게 된 경우에 지급하고, 질병급부는 질병급여 혜택을 받은 이후에도 계속해서 노동에 지장을 받게 되는 경우에 지급한다.

장하는 사회보험, 공공부조, 사회서비스를 말한다"(국가법령정보센터, 2018).

즉, 사회보장기본법은 사회보험, 공공부조, 사회서비스 모두를 사회보장제도의 일부로 간주하고 있고,[41] 이를 근거로 보건복지부는 〈그림 5-20〉에서 보는 바와 같이, 사회보장제도를 다시 사회보장, 공공부조, 사회복지서비스로 구분하고 있다. 우리나라의 사회보장, 공공부조, 사회복지서비스 모두 재원 조달 방식과 서비스 내용 등 각각의 고유한 시스템을 갖추고 있고, 특히, 사회복지서비스의 경우 모든 내용이 사회보장에 포함될 수 없는 특수성도 있지만, 그것의 핵심 내용은 전반적으로 의료보장과 소득보장으로 수렴된다고 볼 수 있다.[42]

사회보장제도가 재화의 생산과 완전히 무관하다고 할 수는 없지만, 주로

41 사회보장기본법 제3조는 사회보험을 '국민에게 발생하는 사회적 위험을 보험의 방식으로 대처함으로써 국민의 건강과 소득을 보장하는 제도'로, 공공부조를 '국가와 지방자치단체의 책임 하에 생활 유지 능력이 없거나 생활이 어려운 국민의 최저생활을 보장하고 자립을 지원하는 제도'로, 사회서비스를 '국가 · 지방자치단체 및 민간부문의 도움이 필요한 모든 국민에게 복지, 보건의료, 교육, 고용, 주거, 문화, 환경 등의 분야에서 인간다운 생활을 보장하고 상담, 재활, 돌봄, 정보의 제공, 관련 시설의 이용, 역량 개발, 사회참여 지원 등을 통하여 국민의 삶의 질이 향상되도록 지원하는 제도'로 규정하고 있다(국가법령정보센터, 2018).

42 1883년 독일에서 처음으로 의료보장이 제공된 이래 지금까지 해결하지 못한 심각한 문제 중 하나가 바로 건강 불평등이다(Marmot, 2010; POST, 2017). 이와 관련하여 우리는 의료서비스의 제공이 보다 평등해졌다는 것이 곧 사회 계급 간 건강 불평등도 줄어들었다는 것을 의미하는 것은 아니라는 점에 주의해야 한다(Cockerham, 2017; Angel, 2016). 다시 말해, 자기 부담률이 0%에 가까운 의료보장 제도를 통해 의료 서비스 제공의 형평성을 향상시켰다고 해서 빈곤한 사람들과 잘 사는 사람들 간 건강 격차가 없어졌음을 의미하지는 않는다는 것이다. 대표적인 예로 영국이 NHS와 같이 사회화 된 의료 서비스 제공을 통해 못 사는 사람들의 의료 접근성은 향상시켰지만, 사망률, 결핵, 암, 인플루엔자, 비만, 만성 질환 등 여전히 빈곤 계급에 훨씬 더 많은 건강 문제가 발생하고 있다(OECD, 2015b; Saunders et al., 2017). 이와 같은 건강 불평등의 발생 원인을 한 가지로 단정할 수는 없으며(WHO, 2017), 이에 대해서는 여러 가지 견해가 존재한다. 예를 들면, 직업에 따른 스트레스와 자부심, 주거, 음식, 사회적 배제(Marmot and Wilkinson, 2006), 빈곤의 누적 효과(Power and Hertzman, 1997), 경기 침체(UCL IoHE, 2012), 소득 불평등(Wilkinson, 1996) 등이 그것이다. 그러나 한 가지 확실한 것은 건강 불평등의 개선은 오로지 의료 서비스 제공 수준을 향상시킨다고 이뤄지는 것이 아니며, 다양한 사회경제 및 환경적 요소의 개선도 반드시 필요하다는 것이다.

〈그림 5-20〉 한국의 사회보장 체계

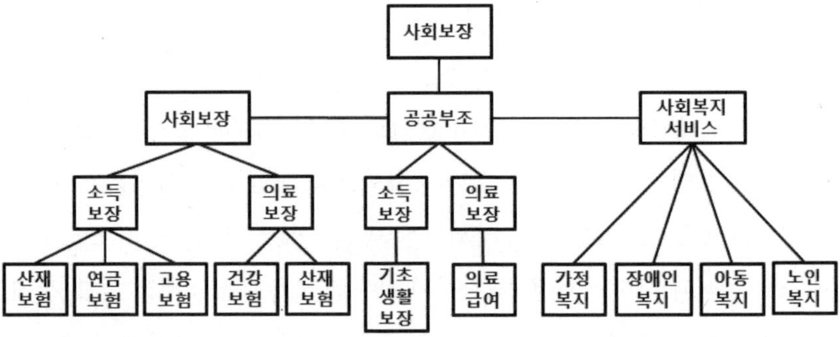

출처: (보건복지부, 2017: 79)

이미 생산한 재화에 대한 수평적 · 수직적인 사회적 재분배와 관련이 깊다. 만약, 사회 구성원들의 생명 유지와 직결되는 의료 자원 문제와 더불어 먹고 사는 것과 직결되는 최소한의 의식주 문제가 해결되지 못하면 종국에는 사회 질서의 붕괴 가능성이 커질 수밖에 없다(Ginsberg, 1999). 그러나 사회보장이 이뤄진다고 해서 개인과 사회의 모든 불행을 해소할 수 있는 것은 아니다. 다시 말해, 사회보장이 곧 행복보장일 수는 없다는 것이다. 그럼에도 불구하고, 사회보장이 의료 및 의식주와 같은 인간에게 필요한 최소한의 생활자원을 보장해 줌으로써 행복해질 수 있는 최소한의 기회를 제공해 준다는 것은 부정할 수 없는 사실이다.

3) 계급정치 및 계급투표와 복지국가

사회적 질을 향상시키기 위한 복지국가의 확대에는 정치경제 및 사회적 이해관계가 첨예하게 얽혀 있다. 그것을 가장 단적으로 보여주는 대표적인 사례가 바로 계급정치와 계급투표이다. 이와 관련하여 우리는 자본주의 사회에서 사람들이 자신의 계급을 인식하는 것과 그것에 기반하여 실제 정치 세력화하는 것이 반드시 일치하는 것은 아니라는 점에 주목할 필요가 있다(Minogue, 2000). 예를 들면, 저소득층이 주류를 이루는 미국 캔자스 주에서는 자신들의 계급과 일치하는 민주당에 투표하여 복지 정책의 확대를 꾀하는 대신 오히려 부유층을 대변하는 공화당에 표를 몰아줬다(Frank, 2005).

한국의 경우에도 전형적인 계급정치와 계급투표의 논리가 온전히 적용되지 않는다. 예를 들면, 〈그림 5-21〉은 동아시아연구원에서 2017년 4월 18일부터 20일까지 전국의 만 19세 이상 성인 남녀 1,500명을 대상으로 실시한 2017년 대선 패널 1차 여론조사 결과를 기반으로 가구 소득과 정치적 이념 간 관계를 분석한 것이다(한정훈, 2017: 10). 진보적 성향의 경우 소득이 낮은 집단보다 월 300만 원부터 500만 원 미만 집단(38.8%)과 월 500만 원부터 700만 원 미만 집단(37.1%)에서 더 비율이 높았을 뿐만 아니라, 월 700만 원 이상 고소득 집단에서도 보수 성향보다 진보 성향이 더 강한 것으로 나타났다(한정훈, 2017: 5-6). 반대로, 보수적 성향의 경우, 월 소득의 증가와 보수적 성향의 증가 간에 일정한 관계가 성립되지 않았다(한정훈, 2017: 5). 오히려 월 200만 원 미만으로 소득이 가장 낮은 집단에서의 보수적 성향이 월 700만 원 이상 고소득 집단뿐만 아니라, 그 외 모든 소득 집단에서 보다 강하게 나타났다. 이와 같은 결과는 소득 수준이 낮을수록 진보적 정치 성향을, 반대로 소득 수준이 높을수록 보수적 정치 성향을 띤다는 전형적인 계급정치 논리가

〈그림 5-21〉 한국의 월평균 가구 소득과 정치적 이념

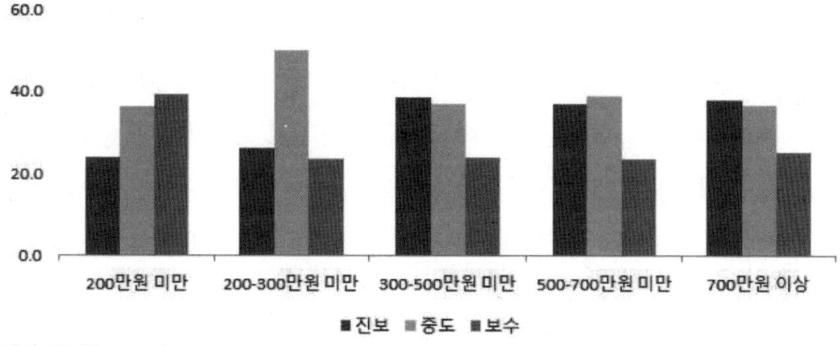

출처: (한정훈, 2017: 6)

한국에서는 단선적으로 적용될 수 없음을 보여주는 것이다.

그리고 자신의 정치 성향을 인식하는 것과 투표 성향도 반드시 일치하는 것은 아니다. 예를 들면, 한국에서 경제적으로 부유한 사람들은 건강보험, 연금보험 등 사회보장 시스템의 강화는 자신들의 세금 증대를 기반으로 한다고 여겨 증세를 추구하는 정당이 정권을 획득하는 것을 선호하지 않는 편이다(정태석, 2014). 이들은 자신들이 일군 부가 자본주의 사회에서 소비자와 노동자, 정부의 관련 정책의 도움 때문이라고 생각하지 않고, 오롯이 자신들의 노력에 의해 얻은 것이기 때문에 국가의 증세는 곧 자신들의 사유 재산을 침해하는 것으로 보는 경향이 강하다(신광영, 2004). 다시 말해, 한국의 부유층들은 정치 성향과 별개로 계급의식은 비교적 뚜렷하게 갖고 있는 것이다.

반면, 중산층과 저소득층 사람들은 부유층에 비해서 계급의식이 뚜렷하지 못하다(정태석, 2014). 그들은 증세를 통한 보편적 복지국가 건설이 자신들의 삶의 질을 증진시킬 것이라는 것을 깨닫고 있지 못하다. 부유층과 비교했을 때, 세금을 더 적게 내고 있는 노동자들도 세금을 더 내서 보편적 복지국가를 건설하는 것에 상당히 소극적이며, 특히, 중산층의 경우 시장에 대한 정부의 규제 확대로 부동산 가격이 하락하는 것을 선호하지 않기 때문에 시장경쟁 원리와 개인주의를 옹호하는 경향이 강하다.

이와 같이 부유층의 계급의식과 일치하는 투표 행위와 반대로 중산층과 저소득층 사람들의 계급의식과 불일치하는 투표 행위는 국회의원 및 대통령 선거에서 여실히 드러나고 있다(정태석, 2014). 이른바 '보릿고개'를 겪었던 기성세대들은 거의 대부분의 선거 때 성장 담론에 휩싸여 자신의 계급에 반하는 투표를 해왔다. 글로벌 시장에서의 경쟁력 확보를 위해 규제 완화 및 감세 정책 등 대기업에 더 많은 지원을 해야 그들이 성장하고 그에 따라 낙수 효과가 확대될 수 있다고 주장하는 보수 세력(이영훈, 2016)에 더 많은 표를 주었으며, 심지어는 한국의 경제 발전이 구조적으로 더 이상 고도성장이 어렵고 대기업의 낙수 효과가 수사에 불과하다는 것을 증명하는 결과를 목도하고서도 계급에 반하는 투표를 지속했다.[43] 이처럼 계속해서 성장 지상주의에 함몰되어 근본적인 정치적 인식의 전환을 이뤄내지 못하면 모두가 최소한의 생활을 보장받아 행복을 꿈꿀 수 있는 최소한의 요건을 제도적으로 보장해 주는 보편적인 복지국가의 건설 가능성은 계속해서 낮아질 것이다.

43 우리나라의 투표는 계급투표라기보다 세대 및 지역주의 정치에 기반한 세대와 지역주의 투표의 성격이 더 강한 편이다. 대통령 직선제 이후 첫 과반수 득표를 달성한 2012년 대선을 대표 사례로 들 수 있겠다. 즉, 유신 시대를 직접 경험한 고령층은 박근혜 후보를 선택한 반면, 유신 시대를 직접 겪지 않았던 젊은 세대는 문재인 후보를 찍었고(박원호, 2013), 대부분의 영남지역 유권자들은 박근혜 후보를 선택한 반면, 호남지역 유권자들은 문재인 후보를 선택했다(임성학, 2017).

제6장

새로운 행복 지표의 가능성과 한계

제6장에서는 새로운 행복 지표의 가능성과 한계에 대해 고찰한다. 이를 위해 먼저, 지금까지 경제적 성장에만 초점을 맞춰온 기존 행복 지표의 한계를 GDP(GNP) 사례를 중심으로 살펴본다. 이를 기반으로, 경제적 성장 중심 지표의 한계를 극복하기 위해 새롭게 제안되고 있는 행복 지표들의 핵심 내용 및 그것의 장점과 단점을 국제기구, 국가, 민간 기구가 제안한 몇몇 대표적인 행복 지표들을 중심으로 검토한다. 이어서 새로운 행복 지표가 갖춰야 할 최소한의 요건에 대해 논의하도록 한다.

1. 행복과 경제적 발전 지표

1) 이데올로기로서의 GDP(GNP)

GDP는 1929년부터 1932년까지의 미국 소득에 관한 보고서를 1934년에 미국 의회 재정위원회(Committee on Finance)에 보고한 사이먼 쿠즈네츠(Simon Kuznets)에 의해 개발되었다(Acting Secretary of Commerce, 1934).[1]

1 GDP 탄생의 역사에는 쿠즈네츠 이외에 중요한 인물이 두 명 더 있다. 국민소득(national income)을 계산하려는 생각은 17세기 영국의 윌리엄 페티(William Petty)가 처음 한 것으로 알려져 있다(Lepenies, 2016: 9). 그리고 영국의 콜린 클라크(Colin Clark)는 1932년에 출판한 『국민소득, 1924-1931(The National Income, 1924-1931)』에서 이전의 국민소득 계산

당시 프랭클린 루즈벨트(Franklin Delano Roosevelt) 정부는 1929년에 발발한 대공황의 여파에서 벗어나기 위한 각종 정부 재정 정책 시행에 GDP를 활발하게 활용하였다(Costanza, Hart, Kubiszewski, and Talberth, 2014; Daly and Posner, 2011). 뿐만 아니라, GDP는 미국이 제2차 세계대전에 점점 관여하게 되면서 전비에 투입되는 비용이 자국의 경제 회복에 악영향을 미칠 것이라며 참전을 반대하는 여론을 무마하는 데에도 큰 역할을 하였다(Marcuss and Kane, 2007; Costanza et al., 2009). 이때까지만 해도 GDP의 영향력은 주로 미국 내에 머물러 있었다.

그러나 1944년 7월 미국 뉴햄프셔 주의 브레턴우즈에서 열린 브레턴우즈 회의(Bretton Woods Conference)와 1948년 3월 미국 의회에서 승인됨으로써 시행된 유럽부흥계획(이른바, 'The Marshall Plan')이후 GDP의 사용이 전 세계로 확산되면서 GDP는 단순한 통계 지표가 아닌 자본주의와 사회주의를 초월하는 새로운 정치경제 게임의 법칙이 될 만큼 영향력이 막강해졌다(Lepenies, 2016; Philipsen, 2015; Costanza et al., 2014; Fioramonti, 2013).[2] 예를 들면, GDP는 국가 발전 정도의 척도로, OECD나 G20와 같은 특정 글로벌 클럽의 회원 가입 여부 결정 요건 등의 역할을 함으로써 거시 글로벌 세력균형에 영향을 미쳐왔을 뿐만 아니라, 여러 자원의 실질적 배분 요건으로 작용하면서 국가 정책에도 결정적인 영향을 미침으로써 개인의 미시적인 일상생활에도 큰 영향을 끼쳐왔다(Fioramonti, 2017; Daly and Posner, 2011). 인

법을 개선함으로써 클라크 자신은 정작 GNP라는 용어를 직접 사용하지 않았지만 GNP의 근대적 개념을 발명한 사람이라고 평가받고 있다(Lepenies, 2016: 38-39). 시기를 비교해 보면, 클라크와 쿠즈네츠의 연구가 거의 동시대에 이뤄진 것을 알 수 있는데, 클라크와 달리 쿠즈네츠는 미국 정부의 지원을 받아 연구를 수행함으로써(Lepenies, 2016: xii) 그의 연구 결과가 클라크의 연구 보다 확산될 수 있는 유리한 조건에 있었는지도 모른다.

2 브레턴우즈 회의의 공식 명칭은 유엔 통화 및 재정 회의(United Nations Monetary and Financial Conference)였는데, 회의의 주요 목적은 제2차 세계대전 이후 국제 통화 및 금융 질서를 확립하기 위한 것이었다(Helleiner, 2016; Costanza, Hart, Kubiszewski, and Talberth, 2014). 회의 결과, 국제부흥개발은행(International Bank for Reconstruction and Development, IBRD)과 IMF가 설립되었다.

간이 생산한 통계치가 인간의 사회적 행위나 정부 정책에 적용되게 되면 그 통계치는 단순한 수의 역할을 넘어 제도적 힘을 갖게 된다는 점(Fioramonti, 2014)과 특정 거시 경제적 개념을 제도화하면 해당 개념 자체에 권력이 생기게 된다는 점(Mugge, 2016)에 비춰본다면, GDP가 사회적으로 정당성을 획득하여 사람들에게 내면화되어 하나의 이데올로기가 되어버린 것은 어쩌면 당연한 귀결인지도 모른다.

2) 신자유주의와 GDP(GNP)

경제적 풍요를 일궈 빈곤으로부터 자유로워지기 위한 인류의 노력은 유사 이래 보수주의에 기반한 정부나 진보주의에 기반한 정부 가릴 것 없이 중단된 적이 없다(Armstrong, 2017; Kanbur and Squire, 2001; Hobson, 1906). 특히, 제2차 세계대전 이후 유럽경제공동체(European Economic Community)를 창설하기 위한 1957년 로마 조약(The Treaty of Rome)이 체결된 시기에 본격적으로 선진국들은 경제 성장을 일구는 데에 총력을 기울였다(EC, 2003). 이 시기에 케인즈주의에 기반한 국가의 강력한 경제 성장 정책의 시행 결과, 이른바 '자본주의의 황금기(the golden age of capitalism)'를 맞이하기도 했지만, 그 위세는 대략 1970년대 후반까지에 그친 후(Marglin and Schor, 2007) 소위, '고삐 풀린 자본주의(capitalism unleashed)'라는 새로운 시대로 접어들게 되었다(Glyn, 2007). 다시 말해, 1980년대에 이른바 대처리즘(Thatcherism)과 레이거노믹스(Reaganomics)로 대표되는 신자유주의가 전 세계를 휩쓸게 되면서(Harvey, 2007; Davies, 2017; Segal, 2017) 탈규제, 민영화, 노동조합 철폐 등 시장 논리 확대 중심의 정책이 크게 고조됨에 따라 GDP의 영향력이 더욱 강화되었다(Applbaum, 2012; Lepenies, 2016; Fioramonti, 2017).

그러나 특히 최근 들어 주로 유럽을 중심으로 신자유주의에 의한 부작용에 대한 반성이 국가 정책에 반영되기 시작했다. 예를 들면, 2000년부터 시행에 들어간 리스본 아젠다(Lisbon Agenda)는 2010년까지 매년 평균 3%의 경제 성장과 2천만 개 일자리를 창출하여 유럽 경제를 세계에서 가장 경쟁력 있게 만드는 것을 목표로 하였다(Martens and Zuleeg, 2009). 그러나 경제 성장에 집중되어 있는 리스본 아젠다의 한계를 포착하고, 2001년에 건강, 기후변화 등 지속가능한 사회 발전을 위한 요소를 포함시킨 예테보리 아젠다(Gothenburg Agenda)를 통해 리스본 아젠다가 보완되었다(EUKN, 2011).

신자유주의에 기반한 사회발전 패러다임의 근본적인 한계는 특히, 2008년에 발생한 글로벌 금융 위기로 적나라하게 드러났다(Dorling, 2015; Blim, 2012; ILO, 2008; Kitson and Michie, 2000). 이에 대한 반성의 고백이 신자유주의 전파의 두 맹주였던 미국과 영국에서 줄을 이었다. 예를 들면, 미국 연방준비은행(Federal Reserve Bank)의 의장으로 18년 동안 미국의 금융 정책을 이끌었던 알랜 그린스펀(Alan Greenspan)은 신자유주의에 기반한 자신의 규제 정책의 잘못을 인정하였고(Guardian, 2008), 2011년 영국방송공사(British Broadcasting Corporation, BBC)와의 인터뷰에서 영국 수상이었던 고든 브라운(Gordon Brown) 또한 영국 재정청(Financial Services Authority)이 개별 기관의 실패에서 경제 위기가 도래한다고 오해하여 제 역할을 못해 2008년 글로벌 금융 위기를 막지 못했다며 신자유주의 경제 시스템의 전면적인 검토가 필요하다고 했다(BBC, 2011a).

또한, 학계에서는 완벽한 시장에 대한 맹신을 기반으로 작은 정부를 지향하는 신자유주의 체제의 근본적인 문제점을 인정해야 한다고 주장하며 이를 보완하기 위한 개혁을 주문했다.[3] 예를 들면, 기든스는 다음과 같이 후쿠야마의 단견을 비판하고, 신자유주의에 대한 근본적인 개혁이 필요하다고 역설

3 실제 신자유주의가 절정에 달한 시기 GDP 기준 정부 지출 규모는 줄어들지 않고 증가했다는 수많은 연구 결과들(Sanz and Velázquez, 2007; Cohen and Centeno, 2006; Segal, 2004)에 비춰봤을 때, 작은 정부는 시장에 대한 정부 규제가 진보주의에 기반한 정부 보다 상대적으로 적었다는 의미이지 정부의 규모나 역할 그 자체가 축소되었다는 뜻은 아니다(Cahill, 2014).

하였다.[4]

"이제는 GDP와 더불어 보다 통합적인 복지 측정치를 함께 고려해야 하고 그에 정치적 공명(resonance, 共鳴)을 부여해야 … 대처식 탈규제 시대는 끝났다. 국가가 돌아왔다 … 재정위기 … 우리는 역사의 종말의 종말 시기에(at the end of the end of history) 있다"(Giddens, 2009a, 괄호 안 영문은 원문, 한자는 저자 삽입).

기든스와 같은 맥락에서 앵거스 디턴(Angus Deaton)은 웰빙에 대한 경제학자들의 경제적 요소 중심 사고를 다음과 같이 비판하며 비경제적 요소도 고려해야 한다고 주장했다.

"한 사회나 정의를 생활수준 하나만으로 평가할 수는 없다. 그러나 경제학자들은 웰빙의 다른 측면은 무시한 채 소득에 파레토 원리를 습관적으로 적용 한다"(Deaton, 2013: 8).

그럼에도 불구하고, 세계 대부분의 국가들은 최근까지도 경제적 발전이 이뤄지면 사회적 발전은 그에 따라오는 것이라는 시각을 완전히 포기하지 않고 있다(Goldin, 2018). 이러한 믿음이 얼마나 강했는지를 영국의 신경제재단(The New Economics Foundation, NEF)은 다음과 같이 비유하고 있다.

"경제 성장이라는 정설(orthodoxy)은 매우 뿌리 깊어, 성공의 측정 도구로써 그것의 최고 지위에 도전하는 어떠한 정책도 이단으로(heretical) 간주되었다"(NEF, 2006: 41, 괄호 안 원문).

---

4 이와 같은 주장에 대한 회의적인 목소리가 전혀 없는 것은 아니다. 예를 들면, 마틴 코닝즈(Martijn Konings)는 특히, 글로벌 금융 위기를 계기로 두드러진 신자유주의의 한계를 근거로 신자유주의나 자본주의 자체가 필연적으로 붕괴될 수밖에 없는 시스템이라고 주장하는 것에 대해 신자유주의에 대한 기존의 분석이 상당 부분 당위론에 근거해 있으며, 자본주의 하 재정 위기의 장기 역사를 고려해 보면 글로벌 금융 위기도 한 시기의 순환으로 볼 수 있다는 등 다른 해석을 제시하고 있다(Konings, 2018, 2015).

이와 같은 맥락에서, 2018년 현재까지 여전히 GDP가 국가의 발전 정도를 측정하는 가장 대표적인 지표로 꼽히고 있다.

3) GDP(GNP)의 한계

GDP의 영향력이 막강한 것과 달리 그것이 국민의 행복을 체계적으로 측정하는 데에는 근본적인 한계점들이 많다. 이와 관련하여 GDP를 고안한 쿠즈네츠 또한 다음과 같이 GDP의 한계를 인정하고 있다.

> "위의 분류가 … 국민 소득 측정에 가능한 내용과 범위를 하나도 빠짐없이 설명하고 있는 것은 아니다 … 위에서 나열한 것들 이외에 수많은 다른 서비스들이 국가 경제의 최종 산출물의 적절한 일부(a proper part of the national economy's end-product)로 간주될 수 있다"(Acting Secretary of Commerce, 1934: 3, 괄호 안 원문).[5]

그러면서 쿠즈네츠는 주부나 다른 가족 구성원들의 서비스, 잡역(odd jobs)을 통한 수입, 구호와 자선, 자산 가치의 변화 등을 GDP가 포괄하지 못하지만 국가 경제에 중요한 역할을 하는 경제 활동의 예로 들었다(Acting Secretary of Commerce, 1934: 4-5). 다시 말해, GDP는 시장에서의 거래를 통해 돈으로 계산되지 못하는 것들은 고려하지 않기 때문에 가정에서 요리한 음식, 자녀 양육, 자원봉사, 지역사회 활동 등과 같이 궁극적으로 경제 발전에 긍정적인 기여를 하는 활동도 GDP 산출에서는 간과되는 것이다(Fioramonti, 2017; Costanza et al., 2014; Daly and Posner, 2011).[6] 소득을 획득하는 과정에서 노동으로 인한 부담이 GDP에 고려되지 못하는 것도 바로

5 이와 같은 쿠즈네츠의 경고는 GDP가 한 국가의 경제적 발전 정도를 완전히 측정해내는 것은 아니라는 의미로, GDP를 국가 간 경제 발전 정도를 비교하는 지표로 사용하는 데에도 궁극적으로 한계가 있는데, 하물며 그것을 행복의 비교 지표로 사용하는 것이 얼마나 논리적으로 모순인지를 잘 대변해 주고 있다.

6 1997년 기준, 세계 생태계가 1년 동안 제공한 가치가 평균 33조 달러(US$)로 전 세계 GNP의 1.8배에 달했음에도 불구하고 그러한 가치가 시장 경제의 일부가 아니라는 이유로 GNP에 포함되지 못했던 것이다(Costanza et al., 1997: 259).

이 때문이다(Kuznets, 1946).

이후 GDP에 대한 비판은 주로 일부 학계를 중심으로 논의되어 왔다. 그러다가 1968년 3월 18일 미국 대통령 선거유세 때 로버트 케네디(Robert Kennedy)가 'GNP는 우리 삶을 가치 있게 하는 것들을 제외한 모든 것들을 측정한다'며 GDP(GNP)가 사회 발전을 전통적 의미의 경제 발전에 국한하는 한계를 지적하면서 GDP(GNP)는 다시 본격적으로 사회적인 관심을 받게 되었다(Kennedy, 1968).[7] 아이러니하게도 GDP의 유효성으로 쿠즈네츠가 1971년 노벨경제학상을 수상하며[8] GDP의 공로를 크게 인정받던 1970년대에 이스털린 패러독스가 발표되는 등 GDP의 한계에 대한 비판이 고조되었다.

또한, GDP는 재화의 양만 따질 뿐 그것의 질은 고려하지 않는 한계가 있다(Goldin, 2018). 따라서 재화의 흐름을 측정할 수는 있지만 그것의 질적 변화는 포착하지 못하고, 더 나은 질을 추구하는 것이 아니라 더 많은 양을 추구하는 지표에 불과하다고 비판받는다(Campanella, 2017; O'Donnell et al., 2014). 이 때문에 술이나 도박 등 인간의 행복에 부정적인 영향을 미치는 것들도 GDP 성장에 긍정적인 요소로 포함되는 것이다(Daly and Posner, 2011).

심지어 GDP가 왜곡된 결과를 산출하기도 한다. 예를 들면, 한 국가의 복지의 양이 감소됨에 따라 GDP와 GNP 수치가 오히려 증가하는 경우도 있다(Johns and Ormerod, 2007). 또한, 공식적인 경제 교환만 고려하기 때문에 비공식적인 경제 교환이 많은 저개발 국가들의 발전 정도가 왜곡되기 쉽다(Lundberg, 1971).[9]

7 케네디의 연설은 린든 존슨(Lyndon Johnson) 대통령이 1964년에 위대한 사회는 인간의 삶의 목표와 관련된 질적인 측면을 인간이 소유한 재화의 양적인 측면 보다 더 중요시 하는 사회라고 한 것과 같은 의미였다.

8 쿠즈네츠는 1971년 12월 11일, 노벨경제학상 기념 강연에서 경제 성장 관련 평가와 이론에 수많은 분석과 측정 문제가 남아있다며 GDP의 한계점을 인정했다(Kuznets, 1971).

9 GDP는 빚을 내서 소비하는 것과 자신이 번 소득으로 소비하는 것을 구분하지 못한다(Daly and Posner, 2011).

〈표 6-1〉 2000년 이후 GDP(GNP) 한계 비판 주요 사례

비판 주체	비판 내용	출처
데이비드 카메론 전 영국 총리	"사회의 행복을 개선하는 것이 가장 중요하다. 과거의 청교도적 직업 윤리(old Protestant work ethic)는 현대 직업윤리 비전으로 변화되어야 … 삶에는 돈 보다 더 많은 것이 있다는 것을 인정할 때가 되었고, GDP에만 집중 할 것이 아니라 전반적인 웰빙에 집중할 때가 되었다"(Cameron, 2006).	Google Zeitgeist Europe Conference (2006년 5월)
한스 게르트 푀테링(Hans-Gert Pöttering) 전 유럽의회 의장(President of the European Parliament)	"기후 변화와 같은 세계화의 부정적인 효과는 우리의 생태계뿐만 아니라 모든 경제 및 사회에 새로운 위험을 가져왔다. 이것이 바로 부에 대한 새로운 측정지표가 필요한 이유이다"(Pöttering, 2007).	Beyond GDP Conference (2007년 11월)
프랑스 CMEPSP	"GDP의 한계에 대한 인식이 증대되어 오고 … 우리의 보고서는 … 성과, 웰빙, 삶의 질 등 모든 것을 측정할 때 GDP를 절대적으로 사용하는 것을 끝내고 … 경제적 성과와 사회 발전을 더 잘 평가하고 모니터 할 수 있는 …"(Stiglitz, Sen, and Fitoussi, 2009: 5-7).	2009년 CMEPSP 첫 보고서
유럽연합 집행위원회(European Commission, EC)	"GDP는 환경 지속성이나 사회적 포용을 측정하지 못한다. 이러한 한계점은 정책을 분석하고 논의할 때 고려되어야 한다. GDP를 보완하기 위한 자료와 측정 도구의 향상 필요성에 대한 인식이 확산 되고 있으며 …"(EC, 2009: 2).	EC COM(2009) 433 final
일본 CMW	"1970년대에 많은 경험적 연구들은 실제 국민들의 행복이 경제 성장과 동등하게 증가하지 않음을 증명해 … 행복 연구들은 사람들의 주관적 웰빙이 GDP, 소득, 문해력(literacy) 등과 같은 객관적 지표만으로는 이해될 수 없어 … 주관적 평가를 관찰하는 것이 중요 …"(CMW, 2011: 2).	CMW 2011년 보고서
조제 마누엘 두랑 바호주(José Manuel Durão Barroso) 전 EC 위원장	"유럽의 다양한 사회 이해를 북돋우고, 더 나은 의사소통을 하며, 새로운 정책 욕구에 더 잘 반응하는데 핵심은 'GDP와 GDP를 넘어서(GDP and beyond)' 이니셔티브(initiative)를 웰빙 측정에 포함시키는 것과 같이 적절한 지표를 선택하는 것이다"(Barroso, 2011).	Eurostat Conference (2011년 3월 벨기에 브뤼셀)
반기문 전 유엔사무총장	"우리는 발전(progress)의 주요 측정치로서의 GDP를 극복하고 사람을 우선으로 하는 지속가능한 발전 지표를 만들어야합니다"(Ban, 2012).	세계 시장/지방정부 지사 미팅 (2012년, 미국 뉴욕)
OECD	"1961년에 OECD가 시작된 이래 GDP는 경제와 사회 발전을 측정하고 이해하는 주요 지표였다. 그러나 그것은 안보(안전), 여가, 소득 분배, 쾌적한 환경과 같이 인간의 삶에 영향을 미치는 요소를 고려하는데 실패했다"(OECD, 2012: 1).	2012년 OECD Better Life Index
UN	"… 새로운 발전 측정은 GDP를 넘어서는 … 사회 발전, 인간의 웰빙, 정의, 안전, 평등과 지속 가능성을 측정하는데 초점을 정확히 맞춰야한다"(UN, 2014: 28).	SDGs 구성을 위한 종합 보고서

뿐만 아니라, GDP 자체가 인간의 행복과는 근원적으로 거리가 먼 지표라는 비판도 받는다. 예를 들면, GDP는 한 국가의 경제 규모만 요약하고 있을 뿐이지 GDP가 성장한 만큼의 부가 누구에게 분배되고 있는지에 대해서는

아무런 답을 주지 못해 애초부터 국민 전체의 행복 증진에는 관심도 없는 지표라는 것이다(Costanza et al., 2014: Ormerod, 2012; Daly and Posner, 2011; Frey, 2008). 또한, GDP를 측정하는 것 자체가 국가 간 과도한 경쟁을 불러일으켜 자연 자원이 소모된 이후 스스로 회복되는 것보다 훨씬 빠르게 자연 자원을 고갈시키는 데에도 일조함으로써 궁극적으로 GDP 자체가 인간의 행복을 저해하는 지표라는 것이다(Costanza, Hart, Kubiszewski, and Talberth, 2014; Daly and Posner, 2011).

그 외 2000년 이후 GDP(GNP)의 한계에 대한 주요 비판 사례를 요약하면 〈표 6-1〉과 같다.

2. 새로운 행복 지표

GDP는 기본적으로 시장에서 재화와 서비스가 소비되는 패턴에 주목하여 경제가 얼마나 빠르게 성장하고 있는가를 측정하는 지표라고 할 수 있다(Pritzker, Arnold, and Moyer, 2015). GDP처럼 경제적 발전을 중심으로 하는 지표는 행복에 중요한 영향을 미치는 경제적 요소를 측정할 수는 있지만, 그것만큼이나 중요한 비경제적 요소를 측정하는 데에는 근본적인 한계가 있다(Bacon et al., 2010). 그렇기 때문에 많은 경제학자들이 GDP는 경제적 발전을 측정하는 특정 지표이기 때문에 그것을 웰빙 지표로 사용하는 것은 위험하다고 경고함에도 불구하고, 행복의 국가 간 비교에 1인당 GDP가 당연하게 사용되는 경우가 적지 않은 실정이다(Costanza, Hart, Kubiszewski, and Talberth, 2014).

쿠즈네츠에 의해 GDP가 고안되어 사용되던 시기에는 물질적인 성장을 극대화하여 소득을 늘리는 것이 곧 행복을 증진하는 지름길로 인식되었지만, 현대 사회에서 그것은 신화가 되었으며, 장기적으로 지속가능한 사회경제 및 환경 등과 같은 다차원적인 요소의 균형적 성장 없이는 더 이상 행복은 담보될 수 없게 되었다(Costanza, Hart, Kubiszewski, and Talberth, 2014; Daly, 1991). 즉, 과거처럼 경제 시스템을 마치 완전한 것으로 간주할 경우 성장을 가로막을 수 있는 제한 요인은 존재할 수 없게 되어 경제 발전 지표만큼 인류의 진보를 잘 보여줄 수 있는 지표도 없었지만, 경제 시스템을 사회와 환경의 부분 시스템으로도 보게 된 현대에는 제한 없는 성장은 존재할 수 없으며, 경제 발전 지표 이외에 인류의 진보를 잘 보여줄 수 있는 지표가 필요하게 되었다(Daly, 1995; Goldin, 2018). 다시 말해, GDP의 구조를 벗어나 행복 시대에 맞는 새로운 패러다임에 기반한 새로운 측정 지표의 제도화가 절실하다는 것이다.

물론, GDP의 한계를 극복하려는 학자들의 노력이 없었던 것은 아니지만, 아직 성공한 사례가 없다는 데에 이견이 없다. 가장 대표적으로 윌리엄 노드하우스(William Nordhaus)와 제임스 토빈(James Tobin)이 제안한 이른바 '경제적 복지 측정(Measure of Economic Welfare, MEW)' 모델을 예로 들 수 있겠다. MEW 모델은 여가와 같이 비경제적 요소를 포함하고 있었다(Nordhaus and Tobin, 1972). 그러나 MEW는 국방이나 치안 서비스가 복지와 직접적으로 연관되지 않는다는 이유로 고려 대상에서 제외시킴으로써 기존의 경제 중심적 시각을 벗어나지 못했다.

그 외 GDP의 한계에 대한 지금까지의 대응 방식은 크게 세 가지로 구분될 수 있다(NEF, 2006; Costanza et al., 2014). 첫 번째는 서베이 조사를 통해서 쾌락적 행복을 직접 측정하는 방식이다. 두 번째는 자원봉사, 범죄, 이혼, 환경이나 자원 고갈 비용 등 기존의 GDP가 반영하고 있지 못하는 요소를 고려하여 GDP를 보정해서 사용하는 방식이다. 세 번째는 건강, 주거, 교육, 여가, 신뢰, 사회참여 등 행복에 결정적인 영향을 미치는 요소와 그것들의 가중치를 고려해서 기존의 GDP와 더불어 사용하는 방식이다.

이처럼 접근 방법은 서로 다르지만 세 가지 모두 기존의 GDP가 경제적 영역에만 치중된 편향성을 극복하고자 비경제적인 요소에 대한 고찰을 중시한다는 점에서는 이견이 없다. 그러나 공통된 가치를 공유하더라도 결국 지표를 구성하는 주체와 그들이 어떤 측면에 초점을 맞추느냐에 따라 새로운 지표의 정의, 특징, 구성 요소도 달라지기 마련이다. 따라서 여기에서는 위와 같은 새로운 지표 구성 노력을 정부 간 기구(Intergovernmental Organization, IGO), 국제 비정부기구(International Nongovernmental Organization, INGO), 국제 비영리기구(International Nonprofit Organization, INPO)를 포함하는 의미에서의 국제기구가 주도하는 경우, 국가가 주도하는 경우, 영리를 추구하는 민간 기구가 주도하는 경우로 구분하여 고찰하되, 몇 가지 대표적인 지표들에 집중하여 각각의 핵심 내용 및 그것의 장점과 단점을 중심으로 살펴보겠다.[10]

1) 국제기구 주도의 행복 지표

(1) 인간 개발 지표

제1장에서 설명한 바와 같이 UN은 GDP와 같은 소득 중심의 발전 정책을 극복하고 인간 중심으로 정책을 전환하기 위하여 인간 개발 지표(Human Development Index, HDI)를 발표해 오고 있다. 즉, UNDP가 HDI 구성의 이론적 기반을 센의 역량 개념(Sen, 2000a, 1999, 1985)이라고 명백하게 밝히고, 그것을 근거로 1990년부터 인간 개발 보고서(Human Development Report)를 발표해 오고 있다. 2018년 기준, 가장 최근의 HDI는 UNDP 산하 Human Development Report Office가 2017년에 발표한 2016년의 HDI이다(UNDP,

10 더 이상 활발하게 연구되고 있지 않거나 자료에 접근이 용이하지 않는 등 여러 가지 이유로 이 부분에서 자세히 살펴보지 못한 지표로는 영국 Economist Intelligence Unit의 The Where-to-be-born Index, 스코틀랜드 옥스팜의 Oxfam Humankind Index, 벨기에의 WellBeBe, 스위스의 MONET Indicator System, 핀란드의 Findicator, 캐나다의 Canadian Index of Wellbeing, 호주의 Australian Unity Well Being Index, 네덜란드의 World Database of Happiness 등이 있다.

2016: v).

〈그림 6-1〉에서 보는 바와 같이 HDI의 최종 값은 기본적으로 세 가지 차원을 중심으로 도출된다. 건강과 관련해서는 평균 수명을, 지식과 관련해서는 교육 년수를, 생활수준과 관련해서는 소득 수준을 중심으로 고찰한다. UNDP는 구체적인 세부 항목들을 HDI 도출 기본 모형에 대한 비판을 수용하여 계속해서 수정 보완하고 있다. 예를 들면, 인간 안보(UNDP, 1994), 빈곤(UNDP, 1997, 2010), 민주주의(UNDP, 2002), 문화적 다양성(UNDP, 2004), 기후변화(UNDP, 2008), 지속 가능성과 형평성(UNDP, 2011) 등이 HDI 측정 모형에 추가되어 왔다.

〈그림 6-1〉 HDI 측정 구조

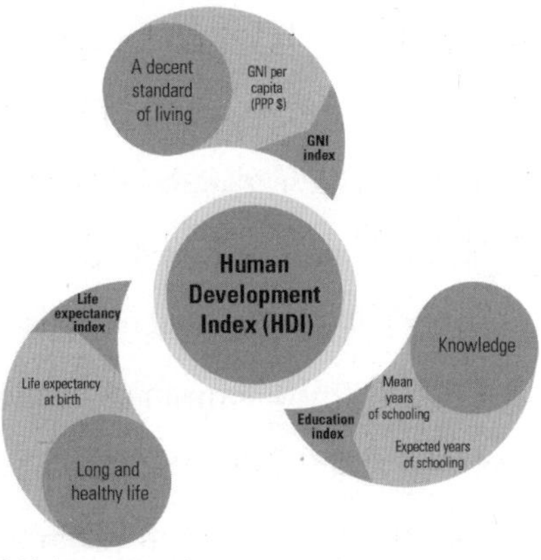

출처: (UNDP, 2018a)

2016년 세계 HDI를 요약한 〈그림 6-2〉에서 보는 바와 같이, 국가 간 HDI는 편차가 존재하는 것을 알 수 있다. 주로 북미와 유럽, 호주 및 뉴질랜드, 일

〈그림 6-2〉 세계 HDI

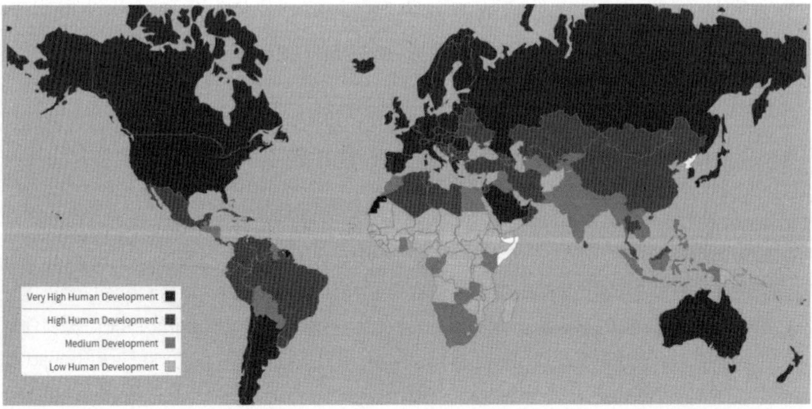

출처: (UNDP, 2018b)

부 라틴아메리카 국가들이 매우 높은 수준의 HDI를 기록하고 있다. 아시아에서는 한국과 일본이, 중동과 아프리카에서는 각각 사우디아라비아와 모로코가 유일하게 HDI가 매우 높았다. 그리고 HDI가 매우 낮은 수준을 기록한 국가는 거의 대부분이 아프리카에 위치한 국가들이었다.

2015년의 HDI 상위 10위와 하위 10위 국가들을 정리한 〈표 6-2〉를 보면 국가 간 차이를 보다 구체적으로 알 수 있다. 상위 10위에는 호주, 캐나다, 싱가포르를 제외하고 모두 유럽 국가들이 차지했다. 반면, 하위 10위에는 모두 아프리카에 위치한 국가들이 포함되었다. 그리고 상위 10위의 가장 낮은 HDI가 하위 10위의 가장 높은 HDI 보다 2배 이상 더 클 만큼 상위 10위와 하

〈표 6-2〉 세계 HDI 상 · 하위 10위 국가[11]

	순위	국가	HDI	평균수명(년)	기대 교육 기간(년)	평균 교육 기간(년)	1인당 국민 총소득(US$)
상위	1	노르웨이	0.949	81.7	17.7	12.7	67,614
	2	호주	0.939	82.5	20.4	13.2	42,822
	2	스위스	0.939	83.1	16.0	13.4	56,364
	4	독일	0.926	81.1	17.1	13.2	45,000
	5	덴마크	0.925	80.4	19.2	12.7	44,519
	5	싱가포르	0.925	83.2	15.4	11.6	78,162
	7	네덜란드	0.924	81.7	18.1	11.9	46,326
	8	아일랜드	0.923	81.1	18.6	12.3	43,798
	9	아이슬란드	0.921	82.7	19.0	12.2	37,065
	10	캐나다	0.920	82.2	16.3	13.1	42,582
하위	179	에리트레아	0.420	64.2	5.0	3.9	1,490
	179	시에라리온	0.420	51.3	9.5	3.3	1,529
	181	모잠비크	0.418	55.5	9.1	3.5	1,098
	181	남수단	0.418	56.1	4.9	4.8	1,882
	183	기니	0.414	59.2	8.8	2.6	1,058
	184	부룬디	0.404	57.1	10.6	3.0	691
	185	부르키나 파소	0.402	59.0	7.7	1.4	1,537
	186	차드	0.396	51.9	7.3	2.3	1,991
	187	니제르	0.353	61.9	5.4	1.7	889
	188	중앙아프리카공화국	0.352	51.5	7.1	4.2	587

출처: (UNDP, 2016: 198-201)

11 2015년 기준, 총 188개국을 대상으로 한 결과로 HDI가 0.8 이상인 아주 높은 국가는 51개국, 0.7 이상 8 미만인 높은 국가는 55개국, 0.55 이상 0.7 미만인 중간 정도는 41개국, 0.55 미만인 낮은 국가는 41개국이었다(UNDP, 2016: 198-201).

위 10위 간 편차가 심했다. 평균 수명의 경우, 상위 10위 국가들 중 80세 미만인 곳이 단 한 곳도 없었던 반면, 하위 10위 국가들은 에리트레아와 니제르가 60대였지만 65세 미만에 그쳤고, 나머지 국가들은 모두 50대밖에 되지 않았다. 상위 10위 국가들의 교육 년수는 모두 10년 이상이었지만 하위 10위 국가들은 모두 5년 미만에 그쳤다. 1인당 국민 총소득의 경우, 아이슬란드를 제외한 상위 10위 모든 국가가 40,000달러(US $) 이상이었던 반면, 하위 10위 국가들은 모두 2,000달러(US $) 미만에 그쳤다.

이처럼 국가 간 편차가 존재하는 한편, 〈그림 6-3〉에서 보는 바와 같이 1990년부터 2015년까지 장기적으로 봤을 때에는 전반적으로 HDI가 전 세계적으로 향상되어 온 것으로 나타났다(UNDP, 2016: 26). 1990년부터 2005년까지 HDI가 높은 수준을 달성한 권역은 없었지만, 2005년 이후 유럽 및 중앙아시아, 라틴아메리카와 카리브해 권역의 HDI는 높은 수준에 이르렀다. 그러나 2015년 기준, HDI가 0.8 이상으로 매우 높은 수준에 다다른 권역은 없었다. 동아시아 및 태평양 권역, 남아시아와 사하라 사막 이남 아프리카는 모두 초기에 HDI가 낮은 수준이었다. 동아시아와 태평양 권역은 1995년 이후에, 남아시아는 2005년 이후에 중간 수준으로 도약하였지만, 사하라 사막

〈그림 6-3〉 세계 HDI의 변화

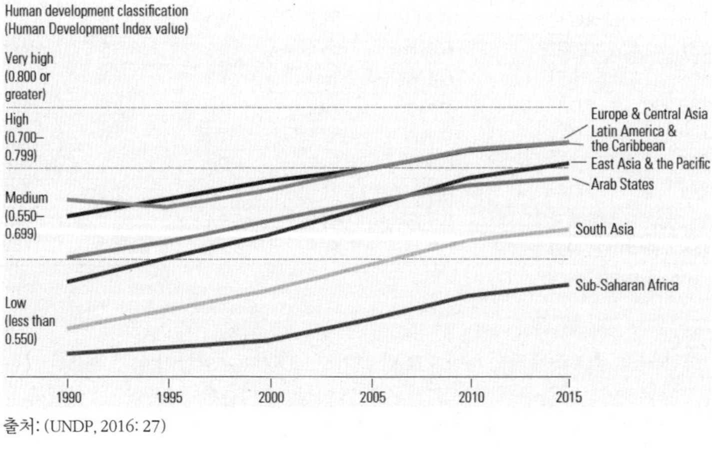

출처: (UNDP, 2016: 27)

이남 아프리카는 계속해서 낮은 수준을 벗어나지 못했다.

지금까지 살펴본 HDI에 대한 가장 대표적인 비판은 바로 HDI는 결국 건강, 지식(교육), 생활수준(소득) 요소를 조합한 것일 뿐 기존의 관련 지표들의 구조를 크게 벗어나지 못했다는 것이다. 이에 대해 하크(Haq)는 GDP의 우세에 대응하기 위해서는 단순하게 접근할 수밖에 없었다고 해명한다(Scrivens and Iasiello, 2010). 센 또한 HDI 도출을 위한 통계적 과정 자체보다 다양한 시각으로 인간 개발(development)을 해석할 수 있는 장점에 주목해야 한다고 변론한다(Sen, 2000b).

HDI는 이론적 기반이 견고할 뿐만 아니라 실천적 차원에서도 활용도가 높은 장점을 갖고 있다. 이론적으로 봤을 때, HDI는 경제적 발전을 인간 발전의 궁극적 목표로 여기는 한계를 넘어 인간 발전 자체를 최종 목표로 하는 데 있어 센의 역량 개념을 적용함으로써 HDI 도출 과정의 논리성을 확보했다. 이 같은 견고한 논리성은 HDI의 활용 가능성을 높여주고 있다. 즉, HDI는 UN의 SDGs가 추구하는 보편주의 및 지속 가능성을 공유하고 있을 뿐만 아니라, 빈곤, 불평등, 성차별 등 구체적인 목표 또한 동일하여 상호 보완적으로 관련 정책 실현에 시너지 효과를 낼 수 있는 가능성 또한 높다(UNDP, 2016: 45-47).

(2) 더 나은 삶의 지표

UNDP와 마찬가지로 OECD 또한 센의 역량 개념(Sen, 2000a, 1999, 1985)을 근거로 OECD 행복 측정 틀(OECD Framework for Measuring Well-being, OECD FMW)를 구성하였다. OECD는 OECD FMW에 기반하여 2011년부터 OECD 회원국들을 대상으로 2년 마다 더 나은 삶의 지표(Better Life Index, BLI)를 측정하여 발표하고 있다. 〈표 6-3〉에서 보는 바와 같이, OECD FMW는 물질적 조건 및 삶의 질과 같이 크게 두 가지 차원에서 행복을 측정한다. 구체적으로, 전자는 소득과 부, 직장과 소득, 주거와 같이 세 가지 항목으로, 후자는 건강, 일-가정 균형, 교육과 훈련, 사회적 연결, 사회참여와 거버넌스, 환경의 질, 개인의 안전, 주관적 웰빙과 같이 여덟 가지 항목으로 구성되어 있다.

〈표 6-3〉 OECD FMW의 물질적 조건과 삶의 질

차원	항목	측정 지표
물질적 조건	소득과 부	· 가구소득 · 재정적 부
	직장과 소득	· 고용소득 · 직장 안정성 · 장기 실업
	주거	· 1인당 방 개수 · 주택 구입 능력 · 기본 위생
삶의 질	건강	· 평균 수명 · 주관적 건강
	일-가정 균형	· 노동 시간 · 휴식
	교육과 훈련	· 교육 성취도 · 인지적 능력 · 성인 능력
	사회적 연결	· 사회적 지지
	사회참여와 거버넌스	· 투표율
	환경의 질	· 수질 · 공기 질
	개인의 안전	· 폭행으로 인한 사망 · 폭력 피해 인식
	주관적 웰빙	· 생활 만족

출처: (OECD, 2015a: 26)

그런데 OECD는 이상의 물질적 조건과 삶의 질이 지속 가능하기 위해서는 〈표 6-4〉에서 보는 바와 같이, 네 가지 자본이 필요하다고 보았다. 첫째, 자연 자본은 자연 환경에 중요한 요소를 일컫는데 미네랄, 에너지 자원, 토지, 물, 나무 등과 같은 개별 자원뿐만 아니라 생태계도 포함한다(OECD, 2015a: 111). 둘째, 경제적 자본은 유형 자산이나 지적 자산과 같은 생산 자본과 예금, 부채 등과 같은 재정 자본을 포함한다(OECD, 2015a: 129). 셋째, 인간 자본은 경제적 생산과 소득에 투입되는 인적 자원뿐만 아니라 교육과 기술, 역량, 건강 등 비경제적인 자원도 포함한다(OECD, 2015a: 119). 끝으로, 사회적

〈표 6-4〉 OECD FMW의 네 가지 자본

자본	측정 지표
자연 자본	· 인구 1,000명 당 숲의 면적 · 온실가스 배출 · 재활용 가능한 수자원 · 멸종 위기 종 등
경제적 자본	· 가구 부채 · 순 고정자산 · 지적 재산 · R&D 투자 · 재정 순가치(재정 총자산-총부채) · 정부 재정 순가치(정부 관련 재정자산 총 가치-총부채) 등
인간 자본	· 교육과 기술(교육 성취, 기대) · 건강(흡연, 비만) 등
사회적 자본	· 개인 간 신뢰 · 제도 신뢰 · 정부 신뢰 등

출처: (OECD, 2015a: 110-131)

〈그림 6-4〉 OECD 국가들의 행복[12]

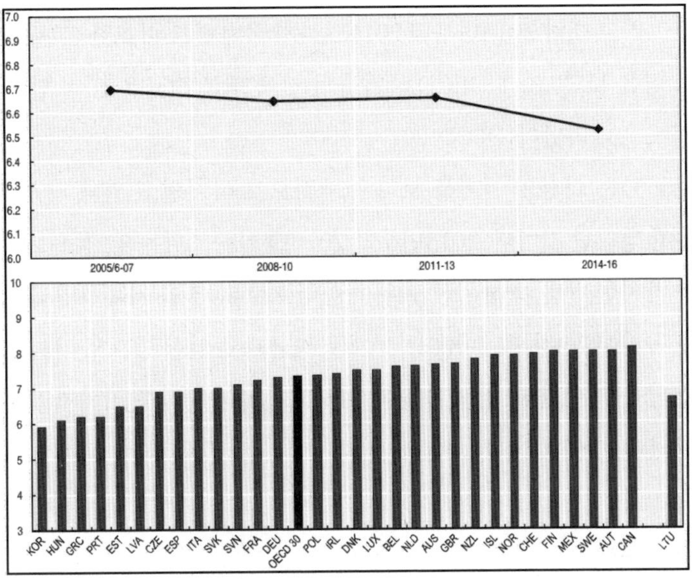

출처: 상(OECD, 2017e: 401), 하(OECD, 2017e: 399)

자본과 관련해서는 사회적 자본의 여러 가지 요소들에 대한 기존의 다양한 시각 중에서 주로 신뢰에 초점을 맞추고 있다(OECD, 2015a: 125).

이와 같은 측정 방법을 기반으로 〈그림 6-4〉는 OECD FMW의 항목 중에서 주관적 웰빙 즉, 생활 만족을 중심으로 OECD 국가들의 행복 조사 결과를 요약한 것이다.[13] 〈그림 6-4〉의 상단 그림에서 보듯이, 33개 OECD 국가들의 전체 행복 평균은 2005년부터 2007년에 6.7점에서 2014년부터 2016년

12 OECD 회원국 중 칠레, 이스라엘, 일본, 터키, 미국의 자료는 누락되었고, 그래프에 포함은 되었지만 2017년 기준 OECD 비회원국인 리투아니아는 6.7점을 기록했다(OECD, 2017e: 400).

13 오스트리아, 헝가리, 이탈리아, 한국, 네덜란드, 뉴질랜드, 슬로베니아, 영국은 2016년 자료를, 캐나다, 덴마크, 프랑스, 폴란드, 스위스는 2015년 자료를, 호주와 멕시코는 2014년 자료를, 그 외 국가들은 모두 2013년 자료를 근거로 산출된 값이다(OECD, 2017e: 399). 이것을 엄격하게 해석하면, 국가마다 측정된 해가 다르기 때문에 각 국을 직접적으로 비교하는 것에 한계가 없다고 할 수는 없지만, 전반적인 경향을 파악하는 데에는 큰 무리가 없다고 할 수 있겠다.

에 6.5점으로 약 10여 년 사이 0.2점 하락한 것으로 나타났다(OECD, 2017e: 402).[14] 그리고 대략 2013년부터 2016년까지 국가별로 비교한 〈그림 6-4〉의 하단 그림을 보면, 30개 OECD 국가들의 전체 행복 평균은 10점 만점에 7.3점인 것으로 나타났다(OECD, 2017e: 400).

〈표 6-5〉는 이상의 결과를 보다 구체적으로 국가별 순위와 평균 점수를 비교하여 정리한 것이다. 2013년부터 2016년 기준, 1위는 8.1점을 기록한 캐나다가 차지한 반면, 최하위인 30위는 한국으로 5.9점을 기록하였다. 18위를 기록한 독일이 7.3점으로 OECD 30개국 평균과 동일한 것으로 나타났다. 그리고 한국을 포함한 12개 국가들이 OECD 전체 평균에도 미치지 못한 것으로 나타났다(OECD, 2017e: 400).

〈표 6-5〉 OECD 국가들의 행복 순위

순위	국가	점수	순위	국가	점수	순위	국가	점수
1	캐나다	8.1	11	호주	7.6	21	슬로바키아	7.0
2	오스트리아	8.0	11	벨기에	7.6	21	이탈리아	7.0
2	스웨덴	8.0	11	네덜란드	7.6	23	스페인	6.9
2	멕시코	8.0	14	덴마크	7.5	23	체코	6.9
2	핀란드	8.0	14	룩셈부르크	7.5	25	라트비아	6.5
6	스위스	7.9	16	아일랜드	7.4	25	에스토니아	6.5
6	노르웨이	7.9	16	폴란드	7.4	27	포르투갈	6.2
6	아이슬란드	7.9	18	독일	7.3	27	그리스	6.2
9	뉴질랜드	7.8	19	프랑스	7.2	29	헝가리	6.1
10	영국	7.7	20	슬로베니아	7.1	30	한국	5.9

출처: (OECD, 2017e: 400)

HDI와 마찬가지로, OECD FMW 또한 센의 역량 개념의 적용을 통해 BLI 도출 과정에 대한 탄탄한 이론적 기반을 갖고 있는 장점이 있다. 더불어 OECD는 OECD FMW가 제3자도 관찰이 가능한 객관적 요건과 개인이 느끼는 감정 상태와 같은 주관적 요건을 모두 포함하고 있는 것을 BLI의 가장 큰

14 행복은 '요즘 당신의 삶에 대해 전반적으로 만족하십니까?'라는 질문에 전혀 만족하지 않는다(0점)부터 완전히 만족한다(10점)까지 10점 만점 척도로 측정되었다(OECD, 2017e: 398).

장점으로 꼽고 있다(OECD, 2015a: 24). 그러나 BLI는 적어도 두 가지 점에서 한계가 있다. 첫째, OECD FMW의 물질적 조건 및 삶의 질과 그것들이 지속 가능하기 위해 반드시 필요하다고 한 네 가지 자본과의 관계에 대한 논리적 설명이 거의 부재하다. 물론, OECD가 그들 간 관계를 요약하여 제시는 하고 있으나(OECD, 2015a: 23) 그것은 어디까지나 도식 수준에 그치고 있을 뿐 각 항목들 간 구체적인 연결 관계를 명확하게 설명해 내지는 못하고 있다. 둘째, 세부 항목들의 측정 지표 중 한쪽으로 경도된 경우가 없지 않다. 다시 말해, 추상적인 항목뿐만 아니라 상대적으로 구체적인 항목조차도 해당 항목 측정에 모든 요소를 고려할 수 없다는 점을 감안하여도, 건강에서의 평균 수명, 사회적 자본에서의 신뢰와 같이 한쪽 측면만 고려하고 있는 한계는 분명 보완이 필요한 부분이다.

(3) 사회적 진보 지표

2012년에 창설된 사회적 진보 추진(Social Progress Imperative)이라는 비영리조직은 물질문명이 고도화됨에 따라 인간은 필연적으로 삶의 질에 더 많은 관심을 갖게 되는데 2008년 글로벌 금융 위기로 그러한 목소리가 더욱 고조되어 사회의 질적 성장을 심도 있게 고찰할 필요가 있다고 주장했다(Porter, Stern, and Green, 2017). 또한, 경제 성장이 반드시 사회적 진보를 가져오는 것은 아니라며 사회적 진보 지표(Social Progress Index, SPI) 구성의 필요성과 목적을 다음과 같이 밝히고 있다.

> "1인당 GDP와 같이 전통적인 국가 소득 측정 방법은 사회의 전반적인 진보를 아우르는데 실패했다(Porter, Stern, and Green, 2017: 1) … SPI는 경제와 사회적 진보 관계를 이해할 수 있게 해주고 … 우리의 비전은 사회적 진보가 GDP와 나란히 국가 성과(performance)의 핵심 기준으로 자리 잡게 하는 것이다"(Porter, Stern, and Green, 2017: 11, 괄호 안 원문).

그리고 사회적 진보 추진 조직은 SPI 구성을 위한 사회적 진보 개념을 다음과 같이 규정한다.

> "사회적 진보(Social Progress)란, 시민들의 인간으로서의 기본 욕구를 충족시키고, 개인과 지역 사회가 그들의 삶의 질을 증진하고 지속시킬 수 있는 요소를 마련하며, 모든 사람들이 자신의 모든 잠재력을 발휘할 수 있는 요건을 창조할 수 있게 하는 사회의 역량을 의미 한다"(Stern, Wares, and Hellman, 2016: 4, 괄호 안 원문).

SPI는 사회적 진보 개념의 세 가지 핵심 요소 즉, 인간의 기본 욕구, 웰빙의 토대, 기회를 종합적으로 고려하여 도출한다. 다시 말해, 인간의 기본 욕구는 국가가 국민들의 가장 중요한 욕구 충족을 위해 노력하는지를 측정하고, 웰빙의 토대는 개인과 지역 사회를 위한 노력의 요소들이 웰빙을 증진하고 지속시키는지를 측정하며, 기회는 모든 사람들에게 자신의 능력을 발휘할 수 있는 기회가 주어지는지를 측정하는 것이다(Porter, Stern, and Green, 2016: 32).

SPI 도출을 위한 구체적인 측정 지표는 네 가지 원칙에 따라 선별된다(Porter, Stern, and Green, 2017: 2; Stern, Wares, and Epner, 2017: 4). 첫째, 사회적 지표와 환경적 지표에 주목하고, 경제적 지표는 배제한다. 둘째, 국가의 정책적 선택이나 투자에 집중하여 정책에 투입된 요소를 중심으로 하는 투입 집중 지표 구성법이 아니라, 투입의 결과에 기초하여 구성하는 결과 집중 지표 구성법에 기반한다. 셋째, 최대한 많은 국가가 종합적으로 포함될 수 있도록 한다. 넷째, 각계 지도자들이 정책에 바로 반영할 수 있도록 실용성을 갖춰야 한다.

이러한 원칙을 기반으로 구성한 SPI 측정 틀은 〈표 6-6〉에서 보는 바와 같이, 세 가지 차원을 중심으로 각 차원 마다 네 가지 구성 요소로 이뤄져있다. 그리고 각 구성 요소 중 어느 것이 더 중요한지에 대한 이론적 근거가 부재하기 때문에 모든 구성 요소는 동일한 가중치를 부여받는다(Stern, Wares, and Epner, 2017: 7). 네 가지 구성 요소의 최종 값은 주성분 분석(Principal Components Analysis)에 기반 하여(Dunteman, 1989) 총 50가지 측정 지표를 통합하여 산출되는데, 이때 50가지 측정 지표는 SPI 산출을 위한 모든 국가들에 공통적으로 적용될 수 있어야 하고, 동일한 기관에서 측정하되 누구에게나 공개된 것이어야 한다는 조건을 모두 만족한 경우에만 최종 지표로 선정되었다(Stern, Wares, and Epner, 2017).[15]

〈표 6-6〉 사회적 진보 지표 측정 틀

차원	구성 요소	측정 지표
인간의 기본 욕구	영양 및 기본 의료	영양부족, 식량 부족 심각성, 산모 사망률, 아동 사망률, 전염병 사망률
	물과 위생	위생적인 물(piped water)에 대한 접근성, 시골 지역의 향상된 수원에 대한 접근성, 향상된 위생 시설에 대한 접근성
	주거	구입할 수 있는 주택의 여유, 전기 접근성, 전기 공급의 질, 사망에 영향을 미치는 실내 공기 오염
	개인 안전	살인율, 폭력 범죄 수준, 범죄 인지, 정치적 테러, 교통사고 사망
웰빙의 토대	기초 지식에 대한 접근	성인 식자율(literacy rate), 초등학교 등록, 중등학교 등록, 중등학교 등록의 젠더 평등
	정보 및 통신 접근	휴대폰 가입률, 인터넷 사용자, 언론 자유 지수
	건강과 웰니스	60세의 평균 수명, 비-전염병으로 인한 조기 사망, 자살률
	환경의 질	사망에 영향을 미치는 실외 공기 오염, 폐수 처리, 생물 다양성 및 서식지, 온실가스 배출
기회	개인의 권리	정치적 권리, 표현의 자유, 집회의 자유, 사유재산권
	개인의 자유와 선택	삶의 선택 자유, 종교의 자유, 조혼, 피임 수요 충족, 부패
	관용과 포용	이민자에 대한 관용, 동성애자에 대한 관용, 소수자에 대한 차별과 폭력, 종교적 관용, 지역사회 안전망
	고등교육에 대한 접근	고등교육 년 수, 여성 교육 평균 년 수, 교육 성취 불평등, 세계적 수준의 대학, 세계적 수준의 대학에 등록된 학생 비율

출처: (Stern, Wares, and Epner, 2017: 9)

위와 같은 SPI 측정 틀을 기반으로 2014년에 첫 세계 SPI 보고서가 발간된 이후 2017년까지 총 네 차례 발간되었다(Porter, Stern, and Green, 2016). 최소 0점부터 최대 100점으로 매겨지는 총점을 K-평균 군집분석(K-means

15 이 때문에 룩셈부르크를 포함하여 35개국이 실제 세계 SPI에 포함되지 못했다(Porter, Stern, and Green, 2017: 36).

〈그림 6-5〉 세계 사회적 진보 지도[16]

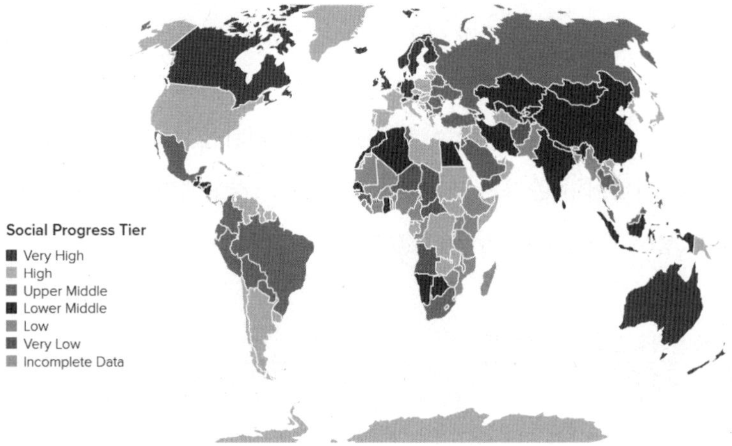

출처: (Porter, Stern, and Green, 2017: 23)

Cluster Analysis)을 기준으로 했을 때 〈그림 6-5〉에서 보는 바와 같이, 2017년 총 128개국을 매우 높은 그룹에서 매우 낮은 그룹까지 총 여섯 그룹으로 구분해 볼 수 있다(Porter, Stern, and Green, 2017: 23). 그리고 2017년 세계 SPI 평균은 64.85점으로 나타났고, 구성요소 별로는 인간의 기본 욕구 73.80점, 웰빙의 토대 68.69점, 기회 51.85점으로(Social Progress Imperative, 2017), 측정지표 별로는 영양 및 기본 의료 89.62점, 물과 위생 71.26점, 주거 69.72점, 개인 안전 64.61점, 기초 지식에 대한 접근 87.63점, 정보 및 통신 접근 62.51점, 건강과 웰니스 64.75점, 환경의 질 60.67점, 개인의 권리 51.25점, 개인의 자유와 선택 63.11점, 관용과 포용 43점, 고등교육에 대한 접근 50.04점으로 나타났다(Porter, Stern, and Green, 2017: 7).

보다 구체적으로, 〈표 6-7〉은 2017년에 SPI가 매우 높은 국가와 매우 낮은 국가를 순위별로 보여주고 있다. SPI가 가장 높은 그룹에 속하는 14개 국가 중 캐나다, 호주, 뉴질랜드를 제외하고는 모두 유럽 국가들인 것으로 나타났

16 2017년 SPI 산출 방법을 기준으로 2014년, 2015년, 2016년 SPI를 모두 수정하였기 때문에 (Stern, Wares, and Epner, 2017: 21) 2017년 이전의 SPI 해석에 주의가 요구된다.

다. 특히, 1위를 기록한 덴마크를 비롯하여 북유럽 국가 모두 10위권 내에 분포하였다. 반면, SPI가 가장 낮은 그룹에 속하는 7개 국가 중 예멘과 아프가니스탄을 제외하고는 모두 아프리카에 위치한 국가들인 것으로 나타났다. 특히, 예멘과 앙골라는 세계은행이 중간소득 국가로 구분하고 있음에도 불구하고, 내전이나 사회적 갈등으로 인해 사회적 진보 수준은 매우 열악한 것으로 드러났다(Porter, Stern, and Green, 2017: 36).

〈표 6-7〉 세계 사회적 진보 순위[17]

매우 높은 사회적 진보						매우 낮은 사회적 진보		
순위	국가	점수	순위	국가	점수	순위	국가	점수
1	덴마크	90.57	8	스웨덴	89.66	122	예멘	43.46
2	핀란드	90.53	9	호주	89.30	123	기니	43.40
3	아이슬란드	90.27	9	뉴질랜드	89.30	124	니제르	42.97
3	노르웨이	90.27	11	아일랜드	88.91	125	앙골라	40.73
5	스위스	90.10	12	영국	88.73	126	차드	35.69
6	캐나다	89.84	13	독일	88.50	127	아프가니스탄	35.66
7	네덜란드	89.82	14	오스트리아	87.98	128	중앙아프리카공화국	28.38

출처: (Porter, Stern, and Green, 2017: 4-5)

그런데, 〈그림 6-6〉에서 보는 바와 같이, 경제 발전과 사회적 진보는 전반적으로 정적 상관관계에 있으며, 1인당 GDP가 1% 증가하면 SPI 점수가 0.11점 증가하는 것으로 밝혀졌다(Porter, Stern, and Green, 2017: 24). 그러나 GDP 증가에 따른 후진국의 SPI의 증가 폭이 선진국의 SPI 증가 폭보다 상대적으로 더 큰 것으로 나타났는데, 이것은 곧 경제 발전과 사회적 진보 간에 선형 관계가 성립하는 것은 아니라는 것을 의미한다. 다시 말해, 국가 경제가 성장하여 후진국에서 개발도상국과 선진국이 될수록 사회 및 환경적 도전과 같이 경제적 성장 일변도의 정책만으로는 해결하기 어려운 문제들에 직면하게 됨을 시사한다. 또한, 경제적으로 부유한 국가와 그렇지 못한 국가들끼리 GDP와 SPI의 관계를 비교해 보면, 경제적 발전이 반드시 사회적 진보를 수

17 한국은 SPI 점수가 82.08점으로 26위를 기록했다(Porter, Stern, and Green, 2017: 4).

〈그림 6-6〉 세계의 사회적 진보와 경제 발전 관계

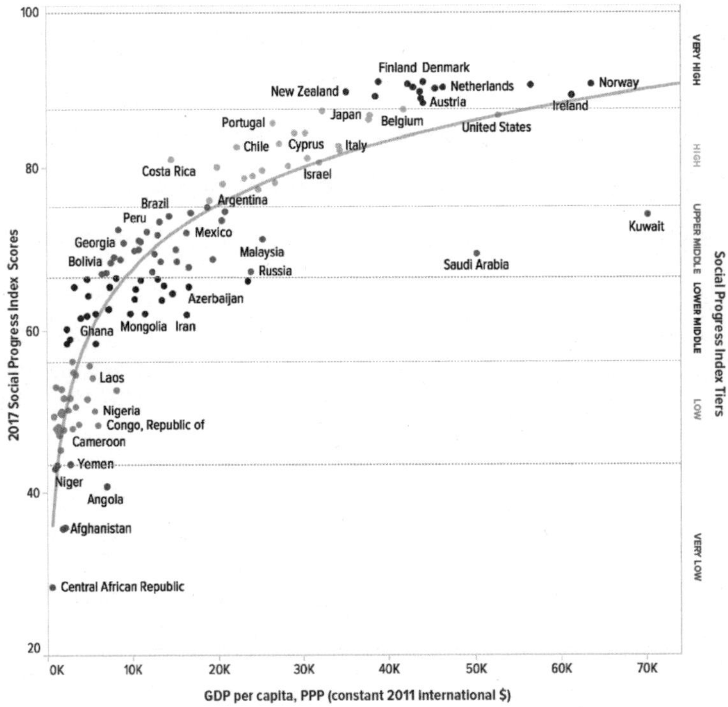

출처: (Porter, Stern, and Green, 2017: 25)

반하는 것은 아님을 알 수 있다. 예를 들면, 사우디아라비아의 GDP가 오스트리아의 GDP보다 큼에도 불구하고 SPI는 훨씬 낮은 반면, 볼리비아의 GDP는 앙골라의 GDP보다 작음에도 불구하고 SPI는 훨씬 높은 것으로 나타났다.

한편, SPI가 첫 보고된 2014년부터 2017년까지의 SPI의 변화를 살펴보면, 〈그림 6-7〉에서 보는 바와 같이, 전반적으로 시간이 지날수록 SPI가 향상되어 온 것을 알 수 있다. 63.19점 이었던 2014년 세계 SPI 평균은 2017년에 64.85점을 기록해 3년 동안 1.66점이 상승한 것이다(Porter, Stern, and Green, 2017: 39).[18] 구성 요소별로 보면, 0.69점만큼 감소한 개인의 권리이

18 전체 SPI 평균이 감소(약 0.64점)한 국가들은 모두 15개국이었는데, 주로 중앙아프리카공화국, 콩고, 모잠비크, 말리, 모리타니와 같은 아프리카 국가들과 엘살바도르, 니카라과와 같

〈그림 6-7〉 세계 사회적 진보의 변화[19]

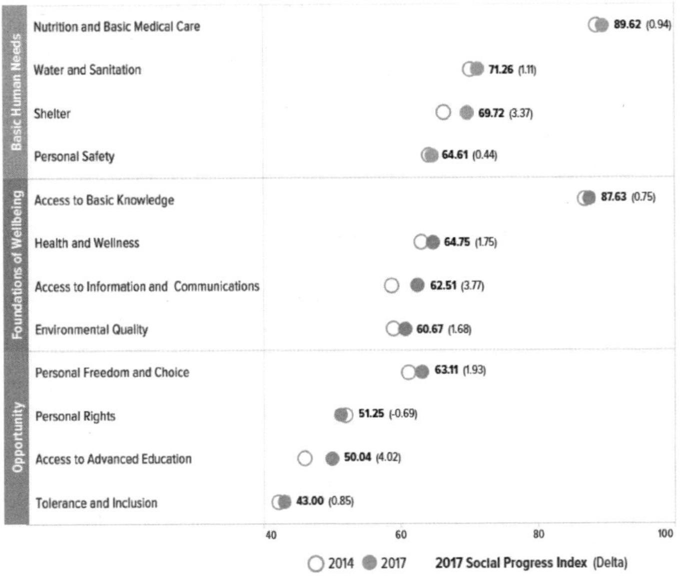

출처: (Porter, Stern, and Green, 2017: 41)

외 모든 요소가 향상되었는데, 고등교육에 대한 접근의 증가량이 4.02점으로 가장 크게 향상되었고, 개인 안전의 증가량은 0.44점으로 가장 적게 향상된 것으로 나타났다. 그리고 국가 간 비교 결과, 3년 동안 관용과 포용 요소에서 눈에 띄는 편차가 발생했는데, 헝가리, 폴란드, 슬로바키아, 슬로베니아, 라트비아와 같은 중앙유럽 국가와 미국에서는 관용과 포용이 5.0점 이상 감소한 반면, 노르웨이, 독일, 스페인, 키프로스에서는 증가한 것으로 나타났다 (Porter, Stern, and Green, 2017: 41).

지금까지 살펴본 SPI의 장점은 SPI 산출을 위한 측정 지표의 선정 원칙 중 지도자들로 하여금 정책에 바로 적용할 수 있도록 했던 SPI의 정책적 실용성

은 중앙아메리카 국가들이 많았다(Porter, Stern, and Green, 2017: 41-42).

19 이 분석 결과는 2017년의 SPI 도출 방법을 2017년 이전의 SPI 결과에도 반영하여 산출한 것이기 때문에 2017년 이전의 세계 SPI 보고서의 결과와 다소 차이가 있을 수 있다(Porter, Stern, and Green, 2017: 40).

〈그림 6-8〉 사회적 진보 지표와 지속가능한 개발 목표의 관계

출처: (Porter, Stern, and Green, 2017: 13)

에서 찾을 수 있다. 다시 말해, SPI는 UN의 SDGs의 한계를 보완함으로써 인간의 행복 증대에 긍정적인 역할을 할 수 있는 장점이 있다. 예를 들면, 〈그림 6-8〉에서 보는 바와 같이 SPI의 세 가지 차원은 SDGs의 거의 대부분과 중첩되는데, 비교적 신중하게 선별된 SPI의 50가지 측정 지표가 SDGs를 측정하는데 필요한 약 200여 개의 측정 지표 모두가 치밀하게 구성되지 못한 한계를 보완할 수도 있다는 것이다(Porter, Stern, and Green, 2017: 12). 또한, 실제 SDGs가 적용되는 것은 국가 단위라기보다는 그보다 낮은 수준에서 이뤄지는데 SPI가 도시나 지방 정부에서 이미 시행한 경험이 있기 때문에 SDGs의 지역화에도 도움이 될 수 있는 장점도 있다(Porter, Stern, and Green, 2017: 12).

반면, 다음과 같이 여러 가지 다른 행복 지표들과의 차별성을 추구하는 SPI의 측정 방법은 오히려 SPI의 단점으로 작용하고 있다.

"사회적 진보 지표는 명시적으로 국가 발전의 비경제적 측면에 집중한다. 비록 사

> 회적 진보가 1인당 GDP와 같은 전통적인 경제적 측정 도구와 관련은 있지만, 우리는 사회적 진보를 대부분의 국가적 측정 노력과는 다르게 취급한다. 반면, Human Development Index나 OECD Better Life Index와 같은 다른 지표들은 경제적 지표와 사회적 지표를 결합한다. 우리의 목표는 사회적 성과(social performance)의 비경제적 차원을 배제하는 아직 확실히 철저하지 못한 방법론을 이용하는 것이다"(Stern, Wares, and Epner, 2017: 4, 괄호 안 원문).

다시 말해, SPI는 인간의 행복에 있어 반드시 필요한 비경제적 요소를 고려하는 것에는 어느 정도 성공했지만, 그에 못지않게 간과할 수 없는 경제적 요소를 근본적으로 배제하고 있는 한계가 있는 것이다.

(4) 레가툼 번영 지표

영국 런던에 본부를 두고 있는 레가툼 연구소(Legatum Institute)는 2007년부터 매년 레가툼 번영 지표(Legatum Prosperity Index, LPI)를 발표해 오고 있다. 여기에서 말하는 번영의 의미를 레가툼 연구소는 다음과 같이 밝히고 있다.

> "번영은 소수의 특권자들을 위한 것이 아니라 모두를 위한 것으로 … 모든 사람들이 그들의 능력을 발견하고, 완성하며, 공유할 수 있는 기회이며, 그들이 될 수 있는 최고가 되고, 타인도 최고가 될 수 있게 돕는 것이다"(LI, 2016a: 1).

그리고 LPI 도출의 목적을 레가툼 연구소는 다음과 같이 설정하고 있다.

> "LPI의 목적은 사람들을 변화시키는 것이다. 우리는 사람들의 삶이 정말로 어떤지 알고 싶고, 사람들의 삶이 더 나아지는 것을 방해하는 것이 무엇인지 찾아내어 모든 사람들이 자신이 될 수 있는 최고가 될 수 있도록 돕기 위해 번영에 방해되는 것들을 제거하고 싶다"(LI, 2016a: 1).

레가툼 연구소는 2015년까지는 8가지 구성 요소를 종합하여 LPI를 산출해 오다가 디턴(Deaton)의 조언을 받아 2016년부터 환경 요소를 새롭게 포함시켜 3가지 차원의 총 9가지 구성 요소를 고려하고 있다(LI, 2016b). 예를 들면, 〈표 6-8〉에서 보는 바와 같이, 사회적 차원은 건강, 안전과 안보, 사회적 자본, 교육, 환경과 같이 5가지 구성 요소로, 경제적 차원은 경제적 질 및 비즈니스 환경과 같이 2가지 구성 요소로, 제도적 차원은 거버넌스 및 개인의 자유와 같이 2가지 구성 요소로 이뤄져 있다. 그리고 9가지 구성 요소는 모두 104 종류의 측정 지표를 통해 측정된다.[20]

〈표 6-8〉 레가툼 번영 지표 측정 틀[21]

차원	구성요소	측정 지표
사회적 차원	건강	평균 수명, 사망률, 비만 유병률, DPT(디프테리아, 백일해, 파상풍) 예방접종, 홍역 예방접종 등
	안전과 안보	충분한 음식, 충분한 주거, 야간에 혼자 걸어 다닐 때 안전하다고 느끼는 것, 정치적 테러의 규모, 5년 동안 테러공격으로 인한 사상자, 의도적 살인 등
	사회적 자본	기부, 낯선 사람 도와주기, 곤경에 처했을 때 도움을 받을 사람이 있는 지 여부, 지역 경찰에 대한 신뢰, 자원봉사, 친구를 사귈 기회 등
	교육	교육 불평등 지수, 교육 질 점수, 교육의 질 만족, 직업기술교육 등록률, 초등교육 이수율 등
	환경	대기 오염, 살충제 규제, 보존 노력, 폐수 처리 등
경제적 차원	경제적 질	반독점정책의 효과성, 가구 소득에 대한 느낌, 실업률, 수출질 지수, 수출다양성 지수, 여성의 노동 참여, 절대적 빈곤, 상대적 빈곤 등
	비즈니스 환경	융자의 용이성, 회사 파산 해결의 용이성, 새로운 비즈니스 시작에 대한 인식, 전력 수급의 용이성, 지적 재산권 보호 등
제도적 차원	거버넌스	부패 인식 지수, 정부 효과성, 규제의 질, 여성 국회의원 비율, 사법독립, 민주주의의 수준 등
	개인의 자유	징병에 관한 법적 규정과 징병 실시, 사형에 관한 법적 규정, 이민자에 대한 관용, 소수 인종에 대한 관용, 성적 소수자(LGBT)에 대한 관용, 종교에 관한 정부 규제, 언론의 자유 등

출처: (LI, 2016b: 32-39)

〈표 6-8〉에 제시된 LPI 측정 틀에 따라 산출한 LPI의 세계 평균은 2007년

20 104가지 측정 지표는 최초에 도출한 200가지 측정 지표를 적용 가능성(applicable), 실천 가능성(actionable), 종교적 중립성(agnostic), 적응 가능성(adaptable), 접근 가능성(accessible)과 같이 5가지 기준에 따라 정교화 하여 도출한 것이다(LI, 2016b: 10, 2017: 59).

21 각 측정 지표 값은 UN, World Bank, IMF, WHO와 같은 IGO, Freedom House, Amnesty International, Transparency International과 같은 INGO, 각종 학술 자료 포털, 갤럽 서베이, WEF가 구성한 Executive Opinion Survey 등 2차 자료를 참고하여 도출한 것이다(LI, 2016b: 12).

이래 지속적으로 증가해왔으며, 2017년 기준, 최근 5년 동안의 LPI 성장 속도가 초기 5년 동안의 성장 속도보다 빨랐다. 다시 말해, 2017년 LPI 평균은 2007년 평균보다 2.6%가 증가한 것으로 LPI를 처음 측정 한 이후 최고치를 기록했으며, 2012년부터 2017년까지의 LPI 성장 속도가 2007년부터 2012년까지의 LPI 성장 속도보다 더 빨랐다(LI, 2017: 8). 그리고 전체적으로, 북유럽과 앵글로-색슨 국가들의 LPI가 가장 높은 수준을 유지해 온 것으로 밝혀졌다(LI, 2017: 13).[22]

보다 구체적으로, 〈표 6-9〉는 149개국을 대상으로 한 2017년 LPI의 상위

〈표 6-9〉 세계 레가툼 번영 지표[23]

	전체 순위	국가	요소별 순위								
			건강	안전과 안보	사회적 자본	교육	자연 환경	경제적 질	비즈니스환경	거버넌스	개인의 자유
상위 10위	1	노르웨이	7	3	5	4	1	8	8	2	8
	2	뉴질랜드	17	23	2	16	13	3	2	3	1
	3	핀란드	14	15	12	3	3	14	10	1	9
	4	스위스	3	8	20	1	16	6	9	5	19
	5	스웨덴	6	13	19	14	8	1	13	4	12
	6	네덜란드	8	9	11	2	46	4	14	6	6
	7	덴마크	21	14	4	11	19	5	11	8	14
	8	캐나다	24	24	6	13	18	15	4	9	2
	9	호주	10	22	1	5	10	20	7	14	15
	10	영국	19	17	16	8	9	7	5	10	18
하위 10위	140	브룬디	110	137	149	130	116	146	139	141	106
	141	앙골라	139	117	138	132	141	148	145	137	125
	142	이라크	132	149	67	126	148	129	146	136	142
	143	콩고민주공화국	126	148	107	133	143	139	137	144	134
	144	모리타니	125	111	143	143	145	135	142	138	145
	145	차드	148	127	142	147	120	142	140	143	136
	146	아프가니스탄	133	146	141	138	147	122	124	145	147
	147	수단	131	144	106	144	146	133	141	139	149
	148	중앙아프리카공화국	149	147	148	149	99	145	143	142	140
	149	예멘	129	139	147	140	144	149	148	149	148

출처: (LI, 2017: 10-11 재구성)

22 북유럽(Nordic) 그룹에는 노르웨이, 스웨덴, 핀란드, 덴마크, 아이슬란드를, 앵글로-색슨 그룹에는 인구 및 경제 규모가 거대한 미국을 제외하고 호주, 캐나다, 아일랜드, 뉴질랜드, 영국을 포함시켰다(LI, 2017: 15).

10위와 하위 10위국가들을 정리한 것이다.[24] LPI 세계 최상위 국가는 뉴질랜드가, 최하위 국가는 예멘이 차지했다. LPI 상위 10위 국가는 모두 OECD 국가들이었는데 이들 중 뉴질랜드, 캐나다, 호주를 제외한 나머지 국가들은 모두 유럽 국가들이었다. 반면, LPI 하위 10위 국가는 이라크, 아프가니스탄, 예멘을 제외하고 모두 아프리카에 위치한 국가들이었다. 다시 말해, 전반적으로 경제적으로 선진국일 경우 LPI가 높았던 반면, 경제적으로 후진국일 경우 LPI가 낮게 나타난 것이다(LI, 2016a: 3).

이와 같은 경향은 2016년 GDP와 LPI 간 관계를 나타낸 〈그림 6-9〉를 통해서도 확인할 수 있다. 회귀 곡선이 보여주는 바와 같이 전반적으로 봤을 때, 경제가 성장할수록 LPI도 상승하는 것을 알 수 있다. 그런데 GDP 규모에 따라 국가 간에 차이가 있었다. 다시 말해, GDP가 적은 국가들의 GDP 변

〈그림 6-9〉 세계 GDP와 레가툼 번영 지수 간 관계

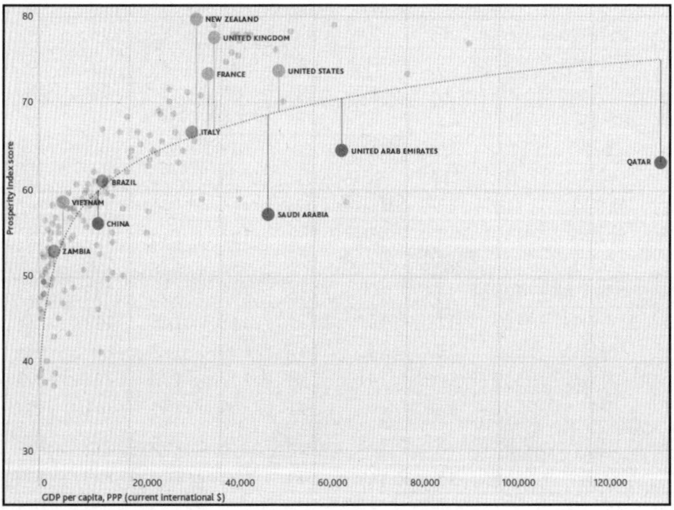

출처: (LI, 2016a: 17)

23 한국은 36위를 차지했는데 특히, 사회적 자본과 자연 환경 요소는 각각 93위와 90위로 후진국 수준이었다(LI, 2017: 10).

24 총 148개 국가에 특별 행정구역으로서의 홍콩을 포함한 것이다(LI, 2017: 11).

화량 대비 LPI의 증가량이 GDP가 큰 국가들의 GDP 변화량 대비 LPI 증가량보다 큰 것으로 나타났다. 그리고 사우디아라비아, 아랍에미리트, 카타르, 중국과 같이 회귀 곡선 아래에 위치한 국가들은 번영 결핍(prosperity deficit) 즉, 각 국가의 경제력에 비해 번영 지수가 낮게 나타난 반면, 영국, 프랑스, 미국, 뉴질랜드 등과 같이 회귀 곡선 위에 위치한 국가들은 번영 과잉(prosperity surplus) 즉, 각 국가의 경제력에 비해 번영 지수가 높게 나타났다(LI, 2016a: 16).

한편, 〈그림 6-10〉은 2007년 LPI와 2007년부터 2016년까지의 LPI 차이 간 관계를 보여주고 있다. 전반적으로 봤을 때, 세계 번영 불평등이 감소해 온 것을 알 수 있다. 레가툼 연구소는 이와 같은 결과를 제2사분면에 위치한 토고와 같이 상대적으로 LPI가 낮은 국가들의 번영의 향상 속도가 제1사분면에 위치한 독일과 같이 상대적으로 LPI가 높은 국가들의 번영의 향상 속도보다 더 빨랐기 때문이라고 해석하고 있다(LI, 2016a: 11). 그러나 이것이 곧, 세계의 번영 불평등이 모두 해소되었다는 것을 의미하는 것은 아니다.

지금까지 살펴본 LPI의 가장 큰 장점은 바로 측정 방법이 매우 체계적으로

〈그림 6-10〉 세계의 번영 불평등

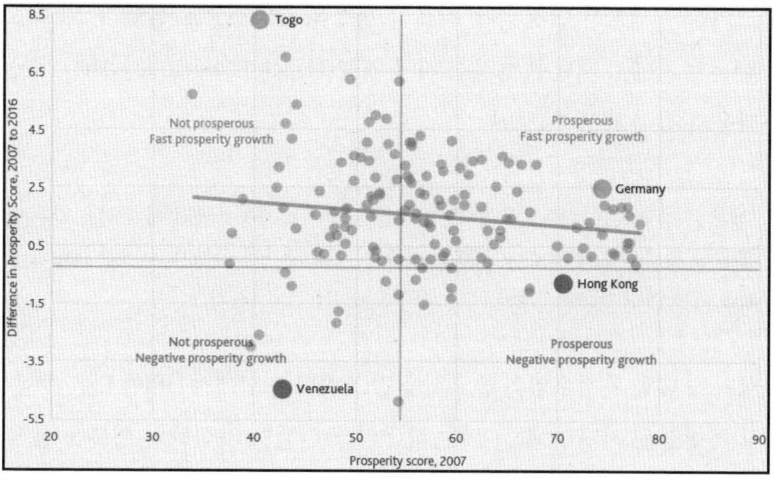

출처: (LI, 2016a: 11)

구성되었다는 점이다. 다시 말해, LPI 도출을 위해 정치 · 경제 · 사회 영역이 종합적으로 고려되고 있을 뿐만 아니라, 각 영역에 속하는 예초의 200가지 측정 지표에서 최종 측정 지표를 적용 가능성, 실천 가능성, 종교적 중립성, 적응 가능성, 접근 가능성(LI, 2016b: 10)과 같이 지표로서의 활용 가능성을 극대화하는 데 반드시 필요한 요소에 기반하여 합리적으로 도출한 것이다. 그러나 LPI의 측정 방법이 체계적이었던 장점이 실제 LPI 도출에 고스란히 반영되지 못한 단점도 있다. 다시 말해, LPI 산출을 위해 사용된 측정 지표의 값을 레가툼 연구소가 직접 조사하여 예초의 방법론에 맞게 도출한 것이 아니라, 타 기관에 의해 조사된 값을 차용함으로써 예초에 LPI가 계획한 측정이 적확하게 이뤄진 것은 아닌 것이다.

(5) 행복한 지구 지표

영국의 NEF는 빈곤의 지속, 양극화의 확산, 환경오염, 기후 변화 등 현재 인류가 봉착한 시대적 과제의 근본 원인을 각국이 경제적 성장 위주의 발전 정책을 지속해왔기 때문이라고 진단한다(NEF, 2017). NEF는 이를 극복하기 위해 경제적 발전에 비해 상대적으로 간과되어 온 인간 행복에 중요한 요소들을 고려하는 새로운 발전 측정 지표의 개발을 출발점으로 삼았다. NEF는 이와 같은 동기에서 개발한 행복한 지구 지표(Happy Planet Index, HPI)의 목적을 다음과 같이 제시하고 있다.

> "행복한 지구 지표는 중요한 것 즉, 모두를 위해 지속가능한 웰빙에 초점을 맞춘 발전에 관한 새로운 측정 지표다. 행복한 지구 지표는 국가가 현 세대와 미래 세대의 좋은 삶을 위해 어떻게 잘하고 있는지를 보여 준다"(NEF, 2012: 2).

행복에 대한 환경오염의 중요성을 강조한다는 점에서 HPI는 다른 행복 지표와 차별성을 지닌다. 즉, HPI는 각국의 국민들이 자신들의 행복을 달성하는데 특히, 자연 자원을 얼마나 효율적으로 사용했는지에 많은 관심을 갖는다(NEF, 2016b). 왜냐하면, 체르노빌 원전 사고와 같은 매우 극단적인 환경오염뿐만 아니라(Havenaar et al., 1996), 적은 규모의 환경오염 또한 행복에 부정적인 영향을 미친다는 데에는 논란의 여지가 없기 때문이다(Connor et al., 2004; Thompson, Marks, and Jackson, 2014).

HPI는 2017년까지 총 5회 발표되었다.[25] 1회부터 4회 발표 때까지는 HPI의 기본 측정 방법을 지속하다가 2016년 5회 발표 때부터 불평등 지수를 새롭게 반영하여 총 4가지 요소를 고려함으로써 설명력을 이전보다 향상시켰다. HPI 도출을 위한 구체적인 산출 방식은 〈그림 6-11〉에 제시된 바와 같다.

〈그림 6-11〉 행복한 지구 지표 도출 방정식

행복한 지구 지표 = [(평균수명×웰빙)×불평등] / 생태발자국

출처: (NEF, 2016a: 1)

HPI 도출 방정식에서 평균수명은 UN의 경제사회국(Department of Economic and Social Affairs, DESA)의 자료를 활용하고, 웰빙은 갤럽의 자료를 사용한다. 불평등은 생활만족과 웰빙 각각의 평균과 불평등을 고려하여 보정한 생활만족과 웰빙 간 차이를 백분율로 환산한 값을 사용한다(NEF, 2016b). 그리고 생태발자국(Ecological Footprint)은 인간이 자연에 끼친 폐해를 나타낸 일종의 피해 지수인데, 인간이 살면서 소비한 의식주, 에너지 등 소비 패턴을 유지하는 데 소요되는 비용을 1인당 글로벌 헥타르(global hectares, gha)로 수치화 한 값으로 글로벌 생태발자국 네트워크(Global Footprint Network, GFN)에서 제공한 자료를 활용한다(NEF, 2017).[26]

25 1회는 2006년, 2회는 2007년, 3회는 2009년, 4회는 2012년, 5회는 2016년에 발행되었다.

26 GFN은 생태발자국에 대한 초기 논의(Rees and Wackernagel, 1996)를 기반으로 생태발자국 지표를 한 사람이 활동하는 데 필요한 탄소배출, 산림, 농경지(cropland)와 목초지(pasture), 어장(fisheries), 건축지(built-up land)를 단위 면적으로 환산한 값으로 도출하고 있다(GNF, 2017).

총 140개국을 대상으로 한 2016년 HPI 세계 평균은 26.4점으로 터키, 헝가리, 우크라이나가 공동으로 세계 평균과 같은 값을 기록했으며, 평균에 못 미치는 국가가 총 70개국으로 조사 대상의 절반에 달하는 것으로 나타났다(NEF, 2016c).[27] 보다 구체적으로, 〈그림 6-12〉는 2016년 주요 국가의 HPI를, 〈표 6-10〉은 2016년 HPI 상위 10위와 하위 10위 국가들을 보여주고 있다. 코스타리카의 HPI 값은 44.7점으로 세계 1위를 기록했으며, 상위 10위 중 6개국이 아메리카 대륙에 위치한 국가들이었다. 차드의 HPI 값은 12.8점으로 최하위를 기록했고, 하위 10위 중 7개국이 아프리카 대륙에 위치한 국가들이었다.

〈그림 6-12〉 세계의 행복한 지구 지표 지도[28]

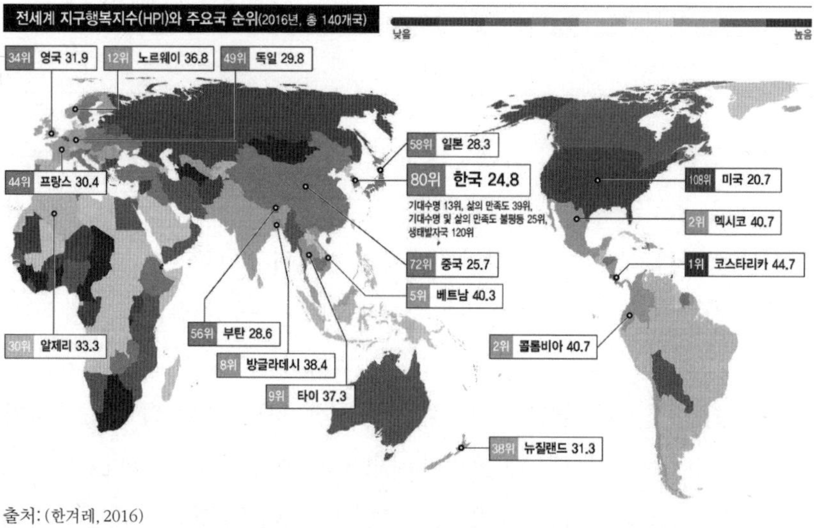

출처: (한겨레, 2016)

27 2017년 기준, 가장 최신의 HPI 결과는 2016년 HPI로 NEF(2016b: 3, 2016c)는 평균수명, 웰빙, 생태발자국 모두 대부분 2012년 자료를 활용했다고 밝히고 있다. 따라서 불평등 수치 또한 2012년 자료일 것으로 생각된다.

28 자료가 부족하여 분석에 포함시키지 못한 국가는 회색으로 표시하고(NEF, 2016b: 10), 분석한 국가는 HPI 값에 따라 9등급으로 구분하여 색 표시를 하였다. 가장 우수한 1등급은 HPI 값이 44.6점을 초과한 경우, 2등급은 40.7-44.6점, 3등급은 36.7-40.6점, 4등급은 32.7-36.6

〈표 6-10〉 행복한 지구 지표 상 · 하위 10위 국가

상위 10위			하위 10위		
순위	국가	HPI	순위	국가	HPI
1	코스타리카	44.7	131	부룬디	15.6
2	멕시코	40.7	132	스와질란드	15.5
2	콜롬비아	40.7	133	시에라리온	15.3
4	비누아투	40.6	134	투르크메니스탄	14.6
5	베트남	40.3	135	코트디부와르	14.4
6	파나마	39.5	136	몽골	14.3
7	니카라과	38.7	137	베냉	13.4
8	방글라데시	38.4	138	토고	13.2
9	태국	37.3	138	룩셈부르크	13.2
10	에콰도르	37.0	140	차드	12.8

출처: (NEF, 2016a: 4)

지금까지 살펴본 HPI의 가장 큰 장점은 다른 행복 지표들과 달리 불평등을 고려하여 그것을 실제 지표 산출 과정에 직접적으로 적용한다는 점이다. 뿐만 아니라, 인간이 생활을 영위하는 과정에서 불가피하게 발생할 수밖에 없는 환경오염도 실제 지표 산출 과정에 직접적으로 적용하고 있다. 그러나 아이러니 하게도 이와 같은 장점이 곧 HPI의 단점으로도 작용하고 있다. 다시 말해, HPI 산출 결과가 경제적 발전과 생태발자국 간 상관관계의 영향을 지나치게 크게 받는다는 것이다. 예를 들면, HPI 상위 10위 국가들 중 OECD 회원국은 멕시코 한 국가밖에 없을 뿐만 아니라, 다른 OECD 국가들 중 미국 108위, 영국 34위, 독일 49위, 프랑스 44위, 일본 58위, 한국 80위로 경제적으로 부유하다고 하여 HPI도 우수하다고 해석할 수 없다는 것을 알 수 있다. 특히, 유럽의 룩셈부르크가 139위를 차지한 것이 괄목할 만한데, 이는 룩셈부르크의 생태발자국이 11.7gha(NEF, 2016c)로 140개국 중 1위를 기록했기 때문으로 보인다. 이는 결국, 선진국처럼 성공적인 산업화를 이루지 못하고 후진국으로 남은 국가들은 생태발자국 값이 작을 확률이 무척 큰 반면, 상품

점, 5등급은 28.7-32.6점, 6등급은 24.8-28.6점, 7등급은 20.8-24.7점, 8등급은 16.8-20.7점, 9등급은 16.8점 미만인 경우로 1등급을 진한 녹색, 9등급을 진한 적색으로 표시하였다(NEF, 2016b: 12).

소비가 매우 활발한 선진국의 경우 생태발자국 값이 클 확률이 매우 크기 때문에 HPI의 설명력에 대한 주의가 요구된다는 것을 의미한다.

2) 국가 주도의 행복 지표

(1) 부탄의 국민 총 행복 지표

국가가 적극적으로 주도하여 행복 지표를 개발하고 적용한 사례로 가장 먼저 꼽을 수 있는 경우는 바로 부탄이다. 이처럼 부탄이 행복 지표로 유명해진 이유는 크게 두 가지를 들 수 있다. 먼저, 정부의 모든 역량을 국민 행복 증진에 집중시켰다고 할 만큼 부탄 정부의 결단이 매우 강력했을 뿐만 아니라, 그 시행 또한 전격적으로 이뤄졌기 때문이다(Khesar, 2014). 두 번째는 총 인구가 75만 명 정도로 국가로서 부탄의 규모가 그리 크지 않고, 지역 문제들을 지방 행정 위원회에서 직접 관할하는 지방 분권이 잘 이뤄지고 있어 정부의 행복 정책이 쉽게 적용될 수 있는 행정 구조를 갖고 있었기 때문이다(Meier and Chakrabarti, 2016; Tobgay et al., 2011; Rizal, 2004).

비록, 부탄의 행복 지표 개발을 위한 본격적인 연구는 2006년에 시작되어 2010년에 첫 행복 보고서가 공식 발행되었다고 평가받고 있지만(안주엽 외, 2017), 행복에 대한 부탄의 관심은 부탄이 통일 국가가 되면서 국가의 국민 행복 증진 노력을 법제화 한 1792년으로 거슬러 올라갈 수 있다(Ura et al., 2012b: 6). 이때부터 부탄은 경제가 발전하여도 국민이 행복하지 못하면 국가의 노력은 무용지물에 가깝다며 지속적으로 국민의 행복 증진 방안에 대해 고민해 왔다(Verma and Ura, 2017: 201). 그러다가 대략 1970년대부터 부탄이 국민 행복 증진 방안의 하나로 행복 지표 구성에 본격적으로 관심을 가지면서 행복 지표가 국가 정책의 중심에 놓이게 되었다(Pellegrini and Tasciotti, 2014). 1972년 당시 16살의 나이로 부탄의 제4대 국왕에 오른 지그메 싱기에 왕축(Jigme Singye Wangchuk)은 1974년에 '국민 총 행복(Gross National Happiness, GNH)이 GDP보다 중요하다'(Centre for Bhutan Studies and GNH Research, 2016: 29)며 국민의 행복을 국정 운영의 최종 목적으로 삼는다고 공포한 이후 부탄은 꾸준하게 GNH를 개발해 왔다(Khesar, 2014). 2006년에는 지그메 싱기에 왕축이 스스로 왕위에서 물러나 그의 아들 지그메 케사르 남기엘 왕축(Jigme Khesar Namgyel Wangchuk)에게 왕위를 물려주면서 국가 체제를 군주제에서 입헌군주제로 개혁하였는데, 2008년 부탄의 민주헌법이 국가가 GNH를 보장할 수 있는 여건 조성에 노력할 것을 명시함으로써 공식적으로 GNH가 부탄 정부의 모든 정책의 근본 원리가 되었다(Meier and Chakrabarti, 2016).

이후 지그메 틴리 부탄 총리가 2012년 4월에 열린 제66차 UN 총회에서 국가의 발전 정도를 국민총소득(Gross National Income)이나 GDP와 같이 경제적 차원의 발전 정도만 보여줄 수 있는 지표가 아닌 사회 발전 전반을 포함할 수 있도록 GNH로 측정할 것을 주장하면서 부탄의 GNH는 전 세계에 알려지게 되었다(Ryback, 2012). 그러나 이것이 곧 부탄이 GNH가 GDP와 같은 경제적 발전보다 더 우월하다고 주장한 것으로 해석되어서는 곤란하다. 케사르 국왕은 그동안 상대적으로 평가 절하되어 온 비경제적인 요소의 중요성을 인식하여 경제적인 것과 비경제적인 것의 균형을 주장하며, 오히려 GNH가 또 다른 절대적 측정 지표가 되는 것을 경계하며 다음과 같이 밝히고 있다.

> "GNH는 보다 총체적인 방법으로 한 국가의 질을 측정한다. 인간 사회에 이로운 발전은 물질적인 것과 정신적인 것의 발전이 함께 이뤄지고 서로를 완성하며 강화시키면서 발생하는 것이다"(Centre for Bhutan Studies and GNH Research, 2016: 29).

> "국가의 부나 권력은 측정하기 쉽다. 이러한 수치들은 수백만 명이 불평등, 빈곤, 경시, 무관심, 그리고 절망으로부터 영향을 받는다는 사실이 드러나지 않고 해결되지 않은 상황에서도 너무나 자주, 너무 쉽게 수용되고 있다. 행복을 발전의 목표로 삼는다는 것이 (곧)행복이 측정되어야 할 또 다른 변수가 될 수 있다거나 되어야 한다는 것을 의미하는 것은 아니다. 우리는 단지 경제적 성장을 측정하는 데에 보다 근원적이고, 인간적이며, 깊은 의미를 끌어내고 제안하기 위해 노력하는 것이다"(Khesar,

2014: vii, 괄호 안 저자 삽입).

GNH는 〈표 6-11〉에 제시된 바와 같이, 9개 영역에 걸쳐 총 33개의 측정치를 통해 도출된다. 구체적으로, 심리적 웰빙은 생활 만족, 긍정적 감정, 부정적 감정, 영성과 같은 4가지 지표로, 생활수준은 자산, 주거, 가구 소득과 같은 3가지 지표로, 좋은 거버넌스는 정치 참여, 서비스, 거버넌스 성과, 기본권과 같은 4가지 지표로 측정된다. 그리고 건강은 정신 건강, 주관적 건강, 건강 일수, 장애와 같은 4가지 지표로, 교육은 문해력, 교육 수준, 지식, 가치와 같은 4가지 지표로, 커뮤니티 활성화는 기부(시간과 돈), 안전, 지역 사회 관계, 가족과 같은 4가지 지표로, 문화적 다양성과 회복탄력성은 장인 기술, 문화 참여, 모국어, 수행(conduct)과 같은 4가지 지표로 측정된다. 시간 사용은 일, 수면과 같은 2가지 지표로, 생태계 다양성과 회복탄력성은 야생 동물 피해, 환경에 대한 책임, 도시화 이슈, 생태계 이슈와 같은 4가지 지표로 측정된다.

〈표 6-11〉 부탄의 GNH 구성 틀

구성 항목	측정 지표
심리적 웰빙	• 생활 만족 • 긍정적 감정 • 부정적 감정 • 영성
생활 수준	• 자산 • 주거 • 가구 소득
좋은 거버넌스	• 정치 참여 • 서비스 • 거버넌스 성과 • 기본권
건강	• 정신 건강 • 주관적 건강 • 건강 일수 • 장애
교육	• 문해력 • 교육 수준 • 지식 • 가치
커뮤니티 활성화	• 기부(시간과 돈) • 안전 • 지역 사회 관계 • 가족
문화적 다양성과 회복탄력성	• 장인 기술 • 문화 참여 • 모국어 • 수행(conduct)
시간 사용	• 일 • 수면
생태계 다양성과 회복탄력성	• 야생 동물 피해(시골 지방) • 환경에 대한 책임 • 도시화 이슈 • 생태계 이슈

출처: (Ura, Alkire, and Zangmo, 2012 :115; Centre for Bhutan Studies and GNH Research, 2016: 40)

카르마 우라(Karma Ura)와 동료들에 따르면, 최종 GNH 지수 값은 9개 항목의 33개 지표의 측정치를 기반으로 〈그림 6-13〉에 제시된 방정식을 통해 도출된다(Ura et al., 2012a, 2012b). 먼저, 아직 행복하지 않다고 응답한 사람

〈그림 6-13〉 부탄의 GNH 도출 방정식

$$\mathrm{GNH} = \mathrm{H}^{\mathrm{H}} + (\mathrm{H}^{\mathrm{U}} * A^{\mathrm{U}}_{suff})$$

출처: (Centre for Bhutan Studies and GNH Research, 2016: 58)

의 비율과 그들이 9가지 구성 항목 중 충분하다고 응답한 항목의 비율을 곱한 값을 구한다(Ura et al., 2012a: 27-36). 이렇게 구한 값과 행복하다고 응답한 사람의 비율을 더하면 최종 GNH 지수가 되는 것이다(Ura et al., 2015: 26-28, Ura et al., 2012b: 46-50). 따라서 GNH 지수는 0부터 1까지 분포하게 되며, 지수 값이 클수록 더 행복한 것을 의미한다.

이와 같은 방법론에 기반하여 도출한 2015년도 부탄 전체의 GNH를 지역별로 도식화하면 〈그림 6-14〉와 같다.[29] 부탄의 2015년 GNH는 0.756인 가운데(Ura et al., 2015: 28), 전반적으로, 북서 지역의 GNH가 남동 지역의 GNH 보다 높았다.[30] 그리고 도시 지역의 GNH는 0.811로 0.731로 나타난 시

〈그림 6-14〉 부탄의 GNH

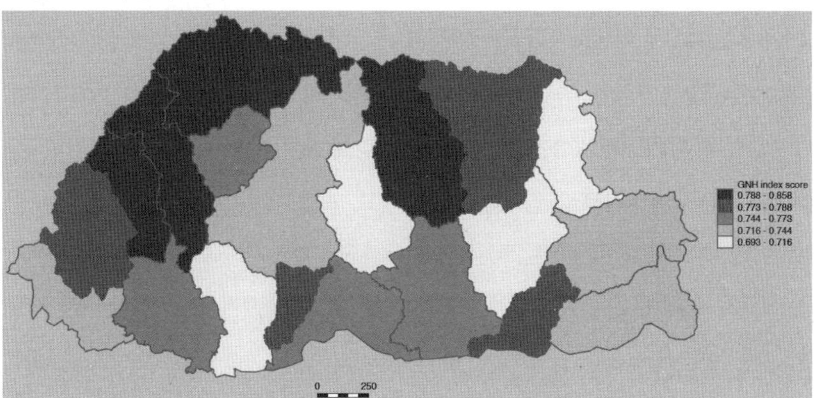

출처: (Centre for Bhutan Studies and GNH Research, 2016: 66)

29 2015년 응답자는 총 7,153명으로 도시 지역의 2,026명과 시골 지역의 5,127명으로 구성되었다(Centre for Bhutan Studies and GNH Research, 2016: 50).

30 GNH 도출 방정식에 따라 GNH=0.434+(0.566×0.569)로 도출한 것이다(Centre for Bhutan Studies and GNH Research, 2016: 58).

<그림 6-15> 부탄 GNH의 구성 항목 별 기여도

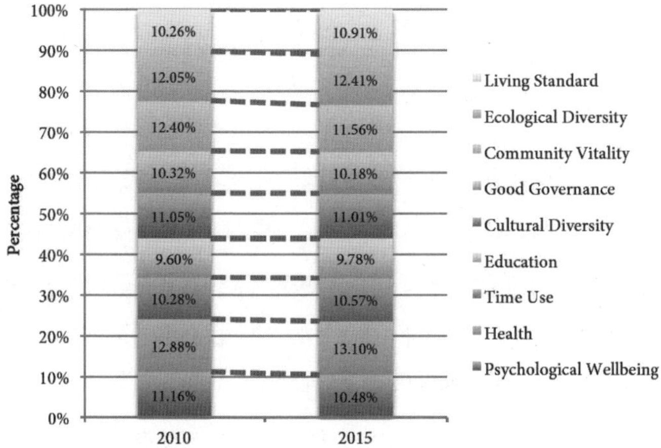

출처: (Centre for Bhutan Studies and GNH Research, 2016: 61)

골 지역의 GNH보다 높았다(Centre for Bhutan Studies and GNH Research, 2016: 70).[31]

부탄의 GNH는 전반적으로 시간이 지남에 따라 향상되어 왔다. 즉, 0.756이었던 2015년 GNH는 2010년의 GNH 0.743보다 1.7%가 향상된 것으로 그 차이는 통계적으로도 유의했다(Centre for Bhutan Studies and GNH Research, 2016: 58). 그리고 <그림 6-15>에서 보는 바와 같이, 2010년과 2015년 각 해의 전체 GNH에 대한 구성 항목별 기여도는 변화하였지만, 두 해 모두 건강이 1위로 가장 많이 기여하고, 교육이 9위로 가장 적게 기여한 것은 변함이 없었다. 비록, 2010년과 2015년 건강과 교육 간 편차가 각각 3.28%와 3.32%로 나타났지만, 전체적으로 봤을 때, 9가지 구성 항목이 모두 비교적 균형 있게 분포된 것으로 평가할 수 있겠다(Centre for Bhutan Studies

31 Gasa 0.858, Bumthang 0.816, Thimphu 0.803, Paro 0.792, Haa 0.784, Pema Gatshe 0.777, Tsirang 0.776, Lhuntse 0.773, Chukha 0.772와 같이 9개 지역은 GNH가 높았고, Punakha 0.758, Sarpang 0.745, Zhemgang 0.745, Samtse 0.743, Samdrup Jongkhar 0.740와 같이 5개 지역은 GNH가 중간 수준이었으며, Wangdue Phodrang 0.721, Tashigang 0.716, Dagana 0.715, Mongar 0.703, Tashi Yangtse 0.702, Trongsa 0.693과 같이 6개 지역은 GNH가 낮은 수준이었다(Centre for Bhutan Studies and GNH Research, 2016: 65).

and GNH Research, 2016: 60).

지금까지 살펴본 GNH는 크게 두 가지 장점을 가지고 있다. 먼저, 행복 지표 개발에 국가가 주도적이었던 프랑스, 영국, 한국 등과 달리, 국가가 직접 전체 행복 지수를 도출하여 발표하고 있다는 것이다. 다시 말해, 프랑스와 한국 등은 국가가 직접 행복 종합 지수를 발표하면 정치적인 논란이 초래될 수 있다며 영역별 순위만 도출하여 발표하는 것(통계청, 2016; Stiglitz, Sen, and Fitoussi, 2009)과 달리, 부탄은 영역별 순위뿐만 아니라, 국가 전체 행복 지수도 하나의 수치로 도출하여 발표하기 때문에 부탄 전체의 행복 상황을 한 눈에 파악할 수 있고, 비교 분석 또한 용이하다. 두 번째 장점은 GNH 측정을 위해 1,000여 개가 넘는 측정 항목이 포괄적으로 검토되는 과정을 통해 부탄의 문화적 특징이 비교적 많이 반영된 것이다(안주엽 외, 2017).

GNH의 단점 또한 두 가지 정도로 요약할 수 있겠다. 먼저, GNH는 물질적인 발전과 정신적인 발전의 조화를 담아내고 있다는 점에서 서구의 다른 행복 지표와 구별된다고 주장(Verma and Ura, 2017; 안주엽 외, 2017)하고 있지만, 이에 대해서는 논란의 여지가 있다. GNH가 물질적인 발전과 정신적인 발전의 조화를 담아내려고 시도한 점은 분명 긍정적으로 평가할 수 있겠지만, GNH의 측정 요소나 도출 방법 등을 보면 서구의 다른 행복 지표들과 독특하게 구별되는 점이 명확하게 드러나고 있지 않아 서구의 행복 지표와 GNH 간 차별성 정도가 수사적 수준을 크게 벗어나지 못하고 있다.

두 번째 단점은 GNH 구성 항목에서 개인의 자유를 측정할 수 있는 요소가 빈약하다는 것이다. 여기에는 정치적인 이유가 있는데 가장 대표적인 것이 바로 부탄 정부의 인종 갈등과 이민자 정책을 둘러싼 논란이다. 이와 관련하여 로렌초 펠레그리니(Lorenzo Pellegrini)와 루카 타시오티(Luca Tasciotti)는 부탄 정부의 GNH에 대한 지그메 틴리 부탄 총리 및 제프리 삭스의 호평과 Polity IV Project의 2010년 국가 보고서 중 부탄 정부의 인종 갈등을 둘러싼 인권 유린 현장에 대한 비판을 대비시키면서(Pellegrini and Tasciotti, 2014:

103) 부탄의 GNH 구성 노력에 대해 다음과 같이 혹평하고 있다.

> "거슬리게 대조적인 위의 인용문은 행복을 달성하고 촉진하기 위한 부탄의 노력을 둘러싼 축하 말(congratulatory rhetoric)과 인권을 유린하는 부탄 정부 … 부탄 정부의 표리부동한 속성(Janus-faced nature)에 대한 학술적인 논의들은 이뤄지지 못하고 있고, 학술 연구가 부탄의 행복 찾기에만 집중되고 있다"(Pellegrini and Tasciotti, 2014: 104, 괄호 안 원문).

이와 같은 부탄의 이중적인 모습은 인권 보장이라는 시각에서 봤을 때에는 분명히 문제가 많지만, 인종과 민족주의 정치 역사의 연장선에 있는 것으로 보통의 국가들과 크게 다르다고 평가하기 어려운 것 또한 사실이다. 다시 말해, 부탄의 이중적인 모습은 에릭 존 어니스트 홉스봄(Eric John Ernest Hobsbawm)이 『1780년 이후의 민족과 민족주의(Nations and Nationalism Since 1780)』에서 국가와 민족주의가 성립되는 과정에서 외국인과 타자를 인식하고 배제하는 과정이 필연적이었다(Hobsbawm, 1992)고 한 것과 크게 다르지 않은 것이었다. 또한, 부탄의 이중적인 모습은 앤서니 데이비드 스미스(Anthony David Smith)가 『민족의 인종적 기원(The Ethnic Origins of Nations)』에서 민족주의는 같은 집단에 속하는 구성원들 간에는 공통의 조상이라는 신화에 관한 역사와 문화를 공유함으로써 유대감을 증대시켜 주지만, 같은 집단에 속하지 않는 사람들이 자신들의 순수성과 생존에 위협이 된다고 느끼게 함으로써 그들을 배제하고 그들의 권리를 부정하게 한다(Smith, 1986)고 한 것에서 한 치도 벗어난 것이 아니었다.[32]

32 부탄은 북부와 서부에 주로 거주하는 티벳 출신의 Ngalong 사람들(central Bhutanese), 동부에 주로 거주하는 북부 버마와 북동부 인도 출신의 Sharchops 사람들, 남부의 작은 언덕에 주로 거주하는 네팔 출신의 Lhotshampas 사람들(Nepali Bhutanese)이 함께 사는 다민족 국가이지만 Ngalong 사람들이 정치적으로 주류를 형성하고 있으며, 이들의 언어인 종카어(Dzongkha)가 1961년부터 공용어로 사용되고 있다(Hutt, 2005: 44). 비율로만 보면 인구의 약 1/6이 네팔 출신의 이민자가 차지하고 있는데 1975년에 시킴(Sikkim) 왕국이 증가한 네팔 출신 이민자로 인해 인도에 흡수되는 것을 보고 부탄 정부가 이를 경계해왔다(Hutt,

(2) 영국의 국민 행복 지표

영국의 데이비드 카메론(David Cameron) 전 총리가 2010년 11월 25일 웰빙 관련 담화에서 행복이 영국 정부 정책의 중요한 측정 지표가 될 것이라며 다음과 같이 연설했다.

> "통계청(Office for National Statistics)은 영국의 웰빙 측정을 위한 새로운 방법을 고안해 주기 바랍니다. 내년 4월부터는 국가 발전의 측정을 경제 성장뿐만 아니라 우리의 삶의 질의 성장도 측정하도록 할 것입니다"(Cameron, 2010, 괄호 안 원문).

비슷한 시기에 야당인 신 노동당과 자유민주당도 다음과 같이 발표하여 카메론 전 총리의 주장에 찬성함으로써 영국은 국민 행복 지표(National Well-being, NW) 구성에 국가적으로 하나된 목소리를 내었다.

> "우리 모두 사는 문제에 대해 고민하지만, 꼭 그것만 걱정하는 것은 아니다 … 우리는 반드시 오래된 생각을 버리고 삶에는 최소 선(즉, 요건) 이상의 것이 있다고 믿는 사람들을 지지해야 한다"(Seaford, 2011: 5 재인용, '요건' 저자 삽입)

> "기본적인 욕구가 충족되면, 경제적으로 더 번영한다고 해서 웰빙이 증가하는 것이 아니라 … 세계 2차 대전 이래, 우리의 소득은 계속해서 증가했지만, 전반적으로 우리가 더 행복해진 것은 아니다(pp7) … 정책이 '비즈니스 사례'처럼 정당화될 필요는 없다 … 정책이 웰빙을 증가 혹은 감소시킬 것인지와 같은 단순한 사실이 (바로)정책을 판단하는 올바른 틀이다(pp9)"(Liberal Democrats, 2011: 7-9, 괄호 안 저자 삽입)

2003; Rizal, 2004). 예를 들면, 부탄 정부는 1980년에 결혼법(Marriage Act)을 시행하고, 그것을 1977년으로 소급 적용까지 하면서 외국인 특히, 네팔 출신 부탄 사람들과의 결혼을 어렵게 만들었고, 1985년에는 시민권 법(Citizenship Act)을 시행하여 북부의 주류 부탄 사람들이 사용하는 Drukpa어를 사용하는 사람에게만 시민권을 부여할 수 있도록 제한하였으며, 1989년에는 '하나의 국가, 하나의 민족' 이념 아래 전통 불교의 의복과 예법 적용을 의무화시켰다(Rizal, 2004; Evans, 2010). 그럼에도 불구하고, 1980년대 이후 네팔 출신 이민자들이 계속해서 증가하자 부탄 정부는 1990년대 초반에 약 100,000명의 네팔 출신 이민자들을 부탄에서 추방시킨 후 부탄 시민권을 가진 네팔 출신 이민자들에게 조차도 본국 귀환 조치를 하지 않았으며, 추방된 약 58,500명은 제3국으로 이주하였다(Pellegrini and Tasciotti, 2014: 107; Rizal, 2004: 151).

〈그림 6-16〉 영국의 국민 행복 지표 측정 틀

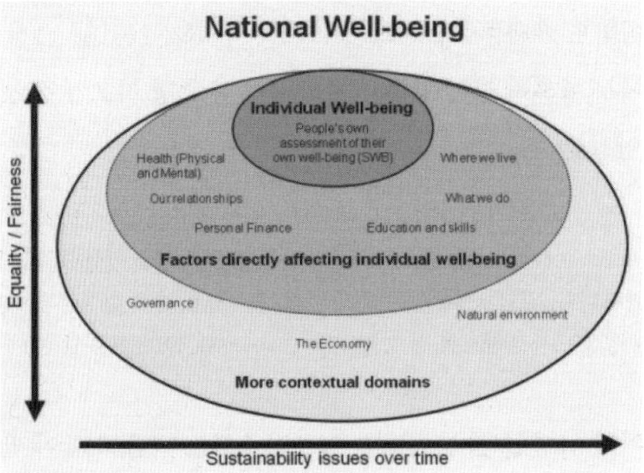

출처: (Beaumont, 2011: 2)

그리하여 2010년 11월에 NW 구성 프로그램이 공식적으로 시작되어 16세 이상을 대상으로 1년에 두 차례 측정 결과를 발표해 오고 있다(ONS, 2016c, 2017a, 2018a). 〈그림 6-16〉에서 보는 바와 같이, NW는 행복의 장기적인 지속 가능성과 형평성을 고려하여 크게 세 가지 차원을 중심으로 측정한다. 먼저, 행복에 대한 개인의 평가를 측정하고, 두 번째로 그러한 개인의 평가에 직접적으로 영향을 미치는 요소를 측정한다. 세 번째는 첫 번째와 두 번째에 영향을 미치는 거시적인 요소를 평가한다.

보다 구체적으로, NW는 10가지 영역에 걸쳐 총 41개 항목으로 측정된다(ONS, 2016a, 2018a). 다시 말해, 〈표 6-12〉에서 보는 바와 같이, 개인 웰빙은 4가지로, 관계는 3가지로, 건강은 4가지로, 일과 여가 관련 사항은 6가지로, 거주 관련 사항은 6가지 항목으로 측정된다. 그리고 개인 재정은 5가지로, 경제는 3가지로, 교육과 숙련 기술은 3가지로, 거버넌스는 2가지로, 자연 환경은 4가지 항목으로 측정된다.

〈표 6-12〉 영국의 국민 행복 지표 측정 내용

측정 영역	측정 항목
개인 웰빙	· 삶 전반에 대한 만족도 · 자신이 하는 일을 의미 있는 것으로 여기는 정도 · 어제의 행복 · 어제의 걱정 · 정신적 웰빙
관계	· 불행한 관계 · 외로움 · 심각한 문제가 있을 때 의지 할 수 있는 배우자/가족 혹은 친구
건강	· 건강 수명 · 장애 · 건강에 대한 만족 · 우울이나 걱정
일과 여가 관련 사항	· 실업률 · 직업 만족도 · 여가 시간의 양에 대한 만족도 · 지난 12개월 동안 한 번 이상의 자원 봉사 · 지난 1년 동안 예술 혹은 문화 활동에의 최소 3회 참여 · 스포츠와 신체 활동을 일주일에 최소 150분 동안 한 사람 비율
거주 관련 사항	· 성인 1,000명당 범죄를 당한 사람 수 · 밤에 혼자 걸을 때의 안전 · 지난 12개월 동안 일주일에 최소 1회 자연 환경 경험 · 이웃(지역 사회)에 대한 소속감 · 가장 가깝게 위치한 중요 서비스를 이용하는 곳까지 최소 평균 이동 시간 · 주거 만족도
개인 재정	· 가구 당 중위 소득의 60% 보다 적은 사람 수(주거비용 고려전) · 연금을 포함한 가구 당 중위 재산 · 실질 중위 가구 소득 · 가구 소득 만족도 · 재정적 어려움
경제	· 1인당 실질 순 가처분 소득 · 공공 영역의 GDP 대비 순 부채 비율 · 물가상승률
교육과 숙련 기술	· 인간 자본 · 교육과 고용 혹은 직업훈련중인 사람들 · 아무런 자격 요건을 갖추지 못한 16세부터 64세 거주민
거버넌스	· 총선(general election) 투표율 · 정부 신뢰
자연 환경	· 온실 가스 배출 총량 · 보존 지역(백만 헥타르) · 재활용 자원을 이용한 에너지 소비 · 가정 재활용

출처: (ONS, 2018a: 5-11, 2018b, 2018c)

지금까지의 NW 측정 결과를 종합적으로 고려한 결과, 전반적으로, NW는 시간이 지남에 따라 나아진 것으로 밝혀졌다. 즉, 단기와 장기를 각각 1년과 5년으로 설정하여 시간에 따른 행복의 변화를 분석한 결과, 전체적으로 행복 수준이 향상되었던 것이다(ONS, 2018a: 2). 특히, 장기 변화의 경우, 전체 41개 항목의 63% 정도가 향상되었고, 5% 정도는 악화된 가운데 21% 정도는 전반적으로 변화가 없는 것으로 밝혀졌다(ONS, 2018b).

보다 구체적으로, 〈그림 6-17〉은 2018년 4월 혹은 가능한 가장 최근의 자료를 기반으로 NW의 10가지 영역 중 개인 웰빙에서의 3가지 항목과 그 외 각 항목별로 한 가지씩만 요약 정리한 것이다(ONS, 2018a, 2018b). 먼저, 개인 웰빙의 경우, 어제의 행복은 10점 만점에 9점 이상으로 응답하여 매우 행복하다고 한 비율이 2017년 9월 기준, 34.9%로 5년 전에 비해 3.4%가 의미 있게 증가한 것으로 나타났다(ONS, 2018a: 3; 2018c). 그리고 삶의 전반적인 만족감은 10점 만점에 9점 이상으로 응답하여 매우 만족한다는 비율이 2017

년 9월 기준, 30.2%로 단기와 장기 모두 향상된 것으로 나타났다. 즉, 29.3%였던 1년 전보다 0.9%가, 26.2%였던 5년 전보다 4%가 증가한 것이다(ONS, 2018a: 3; 2018c). 또한, 자신이 하는 일을 의미 있는 것으로 여기는 정도는 10점 만점에 9점 이상으로 응답하여 매우 의미 있다고 한 비율이 2017년 9월 기준 35.6%로 단기와 장기 모두 향상된 것으로 나타났다. 즉, 34.6%였던 1년 전보다 1%가, 31.5%였던 5년 전보다 4.1%가 증가한 것이다(ONS, 2018a: 3; 2018c).

관계의 경우, 2017년 3월 기준, 항상 또는 자주 외롭다고 느끼는 비율이 5.4%였고, 단기와 장기 모두 의미 있는 변화는 없었다(ONS, 2018b, 2018c). 그런데 연령이 많을수록 외로움을 덜 느끼는 경향이 발견되었다. 다시 말해, 16세부터 24세까지 항상 또는 자주 외롭다고 느끼는 비율은 9.8%였고, 75세 이상이 항상 또는 자주 외롭다고 느끼는 비율은 2.9%로 나타난 것이다(ONS, 2018a: 6).

건강의 경우, 2017년 4월부터 10월 기준, 16세부터 64세의 17.4%가 질병 혹은 장애가 있었으며, 시간에 따른 의미 있는 변화는 없는 것으로 나타났다(ONS, 2018a: 6; 2018b, 2018c). 2015년부터 2016년 기준, 건강 전반에 대해 매우 혹은 완전히 만족한다는 비율은 51%였는데 연령이 높을수록 비율이 줄어드는 것으로 나타났다. 예를 들면, 16세부터 64세의 59.5%가 전반적인 건강 상태에 대해 매우 혹은 완전히 만족한다고 한 반면, 75세 이상은 그 비율이 40.1%였다(ONS, 2018a: 6).

일의 경우, 2018년 2월의 실업률이 4.2%인 것으로 나타났는데, 이는 단기와 장기 모두 향상된 결과였다(ONS, 2018c). 즉, 실업률이 4.7%였던 2017년 2월보다 0.5%가, 8%였던 2013년 2월보다 3.8%가 감소한 것이다(ONS, 2018b, 2018c). 전반적으로, 연령이 높을수록 자신의 일에 대한 만족도도 높아지는 경향이 있었는데 특히, 75세 이상 노인의 일에 대한 만족도가 86.7%로 상당히 높게 나타났다(ONS, 2018a: 8).

거주와 관련하여, 2017년 3월 기준, 범죄 피해를 받은 사람은 1,000명당 51명으로 나타났다(ONS, 2018b, 2018c). 이는 단기적으로는 범죄가 감소되지 않은 것이지만, 장기적으로는 의미 있는 변화가 있는 것이었다. 다시 말해, 2012년 3월에 범죄 피해를 받은 사람이 1,000명당 82명이었던 것보다 31명이 감소한 것이다(ONS, 2018b). 그런데 자신의 이웃(지역사회)에 대한 소속감은 연령이 높을수록 더 큰 것으로 나타났다. 예를 들면, 2014년부터 2015년 기준, 이웃(지역사회)에 대해 소속감을 보통 수준 또는 강하게 느낀다고 한 비율이 16세부터 34세는 56.6%였던 반면, 75세 이상은 83.1%였다(ONS, 2018a: 10).

개인 재정의 경우, 2015년부터 2016년 기준, 재정적으로 상당히 혹은 매우 어렵다고 응답한 사람은 5.9%로 나타났다(ONS, 2018a: 11; ONS, 2018c). 이는 단기적으로는 재정적 어려움이 의미 있게 나아졌다고 할 수 없는 것이었지만, 5년 전의 10.7% 보다는 4.8%가 감소한 것이었다(ONS, 2018b). 같은 기간 동안 45.6%가 가구 소득에 대해 거의 혹은 완전히 만족하는 것으로 나타났다(ONS, 2018a: 10).

경제 영역의 경우, 2017년 기준, 1인당 실질 순 가처분 소득이 25,368£인 것으로 나타났다(ONS, 2018c). 이는 단기와 장기 모두 향상된 결과였다. 즉, 1년 전 1인당 실질 순 가처분 소득이 24,752£이었던 것보다는 616£가, 5년 전 1인당 실질 순 가처분 소득이 23,149£이었던 것보다는 2,219£가 증가한 것이다(ONS, 2018b, 2018c).

교육과 숙련 기술의 경우, 2017년 10월부터 12월 기준, 교육을 받고 있지 않고 고용되어 있거나 직업훈련도 받고 있지 않은 사람의 비율이 11.2%로 나타났다(ONS, 2018c). 이와 같은 경향은 시간이 지남에 따라 전반적으로 조금씩 나아졌는데, 단기적으로는 의미 있는 향상이 없었지만, 장기적으로는 의미 있는 변화가 있었다. 즉, 2012년 10월부터 12월에 교육을 받고 있지 않고 고용되어 있거나 직업훈련도 받고 있지 않은 사람의 비율이 14.8%인 것보다

3.6%가 향상된 것이다(ONS, 2018b, 2018c).

거버넌스의 경우, 2017년 가을 기준, 정부를 대체로 신뢰한다고 응답한 비율은 34%인 것으로 나타났다(ONS, 2018c). 시간에 따라 정부에 대한 신뢰도가 매해 증감이 잦았는데, 전반적으로 단기적으로는 의미 있는 변화가 없었던 반면, 장기적으로는 향상된 것으로 나타났다. 즉, 2012년에 정부를 대체로 신뢰한다고 응답한 비율이 25%인 것 보다 9%가 향상된 것이다(ONS, 2018b, 2018c).

마지막으로 환경의 경우, 2016년 기준, 온실가스가 총 467.9 MtCO2e(4억 6천7백9십만 톤)이 배출되는 것으로 나타났다(ONS, 2018c).[33] 그리고 시간이 지남에 따라 온실 가스 배출량은 단기 및 장기적으로 모두 의미 있게 감소한 것으로 밝혀졌다. 즉, 1년 전에 온실 가스 배출 총량이 492.4 MtCO2e 이었던 것보다 24.5 MtCO2e가, 5년 전에 온실 가스 배출 총량이 549.1 MtCO2e 이었던 것보다 81.2 MtCO2e가 감소한 것이다(ONS, 2018b, 2018c).

지금까지 살펴본 NW는 측정 과정에서 쾌락적 행복과 유다이모니아적 요소 둘을 종합적으로 고려한 장점이 있다. 그리고 측정 영역별 항목 선정에도 대표적인 항목들이 비교적 잘 선정된 편이다. 또한, 측정 영역별 변화량을 집중적으로 측정하여 발표함으로써 NW의 정책적 활용도를 높이고 있는 것 또한 장점이다.

그러나 NW의 장점은 오히려 단점으로 작용하고 있기도 하다. 대부분의 측정 영역별 항목 선정은 양호한 편이지만, 거버넌스의 경우, 지나치게 측정 항목이 단순하게 구성되어 있으며, NW의 정책적 활용도를 높이기 위해 측

33 MtCO2e는 Million Tonnes Carbon Dioxide Equivalent를 의미한다(ONS, 2018b). 그리고 온실가스(greenhouse gases)란, 적외선 복사열을 흡수 또는 재 방출함으로써 온실효과를 일으키는 대기 중의 가스 상태 물질을 통칭하는데, 이산화탄소, 메탄, 아산화질소, 수소불화탄소, 과불화탄소, 육불화황 등 종류가 다양하지만, 이들 중 주로 이산화탄소가 온실가스를 일으키기 때문에 종종 온실가스를 이산화탄소 하나로만 약칭하기도 한다(남효순, 2016: 288).

〈그림 6-17〉 영국의 국민 행복(일부 요약)

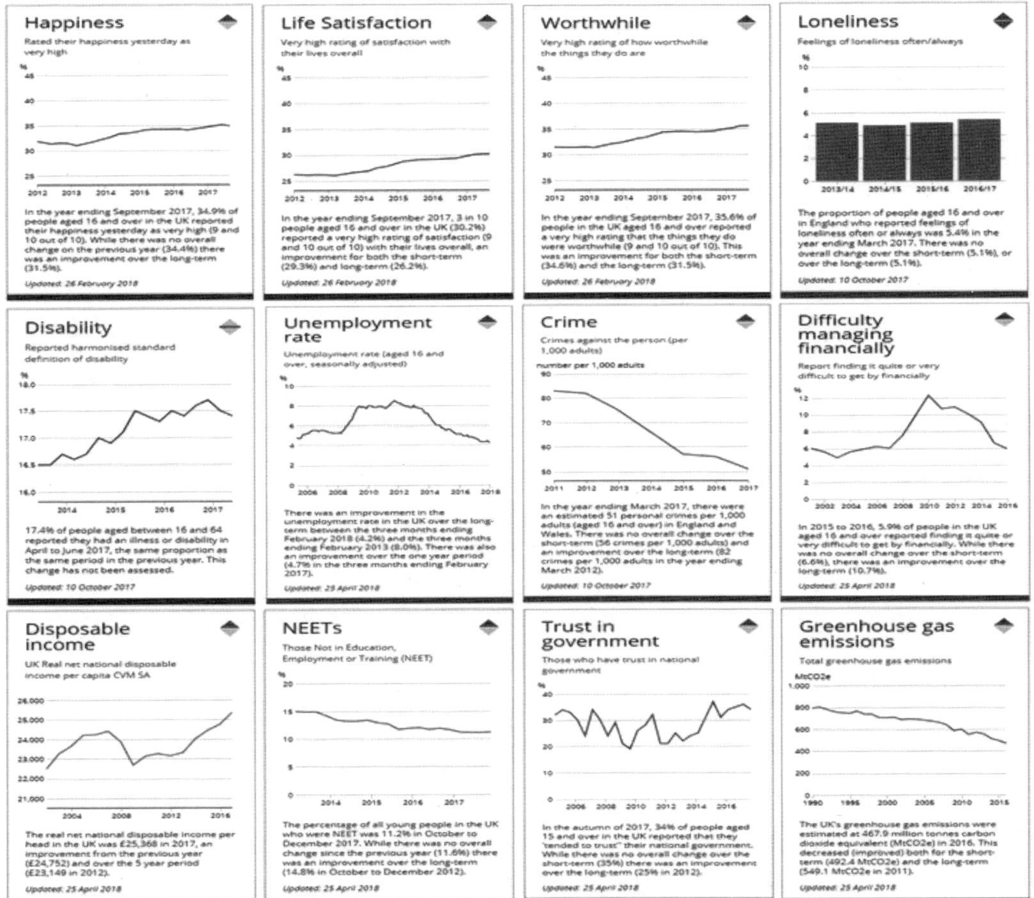

출처: (ONS, 2018a, 2018b)

정 영역별 변화량에 집중함으로써 전반적인 NW 값을 도출하지 않아 한 눈에 NW를 파악하고 그 결과를 비교하는 것이 불가능하다.[34] 또한, 총 41개의 측정 항목 중에 매년 4가지 항목만 필수적으로 자료를 갱신해야 하고(Steel, 2016), 나머지는 강제하고 있지 않아 매우 많은 측정 항목의 자료가 불규칙적으로 구성될 수밖에 없는 점도 앞으로 보완되어야 할 부분이다.

(3) 한국의 국민 행복 지표

한국의 통계청은 2014년부터 국민 행복 지표를 본격적으로 측정하기 시작했다. 〈그림 6-18〉에서 보는 바와 같이, 통계청은 한국의 국민 행복 지표의 기본 틀을 개인, 사회적 관계, 환경과 같이 세 가지 영역으로 구분하여 구성하고 있다. 구체적으로, 개인은 교육 및 경제적 혜택과 복지 서비스를 받아 건강한 삶을 살 수 있는 역량을 갖출 수 있고, 사회 통합과 시민 참여 및 여가 생활

〈그림 6-18〉 한국의 국민 행복 지표 구성 기본틀

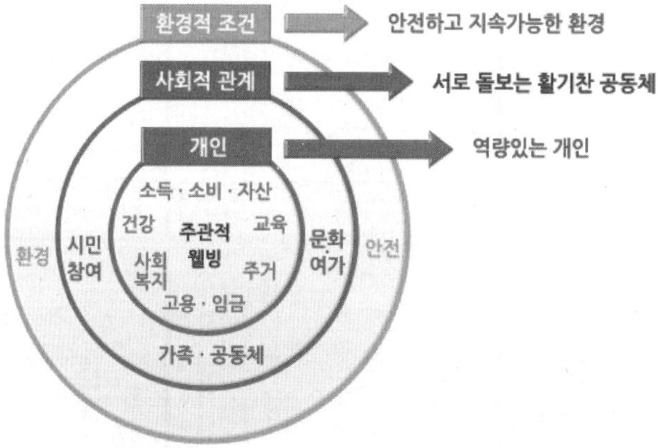

출처: (통계개발원, 2018)

---

34 이처럼 영국이 NW의 종합 지표를 산출하는 않는 명확한 이유를 밝히고 있지 않아 정확하게 알 수 없지만, 아마도 CMEPSP가 정부 기구가 행복의 종합 지수를 발표하게 될 경우, 정치적인 논란을 불러일으킬 수도 있다(Stiglitz, Sen, and Fitoussi, 2009)고 한 것과 무관하지 않을 것 같다.

〈그림 6-19〉 물질적 요소와 비물질적 요소 간 상호작용

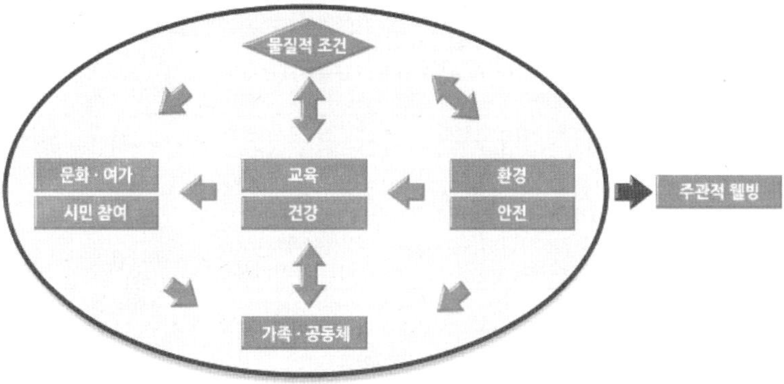

출처: (통계개발원, 2018)

을 통해 서로가 서로를 지지할 수 있는 사회적 관계를 맺으며, 위험의 불안을 떨쳐버리고 환경을 보호하여 안전하고 지속가능한 삶을 영위할 수 있는 환경 조성을 지향하고 있다(통계개발원, 2018)

측정 영역은 총 12가지로 구분될 수 있는데, 물질적인 영역은 소득/소비/자산, 고용/임금, 사회복지, 주거와 같이 4가지 요소로 구성되고, 비물질적인 영역은 건강, 교육, 문화/여가, 가족/공동체, 시민참여, 안전, 환경, 주관적 웰빙과 같이 8가지 요소로 구성된다(통계개발원, 2018). 그런데 〈그림 6-19〉에서 보는 바와 같이, 물질적 요소와 비물질적 요소는 상호작용을 하며 서로에게 긍정적인 영향과 부정적인 영향을 동시에 미치는 관계이다. 예를 들면, 물질적 조건이 풍부할수록 문화나 여가를 더 많이 즐길 수 있지만, 물질적인 요소를 많이 소비하면 할수록 환경이 오염될 가능성은 더 커진다. 통계청은 이러한 상호작용이 종합적으로 영향을 미쳐 우리의 행복을 결정하게 된다고 보는 것이다.

보다 구체적으로, 〈표 6-13〉은 국민 행복 지표의 전체 체계를 종합적으로 보여주고 있다. 12가지 물질적 영역과 비물질적 영역은 56가지 객관적 지표와 24가지 주관적 지표로 구성된 총 80가지의 세부 지표를 통해 측정된다. 그리고 비물질적 영역 중 가족관계, 시민적 권리, 신뢰, 주관적 웰빙은 모두 주

〈표 6-13〉 한국의 국민 행복 지표 체계

대분류	중분류	객관적 지표(56개)	주관적 지표(24개)
소득/소비/자산	-	• 1인당 GNI(+) • 균등화 중위소득(+) • 균등화 중위소비(+) • 가구평균 순자산(+) • 지니계수(-) • 상대적 빈곤율(-)	• 소득만족도(+) • 소비생활 만족도(+)
고용/임금	-	• 고용률(+) • 실업률(-) • 근로자 평균 근로소득(+) • 근로시간(-) • 저임금근로자비율(-)	• 일자리만족도(+)
사회복지	-	• 공적연금가입률(+) • 개인부담 의료비 비중(-) • GDP대비사회복지지출비율(+)	-
주거	-	• 1인당주거면적(+) • 통근/통학소요시간(-) • 최저주거기준충족 가구비율(+) • 주거비용(-)	• 주거환경 만족도(+)
건강	건강상태	• 기대수명(+) • 고혈압 유병률(-) • 당뇨 유병률(-) • 건강수준별 기대여명(+)	• 주관적건강평가(+) • 스트레스인식정도(-)
	건강행위 및 환경	• 비만율(-) • 규칙적운동 실천율(+) • 소득계층별 의료미충족률(-)	-
교육	교육기회	• 유아교육 취학률(+) • 고등교육 이수율(+) • 평생교육참여율(+) • 학업중단율(-)	-
	교육자원	• 학생1인당 사교육비 지출액(-)	-
	교육성과	• PISA백분위순위(-) • 대졸생 취업률(+)	• 학교교육의 효과(+) • 학교생활 만족도(+)
문화/여가	여가시간 및 활용	• 평균여가시간(+)	• 여가활용 만족도(+) • 시간부족에 대한 인식(-)
	문화활동	• 1인당 국내외 여행일수(+) • 문화여가 지출비율(+) • 문화예술 및 스포츠 관람률(+)	-
가족/공동체	가족관계	-	• 가족관계 만족도(+)
	가족형태	• 한부모가구 비율(-) • 독거노인비율(-)	-
	사회적 관계	• 자살률(-) • 사회적 관계망(+)	-
	공동체 참여	• 사회단체참여율(+)	• 지역사회 소속감(+)
시민참여	정치참여	• 투표율(+)	• 정치적자기역량인식(+)
	시민적 의무	• 자원봉사활동참여율(+)	• 시민의식(+)
	시민적 권리	-	• 부패인식지수(+)
	신뢰	-	• 대인신뢰(+) • 기관신뢰(+)
안전	범죄	• 강력범죄 발생률(-) • 자기보고 범죄피해율(-) • 아동학대 피해 경험률(-)	• 사회안전에 대한평가(+) • 야간보행에 대한 안전도(+)
	사고	• 아동안전 사고사망률(-) • 산업재해율(-) • 화재발생건수(-) • 도로사망률(-)	-
환경	환경의 질	• 미세먼지농도(-) • 1인당도시공원면적(+)	• 기후변화 불안도(-) • 체감환경만족도(+)
	환경서비스/자원관리	• 에너지빈곤층비율(-) • GDP 대비 온실가스 배출량(-) • 하수도보급률(+) • 폐기물재활용비율(+)	-
주관적 웰빙	-	-	• 삶에 대한 만족도(+) • 긍정정서(+) • 부정정서(-)

출처: (통계청, 2018b: 7)
비고: (+)긍정적 영향, (-)부정적 영향

관적 지표로만 측정되고, 나머지 요소들은 모두 최소한 한 가지 객관적 지표가 측정에 활용되고 있다.

〈그림 6-20〉 한국의 국민 행복의 영역별 지수 변화

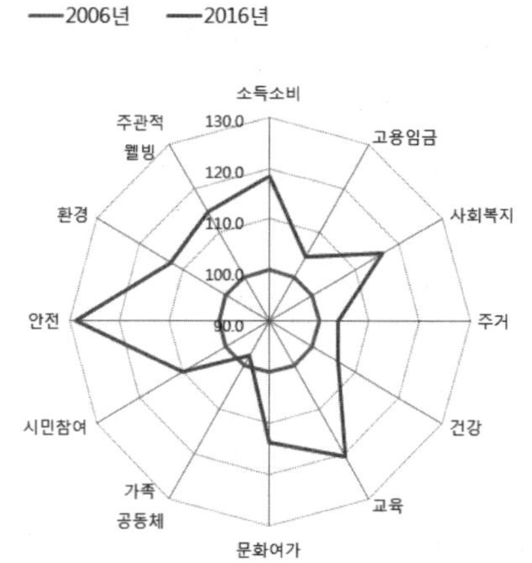

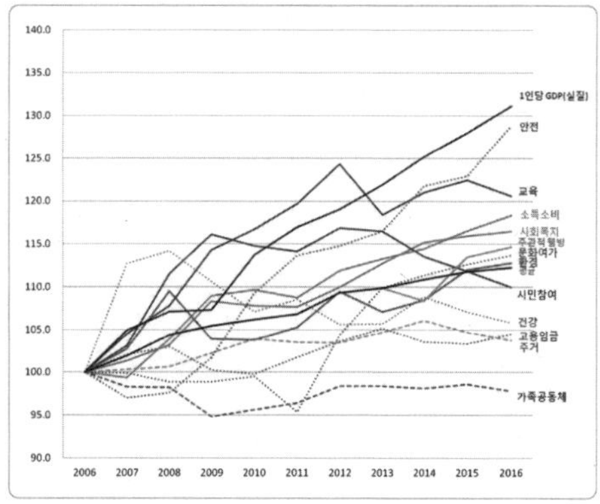

출처: (통계청, 2018b: 9)

영역별 종합지수 값은 12가지 물질적 영역과 비물질적 영역 각각의 영역 내 측정 지표별로 동일한 가중치를 부여하여 구성한다(통계청, 2018b: 8). 지표 구성은 2000년부터 이뤄졌지만, 2006년부터 총 80가지 세부 지표 중 40가지 이상을 활용할 수 있게 되어 종합지수의 기준 년을 2006년으로 설정하고, 이때의 종합지수를 100으로 보아 각 영역별 증감 정도를 산출했다. 다시 말해, 2006년 대비 긍정지표 증감률은 '(당해연도 지표값/기준년도 지표값)×100'으로, 부정지표 증감률은 '[(1/당해연도 지표값)/(1/기준년도 지표값)]×100'으로 산출했다(통계청, 2018b: 8).[35]

이와 같은 방법론에 기반 하여 2017년 12월 31일 기준, 2006년부터 2016년까지의 영역별 종합지수 변화를 산출한 결과는 〈그림 6-20〉과 같다. 11년 동안 다른 요소와 달리 안전(128.9), 교육(120.6), 소득/소비(118.1), 사

35 중간에 빠진 자료는 선형 보간법으로 내삽처리하고, 2016년 전 자료 중 최근의 자료가 없을 경우에는 마지막 측정치와 동일하게 외삽처리했다(통계청, 2018b: 8).

회복지(116.5) 순서로 상대적으로 많이 향상된 반면, 주거(103.7), 고용/임금(104.5), 건강(105.8) 요소는 상대적으로 향상도가 크지 않았다(통계청, 2018b: 9). 특히, 가족/공동체 요소의 종합 지수는 97.8로 다른 요소와 달리 유일하게 2006년에 비해 감소한 것으로 나타났다.

지금까지 살펴본 한국의 국민 행복 지표의 가장 큰 장점은 지표 도출 방법의 논리성 확보이다. 다시 말해, 지표 구성의 기본틀에서 설명했듯이, 한국의 국민 행복 지표는 미시, 거시, 중범위적 요소 간 상호작용을 모두 고려하고 있다. 또한, 물질적 영역과 비물질적 영역을 모두 고려하고 있으며, 두 영역 간 상호작용의 메커니즘도 상당히 논리적으로 잘 구성되었다.

그러나 한국의 국민 행복 지표는 단점도 가지고 있는데, 이는 크게 두 가지로 요약될 수 있겠다. 먼저, 전체 행복 지수 값을 산출하고 있지 않아 전반적인 행복 상태를 한눈에 알아보고 비교하는 것은 불가능하다. 이는 통계청이 2016년 1월 21일의 해명 자료를 통해 '종합지수는 가중값 산출에 따른 중립성 훼손의 우려가 있다'고 밝혔듯이(통계청, 2016), 지표 구성의 주체가 국가 기관이라는 특성을 고려했을 때, 일견 타당한 측면이 없지 않다. 통계청의 이러한 방침은 영국이 명확하게 밝히지는 않았지만, 정부 기구가 행복의 종합 지수를 발표할 때 초래될 수 있는 정치적 논란에 대한 CMEPSP의 의견(Stiglitz, Sen, and Fitoussi, 2009)을 고려한 것으로 짐작되는 것과 크게 다르지 않은 것으로 생각된다.

둘째, 가중치 부여와 관련하여 일부 요소의 종합지수 값의 불안정성이 노출되었다. 다시 말해, 가중치를 산출할 때 고려한 동일 가중치, 64명의 외부 전문가 가중치, 5명의 통계개발원 내부 전문가 가중치, 시뮬레이션 가중치와 같이 네 가지 가중치 부여 방법 중, 시뮬레이션 가중치를 제외한 나머지 가중치 부여 방법에서만 전반적으로 안정적인 값이 도출 되었던 것이다. 예를 들면, 안전 요소의 경우 종합지수 시뮬레이션 결과의 최대 범위가 20.1점으로 다른 요소보다 크고, 지수 값의 안정성도 취약했으며, 3가지 객관적 지표로 측정되는 사회복지 요소는 가중치의 최대 범위가 10.1점으로 가중치의 영향을 크게 받아 재검토가 필요하다는 것이다(통계청, 2018b: 9).

3) 민간 기구 주도의 행복 지표

(1) 세계 감정 지표

갤럽은 세계 감정 지표(Global Emotions Index, GEI)의 필요성을 행동경제학의 한계와 그것에 기반한 국가 정책의 실패에 대한 반성에서 찾았다. 다시 말해, 갤럽은 인간 행동의 약 30%만이 이성에 의해 이뤄지고 나머지 70%는 감정에 의해 이뤄짐에도 불구하고 정치 지도자, 행정 관료, 학자 등이 행동경제학에 기반한 GDP에 지나치게 의존함으로써 실제 인간의 행위를 오해할 뿐만 아니라 이를 기반으로 국가 정책을 입안하기 때문에 정책 실패를 가져온다고 비판한다(Gallup, 2017). 가장 대표적으로, 2010년 말에 시작된 이른바 아랍의 봄(Arab Spring), 2014년의 우크라이나 혁명(Maidan Revolution), 2016년 영국의 브렉시트(Brexit) 결정 등에 대해 정부가 선제적으로 대응하지 못했는데 이것은 곧 정부가 개인의 행위를 결정하는 70%의 감정적 요소에 대해 무지했기 때문이라는 것이다.

이와 같은 동기에서 GEI는 GDP에서 전혀 고려하지 않는 인간의 감정을 측정하는 것에 초점을 맞추고 있다. GEI는 긍정적 · 부정적 감정 경험 지표를 각각 측정한 뒤 이를 활용하여 최종적으로 GEI를 도출한다.[36] 예를 들면, 〈표 6-14〉에 제시된 바와 같이, 각 감정의 경험 지표는 각각 다섯 가지 질문에 대하여 유효한 모든 응답에 100을 곱한 후 그것들의 평균값으로써 각각 도출한다(Gallup, 2017: 2). 한 국가의 긍정적 · 부정적 감정 경험 지표의 분포는 최소 0점부터 최대 100점까지 가능한데, 그 값이 클수록 각각 긍정적 · 부정적 감정 경험을 더 많이 한 것을 의미한다.

36 2016년 GEI의 경우, 2016년 조사 시점을 기준으로 142개국의 15세 이상 성인 남녀 1,000명을 대상으로 전화 혹은 면접 조사를 통해 이뤄졌다(Gallup, 2017: 10).

〈표 6-14〉 긍정적 · 부정적 감정 경험 지표 측정 문항

긍정적 감정	① 어제 휴식을 잘 취했다고 느꼈습니까? (feel well-rested) ② 어제 하루 종일 인간적인 대우를 받았습니까? (treated with respect) ③ 어제 웃거나 박장대소를 많이 했습니까? (smile or laugh) ④ 어제 흥미로운 것을 배우거나 해봤습니까? (learn or do something interesting) ⑤ 어제 즐거움을 많이 느꼈습니까? (enjoyment)
부정적 감정	① 어제 신체적 고통을 많이 느꼈습니까? (physical pain) ② 어제 걱정을 많이 했습니까? (worry) ③ 어제 슬픔을 많이 느꼈습니까? (sadness) ④ 어제 스트레스를 많이 받았습니까? (stress) ⑤ 어제 화를 많이 느꼈습니까? (anger)

출처: (Gallup, 2017: 2)

〈그림 6-21〉 세계 긍정적 감정 경험 지도

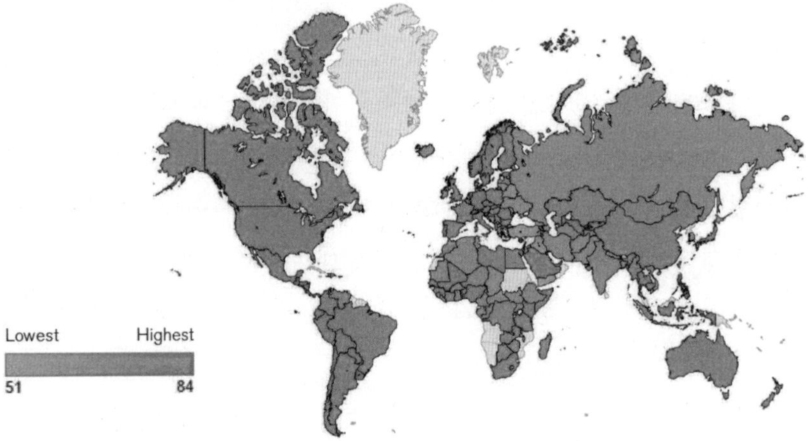

출처: (Gallup, 2017: 3)

〈그림 6-22〉 세계 긍정적 감정 경험 지표의 변화

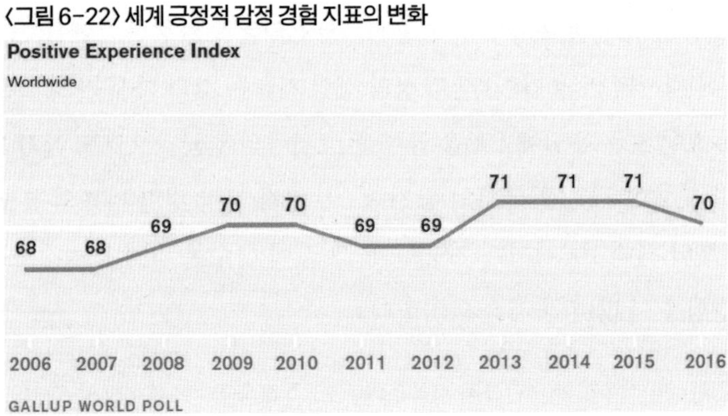

출처: (Gallup, 2017: 3)

이와 같은 방법을 통해 실시한 2016년 세계 긍정적 감정 경험 지표 조사의 측정 결과는 〈그림 6-21〉에 요약된 바와 같다. 2016년 세계 긍정적 감정 경험 지표는 최소 51점에서 최대 84점까지 분포했고, 평균은 70점으로 나타났다. 시간에 따른 세계 긍정적 감정 경험 지표의 변화를 보여주는 〈그림 6-22〉를 보면, 68점을 기록한 2006년 이래 단 한 해도 68점보다 감소하지 않고 전체적으로 증가 추세를 유지한 것으로 나타났다.

보다 구체적으로, 〈표 6-15〉는 2016년 세계 긍정적 감정 경험 지표 점수 상위 10위와 하위 10위 국가들을 요약 정리한 것이다. 긍정적 감정 경험을 가장 많이 한 1위 국가는 파라과이로 평균 84점을 기록했고, 긍정적 감정 경험을 가장 적게 한 142위 국가는 평균 51점을 기록한 예멘이었다. 상위 10위 국가들 중 필리핀, 우즈베키스탄, 노르웨이를 제외하고 모두 라틴아메리카에 위치한 국가들이었는데 갤럽은 이를 삶의 긍정적 차원을 특히 강조하는 라틴아메리카 특유의 문화적 편견이 반영된 결과로 해석하고 있다(Gallup, 2017: 4).

이와 비슷하게, 하위 10위를 기록한 국가들 또한 비슷한 경험을 공유하는 특징을 갖고 있었다. 예를 들면, 예멘, 터키, 이라크, 우크라이나는 모두 국가적 갈등이나 분쟁을 경험한 공통점을 갖고 있다. 또한 아이티의 경우 2016년 10월경 허리케인 매슈(Hurricane Matthew)와 같은 재난을 경험했었다.

〈표 6-15〉 세계 긍정적 감정 경험 지표 순위[37]

상위 10위	국가	긍정적 경험 점수 (평균)	하위 10위	국가	긍정적 경험 점수 (평균)
1	파라과이	84	133	우크라이나	57
2	코스타리카	83	134	아이티	56
3	파나마	82	134	리투아니아	56
3	필리핀	82	136	아제르바이잔	55

37 2016년에 1위를 차지한 파라과이의 경우 2015년에도 1위를 차지했는데, 2015년에 최하위를 기록한 시리아가 만약 안전 문제가 없어 2016년 조사에 포함되었다면, 전체 순위에 변화가 있었을지도 모른다(Gallup, 2017: 3).

3	우즈베키스탄	82	136	방글라데시	55
6	에콰도르	81	136	조지아	55
6	과테말라	81	139	벨라루스	54
6	멕시코	81	139	이라크	54
6	노르웨이	81	141	터키	52
10	칠레, 콜롬비아	80	142	예멘	51

출처: (Gallup, 2017: 4 재구성)

〈그림 6-23〉 세계 부정적 감정 경험 지도

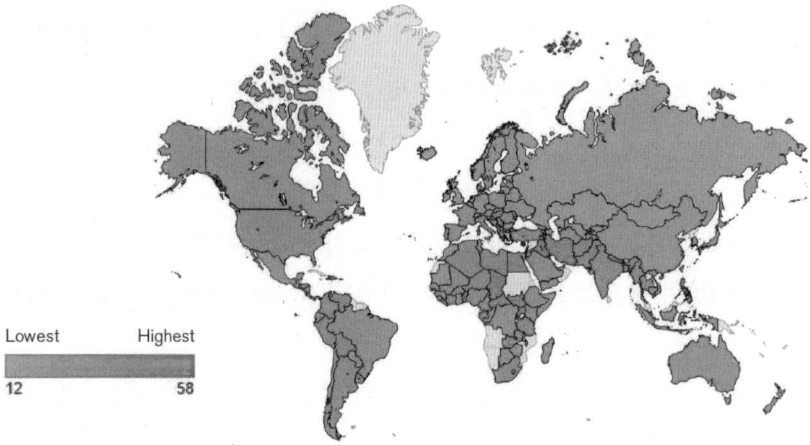

출처: (Gallup, 2017: 6)

〈그림 6-24〉 세계 부정적 감정 경험 지표의 변화

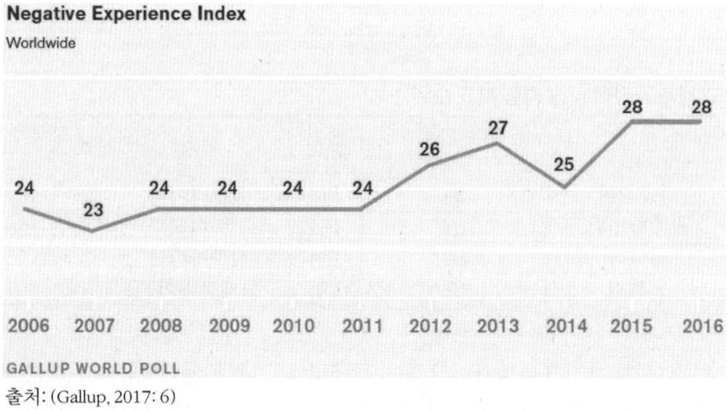

출처: (Gallup, 2017: 6)

한편, 〈그림 6-23〉은 2016년 세계 부정적 감정 경험 지표 조사 결과를 보여주고 있다. 2016년 세계 부정적 감정 경험 지표는 최소 12점에서 최대 58점까지 분포했고, 평균은 28점으로 나타났다. 시간에 따른 세계 부정적 감정 경험 지표의 변화를 보여주는 〈그림 6-24〉를 보면, 24점을 기록한 2006년 이래 2007년을 제외하고 단 한 해에도 24점보다 감소하지 않고 전반적으로 증가 추세를 유지한 것을 알 수 있다.

보다 구체적으로, 〈표 6-16〉은 2016년 세계 부정적 감정 경험 지표 점수 상위 10위와 하위 10위 국가를 요약 정리한 것이다. 부정적 감정 경험을 가장 많이 한 1위 국가는 이라크로 평균 58점을 기록했고, 부정적 감정 경험을 가장 적게 한 142위 국가는 평균 12점을 기록한 키르기스스탄이었다. 상위 10위 국가들 중 이라크와 이란을 제외하고 모두 아프리카에 위치한 국가들이었는데, 갤럽은 이를 아프리카에서 지속되는 내전 및 대량 학살과 기근 등이 반영된 결과로 해석하고 있다(Gallup, 2017: 7).

이와 비슷하게, 하위 10위를 기록한 국가들 또한 비슷한 경험을 공유하는 특징을 갖고 있었다. 예를 들면, 타이완, 싱가포르, 몽골, 소말리아를 제외한 나머지 국가는 모두 동유럽 국가의 정치 · 경제 · 사회 · 문화적 특성을 공유하고 있다. 특히, 에스토니아, 카자흐스탄, 러시아, 우즈베키스탄, 키르기스

〈표 6-16〉 세계 부정적 감정 경험 지표 순위

상위 10위	국가	부정적 경험 점수 (평균)	하위 10위	국가	부정적 경험 점수 (평균)
1	이라크	58	133	에스토니아	19
2	남수단	55	133	소말리아	19
3	이란	52	135	불가리아	18
3	라이베리아	52	136	몽골	16
5	중앙아프리카공화국	48	137	카자흐스탄	15
5	토고	48	137	러시아	15
7	차드	47	137	싱가포르	15
7	시에라리온	47	137	타이완	15
9	우간다	46	141	우즈베키스탄	14
10	가봉	43	142	키르기스스탄	12

출처: (Gallup, 2017: 7 재구성)

〈그림 6-25〉 세계 감정 지도

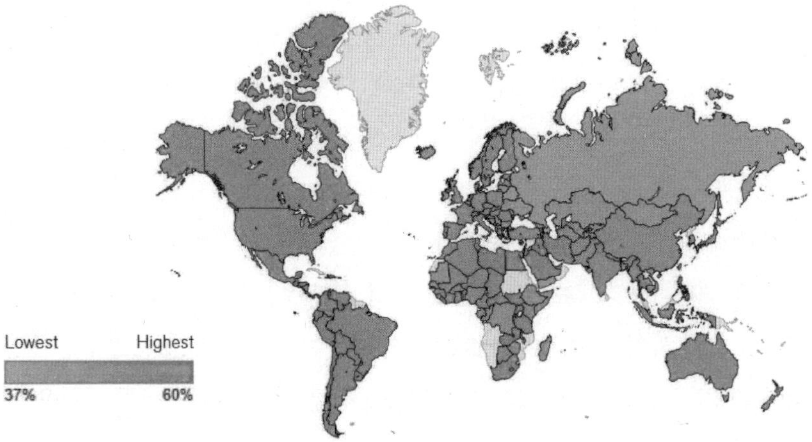

출처: (Gallup, 2017: 9)

스탄은 모두 구소련 국가로 소비에트연방 체제 붕괴 이후 사회주의 경제시스템에서 자본주의 경제시스템으로의 이행기를 동시에 겪고 있는 특징도 공유하고 있다.

이와 같은 긍정적인 감정 경험 지표와 부정적인 감정 경험 지표 측정을 위한 총 열 가지 질문 모두에 '그렇다'고 응답한 비율의 평균값에 기반 하여 도출한 2016년의 GEI 분포 결과는 〈그림 6-25〉를 통해 확인할 수 있다. GEI는 최소 37%에서 최고 60% 사이에 분포하는 것으로 나타났다.[38] GEI 수치가 낮을수록 덜 감정적인 사회, 수치가 높을수록 더 감정적인 사회임을 뜻한다 (Gallup, 2017: 9).

보다 구체적으로, 〈표 6-17〉은 2016년 GEI 상위 10위 국가를 요약 정리한 것이다.[39] 가장 감정적인 사회는 GEI 평균 60%를 기록한 에콰도르로 나타났

38 2018년 1월 기준, 갤럽의 보고서(Gallup, 2017)가 2016년 GEI의 평균을 명시하지 않아 필자가 갤럽에 문의한 결과, 갤럽 측으로부터 해당 값은 도출하지 않았다는 답변을 받았다.

39 하위 10위 국가와 관련하여, 갤럽은 평균적으로 10명 중 거의 4명 미만이 긍정 혹은 부정적인 감정 중 어느 것도 느끼지 못했다고 한 하위 10위 국가(Gallup, 2017: 9)라고만 언급하고 있을 뿐 해당 국가 목록을 구체적으로 명기하지는 않았다.

다. 평균적으로 10명 중 거의 6명이 긍정 혹은 부정적인 감정을 경험한 상위 10위 국가 중 라이베리아, 필리핀, 볼리비아, 이란을 제외하고 모두 라틴아메리카에 위치한 국가들이었다.

〈표 6-17〉 세계 감정 지표 상위 10위

순위	국가	평균(%)	순위	국가	평균(%)
1	에콰도르	60	4	니카라과	58
2	엘살바도르	59	4	페루	58
2	라이베리아	59	4	코스타리카	58
4	필리핀	58	4	볼리비아	58
4	과테말라	58	10	이란	57

출처: (Gallup, 2017: 9 재구성)

지금까지 살펴본 GEI의 가장 큰 장점은 바로 GDP가 전혀 고려하지 못하는 인간의 비합리성을 경험적 측정의 중심에 위치시킨 것이다. 이와 관련하여 우리는 리차드 탈러(Richard Thaler)와 캐스 선스테인(Cass Sunstein)이 『넛지(Nudge)』에서 인간의 합리성에 대한 신화를 다음과 같이 비판한 점에 주목할 필요가 있다.

> "경제학을 공부한 적이 있든 없든, 많은 사람들은 우리가 잘못된 생각과 선택을 하지 않으며 경제학자들이 교과서에서 보여주는 인간의 모습과 같다고 여기는 경제적 인간(homo economicus) 또는 경제인(economic man)적 사고 태도를 암암리에 인정 … 만약, 경제학 교과서를 보면 당신은 경제적 인간이 알버트 아인슈타인(Albert Einstein)처럼 생각할 수 있고, 기억을 IBM의 Big Blue만큼 저장할 수 있으며, 마하트마 간디(Mahatma Gandhi)처럼 의지력을 발휘할 수 있다고 배울 것이다 … 그러나 실제 사람들은 계산기가 없으면 긴 나눗셈(long division)을 하는데 어려움을 겪고, 가끔은 배우자의 생일을 잊어버리며 … 그들은 경제적 인간이 아니라 생각하는 인간(homo sapiens)이다"(Thaler and Sunstein, 2009: 6-7, 괄호 안 원문).

계속해서 탈러와 선스테인은 경제적 인간을 이콘스(Econs)로, 생각하는 인간을 휴먼(Humans)으로 요약하여 표현했는데, 이는 이콘스에 비해 휴먼은 사회적 상호 작용을 통해 해석하고, 오류도 저지르며, 반드시 비용-효과적인 선택만 한다고 단정할 수 없다는 것을 우회적으로 표현한 것이다. 탈러와 선스테인의 이콘스와 휴먼의 대비는 결국 인간을 바라보는 데 있어 해석적이고, 주관적이며, 감정적 차원의 중요성도 결코 간과해서는 안 된다는 점을 시사한다. 이와 같은 맥락에서 GEI가 인간의 긍정적 감정과 부정적 감정 모두를 집중 조명하여 행복 측정의 중심에 가져온 것은 의미 있는 시도임에는 분명하다.[40]

그럼에도 불구하고, GEI는 치명적인 단점도 가지고 있다. 예를 들면, GEI는 건강, 경제, 환경 등 감정적 요소이외 인간의 행복에 결정적인 영향을 미치는 요소들을 거의 완벽하게 배제하고 있다. 물론, 갤럽이 2017년 GEI 보고서에서 GEI에 생활수준, 자유, 네트워크 등이 영향을 미친다고 언급은 하고 있다(Gallup, 2017: 2). 그러나 이것은 어디까지나 공허한 수사(rhetoric)에만 그치고 있었을 뿐 실제 GEI 측정에는 전혀 반영되지 않았다.

(2) 미국의 행복 지표

갤럽은 보건의료 전문 컨설팅 기업인 쉐어케어(Sharecare)와 함께 미국 전체를 대상으로 하는 갤럽-쉐어케어 웰빙 지표(The Gallup-Sharecare Well-Being Index, G-SWI)를 개발했다. G-SWI는 목적(Purpose), 사회(Social), 재정(Financial), 지역사회(Community), 신체(Physical)와 같이 5가지 요소를 측정하여 도출한다(Gallup and Sharecare, 2018a: 2). 구체적으로, 목적은 매일 하는 일을 좋아하는 것과 목표를 이루기 위한 의욕이 있는지(motivated)를 평가한다. 사회는 우호적이고 애정이 있는 인간관계를 맺고 있는지를 평가한다. 재정은 스트레스를 줄이고 안정감(security)을 늘릴 수 있는 경제적인 삶의 관리를 평가한다. 지역사회는 자신이 사는 곳을 좋아하고, 그곳에서 안전함을 느끼며, 지역사회에 대한 자부심을 평가한다. 신체는 날마다

40 앞에서 살펴본 부탄의 GNH도 심리적 웰빙 항목에서 긍정적 · 부정적 감정을 고려했었다.

〈그림 6-26〉 미국의 행복 지도

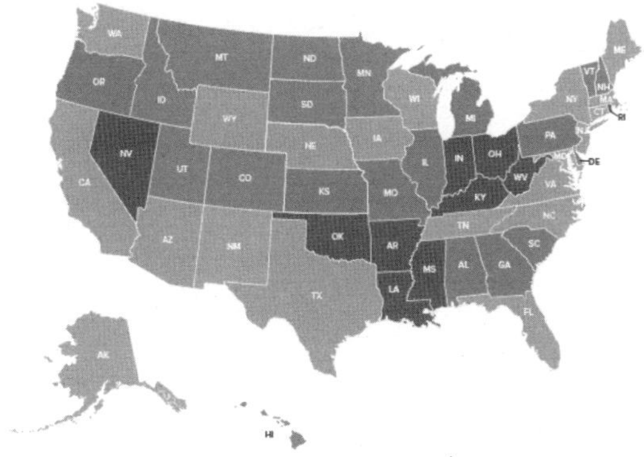

Top Quintile	2nd Quintile	3rd Quintile	4th Quintile	5th Quintile
1 South Dakota	11 Massachusetts	21 Iowa	31 Georgia	41 Rhode Island
2 Vermont	12 Florida	22 Washington	32 Michigan	42 Indiana
3 Hawaii	13 Texas	23 New York	33 Kansas	43 Nevada
4 Minnesota	14 California	24 Maine	34 Pennsylvania	44 Ohio
5 North Dakota	15 Arizona	25 Alaska	35 Oregon	45 Kentucky
6 Colorado	16 Wyoming	26 New Mexico	36 Illinois	46 Oklahoma
7 New Hampshire	17 Nebraska	27 Wisconsin	37 South Carolina	47 Mississippi
8 Idaho	18 Virginia	28 New Jersey	38 Alabama	48 Arkansas
9 Utah	19 North Carolina	29 Tennessee	39 Missouri	49 Louisiana
10 Montana	20 Connecticut	30 Maryland	40 Delaware	50 West Virginia

출처: (Gallup and Sharecare, 2018a: 3)

과업을 완수할 수 있는 건강과 충분한 에너지를 평가한다. 그리고 각 요소는 0점부터 100점까지의 캔트릴 사다리로 측정하여 도출했다(Gallup and Sharecare, 2018a: 10).

〈그림 6-26〉에 제시된 2017년 미국의 행복 지도는 50개주와 워싱턴 D.C. 지역에 거주하는 18세 이상 성인을 무작위로 표집한 후 총 160,498명을 전화로 인터뷰하여 2017년 1월 2일부터 12월 30일까지 측정한 결과이다(Gallup and Sharecare, 2018a: 10). 10등급을 기준으로 총 5그룹으로 구분하여 제시된 결과를 보면, 1위는 사우스다코타 주가, 50위는 웨스트버지니아 주가 차지한 가운데 전반적으로, 북부 평원지대(The Northern Plains), 서부 산악지역, 몇몇 서부지역 및 하와이가 상위권을 차지한 반면, 주로 남부 지역부터 중서부 공업 지역(industrial Midwest)이 하위권에 위치했다(Gallup and

Sharecare, 2018a: 8).

보다 구체적으로, 〈표 6-18〉은 2017년 미국 전체의 행복을 각 항목별로 자세히 비교해서 보여주고 있다. 먼저, 2017년 미국의 행복은 2016년에 비해 모든 영역에서 감소하였고, 2017년 평균 행복은 2016년에 비해 0.6점 하락한 61.5점으로 100점 만점을 기준으로 했을 때 매우 행복하다고 말할 수 없었다.[41] 또한, 1위를 기록한 주의 평균이 65점도 넘지 못하는 것으로 보아 상위 10위권 주들도 매우 행복하다고 할 수 없었다.

항목별로 봤을 때, 사회 영역을 제외한 각 항목의 1위를 기록한 주는 모두 상위 10위권에 있었고, 각 항목의 50위를 기록한 주는 모두 하위 10위권에 위치했다. 다시 말해, 각 항목별로 1위를 기록한 주를 살펴보면 목적은 사우스다코타 주, 사회는 플로리다 주, 재정은 노스다코타 주, 지역사회와 신체는 버몬트 주가 차지했다. 반면, 항목별로 50위를 기록한 주는 목적과 사회는 로드아일랜드 주, 재정은 미시시피 주, 지역사회는 루이지애나 주, 신체는 웨스트버지니아 주가 차지했다.

전체 상위 10위권 주들 중 각 항목이 중간 순위(median) 이하를 기록한 경우를 보면, 1위 사우스다코타 주는 사회 영역이 29위였고, 2위 버몬트 주는 목적 영역이 30위였으며, 5위 노스다코타 주는 신체 영역이 29위로 나타났다. 또한, 6위 콜로라도 주는 목적 영역이 25위, 8위 아이다호 주는 사회 영역이 45위, 10위 몬태나 주는 사회 영역이 33위로 나타났다. 반면, 전체 하위 10위권 주들 중 각 항목이 중간 순위(median) 이상을 기록한 경우를 보면, 41위 로드아일랜드 주는 신체 영역이 21위였고, 46위 오클라호마 주는 목적 영역이 18위였으며, 47위 미시시피 주는 목적 영역이 24위로 나타났다. 이와 같은 결과는 전체 상위 주들은 세부 평가 항목에서 전체적으로 골고루 우수한 편

41 미국이 경제적으로 강대국임에도 불구하고, 이처럼 행복감이 줄어드는 것은 정부에 대한 미국 시민들의 신뢰가 계속해서 하락하고 있는 점(Dalton, 2017) 등 행복에 결정적인 영향을 미치는 각종 사회적 자본의 붕괴가 상당한 영향을 미쳤기 때문이라는 진단과도 크게 다르지 않은 현상이다(Sachs, 2017).

〈표 6-18〉 미국의 행복(항목 및 전체 비교)[42]

구분		2017년(A)	2016년(B)	변화량(A-B)
전체 평균		61.5	62.1	-0.6
영역별 평균	P	59.7	61.1	-1.4
	S	59.9	61.5	-1.6
	F	61.1	61.5	-0.4
	C	61.9	62.0	-0.1
	Ph	60.5	61.1	-0.6

1분위

순위	주	평균	영역별 순위				
			P	S	F	C	Ph
1	South Dakota	64.1	1	29	2	3	7
2	Vermont	64.1	30	2	4	1	1
3	Hawaii	63.4	3	3	10	4	9
4	Minnesota	63.1	23	15	3	7	8
5	North Dakota	63.1	5	7	1	16	29
6	Colorado	62.9	25	24	13	14	2
7	New Hampshire	62.8	16	4	11	8	6
8	Idaho	62.8	19	45	17	2	17
9	Utah	62.8	12	9	7	5	24
10	Montana	62.6	22	33	18	6	13

2분위

순위	주	평균	영역별 순위				
			P	S	F	C	Ph
11	Massachusettes	62.5	47	8	9	13	4
12	Florida	62.4	4	1	31	17	14
13	Texas	62.3	2	11	32	18	22
14	California	62.3	13	12	28	27	3
15	Arizona	62.2	6	5	34	23	18
16	Wyoming	62.1	17	38	23	10	28
17	Nebraska	62.1	21	40	14	11	23
18	Virginia	61.9	20	19	15	30	15
19	North Carolina	61.8	7	6	35	19	35
20	Connecticut	61.7	33	14	8	43	5

3분위

순위	주	평균	영역별 순위				
			P	S	F	C	Ph
21	Iowa	61.7	35	46	6	12	38
22	Washington	61.7	41	30	21	24	16
23	New York	61.7	29	18	26	29	10
24	Maine	61.6	43	27	39	9	26
25	Alaska	61.6	45	28	5	36	20
26	New Mexico	61.6	9	13	33	47	12
27	Wisconsin	61.6	36	44	12	20	30
28	New Jersey	61.5	34	22	27	35	11
29	Tennessee	61.5	10	21	29	15	40
30	Maryland	61.3	32	20	22	44	19

4분위

순위	주	평균	영역별 순위				
			P	S	F	C	Ph
31	Georgia	61.3	15	17	43	32	36
32	Michigan	61.3	28	25	19	28	37
33	Kansas	61.2	42	47	20	26	32
34	Pennsylvania	61.2	31	16	24	34	33
35	Oregon	61.1	49	34	42	22	25
36	Illinois	61.1	26	23	16	48	27
37	South Carolina	61.0	14	10	44	25	41
38	Alabama	60.8	8	26	45	21	44
39	Missouri	60.7	38	36	25	37	39
40	Delaware	60.7	11	31	41	46	31

5분위

순위	주	평균	영역별 순위				
			P	S	F	C	Ph
41	Rhode Island	60.5	50	50	36	39	21
42	Indiana	60.4	37	35	30	41	42
43	Nevada	60.2	39	43	40	49	34
44	Ohio	60.0	44	41	38	42	43
45	Kentucky	59.8	48	32	37	33	48
46	Oklahoma	59.7	18	48	47	38	47
47	Mississippi	59.6	24	39	50	40	46
48	Arkansas	59.4	46	49	46	31	49
49	Louisiana	58.9	27	42	49	50	45
50	West Virginia	58.8	40	37	48	45	50

출처: (Gallup and Sharecare, 2018a: 7-8 재구성)
비고: P(목적), S(사회), F(재정), C(지역사회), Ph(신체)

인 반면, 하위 주들은 전반적으로 우수하지 못한 편이지만, 그렇다고 5가지 모든 항목에서 우수하거나 반대로 열등하다고 할 수도 없다는 점을 시사한다.

그리고 갤럽과 쉐어케어는 G-SWI와 동일한 방법으로 미국 전체 186개 지역사회들의 행복도 측정하였다(Gallup and Sharecare, 2018b: 2). 50개주와 워싱턴 D.C. 지역에 거주하는 18세 이상 성인 160,498명에게 2017년 1월 2일부터 12월 30일까지 전화 인터뷰를 통해 측정했다(Gallup and Sharecare, 2018b: 13). 매일 500여 통의 전화 인터뷰를 시도했는데 그 중 70%는 핸드폰으로, 30%는 유선전화로 이뤄졌다(Gallup and Sharecare, 2018b: 13).

〈표 6-19〉는 2017년 미국의 총 186개 지역사회들의 행복 순위를 5구간으로 구분한 것들 중에서 상위 10위와 하위 10위를 요약한 것이다.[43] 전체적으로 봤을 때, 1위를 플로리다 주의 네이플스-임모칼리-마르코 섬이 차지한 가운데 캘리포니아 주의 3곳, 플로리다 주와 버지니아 주 각각 2곳, 메사추세츠 주, 콜로라도 주, 애리조나 주의 각각 1곳이 상위 10위에 포함되었다. 그러나 전체 순위를 5구간으로 구분한 기준에 맞춰서 상위 10위에 포함된 지역사회들의 각 항목들 순위를 보면, 1등급에 포함되지 못하는 항목도 있었다. 다시 말해, 목적, 사회, 재정 각 영역에서 각각 3곳의 지역사회들이 38위에도 미치지 못한 것이다.

반면, 186위는 아칸소 주와 오클라호마 주의 포트 스미스가 차지한 가운데, 노스캐롤라이나 주의 2곳, 미시간 주, 일리노이 주, 펜실베이니아 주, 미시간 주와 인디애나 주, 뉴욕 주, 미시시피 주, 오하이오 주 각각의 1곳이 하위 10위에 포함되었다. 그러나 전체 순위를 5구간으로 구분한 기준에 맞춰서 하위 10위에 포함된 지역사회들의 각 항목들 순위를 보면, 5등급에 포함되지

42 일부 주들의 경우, 순위는 다른데 평균 점수가 같은 이유는 평균 점수를 반올림하였기 때문이다(Gallup and Sharecare, 2018a: 7).

43 1등급은 1위부터 38위, 2등급은 39위부터 75위, 3등급은 76위부터 112위, 4등급은 113위부터 149위, 5등급은 150위부터 186위로 구분하였다(Gallup and Sharecare, 2018b: 8).

않는 항목도 있었다. 즉, 목적 항목에서 2곳, 사회 항목에서 4곳, 재정 항목에서 5곳, 지역사회 항목에서 3곳, 신체 항목에서 2곳의 지역사회들이 5등급 보다 나았던 것이다.

〈표 6-19〉 미국 지역사회의 행복[44]

순위	지역사회	평균	영역별 순위				
			P	S	F	C	Ph
1	Naples–Immokalee–Marco Island, FL	67.6	1	1	1	2	2
2	Barnstable Town, MA	66.4	10	2	2	1	5
3	Boulder, CO	65.3	36	51	44	9	1
4	Santa Cruz–Watsonville, CA	65.1	7	16	23	10	3
5	Charlottesville, VA	65.0	52	15	5	14	7
6	Lynchburg, VA	64.9	3	4	28	8	24
7	North Port–Sarasota–Bradenton, FL	64.6	8	7	3	15	21
8	Santa Rosa, CA	64.6	63	53	59	7	4
9	Prescott, AZ	64.6	17	9	7	4	20
10	San Luis Obispo–Paso Robles–Arroyo Grande, CA	64.6	50	66	42	3	10
순위	지역사회	평균	영역별 순위				
			P	S	F	C	Ph
177	Flint, MI	59.5	155	38	94	182	160
178	Rockford, IL	59.5	67	142	38	185	164
179	Fayetteville, NC	59.3	160	34	165	186	146
180	Erie, PA	59.2	175	168	54	178	175
181	South Bend–Mishawaka, IN–MI	59.2	134	169	144	179	162
182	Binghamton, NY	58.9	184	127	96	184	147
183	Hickory–Lenoir–Morganton, NC	58.6	176	165	183	114	185
184	Gulfport–Biloxi–Pascagoula, MS	58.6	167	164	186	131	184
185	Canton–Massillon, OH	58.3	186	185	164	165	183
186	Fort Smith, AR–OK	58.2	183	181	185	146	186

출처: (Gallup and Sharecare, 2018b: 8-12 재구성)
비고: P(목적), S(사회), F(재정), C(지역사회), Ph(신체)

지금까지 살펴본 G-SWI는 크게 두 가지 장점을 가지고 있다. 먼저, G-SWI는 각 주 지역사회의 행복 또한 주의 G-SWI 측정과 동일한 방법으로 측정하여 비교 분석을 가능하게 하였고, 주들 간 비교 결과가 지역사회들 간 비교 결과와 항상 같은 것은 아니라는 것을 보여줌으로써 집단 간 차이와 집

44 일부 지역사회들의 경우, 순위는 다른데 평균 점수가 같은 이유는 평균 점수를 반올림하였기 때문이다(Gallup and Sharecare, 2018b: 8).

단 내 차이를 고찰할 수 있게 해주는 장점이 있다. G-SWI의 두 번째 장점은 거대한 미국의 전체 행복 상황을 한 눈에 볼 수 있도록 간결하게 구성되었다는 것이다.

그러나 이러한 간결함은 오히려 G-SWI의 단점으로도 작용하고 있다. 다시 말해, G-SWI의 측정 방법이 체계적이지 못하고, 어떤 측면에서는 지나치게 단순하기까지 하여 행복에 결정적인 영향을 미치는 변수들을 충분히 고려하고 있지 못하다. 갤럽과 쉐어케어가 G-SWI 보고서에서 G-SWI 도출과 관련된 이론적 논리, 방법론적 근거, 통계적 처리 방법 등 자세한 정보를 제공하고 있지 않아 정확하게 알 수는 없지만, 5가지 영역만 평가한 것은 확실한 상황에서 측정의 비체계성과 단순함에 대한 부정적 평가는 크게 무리가 없어 보인다. 보다 구체적으로, 5가지 측정 요소 모두 측정하고자 하는 항목을 지나치게 협소하게 해석하여 해당 요소의 핵심을 측정하는 데에 많은 한계가 있다. 예를 들면, 목적은 목표를 이루기 위한 동기로만 측정하고 있고, 사회는 개인 간 관계로만 보고 있다. 경제적 요소를 평가하고자 제안한 재정 요소는 소득이나 자산 등 필수적인 항목에 대한 고려가 부족하고 단순히 재정의 안정적 관리에만 초점을 맞추고 있다. 지역사회는 지역사회로부터 지지받을 수 있는 항목 보다는 단순히 자신이 거주하는 곳에 대한 주관적 만족감에만 집중하고 있고, 신체는 육체적 건강에만 초점을 맞추고 있어 정신적 건강은 전혀 고려하지 못하고 있다.

3. 새로운 행복 지표 구성의 최소 요건

새로운 행복 지표가 갖춰야 할 조건은 여러 가지가 있을 수 있지만, 우선 그것의 구성을 위한 최소한의 조건은 크게 두 가지 영역으로 나눠서 살펴볼 수 있겠다. 첫 번째는 새로운 행복 지표가 지표로 기능할 수 있도록 갖춰야 할 최소 요건으로 이와 관련해서는 다시 두 가지로 나눠서 살펴볼 수 있다. 먼저, 새로운 행복 지표는 신뢰성과 타당성을 보장할 수 있어야 한다. OECD 총장 앙헬 구리아(Angel Gurría)는 2011년 5월 24일 프랑스 파리에서 열린 OECD 포럼의 발전 측정(Measuring Progress) 세션 서두에서 GDP(GNP)의 한계를 지적하면서 다음과 같이 측정 지표의 신뢰성을 강조하였다.

> "공공정책의 최고 목표는 우리의 삶의 질을 향상시키는 것이어야 한다. 그러나 공공정책은 우리가 추구하는 발전(improvement)을 측정하는 도구가 오로지 신뢰할 만한 것일 때에만 최고의 결과를 가져올 수 있다. 생산을 GDP나 GNP를 통해 측정하는 것은 경제 정책에서 여전히 중요하지만, 이들은 우리의 웰빙과 발전(progress)을 평가하기에 충분하지 않다"(Gurria, 2011, 괄호 안 원문).

다시 말해, 경제적 발전 위주의 측정 지표를 대신할 새로운 측정 지표가 반드시 필요하나 이는 반드시 신뢰성과 타당성을 담보할 수 있도록 과학적이면서도 신중하게 구성되어야 한다는 것이다.

둘째, 측정 영역과 관련하여 새로운 행복 지표는 포괄적이어야 한다. 인간이 개발하는 모든 측정 도구는 측정하고 싶은 실제를 완벽하게 있는 그대로 담아내는 것이 아니라 실제를 해석해서 보여주는 일종의 프록시(proxy)에 불과하다(Costanza et al., 2009). 그런데 측정하고자 하는 항목이 정해지면 명시적 혹은 비명시적으로 해당 항목이 목표로 치환되는 효과가 발생한다. 이때 실제 내용 중 어떤 항목을 측정하고자 하는지를 선택하는 것에는 가치가 개입될 수밖에 없으며, 중요하다고 여기는 가치는 결국 당시 사회경제적 배경으로부터 결코 자유롭지 않다. 이와 같은 맥락에서, GDP(GNP)와 같은 경제적 성장에만 주목하는 지표는 비경제적인 요소도 그에 못지않게 중요하게 포함해야 하는 새로운 행복 지표를 대신할 수 없을 뿐만 아니라, 지속가능한 미래 사회를 위한 비전을 제시하는 데에도 한계가 있다. 따라서 새로운 지표는 앞에서 논의한 사회적 질의 네 가지 차원을 모두 포괄할 수 있어야 한다.

그러나 새로운 행복 지표 구성의 문제는 단순히 측정의 기술적 변화 차원의 이슈로 한정되어 설명될 수 없다. 그 보다 훨씬 복잡한 이해 당사자 간 권력 관계가 얽혀 있는 문제이다. 즉, 두 번째는 새로운 행복 지표 구성을 위한 정치경제 및 사회적 요건의 성숙과 관련된다. 이와 관련해서도 다시 두 가지로 나눠서 살펴볼 수 있겠다.

먼저, 경제적 성장이 모든 사회문제 해결의 왕도라는 일종의 경제적 성장 만능주의 신화에서 벗어날 필요가 있다. 2008년 글로벌 금융 위기 이후 GDP의 한계점이 특히 이전 보다 많이 비판 받고 있음에도 불구하고(Daly and Posner, 2011), 각 국가들은 여전히 사회 발전을 GDP의 향상 정도로 측정하고 있다. 뿐만 아니라, 아직 많은 일반 국민들도 여전히 GDP를 사회 발전의 지표로 믿고 있다. 이를 극복할 수 있는 새로운 패러다임의 형성을 위해서는 각국 정부의 정치적 결단이 무엇보다도 중요한 역할을 할 것이다.

둘째, 그러나 각국 정부의 정치적 결단이 실천으로 옮겨지기 위해서는 정치경제 및 사회적 이해관계를 어떻게 풀어갈 것인지가 핵심 이슈가 될 것이며, 그것이 해결되기 전에 의미 있는 변화를 기대하기는 쉽지 않을 것으로 생각된다. 왜냐하면, 새로운 행복 지표 구성을 둘러싸고 기존 지표의 기득권 세력들의 저항이 일어날 것은 말할 것도 없고(Seaford, 2011), 새로운 행복 지표가 실제 적용되기 시작하면 사람들은 그것을 기준으로 자신의 행복을 돌아보며 국가에 새로운 행복 지표에 맞는 정책을 요구하는 사회적 목소리를 내게 될 것이기 때문이다(Frey, 2008). 다시 말해, 위정자와 시장의 리더 등은 더 이상 과거처럼 GDP의 성장만으로 자신들의 공로를 대변하지 못하게 될 뿐만 아니라, 건강, 교육, 인권, 환경 등 새로운 행복 지표의 구체적인 항목들의 향상 여부에 대한 명쾌한 답을 내놓을 수밖에 없게 될 것이기 때문이다.

이와 같은 정치경제 및 사회적 요인과 새로운 행복 지표 구성 간 역동성은 크게 두 가지 유형으로 나타나고 있다. 첫 번째 유형은 정부가 실제 적용에 어려움을 겪은 경우로 중국 정부의 경험을 예로 들 수 있겠다. 중국 정부는

2004년부터 환경을 고려한 이른바 녹색 GDP(Green GDP)를 개발하여 국가 정책에 반영하려고 했었다. 그러나 중국 GDP의 약 20%가 자연 자원 고갈과 환경을 파괴한 결과라는 2006년 보고서가 발표된 이후 가중된 정치적 부담감 때문에 중국 정부가 녹색 GDP 프로젝트를 2007년에 종료시켰던 것이다(Economy, 2010; Public Broadcasting Service, 2007; Liu, 2006).

두 번째 유형은 정부가 매우 적극적으로 나선 경우로 2008년 4월 프랑스의 사르코지 전 대통령이 주도한 CMEPSP 구성 사례를 들 수 있다. 사르코지는 CMEPSP 구성을 위한 스티글리츠와의 대담에서 GDP를 둘러싼 자신의 정치사회적 고민을 밝혔다. 즉, 프랑스 국민들은 더 이상 정부의 소득 증대 정책에만 만족해하지 않고, 과거와 달리 비경제적인 여건에도 관심을 많이 갖게 되었을 뿐만 아니라, 정부가 환경오염 등을 줄여 삶의 질을 향상시켜 자신들을 보다 행복하게 해주길 요구하는 목소리도 더 이상 간과할 수 없는 수준에 다다랐는데, 사르코지 입장에서는 정부 정책의 성과를 평가하는 대표적인 지표인 GDP가 환경보호 등에 노력한 결과를 제대로 반영하지 못한다는 것이었다(Gertner, 2010). 다시 말해, 사르코지는 CMEPSP가 프랑스 국민들의 행복 증진을 위해 비경제적인 여건을 향상시키는 데에 자신의 정부가 노력한 바가 제대로 평가받을 수 있도록 새로운 행복 지표 마련에 가시적인 성과를 내주길 바랐던 것이다.

제7장

행복 시대를 향하여

앞에서 살펴본 바와 같이, 인류는 특히 최근 들어 이른바 행복 시대에 살고 있다고 해도 과언이 아니다. 제7장에서는 지금까지의 논의를 바탕으로 인류가 행복 시대를 향해 나아가면서 갖춰야 할 최소한의 조건과 그것의 내용에 대해 비판적으로 고찰한다. 먼저, 행복 시대의 국가의 역할에 대해 행복 정책을 중심으로 논의한다. 이어서 행복 불평등과 사회적 자본을 중심으로 행복 시대의 사회에 대해 논의한다. 그리고 행복 시대에 새롭게 부상하고 있는 행복 윤리에 대해 살펴본 후, 미래 통일 한반도의 행복 시대를 위해 필요한 노력들에 대해 논의하도록 한다.

1. 행복 시대의 국가

1) 국가 역할의 변화와 국가 행복 정책의 정당성

근대 국민국가(이하, 국가)의 건설은 대략 16세기경부터 서유럽을 중심으로 확대되어 전 세계로 퍼져나갔다.[1] 찰스 틸리(Charles Tilly)가 밝힌 바와 같이,

1 국가와 달리 정부는 행정부만 지칭하여 둘 간의 엄격한 의미는 차이가 있지만, 오늘날 광의에서 정부를 국가를 일컫는 의미로도 사용하는 경향에 따라 이 책에서도 국가와 정부를 상호 호환하여 사용한다.

그 과정에서 전쟁은 피할 수 없는 숙명이었고, 그 결과 국가의 여러 특징 중 핵심으로 평가받는 배타적 공간 즉, 영토의 경계가 명확해졌다(Tilly, 1975). 국가의 이와 같은 특징과 더불어 베버는 국가를 물리적 폭력의 합법적 독점을 주장하는 인간 집단으로 규정했다(Weber, 1946). 이와 비슷하게, 국가의 당위적 측면을 강조하는 시각에서 콜린 플린트(Colin Flint)는 국가란 단일 국민의 정치-지리적으로 분명한 표현으로 간주했다(Flint, 2012).

계속되어온 전쟁 중에서 특히, 1618년부터 1648년까지 독일의 가톨릭과 프로테스탄트 간 30년 전쟁이 역사적으로 중요한 전환점이었다. 즉, 30년 전쟁을 종결시키고 맺은 일종의 평화조약으로써 1648년에 베스트팔렌 조약이 체결되면서 출현한 국가 체제가 근본적인 변화 없이 오늘날까지 이어져 오게 된 것이다. 이러한 국가는 일정한 배타적 영토 내에서 국민이 모여 주권을 구성하는 특징이 있는데, 로저 다니엘 켈레멘(Roser Daniel Kelemen)은 특히, 주권 국가의 국내 · 외적 권한을 다음과 같이 밝히고 있다.

> "두 종류의 주권이 특히 필수적이다 … 첫째, 국내적으로 주권 국가는 국경 내에서 통치권을 행사할 수 있는 최고의 법적 권한(ultimate legal right)을 갖는 독립체(entity)이다 … 둘째, 국제적으로 주권 국가는 국내 정체를 대표하여 조약과 협정을 체결할 수 있는 최고의 권한을 갖는 독립체로 다른 국가들과 국제법의 인정을 받는다"(Kelemen, 2016: 393, 괄호 안 원문).

이처럼 국가가 국민, 영토, 주권으로 구성되는 통합된 제도이고, 일정한 영토와 사회를 통제하며, 정당한 물리적 힘의 독점, 시민권을 결정하고 출입을 통제, 주권 추구, 구속력을 가지는 결정의 시행과 집행, 타 사회와 구분되는 공공 영역에서 작동하는 것과 같이 일곱 가지 특징을 지닌다는 것에 대해서는 관련 학계에서 이견이 없다(Dryzek and Patrick, 2009).

한편, 국가의 역할에 대한 전통적 시각은 국가의 주된 역할은 사회 질서를 유지하는 것이지 개인의 행복을 직접적으로 진작하는 것은 아니라고 보았다. 예를 들면, 18세기의 스미스는 국가의 주된 역할을 아래와 같이 세 가지로 정리하고 있다.

> "국가는 세 가지 책임이 있다. 첫째, 외부 세력의 침략과 폭력으로부터 사회를 보호해야 한다. 둘째, 부정의와 억압으로부터 가능한 모든 국민을 보호해야 한다. 셋째, 공공사업(public works)과 공적제도를 만들고 유지해야 한다"(Smith, 1994[1776]: 745, 괄호 안 원문).

스미스와 비슷하게 19세기의 샤뮤엘 스마일즈(Samuel Smiles)는 국가 기능은 선천적으로 개인의 능력을 제한하는 것이기 때문에 국가는 개인의 행복 증진을 위해 직접적인 역할을 해서는 안 되며 오히려 개인의 행복은 자조(self-help)를 통해 이뤄져야 한다고 주장했다(Smiles, 1859). 그리고 20세기에 칼 포퍼(Karl Popper) 또한 국가의 역할은 국민의 행복을 직접적으로 증진시키는 것이 아니라 그들을 사회 문제로부터 보호하는 것이 우선이라고 보았다(Popper, 1962). 이처럼 국가 역할에 대한 전통적 시각은 국가가 사회 질서를 유지하면 그것이 곧 국민 행복에 긍정적인 영향을 미친다고 보는 일종의 '행복의 소극적 보장'을 지지하며, 개인의 행복은 개인이 알아서 할 문제일 뿐 그것의 범위를 넘어서는 국가는 이른바 '유모 국가(Nanny State)'(Harsanyi, 2007) 혹은 '치료 국가(Therapeutic State)'(Polsky, 1991)라고 하였다.

그러나 다른 한편에서는 국가 역할에 대한 전통적 시각과 상반되는 입장도 존재했다. 예를 들면, 18세기에 에드먼드 버크(Edmund Burke)는 『프랑스 혁명에 관한 성찰(Reflections on the Revolution in France』에서 인간의 천부적 권리로서의 자연권에 기반 하여 인간의 합의에 의해 만들어진 국가가 인간의 욕구 충족을 위해 노력해야 함을 다음과 같이 밝히고 있다.

> "정부는 자연권에 기반하여 형성된 것이 아니다. 자연권은 정부와 완전히 독립하여

존재할 수 있고, 또 실제 그렇게 존재한다. 그리고 훨씬 더 분명한 형태로 존재하며, 추상적 완벽성이라는 점에서 훨씬 더 높은 등급이다…정부는 인간의 욕구를 충족하기 위해 인간의 지혜로 고안해낸 것이다. 인간은 이러한 욕구가 이 지혜에 의해 충족되게 할 권리를 지닌다"(Burke, 2017[1790]: 120).

이와 비슷한 맥락에서, 행복 추구권이 기본권이라는 것은 1776년의 미국 독립 선언서와 1793년의 프랑스 헌법에서도 확인되고 있다(De Vos, 2012; McMahon, 2006).[2] 또한, 미국 독립선언서 작성자 중 한 명이었던 토마스 페인(Thomas Paine)은 국가나 헌법의 형태가 무엇이든 일반 행복을 증진하는 것이야 말로 국가의 궁극적인 목적이 되어야 한다고 하였다(Paine, 1993[1791]). 이와 비슷한 시기인 1729년에 부탄은 행복과 관련된 정부의 의무를 법률에 다음과 같이 명확하게 규정하기도 했다.

"만약, 정부가 국민들을 위한 행복(dekid)을 창조하지 못한다면 그러한 정부는 존재할 필요가 없다"(Ura et al., 2012b: 6, 괄호 안 원문).

그리고 19세기 즉, 1801년부터 1809년까지 미국의 제3대 대통령이었던 토마스 제퍼슨(Thomas Jefferson)은 '정부의 유일한 정통 목적은 국민에게 가능한 최대한의 행복을 보장하는 것'이라며 정부의 존재 이유를 국민의 행복 증진이라고 주장했다(Peterson, 2005: 7-8). 20세기의 베버리지는 베버리지 보고서 제6장 사회보장과 사회정책 부분에서 제2차 세계대전 중이었던 1941년 당시 윈스턴 처칠(Winston Churchill) 총리와 프랭클린 루즈벨트(Franklin Roosevelt) 대통령 간 체결된 '대서양 헌장(The Atlantic Charter)'의 5번째 조항에서 밝힌 사회보장을 실현하기 위한 구체적 실천 방안을 제시하

2 1776년 7월 4일의 미국 독립 선언문은 'We hold these truths to be self-evident, that all men are created equal, that they are endowed by their Creator with certain unalienable Rights, that among these are Life, Liberty and the pursuit of Happiness'라고 밝히고 있다(US National Archives and Records Administration, 2018).

는 것도 동 보고서의 여러 가지 목적 중의 하나라며(Beveridge, 1942: 171) 국가의 역할을 다음과 같이 밝히고 있다.

> "평화로운 시기와 전쟁 시기 모두에 있어 정부의 목적은 지배자의 영광이 아니라 보통 사람들의 행복 … 이것은 정부의 형태가 다양하더라도 대서양 헌장에 동의한 민주주의 국가들뿐만 아니라 그들의 동맹국들을 통일시키는 믿음 … 그것은 UN을 통합하고 적들과 구분해준다"(Beveridge, 1942: 171).

우리나라의 헌법 또한 행복과 관련하여 전문과 제10조에서 각각 다음과 같이 규정하고 있다.

> "유구한 역사와 전통에 빛나는 우리 대한국민은 … 우리들과 우리들의 자손의 안전과 자유와 행복을 영원히 확보할 것을 다짐하면서…"(국가법령정보센터, 2017d).

> "모든 국민은 인간으로서의 존엄과 가치를 가지며, 행복을 추구할 권리를 가진다. 국가는 개인이 가지는 불가침의 기본적 인권을 확인하고 이를 보장할 의무를 진다"(국가법령정보센터, 2017d).

이것은 곧 우리나라 헌법이 행복추구권을 자유권임과 동시에 헌법에 명시되지 않은 기타 권리들을 모두 포괄하는 양도 불가능한 권리로 인정하고 있음을 의미하는 것이다(권영성, 2010).

그런데 특히 최근 들어 정부의 형태가 무엇이든 국가는 국민의 행복 증진을 위한 정책을 적극적으로 펼쳐야 한다며 국가 역할에 대한 전통적 시각과 상반되는 입장이 매우 광범위하게 퍼지고 있다(Deeming, 2013; Halpern, 2010; Bacon et al., 2010; Diener et al., 2009; Dolan and Peasgood, 2008; Diener, 2006).[3] 예를 들면, 조셉 라즈(Joseph Raz)는 국가와 개인 사이의 권리

---

3 행복 시대에 국가가 행복 증진을 위해 노력해야 한다는 것이 곧 행복 추구만이 유일한 선이고 이외의 다른 가치들은 무의미하다는 것을 의미하는 것은 아니다. 다시 말해, 행복은 자유,

와 의무를 명확하게 구분하는 것은 거의 불가능하여 둘 사이 자유의 영역 또한 명확하게 구분하는 것도 어렵다며 국가는 공적 권한을 이용하여 개인의 행복한 삶을 위한 경제적, 사회적, 문화적 환경을 조성하고 도덕적으로 가치 있는 기회를 제공하는데 힘써야 한다고 여겼다(Raz, 1994, 2009). 이와 같은 맥락에서 부탄, 에콰도르, 아랍에미리트, 베네수엘라와 같은 국가들은 국가 정책을 행복 지향적으로 조정하는 책임을 진 행복 장관을 임명하기도 했다(Helliwell, Layard, and Sachs, 2016).

뿐만 아니라, 행복 보장을 위한 국가의 적극적 역할을 요구하는 대중들의 목소리도 커지고 있다. 예를 들면, 영국의 GfK NOP가 15세 이상 영국 국민 1,001명을 대상으로 2005년 10월 28일부터 30일까지 '행복 공식(The Happiness Formula)'여론조사를 실시했다. 조사 결과, '정부의 최고 목표가 최대 행복(greatest happiness) 또는 최대 부(greatest wealth) 중 어느 것이어야 하는가?'라는 질문에 13%가 부라고 응답한 반면, 행복이라고 응답한 비율은 81%에 달했다(BBC. 2006). 또한, GlobeScan과 Ethical Market이 공동으로 2007년 5월부터 8월까지 10개 국가 총 1,000명의 성인을 대상으로 진행한 서베이에 따르면, 평균 75%의 응답자들이(개발도상국 70%, 선진국 77%) 발전의 지표로 경제적 발전뿐만 아니라, 건강, 사회, 환경의 발전도 포함시켜야 한다고 응답했다(GlobeScan and Ethical Market, 2007).[4]

이와 동일한 맥락에서 삭스는 세계 각 국 정부가 행복 증진을 위해 노력하는 것이 빈곤과 핵 관련 문제뿐만 아니라, 기후 변화, 새로운 질병, 생물 다양성 파괴 등 21세기 인류가 당면한 각종 거대 문제에 대한 근본적인 해법을 제공해 줄 수 있다고 피력했다(Sachs, 2018a). 다시 말해, 세계 행복 정책 보고서

정의 등 인간이 추구해야 하는 궁극적인 가치들과 상호 배타적이지 않으며, 오히려 그것들과 조화를 이루며 통합될 수 있는 것이다(Bok, 2010; Martin, 2012).

4 영국, 캐나다, 프랑스, 독일, 이탈리아, 러시아, 호주, 브라질, 인도, 케냐를 대상으로 했고, 이 중 러시아, 브라질, 인도, 케냐는 면대면 인터뷰를, 나머지 국가에서는 전화조사를 실시했다(GlobeScan and Ethical Market, 2007).

(World Happiness Policy Report)에서 삭스는 행복 시대의 국가 역할에 대해 다음과 같이 밝히고 있다.

> "행복을 거버넌스의 중심에 위치시키려는 세계적인 행복 운동(happiness movement)에 대한 회의론자들은 정부의 일은 필연적으로 행복이 아닌 권력에 관한 것일 수밖에 없다고 믿는다. 그러나 행복 추구는 단지 이상적인 것만이 아니라 세계적인 재앙을 피할 수 있는 세계 최고이면서 아마도 유일한 희망… 따라서 권력이 아니라 행복을 택하는 것이 세계 안전과 생존으로 가는 길이다"(Sachs, 2018a: 4, 괄호 안 원문).

이와 같은 국가 역할에 대한 논쟁을 개인의 자유 제한은 자유의 행사가 타인에게 해를 끼치는 경우에만 가능하다는 밀의 해악 원칙(harm principle)(Mill, 2015[1859])과 함께 과학성과 가치 지향성 간 긴장 관계를 배태한 정책의 속성(Lasswell, 1951)에 비춰보면, 필연적으로 개인의 선택에 개입할 수밖에 없는 국가의 행복 정책에 대한 정당성 논란으로 이어질 수밖에 없다. 그 중에서 가장 대표적인 것이 바로 행복해지고 싶으면 자신이 처한 환경을 탓하기 보다는 기대를 줄여야 한다며 행복의 주관적 특성에만 주목하는 행복 개인주의자들의 주장이다. 만약, 행복 증진을 개인주의적 시각에 입각해서 판단한다면, 국가의 정책적 도움 없이 개인이 마음먹기에 따라 얼마든지 행복감이 커질 수 있다고 해석할 수도 있을 것이다.

그러나 우리는 이미 앞에서 행복의 사회성 고찰을 통해 행복은 오롯이 개인적인 문제일 수만은 없다는 것을 알 수 있었다. 그에 더하여 행복의 개인주의적 환원론 자체가 자기모순에 빠져 있음을 비판하지 않을 수 없겠다. 다시 말해, 행복 개인주의자들은 인간이 자신이 처한 환경에 대해 기대를 줄이고 현재 조건에 만족하는 일종의 체념적 태도를 통해 얻게 되는 만족감은 진정한 만족이 아니라 자신이 처한 현실을 오해하는 것에서 비롯될 수도 있다는 사실을 간과하고 있다.

이와 관련하여, 우리는 헤겔이 『정신현상학(The Phenomenology of

Mind)』에서 노예가 자기의식의 자유를 깨달으면서 자신이 자유로운 존재임을 자각하게 되지만, 주인과 동일하게 행복할 수는 없다(Hegel, 2003)고 한 바에 귀 기울일 필요가 있다. 즉, 노예제 사회에서 주인은 스스로 노예에게 의존 할 수밖에 없음을 알게 되고, 노예는 자유로운 자신의 존재를 자신 안에서 오롯이 실현할 수 없기 때문에 둘 모두 결코 행복해 질 수 없다는 것이다. 헤겔의 시각에서 봤을 때, 노예제 사회의 인간들이 행복해 질 수 없는 이유는 그들이 스스로의 이성을 발휘하지 못해서가 아니라, 서로를 인정할 수 있는 환경이 조성되지 못했기 때문인 것이다. 이와 비슷하게, 역사적으로 여성의 참정권이 인정받지 못했던 시대에 살았던 여성들은 자신의 한 표가 어떤 의미를 가지는지 모를 수밖에 없는 상황에서 참정권을 보장받지 못하는 상황을 당연하게 수용하면서 느끼는 만족감을 행복이라고 할 수는 없는 것이다. 뿐만 아니라, 인간은 진공 상태에서 사는 것이 아니라 사회에서 타인과 더불어 살면서 수많은 구조적 제약으로부터 결코 자유롭지 못하기 때문에 자신을 둘러싸고 있는 인간관계뿐만 아니라 사회적으로 구성된 제도와 정책의 변화가 수반되지 않으면 개인이 아무리 기대를 줄이고 긍정적인 마음가짐을 갖는다고 하여도 결코 행복해 질 수는 없는 것이다. 다시 말해, 행복이 개인의 주관적인 느낌이라고 해서 행복할 권리마저 개인이 해결해야 할 문제로 치부될 수는 없으며, 이것은 곧 국가 정책의 역할이 매우 중요함을 시사한다.

2) 약자우선주의와 역량적 접근에 기반한 국가 행복 정책

그렇다면, 국가는 무엇을 행복 정책의 최소한의 요건으로 삼아야 할까? 이와 관련하여 비교적 많이 활용되는 것이 바로 희소한 자원에 대하여 최대 효용을 주장하는 공리주의적 행복 정책이다. 그러나 국가의 행복 정책이 공리주의에 기반 하게 되면 왜 한계에 봉착할 수밖에 없는지 크리스티앙 골리에(Christian Gollier)의 다음과 같은 비판을 들어보면 쉽게 알 수 있다.

> "공리주의는 오로지 총 효용을 증가시키는 것만 중요하게 여길 뿐, 개인의 행복 불평등을 감소시키는 데에는 전혀 가치를 두지 않는다"(Gollier, 2018: 16).

이와 같은 공리주의의 맹점에 대해 센이 제시한 방안이 바로 약자우선주의(prioritarianism)이다(Sen, 1973). 공리주의에 비해 센의 약자우선주의는 비용-편익 분석에서 약자에게 돌아가는 효용에 보다 더 많은 가중치를 부여하는 것이다(Gollier, 2018: 17). 존 롤스(John Rawls) 또한 센과 같이 약자우선주의를 주장했지만, 센 보다 약자우선주의의 기준을 더 엄격하게 적용해야 한다고 강조한 점에서 센과 달랐다. 다시 말해, 롤스는 약자를 위한 효용을 극대화 할 수 있는 기준을 주장함으로써 센 보다 극단적인 방식으로 평등을 추구한 것이다(Rawls, 1971). 롤스의 주장에 따르면, 약자의 효용을 증대시킬 수 있는 경우에는 부유한 사람들에게 어떠한 희생을 치르게 하는 것도 문제되는 것이 아니기 때문에 롤스의 약자우선주의를 실제 행복 정책에 적용하는 데에는 많은 주의가 필요하다(Gollier, 2018).

두 번째, 행복에 관한 개개인의 주관적 평가 결과 즉, 쾌락적 행복을 기준으로 생각해 볼 수 있다. 그러나 이와 같은 접근은 크게 두 가지 근본적인 문제점을 안고 있다. 첫째, 행복의 주관성으로 인해 쾌락적 행복의 평가 결과는 국가 정책의 객관적 기준이 되기 어렵다. 즉, 동일한 정책으로 동일한 혜택을 받는 경우에도 수혜자가 누구냐에 따라 그에 대한 만족도는 결코 같을 수 없기 때문에 주체의 주관적 판단에 기반한 만족도만으로 정책을 결정하거나 폐지하는 것은 논리적 비약이 매우 크다.

둘째, 쾌락적 행복을 측정할 때 응답자의 합리적 상황을 보장할 수 없다는 한계가 있다. 이와 관련하여 누스바움이 국가 정책 수립 시 상황적 맥락의 중요성을 다음과 같이 강조한 바에 주목할 필요가 있다.

> "한 국가의 구성원이 그 국가에서 어떻게 인간적인 방법으로 기능할 수 있는지 알지 못하면 그 국가(의 정책 수립을)를 판단할 수 없고 … 삶의 질을 효용으로써 측정할

경우 수많은 심각한 문제를 유발하게 된다"(Nussbaum, 1992: 229-230, 괄호 안 저자 삽입).

다시 말해, 정책과 관련된 판단 시 주체의 기능(functioning) 가능성에 주목하지 않고, 가변성이 매우 높은(highly malleable) 욕망과 만족의 측정에 집중하면 응답자의 상황적 맥락을 간과하게 된다는 것이다. 그녀는 인도에서 과부(寡婦)와 환부(鰥夫)를 대상으로 한 건강 상태 조사 시 과부 보다 환부의 불만이 더 컸는데 실제 건강 상태는 환부보다 과부가 더 열악했던 예를 들면서 개개인이 처한 상황을 고려하지 못하면 오도된 정책이 수립될 수 있는 위험을 경고했다(Nussbaum, 1992).

따라서 국가의 행복 정책에는 최소한 주체의 기능과 그가 처한 사회적 맥락을 동시에 고려할 수 있는 접근법이 필요함을 알 수 있다. 이와 관련하여 우리는 다시 한 번 센의 논의로부터 의미 있는 함의를 얻을 수 있다. 센의 역량 접근법(capabilities approach)은 아리스토텔레스, 밀 등의 영향을 많이 받아 기본적으로 인간 자체를 목적으로 보고, 인간이 행복하게 살기 위해서 활용할 수 있는 기회에 주목한다. 센은 역량이야 말로 인간의 실질적인 자유(substantial freedom)이며, 인간으로 하여금 무엇인가를 성취할 수 있게 해주는 기능의 조합이라고 보았다(Sen, 1999, 1992). 여기서 센이 말하는 기능(functioning)이란, 교육을 잘 받고 있는 등 인간이 처할 수 있는 존재의 상태나 투표를 하는 등 행위를 하는 것을 말하며, 기능을 실천하고 가능하게 하는 자유나 기회가 곧 역량이다(Nussbaum, 2011; Robeyns, 2006, 2005).

역량 접근법은 능력이 뛰어난 사람이 더 많은 대우를 받아야 한다는 능력주의적 관점을 배격하고, 누군가로부터 도움을 받아야만 역량의 최소한도를 만족시킬 수 있는 사람이 우대를 받아야 한다고 여긴다(Nussbaum, 2000). 따라서 센의 역량 접근법은 롤스의 기초재(primary goods) 개념이 결과에 대한 수단을 중심으로 평가(Rawls, 1971)하는 것과 달리, 결과를 중심으로 평가하는 입장이라고 할 수 있다.[5] 다시 말해, 센은 수단을 통해 얻게 되는 도구적 가치보다 결과를 통해 얻게 되는 내재적 가치를 비교의 기준으로 삼은 것이다.

예를 들면, 소득이 증대되는 것은 수단이 증대되는 것이고, 소득의 증대로 역량이 강화되는 것이 곧 결과인 것이다. 소득이 증대되었지만, 역량에 변화가 없다면 센에게 소득 증대는 별 다른 의미가 없는 것이다. 센은 인간에게 영향을 미치는 것은 결국은 수단이 아닌 결과이기 때문에 결과에 집중해야지 수단에 집중하게 되면 수단을 기능이나 역량으로 전환시킬 수 있는 개개인의 편차를 고려하기 어려워져 결과보다 수단에 집중하는 것을 경계했다.

보다 구체적으로, 누스바움은 센이 말하는 실질적인 자유를 결합 역량(combined capabilities)이라 하고, 고정되지 않고 역동적인 인간의 상태를 내적 역량(internal capabilities)으로 구분했다(Nussbaum, 2011: 21). 선천적인 능력과 달리 내적 역량은 훈련을 통해 계발될 수 있는 능력으로 정치경제 및 사회 환경과의 상호 작용을 통해 길러지는 것이다. 누스바움은 결합 역량의 실현은 내적 역량과 기능을 자유롭게 선택할 수 있게 해주는 경치경제 및 사회 환경적 요소가 더해져야 가능하다는 점에서 내적 역량은 갖추지 않고 결합 역량만 갖출 수 있는 사회는 존재할 수 없다고 보았다(Nussbaum, 2011: 22).

한편, 인간은 서로 다른 국가와 사회 문화적 환경에서 살아가기 때문에 과연 인간의 존엄성을 지키기 위해서 모두에게 적용 가능한 핵심 역량을 구체적으로 제시할 수 있는지에 대해서는 센과 누스바움 간에 차이가 존재한다. 즉, 센은 보편적으로 적용될 수 있는 핵심 역량의 구체적인 항목 제시에 부정적인 입장(Robeyns, 2005; Vallentyne, 2005)인 반면, 누스바움은 그것

5 누스바움은 롤스가 『정의론(A Theory of Justice)』에서 기초재 개념에 근거하여 자원의 평등한 분배를 논의한 바에 대한 센의 비판에 동의하지 않았다. 즉, 누스바움은 롤스의 정의론에서 기초재는 롤스가 제시한 수많은 개념들 중 하나에 불과했던 것일 뿐 정의론을 관통하는 핵심 개념은 아니라고 주장하면서 오히려, 불평등한 자원의 배분을 직접적으로 다룰 수 있는 '자원 중심 접근법'을 제시하고 있다(Nussbaum, 2011).

을 10가지로 제시하고 있다.[6] 다시 말해, 누스바움은 생명(life), 신체 건강(bodily health), 신체적 완결성(bodily integrity), 감각 및 상상과 사유(senses, imagination, and thought), 감정(emotions), 실천 이성(practical reason), 관계(affiliation), 인간이외 다른 종(other species), 놀이(play), 환경 통제(control over one's environment)를 핵심 역량으로 제시하고 있다(Nussbaum, 2003: 41-42).

누스바움은 이와 같은 10가지 핵심 역량이 최종적인 것이 아니라 일종의 제안으로 비판을 거쳐 앞으로 새롭게 다른 역량이 추가될 수도 있다고 하였다(Nussbaum, 2003: 41). 그리고 각각의 핵심 역량은 고유성을 갖고 있기 때문에 어느 한 역량을 다른 역량으로써 보상해주는 것은 불가능하다고 하였다(Nussbaum, 2011). 또한 10가지 핵심 역량 모두 최소 수준은 확보되어야만 인간으로서의 존엄성을 잃지 않을 수 있기 때문에 모든 사람들에게 반드시 필요하다고 보았다(Nussbaum, 2007).

국가가 인간의 존엄성을 지키기 위해 최선을 다 해야 하는 것이 자명하다는 것과 공리주의적 행복 정책의 근본적인 한계와 센의 약자우선주의, 센과 누스바움이 구체화한 역량 접근법이 인간의 존엄성을 지키기 위한 최소한의 요건임을 종합적으로 판단해 보면, 행복 시대에 국민의 행복을 위한 국가의 행복 정책이 최소한 약자우선주의와 역량 접근법에 기반 해야 한다는 것에 의심의 여지가 없다할 것이다. 희소한 자원에 대해 그것의 효용을 극대화하려는 공리주의적 접근이나 롤스와 같이 정의의 관점에서 분배를 통해 개개인에게 공평하게 자원이 투입될 수 있게 하려는 기존 시각과 명확하게 구분되는 약자우선주의(Sen, 1973)와 역량 접근법(Sen, 1979)이야말로 민주주의 사회에서 국가 정책이 희소한 자원의 배분을 통해 개인이 가치 있다고 여기는 삶을 달성할 수 있도록 도와주는 일종의 보조 수단이라는 한계를 극복할

6 센은 구체적인 항목을 제시하는 것은 이론가가 할 일이 아니며, 민주적 절차에 따라 역량의 선택이 이뤄져야 한다고 여긴다(Sen, 2004).

수 있는 것이다. 또한, 동일한 자원이 같은 양만큼 주어지더라도 개개인의 능력과 그들이 처한 사회적 조건에 따라 투입된 자원의 효과는 다를 수밖에 없으므로 국가 행복 정책은 단순히 자원의 효용을 극대화 하는 것만으로는 부족할 뿐만 아니라, 공평하게 배분했다고 해서 본연의 역할을 다한 것으로도 볼 수 없기 때문에 약자우선주의와 역량적 접근에 기반한 행복 정책이 필요한 것이다.[7]

3) UN과 국가 행복 정책

최근 국제 사회는 인류가 지금까지 대부분의 국력을 경제 발전을 위해 투자했고, 그로 인해 이른바 '기든스의 패러독스(Giddens's Paradox)'로 설명되는 기후 변화 및 환경오염 문제(Giddens, 2009b), 사회 불평등 문제 등과 같이 인간의 행복을 해치는 비용을 치러야만 한 것을 반성하며 지속가능한 발전을 적극적으로 모색하고 있다(Poole, 2018; Lebreton et al., 2018; Marois, 2018; OCF, 2017; World Bank 2016).[8] 이처럼 국제 사회가 찾고 있는 지속가능한 발전에 대해 UN은 이미 1980년대 후반에 그것의 정의와 역할을 다음과 같이 제시한 바 있다.

> "지속가능한 발전이란, 미래 세대의 욕구 충족을 침해하지 않으면서 현 세대 욕구 충족을 위한 발전이다 … 따라서 모든 국가의 경제 및 사회 발전은 지속가능성에 기반하여 정의되어야 한다"(UN, 1987: 54).

---

7 이외에 국가가 개인에게 정보를 제공함으로써 정보 비대칭을 해소하려는 것과 같은 간접적인 개입을 넘어 사적 영역에 국가가 직접 개입하되 개인의 선택 자유 자체에 해를 가하지 않는다는 자유주의적 온정주의(Libertarian Paternalism) 등 다양한 방법이 있을 수 있다(Sunstein, 2017; Thaler and Sunstein, 2009, 2003; Sunstein and Thaler, 2003). 이에 대해서는 후속 연구를 통해 구체적으로 논의할 수 있기를 기대한다.

8 2008년 글로벌 금융 위기 이후 기존 경제 시스템에 대한 반성으로 연대 경제(solidarity economics) 차원에서 여러 가지 대안적 경제 시스템이 제안된 것(Castells and Hlebik, 2017)도 이와 같은 맥락에서 진행된 것으로 볼 수 있다.

이와 같은 지속가능한 발전을 달성하기 위한 구체적 실행 목표를 UN이 명시한 것 중에서 2018년 기준, 가장 최근의 것이 바로 지속가능한 개발 목표(SDGs)이다.[9] 다시 말해, 심각한 기후 변화뿐만 아니라 2050년에 세계 인구가 90억 명에 달할 것으로 예상되는 등 전 세계가 당면한 거대 사회 문제에 국제 사회가 지속가능한 발전 개념은 새천년 개발 목표(Millennium Development Goals, MDGs)를 단순히 연장시키는 것이 아니라 공기, 바다, 숲, 생물다양성, 생물지화학순환(biogeochemical cycles) 등 지구와 인간 안보를 모두 포용할 수 있을 만큼 포괄적이어야 한다(Griggs et al., 2013)는 데에 뜻을 같이하여 2014년 7월 UN 총회(General Assembly) 하 정부 간 실무 그룹(Open Working Group) 미팅을 가졌고, 이후 2015년 9월 15일 UN 창립 70주년 기념식에서 193개국들이 2016년부터 2030년까지 지속가능한 개발을 위한 글로벌 협력 가이드라인으로 'Transforming Our World: The 2030 Agenda for Sustainable Development'를 채택한 것이다(UN, 2015; OWG, 2014; Goldin, 2018).[10] 각국이 보다 균형적인 발전을 추구하여 모든 세대의 행복 수준을 높일 수 있도록 디자인 된 SDGs(Helliwell, Layard, and Sachs, 2016)는 〈그림 7-1〉에서 보는 바와 같이, 총 17가지의 지속가능한 개발 목표를 설정했는데, 이들은 다시 빈곤 해결, 성차별 철폐, 노동 문제 해결, 소득과 부의 격차 해소, 환경 보호, 평화롭고 포용적인 사회 구현, 글로벌 협력 강화와 같이 7가지 유형으로 분류된다(Sachs, 2016).

UN의 SDGs는 국가 행복 정책에 중요한 함의를 제공해주고 있다. SDGs가 기반하고 있는 철학 및 가치와 실행 목표가 국가 행복 정책이 기반하고 추

9 이는 UN이 2000년부터 2015년까지의 글로벌 협력 가이드라인으로 총 8가지 발전 목표를 제시 한 MDGs에 이어서 추진된 것이다.

10 한국 정부도 이러한 움직임에 발을 맞추어 2018년 3월 21일 서울에서 '국민이 행복한 나라'를 만들기 위한 한국형 국가 지속가능 개발 목표(Korean Sustainable Development Goals, K-SDGs) 구상을 목적으로 국제 컨퍼런스를 개최하고, 2018년 4월부터 12월까지 K-SDGs 구성을 완료하기 위한 민 · 관 · 학 협의체를 구성했다(환경부, 2018).

〈그림 7-1〉 UN의 지속가능한 개발 목표(SDGs)

출처: (UN SDKP, 2018)

구하는 것들과 일맥상통하기 때문이다. 예를 들면, SDGs의 세부 목표를 보면 행복은 정치 · 경제 · 사회 · 문화 · 환경등과 같이 다차원적 노력을 통해 이른바 '좋은 사회(Good Society)'를 이룩함으로써 얻어질 수 있는 것으로 보고 있는데(UN, 2015), 이러한 SDGs의 성취가 행복에 긍정적인 영향을 미친다는 것은 경험적으로도 증명되고 있다. 이와 관련하여, 삭스가 지속가능한 개발 목표 지표(SDG Index), 글로벌 경쟁력 지수(Global Competitiveness Index, GCI), 경제적 자유 지수(Index of Economic Freedom, IEF) 등의 자료를 분석하여 SDGs의 성취와 행복 간에 정적 상관관계가 있음을 밝힌 것을 대표 사례로 들 수 있겠다(Sachs, 2016).[11]

또한, UN이 SDGs를 추진하면서 '소외되는 이는 단 한 명도 없을 것이다'(UN, 2016: 48)고 밝힌 것은 국가의 행복 정책이 모두를 위한 행복을 추구하는 것과 같은 맥락에 있다. 이는 기본적으로 벤담의 최대 다수의 행복 추구에 동의하면서도 특히, 소외된 사람들의 행복에 깊은 관심을 보이면서 국가 행복 정책에 대해 다음과 같이 밝힌 래이어드의 입장과도 동일한 것이다.

11 삭스는 SDG Index는 UN Sustainable Development Solutions Network가, GCI는 WEF가, IEF는 Wall Street Journal과 Heritage Foundation이 생산한 자료를 사용했다.

> “나는 벤담의 주장에 단지 한 가지만 수정하였다. 나는 최대 행복을 증진하는 것보다 고통을 줄이는 것이 더 중요하다고 믿는다. 그래서 이미 행복한 사람의 행복을 증진시키는 것보다 고통스러운 사람들의 행복을 증진시키는 것이 사회적으로 보다 바람직한 것이다”(Layard, 2009: 96).

이와 같은 UN의 청사진대로 각 국가가 SDGs 달성을 위해 노력 한다면 2030년에 SDGs 달성 지표 값은 지금 보다 분명히 향상될 것이다. 그러나 지표 값의 향상이 곧 전 세계를 행복하게 해줄 것이라고 단언하기는 어렵다. SDGs를 추진하는 데 소요되는 경제적 비용뿐만 아니라 각 국가 마다 다른 정치경제 및 사회 환경에 따라 그 결과는 천차만별일 것이다. 특히, 국가 전반에 걸친 정치경제시스템의 구조 변화가 병행되지 않은 상황에서 이뤄진 SDGs의 향상은 수사에 그칠 수도 있음에 주의해야 할 것이다(Biermann et al., 2012).

2. 행복 시대의 사회

1) 행복 평등한 사회

행복 시대에 우리 사회는 과연 행복 평등한 사회일까? 대부분의 사람들은 이와 같은 질문에 망설임 없이 그렇다고 대답하기 어려울 것이다. 그러나 만약, 자신이 사는 사회를 자신의 의지대로 선택해서 살 수 있다면 사람들은 대부분 망설임 없이 행복 불평등한 사회를 선택하지는 않을 것이다. 왜냐하면, 행복의 불평등 정도가 적은 사회에 사는 사람들이 큰 사회에 사는 사람들보다 더 행복하다는 것은 논란의 여지가 없기 때문이다(Helliwell, Layard, and Sachs, 2016).

그렇다면, 과거에는 우리 사회가 과연 행복 평등했을까? 역사적으로 우리 사회의 행복 불평등은 어떻게 변화해왔을까? 이와 같은 질문에 대해서는 세

〈그림 7-2〉 세계 행복 불평등의 장기 추이

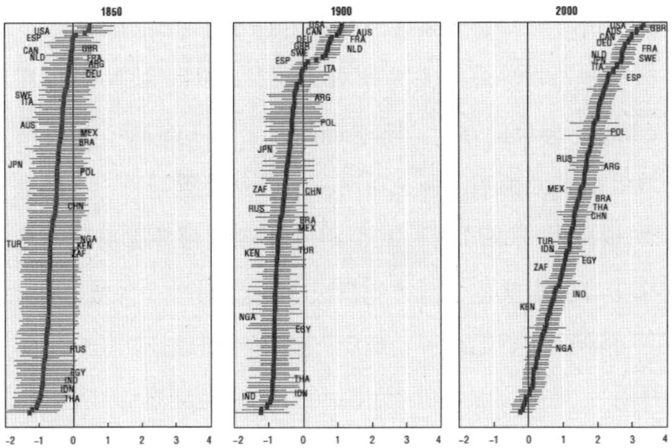

출처: (Rijpma, 2014: 265)

계 행복 불평등 흐름의 장기적 추세와 단기적 추세 두 가지로 구분해서 답변할 수 있을 것이다.

먼저, 장기적 추세와 관련해서는 OECD가 2014년에 1820년부터 2000년까지 약 180년 동안의 자료로 전 세계 행복을 조사한 연구를 예로 들 수 있겠다.[12] OECD에 따르면, 시간이 지남에 따라 세계 행복 불평등이 전반적으로 심화되어 온 것으로 나타났다(Rijpma, 2014). 〈그림 7-2〉에서 보는 바와 같이, 1850년에는 행복의 분포가 전체적으로는 비교적 균등한 편이었으나, 소수 최상위 국가들에서는 차이가 있었다(Rijpma, 2014: 263). 그리고 1900년에 들어서면서부터 주로 서유럽지국을 중심으로 행복의 분포 차이가 눈에

12 불평등의 정의와 종류를 어떻게 규정할 것인가는 특히, 인문 · 사회과학 분야에서 가장 오래된 논쟁 중 하나인데, OECD가 상대적으로 실용적이고 정책적인 시각에서 결과의 불평등으로 접근할 때에는 크게 네 가지 불평등에 주목하는 경향이 강하다. 즉, OECD는 수직적 불평등(vertical inequality)은 전체 인구에서 상 · 하위 구성원 간의 결과의 분포 차이에, 수평적 불평등(horizontal inequality)은 남녀노소와 같이 특정 성격에 의해 규정될 수 있는 인구집단에서의 결과의 분포 차이에, 결핍(deprivation)은 특정 수준 이하에 속하는 사람들에 대해 집중할 때, 사회적 이동(social mobility)은 사회적 지위의 상하 이동과 같이 불평등의 역동적인 측면에 집중할 때 주로 사용한다(OECD, 2017e: 68).

띄게 증가하였으며, 2000년에는 거의 모든 국가의 행복감이 평균을 상회하게 되지만, 오히려 국가 간 격차는 크게 증가한 것을 알 수 있다.

그리고 행복 불평등의 단기적 추세와 관련해서는 최근 WHR가 두 연구(Goff, Helliwell, and Mayraz, 2016; Kalmijn and Veenhoven, 2005)에 기초하여 각 국가의 행복 표준 편차를 고려해 도출한 행복 불평등 지수를 예로 들 수 있겠다. WHR은 각 국가의 행복 표준 편차가 크면 행복 불평등 정도도 크고, 표준 편차가 작으면 행복 불평등 정도도 작다는 점에 주목했는데, 〈표 7-1〉에서 보는 바와 같이, 2012년부터 2015년까지의 자료를 기준으로 했을 때 세계 행복 불평등 지수는 2.243인 것으로 나타났다. 권역별로 보면, 라틴아메리카-카리브해 국가와 중동 및 북아프리카 국가의 행복 불평등 정도가 전 세계 행복 불평등 정도보다 더 큰 것으로 나타났다. 국가별로 봤을 때, 행복 불평등

〈표 7-1〉 세계 행복 불평등의 단기 추이

세계 행복 불평등 지수 = 2.243	순위	지역/국가	행복불평등 지수	순위	지역/국가	행복불평등 지수
권역	1	서유럽	1.944	6	남아시아	2.087
	2	동남아시아	1.963	7	사하라 사막 이남 아프리카	2.115
	3	동아시아	2.000	8	중앙 및 동유럽	2.152
	4	북아메리카와 호주 및 뉴질랜드	2.016	9	라틴아메리카-카리브해 국가	2.329
	5	독립국가연합	2.073	10	중동 및 북아프리카	2.452
국가 (상위 10위, 하위 10위)[13]	1	부탄	1.294	148	콩고	2.717
	2	코모로	1.385	149	과테말라	2.719
	3	네덜란드	1.397	150	나미비아	2.725
	4	싱가포르	1.538	151	말라위	2.734
	5	아이슬란드	1.569	152	자메이카	2.769
	6	룩셈부르크	1.574	153	온두라스	2.819
	7	스위스	1.583	154	도미니카공화국	2.874
	8	세네갈	1.598	155	라이베리아	3.003
	9	아프가니스탄	1.598	156	시에라리온	3.008
	10	핀란드	1.598	157	남수단	3.044

출처: (Helliwell, Huang, and Wang, 2016: 32-35 재구성)

13 한국의 행복 불평등 지수는 2.1555로 세계에서 62번째로 행복 불평등한 국가였다(Helliwell, Huang, and Wang, 2016: 34).

한 국가 상위 10위에는 6개 국가가 아프리카에 위치한 국가들이었고, 행복 평등한 국가 상위 10위에는 5개 국가가 유럽에 위치한 국가들이었다. 세계에서 가장 행복 평등한 국가는 부탄, 가장 행복 불평등 한 국가는 남수단이었다. 특이한 점은 코모로, 세네갈, 아프가니스탄의 행복 불평등 정도가 낮게 나왔다는 것이다. 이들의 행복 점수 또한 낮았던 것을 고려하면 이들은 전반적으로 행복하지도 않지만, 불행감의 편차도 적다는 것을 알 수 있다.

뿐만 아니라, 비록 단기적 자료에 근거한 결과이지만, 행복 불평등은 경제적으로 부유한 국가들만 고려했을 때에도 어김없이 존재하는 것으로 밝혀졌다. 예를 들면, 〈그림 7-3〉은 2013년부터 2017년 자료 중 가능한 가장 최근의 자료를 활용하여(OECD, 2017e: 109-111) OECD 국가들의 행복 불평등을 요약한 것이다. OECD FMW의 물질적 조건과 삶의 질 영역에 속하는 항목들 중 소득과 부, 직장과 소득, 건강, 일-가정 균형, 교육과 훈련, 사회참여와 거버넌스, 주관적 웰빙과 같이 7가지 항목들에 각각 동일한 가중치를 부여하여 항목들의 성과를 종합적으로 고려한 결과를 기반으로(OECD, 2017e: 78) 상 · 중 · 하로 구분되는 OECD 국가들의 행복 불평등을 행복 불평등이 낮은 비율을 기준으로 오름차순으로 요약한 것이다. 행복 불평등이 가장 덜 심각한 곳은 핀란드였는데 구체적으로, 행복 불평등이 낮은 비율이 64%, 중간 정

〈그림 7-3〉 OECD 국가들의 행복 불평등

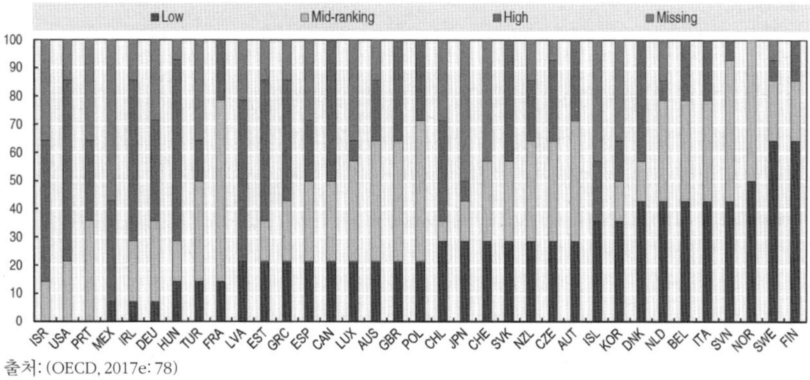

출처: (OECD, 2017e: 78)

도가 21%, 높은 정도가 15%로 나타났다(OECD, 2017e: 77). 반대로, 행복 불평등이 가장 심각한 곳은 이스라엘이었는데, 이스라엘의 낮은 행복 불평등 비율은 0%인 반면, 높은 행복 불평등 비율은 50%, 중간 정도는 14%인 것으로 나타났다(OECD, 2017e: 78).[14]

지금까지 살펴본 세계 행복 불평등의 장 · 단기적 추세에 따르면, 우리는 행복 불평등한 사회에서 살아왔으며, 지금도 현재 진행 중임을 알 수 있다. 사회에 행복 불평등이 지속되고 확산되면 국민 전체의 행복도 감소할 것이고, 이것은 결국 필연적으로 사회 불안 요소가 될 수밖에 없다. 다시 말해, 행복 불평등의 지속과 확산은 정치사회적 갈등의 핵심 요인으로 작용할 가능성이 높다는 것이다. 스티글리츠가 사회 불평등이 만연해지면 궁극적으로 민주주의가 훼손되는 대가를 치르게 된다(Stiglitz, 2002)고 한 경고에 비춰본다면, 행복 불평등의 지속과 확산이 결국 우리 사회에 부정적인 영향을 미치게 될 것임은 자명하다.

따라서 행복 시대에 인류는 더 이상 자본주의에 기반한 경제적 성장 우선주의만 고집할 것이 아니라, 경제적 성장 못지않게 중요한 사회적 질 향상도 도모하여 행복 평등한 사회 조성을 위해 노력해야 한다. 이와 관련하여 우리는 리암 할리건(Liam Halligan)이 자본주의하 경제적 성장 지상주의에 포섭된 우리 사회에 대해 다음과 같이 경고한 바에 진지하게 귀를 기울여야 할 것이다.

> "자본주의는 인간에게 하인이 되어야지 주인이 되어서는 안 된다. 경제적 번영은 웰빙의 전제 조건이지만 만약 그것이 인생의 전부가 된다면, 우리는 지치고 환멸을 느낄 것이다. 우리가 성장 지상주의 경로를 더 지속할수록 우리는 우리 자신과 사회, 우리 손자들에게 물려줄 도덕과 환경적 유산에 더 많은 피해를 주게 된다"(Halligan, 2009: 54).

14 이스라엘의 경우, 결측 값에 해당하는 정보의 비율이 36%에 이르기 때문에(OECD, 2017e: 78) 해석에 주의가 요구된다.

2) 사회적 자본이 풍부한 사회

(1) 사회적 자본의 중요성

아리스토텔레스는 사회적 본능을 지닌 모든 인간이 타인과 함께 조화를 이루며 살아가는 것이 곧 덕(arete)을 실천하는 것이고, 자기 스스로 완전한 사람은 짐승이거나 신과 같다고 하였다(Aristotle, Stalley, and Barker, 2009). 이와 같은 아리스토텔레스의 주장은 곧 사회적 신뢰의 중요성을 강조한 것으로 행복 시대에 우리 사회의 사회적 자본의 실태를 되돌아보게 한다. 개인과 사회적 관계, 사회적 규범, 시민 참여를 기준으로[15] 2017년 세계 사회적 자본 순위를 요약한 〈그림 7-4〉에서 보는 바와 같이, 인도네시아를 제외하고 주로 유럽, 북아메리카, 오세아니아에 위치한 국가들이 상위 10위에 포함된 반면, 하위 10위에는 조지아와 아프가니스탄을 제외하고 모두 아프리카에 위치한 국가들만 포함되었다.

그리고 2017년 기준, 지난 10년 동안 전 세계의 사회적 자본은 대체적으로

〈그림 7-4〉 세계 사회적 자본 순위

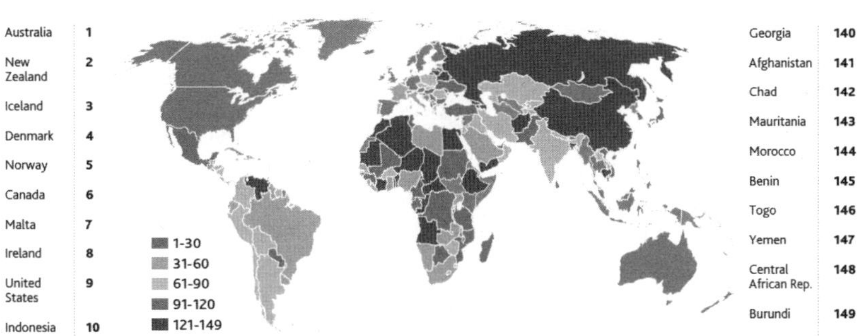

출처: (LI, 2017: 52)

15 개인과 사회적 관계(personal and social relationship)는 친구를 사귈 수 있는 기회 수준, 가족이나 친구의 도움을 받을 수 있는 능력, 낯선 사람을 도와주는 빈도, 비공식적으로 재정적 도움을 주는 빈도로 측정했고, 사회적 규범(social norms)은 타인에 대한 존중, 지역 경찰에 대한 신뢰로 측정했으며, 시민 참여(civic participation)는 자선 단체에 대한 기부 빈도, 자원봉사 빈도, 공무원에게 의견을 제안하는 빈도, 투표율로 측정했다(LI, 2017: 52).

증가해 왔지만, 권역별로 편차가 있는 것으로 나타났다. 예를 들면, 2017년의 사회적 자본 점수는 10년 전보다 중동과 북아프리카 권역은 1점, 사하라 사막 이남 아프리카 권역은 0.7점, 라틴 아메리카-카리브해 권역과 아시아-태평양 권역은 0.4점, 동유럽 권역은 0.2점 증가하였다(LI, 2017: 52). 반면, 서유럽 권역은 0.5점, 북아메리카 권역은 2.1점 감소한 것으로 나타났다(LI, 2017: 52).

이와 같은 사회적 자본이 행복 증진에 긍정적인 영향을 미친다는 점은 이미 앞에서 많이 논의한 바와 같이 의심의 여지가 없다. 그와 더불어, 행복 시대에 사회적 자본의 중요성은 행복에 긍정적인 영향을 미치는 다른 자본에 대한 사회적 자본의 비교 우위에서도 찾을 수 있다는 점에도 주목할 필요가 있다. 예를 들면, 부의 소유는 행복 증진의 약 10% 정도밖에 설명하지 못하고(Lyubomirsky, Sheldon, and Schkade, 2005), 부의 양이 일정 수준을 넘어서면 행복에 대한 설명력이 거의 없어지며(Layard, Nickell, and Mayraz, 2008), 부를 기반으로 한 과시적 소비는 부정적 외부효과를 초래하는(Frank, 2012, 2000) 등 수많은 연구들이 물질적 조건은 인간의 행복에 결정적인 영향을 미치지 못한다고 보고하고 있는 것과 달리, 행복에 대한 물질적 요소의 영향력을 부정하지는 않지만, 그보다 오히려 타인과 교류하고, 문화생활을 즐기며, 모임에 참여하는 등 사회적 자본의 영향력이 훨씬 중요할 뿐만 아니라, 부가 적응과 비교의 영향을 많이 받는 반면, 사회적 자본은 상대적으로 덜 그렇기 때문에 그 효과도 장기 지속적이라는 것이다(Bartolini, Bilancini, and Sarracino, 2016; Bartolini and Sarracino, 2014). 뿐만 아니라, 신뢰는 사회적 연대 강화에 긍정적인 역할을 함으로써 사회 전반의 행복에 기여하는 것으로 나타났다. 푸트남에 따르면, 다른 자본과 달리 신뢰는 개인, 지역사회, 국가 간에 더 많이 사용하면 할수록 그 크기가 지속적으로 증가하는 특징이 있는데(Putnam, 1993b) 신뢰 수준이 높을수록 개인의 정치적 참여 및 사회참여가 증가하고, 그에 따라 지역사회의 연대가 강화되며, 정부의 제도 운영도 원활해지면서 개인, 지역사회, 국가와 사회의 전반적인 행복이 증대하는 선순환 고리가 형성될 수도 있는 것이다(Belanger, 2017; LI, 2017; ONS, 2017b, 2015).

행복 시대의 사회적 자본은 특히, 한국 사회에서 매우 중요하다. 왜냐하면, 유사 이래 사회적 갈등이 존재하지 않았던 시대가 없었고, 모든 사회에서 갈등은 피할 수 없는 것이지만(Coser, 1998[1956], 1970[1967]; Dahrendorf, 1968, 1959), 한국처럼 다원화된 사회에서 표출되는 갈등의 성격은 다른 사회 보다 상대적으로 더 복잡하기 때문이다.[16] 즉, 다원화된 사회에서는 이해당사자 간 상호 인정과 존중이 전제되지 않으면 대화와 타협 과정을 거치기가 쉽지 않기 때문에 갈등의 조정도 그만큼 힘들어질 수밖에 없는 것이다. 사회적 자본이 풍부한 사회에서는 개인이나 집단 간 갈등이 발생했을 때 이해당사자 간 대화를 통해 이해관계를 용이하게 조정할 수 있는 반면, 사회적 자본이 빈약한 사회는 갈등 조정이 어려울 뿐만 아니라 그것이 누적되어 더 큰 문제를 초래할 수도 있다는 점(Allen, 2001; Brown and Ashman, 1996)에 비춰본다면, 행복 시대에 다원화 된 한국 사회에서 사회적 자본의 중요성은 아무리 강조해도 지나치지 않을 것이다.[17]

(2) 사회적 자본과 공교육

타인에 대한 이해와 관용, 신뢰 등 사회적 자본 형성에 특히 공교육이 매우

16 이것의 상당 부분은 한국 사회가 경험한 정치사회적 특수성에서 비롯된 것이라고 할 수 있다. 한국은 해방 이후부터 1987년 민주화 이전까지 사회 전반에 권위주의적 문화가 확산되어 있었기 때문에 개인이 자신의 가치나 개성을 명시적으로 드러내는 것이 쉽지 않았다. 그러나 비록 형식적 민주주의였다는 한계는 있었지만, 대체로 1987년 민주화 이후 한국 사회가 다원화 되면서부터는 개인이나 집단이 자신들의 이해관계를 비교적 자유롭게 표현하면서 그 동안 잠재되어 있던 각종 사회 갈등이 이전 보다 훨씬 많이 표출되게 된 것이다.

17 경제적으로 부유한 선진국의 경우, 소득이나 자산과 같은 경제적 요소가 행복을 증진시키는 데에 일정 수준 이상부터는 한계가 있으며, 이들 국가에게는 경제적 자원보다 화목한 가정, 친구간의 우정, 신뢰 등과 같은 사회적 자본이 행복에 훨씬 더 결정적인 영향을 미친다(Lane, 2000)는 점에 비춰본다면, 선진국 대열에 합류한 한국의 행복 증진을 위한 사회적 자본의 중요성은 아무리 강조해도 지나치지 않다.

중요한 영향을 미친다는 데에는 학계에 이견이 없다(Guiso, Sapienza, and Zingales, 2010; Aghion et al., 2010; Halpern, 2008). 왜냐하면, 인간의 학습은 사회 속에서 타인과의 상호작용을 통해 이뤄지는데 특히, 어릴 때부터 시작되는 공교육을 통한 학습은 사회화에 결정적인 영향을 미치기 때문이다(OECD, 2007b; Boronski and Hassan, 2015). 이와 관련된 대부분의 기존 연구는 주로 학교 교육의 양과 사회적 자본 형성의 정적 상관관계 즉, 학교에 다닌 기간이 길수록 사회적 자본이 더 많이 형성된다는 점에 관심을 가져왔다(Glaeser, Ponzetto, and Shleifer, 2007; Helliwell and Putnam, 2007; Milligan, Moretti, and Oreopoulos, 2004).

그러나 최근 들어 학교 교육의 질적인 측면과 사회적 자본 간 관계에 주목하는 연구가 관심을 받고 있다. 대표적으로, 얀 알간(Yann Algan), 피에르 카훅(Pierre Cahuc), 안드레이 쉬레이퍼(Andrei Shleifer)의 연구를 예로 들 수 있겠다(Algan, Cahuc, and Shleifer, 2013). 이들은 사회적 자본이 협력을 통해 형성된다는 점에 착안하여 교수가 일방적으로 강의를 하는 수직적 수업 방식(vertical teaching practice)보다 학생들이 팀을 이뤄 프로젝트를 수행하면서 학습하는 수평적 수업 방식(horizontal teaching practice)이 사회적 자본 형성에 더 친화적일 것이라고 가정하고, 이를 검증하기 위해 시민교육평가(Civic Education Study, CES), 수학 및 과학 성취도 추이변화 국제 비교연구(Trends in International Mathematics and Science Study, TIMSS), 국제 독해능력평가(Progress in International Reading Literacy Study, PIRLS)와 같은 국가간 대규모 자료를 분석하였다.[18]

주요 분석 결과는 국가적 수준과 개인적 수준 두 가지로 구분해서 볼 수 있겠다. 먼저, 국가적 수준의 경우, TIMSS 자료를 분석한 결과인 〈그림 7-5〉에

18 분석에 사용한 자료는 구체적으로, 1999년에 25개국의 8학년과 9학년에 해당되는 14세 학생들을 대상으로 실시한 CES, 1995년, 2003년, 2007년에 59개국의 8학년을 대상으로 실시한 TIMSS, 2006년에 45개국의 4학년을 대상으로 독해 능력을 평가한 PIRLS였다(Algan, Cahuc, and Shleifer, 2013: 190).

〈그림 7-5〉 수업 방식과 사회적 자본[19]

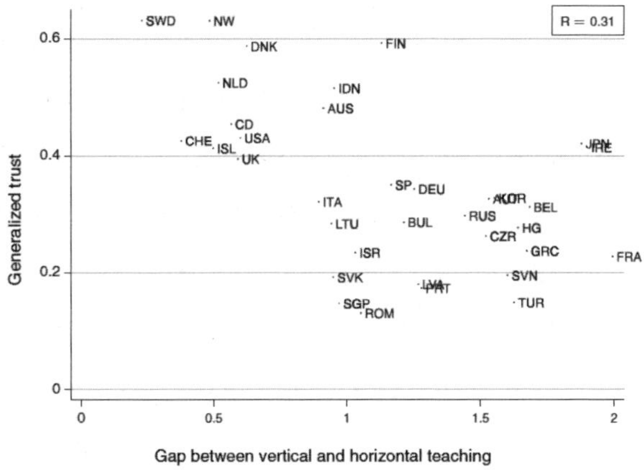

출처: (Algan, Cahuc, and Shleifer, 2013: 195)

서 보는 바와 같이, 수직적 수업 방식과 수평적 수업 방식의 차이와 신뢰 간에는 부적 상관관계가 성립되는 것을 알 수 있다.[20] 그리고 부적 상관관계는 국가 간 신뢰 차이의 거의 $\frac{1}{3}$을 설명할 만큼 강한 편이었으며(Algan, Cahuc, and Shleifer, 2013: 194), 이와 같은 결과는 회귀분석에서도 통계적으로 유의한 것으로 나타났다(Algan, Cahuc, and Shleifer, 2013: 196). 보다 구체적으로 국가 간 차이의 경우, 스웨덴, 노르웨이, 덴마크와 같은 북유럽 국가들과 영국, 미국, 호주와 같은 앵글로-색슨 국가들에서는 수평적 수업 방식이 흔하게 이뤄지고 있는 반면, 동유럽 국가들과 프랑스, 그리스, 이탈리아, 포르투갈과 같은 지중해 국가들에서는 상대적으로 수평적 수업이 덜 이뤄지고 있었다는 CES, TIMSS, PIRLS를 모두 분석한 결과(Algan, Cahuc, and Shleifer, 2013: 190)와 크게 다르지 않은 것으로 나타났다.[21]

19 가로축의 경우, 수직적 수업 방식과 수평적 수업 방식의 차이이므로 값이 클수록 수직적 수업이 더 많이 이뤄진다는 것을 의미한다.

20 수직적 · 수평적 수업 방식의 차이는 TIMSS 자료를 근거로 도출하였고, 신뢰는 '일반적으로, 당신은 타인을 신뢰 혹은 지나치게 조심할 필요가 없다고 생각하십니까?' 라고 물은 WVS 자료를 참고하여 각국의 평균값으로 도출하였으며, 타인을 신뢰하면 1, 그렇지 않으면 0으로 표시되었다(Algan, Cahuc, and Shleifer, 2013: 194).

21 수직적 수업 방식이 강함에도 불구하고 신뢰 수준이 높게 나타난 일본과 아일랜드와 같이

예외적인 경우가 없지는 않았다(Algan, Cahuc, and Shleifer, 2013: 194).

그러나 이와 같은 국가 간 비교 분석의 경우 고정 효과 모델을 적용했음에도 불구하고, 교수의 수업 방식과 학생들의 생각에 영향을 미치는 변수가 누락될 수도 있다는 점과 역 인과관계의 가능성을 완전하게 배제했다고 말하기 어려운 측면이 있다(Algan, Cahuc, and Shleifer, 2013: 202). 그래서 이를 보완하기 위해 두 번째, PIRLS와 TIMSS 자료를 활용하여 개인적 수준에서 수업 방식과 사회적 자본 간 관계를 추가 분석하였다. 분석 결과, 개인적 수준에서도 수평적 수업 방식으로 학습한 학생들이 수직적 수업 방식으로 학습한 학생들 보다 사회적 자본 형성에 더 친화적인 것으로 나타났다(Algan, Cahuc, and Shleifer, 2013: 208).

이처럼 수평적 수업 방식이 사회적 자본 형성에 긍정적인 영향을 미친다는 외국의 연구 결과는 우리나라에서도 유효한 것으로 밝혀졌다. 교수의 일방적인 수업 방식이 아니라, 수평적 수업 방식의 대표적 유형인 프로젝트 기반 학습(Project-based Learning, PBL) 방법이 학생들의 사회적 자본 형성에 긍정적인 영향을 미친 것이다. 가장 대표적으로, 2015년 8월부터 12월까지 대구광역시에 위치한 5개 중학교 1학년에 재학 중인 678명을 대상으로 한 연구를 예로 들 수 있겠다(최승주, 김부열, 박윤수, 2016).[22]

연구 결과, 두 가지 차원에서 실험집단 학생들의 사회적 자본이 통제집단 학생들의 사회적 자본 보다 유의미하게 증가한 것으로 나타났다. 첫째, PBL 시행 결과 공공재 게임에서의 협력이 유의미하게 증가했다. 다시 말해, 개인적 유인과 사회적 유인 간 상충 관계에서 공공재에 얼마나 투자하는지를 고려하는 공공재 게임의 특성상 협력의 증가는 곧 상호 간 신뢰의 증가를 의미하는 것인데 실험결과 협력의 정도가 상승한 것이다(최승주, 김부열, 박윤수, 2016: 170). 둘째, PBL 시행이 두 실험학교 학생들의 친구 연결망을 확장시

22 실험집단은 2개 중학교의 313명, 통제집단은 3개 중학교의 365명이었다(최승주, 김부열, 박윤수, 2016: 159).

켰다. 즉, 친구 연결망은 매튜 잭슨(Matthew Jackson)의 연구를 참고하여 왕따 학생 수, 군집계수, 소그룹 수, 교우 간 평균 거리로 측정하였는데(Jackson, 2008), 두 실험집단의 군집계수가 각각 0.05, 0.28만큼 증가한 것이다(최승주, 김부열, 박윤수, 2016: 181).[23]

3. 행복 시대의 행복 윤리

인간은 왜 사는지 자신의 삶의 목적에 대해 의문을 품으면서 윤리적인 삶이란 어떻게 사는 것을 의미하는지 끊임없이 스스로에게 질문해왔다. 종교적 신념을 가진 사람들에게 그러한 물음에 대한 일반적인 답은 자신이 믿는 종교의 가르침에 따라 이른바 '바르게' 살아가는 것이었다. 그리고 그것은 주로 미사나 예배, 불공 등에 시간과 노력을 투자하는 형식으로 발현되어 왔다.

그러나 현대사회에서 종교의 역할은 과거와 달리 많은 변화를 겪고 있다. 그중에서 가장 대표적인 것이 바로 종교가 점점 세속화(secularization)되어 가고 있는 것이다(Copson, 2017; Wuthnow et al., 2010). 에드워드 루빈(Edward Rubin)은 세속화라는 용어가 19세기 영국의 사회 개혁가인 조지 홀리오크(George Holyoake)에 의해 사용될 때에는 홀리오크의 무신론(atheism)이 정치적으로 무리 없이 수용될 수 있게 하려는 차원에서 사용된 측면이 강했지만, 최근에는 그 의미가 많이 달라졌다며 세속화를 다음과 같이 설명하고 있다.

> "사회이론가들은 일반적으로 종교의 쇠퇴를 세속화라고 설명한다 … 최근에는 무신론 자체를 의미하는 것보다는 종교에 대한 보다 일반적인 무관심을 의미한다 … 인간

23 그러나 이 연구는 PBL이 어떻게 학생들의 사회적 자본 형성에 기여했는지 그 구체적인 경로를 밝히고 있지 못하며, 연구 기간 또한 한 학기로 상당히 짧다는 단점이 있다(최승주, 김부열, 박윤수, 2016: 183).

의 삶에서 신념, 숭배, 기도의 의미가 쇠퇴 … 삶의 의미를 규정하는 문화적 힘으로서의 종교가 쇠퇴했다는 데에는 논란의 여지가 없어 보인다 … 사람들은 여전히 신을 믿고, 규칙적이며 경건하게 숭배할지도 모르지만, 종교는 더 이상 서구 사회를 조형하거나 사회의 도덕률을 결정하지 못한다"(Rubin, 2015: 130).

물론, 아직은 인간의 삶에서 종교의 영향력을 완전히 무시할 수 있을 만큼 세속화의 수준이 매우 큰 것은 아니다. 그러나 피터 버거(Peter Berger)가 세속화를 철학과 예술, 문학 등의 분야에서 종교적 시각의 비중이 감소하는 대신 과학적 설명이 증가하는 문화적 세속화, 개인의 삶과 자신을 둘러싼 환경에 대한 설명을 종교가 아닌 주체 안에서 찾으면서 개인의 종교성이 약화되는 의식적 세속화, 사회 전반적으로 종교의 영향력이 상실되는 사회구조적 세속화로 설명한 바와 같이, 종교의 세속화는 전 방위적으로 이뤄지고 있다(Berger, 1967). 더불어 과학과 기술이 급격하게 발전하고 있고, 개인주의가 보다 강화됨에 따라 종교의 제도적인 역할은 대략 19세기 이후부터 크게 변화하기 시작한 것은 부정할 수 없는 사실이다(Roberts and Yamane, 2016; Robertson, 2000).

이것은 결국 삶의 윤리적 원칙을 종교에서 찾거나 종교적 신념에 따라 바르게 살고 있다고 믿는 사람들이 눈에 띄게 감소하기 시작했다는 것을 의미한다(Putnam, 2000; Larrimore, 2010). 사회가 점점 더 세속화되고 물질 만능주의가 만연해질수록 종교는 과거처럼 더 이상 윤리로서 제 역할을 못하게 되어 새로운 삶의 윤리가 필요하게 되는데, 달라이 라마(Dalai Lama)는 이것을 '세속적 윤리(secular ethics)'라고 표현했다. 라마는 세속적 윤리가 종교적 신념에 따라 살아가는 사람들과 그렇지 않은 사람들 모두에게 수용될 수 있어야 하는 보편적인(universal) 새로운 삶의 지침이어야 한다고 주장한다(Lama, 2011).

그러나 인류는 라마가 말하는 보편적이면서 새로운 윤리를 아직 찾지 못했다. 기존 윤리의 역할로도 충분하다는 의견과 윤리적 삶에 있어 종교의 역할이 감소한 것은 사실이지만 그것의 역할이 상실되었다고 예단하기에는 이르다는 주장 등 인간의 삶의 윤리적 지침에 대한 많은 의견들이 제시되고 있는 가운데 최근에 래이어드에 의해 제안된 '행복 윤리(Happiness Ethics)'는 개인의 행복과 사회의 행복의 조화를 시도한다는 점에서 주목할 만하다(Layard, 2016). 래이어드는 행복 윤리가 오로지 자신의 행복만을 추구하여 행복한 사회를 이루는데 해를 끼치는 것을 경계한다. 즉, 행복 윤리는 행복을 극대화하기 위한 책임은 우리 모두에게 있음과 동시에 개인이 행복을 추구하는 행위가 타인의 행복 극대화에 해를 끼쳐서는 안 된다는 것이다. 행복 극대화 원리가 보편적인 이유는 건강, 부 등과 같은 재화의 효용성은 그것들이 행복에 기여하느냐 그렇지 못하느냐에 따라 평가되는 것과 달리, 행복은 그 자체로 자명하고 최고선일 뿐만 아니라 모든 언어로 모든 인간의 이타심을 발현시킬 수 있는 능력이 있기 때문이라는 것이다(Ricard, 2015; Layard, 2016).

래이어드는 우리가 일상생활에서 실천적인 조직을 통해서 행복 윤리를 실현할 수 있다고 주장한다(Layard, 2016). 이때의 실천조직은 종교가 채워줄 수 없는 욕구들을 만족시켜줄 수 있어야 하지만 그것이 곧 세속화된 종교를 의식하여 반-종교적일 필요는 없다고 한다. 더불어 그 조직은 모두에게 열려있어야 한다. 예를 들면, 알콜 중독자 회복 모임이나 금연을 실천하는 사람들의 모임과 같이 특정 집단만의 이익을 대변해서도 안되고, 로타리 클럽과 같이 회원권을 제한하는 모임이어서도 안된다는 것이다.

래이어드는 이러한 조건을 만족시키는 대표 조직으로 '행복 행동(Action for Happiness, AH)'을 꼽는다. AH는 행복 확산을 목적으로 하는 세계 최초의 행복운동 조직으로 래이어드가 주도하고 라마의 후원을 받아 2010년 10월에 영국 런던에서 조직되었다(BBC, 2011b). '전 세계의 더 많은 행복, 더 적은 불행을 창조하기 위해 노력'하는 것을 기본 모토로 삼고 있는 AH에 2018년 6월 11일 기준, 총 174개국에 걸쳐 약 119,941명의 회원이 참여하고 있다(AH,

2018).

이와 같은 AH 중심의 행복운동은 현재 진행 중이기 때문에 그것이 예초에 계획한 목표를 달성할 수 있을 것인지 지금으로선 어떤 결론도 내릴 수 없다. 뿐만 아니라, 계속 확산되고 있는 AH 중심의 행복운동이 래이어드의 주장처럼 과연 행복 시대의 행복 윤리로 자리매김 할 수 있을 것인지도 전혀 알 수 없다. 그러나 한 가지는 확신할 수 있을 것이다. 그것은 바로 행복 시대에 행복을 위한 새로운 윤리의 정립이라는 미지의 세계를 향한 인간의 항해가 이미 시작되었다는 것이다. 항해의 결과, 과연 마하트마 간디(Mahatma Gandhi)가 '행복은 생각과 말과 행동이 일치할 때이다(Happiness is when what you think, what you say, and what you do are in harmony)'라고 한 경지에까지 다다르고, 헌팅턴이 보편주의와 상대주의 간 딜레마를 넘어서기 위해 제시한 최소한이면서 절대적인 윤리(Huntington, 1996)로까지 승화될 수 있을지는 지켜볼 일이다.

4. 통일 한반도의 행복 시대를 위하여

1) 남북 분단 후 남한 사회의 자화상

우리 민족이 혹독했던 일제 강점기를 극복하고 난 이후, 백범 김구 등을 중심으로 남북한 상호 간 단독 정부 수립에 반대하며 단일 정부 수립을 위해 펼쳤던 노력을 뒤로 하고 결국 1948년에 남한의 단독 정부로 이승만 정부가 들어섰다. 이승만 정부는 해방 후 친일 잔존 세력 척결을 위한 반민족행위특별조사위원회를 해산시키며 오히려 친일 세력들을 정부의 요직에 기용하는 등 일제 청산을 요원한 것으로 만들어 버린 역사적 과오를 저질렀다. 이승만 정부는 당시 피폐한 국민들의 생활에 대해 일제 말의 조선구호령에 기반 하여 생활보호를 하는 수준에만 머무는 등 국민의 복지를 향상시키는 데에는 소극적으로 임했던 반면, 강력한 반공노선을 기반으로 한 북진통일론을 앞세워 정권의 정당성 확보를 위한 국내 진보 정치 세력의 통제 이데올로기를 확산시키는 데에는 매우 적극적이었다. 이러한 통제가 극에 달한 대표적인 사례가 바로 평화통일을 주장했던 진보당의 조봉암을 1959년에 반공국시를 위반했다며 간첩 혐의로써 일사천리로 사형을 집행하고 진보당을 해산시킨 것이다.

4 · 19 혁명으로 이승만이 1960년 4월 27일에 국회에 사임원을 제출함으로써 하야한 이후 들어선 허정 과도정부는 이승만 정부 시절의 부정 선거 책임자 처벌에 미온적이었다(안병만, 2014). 이후 내각제 개헌을 거쳐 1960년 총선을 치루고 장면을 총리로 하는 내각 정부가 들어섰다. 정치적 리더십 발휘에 실패한 장면 내각은 정국의 혼란을 추스르는데 매우 미숙했고, 1961년 5월 16일 당시 육군 소장이었던 박정희의 군사 쿠데타에 의해 무너졌다.

1961년 군사 쿠데타로 출범한 박정희 정부는 쿠데타의 명분을 경제 발전과 반공으로 삼았다. 박정희 정부에게 군과 정보기관을 동원하여 사회를 통제하는 것 못지않게 경제 개발 또한 정권의 존립을 결정할 정도로 중요한 것이었다. 그래서 박정희 정부는 이미 장면 정부에 의해 거의 완성되었던 경제개발5개년 계획을 시행함으로써 1960년대와 1970년대는 각각 경공업과 중공업을 중심으로 하는 대외 수출 지향의 양적 팽창을 이뤘다. 그리고 1971년 대통령 선거에서 약 100만 표 차이로 야당의 김대중 후보에게 힘겹게 승리하고, 국회의원 선거에서는 급기야 신민당이 개헌을 무산시킬 수 있는 65명의 국회의원을 당선시키는 등 정치적으로 위기감을 느낀 박정희 정부는 국회해산, 유신헌법, 긴급조치권 등으로써 독재를 더욱 강화해 나갔다. 그러나 1970년대 후반 세계 경제가 침체되고 오일 쇼크까지 겹치면서 한국 경제도 침체되고 있었고, 축적된 노동운동과 부마항쟁, 미국의 카터 정부와의 심한 갈등에 이어 김재규에 의한 10 · 26 사건으로 군정을 포함하여 제3, 4공화국에 이르는 약 19년 동안의 철권통치가 막을 내리게 되었다.

이른바 '서울의 봄' 기간 동안 분열했던 진보 세력은 1979년의 12·12 쿠데타에 이어 1980년 유신 헌법으로써 전두환을 중심으로 하는 신군부가 정권을 장악할 때까지 민주 정부를 세우는 데 실패했으며, 미국의 레이건 정부의 지지를 받게 된 신군부의 권력은 더욱 강화되었다. 전두환 정부 또한 박정희 정부와 비슷하게 군부와 정보기관을 통해 사회를 통제하며 경제 성장을 통해 정권의 정당성을 확보하고자 노력했다. 박정희 정부 시절의 경제개발5개년계획을 경제사회발전5개년계획으로 전환하면서 사회 영역을 추가하고 개발을 발전으로 변경하면서 박정희 정부와 차별화를 시도했지만, 그 본질은 박정희 정부 시절과 변함이 없었다. 1986년 저달러, 저유가, 저금리의 이른바 3저 호황으로 일정 수준의 경제 성장을 이뤘지만, 결국 전두환 정부는 1987년 6월 항쟁으로 일궈낸 6·29 선언과 함께 막을 내렸다.

6·29 선언으로 대통령 직선제가 시행되었지만, 김영삼과 김대중을 중심으로 하는 야당 세력의 분열로 1988년 2월에 노태우를 중심으로 하는 군부 세력이 다시 정권을 잡게 되면서 신군부 세력이 부활하게 되었다. 정권의 정당성 확보를 위한 노태우 정부의 주된 노력은 이른바 5공청산청문회와 광주청문회를 시행하는 등 이전 정부와 차별화를 꾀하는 것으로 나타났다. 1988년 국회의원 선거로 여소야대 정국이 벌어지자 김영삼, 김종필과 함께 3당 합당을 통해 민주자유당을 구성하여 정권을 강화한 노태우 정부는 이전 정부들과 달리 민주주의 제도들을 도입하여 시민운동과 노동운동이 이전 보다 활성화되기는 했지만 제한적이었으며, 1992년에 정권을 마감할 때까지 전두환 정부의 노선을 근본적으로 벗어난 것은 아니었다. 전두환 정부가 마련했던 6차 경제사회발전5개년계획을 그대로 시행하였고, 산업 구조를 대기업 중심으로 조정하면서 재벌과 해외 의존도가 심화되는 결과를 가져왔다.

노태우 정부에 이어 1993년에 출범한 김영삼의 문민정부는 1961년 이후 32년여 기간 동안의 군정을 넘어 민간인에 의해 수립된 첫 정부로 당시 국민들의 많은 지지를 받아 군의 정치적 중립성 확립과 하나회 척결, 공무원 재산

공개 및 금융실명제의 전격적 도입 등 각종 사회 개혁 정책을 시행했다(안병만, 2014). 김영삼 정부는 이전까지의 경제사회발전5개년계획을 사실상 폐지시키고 신경제5개년계획을 시행했다. 국가 경제 정책은 시장의 자율성을 확대하고 정부 규제를 줄이는 방향으로 나아갔으며, 세계화를 전면에 내세워 각종 지표를 국제적 수준에 맞추기 위해 노력했다. 민주화가 진전되고, 복지정책이 제한적으로 발전하는 등 여러 가지 성과도 있었지만, 김영삼 정부는 1997년 외환위기를 맞이하면서 역사에 큰 오점을 남기고 막을 내리게 되었다.

1997년 외환위기로 나라 전체가 혼란에 빠졌을 때 출범한 김대중의 국민의 정부는 IMF가 요구한 신자유주의적 개혁 정책을 대부분 수용함으로써 기업의 줄도산, 7%까지 치솟은 실업률, 50%가 넘어가는 비정규직 비율, 가족해체와 빈곤층의 급증, 자살률 증가 등 사회 전반에 몰아친 위기를 비교적 짧은 시간에 타개했다(김영화, 김지숙, 2006). 임기 전반의 대부분을 사상 초유의 외환위기를 타개하는데 할애하여 단기간에 외환위기를 극복하고, 2000년 10월에 국민기초생활보장제도가 시행되는 등 복지국가로서의 기본 틀을 갖춘 것은 김대중 정부의 분명한 성과이지만, 그 과정에서 복지국가의 기본 방향으로 제시된 생산적 복지의 모호함과 노동 시장에서 신자유주의적인 경제 질서가 보다 강화된 것에 대해서는 여전히 많은 논란이 있다. 또한, 2000년 6월 13일부터 15일까지 평양에서 한반도가 분단된 후 55년 만에 처음으로 남북 정상회담을 갖는 등 대북 정책에 큰 전환점도 마련했으며, 2001년에는 인권법을 제정하는 등의 성과도 있었지만, 임기 후반에 이른바 DJP 연합의 붕괴로 정치적 기반이 불안정해지면서 예초의 국정 목표를 힘 있게 추진하지는 못했다(안병만, 2014).

2003년 2월에 출범한 노무현의 참여정부는 개혁과 통합을 전면에 내세우고, 이를 위해 국민과 함께하는 민주주의, 더불어 사는 균형발전사회, 평화와 번영의 동북아 시대를 국정 목표로 설정하였다(국정홍보처, 2008: 23). 보다 구체적으로, 외교/통일/국방 분야에서는 한반도 평화체제 구축을, 정치/행정 분야에서는 부패 없는 사회, 봉사하는 행정, 지방분권과 국가균형발전, 참여와 통합의 정치개혁을, 경제 분야에서는 자유롭고 공정한 시장질서 확립, 동북아 경제중심국가 건설, 과학기술 중심사회 구축, 미래를 열어 가는 농어촌을, 사회/문화/여성 분야에서는 참여복지와 삶의 질 향상, 국민통합과 양성평등의 구현, 교육개혁과 지식문화강국 실현, 사회통합적 노사관계 구축과 같이 총 12개 정책 목표를 중심으로 국정을 운영하였다(국정홍보처, 2008: 39). 참여정부 시기에 국민 소득이 20,000달러를 넘어섰고, 물가도 비교적 안정적인 편이었으며, 실업률과 경제 성장률 또한 비교적 양호한 편이었다. 이른바 참여복지에 기반 하여 2008년에 우리나라 다섯 번째 사회보험제도인 노인장기요양보험법 시행, 저출산 · 고령화에 대한 본격적인 대비 등 김대중 정부의 복지국가 건설 목표를 이어 받아 그것을 보다 강화하는 데 노력했지만, 사회투자정책과 같이 근본적으로 신자유주의적인 복지정책의 한계로 소득 불평등 구조 등 사회 양극화 현상은 크게 나아지지 못했다. 정치적 소통 부족과 이른바 4대 입법을 강행하면서 국정 추진 동력을 많이 상실했을 뿐만 아니라, 대통령 탄핵소추안이 국회에서 가결되는 등 계속되는 정치적 혼란 속에 결국 정권을 보수 세력에게 넘겨주게 된다.

이명박 정부는 2008년 2월에 출범하면서 선진일류국가 건설을 국정의 목표로 설정하고, 이를 실현하기 위한 국정운영 방향으로 섬기는 정부, 활기찬 시장 경제, 능동적 복지, 인재대국, 성숙한 세계 국가라는 5가지 국정 지표를 설정하였다(대한민국정부, 2013: 266). 그리고 각 국정 지표 마다 4가지 전략을 설정하여 총 16가지 전략을 중심으로 100대 국정 과제를 운영하였다(대한민국정부, 2013; 283-290). 그러나 이명박 정부는 한미 FTA와 광우병 관련 촛불 집회로 정권 초기부터 정치적으로 진땀을 흘렸고(안병만, 2014), 시민들의 정치적 의사 표현에 대한 대응은 민주주의적인 소통 방식과는 거리가 먼 이른바 '명박산성'이라는 일방적인 통제에 머물러 섬기는 정부가 아니라

지배하는 정부에 가까웠다. 경제적으로 녹색성장과 녹색뉴딜을 외쳤지만, 4대강 사업과 같은 대규모 토목 공사의 부작용으로 녹색은 온데간데없이 사라져버렸고, 자원외교 등 각종 잡음을 일으킨 정책들은 경제를 잿빛으로 물들였으며, 양극화는 더욱 심화되어 활기찬 시장 경제가 아닌 침체된 시장 경제에 가까웠다. 능동적 복지는 결국 잔여적 복지로 드러났고, 심화되는 교육 불평등은 인재대국의 길을 가로 막았다. 그리고 한반도 평화구조를 만들어 성숙한 세계 국가를 만들겠다는 계획은 북한과의 대화를 단절하고 적대적 관계를 지속시킴으로써 평화가 아닌 대결구조를 공고화시켜 국민의 불안감을 부추겼다(김연철, 2018).

창조성을 발휘하려는 중소기업보다는 대기업 중심의 재벌 체제를 옹호하여 수사로만 그친 창조경제 정책, 행복한 통일 시대의 기반을 놓는다며 이른바 통일대박론을 외치면서도 개성공단을 폐쇄하고, 남북 대화의 창을 완전히 폐쇄해 버린 대북 쇄국정책, 복지 서비스를 확대하겠지만 증세는 하지 않겠다는 허구에 가까운 복지정책, 정권에 우호적이지 않은 문화 예술인을 진보와 보수로 양분하여 블랙리스트와 화이트리스트를 만들어 위헌적으로 통제해 온 문화예술 정책 등을 시행한 박근혜 정부는 2013년에 출범했지만, 마치 박정희 정부가 부활한 듯 보였다(대한민국정부, 2017a). 2016년 9월 20일, 한겨레 신문이 보도한 최순실의 K스포츠 재단 관련 뉴스와 같은 해 10월 24일, jtbc가 보도한 최순실의 태블릿 PC에 저장된 박근혜 전 대통령 연설문 관련 뉴스는 박근혜 전 대통령 탄핵의 본격적인 시작점이 되었다. 경제 민주화를 약속하면서 국민의 행복을 전면에 내세웠던 박근혜 정부의 정책은 국민의 행복이 아닌 최순실 개인의 행복을 위한 결정에 의해 좌지우지되었던 것이다. 매년 말이면 교수신문에서 전국의 교수들을 상대로 그 해를 요약해서 표현할 수 있는 사자성어를 선정하는데, 2013년에 倒行逆施(도행역시), 2014년에 指鹿爲馬(지록위마), 2015년에 昏庸無道(혼용무도), 2016년에 君舟民水(군주민수)가 선정된 것만 보아도 박근혜 정부 시기 한국 사회가 얼마

나 혼란스러웠는지를 짐작할 수 있다(교수신문, 2017).[24]

최순실의 국정 농단으로 인해 엄동설한에 오히려 더 활활 타올랐던 연인원 약 1,000만의 촛불은 결국 2017년 3월 10일 헌법재판소의 박근혜 전 대통령 탄핵 결정을 이끌어냈고, 2017년 5월 9일에 문재인 정부를 출범시킴과 동시에 직접 민주주의로부터 계속해서 멀어져만 갔던 대의 민주주의의 한계뿐만 아니라, 러셀 달톤(Russell J. Dalton)의 시민정치(Dalton, 2014) 즉, 시민 민주주의의 가능성도 생생하게 보여주었다. 적폐청산과 나라다운 나라를 전면에 내세운 문재인 정부는 국정운영5개년계획에서 제시한 20대 국정전략을 기반으로 하는 100대 국정과제와 487개 실천과제(국정기획자문위원회, 2017: 15)를 중심으로 사회 전반에 걸쳐 개혁 정책을 시행하고 있다. 특히, 문재인 정부는 우리나라가 성공적으로 산업화를 이뤘음에도 불구하고 성장의 과실이 고루 분배되지 못하고 있는 한계를 포용적 복지국가 건설을 통해 국민들의 가처분소득과 지출을 증가시켜 경제 전체가 소득주도 성장으로 이어지는 선순환 구조를 만들어 내겠다고 천명하고 있다(보건복지부, 2018). 이제 임기가 1년이 지났고, 여소야대 구조에서 야당의 강한 거부권 행사에 국정운영의 발목이 잡혀 있는 상황임에도 불구하고 다방면에서 좋은 결과를 거둔 것도 사실이지만(대한민국정부, 2018), 문재인 정부의 성과를 평가하기에는 아직 이르다. 임기가 4년 남은 2018년 현재, 2017년에 교수신문이 선정한 올해의 사자성어인 破邪顯正(파사현정)에 비춰보아(교수신문, 2017), 문재인 정부가 과거의 그릇됨을 고치는 데에만 머무르지 않고, 사회를 바르게 개혁할 수 있을지 지켜볼 일이다.

24 倒行逆施는 순리를 거슬러 잘못된 것을 고집하거나 시대착오적으로 그른 일을 꾀하는 것을, 指鹿爲馬는 사슴을 가리켜 말이라고 하는 것처럼 일부러 옳고 그름을 속이는 것을, 昏庸無道는 나라가 암흑에 덮인 것처럼 세상이 어지럽다는 것을, 君舟民水는 임금은 배, 백성은 물로 물이 화나면 배를 뒤집을 수도 있다는 것을 의미한다(교수신문, 2017).

2) 행복한 통일 한반도를 대비한 남한 사회의 정치경제

한국은 짧은 기간에 산업화와 민주화를 동시에 이룩한 저력이 있는 나라였다. 과거 경제적으로 가난했던 시기, 우리는 못 먹고 못 입었지만 열심히 노력하면 소위 개천에서도 용이 나올 수 있는, 사회적 신분이 상승할 수 있는 역동적인 사회였다. 그러나 현재 한국 사회의 빈부 격차는 점점 더 벌어지고 있고, 세대를 거듭해 빈곤의 덫에서 헤어나지 못하고 있다(이영훈, 2016). 청년 실업은 나아질 기미가 보이지 않고, 결혼은커녕 연애마저 포기하는 젊은 세대가 계속해서 늘어나고 있다. 더욱이 저출산-고령화 현상의 진행 속도는 마치 폭주 기관차를 보는 듯하다. 다시 말해, 활력을 잃어버린 한국 사회는 과거처럼 열심히 노력하면 더 나은 삶을 살 수 있고, 오늘 보다 내일은 더 행복할거라고 기대하기 힘든 암울한 터널을 향해 내달리고 있다.

이와 같이 우리 사회는 계속해서 침체하고 있는데, 우리 정치는 여전히 좌우 색깔론과 지역주의라는 구시대적 악습에 매몰되어 제 역할을 못하고 있다. 그리고 사회 갈등이 정당 정치를 통해 조정되고 해소되기는커녕 오히려 더 확대되고 심지어 정치가 과도한 사회 갈등을 유발하고 있다. 특히, 대통령 선거 과정을 보면 이러한 부작용이 명확하게 드러난다.

예를 들면, 〈그림 7-6〉은 동아시아연구원에서 2017년 5월 11일부터 14일까지 전국의 만 19세 이상 성인 남녀 1,157명을 대상으로 실시한 2017년 대선 패널 2차 여론조사 결과와 중앙선거관리위원회의 자료를 기반으로 제17대부터 제19대 대통령 당선자들의 지역별 득표율을 분석한 것이다(임성학, 2017: 8). 구체적으로, 제17대 이명박 전 대통령은 경상북도에서 72.58%로 최대 득표한 반면, 광주광역시에서 9.04%로 최소 득표하여 득표율의 범위가 63.54% 포인트였고, 제18대 박근혜 전 대통령은 경상북도에서 80.82%로 최대 득표한 반면, 광주광역시에서 7.76%로 최소 득표하여 득표율의 범위가 73.06% 포인트였으며, 제19대 문재인 대통령은 전라북도에서 64.84%로 최대 득표한 반면, 경상북도에서 21.73%로 최소 득표하여 득표율의 범위

〈그림 7-6〉 제17대부터 제19대 대통령 당선자 지역별 득표율

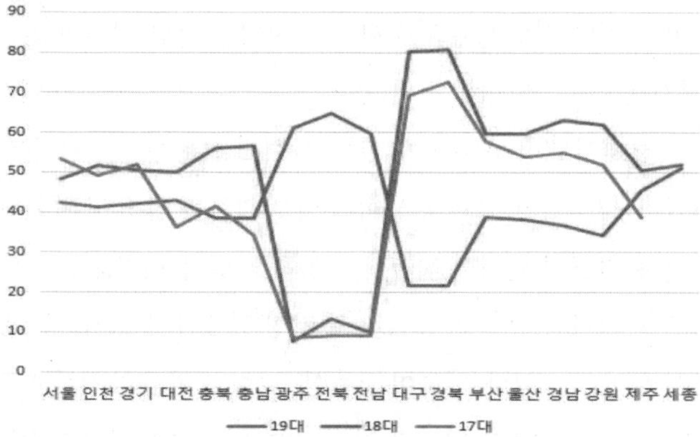

출처: (임성학, 2017: 2)

가 43.11% 포인트인 것으로 나타났다(임성학, 2017: 2). 다시 말해, 보수정당의 후보였던 이명박과 박근혜 전 대통령의 경우, 영남지역에서 많은 지지를 받고 호남지역에서는 큰 지지를 받지 못한 반면, 진보정당의 후보였던 문재인 대통령의 경우 호남지역에서 큰 지지를 받고 영남지역에서는 많은 지지를 받지 못한 것이다. 물론, 제19대 대선 득표율의 범위가 제17, 18대 대선 득표율의 범위보다 각각 20.43% 포인트와 29.95% 포인트가 감소하여 제19대 대선 때에는 지역주의가 이전보다 상대적으로 감소했다는 해석이 전혀 불가능한 것은 아니지만, 득표율의 범위가 감소한 것이 곧 보수와 진보정당 후보의 영남과 호남지역 간 매우 상반된 득표율이 보여주는 지역주의가 소멸된 것을 의미하는 것은 아니며, 이것은 결국, 우리 정치에 지역주의가 여전히 공고함을 보여주는 것이다.

물론, 정치만 문제가 있는 것이 아니다. 경제적으로는 세계 경제가 전반적으로 저성장과 침체를 겪고 있는 와중에도 세계화 바람을 타고 국민 국가에 대한 초국적 기업의 횡포가 여전히 만연한 상황에서 정부는 연일 발표되는 각종 기술 혁신을 쫓아다니며 새로운 국가 경제 성장 동력을 찾아내겠다며 나름 열심히 뛰고 있지만, 작금의 상황은 마치 망망대해에서 나침반 하나

에 의존해 안개를 헤쳐 항로를 찾는 형국이라 과연 새로운 먹거리 발굴에 성공할지 기대 반 걱정 반 속에 애를 태우는 가운데 우리 경제는 계속해서 저성장의 늪에서 빠져나오지 못하고 있다(조선비즈, 2018). 그리고 사회적으로는 2014년 4월 16일에 발생한 세월호 참사에도 불구하고, 우리는 그것의 사회역사적 교훈을 새로운 사회발전 패러다임으로 승화시키지 못해 여전히 과거의 발전국가 패러다임에 머물러 있으며, 전반전인 사회적 질 향상을 위한 역사적 발걸음의 첫 발도 아직 떼지 못하고 있다(박승민, 2017).

이와 같은 한국 사회의 총체적인 침체는 결국 사회 구조를 개혁하지 않고서는 근본적인 해결책을 찾을 수 없다는 것을 말해주고 있다. 다시 말해, 1987년 6월 항쟁으로 일궈내 30여 년 동안 유지되어 온 이른바 '87년 체제'는 더 이상 시대정신으로써의 역할을 할 수 없게 된 것이다. 87년 체제는 지역주의에 기반한 정치적 갈등, 실질적인 경제 민주화의 부재, 시장 만능주의의 만연 등 87년 체제가 배태했거나 초래한 한계를 극복하고 새로운 한국 사회 조성을 위해 반드시 필요한 정치경제시스템의 개혁을 위한 추동력을 제공할 수 없다. 따라서 헌법 개정을 통해 새로운 정치경제시스템의 기초를 조형해야만 한다.

먼저, 정치적으로 지금의 권력 구조가 과연 새로운 시대에 적합한 것인지 진지하게 고민해야 한다. 87년 체제의 대통령 5년 단임제의 주요 목적은 이승만 정부 시기 1954년의 사사오입 개헌, 1960년 3 · 15부정선거, 박정희 정부 시기 1969년의 3선 개헌, 1972년 10월의 유신 선포 등과 같은 독재가 더 이상 가능하지 못하도록 하는 권력 구조를 마련하는 것이었다. 이러한 대통령 5년 단임제는 독재를 제도적으로 방지하며, 재선이 불가능하기 때문에 임기 동안 주변의 눈치를 보지 않고 대통령이 소신을 가지고 정책을 시행할 수 있다는 장점이 있다.

그러나 그러한 장점이 오히려 재선이 불가능하기 때문에 야당의 견제뿐만 아니라 국민들의 건설적인 비판까지 무시하며 불통의 정책을 마음껏 휘

두를 수 있는 단점이 될 수도 있다. 또한, 대통령 5년 단임제는 우리 사회가 형식적 민주주의를 넘어 실질적 민주주의가 성숙해져가는 과정에서 숙의 민주주의를 통한 정책이 그 어느 때보다 중요해지고 있는 이 시대에 정책의 연속성을 확보하여 장기적인 국가 정책을 세우고, 각종 제도를 의미 있는 수준만큼 개혁하기에는 임기가 너무 짧다. 거의 모든 정부가 피할 수 없는 집권 후반기의 레임덕뿐만 아니라, 임기 초반에 국정 전반을 파악하기 위해 필요한 일정 기간을 고려하면 정책을 실질적으로 추진해서 의미 있는 성과를 내기까지 가질 수 있는 시간은 사실상 3년에서 4년 사이에 불과하다. 더욱이, 후임 정부에 의해 동일한 정책 기조가 유지되고 계승된다는 보장도 없기 때문에 집권 중반 이후에 추진된 정책은 거의 대부분이 추진 도중에 중단되거나 폐지되는 운명을 안고서 시작되는 것으로 볼 수 있다.

베버는 정치란, 곧 권력이라는 악마적 도구로써 대의를 일궈내는 것이라고 했다(Weber, 1965[1919]). 우리 시대의 대의는 분단된 한민족을 세계주의적 시각으로 바라보아 행복한 통일 한반도라는 시대정신을 현실화시키는 것으로 이를 가능하게 하기 위한 정치권력 구조 개혁이 반드시 필요하다. 민주주의 체제의 정치권력 구조와 관련하여 대통령제와 의원내각제 중 어느 것이 보다 더 효율적이고 적절한지에 대한 학자들의 수많은 주장이 있지만(Sedelius and Linde, 2018; Cheibub, 2007; Mainwaring and Shugart, 1997; Linz, 1990), 우리에게 맞는 새로운 정치권력 구조를 대통령 중심제, 이원집정부제/분권형 대통령제, 내각제 등 무엇으로 할지는 민주주의 절차에 따라 합리적으로 결정하되, 새로운 정치권력 구조는 반드시 통일 한반도의 행복 시대를 지향하고 그것을 담아낼 수 있어야 할 것이다.

다음으로, 경제 구조와 관련해서는 역사적으로 유럽의 선진 민주주의 국가들이 정치 민주화가 성숙되면 사회 민주화의 길로 들어선 점에 주목할 필요가 있다. 사회 불평등을 줄이고, 차별을 적극적으로 철폐하는 등 모두가 행복한 사회를 이룩하기 위해서 결코 우회할 수 없는 길이다. 그런데 경제 민주화를 달성하지 못하면 사회 민주화를 이루기 위한 길로부터 멀어질 가능성이 매우 크다.

이러한 경제 민주화에 대해 우리나라 헌법 제119조 2항은 다음과 같이 규정하고 있다.

> "국가는 균형 있는 국민경제의 성장 및 안정과 적정한 소득의 분배를 유지하고, 시장의 지배와 경제력의 남용을 방지하며, 경제주체간의 조화를 통한 경제의 민주화를 위하여 경제에 관한 규제와 조정을 할 수 있다"(국가법령정보센터, 2017d).

다시 말해, 우리나라 헌법은 경제 민주화를 명시적으로 국가의 책임으로 규정하고 있지는 않으나, 과도한 사회 불평등과 같은 자본주의의 탐욕으로 인한 폐단을 예방하기 위해 그것을 실천할 수 있다며 시장에 대한 최소한의 국가 개입 권한을 폭넓게 인정하고 있는 것이다.[25] 그렇다면, 과연 지금 한국의 경제는 민주화되었는가?

해방 이후 한국 사회에서 자본가 계급의 형성이 미약했을 때에는 지금보다 상대적으로 더 많은 기회의 평등이 보장되었지만, 박정희 정부의 경제개발5개년계획 등과 같이 근대화론으로써 강한 정부 주도의 시장 육성 정책을 시행하는 과정에서 자본가와의 결탁으로 형성된 정경유착의 결과 서민의 자본 축적을 위한 실질적 기회가 불공평하게 박탈되었다(이영훈, 2016). 박정희 정부뿐만 아니라 과거 개발주의에 기반한 정부들의 정경유착의 합리화 논리는 대기업을 중심으로 먼저 경제 성장의 과실을 충분히 축적하고, 이후

25 그러나 법은 진공 속에서 스스로 조성된 것이 아니라 각 사회의 정치경제 및 사회적 요건에 의해 사회적으로 구성된 것이라는 명백한 사실(Deflem, 2008; Forst, 2017; Celano, 2017)에 비춰본다면, 개별 법률의 존립 근거가 되고, 다른 어느 법률 보다 추상성과 사회성이 강한 헌법을 온전히 법리적 해석에만 의존하는 것은 근시안적이다. 이는 자본주의 사회에서 개인이 시장의 제도적인 거대한 힘에 대해 균형을 유지하는 것은 마치 계란으로 바위를 치는 것과 다를 바 없다는 점과 제헌 당시 한국의 정치경제 및 사회적 배경 등을 고려해 본다면, 결국 시장의 폐단에 대한 국가 개입을 의무로 규정한 것으로 보아도 무리가 아닐 것이다.

에 그 과실을 서민들에게 분배함으로써 모두가 부유해질 수 있다는 이른바 '낙수 효과(trickle-down effect)'(Aghion and Bolton, 1997; Hoff and Stiglitz, 2001; Crouse, 2013; Stock, 2013)에 기반한 행복론으로 볼 수 있다. 그러나 그러한 논리는 그 이면에 가려진 기회의 불평등 논란을 희석시킬 뿐만 아니라, 행복에 대한 소득의 한계효용체감의 법칙 즉, 이스털린 패러독스에 비춰 본다면, 물질적 풍요로는 결코 행복의 지속성을 담보할 수 없다는 점 또한 간과한 것이었다.[26]

물론, 과거에 교육을 통한 불평등의 완충 효과가 없지는 않았지만, 이제는 이러한 기회의 평등마저 불평등해진 지 오래다. 다시 말해, 부모의 사회경제적 지위, 도시와 농촌과 같은 지역에 따른 불평등한 교육 자원, 사교육 등 평등한 교육 기회 뒤 불평등한 조건으로 더 이상 교육을 통한 완충 효과의 유효성을 장담할 수 없게 되었다. 그리고 이것은 결국 노동 시장으로의 불평등한 진입에까지 영향을 미치고 있을 뿐만 아니라, 실제 국민들의 계층 이동 가능성에 대한 암울한 전망으로도 이어지고 있다. 예를 들면, 전국의 가구주를 대상으로 한 통계청 조사에 따르면, 본인 세대와 자식 세대의 사회적 계층 이동 가능성이 높다고 응답한 비율이 2011년에는 각각 41.7%와 28.8%였던 것이 2017년에는 각각 30.6%와 23.1%로 감소한 것이다(통계청, 2018a: 66).

이와 같은 부작용은 결국 한국 사회를 양극화시켰다. 사회 양극화를 경제적 차원에만 한정시켜 논의한다면, 크게 소득 양극화, 부채 양극화, 소득 점유율과 같이 세 가지 지표를 통해 자세히 살펴볼 수 있다. 먼저, 소득 양극화의

26 뿐만 아니라, 과거 개발주의에 기반한 경제적 성장 위주의 정부 정책은 대부분의 사람들이 자신의 소득이 늘어날수록 행복감도 계속 증가할 것이라고 잘못 예상하기 때문에 소득을 올리기 위해 힘든 일을 하는 데에 시간을 더 할애하는 반면, 휴식을 취하거나 여가를 즐기는 등의 시간은 축소시키는 경향이 강한편이라는 이른바 '초점 착각(focusing illusion)'(Kahneman et al., 2006) 심리뿐만 아니라, 가족 혹은 친구와 시간을 보내거나 여가를 즐기는 내적 욕망 보다 물질의 소유나 사회적 지위 획득과 같은 외적 욕망에 더 큰 가치를 부여하는 이른바 '효용 예측오류(misprediction of utility) 또는 선택 과대평가(overvalued choice options)'(Stutzer and Frey, 2010, 2008) 심리에 편승한 측면도 있다.

경우, 〈표 7-2〉에 요약된 바와 같이 통계청이 가계 동향조사와 농가 경제조사 결과를 활용하여 균등화 처분가능소득을 기준으로 2017년에 산정한 것으로 소득 분배를 측정하는 대표적인 세 가지 지표 즉, 지니 계수, 소득 5분위 배율, 상대적 빈곤율의 지난 10여 년 동안의 추이를 통해 알 수 있다. 지니 계수는 2015년에 0.295를 기록한 것을 제외하고 단 한 해도 0.3 밑으로 내려간 적이 없다. 그리고 소득 5분위 배율을 보면 줄곧 5배를 상회하였던 것을 알 수 있다.[27] 다시 말해, 최상위 20%에 속하는 사람들의 소득이 최하위 20%에 속하는 사람들 보다 5배가 많았다는 것으로 만약, 최하위 20%의 연간 소득이 1천만 원이라면 최상위 20%의 연간 소득은 1억 2천만 원이었음을 의미한다. 상대적 빈곤율의 경우, 빈곤선 이하 계층이 전체 인구의 최소 13.8%부터 최대 15.3%에 이르렀던 것을 알 수 있다.[28] 결국, 세 지표 모두 이구동성으로 그동안 한국 정부가 소득 분배에 실패했음을 말해주고 있는 것이다.

〈표 7-2〉 한국의 소득 분배 지표 추이

지표 \ 년도	2006	2007	2008	2009	2010	2011	2012	2013	2014	2015	2016
지니 계수	0.306	0.312	0.314	0.314	0.310	0.311	0.307	0.302	0.302	0.295	0.304
소득 5분위 배율	5.38	5.60	5.71	5.75	5.66	5.73	5.54	5.43	5.41	5.11	5.45
상대적 빈곤율(%)	14.3	14.8	15.2	15.3	14.9	15.2	14.6	14.6	14.4	13.8	14.7

출처: (통계청 2017d: 3)

두 번째, 부채 양극화의 경우, 통계청이 2017년 3월 30일부터 4월 17일까지 전국의 약 20,000가구를 대상으로 조사한 가계금융 및 복지 조사 결과를 통해 살펴볼 수 있다(통계청, 2017f: 75).[29] 동 조사 결과에 따르면, 우리나

27 소득 5분위 배율은 상위 20% 계층의 평균 소득을 하위 20% 계층의 평균 소득으로 나눈 값이다.

28 상대적 빈곤율은 전체 인구 중 중위 소득 50% 이하(즉, 빈곤선) 계층의 비율을 뜻한다. 우리나라와 OECD는 중위 소득의 50%를 적용하나 유럽의 통계(Eurostat)는 주로 60%를 기준으로 한다.

29 부채 측정은 2017년 3월 31일을 기준으로 한 것이다(통계청, 2017f: 75).

라 전체 가구의 부채가 2016년에 평균 67,190,000원이었던 것이 2017년에 평균 70,220,000원으로 늘어나 1년 사이 4.5%가 증가했는데(통계청, 2017f: 2), 여기에는 소득 수준에 따라 편차가 큰 것으로 나타났다. 다시 말해, 소득 5분위별 부채 증가 상태를 보면, 1분위의 경우 2016년에 평균 12,850,000원이었던 것이 2017년에 평균 13,650,000원으로 늘어나 6.5%가 증가한 반면, 5분위의 경우 2016년에 평균 15,802,000원이었던 것이 2017년에 평균 16,002,000원으로 늘어나 1.5%가 증가하는데 그쳤다(통계청, 2017f: 17). 이를 가구당 부채 점유률로 환산해 보면 1분위의 경우 1년 사이에 0.1%p 증가한 반면, 5분위의 경우 1.5%p가 감소한 것(통계청, 2017f: 17)으로 가구별 부채가 양극화되어가고 있음을 잘 보여주고 있다.

이와 같은 양극화 경향은 세 번째, 소득 상위 1%의 소득 점유율 추이를 보면 더욱 명확하게 드러난다. 예를 들면, 세계 부와 소득 데이터베이스(World Wealth and Income Database, WWID) 자료를 기반으로 1995년부터 2012년까지 한국 소득 상위 1%의 소득 점유율 추이를 요약한 〈그림 7-7〉을 보면, 1997년 11월에 발생한 외환위기 때(이영훈, 2016: 520) 상위 1%의 소득 점유율이 소폭 하락했던 것이 IMF의 신자유주의적 개혁 프로그램을 거의 대부분 수용한 김대중 정부의 신자유주의적 경제 정책으로 급격하게 상승한 것을 확인할 수 있다. 김대중 정부의 신자유주의적 경제 정책은 노무현 정부 때에

〈그림 7-7〉 한국의 소득 상위 1%의 소득 점유율

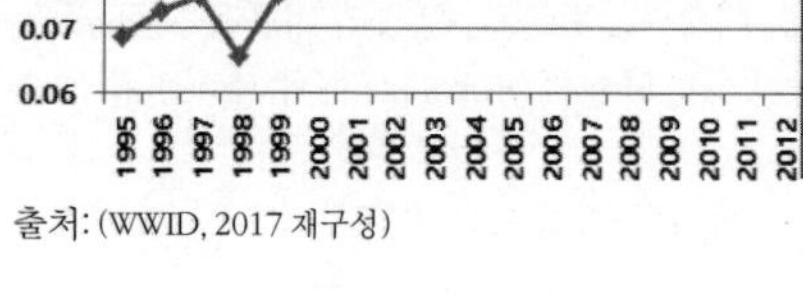

1995	0.068762	2001	0.085548	2007	0.112832
1996	0.072698	2002	0.091632	2008	0.113724
1997	0.074929	2003	0.092217	2009	0.113328
1998	0.065819	2004	0.096386	2010	0.117594
1999	0.075451	2005	0.099633	2011	0.122461
2000	0.081875	2006	0.107759	2012	0.12227

출처: (WWID, 2017 재구성)

도 이어졌고, 2008년 출범한 이명박 정부에 들어 더욱 거세지면서 상위 1%의 소득 점유율은 지속적으로 증가되었다. 다시 말해, 한국의 소득 불평등은 정부의 신자유주의적 경제 정책으로 인해 계속 악화되어 온 것이다.

3) 행복한 통일 한반도와 통일정책

(1) 정상회담과 한반도 통일

한반도가 통일이 되기 위해서는 가장 먼저 관련국들의 정상들 간 만남이 이뤄져야 한다. 지속적인 정상들 간 만남을 기반으로 상호 신뢰를 쌓아야 하며, 신뢰를 바탕으로 공동의 합의를 이끌어 내야 한다. 그리고 합의를 구체적으로 실현시킬 수 있는 정책을 만들어야 하며, 만들어진 정책은 상호 호혜적으로 책임을 지고 실현시켜야 한다.

한반도가 남북으로 분단된 이후부터 2017년 문재인 정부가 출범하기 전까지 〈표 7-3〉에서 보는 바와 같이 총 두 차례의 남북 정상회담이 개최되었다. 2000년 6월 제1차 남북 정상회담과 2007년 10월 제2차 남북 정상회담은 각각 6 · 15선언과 10 · 4선언을 이끌어냈다. 두 정상회담에서 합의된 내용

〈표 7-3〉 제1-2차 남북 정상회담 주요 내용

	1차	2차
정상	김대중 대통령, 김정일 국방위원장	노무현 대통령, 김정일 국방위원장
일시	2000년 6월 13일부터 15일	2007년 10월 2일부터 4일
장소	평양 백화원 초대소	
합의서	6·15 남북공동선언(6·15 선언)	남북관계 발전과 평화번영을 위한 선언(10·4 선언)
주요 합의 내용	① 통일문제의 자주적 해결 ② 남북통일 방안의 공통성 인정 ③ 인도적 문제 해결 ④ 민족경제의 균형발전 및 제반 분야 교류 활성화 ⑤ 남북 당국자 간 회담 개최와 김정일 국방위원장 서울 방문	① 6·15 공동선언 적극 구현 ② 상호 존중과 신뢰의 남북관계로 전환 ③ 군사적 긴장 완화와 신뢰 구축 ④ 6자회담의 2·13 합의 이행 협력/평화체제 구축 ⑤ 남북경협 확대·발전/서해평화협력특별지대 조성 ⑥ 사회문화 분야 교류협력 발전 ⑦ 인도주의 협력사업 적극 추진 ⑧ 국제무대에서의 공동노력

출처: (최영윤, 한별이, 2018: 66-69 재구성)

이 모두 실현된 것은 아니지만, 남북관계 개선에 일정한 성과를 거둔 것을 부정할 수는 없다.

그러나 이명박 정부와 박근혜 정부까지 약 10년 동안 남북은 대화의 문을 닫고 지내며 군사적 긴장이 고조되었고, 마침내 2016년 2월에 개성공단을 폐쇄하면서 1980년대 말부터 시작되었던 남북 간 경제 교류가 완전히 단절되었다(통일부, 2018b, 박순성, 2018). 2017년 문재인 정부가 출범한 이후에도 북한은 같은 해 7월에 화성-14형 미사일 발사, 9월에 6차 핵실험, 11월에 화성-15호 미사일 발사 및 대륙간탄도미사일(Intercontinental Ballistic Missile, ICBM) 실험 등 북한의 핵과 미사일 개발은 더욱 고도화 되었고, 미국과의 군사적 갈등은 극단을 향해 치달았다(아산정책연구원, 2018: 7; 통일부, 2018b). 칼 폰 클라우제비츠(Carl von Clausewitz)가 『전쟁론(On War)』에서 전쟁은 곧 국가 정책의 연속으로 정치적으로 필요하다고 판단되면 결정권자는 전쟁을 정책으로 간주하고 충분히 일으킬 수 있다(Clausewitz, 1962[1832])고 한 것처럼, 북한과 미국은 전쟁으로 인한 참화 보다는 금방이라도 자신들의 정치적 이익을 우선시 할 듯 계속해서 서로에게 이른바 말 폭탄을 쏘아대 국제 사회의 불안은 커져만 갔다.[30] 그럼에도 불구하고, 문재인 대통령은 2017년 7월 6일 독일의 쾨르버 재단(Körber Stiftung)연설에서 한반도 평화체제 구축 방안을 위한 베를린 구상을 제시하고, 8월 15일 광복절 경축사에서 우리의 동의 없이 한반도에서 누구도 전쟁을 할 수 없다고 천명하는 등 계속해서 북한에 대화를 촉구했지만, 북한은 오히려 핵개발과 미사일 발사에 박차를 가했다(조성렬, 2018).

30 요람 딘스테인(Yoram Dinstein)에 따르면, 전쟁에 대한 정의는 매우 다양하며, 전쟁과 관련된 모든 경우를 설명할 수 있는 전쟁 개념은 존재하지 않는다(Dinstein, 2001: 14). 이와 같은 한계의 연장선에서 딘스테인은 현대에 전쟁은 다음과 같은 의미를 갖는다고 밝히고 있다. "전쟁은 기술적이든 실재적이든, 둘 혹은 그 이상의 국가들 간 적대적인 상호작용이다. 기술적 의미에서의 전쟁은 전쟁 선포에 따른 공식적인 상태를 말한다. 실재적 의미에서의 전쟁은 … 무력의 실재적 사용에 의해 발생한다"(Dinstein, 2001: 15).

그러다가 북한은 2018년 신년사에서 그동안의 강경한 태도를 다소 약화시키며 평창 동계올림픽에 참가할 뜻을 밝혔고(한별이, 2018), 마침내 2018년 2월, 평창 동계올림픽에 참가하여 이전과 사뭇 다른 태도를 취했다. 같은 해 4월 20일에 북한은 조선노동당 중앙위원회 제7기 제3차 전원회의에서 핵무력 완성을 공식 공표하고 사회주의 경제 건설에 국력을 집중하겠다고 선언하면서(권영경, 2018; 전재성, 2018) 남북 정상회담에 매우 적극적으로 임함으로써 제3차 남북 정상회담이 2018년 4월 27일 판문점 평화의 집에서 열리게 되었다. 앞선 두 차례의 남북 정상회담과 달리, 처음으로 남한에서 개최된 제3차 남북 정상회담의 결과인 판문점 선언을 남북 정상은 발표도 처음으로 함께했다.

2018년 가을에 문재인 대통령이 평양을 방문하기로 한 판문점 선언의 핵심 내용은 세 가지로 요약될 수 있다(청와대, 2018; 대한민국정부, 2018; 이승현, 2018). 첫 번째는 남북 관계를 획기적이고 전면적으로 개선한다는 것이다. 이를 위해 7 · 4남북공동성명, 남북기본합의서, 6 · 15선언, 10 · 4선언과 같이 이전에 합의한 선언의 실행을 확인하고, 남북공동연락사무소의 개성 설치, 동해선과 경의선 철도 및 도로 연결, 6 · 15 행사의 남북 공동 시행, 2018년 아시안 게임 등 국제 경기에 공동 진출, 8월 15일 광복절에 이산가족과 친척들의 상봉 행사에 합의하였다.[31] 두 번째는 군사적 긴장을 완화하고, 전쟁 위험을 실질적으로 해소하는 것이다. 이를 위해 상호간 모든 적대 행위의 전면 중지, 서해 북방한계선 지역과 비무장지대(Demilitarized Zone, DMZ)를 각각 평화수역과 평화지대로 조성, 국방부장관 회담과 군사당국자 회담을 개최함과 동시에 2018년 5월에 장성급 군사회담을 열기로 합의했다. 세 번째는 항구적이고 공고한 평화 체제를 구축하는 것이다. 이를 위해 상호

31 2017년 12월 31일 기준, 이산가족 정보통합시스템에 이산가족을 찾고 싶다고 등록한 이산가족은 모두 131,344명인데, 이 중 생존한 사람은 59,037명이다(통일부, 2018b: 96). 특히, 생존자 중 85%가 70세 이상 고령자(통일부, 2018b: 96)로 이산가족 상봉이 하루 빨리 이뤄지지 않는다면 이들의 한을 풀어줄 방법은 영원히 사라져버릴 것이다.

불가침을 재확인하고, 군축을 단계적으로 시행하며, 완전한 비핵화로써 핵 없는 한반도 실현을 통해 2018년에 정전협정을 평화협정으로 전환하기로 합의했다.[32]

이와 같은 제3차 남북 정상회담과 판문점 선언에 대한 우리 국민들의 평가는 대체적으로 긍정적이며, 주변국들도 공식적인 환영 논평과 더불어 판문점 선언 지지 성명을 발표했다(연합뉴스, 2018; KBS, 2018). 그러나 회의적인 견해도 없지 않다. 판문점 선언 전체에 걸쳐 북한이 남한을 정식 협상 대상으로 보았다기보다는 미국과의 협상 이전에 거쳐 가는 중간 다리 정도로만 여기고 있다고 판단할 수 있는 여지가 전혀 없지는 않기 때문에 기본적으로 판문점 선언으로써 북한의 전반적인 입장을 평가하는 데에는 한계가 있지만(아산정책연구원, 2018: 7), 전문가들이 공통적으로 제기하는 몇 가지 회의론을 살펴볼 필요가 있다.

먼저, 회의론자들은 공통적으로 북한이 지금까지 비핵화를 약속하고 나서 이행 과정에서 약속을 번복 하는 등 신뢰를 저버린 행동에 강한 의구심을 가지고 있다(구갑우, 2018; 이승현, 2018). 그리고 한반도에 전쟁은 없고 평화 시대가 열렸다며 비핵화보다 평화 조성에 더 무게가 실리면서 향후 비핵화를 진행하는 과정에서 남한 정부가 사용할 수 있는 경제적 지렛대 카드를 너무 일찍 내보이면서 협상에서의 비교 우위적 위치를 스스로 내려 놓아버린 측면이 있다(아산정책연구원, 2018: 2). 이는 향후 미국이 비핵화나 ICBM 등 북한과의 여러 협상 과정에서 취할 수 있는 대북 군사적 옵션을 협상 카드로 사용하기 어렵게 한 것과도 연결될 수 있는 것이다(아산정책연구원, 2018: 7). 또한, 판문점 선언문에 제시된 완전한 비핵화가 미국이 요구하는 완전하고, 검증가능하며, 불가역적인 핵폐기(Complete, Verifiable, Irreversible

32 한반도 비핵화는 한 · 미가 1991년에 남한 내 전술핵 철수에 합의한 한반도비핵화공동선언에서 언급되었고, 한반도 평화체제는 2007년 10월 제2차 남북 정상회담의 결과인 10 · 4 선언에서 언급되었으며, 한반도 비핵화와 평화체제가 모두 언급된 것은 2005년의 9 · 19 공동선언이었다(구갑우, 2018: 29).

Dismantlement, CVID)를 의미하는 것인지 불분명하며(이상현, 2018: 38),[33] 이마저도 남북 정상이 판문점 선언문을 공동 발표 할 때 김정은 위원장은 직접 비핵화를 언급하지도 않아 향후 진행될 실무 협의에서 북한의 이행 의지에 대해 보다 면밀하게 검증해야 하는 과제를 안고 있다(아산정책연구원, 2018: 6). 북한과 평화 협정을 맺는 것은 북한을 조약 당사자로 인정하는 것으로 이는 곧 북한을 주권국가로 인정하는 바, 북한의 주권과 영토를 인정하지 않는 우리 헌법에 위배되는 문제 또한 배태하고 있다(아산정책연구원, 2018: 10). 그리고 북한과의 평화 협정이 구체화 되는 단계에 이르면 우리 정부는 한미 동맹을 지속하면서 한반도 비핵화를 달성함과 동시에 북한과의 평화 체제도 유지해야 하는 3가지 딜레마(trilemma) 구조 속에 갇히게 될 가능성이 매우 크다(구갑우, 2018: 33).

판문점 선언 이후 북한과 미국은 역사상 첫 북미 정상회담을 앞두고 비핵화와 체제 보장 등 자세한 의제를 논의하는 과정에서 트럼프 대통령이 2018년 5월 24일에 전격적으로 북미 정상회담 취소를 발표하여 정상회담이 결렬 위기에 처했다(이승열, 2018). 그러나 북한이 김계관 외무성 제1부상의 담화를 통해 북미 정상회담 지속 희망 의지를 밝히고, 2018년 5월 26일, 판문점 북측 지역 통일각에서 제4차 남북 정상회담 또한 전격적으로 개최되면서 북미 정상회담의 불씨가 되살아났다(한별이, 2018). 그리하여 마침내 2018년 6월 12일, 싱가포르 센토사(Sentosa) 섬에 위치한 카펠라(Capella) 호텔에서 역사상 처음으로 북미 정상이 서로 악수를 하고, 마주 앉아 정상회담을 하였다.

〈표 7-4〉에 정리된 바와 같이, 회담 결과 도출된 합의문의 주요 내용은 네 가지로 요약될 수 있다(이승열, 2018). 즉, 북미 관계를 정상화시켜 새로운 북미 관계를 수립하고, 한반도 평화체제 구축을 위해 북미가 모두 노력한다는 것이다. 그리고 북미는 판문점 선언을 확인하고 한반도 비핵화에 노력하며,

33 CVID는 미국의 조지 부시(George W. Bush) 정부 1기 때 제시되었던 북한의 핵 폐기 원칙이다.

한국전쟁 당시 전사자 유해를 송환한다는 것이다.

〈표 7-4〉 북미 정상회담 합의문

첫째, 양국은 평화와 번영을 위한 양국 국민의 희망에 따라 새로운 북미관계를 수립한다. 둘째, 양국은 한반도에서 지속적으로 안정적인 평화체제를 구축하기 위한 노력에 동참할 것이다. 셋째, 2018년 4월 27일 판문점 선언을 재확인하면서 조선민주주의인민공화국은 한반도의 완전한 비핵화를 위해 노력한다. 넷째, 양국은 이미 확인된 전쟁 포로 유골의 즉각적인 송환을 포함해 전쟁포로와 실종자의 유해 복구를 약속한다.

출처: (이승열, 2018: 2)

이와 같은 북미 정상회담의 결과에 대해 긍정적인 평가가 이뤄지고 있다. 먼저, 합의문에서 판문점 선언을 재확인함으로써 판문점 선언에서 언급된 종전선언도 포함하고 있다는 점에서 북미 정상회담은 긍정적인 요소를 가지고 있다고 볼 수 있다(이승열, 2018: 3). 특히, 비핵화 수행 의무 주체를 북한으로 명시했다는 점에서 판문점 선언과 달랐는데 이것 또한 긍정적으로 평가할만하다(최강, 신범철, 2018a: 4).[34] 우리 국민들 또한 북미 정상회담을 긍정적으로 평가하고 있다. 예를 들면, 한국갤럽이 2018년 6월 14일에 전국의 성인 1,007명을 대상으로 한 전화 인터뷰에서 66%가 북미 정상회담을 긍정적으로 평가했다(한국 갤럽, 2018: 10). 이와 비슷하게, 아산정책연구원이 2018년 6월 18일부터 20일까지 전국의 만 19세 이상 성인 남녀 1,000명을 전화 인터뷰 한 결과에서도 응답자의 71.8%가 북미 정상회담에서 성과가 있었다고 평가했다(김지윤, 강충구, 김길동, 2018b: 11).[35]

34 비핵화의 주체를 1992년의 한반도 비핵화 공동선언에서는 남한과 북한을, 2005년의 6자회담 9 · 19 공동성명에서는 한국, 북한, 미국, 중국, 러시아, 일본과 같이 6개 국가로 명시하고 있다(최강, 신범철, 2018a: 3).

35 연령별로 보면 20대의 65.4%, 30대의 77.8%, 40대의 82.5%, 50대의 72.6%, 60세 이상의

그러나 북미 정상회담에 대한 비판적인 견해도 상당하다. 예를 들면, 비핵화에 대한 동의는 포괄적으로만 이뤄졌을 뿐 CVID를 명시하지 못했다는 것이다(최강, 신범철, 2018a). 그리고 비핵화의 구체적 단계 및 시간표와 관련된 합의가 이뤄지지 못해 평화체제 구축을 위한 원칙을 확인하는 수준에 그친 것도 비판 받고 있다(하영선, 전재성, 2018; 김도희, 2018b). 또한, 1994년 10월의 제네바 합의, 2000년 10월의 북미 공동코뮈니케, 2005년 9 · 19 공동성명 등 과거 북미 간 비핵화 관련 합의들에 비해 오히려 합의 수준이 더 후퇴했다고 비판하는 경우도 있다(김지윤, 강충구, 김길동, 2018b: 5). 더욱이 북미 정상회담 후 트럼프 대통령이 북한과 협상을 하는 동안 전쟁과 관련된 조치를 취하는 것은 부적절하다며 한미연합군사훈련의 중단을 언론에 밝히면서 CVID는 불명확한 반면, 한미 동맹의 약화는 명확해져가고 있다는 것이다(최강, 신범철, 2018a). 또한, 북한이 CVID에 적극적으로 나서지 않고 시간을 끌 것이며, 앞으로 추가 협상 과정에서 미국은 기존의 합의를 파기하거나 북한의 핵을 인정하지도 않고, 그렇다고 파기하지도 못하는 상황에서 대북제재만 강화하는 길로 들어설 가능성이 높아졌다고 비판하는 경우도 있다(Einhorn, 2018).

이처럼 북미 정상회담에 대한 다양한 평가 중 어느 것이 맞을지 아무도 알 수 없지만, 한 가지 확실한 것은 북미 정상회담 이후 남겨진 과제는 앞으로 이뤄질 추가 실무 협상을 통해 구체화 될 것이라는 점이다. 이와 관련하여 미국의 마이크 폼페이오(Mike Pompeo) 국무장관은 북한이 트럼프 대통령의 첫 번째 임기 전까지 비핵화 관련 중대 조치를 해야 하고(Washington Post, 2018), 북한의 비핵화가 검증되기 전에는 북한에 대한 제재를 해지 하지 않는다는 원칙을 밝혔다(이승열, 2018: 3). 그러나 미국이 아무리 북한을 압박

63.1%가 긍정적으로 응답했고, 이념 성향 별로 보면 진보주의자들의 84.7%, 보수주의자들의 63.2%, 중도주의자들의 67.1%가 긍정적으로 응답했다(김지윤, 강충구, 김길동, 2018b: 13).

하더라도 북한이 핵무기를 자신들의 생존을 위한 마지막 보루로 삼고 있는 구조가 근본적으로 바뀌지 않는 한 북한이 CVID가 자신들의 생사를 결정할 결단이 될 것이라고 인식하는 것이 결코 바뀌지 않을 것이며, 북한의 그러한 인식이 전환되지 못하면 미국이 북한의 CVID를 실현시키기 매우 어려울 것이다(하영선, 전재성, 2018). 이러한 북미 간 줄다리기의 핵심은[36] 결국, 북한의 CVID 이행 여부 및 CVID에 상응하여 북한이 미국에 요구하는 완전하고, 검증가능하며, 불가역적인 체제 보장(Complete, Verifiable, Irreversible Guarantee, CVIG)을 미국이 수용할 것인지와 그것의 제도적 보장 방안으로 수렴된다고 할 수 있겠다.[37] 그러나 현재 미국은 북한이 진정으로 CVID를 할 것인지에 대한 의구심을 거두지 못하고 있고, 반대로 북한은 미국이 자신들에게 CVIG를 해 줄 것인지를 믿지 못하고 있는 상황이다(조남훈, 2018).[38]

---

36 2018년 7월 6일부터 7일까지 폼페이오 장관이 북한을 3번째 방문하기 전 · 후에는 미국이 북한 측에 CVID 대신 최종적이고, 완전히 검증된 비핵화(Final Fully Verified Denuclearization, FFVD)를 제시하고, FFVD 논의를 위한 실무 그룹(working group) 구성을 합의 하는 등(최강, 신범철, 2018b: 2) 북미 간 줄다리기는 계속되고 있다.

37 CVIG와 더불어 2006년 10월 9일 1차 핵실험에 따른 UN 안보리 결의 1718호, 2009년 5월 25일 2차 핵실험에 따른 UN 안보리 결의 1874호, 2013년 2월 12일 3차 핵실험에 따른 UN 안보리 결의 2087호와 2094호, 2016년 1월 6일 4차 핵실험에 따른 UN 안보리 결의 2270호, 2016년 9월 9일 5차 핵실험에 따른 UN 안보리 결의 2321호, 2017년 9월 2일 6차 핵실험에 따른 UN 안보리 결의 2356호, 2371호, 2375호, 2397호에 의한 제재 완화 및 해제 관련 문제도 매우 중요하게 논의될 수밖에 없다(정민정, 2018: 2).

38 북한의 입장에서 보면 만약, CVID 이후 미국이 입장을 번복했을 때 북한이 CVID 이전의 상황으로 되돌리는 것은 거의 불가능하기 때문에 CVID와 CVIG를 동시에 진행해야 한다고 요구하는 것이다. 실제로 미국 스스로도 2015년 7월 14일에 이란과 체결한 포괄적공동행동계획(Joint Comprehensive Plan of Action)에서 탈퇴한 적이 있다(김도희, 2018a: 1; 서울경제, 2018). 그리고 다른 국가들의 국가 간 불가침 조약이 파기된 경우도 많다. 예를 들면, 1934년 6월에 나치 독일과 폴란드가 상호 불가침 조약을 맺으면서 10년 동안 상호 간에 군사 행동을 하지 않기로 했지만 조약을 체결한지 5년 만에 폴란드가 침공을 당했고, 1939년 8월에 나치 독일과 소련이 몰로토프-리벤트로프 협정을 체결하고 상호불가침을 약속했지만 2년 후에 독일이 소련을 침공하였다(Green, 2018). 이와 같은 국가 간 상호 불가침 조약 뿐만 아니라, 미국, 영국, 러시아 등이 참여한 부다페스트 안보확약 협정(Budapest Memorandum on Security Assurances)과 같이 다자간 안보보장협정으로 핵무기를 포기한 우크라이나의 경우에도 협정 이후 러시아가 크리미아를 합병하면서 협정이 휴지 조각으로 전락해 버리는 등

이처럼 미국과 북한 간 불안한 신뢰 관계는 남한과 북한 사이에도 존재하고 있다. 오랜 세월 동안 지속된 대결 구도 속에서 남과 북이 서로에게 가진 적개심이 남북 정상회담을 몇 번 한다고 해서 결코 쉽게 사라지지는 않을 것이다. 그러나 판문점 선언을 이끌어 낸 이번 남북 정상회담은 이전의 남북 정상회담과 달리, 남한 사회에서 좌우 정치적 이념에 무관하게 지지를 받았을 뿐만 아니라, 남한 국민들이 그 동안 북한에 대해 가졌던 여러 가지 부정적인 인식을 변화시키는 데에도 큰 역할을 한 것은 부정할 수 없다(이우영, 2018). 서로를 주적으로 여기며 70여 년 동안 단 한 차례도 정상 간 만남이 없었던 북한과 미국 간에 처음 이뤄진 북미 정상회담 또한 예초의 목적을 달성할 수 있을지 알 수 없는 상황이다. 그러나 역사적인 북미 정상회담을 계기로 북한이 한국전쟁 때 전사한 미군 유해를 송환하는 등(헤럴드경제, 2018) 양국 간 신뢰를 쌓아가는 노력이 뒤따르고 있어 이전과는 근본적으로 다른 한반도 통일로 향하는 경로에 들어선 것은 확실해 보인다. 한반도 통일이라는 목적지에 도착하기 위해서 당사국 모두의 평화적인 노력이 필요함은 말할 것도 없고, 그 과정에서 남한의 통일정책도 변화하는 상황에 조응할 수 있어야 할 것이다.

(2) 문재인 정부 통일정책 성공의 최소 요건

문재인 정부의 통일정책은 북한의 핵문제 해결과 평화의 항구적인 정착, 지속 가능한 남북 관계, 한반도 신경제공동체[39] 구현과 같은 3가지 목표와 단계적이고 포괄적인 접근, 북핵과 남북관계의 병진적 추진, 지속 가능성 확보를

역사적으로 상호 불가침 조약이 쉽게 파기된 경우가 적지 않다(조남훈, 2018: 59-60).

39 문재인 정부는 한반도 신경제공동체를 원산과 함흥, 단천, 나선, 러시아를 잇는 에너지와 자원 중심의 환동해권, 수도권, 개성과 해주, 평양과 남포, 신의주, 중국을 잇는 교통과 물류 및 산업 중심의 환서해권, DMZ 생태평화안보관광지구, 통일경제특구를 잇는 환경 및 관광 중심의 접경지역과 같이 3대 경제 벨트 구성을 통해 이루고자 한다(통일부, 2018b: 31-32, 2018c: 20).

위한 제도화, 평화적 통일 기반 조성을 위한 호혜적인 협력과 같은 4가지 전략 및 한반도 문제의 우리 주도 원칙, 강한 안보를 기반으로 하는 평화 유지 원칙, 상호 존중에 기초한 남북 관계 원칙, 국민 소통과 합의 원칙, 국제 사회와의 협력을 통한 정책 추진 원칙과 같은 5가지 원칙으로 요약될 수 있다(통일부, 2018b, 2018c). 이를 위해 문재인 정부는 화해 협력 단계를 거쳐 남북 연합 단계를 통해 1민족 · 1국가 · 1체제의 통일국가를 수립하여 단계적이고 점진적인 통일을 추구하는 민족공동체 통일방안 논리를 기반으로 북한 붕괴, 흡수 통일, 인위적 통일을 추구하지 않는다는 '3-NO'원칙을 대 전제로 삼고 있다(통일부, 2018c: 7). 이처럼 정부가 통일정책을 체계적으로 정립하고 그것을 범정부 차원에서 실천하는 것도 중요하지만, 그에 못지않게 반드시 필요한 것이 바로 통일정책에 대한 국민적 합의이다. 왜냐하면, 통일정책을 진보 세력뿐만 아니라 보수 세력 모두가 참여하여 추진하지 않는다면, 정부가 바뀔 경우 통일정책은 분절될 것이고, 그로 인해 사회 갈등이 증폭될 것이며, 결국 한반도 통일은 더 멀어져 갈 가능성이 높기 때문이다.

우리 정부의 통일정책에 대한 국민적 합의를 이끌어내는 데 있어 가장 기본적인 것은 바로 남한 국민들의 북한에 대한 인식을 제대로 파악하는 것이다. 이는 객관적 인식 및 주관적 인식과 같이 크게 두 가지로 구분해서 살펴볼 수 있겠다. 첫째, 북한에 대한 객관적 인식은 주로 북한 사회의 주요 변화에 대한 남한 국민들의 인식 평가를 통해 알 수 있다. 가장 대표적인 사례가 최근 북한 사회의 정치경제적 변화에 대한 남한 국민들의 인식 평가이다.

남북이 분단된 이후 북한에서 발생한 여러 가지 변화 중에서 최근 북한 사회에 큰 정치적 변화를 가져온 것 중 결코 빼놓을 수 없는 것이 바로 김정일 사후에 이어진 김정은으로의 3대 세습 권력 승계 작업의 성공이다. 그리고 최근 북한 사회의 주요 경제적인 변화는 1985년에 출범한 구소련의 고르바초프 정부가 내세웠던 이른바 페레스트로이카(Perestroika) 정책과 글라스노스트(Glasnost) 정책에 배태된 동유럽 사회주의 국가들의 해체(Strayer, 2015;

Marples, 2004; Gidadhubli, 1987)로 북한 경제에 자본주의 시장 시스템이 확산된 것이다. 다시 말해, 구소련 중심의 동유럽 경제의 몰락으로 인한 북한 경제의 침체는 일반 주민들에 대한 북한 정부의 경제적 영향력을 약화시켰고, 이에 자조를 통해 생존을 모색해야 했던 북한의 일반 주민들이 이른바 장마당을 구성하면서 자본주의 시장 요소가 확산된 것이다(Eberstadt, 2017). 그리고 장마당의 성장으로 비록, 미약하지만 북한에 새로운 자본가 집단이 형성되었고, 공공연히 거래되는 남한의 대중문화 미디어 등을 통해 외부 문화가 유입되었으며, 물질주의적 가치관도 확산되었던 것이다(Kim, 2017). 이와 같은 북한 사회의 주요 정치경제적 변화를 과연 남한 국민들은 있는 그대로 인식하고 있을까?

이러한 의문의 상당 부분은 황태희, 최영준, 최우선, 주형민 교수님들의 최근 연구를 보면 풀리게 된다(황태희 외, 2017). 다시 말해, 네 학자들이 2015년의 남한주민 통일인식 조사 자료와 2014년부터 2015년의 탈북자 인식 조사 자료를 비교 분석한 결과, 북한에 대한 남한 국민들의 인식이 시대에 뒤떨어지는 것으로 밝혀진 것이다. 구체적으로, 북한의 주체사상에 대한 남한 국민들의 인식은 김정일 시대에 머물러 있어 김정은이 집권한 이후 이전보다 상대적으로 약화된 주체사상의 영향력을 오해하고 있었다(황태희 외, 2017: 256). 또한, 장마당의 확산으로 인한 시장과 자본의 영향력을 과소평가하고 있어 김일성 시대의 인식과 크게 다르지 않았다(황태희 외, 2017: 280).

둘째, 남한 국민들의 북한에 대한 주관적 인식은 북한에 대한 국방 및 안보, 경제와 관련된 인식 평가를 통해 알 수 있다. 예를 들면, 〈표 7-5〉는 2011년부터 2017년까지 아산정책연구소의 연례 조사를 기반으로 남한 국민들의 북한에 대한 국방 및 안보와 경제 관련 인식 변화를 연령대 별로 분석한 것이다(김지윤, 강충구, 김길동, 2018a).[40] 먼저, 국방 및 안보 차원과 관련하여 한

40 한반도 통일과 대북 인식에 대한 남한 국민들의 세대 간 인식 차이 및 세대 내 인식 차이와 관련된 보다 자세한 내용은 김병조(2015)의 연구에 잘 설명되어 있다.

반도에 전쟁이 다시 발발할 것으로 생각하는지에 대해 2011년부터 2017년까지 모든 연령에서 한반도 전쟁 가능성을 절반 이상으로 본 경우는 2012년, 2016년, 2017년뿐이었다. 그러나 연령대별로 구분해서 보면 20대는 7년 내내 줄곧 50% 이상으로, 60세 이상은 2015년을 제외하고 모두 50% 이상으로 평가하고 있었다. 이는 곧 다른 연령대보다 특히, 20대와 60대가 북한을 우리의 실질적인 위협으로 인식하고 있다는 것을 의미한다.

그리고 경제적 차원 즉, 대북 경제 지원과 관련해서는 7년 동안 모든 연령대에서 부정적인 태도가 우세하였고, 그 비율은 최소 56.3%(2014년 40대)에서 최대 88.5%(2017년 20대)로 나타났다. 또한, 한반도의 국방과 안보 상황을 보수적으로 인식하는 20대와 60대들이 경제적 지원과 관련해서도 부정적인 인식이 가장 크게 증가한 것으로 밝혀졌다. 다시 말해, 7년 동안 대북 경제 지원에 대해 부정적인 인식에 거의 변화가 없거나 소폭 증가한 30대부터 50대와 달리, 20대와 60세 이상은 각각 10.1%와 9.4%가 증가한 것이다.

〈표 7-5〉 남한 국민의 북한에 대한 국방 및 안보와 경제적 차원의 인식 변화

주제	항목	연령	2011	2012	2013	2014	2015	2016	2017
국방/안보	한반도 전쟁 가능성 인식(%)	20대	57.4	64.5	66.2	55.6	55.5	66.2	57.4
		30대	46.0	59.9	62.1	48.4	45.5	62.1	49.3
		40대	42.7	52.1	53.5	42.8	38.0	53.5	41.5
		50대	48.5	58.0	57.2	47.1	44.8	57.2	47.7
		60세 이상	55.8	60.6	64.6	52.0	49.4	64.6	64.4
		합계	49.8	58.8	47.5	49.0	46.0	60.6	52.5
경제	북한 경제 지원에 대한 부정적 인식 (%)	20대	78.4	76.1	84.3	78.2	81.0	84.4	88.5
		30대	73.8	64.5	71.5	68.1	71.3	70.6	73.9
		40대	69.7	58.5	68.2	56.3	66.0	69.9	66.9
		50대	70.3	68.3	74.0	68.0	70.4	70.2	75.5
		60세 이상	75.3	76.7	79.4	74.8	73.5	81.0	84.7
		합계	73.4	68.5	75.2	68.7	72.2	75.3	78.0

출처: (김지윤, 강충구, 김길동, 2018a: 3-4 재구성)

이처럼 20대와 60세 이상의 북한에 대한 국방 및 안보, 경제적 지원에 대해 부정적인 인식이 강한 것은 북한을 이웃 혹은 적으로 인식하는지와 한반도 통일에 대한 인식과도 밀접하게 관련되어 있다. 예를 들면, 2017년 10월 19일부터 11월 14일까지 전국의 만 19세 이상 남녀 1,200명을 전화 조사한 결과, 북한을 이웃으로 생각한다고 응답한 비율이 20대와 60세 이상이 각각 32%와 61.7%로 나타난 반면, 북한을 적으로 생각한다고 응답한 비율은 각각 49.3%와 28.5%로 나타났다(김지윤, 강충구, 김길동, 2018a: 6). 그리고 같은 조사에서 한반도 통일과 관련하여 가능한 빨리 통일을 해야 한다고 응답한 비율이 20대와 60세 이상이 각각 7.2%와 21%로 나타난 반면, 통일을 굳이 할 필요가 없다고 응답한 비율은 각각 12%와 6.4%로 나타났다(김지윤, 강충구, 김길동, 2018a: 8).[41]

이와 같은 결과는 곧 20대와 60세 이상이 북한에 대한 국방 및 안보, 경제적 지원에 대해 공통적으로 부정적인 시각을 견지하고 있으면서도 60세 이상은 북한을 우리의 가족 혹은 이웃으로 통일을 이뤄 미래를 함께 개척해야 할 상대로 인정하는 경향이 있는 반면, 20대는 그와 같은 인식이 약한 것을 의미한다.[42] 한반도 통일을 위해서는 모든 세대의 동의와 협력이 필요하다는 것은 부정할 수는 없지만, 미래 세대인 20대가 통일의 동반자인 북한에 대해 기성세대 보다 상대적으로 더 부정적인 시각을 견지하고 있다는 점은 앞으로 통일정책의 방향에 일정한 시사점을 안겨주고 있다. 즉, 정부의 통일정책이 한반도 통일을 당위로 전제하고 북한을 이웃으로 바라보는 것 못지않게 북

41 이를 근거로 20대가 한반도 통일에 반대한다고 결론을 내려서는 안 되고, 오히려 20대는 한반도 통일의 필요성을 부정하지는 않지만, 그것을 위한 여건 형성에 더 무게를 둔다고 해석하는 것이 더 합리적이다. 왜냐하면, 20대의 56.9%와 23.9%가 각각 통일의 속도를 여건에 따라 조정해야 한다는 문항과 통일을 서두를 필요는 없다고 한 문항에 동의했기 때문이다(김지윤, 강충구, 김길동, 2018a: 8).

42 통일을 굳이 할 필요가 없다고 응답한 비율이 50대는 4.2%, 40대는 3.2%에 그친 반면, 20대와 같이 젊은 세대에 속하는 30대는 10.4%로 20대처럼 10%를 상회했지만, 가능한 빨리 통일을 해야 한다고 응답한 비율이 12.8%로 20대보다 더 높았다(김지윤, 강충구, 김길동, 2018a: 8).

한이 위협적인 적으로 인식되고 있다는 현실도 적극 반영하여 추진되어야 한다는 것이다. 남북이 다방면에서 사회문화적인 교류를 확대함으로써 깊어진 서로의 이질감을 어느 정도 줄일 수는 있겠지만, 당면한 국방 및 안보 차원의 실질적인 위협 요소를 해결하지 못하면 사회문화적 교류를 통한 노력만으로는 결코 행복한 통일 한반도의 문을 활짝 열 수 없을 것이다.

맺음말

물질문명 역사의 진보로 근대 산업사회에서 살고 있는 우리는 분명히 경제적으로 과거보다 풍요로워졌다. 그러나 문명의 부작용으로부터 지금보다 상대적으로 자유로워 과거 자연 속에서 누릴 수 있었던 행복을 과연 지금의 우리가 마음껏 누리고 있는 것일까? 이와 같은 맥락에서, 인류 역사의 진보를 어떤 기준으로 평가할 것인지 논란이 없지 않지만, 근대 인간의 행복에 대해서 인간 본연의 존재 가치 실현이라는 측면에서 봤을 때에는 적어도 자본주의 사회에서의 인간은 자본주의의 근원적 폐단으로 인해 불행을 태생적으로 안고 있는 존재임에 틀림없다. 산업화를 거부하며 숲속에서 무위자연의 삶을 실천했던 헨리 소로우(Thoreau, 1997[1854]), 합리성의 쇠우리를 비판한 막스 베버(Weber, 1976[1904]), 게으름을 찬양한 버트런드 러셀(Russell, 2007[1935]), 소유의 삶을 넘어 존재의 삶을 지향한 에리히 프롬(Fromm, 2012[1976]), 생활세계의 식민화를 비판한 위르겐 하버마스(Habermas, 1987[1981]), 위험사회를 경고한 울리히 벡(Beck, 1992) 등 자본주의에 신음하는 인간의 미래 행복의 암울한 전망이 셀 수 없이 많은 것도 인간 행복의 자본주의적 배태성에 대한 비판과 같은 맥락에 있는 것이다.

이러한 인간의 행복에 관하여 우리는 지금까지 그것의 다양한 개념과 이론적 논의, 최근 연구 동향, 계량적 측정, 전반적 상태와 주요 결정 요인 및 사회적 약자 별 상태를 고찰하였다. 그리고 사회적 질과 모두가 행복한 사회의 가능성에 관한 논의와 함께 GDP(GNP)를 중심으로 하는 경제 발전 일변도의 한계를 넘어 새로운 행복 지표와 관련된 다양한 노력들에 대해서도 고찰하였다. 이와 같은 논의를 바탕으로 행복 시대의 국가와 사회의 역할 및 행복 윤리에 대해 고찰하고, 미래 통일 한반도의 행복 시대를 위해 필요한 노력들에 대해서도 논의하였다. 따라서 여기에서는 이미 이뤄진 논의 내용을 다시 요약하기 보다는 여러 가지 이유로 앞에서 다루지 못한 내용을 기존 논의의 전체적인 범위 안에서 간략하게 다루고 책의 마침표를 찍고자 한다.

먼저, 행복의 측정 방법과 관련해서 우리는 주로 행복의 계량적 측정 방법과 함께 그것의 장점 및 단점을 살펴보았다. 앞에서 논의된 내용과 더불어 보다 근원적인 논쟁 즉, 주관적인 행복의 계량화 자체가 불가능 하다는 오랜 주장(Edgeworth, 1881)과 인간은 진공속이 아닌 사회 속에서 살아가기 때문에 그들의 감정과 경험 및 행동을 긍정 혹은 부정과 같이 이분법적 논리로 제단하거나 0점부터 10점까지와 같이 단일 수치로 단정하기 어렵다는 비판(Exton, Smith, and Vandendriessche, 2015)뿐만 아니라, 개념의 추상성이 매우 높은 행복의 계량적 측정에 대한 신뢰성과 타당성에 관한 논쟁이 완전히 끝나지 않았으며, 개념의 특성상 명쾌한 결론을 영원히 얻기 어려울지도 모른다는 주장(Allin and Hand, 2014)에도 귀를 기울여야 할 것이다. 그럼에도 불구하고, 행복의 계량적 측정은 최소한 일정한 방향성을 발견하고, 그것을 바탕으로 제한적이나마 나름의 규칙성을 찾아낼 수 있도록 도와준다는 점에서 그 의미가 결코 작지 않다는 점 또한 부정할 수 없다.

그리고 GDP(GNP)와 같은 경제적 지표는 재화의 가치를 시장에서의 가격을 기준으로 평가하기 때문에 행복 지표보다 상대적으로 덜 민주적이라고 말할 수 있다. 왜냐하면, 행복 지표는 모든 사람들을 같은 비중으로 중요시 하는 반면, GDP(GNP)는 소득이나 자산과 같은 경제적 부의 크기를 기반으로 시장에서의 구매력에 의해 결정되기 때문에 경제적으로 부유하지 못한 사람들의 선호는 상대적으로 경시되기 때문이다(Frey, 2008). 이러한 GDP(GNP)

의 한계를 보완하고, 행복 증진을 위한 행복 지표 구성에 많은 노력이 있었지만, 아직 합의된 하나의 행복 지표는 존재하지 않는다. 앞에서 논의한 바와 같이, 행복 지표는 최소한 지표로써 갖춰야 할 통계학적 조건을 모두 만족시켜야만 한다. 그러나 설령 그러한 문제를 과학적으로 해결한 경우에도 보다 더 복잡한 문제가 여전히 우리를 기다리고 있다. 즉, 행복 지표의 사용을 단순히 권고하는 것과 그것을 실제 적용하는 것은 서로 다른 차원의 문제로 후자를 둘러싼 정치경제 및 사회적 이해관계의 실타래를 푸는 것은 결코 실증주의적 접근만으로는 해결될 수 없을 것이다.

한편, 한 사람이 행복을 느끼거나 불행을 느끼는 것에 개인적인 요소가 전혀 개입되지 않는다고 말할 수 없지만, 최소한 헌법에서 보장하는 행복추구권을 주장하며 타인, 제도 등과 부대끼면서 사회에서 행복을 추구하는 행위는 좋은 국가(Good State)와 좋은 사회(Good Society) 두 가지 모두가 보장되지 못하면 결코 완성될 수 없다. 예를 들면, 연령차별주의가 만연한 사회에서 노인과 젊은이가 차별 때문에 행복하지 못한 경우, 가부장적 사회에서 여성이 행복하지 못한 경우, 조세 형평성이 부족한 사회에서 가난한 이들이 행복하지 못한 경우 등은 그들이 행복을 향유하고 싶지 않거나 그 방법을 몰라서가 아니라, 그것을 가로 막는 사회 구조적인 장애물 때문인 것이다. 이러한 문제는 우리 사회 전체의 질이 향상되어 지금의 국가와 사회가 모두 좋은 국가, 좋은 사회가 되지 않고서는 결코 근본적으로 해결되지 못할 것이다.

이와 같은 맥락에서, 우리 민족이 좋은 국가와 좋은 사회를 통해 행복해지기 위해서는 반드시 한반도 통일을 이뤄내야만 한다. 우리 민족은 잔혹했던 일본의 오랜 식민 지배 속에서도 민족의 정기를 잃지 않고 독립운동에 목숨을 바쳤던 선조들의 피와 눈물로 1945년에 해방을 맞이했지만, 제2차 세계대전의 승전국으로 인정받지 못했으며, 열강들의 세력 각축장이라는 또 다른 형태의 식민 지배 구조로 편입되는 비극을 겪었다. 그것의 첫 번째 결과가 1950년 6월 25일에 발발한 한국전쟁이었으며, 3년여 동안 동족끼리 총부리를 겨눠 한반도 전체를 서로의 부모 형제와 자매의 피로 물들이는 비참함을 가슴에 새겨야만 했다. 1953년 7월 27일, 휴전협정이 체결되면서 한반도의 전쟁은 끝난 것이 아니라 여전히 진행 중이다. 다시 말해, 1953년 7월 27일 이후에 이뤄진 한반도의 정치 · 경제 · 사회 · 문화적 유산은 모두 휴전 체제 속에서 구성되어 온 것이며, 따라서 이 시대 남한과 북한의 모든 국민은 그 구조 속에서 불안한 하루하루를 살아가고 있는 것이다. 결국, 전쟁의 가능성이 상존하고 있는 분단국가의 국민이 느끼는 행복은 휴전 체제의 불안 효과가 배태된 금이 간 행복(cracked happiness)이라고 볼 수 있다. 따라서 우리 민족은 전쟁의 위험을 완전히 제거하고, 통일 한반도를 이룩하기 전에는 온전한 행복을 누리기 어려울 것이다.

2018년 5월 5일, 탄생 200 돌을 맞이한 마르크스는 유적 존재로서의 인간은 노동을 통하지 않고서는 자신의 존엄성을 실현할 수 없는 존재라고 보았다(Marx, 2007[1927]). 다시 말해, 포이에르바하의 유적 존재로서의 인간(Feuerbach, 1957[1841])을 넘어 능동적으로 실천하는 마르크스의 인간은 단지 자연 속에서 정태적이고 즉자적인 존재로만 머무는 것이 아니라, 자연을 자신의 것으로 만드는 과정을 통해 타자와의 통합을 이루는 보편적인 존재를 의미한다. 그러한 과정의 완성은 노동이 없이는 결코 불가능 하다는 것이다.

그런데 특히, 최근 들어 이뤄지고 있는 이른바 제4차 산업혁명, 인공지능, 자동화 등의 담론의 급속한 확산은 그것들의 실체와 효과에 대한 심도 있는 검토를 뒷전으로 미루게 하고, 마치 인간 사회가 그것을 당연하게 수용해야 하는 것처럼 사회 분위기를 한편으로는 무분별하다고 할 만큼 쓰나미처럼 몰아가고 있는 형국이다. 만약, 인류 문명에 인공지능이 미칠 영향에 대한 사회적 성찰이 전제되지 않고, 자본주의 시스템의 생산과 소비 논리에만 천착하여 총체적 적용으로써 생산의 자동화가 사회 전체에 확산된다면 우리 사회에 노동자는 매우 많이 사라지게 될 것이며, 장기적으로 인간은 리프킨의 경고처럼 노동이 종말된 사회(Rifkin, 1996)에서 살게 될지도 모른다.[1] 과학과 기술의 발전이 인간에게 여가 시간을 늘려주고 늘어난 시간을 인간의 삶을 더 행복하게 하는데 사용할 수 있게 해 줄지, 아니면 종국적으로는 유적 존재로서의 인간의 잠재력과 본질적인 가치마저 앗아가 과학과 기술의 노예로 전락시킬 것인지는 우리 자신의 손에 달려 있다고 할 것이다.

이와 마찬가지로, 행복 시대라는 인류 역사의 새로운 장을 열어가고 있는 이 시대 우리는 행복 시대의 수동적인 객체가 아니라, 적극적인 주체가 되어 우리의 손으로 행복 시대를 만들어가야 할 것이다. 그리고 그것의 출발점은 바로 행복의 사회적 성찰이어야 한다. 왜냐 하면, 행복의 주체로서의 인간은 사회적 존재이고, 인간이 추구하는 행복 또한 사회 안에서 사회와 소통을 통해 다다르고 향유될 수 있기 때문이다. 다시 말해, 인간의 행복이 주관적인 특성을 가지지 않은 것은 아니지만, 일정한 객관적인 조건들이 갖춰져 있지 않은 상태에서 행복을 누린다는 것은 어불성설이다. 즉, 자본주의 사회에서 행복에 필요한 객관적인 요건들을 개인이 갖추기 위해 노력하는 과정은 여러 가지 사회 구조적인 요소와 국가 정책의 영향으로부터 결코 자유롭지 않으며, 행복 주관주의자나 행복 개인주의자들처럼 인간의 행복은 오롯이 개인이 타고난 성격이나 기질 혹은 노력에 따라 결정되기 때문에 개인의 불행은 개인의 책임이지 사회 구조와 무관하다는 주장과 행복의 사회적 성찰 간 거리는 너무도 멀어 보인다. 결국, 행복 시대가 요구하고, 행복 시대에 맞는 행복과 사회는 곧 행복의 사회성을 실현시켜 나가는 끊임없는 과정인 것이다.

---

1 물론, 모든 이들이 리프킨의 주장에 동의하는 것은 아니다. 예를 들면, 2016년 세계 발전 보고서(World Development Report)는 자동화가 확산됨에 따라 EU 국가들의 전체 직업의 $\frac{1}{3}$, 미국의 전체 직업의 $\frac{1}{2}$, 개발도상국들의 전체 직업의 $\frac{2}{3}$가 사라질 것이고, 자동화로 인해 새롭게 직업이 만들어지는 속도가 직업이 사라지는 속도를 따라가지 못할 것이라고 전망(Goldin, 2018: 124)하는 반면, 리차드 서스킨드(Richard E. Susskind)와 다니엘 서스킨드(Daniel Susskind)는 기술이 발전한다고 해서 모든 직업이 사라지는 것은 아니며, 기술 발전으로 인해 축소되는 직업의 규모 또한 우려하는 수준까지 진행되지 않을 것으로 전망하고 있다(Susskind and Susskind, 2017).

참고문헌

공자(2017)『논어』(김원중 옮김), 서울: 휴머니스트.

관계부처합동(2018a) 제2차 북한이탈주민 정착지원 기본계획(2018-2020), 세종특별자치시: 관계부처합동.

관계부처합동(2018b) 2018년도 북한이탈주민 정착지원 시행계획, 세종특별자치시: 관계부처합동.

관계부처합동(2018c) 제2차 보건의료기술육성기본계획(안), 세종특별자치시: 관계부처합동.

교수신문(2017) "2017년 올해의 사자성어 '破邪顯正'", (http://www.kyosu.net/news/articleView.html?idxno=40421 , 2018년 5월 12일 접속).

구갑우(2018) "판문점선언에서 북미정상회담으로: 한반도 비핵화와 평화 체제의 경로", KDI 북한경제리뷰 5월호: 29-35.

국가법령정보센터(2018) "사회보장기본법", (http://www.law.go.kr/lsInfoP.do?lsiSeq=195197&efYd=20170726#0000 , 2018년 4월 11일 접속).

국가법령정보센터(2017a) "북한이탈주민의 보호 및 정착지원에 관한 법률", (http://www.law.go.kr/lsInfoP.do?lsiSeq=192427&efYd=20170922#0000 , 2017년 10월 31일 접속).

국가법령정보센터(2017b) "유아교육법", (http://www.law.go.kr/lsInfoP.do?lsiSeq=192409&efYd=20170622#0000 , 2017년 11월 4일 접속).

국가법령정보센터(2017c) "아동복지법", (http://www.law.go.kr/lsInfoP.do?lsiSeq=195199&efYd=20170726#0000 , 2017년 11월 5일 접속).

국가법령정보센터(2017d) "대한민국헌법", (http://www.law.go.kr/lsInfoP.do?lsiSeq=61603&efYd=19880225#0000 , 2017년 12월 22일 접속).

국립국어원(2018) "유아", (http://stdweb2.korean.go.kr/search/List_dic.jsp , 2018년 9월 3일 접속).

국립국어원(2017) "행복", (http://stdweb2.korean.go.kr/search/List_dic.jsp , 2017년 10월 6일 접속).

국정기획자문위원회(2017) 문재인정부 국정운영 5개년 계획, 서울: 국정기획자문위원회.

국정홍보처(2008) 참여정부국정운영백서 1: 총론/대통령 발언록, 서울: 국정홍보처.

권영경(2018) "신남북경협시대의 전망과 과제", KDI 북한경제리뷰 5월호: 21-24.

권영선(2016) "산업혁명과 인간의 삶: 과거, 현재, 미래" 권호정 외 『호모 컨버전스: 제4차 산업혁명과 미래사회』, 파주시: (주)아시아, pp. 14-40.

권영성(2010)『헌법학원론』, 파주: 법문사.
권지영(2018) "유아교육 공공성 강화를 위한 유아교육 혁신방안", 육아정책포럼 55: 31-34.
김도희(2018a) "트럼프 행정부의 이란 핵 합의에 대한 입장과 북한 핵문제에 대한 시사점", 이슈와 논점 1444호, 서울: 국회입법조사처.
김도희(2018b) "북·미정상회담의 결과에 따른 한·미동맹의 쟁점 및 대응방향", 이슈와 논점 1483호, 서울: 국회입법조사처.
김동춘(2009)『전쟁과 사회: 우리에게 한국전쟁은 무엇이었나?』, 파주: 돌베개.
김동춘(2000)『IMF 이후 한국의 빈곤』, 서울: 나남.
김미곤, 여유진, 김태완, 정해식, 우선희, 김성아(2014) 사회통합 실태진단 및 대응방안 연구: 사회통합과 국민행복을 중심으로, 세종특별자치시: 한국보건사회연구원.
김미숙, 전진아, 하태정, 김효진, 오미애, 정은희, 최은진, 이봉주, 김선숙(2013) 아동종합실태조사, 서울: 한국보건사회연구원.
김병조(2015) "한국인의 통일인식 2007-2015: 세대별 격차와 세대내 분화", 통일과 평화 7(2): 3-41.
김수암, 김화순, 민태은, 박주화(2016) 민주주의 및 시장경제에 대한 탈북민 인식조사, 서울: 통일연구원.
김양이, 이연숙(2017) "노인복지관 이용노인의 사회적지지가 행복감에 미치는 영향: 자기효능감의 매개효과", 노인복지연구 72(4): 217-238.
김연명(편)(2002)『한국 복지국가 성격논쟁 I』, 서울: 인간과복지.
김연철(2018)『70년의 대화: 새로 읽는 남북관계사』, 파주: 창비.
김영한, 오해섭, 성윤숙, 정윤미(2015) 청소년이 행복한 지역사회 지표개발 및 조성사업 연구 III: 총괄보고서, 세종특별자치시: 한국청소년정책연구원.
김영화, 김지숙(2006) "한국사회복지정책의 주요 변화를 통해 본 한국의 국가 위기전략: 조절이론의 관점을 중심으로", 사회복지정책 26: 149-175.
김용남(1999) "유교의 행복관", 동양철학연구 21: 323-357.
김은영(2018) "아동권리 관점에서 본 영유아의 하루일과 진단 및 개선 방안", 육아정책포럼 55: 6-13.
김지윤, 강충구, 김길동(2018a) "젊은 층의 대북·통일 인식", Issue Brief 2018-13, 서울: 아산정책연구원.
김지윤, 강충구, 김길동(2018b) "북미 정상회담과 한국인의 주변국 인식", Asan Report 여론연구프로그램(2018년 7월), 서울: 아산정책연구원.
김태완, 오미애, 박형존, 이주미, 신재동, 정희선, 이병재, 박나영, 이봉주, 김태성, 강상경, 박정민, 정원오, 백승호, 함선유, 김화선, 신유미(2017) 2017년 한국복지패널 기초분석 보고서, 세종특별자치시: 한국보건사회연구원.
나라지표(2018) "국민 삶의 지표, 주관적 웰빙", (https://qol.kostat.go.kr/blife/result-idx.do?oaYear=2011&idctId=201304963, 2018년 6월 7일 접속).

나라지표(2017a) "맞벌이가구 비율", (http://www.index.go.kr/potal/main/EachDtlPageDetail.do?idx_cd=3037, 2017년 12월 25일 접속).
나라지표(2017b) "가사분담에 대한 견해 및 실태", (http://www.index.go.kr/potal/main/EachDtlPageDetail.do?idx_cd=3029#quick_02;, 2017년 12월 25일 접속).
남북한하나재단(2017) 2016 북한이탈주민 정착실태조사, 서울: 남북한하나재단.
남효순(2016) "기후변화와 우리나라의 탄소배출권거래제" 권호정 외 『호모 컨버전스: 제4차 산업혁명과 미래사회』, 파주시: (주)아시아, pp. 287-298.
농림축산식품부(2018) "전국 최고의 행복마을은 어디? -제5회 행복마을 만들기 콘테스트 개최, 6.22까지 참가마을 접수-", 5월 9일 보도자료, 세종특별자치시: 농림축산식품부.
대한민국정부(2018) 문제인정부 1년 국민께 보고 드립니다(2018년 5월), 서울: 대한민국정부.
대한민국정부(2017a) 박근혜정부 정책백서 1권: 총론, 서울: 대한민국정부.
대한민국정부(2017b) 박근혜정부 정책백서 4권: 국민행복 1, 서울: 대한민국정부.
대한민국정부(2017c) 박근혜정부 정책백서 5권: 국민행복 2, 서울: 대한민국정부.
대한민국정부(2013) 이명박정부 국정백서: 제1권(총론) 국민과 함께 만든 더 큰 대한민국, 서울: 대한민국정부.
도남희, 배윤진, 김지예(2014) 유아기 행복감 증진 방안, 서울: 육아정책연구소.
미디어오늘(2012) "'20-50클럽', 조선일보가 만든 신조어가 유행어로…", 6월 26일 기사 (http://www.mediatoday.co.kr/?mod=news&act=articleView&idxno=103408, 2016년 12월 25일 접속).
민주화를위한전국교수협의회(2016) 『신자유주의와 세월호 이후 가야 할 나라』, 서울: 앨피.
박경순, 박영란, 염유식(2017) "농촌노인의 사회연결망 유형과 웰빙", 노인복지연구 72(1): 151-177.
박순성(2018) "판문점선언 이후 남북경제관계의 기본 목표: 균형 발전과 공동 번영", KDI 북한경제리뷰 5월호: 17-19.
박승민(2018) "행복과 국가: 행복의 다학제적 해석과 그것의 정책적 함의를 중심으로", 입법과 정책 10(2): 91-122.
박승민(2017) "한국의 포괄적 안보와 재난: 세월호 참사를 중심으로", 한국융합인문학 5(1): 7-30.
박영신, 김의철(2009) "한국 청소년의 행복", 한국심리학회지(사회문제) 15(3): 399-429.
박원호(2013) "세대론의 전환: 제18대 대통령 선거와 세대" 박찬욱, 김지윤, 우정엽(편) 『한국 유권자의 선택2: 18대 대선』, 서울: 아산정책연구원, pp. 207-221.
변미리, 최정원, 박민진, 이혁준(2015) 메가시티 삶의 질과 서울형 행복지표, 서울: 서울연구원.

보건복지데이터포털(2018a) "가구내 취약계층 유무별 행복도", (https://data.kihasa.re.kr/infographic/infographic_view.jsp?brd_no=DATA_VISUAL&brd_seq=69&query=%C7%E0%BA%B9&queryString=dmlld19tb2RlPVRIVU1CJmJyZF9ubz1EQVRBX1ZJU1VBTCZxdWVyeT3tlonrs7UmcGFnZT0x , 2018년 6월 13일 접속).
보건복지데이터포털(2018b) "가구형태 및 주택 소유 등에 따른 행복도", (https://data.kihasa.re.kr/infographic/infographic_view.jsp?brd_no=DATA_VISUAL&brd_seq=73&query=%C7%E0%BA%B9&queryString=dmlld19tb2RlPVRIVU1CJmJyZF9ubz1EQVRBX1ZJU1VBTCZxdWVyeT3tlonrs7UmcGFnZT0x , 2018년 6월 13일 접속).
보건복지데이터포털(2018c) "당신은 행복하십니까?", (https://data.kihasa.re.kr/infographic/infographic_view.jsp?brd_no=INFO_GRAPHIC&brd_seq=2&query=&queryString=YnJkX25vPUlORk9fR1JBUEhJQw== , 2018년 6월 14일 접속).
보건복지부(2018) "OECD, '포용적 사회정책'을 '정책선언'으로 채택", 5월 17일 보도자료, 세종특별자치시: 보건복지부.
보건복지부(2017) 2016 보건복지백서, 세종특별자치시: 보건복지부.
보건복지부·한국보건사회연구원(2018a) "2017년 장애인실태조사 결과", 세종특별자치시: 보건복지부·한국보건사회연구원.
보건복지부·한국보건사회연구원(2018b) "전국 장애추정 인구는 267만 명, 1만 명당 539명 수준", 4월 20일 보도자료, 세종특별자치시: 보건복지부·한국보건사회연구원.
서대원(2008) 『주역강의』, 서울: 을유문화사.
서울경제(2018) "'美 핵협정 탈퇴' 겪은 이란, "北, 미국이 어떤 약속하던 경계" 강조", 6월 11일 기사(http://www.sedaily.com/NewsView/1S0RNKNER3, 2018년 6월 25일 접속).
서울대학교 철학사상연구소(2013) 『마음과 철학: 불교편』, 서울: 서울대학교출판문화원.
서울특별시(2016) 2016 도시정책지표조사 보고서(2015년 기준), 서울: 서울특별시.
손승영(2011) 『한국 가족과 젠더 페미니즘의 정치학과 젠더 질서의 재편성』, 파주: 집문당.
신광영(2004) 『한국의 계급과 불평등』, 서울: 을유문화사.
아산정책연구원(2018) "판문점 선언, 과반의 성공", Issue Brief 2018-15, 서울: 아산정책연구원.
아시아경제(2017) "장병규 4차산업혁명위원장 "위원회 자문 역할…단기 성과 집중"", 9월 26일 기사(http://www.asiae.co.kr/news/view.htm?idxno=2017092610013984296, 2017년 9월 29일 접속).
안병만(2014) 『한국정부론: 어울림의 미학』, 서울: 다산출판사.
안주엽, 이경희, 길현종, 오선정, 김주영, 김종숙, 김난숙(2015) 일과 행복(I), 세종특별자치시: 한국노동연구원.
안주엽, 이경희, 오선정, 강동우, 김주영, 정세은, 손호성, 박진, 이선연, Clark, A., Barrett, GF., Ohtake, F., Atalay, K.(2017) 일과 행복(III), 세종특별자치시: 한국노동연구원.

양재진, 이호연, 이정주(2016) "한국 노년층의 삶의 만족과 행복 기회불평등", 사회과학논집 47(2): 75-102.

양희택, 신원우(2011) "장애를 가진 노인의 특성에 관한 연구: 고령화된 장애와 노화에 따른 장애의 비교를 중심으로", 노인복지연구 52: 255-278.

여성가족부(2016) 2016 청소년백서, 서울: 여성가족부.

여성가족부(2012) 2012 청소년 가치관 국제비교 조사, 서울: 여성가족부.

연합뉴스(2018) "[판문점 선언] 세계 각국 지지 표명 "역사적 회담·칭찬받을 자격"", 4월 27일 뉴스(http://www.yonhapnews.co.kr/bulletin/2018/04/27/0200000000AKR20180427216000009.HTML?input=1179m , 2018년 5월 14일 접속).

예지은, 진현, 서의정, 김명진, 류지성(2013) "직장인의 행복에 관한 연구", SERI 연구보고서, 서울: 삼성경제연구소.

윤평중(2016) "21세기 한국에서 행복한 삶 살아내기" 한국행동과학연구소(편) 『한국사회의 발전과 행복』, 서울: 학지사, pp. 91-108.

이경선(2017) "유아의 행복감에 영향을 미치는 관련변인 연구", 미래육아교육학회지 24(1): 305-324.

이규용, 금재호, 안주엽, 윤자영, 김기헌, 이지은, 신선옥, 이혜정, 김기홍(2015) 제17차(2014)년도 한국 가구와 개인의 경제활동: 한국노동패널 기초분석보고서, 세종특별자치시: 한국노동연구원.

이기동(2016) 『유교 경전으로 본 세계종교』, 서울: 전통문화연구회.

이민아, 송리라(2014) "소득, 물질주의와 행복의 관계", 한국인구학 37(4): 89-114.

이상현(2018) "2018 남북정상회담 평가와 북미정상회담 전망", KDI 북한경제리뷰 5월호: 37-41.

이상호 (2009) "五福 개념을 통해 본 유교의 행복론", 동양철학연구 60: 133-161.

이승열(2018) "북·미정상회담 이후 비핵화와 체제안전보장의 교환 전망", 이슈와 논점 1475호, 서울: 국회입법조사처.

이승현(2018) "제3차 남북정상회담의 주요 내용과 전망", 이슈와 논점 제1463호(5월 8일), 서울: 국회입법조사처.

이영훈(2016) 『한국 경제사(II): 근대의 이식과 전통의 탈바꿈』, 서울: 일조각.

이우영(2018) "남북정상회담과 남북한 사회", KDI 북한경제리뷰 5월호: 49-52.

이정림, 김길숙, 송신영, 이예진, 김진미, 김소아, 김신경(2015) 한국아동패널 2015, 서울: 육아정책연구소.

이종원, 한영근, 유한구, 채창균, 오승근, 김윤나(2016) 한국사회 20대 청년의 생활·의식 실태와 정책과제, 세종특별자치시: 경제·인문사회연구회.

임성학(2017) "제19대 대선과 지역주의(2017 EAI 대선 2차 여론조사)", EAI 여론브리핑 제145호, 서울: 동아시아연구원.

자오치광(2017) 『무위무불위』(이희옥, 강애리 옮김), 서울: 성균관대학교 출판부.

전미애, 김정현(2017) “노인의 소득원별 소득비중이 행복감에 미치는 영향”, 노인복지연구 72(1): 283-303.

전미애, 김정현(2016) “성인자녀로부터의 금전수혜 및 금전제공이 노인의 행복감에 미치는 영향”, 노인복지연구 71(2): 249-268.

전은옥, 최나야(2013) “어머니의 행복감과 양육효능감이 유아의 행복감에 미치는 영향”, 한국영유아보육학 82: 103-126.

전재성(2018) “판문점 선언 이후 새로운 도전들”, EAI 논평(5월 10일), 서울: 동아시아연구원.

정도전(2013[1397]) 삼봉집(심경호 옮김), 서울: 한국고전번역원.

정도전(2009[1397]) 삼봉집(박진훈 옮김), 서울: 지만지.

정명은, 김미현, 장용석(2014) “서울시민의 행복과 사회자본 관계 분석: 행복한 시민, 따뜻한 지역공동체”, 서울도시연구 15(1): 163-186.

정무권(편)(2009)『한국 복지국가 성격논쟁 III』, 서울: 인간과복지.

정민정(2018) “북·미정상회담 후 유엔 대북제재 완화·해제의 조건 및 절차와 향후 전망”, 이슈와 논점 1477호, 서울: 국회입법조사처.

정은해(2014)『유교 명상론: 불교와의 비교철학』, 서울: 성균관대학교출판부.

정재서(2006)『한국 도교의 기원과 역사』, 서울: 이화여자대학교출판부.

정태석(2014)『행복의 사회학』, 서울: 책읽는수요일.

조남훈(2018) “남북정상회담의 안보적 측면의 평가와 향후 추진 방향”, KDI 북한경제리뷰 5월호: 59-62.

조상은, 이현주, 이선화, 이수연(2017) 고령장애인의 욕구조사 및 중장기 정책방향, 서울: 한국장애인개발원.

조선비즈(2018) “의·식·주·車… 전 업종 소비 꺾였다, 90년대 일본 판박이”, 6월 23일 기사(http://biz.chosun.com/site/data/html_dir/2018/06/23/2018062300389.html?utm_source=naver&utm_medium=original&utm_campaign=biz , 2018년 6월 23일 접속).

조선일보(2014) “내년엔 한국도 ‘30-50 클럽(1인당 소득 3만달러·인구 5000만명)’… 세계에서 7번째로 가입한다”, 10월 6일 기사(http://news.chosun.com/site/data/html_dir/2014/10/06/2014100600326.html?Dep0=twitter&d=2014100600326 , 2016년 12월 25일 접속).

조선일보(2012) “한국, 세계 7번째 ‘20-50 클럽(1인당 소득 2만달러-인구 5000만명)’ 오른다”, 5월 28일 기사(http://news.chosun.com/site/data/html_dir/2012/05/28/2012052800161.html?Dep0=twitter&d=2012052800161 , 2016년 12월 25일 접속).

조성렬(2018) “핵 없는 신흥개도국의 길을 선택한 북한: 판문점선언의 평가와 북미정상회담 전망”, KDI 북한경제리뷰 5월호: 25-28.

조영래(2009)『전태일 평전』, 서울: 전태일재단.
조정문, 장상희(2007)『가족사회학: 현대사회에서 가족은 무엇인가』, 서울: 아카넷.
주혜진(2017) "'젠더화된(Gendered)' 행복: 행복감에 대한 성역할 태도의 조절효과", 한국여성학 33(2): 137-180.
진은설(2013) "청소년활동의 참여동기, 활동만족도, 적응유연성 및 행복감의 관계", 한국청소년연구 24(1): 185-217.
청와대(2018) "한반도의 평화와 번영, 통일을 위한 판문점 선언", (https://www1.president.go.kr/articles/3139, 2018년 5월 14일 접속).
최강, 신범철(2018a) "미북 정상회담 평가와 한국의 안보 우려", Issue Brief 2018-19, 서울: 아산정책연구원.
최강, 신범철(2018b) "폼페오 국무장관 3차 방북 이후 비핵화 협상 전망", Issue Brief 2018-20, 서울: 아산정책연구원.
최승주, 김부열, 박윤수(2016) "프로젝트 학습이 학생의 사회적 자본 형성에 미치는 영향", 이주호(편) 프로젝트 학습을 통한 교육개혁, 세종특별자치시: 한국개발연구원, pp. 157-185.
최영윤, 한별이(2018) "제1-3차 남북정상회담 주요 내용", KDI 북한경제리뷰 5월호: 65-83.
최장집(2016) "한국 정치의 문제, '국민투표식 민주주의'를 논하다", 문학과 사회 29(1): 415-442.
통계개발원(2018) "국민 삶의 질 지표: 기본틀", 대전광역시: 통계개발원(https://qol.kostat.go.kr/blife/guide-proc.do, 2018년 7월 3일 접속).
통계청(2018a) "2017 한국의 사회지표", 3월 22일 보도자료, 세종특별자치시: 통계청.
통계청(2018b) "삶의 질 측정 결과의 정책적 활용방안 모색", 6월 29일 보도자료, 세종특별자치시: 통계청.
통계청(2017a) "국민 삶의 질 종합지수 작성결과", 3월 15일 보도자료, 세종특별자치시: 통계청.
통계청(2017b) "GDP plus Beyond 국제 컨퍼런스 개최", 3월 14일 보도자료, 세종특별자치시: 통계청.
통계청(2017c) "2016 인구주택총조사", 8월 31일 보도자료, 세종특별자치시: 통계청.
통계청(2017d) "2016년 소득분배지표", 5월 25일 보도자료, 세종특별자치시: 통계청.
통계청(2017e) "2017 고령자 통계", 9월 26일 보도자료, 세종특별자치시: 통계청.
통계청(2017f) "2017년 가계금융·복지조사 결과", 12월 21일 보도자료, 세종특별자치시: 통계청.
통계청(2017g) "2017 일·가정 양립 지표", 12월 15일 보도자료, 세종특별자치시: 통계청.
통계청(2017h) "2017 통계로 보는 보건복지", 12월 29일 보도자료, 세종특별자치시: 통계청.
통계청(2017i) ""어른다운 노인으로"사회의 한 축으로의 당당한 선언", 10월 20일 보도자료, 세종특별자치시: 통계청.
통계청(2017j) "「국민 삶의 질」 종합지수 작성결과: 보도자료(2017.3.15. 발표)에 대한 설명자료임", 3월 15일 설명자료, 세종특별자치시: 통계청.
통계청(2016) "「삶의 질 향상 지표 삼는다더니...한국형 행복지수 7년째 감감무소식」 제하 기사 관련-한국일보 '16. 01. 21(목) 8면 기획-", 1월 21일 해명자료, 세종특별자치시: 통계청.
통계청·법무부(2017) "2017년 이민자 체류실태 및 고용조사 결과", 12월 20일 보도자료, 세종특별자치시: 통계청·법무부.
통계청·여성가족부(2018) "2018 청소년 통계", 4월 26일 보도자료, 세종특별자치시·서울: 통계청·여성가족부.
통일부(2018a) "제2차 북한이탈주민정착지원 기본계획(2018-2020) 수립", 4월 2일 보도자료, 서울: 통일부.
통일부(2018b) 2018 통일백서, 서울: 통일부.
통일부(2018c) 문재인의 한반도정책: 평화와 번영의 한반도, 서울: 통일부.
통일부(2017) 2017 통일백서, 서울: 통일부.
하영선, 전재성(2018) "북미정상회담이 남긴 숙제 제대로 풀기", EAI 논평(6월 21일), 서울: 동아시아연구원.
한겨레(2016) "세계 11위 국가가 '헬조선'… 성장 아닌 행복 정책 펼 때", 10월 21일 기사(http://www.hani.co.kr/arti/economy/economy_general/766730.html , 2017년 1월 6일 접속).
한국갤럽(2018) "한국갤럽 데일리 오피니언", 제310호(6월 2주), (http://www.gallup.co.kr/gallupdb/reportContent.asp?seqNo=932&pagePos=1&selectYear=&search=&searchKeyword=., 2018년 7월 16일 접속).
한국장애인개발원(2018) "'장애'와 '노화' 이중고 겪는 고령장애인 10년새 약 12% 증가", 1월 19일 보도자료, 서울: 한국장애인개발원.
한국장애인개발원(2017) 2017 장애인백서, 서울: 한국장애인개발원.
한국장애인고용공단(2018) 2017년 장애인고용패널조사(2차웨이브 2차조사), 성남시: 한국장애인고용공단.
한별이(2018) "북미 정상회담 관련 주요 일지", KDI 북한경제리뷰 6월호: 45-53.
한정훈(2017) "보수층의 표심(2017 EAI 대선 1차 여론조사)", EAI 여론브리핑 제144호, 서울: 동아시아연구원.
행정안전부(2018a) "지금 행복하십니까? 정부와 민간이 같이 고민합니다: 정부서울청사서 '행복'을 주제로 '제 2차 열린소통포럼' 개최", 행정안전부 참고자료, (http://www.mois.go.kr/frt/bbs/type010/commonSelectBoardArticle.do?bbsId=BBSMSTR_000000000008&nttId=63434, 2018년 5월 16일 접속).
행정안전부(2018b) "아동이 행복한 사회, 아이들에게서 답을 찾다: 행안부'아동이 행복한 사회를 위한 제도개선 토론회' 개최", 5월 29일 보도자료, 서울: 행정안전부.
허민숙(2018) "남성 육아휴직제도의 국가 간 비교 및 시사점", 지표로 보는 이슈 제122호(5월 14일), 서울: 국회입법조사처.
헤럴드경제(2018) "美, 유해송환 절차 시작… 관 215개 판문점 통해 북송", 6월 23일 기사(http://news.heraldcorp.com/view.php?ud=20180623000071 , 2018년 6월 23일 접속).
헤이데이(HEYDAY)(2017) "당신의 행복을 묻습니다", 헤이데이 창간 3주년 특별기획, HEYDAY 7월호(통권 38호), 서울: 더북컴퍼니, pp. 28-35.
현대경제연구원(2018) "경제행복지수, 2007년 이래 최고 수준으로 상승", VIP 리포트 18-02(통권 717호), 서울: 현대경제연구원.
현대경제연구원(2017) "경제행복지수 5년만에 최저치", 현안과 과제 17-1호, 서울: 현대경제연구원.
현대경제연구원(2016) "경제적 행복의 장애물 '노후준비 부족'", 경제주평 675호, 서울: 현대경제연구원.
환경부(2018) "삶의 질 개선을 견인할 국가지속가능발전목표 수립방향 모색… 국제 컨퍼런스 개최", 3월 21일 보도자료, 세종특별자치시: 환경부.
황태희, 최영준, 최우선, 주형민(2017) "누가 북한을 이해하고 오해하는가?: 남·북한주민 인식조사 비교분석", 국제정치논총 57(2): 243-289.

Achenbach, J. (2001) "The Clash", Washington Post(16 December), (https://www.washingtonpost.com/archive/lifestyle/magazine/2001/12/16/the-clash/c6fa7370-e614-49fc-9b79-57998401c870/?noredirect=on&utm_term=.54349cc31cba , 2018년 7월 2일 접속).
Acting Secretary of Commerce (1934) "National Income, 1929-32", Document No. 124, 73D Congress 2d Session, Washington: United States Government Printing Office.
Aghion, P., Algan, Y., Cahuc, P., Shleifer, A. (2010) "Regulation and Distrust", The Quarterly Journal of Economics 125(3): 1015–1049.
Aghion, P., Bolton, P. (1997) "A Theory of Trickle-Down Growth and Development", The Review of Economic Studies 64(2): 151-172.
AH(Action for Happiness) (2018) Action for Happiness, (http://www.actionforhappiness.org/ , 2018년 6월 11일 접속).
Aiello, AE. (2017) "Invited Commentary: Evolution of Social Networks, Health, and the Role of Epidemiology", American Journal of Epidemiology 185(11): 1089–1092.
Alanen, O., Kaskinen, T., Laitio, T., Mokka, R., Neuvonen, A., Onnela, S.,

Silfverberg, O.,Vassinen, S. (2010) "The Politics of Happiness – A Manifesto: Towards the Futures of One Earth", Helsinki: WWF Finland.

Albert, SM., Freedman, VA. (2010) Public Health and Aging: Maximizing Function and Well-Being, New York: Springer.

Alderfer, CP. (1972) Existence, Relatedness, and Growth; Human Needs in Organizational Settings, New York: Fres Press.

Alesina, A., Di Tella, R., MacCulloch, R. (2004) "Inequality and Happiness: Are Europeans and Americans Different?", Journal of Public Economics 88: 2009-2042.

Algan, Y., Cahuc, P., Shleifer, A. (2013) "Teaching Practices and Social Capital", American Economic Journal: Applied Economics 5(3): 189–210.

Ali, J., Avison, WR. (1997) "Employment Transitions and Psychological Distress: The Contrasting Experiences of Single and Married Mothers", Journal of Health and Social Behavior 38(4): 345-362.

Allen, RC. (2017) The Industrial Revolution, Oxford: Oxford University Press.

Allen, JC. (2001) "Community Conflict Resolution: The Development of Social Capital within An Interactional Field", The Journal of Socio-Economics 30(2): 119-120.

Allin, P., Hand, DJ. (2014) The Wellbeing of Nations: Meaning, Motive and Measurement, Chichester: John Wiley and Sons.

Alpizar, F., Carlsson, F., Johansson-Stenman, O. (2005) "How Much Do We Care about Absolute Versus Relative Income and Consumption?", Journal of Economic Behavior and Organization 56(3): 405–421.

Alvaredo, F., Chancel, L., Piketty, T., Saez, E., Zucman, G. (2017) World Inequality Report 2018, World Inequality Lab(http://wid.world/).

Andrew, FM., McKennel, AC. (1980) "Measures of Self-Reported Well-being", Social Indicators Research 3: 1-19.

Angel, RJ. (2016) "Social Class, Poverty, and the Unequal Burden of Illness and Death" in Brady, D., Burton, LM. (Ed) The Oxford Handbook of the Social Science of Poverty, Oxford: Oxford University Press, pp. 660-683.

Annas, J. (1993) The Morality of Happiness, Oxford: Oxford University Press.

Annett, A. (2016) "Human Flourishing, The Common Good, and Catholic Social Teaching"in Sachs, J., Becchetti, L., Annett, A. (Ed) World Happiness Report 2016, Special Rome Edition(Volume 2), New York: UN Sustainable Development Solutions Network, pp. 38-65.

Anttonen, A., Sipila, J. (1996) "European Social Care Services: It Is Possible to

Identify Models?", Journal of European Social Policy 6(2): 87–100.
Applbaum, K. (2012) "Markets: Places, Principles and Integrations" in Carrier, JG. (Ed) A Handbook of Economic Anthropology, Cheltenham: Edward Elga, pp. 257-274.
Aquinas, T. (2008) Aquinas: Selected Philosophical Writings(translated by McDermott, T.), Oxford: Oxford University Press.
Arendt, H. (2016) On Revolution, London: Faber & Faber.
Arendt, H. (1998) The Human Condition, Chicago: The University of Chicago Press.
Arestis, P., Sawyer, M. (2013) "The Potential of Financial Transaction Taxes" in Arestis, P., Sawyer, M. (Ed) Economic Policies, Governance and the New Economics, Basingstoke: Palgrave Macmillan, pp. 87-121.
Argyle, M. (1999) "Causes and Correlates of Happiness" in Kahneman, D., Diener, E., Schwarz, N. (Ed) (1999) Well-Being: The Foundations of Hedonic Psychology, New York: Russel Sage Foundation, pp. 353-373.
Argyle, M. (1987) The Psychology of Happiness, London: Methuen.
Aristotle (2011) 『정치학』(천병희 옮김), 고양시: 도서출판 숲.
Aristotle (1953) The Nicomachean Ethics(translated by Thomson, JAK.), London: Penguin.
Aristotle, Stalley, RF., Barker, E. (2009) Aristotle Politics, Oxford: Oxford University Press.
Armstrong, S. (2017) The New Poverty, London: Verso.
Arrighi, G. (1994) The Long Twentieth Century: Money, Power and the Origins of Our Times, London: Verso.
Arts, W., Gelissen, J. (2002) "Three Worlds of Welfare Capitalism or More? A State of the Art Report", Journal of European Social Policy 12(2): 137-158.
Ashworth, WJ. (2017) The Industrial Revolution: The State, Knowledge and Global Trade, London: Bloomsbury Academic.
Atkinson, AB. (2015) Inequality: What Can Be Done?, Cambridge: Harvard University Press.
Atkinson, AB. (1998) Poverty in Europe, Oxford: Blackwell.
Atkinson, AB., Piketty, T., Saez, E. (2011) "Top Incomes in the Long Run of History", Journal of Economic Literature 49(1): 3-71.
Attah, R., Barca, V., Kardan, A., Macauslan, I., Merttens, F., Pellerano, L. (2016) "Can Social Protection Affect Psychosocial Wellbeing and Why Does This Matter? Lessons from Cash Transfers in Sub-Saharan Africa", The Journal

of Development Studies 52(8): 1115–1131.
Atwell, JE. (1990) Schopenhauer: The Human Character, Philadelphia: Temple University Press.
AUC(African Union Commission) (2015) Agenda 2063, The Africa We Want, Addis Ababa: AUC.
Auer, D., Bonoli, G., Fossati, F. (2017) "Why Do Immigrants Have Longer Periods of Unemployment? Swiss Evidence", International Migration 55(1): 157-174.
Aurelius, M. (2006) Meditations(translated by Hammond, M.), London: Penguin.
Avlund, A., Lund, R., Holstein, BE., Due, P. (2004) "Social Relations as Determinant of Onset of Disability in Aging", Archives of Gerontology and Geriatrics 38(1): 85-99.
Azzimonti, M., de Francisco, E., Quadrini, V. (2014) "Financial Globalization, Inequality, and the Rising Public Debt", American Economic Review 104(8): 2267-2302.
Bache, I. (2017) "Politics and Wellbeing", CWiPP Working Paper Series No. 10, Centre for Wellbeing in Public Policy, Sheffield: University of Sheffield.
Bache, I., Reardon, L. (2013) "An Idea Whose Time has Come? Explaining the Rise of Well-Being in British Politics", Political Studies 61(4): 898–914.
Bacon, N., Brophy, M., Mguni, N., Mulgan, G., Shandro, A. (2010) The State of Happiness: Can Public Policy Shape People's Wellbeing and Resilience?, London: The Young Foundation.
Badiou, A. (2016) 『행복의 형이상학』(박성훈 옮김), 서울: 민음사.
Balibar, E. (2017) The Philosophy of Marx: New and Update Edition(translated by Turner, C.), London: Verso.
Baltes, PB. (1997) "On the Incomplete Architecture of Human Ontogeny: Selection, Optimization, and Compensation as Foundation of Developmental Theory", American Psychologist 52(4): 366-380.
Bambra, C. (2007) "Going beyond The Three Worlds of Welfare Capitalism: Regime Theory and Public Health Research", Journal of Epidemiology and Community Health 61(12): 1098–1102.
Bambra, C. (2006) "Decommodification and the Worlds of Welfare Revisited", Journal of European Social Policy 16(1): 73–80.
Ban, K-m. (2012) "Our Struggle for Global Sustainability Will Be Won or Lost in Cities", Remarks to the High-level Delegation of Mayors and Regional

Authorities in New York, 23 April 2012, (http://www.un.org/press/en/2012/sgsm14249.doc.htm , 2017년 8월 12일 접속).

Bando, R., Galiani, S., Gertler, P. (2017) "The Effects of Non-contributory Pensions on Material and Subjective Well Being", IDB Working Paper Series(IDB-WP-840), Washington D.C.: Inter-American Development Bank.

Barkan, SE., Greenwood, SF. (2003) "Religious Attendance and Subjective Well-Being among Older Americans: Evidence from the General Social Survey", Review of Religious Research 45(2): 116-129.

Barr, N. (2012) Economics of the Welfare State, Oxford: Oxford University Press.

Barr, N. (2001) The Welfare State as Piggy Bank: Information, Risk, Uncertainty, and the Role of the State, Oxford: Oxford University Press.

Barrington-Leigh, CP. (2013) "The Quebec Convergence and Canadian Life Satisfaction, 1985–2008", Canadian Public Policy 39(2): 193-219.

Barroso, JMD. (2011) "Statistics for Policy-making", Speech at Eurostat Conference on 'Statistics for Policymaking: Europe 2020', Speech/11/165, Brussels, 10 March 2011, (http://ec.europa.eu/environment/beyond_gdp/key_quotes_en.html , 2017년 8월 12일 접속).

Bartels, LM. (2008) Unequal Democracy: The Political Economy of the New Gilded Age, Princeton N.J.: Princeton University Press.

Bartolini, S., Bilancini, E., Sarracino, F. (2016) "Social Capital Predicts Happiness Over Time: World-Wide Evidence from Time Series" in Bartolini, S., Bilancini, E., Bruni, L. and Porta, PL. (Ed) Policies for Happiness, Oxford: Oxford University Press, pp. 175-198.

Bartolini, S., Sarracino, F. (2014) "Happy for How Long? How Social Capital and Economic Growth Relate to Happiness Over Time", Ecological Economics 108: 242–256.

Baudrillard, J. (2007[1970]) The Consumer Society: Myths and Structures(translated by Turner, C.), London: Sage.

Bauman, Z. (2008) The Art of Life, Cambridge: Polity Press.

Bauman, Z. (2004) Work, Consumerism and the New Poor, Buckingham: Open University Press.

Bazillier, R., Hericourt, J. (2017) "The Circular Relationship between Inequality, Leverage, and Financial Crises", Journal of Economic Surveys 31(2): 463-496.

BBC(British Broadcasting Corporation) (2011a) “Gordon Brown Admits ‘Big Mistake’Over Banking Crisis”, (http://www.bbc.com/news/business-13032013 , 2017년 8월 8일 접속).

BBC (2011b) “Action for Happiness Movement Launches”, 2011년 4월 12일 보도, (http://www.bbc.com/news/uk-13046148 , 접속일: 2017년 1월 17일).

BBC (2006) “Britain’s Happiness in Decline”, 2006년 5월 2일 보도, (http://news.bbc.co.uk/1/hi/programmes/happiness_formula/4771908.stm , 접속일: 2017년 8월 3일).

Beaumont, J. (2011) “Measuring National Well-being: A Discussion Paper on Domains and Measures”, (http://webarchive.nationalarchives.gov.uk/20160106195224/http://www.ons.gov.uk/ons/dcp171766_240726.pdf , 2018년 5월 4일 접속).

Bebbington, AJ., Dani, AA., de Haan, A., Walton, M. (2008) “Inequalities and Development: Dysfunctions, Traps, and Transitions” in Bebbington, AJ., Dani, AA., de Haan, A., Walton, M. (Ed) Institutional Pathways to Equity: Addressing Inequality Traps, Washington D.C.: The World Bank, pp. 3-41.

Becchetti, L., Corrado, L., Sama, P. (2016) “Inside the Life Satisfaction Blackbox”in Sachs, J., Becchetti, L., Annett, A. (Ed) World Happiness Report 2016, Special Rome Edition(Volume 2), New York: UN Sustainable Development Solutions Network, pp. 2-37.

Beck, U. (1992) Risk Society: Towards a New Modernity, London: Sage.

Beck, W., Maesen, LJG., Thomese, F., Walker, A. (2001) “Introduction” in Beck, W., Maesen, LJG., Thomese, F., Walker, A. (Ed) Social Quality, The Hague: Kluwer Law International, pp. 1-16.

Beck, W., Maesen, LJG., Walker, A. (2001) “Theorizing Social Quality” in Beck, W., Maesen, LJG., Thomese, F., Walker, A. (Ed) Social Quality, The Hague: Kluwer Law International, pp. 305-351.

Becker, GS. (1981) A Treatise on the Family, Cambridge, London: Harvard University Press.

Becker, GS. (1965) “A Theory of the Allocation of Time”, The Economic Journal 75(299): 493-517.

Beckfield, J., Krieger, N. (2009) “Epi + demos + cracy: Linking Political Systems and Priorities to the Magnitude of Health Inequities-Evidence, Gaps, and a Research Agenda”, Epidemiologic Reviews 31(1): 152–177.

Belanger, E. (2017) “Political Trust and Voting Behaviour” in Zmerli, S., van der Meer, TWG. (Ed) Handbook of Political Trust, Cheltenham: Edward Elga, pp. 242-255.

Bell, D. (1973) The Coming of Post-industrial Society: A Venture in Social Forecasting, New York: Basic Books.

Bellah, RN., Madsen, R., Sullivan, WM., Swidler, A., Tipton, SM. (2007) Habits of the Heart: Individualism and Commitment in American life, California: University of California Press.

Ben-Arieh, A., Kaufman, NH., Andrews, AB., George, RM., Lee, BJ., Aber, L. (2001) Measuring and Monitoring Children's Well-being, Dordrecht: Kluwer Academic Publishers.

Bender, KA. (2004) "The Well-Being of Retirees: Evidence Using Subjective Data", Center for Retirement Research Working Paper 2004-24, Chestnut Hill, MA: Boston College.

Bengtson, VL., Roberts, REL. (1991) "Intergenerational Solidarity in Aging Families: An Example of Formal Theory Construction", Journal of Marriage and the Family 53(4): 856-870.

Benjafield, JG. (2015) A History of Psychology, Oxford: Oxford University Press.

Bennett, DL., Nikolaev, B., Aidt, TS. (2016) "Editorial: Institutions and Well-being", European Journal of Political Economy 45(supplement): 1–10.

Bentham, J. (1876[1789]) An Introduction to the Principles of Morals and Legislation, Oxford: Clarendon Press.

Berg-Schlosser, D. (2004) "The Quality of Democracies in Europe as Measured by Current Indicators of Democratization and Good Governance", Journal of Communist Studies and Transition Politics 20(1): 28-55.

Berger, P. (1967) The Sacred Canopy: Elements of a Sociological Theory of Religion, New York: Doubleday.

Bergh, A., Kolev, A., Tassot, C. (2017) "Economic Globalisation, Inequality and the Role of Social Protection", OECD Development Centre Working Paper No. 341, Paris: OECD.

Bergh, A., Nilsson, T. (2010) "Do Liberalization and Globalization Increase Income Inequality?", European Journal of Political Economy 26(4): 488-505.

Berkman, L., Glass, T. (2000) "Social Integration, Social Networks, Social Support, and Health" in Berkman, L., Kawachi, I. (Ed) Social

Epidemiology, New York: Oxford University Press, pp. 137-174.

Berkman, LF., Syme, SL. (2017) "Social Networks, Host Resistance, and Mortality: A Nine-Year Follow-Up Study of Alameda County Residents", American Journal of Epidemiology 185(11): 1070-1088.

Berman, HJ. (1983) Law and Revolution: The Formation of the Western Legal Tradition, Cambridge: Harvard University Press.

Bernard, J. (1982) The Future of Marriage, New Haven: Yale University Press.

Bertrand, M., Morse, A. (2016) "Trickle-Down Consumption", Review of Economics and Statistics 98(5): 863-879.

Beveridge, W. (1942) Social Insurance and Allied Services, London: HMSO(Her Majesty's Stationery Office).

Bhasker, R. (2008) A Realist Theory of Science, Oxford: Routledge.

Bianchi, M. (2009) "Scitovsky: Satiety and Creative Consumption" in Griffiths, S., Reeves, R. (Ed) Well-Being: How to Lead the Good Life and What Government Should Do to Help, London: The Social Market Foundation, pp. 78-91.

Biermann, F., Abbott, K., Andresen, S., Bäckstrand, K., Bernstein, S., Betsill, MM., Bulkeley, H., Cashore, B., Clapp, J., Folke, C., Gupta, A., Gupta, J., Haas, PM., Jordan, A., Kanie, N., Kluvánková-Oravská, T., Lebel, L., Liverman, D., Meadowcroft, J., Mitchell,RB., Newell, P., Oberthür, S., Olsson, L., Pattberg, P., Sánchez-Rodríguez, R., Schroeder, H., Underdal, A., Vieira, SC., Vogel, C., Young, OR., Brock, A., Zondervan, R. (2012) "Navigating the Anthropocene: Improving Earth System Governance", Science 335(March): 1306-1307.

Bjørnskov, C. (2006) "The Multiple Facets of Social Capital", European Journal of Political Economy 22(1): 22-40.

Bjørnskov, C., Dreher, A., Fischer, JAV. (2010) "Formal Institutions and Subjective Well-being: Revisiting the Cross-country Evidence", European Journal of Political Economy 26(4): 419-430.

Bjørnskov, C., Dreher, A., Fischer, JAV. (2008) "On Decentralization and Life Satisfaction", Economics Letters 99(1): 147–151.

Bjørnskov, C., Dreher, A., Fischer, JAV. (2007a) "The Bigger the Better? Evidence of the Effect of Government Size on Life Satisfaction around the World.", Public Choice 130(3-4): 267–292.

Bjørnskov, C., Dreher, A., Fischer, JAV. (2007b) "On Gender Inequality and Life Satisfaction: Does Discrimination Matter?", SSE/EFI Working Paper

Series in Economics and Finance No. 657, Stockholm: Stockholm School of Economics.

Blanchflower, DG., Oswald, AJ. (2008) "Is Well-being U-shaped over the Life Cycle?", Social Science and Medicine 66(8): 1733-1749.

Blanchflower, DG., Oswald, AJ. (2004) "Well-being over Time in Britain and the USA", Journal of Public Economics 88(7-8): 1359-1386.

Blim, M. (2012) "Economic Crisis, 2008: What Happened, What Can be Learned about How and Why, What Could Happen Next" in Carrier, JG. (Ed) A Handbook of Economic Anthropology, Cheltenham: Edward Elga, pp. 597-611.

Bloomfield, P. (2014) The Virtues of Happiness: A Theory of the Good Life, New York: Oxford University Press.

Boardman, C. (2014) "Assessing Governance: The Importance of Evaluating Policy Outcomes in National Mission Areas", Governance: An International Journal of Policy, Administration, and Institutions 27(3): 519-526.

Boarini, R., Comola, M., de Keulenaer, F., Manchin, R., Smith, C. (2013) "Can Governments Boost People's Sense of Well-Being? The Impact of Selected Labour Market and Health Policies on Life Satisfaction", Social Indicators Research 114(1): 105–120.

Boelhouwer, J. (2010) Wellbeing in the Netherlands: The SCP Life Situation Index since 1974, The Hague: The Netherlands Institute for Social Research.

Boettke, PJ., Coyne, CJ. (2012) "Lessons from Austrian and Public Choice Economics for the Happiness Debate" in Booth, P. (Ed) And the Pursuit of Happiness: Wellbeing and the Role of Government, London: The Institute of Economic Affairs, pp. 205-221.

Bok, D. (2010) The Politics of Happiness: What Government Can Learn from the New Research on Well-being, Princeton: Princeton University Press.

Bonikowska, A., Helliwell, JF., Hou, F., Schellenberg, G. (2014) "An Assessment of Life Satisfaction Responses on Recent Statistics Canada Surveys", Social Indicators Research 118(2): 617-643.

Bonke, J., Mortensen, LH., Ploug, N., Hansen, AV. (2016) "Explaining Inter-area Variation in Life-satisfaction - Matched Survey and Register Data", A Paper Presented at the OECD and Centre for Economic Performance of LSE Conference on Well-being over the Life Course, London: LSE.

Bonoli, G. (2005) "The Politics of the New Social Policies: Providing Coverage against New Social Risks in Mature Welfare States", Policy and Politics 33(3): 431-449.

Bonoli, G. (2000) The Politics of Pension Reform: Institutions and Policy Change in Western Europe, Cambridge: Cambridge University Press.

Bonoli, G. (1997) "Classifying Welfare States: A Two-Dimension Approach", Journal of Social Policy 26(3): 351-372.

Bordo, MD., Meissner, CM. (2012) "Does Inequality Lead to a Financial Crisis?", Journal of International Money and Finance 31(8): 2147–2161.

Bourdieu, P. (1986) "The Forms of Capital" in Richardson, JG. (Ed) Handbook of Theory and Research for the Sociology of Education, New York: Greenwood Press, pp. 241-258.

Bourguignon, F., Ferreira, FHG., Walton, M. (2007) "Equity, Efficiency and Inequality Traps: A Research Agenda", The Journal of Economic Inequality 5(2): 235–256.

Bradburn, NM. (1969) The Structure of Psychological Well-being, Chicago: Aldine Publishing.

Brand, U., Wissen, M. (2018) The Limits to Capitalist Nature: Theorizing and Overcoming the Imperial Mode of Living, London: Rowman & Littlefield International.

Branisa, B., Klasen, S., Ziegler, M., Drechsler, D., Jütting, J. (2014) "The Institutional Basis of Gender Inequality: The Social Institutions and Gender Index (SIGI)", Feminist Economics 20(2): 29–64.

Brickman, P., Coates, D., Janoff-Bullman, R. (1978) "Lottery Winners and Accident Victims: Is Happiness Relative?", Journal of Personality and Social Psychology 36(8): 917-927.

Bronfenbrenner, U. (1979) The Ecology of Human Development: Experiments by Nature and Design, Cambridge: Harvard University Press.

Brown, LD., Ashman, D. (1996) "Participation, Social Capital, and Intersectoral Problem Solving: African and Asian cases", World Development 24(9): 1467-1479.

Bruni, L. (2016) "Public Happiness and Relational Goods: That Crucial Link That Economics and Policy Often Forget" in Bartolini, S., Bilancini, E., Bruni, L. and Porta, PL. (Ed) Policies for Happiness, Oxford: Oxford University Press, pp. 263-282.

Bruni, L. (2013) "Relational Goods: A New Tool for An Old Issues",

ECOS(Estudos Contemporâneos da Subjetividade) 3(2): 173-178.

Bruni, L. (2012) The Wound And The Blessing: Economics, Relationships, and Happiness, New York: New City Press.

Bruni, L., Porta, PL. (Ed) (2007) Economics and Happiness: Framing the Analysis, New York: Oxford University Press.

Bruni, L., Stanca, L. (2008) "Watching Alone: Relational Goods, Television and Happiness", Journal of Economic Behavior and Organization 65(3-4): 506-528.

Bruni, L., Zamagni, S. (2016) "The Challenges of Public Happiness: An Historical-Methodological Reconstruction"in Sachs, J., Becchetti, L., Annett, A. (Ed) World Happiness Report 2016, Special Rome Edition(Volume 2), New York: UN Sustainable Development Solutions Network, pp. 66-86.

Bryant, J., Merwood, P. (2008) "Reasons for Migrating and Settlement Outcomes: Evidence from the Longitudinal Immigration Survey New Zealand", Labour, Employment and Work in New Zealand, Victoria University of Wellington, New Zealand, pp. 165-170.

Burchardt, T. (2005) "Are One Man's Rags another Man's Riches? Identifying Adaptive Expectations Using Panel Data", Social Indicators Research 74: 57-102.

Burke, E. (2017[1790]) 『프랑스 혁명에 관한 성찰』(이태숙 옮김), 파주: 한길사.

Burns, JH. (2005) "Happiness and Utility: Jeremy Bentham's Equation", Utilitas 17(1): 46-61.

Burton, RPD. (1998) "Global Integrative Meaning as a Mediating Factor in the Relationship between Social Roles and Psychological Distress", Journal of Health and Social Behavior 39(3): 201-215.

Bussolo, M., Checchiand, D., Peragine, V. (2018) "The Long Term Evolution of Inequality of Opportunity", Luxembourg Income Study Working Paper Series No. 730, Luxembourg: Cross National Data Center.

Büyükkarabacak, B., Valev, NT. (2010) "The Role of Household and Business Credit in Banking Crises", Journal of Banking & Finance 34(6): 1247-1256.

Byrne, D., Ruane, S. (2017) Paying for the Welfare State in the 21st Century: Tax and Spending in Post-industrial Societies, Bristol: Policy Press.

Cahill, D. (2014) The End of Laissez-Faire?: On the Durability of Embedded Neoliberalism, Cheltenham: Edward Elgar.

Callinicos, A. (1985) Marxism and Philosophy, Oxford: Oxford University Press.

Cameron, D. (2010) "PM Speech on Wellbeing: A Transcript of a Speech Given by the Prime Minister on Wellbeing on 25 November 2010", (https://www.gov.uk/government/speeches/pm-speech-on-wellbeing , 2017년 1월 28일 접속).

Cameron, D. (2006) "Make People Happier, Says Cameron", Google Zeitgeist Europe Conference, May 2006, (http://news.bbc.co.uk/1/hi/uk_politics/5003314.stm , 2017년 8월 12일 접속).

Campanella, E. (2017) "Is It Time to Abandon GDP?", (https://www.project-syndicate.org/onpoint/is-it-time-to-abandon-gdp?barrier=accessreg , 2017년 7월 21일 접속).

Campbell, A., Converse, PE., Rodgers, WL. (1976) The Quality of American Life, New York: Sage.

Cantril, H. (1965) The Pattern of Human Concerns, New Brunswick N.J.: Rutgers University Press.

Carothers, T. (1998) "The Rule of Law Revival", Foreign Affairs 77(2): 95-106.

Carr, EH. (1964) What is History?, Harmondsworth: Penguin.

Carr, EH. (1951) The New Society, London: Macmillan.

Carstensen, LL. (1995) "Evidence for a Life-span Theory of Socioemotional Selectivity", Current Directions in Psychological Science 4(5): 151-155.

Carstensen, LL. (1991) "Selectivity Theory: Social Activity in Life-span Context", Annual Review of Gerontology and Geriatrics 11: 195-217.

Carstensen, LL., Fung, HH., Charles, ST. (2003) "Socioemotional Selectivity Theory and the Regulation of Emotion in the Second Half of Life", Motivation and Emotion 27(2): 103-123.

Carver, CS., Scheier, MF. (1990) "Origins and Functions of Positive and Negative Affect: A Control-Process View", Psychological Review 97(1): 19-35.

Casas, F. (1997) "Children's Rights and Children's Quality of Life: Conceptual and Practical Issues", Social Indicators Research 42(3): 283-298.

Castells, M. (1999) The Rise of the Network Society(Vol. 1), Oxford: Blackwell.

Castells, M., Hlebik, S. (2017) "Alternative Economic Practices in Barcelona: Surviving the Crisis, Reinventing Life" in Castells, M., Banet-Weiser, S., Hlebik, S., Kallis, G., Pink, S., Seale, K., Servon, LJ., Swartz, L., Varvarousis, A. (Ed) Another Economy is Possible: Culture and Economy in a Time of

Crisis, Cambridge: Polity Press, pp. 160-186.

Castles, F. (1998) Comparative Public Policy: Patterns of Post-war Transformation, Cheltenham: Edward Elgar.

Castles, FG. (Ed) (1993) Families of Nations: Patterns of Public Policy in Western Democracies, Aldershot: Dartmouth Publishing Company.

Castles, FG. (Ed) (1982) The Impact of Parties: Politics and Policies in Democratic Capitalist States, London: Sage.

Causa, O., Hermansen, M. (2017) "Income Redistribution through Taxes and Transfers across OECD Countries", OECD Economics Department Working Papers No. 1453, Paris: OECD.

Celano, B. (2017) "Law as Power: Two Rule of Law Requirements" in Waluchow, W., Sciaraffa, S. (Ed) Philosophical Foundations of the Nature of Law, New York: Oxford University Press, pp. 129-151.

Centre for Bhutan Studies and GNH Research (2016) A Compass Towards a Just and Harmonious Society 2015 GNH Survey Report, Thimphu: The Centre for Bhutan Studies.

Chakravarty, SR., Lugo, MA. (2016) "Multidimensional Indicators of Inequality and Poverty" in Alder, MD., Fleurbaey, M. (Ed) The Oxford Handbook of Well-Being and Public Policy, Oxford: Oxford University Press, pp. 246-285.

Chang, H-J. (2010) 23 Things They Don't Tell You about Capitalism, London: Penguin Books.

Chang, H-J. (2007) Kicking Away the Ladder: Development Strategy in Historical Perspective, London: Anthem Press.

Charles, D. (2015) "Teleological Causation" in Shields, C. (Ed) The Oxford Handbook of Aristotle, New York: Oxford University Press, pp. 227-266.

Chase, E., Walker, R. (2012) "The Co-construction of Shame in the Context of Poverty: Beyond a Threat to the Social Bond", Sociology 47(4): 739–754.

Cheibub, JA. (2007) Presidentialism, Parliamentarism, and Democracy, New York: Cambridge University Press.

Cheibub, JA., Gandhi, J., Vreeland, JR. (2010) "Democracy and Dictatorship Revisited", Public Choice 143(1-2): 67–101.

Cheng, TC., Powdthavee, N., Oswald, AJ. (2017) "Longitudinal Evidence for a Midlife Nadir in Human Well-being: Results from Four Data Sets", The Economic Journal 127(599): 126–142.

Childs, E. (2010) "Religious Attendance and Happiness: Examining Gaps in the

Current Literature – A Research Note", Journal for the Scientific Study of Religion, 49(3), 550–560.

Chomsky, N. (1980) "A Review of B. F. Skinner's Verbal Behavior"in Block, N. (Ed) Readings in Philosophy of Psychology(Vol. 1), Cambridge: Harvard University Press, pp. 48-63.

Chzhen, Y., Nolan, B., Cantillon, B., Handa, S. (2017) "Impact of the Economic Crisis on Children in Rich Countries" in Cantillon, B., Chzhen, Y., Handa, S., Nolan, B. (Ed) Children of Austerity: Impact of the Great Recession on Child Poverty in Rich Countries, Oxford: UNICEF and Oxford University Press, pp. 8-29.

Cicero, MT. (1999) 『키케로의 최고선악론』(김창성 옮김), 서울: 서광사.

Cingano, F. (2014) "Trends in Income Inequality and Its Impact on Economic Growth", OECD Social, Employment and Migration Working Papers No. 163, Paris: OECD.

Clark, AE. (2016) "Happiness, Habits, and High Rank: Comparisons in Economic and Social Life" in Bartolini, S., Bilancini, E., Bruni, L. and Porta, PL. (Ed) Policies for Happiness, Oxford: Oxford University Press, pp. 62-94.

Clark, AE., Diener, E., Georgellis, Y., Lucas, RE. (2008) "Lags And Leads in Life Satisfaction: A Test of the Baseline Hypothesis", The Economic Journal 118(529): F222-F243.

Clark, AE., Flèche, S., Layard, R., Powdthavee, N., Ward, G. (2018) The Origins of Happiness: The Science of Well-Being over the Life Course, Princeton N.J.: Princeton University Press.

Clark, AE., Flèche, S., Layard, R., Powdthavee, N., Ward, G. (2017) "The Key Determinants of Happiness and Misery" in Helliwell, JF., Layard, R., Sachs, J. (Ed) World Happiness Report 2017, New York: Sustainable Development Solutions Network, pp. 122-141.

Clark, AE., Flèche, S., Senik, C. (2016) "Economic Growth Evens Out Happiness: Evidence from Six Surveys", Review of Income and Wealth 62(3): 405-419.

Clark, AE., Frijters, P., Shields, M. (2007) "Relative Income, Happiness and Utility: An Explanation for the Easterlin Paradox and Other Puzzzles", IZA Discussion Paper No. 2840, Bonn: IZA.

Clark, AE., Georgellis, Y. (2013) "Back to Baseline in Britain: Adaptation in the British Household Panel Survey", Economica 80(319): 496-512.

Clark, A., Georgellis, Y., Sanfey, P. (2001) "Scarring: The Psychological Impact of Past Unemployment", Economica 68(270): 221-241.

Clark, AE., Lelkes, O. (2009) "Let Us Pray: Religious Interactions in Life Satisfaction", PSE Working Papers n° 2009-01, Paris: Paris School of Economics.

Clark, AE., Oswald, AJ. (2002) "A Simple Statistical Method for Measuring How Life Events Affect Happiness", International Journal of Epidemiology 31: 1139-1144.

Clark, AE., Oswald, AJ. (1998) "Comparison-Concave Utility and Following Behaviour in Social and Economic Settings", Journal of Public Economics 70: 133-155.

Clark, AE., Oswald, AJ. (1994) "Unhappiness and Unemployment", The Economic Journal 104(424): 648-659.

Clark-Kazak, CR. (2009) "Towards a Working Definition and Application of Social Age in International Development Studies", The Journal of Development Studies 45(8): 1307-1324.

Claus, P., Marriott, J. (2012) History: An Introduction to Theory, Method, and Practice, New York: Routldege.

Clausewitz, C. (1962[1832]) On War(translated by Graham, JJ.), London: Routledge & Kegan Paul.

Clifton, J., Morales, L. (2011) "Egyptians', Tunisians' Wellbeing Plummets Despite GDP Gains", Gallup(http://www.gallup.com/poll/145883/egyptians-tunisians-wellbeing-plummets-despite-gdp-gains.aspx, 2017년 1월 21일 접속).

CMW(Commission on Measuring Well-being) (2011) "Measuring National Well-being: Proposed Well-being Indicators", Tokyo: Cabinet Office, Japan.

Cobham, A., Schlogl, L., Sumner, A. (2015) "Inequality and the Tails: The Palma Proposition and Ratio Revisited", Department of Economic & Social Affairs Working Paper No. 143(ST/ESA/2015/DWP/143), New York: UN DESA.

Cobham, A., Sumner, A. (2013) "Is It All About the Tails? The Palma Measure of Income Inequality", Center for Global Development Working Paper 343, Washington D.C.: Center for Global Development.

Cockerham, WC. (2017) Medical Sociology, New York: Routledge.

Cohen, JN., Centeno, MA. (2006) "Neoliberalism and Patterns of Economic

Performance, 1980-2000", The Annals of the American Academy of Political and Social Science 606: 32-67.

Cohen, S., Janicki-Deverts, D. (2012) "Who's Stressed? Distributions of Psychological Stress in the United States in Probability Samples from 1983, 2006, and 2009", Journal of Applied Social Psychology 42(6): 1320–1334.

Coleman, JS. (1988) "Social Capital in the Creation of Human Capital", American Journal of Sociology 94: S95-S120.

Coltrane, S. (2000) "Research on Household Labor: Modeling and Measuring the Social Embeddedness of Routine Family Work", Journal of Marriage and the Family 62(4): 1208-1233.

Comite des Sages. (1996) For a Europe of Civic and Social Rights, Brussels: European Commission.

Commonwealth Secretariat (2016) Global Youth Development Index and Report 2016, London: The Commonwealth.

Connor, L., Albrecht, G., Higginbotham, N., Freeman, S., Smith, W. (2004) "Environmental Change and Human Health in Upper Hunter Communities of New South Wales, Australia", EcoHealth 1(2): SU47–SU58.

Cooper, JM. (1987) "Contemplation and Happiness: A Reconsideration", Synthese 72(2): 187-216.

Copson, A. (2017) Secularism: Politics, Religion, and Freedom, Oxford: Oxford University Press.

Coser, LA. (1998[1956]) The Functions of Social Conflict, London: Routledge.

Coser, LA. (1970[1967]) Continuities in the Study of Social Conflict, New York: Free Press.

Costanza, R., d'Arge, R., de Groot, R., Farber, S., Grasso, M., Hannon, B., Limburg, K., Naeem, S., O'Neill, RV., Paruelo, J., Raskin, RG., Sutton, P., van den Belt, M.(1997) "The Value of the World's Ecosystem Services and Natural Capital", Nature 387(May): 253-260.

Costanza, R., Hart, M., Kubiszewski, I., Talberth, J. (2014) "A Short History of GDP: Moving Towards Better Measures of Human Well-being", Solutions 5(1): 91-97.

Costanza, R., Hart, M., Posner, S., Talberth, J. (2009) "Beyond GDP: The Need for New Measures of Progress", The Pardee Papers No. 4, The Frederick S. Pardee Center for the Study of the Longer-Range Future,

Massachusetts: Boston University.
Costanza, R., Kubiszewski, I., Giovannini, E., Lovins, H., McGlade, J., Pickett, KE., Ragnarsdóttir, KV., Roberts, D., De Vogli, R., Wilkinson, R. (2014) "Time to Leave GDP Behind", Nature 505(January): 283-285.
Council of Europe (2017) State of Democracy, Human Rights and the Rule of Law: Populism–How Strong are Europe's Checks and Balances?, Report by the Secretary General of the Council of Europe 2017, Strasbourg: Council of Europe.
Crisp, R. (1997) Mill on Utilitarianism, Oxford: Routledge.
Crivelli, L., Bella, SD., Lucchini, M. (2016) "Multidimensional Well-Being in Contemporary Europe: An Analysis of the Use of a Self-organizing Map Applied to SHARE Data" in Sachs, J., Becchetti, L., Annett, A. (Ed) World Happiness Report 2016, Special Rome Edition(Volume 2), New York: UN Sustainable Development Solutions Network, pp. 104-127.
Crouch, C. (2011) The Strange Non-Death of Neoliberalism, Cambridge: Polity.
Crouse, ER. (2013) The Cross and Reaganomics: Conservative Christians Defending Ronald Reagan, Plymouth: Lexington Books.
CSP(Center for Systemic Peace) (2017) Polity IV Project, (http://www.systemicpeace.org/index.html , 2017년 9월 22일 접속).
Curci, F., Khatiwada, S., Tobin, S. (2011) "Market Turbulence, Employment and Social Unrest: Trends and Outlook", World Employment and Social Outlook 2011(1): 1–30, DOI: 10.1002/wow3.24.
Cutright, P. (1965) "Political Structure, Economic Development, and National Social Security Programs", American Journal of Sociology 70(5): 537-550.
Dahl, RA. (2005) Who Governs?: Democracy and Power in the American City, New Haven: Yale University Press.
Dahl, RA. (1971) Polyarchy: Participation and Opposition, New Haven: Yale University Press.
Dahl, E., Fritzell, J., Lahelma, E., Martikainen, P., Kunst, A., Mackenbach, JP. (2006) "Welfare State Regimes and Health Inequalities" in Siegrist, J., Marmot, M. (Ed) Social Inequalities in Health: New Evidence and Policy Implications, Oxford: Oxford University Press, pp. 193-222.
Dahrendorf, R. (1968) Essays in the Theory of Society, London: Routledge & Kegan Paul.
Dahrendorf, R. (1959) Class and Class Conflict in Industrial Society, London:

Routledge & Kegan Paul.
Dalton, RJ. (2017) "Political Trust in North America" in Zmerli, S., van der Meer, TWG. (Ed) Handbook of Political Trust, Cheltenham: Edward Elga, pp. 375-394.
Dalton, RJ. (2014) Citizen Politics: Public Opinion and Political Parties in Advanced Industrial Democracies, Thousand Oaks, CA: CQ Press.
Davidson, RJ. (2003) "Affective Neuroscience and Psychophysiology: Toward a Synthesis", Psychophysiology 40(5): 655–665.
Davies, W. (2017) The Limits of Neoliberalism: Authority, Sovereignty and the Logic of Competition, London: Sage.
Davies, W. (2016) The Happiness Industry: How the Government and Big Business Sold Us Well-Being, London: Verso.
Daly, HE. (1995) "Against Free Trade: Neoclassical and Steady-state Perspectives", Journal of Evolutionary Economics 5(3): 313-326.
Daly, HE. (1991) Steady-State Economics, Washington D.C.: Island Press.
Daly, L., Posner, S. (2011) Beyond GDP: New Measures for a New Economy, London: Demos.
Dawkins, R. (2016) The Selfish Gene: 40th Anniversary Edition, Oxford: Oxford University Press.
De Graaf, J., Wann, D., Naylor, TH. (2001) Affluenza: The All-Consuming Epidemic, San Fransisco C.A.: Berrett-Koehler Publishers.
De Haas, H., Natter, K., Vezzoli, S. (2014) "Growing Restrictiveness or Changing Selection?: The Nature and Evolution of Migration Policies", International Migration Institute Working Papers, No. 96, International Migration Institute, Oxford: University of Oxford.
De Neve, J-E., Oswald, AJ. (2012) "Estimating the Influence of Life Satisfaction and Positive Affect on Later Income Using Sibling Fixed Effects", Proceedings of the National Academy of Sciences 109(49): 19953-19958.
De Neve, J-E., Ward, G. (2017) "Happiness at Work"in Helliwell, JF., Layard, R., Sachs, J. (Ed) World Happiness Report 2017, New York: Sustainable Development Solutions Network, pp. 144-174.
De Smedt, M. (2013) "Measuring Subjective Issues of Well-Being and Quality of Life in the European Statistical System", Social Indicators Research 114(1): 153–167.
De Vos, M. (2012) "The Unbearable Lightness of Happiness Policy" in

Booth, P. (Ed) And the Pursuit of Happiness: Wellbeing and the Role of Government, London: The Institute of Economic Affairs, pp. 181-204.

Dean, H. (2006) Social Policy, Cambridge: Polity Press.

Dean, H., Taylor-Gooby, P. (2013) Dependency Culture: The Explosion of a Myth, London: Routledge.

Deaton, A. (2013) The Great Escape: Health, Wealth, and the Origins of Inequality, Princeton NJ: Princeton University Press.

Deaton, A. (2012) "The Financial Crisis and the Well-being of Americans: 2011 OEP Hicks Lecture", Oxford Economic Papers 64(1): 1-26.

Deaton, A., Stone, A. (2013) "Two Happiness Puzzles" American Economic Review: Papers & Proceedings 103(3): 591–597.

Deeming, C. (2013) "Addressing the Social Determinants of Subjective Wellbeing: The Latest Challenge for Social Policy", Journal of Social Policy 42(3): 541–565.

Deeming, C., Hayes, D. (2012) "Worlds of Welfare Capitalism and Wellbeing: A Multilevel Analysis", Journal of Social Policy 41(4): 811–829.

Deeming, C., Jones, K. (2015) "Investigating the Macro Determinants of Self-Rated Health and Well-Being Using the European Social Survey: Methodological Innovations across Countries and Time", International Journal of Sociology 45(4): 256-285.

Deflem, M. (2008) Sociology of Law: Visions of a Scholarly Tradition, New York: Cambridge University Press.

Deltas, G. (2003) "The Small-Sample Bias of the Gini Coefficient: Results and Implications for Empirical Research", Review of Economics and Statistics 85(1): 226-234.

Di Tella, R., MacCulloch, R. (2006) "Some Uses of Happiness Data in Economics", Journal of Economics Perspectives 20(1): 25-46.

Di Tella, R., MacCulloch, RJ., Oswald, AJ. (2001) "Preferences over Inflation and Unemployment: Evidence from Surveys of Happiness", The American Economic Review 91(1): 335-341.

Diamond, J. (2011) Collapse: How Societies Choose to Fail or Succeed, New York: Viking.

Diaz-Serrano, L., Rodríguez-Pose, A. (2012) "Decentralization, Subjective Well-Being, and the Perception of Institutions", Kyklos 65(2): 179–193.

Diener, E. (2006) "Guidelines for National Indicators of Subjective Well-Being and Ill-Being", Journal of Happiness Studies 7(4): 397–404.

Diener, E. (1984) "Subjective Well-being", Psychological Bulletin 95: 542-575.
Diener, E., Biswas-Diener, R. (2002) "Will Money Increase Subjective Well-Being?: A Literature Review and Guide to Needed Research", Social Indicators Research 57(2): 119-169.
Diener, E., Emmons, RA., Larsen, RJ., Griffin, S. (1985) "The Satisfaction With Life Scale", Journal of Personality Assessment 49(1): 71-75.
Diener, E., Lucas, R., Schimmack, U., Helliwell, J. (2009) Well-Being for Public Policy, New York: Oxford University Press.
Diener, E., Lucas, RE., Scollon, CN. (2006) "Beyond the Hedonic Treadmill: Revising the Adaptation Theory of Well-Being", American Psychologist 61(4): 305-314.
Diener, E., Suh, EM., Lucas, R., Smith, HL. (1999) "Subjective Well-Being: Three Decades of Progress", Psychological Bulletin 125: 276-302.
Dillon, M. (2014) Introduction to Sociological Theory: Theorists, Concepts, and Their Applicability to the Twenty-First Century, Malden M.A.: John Wiley and Sons.
Dinstein, Y. (2001) War, Aggression and Self-Defence, Cambridge: Cambridge University Press.
Doig, JC. (2001) Aquinas's Philosophical Commentary on the Ethics: A Historical Perspective, London: Kluwer Academic Publishers.
Dolan, P., Metcalfe, R. (2012) "Measuring Subjective Wellbeing: Recommendations on Measures for Use by National Governments", Journal of Social Policy 41(2): 409-427.
Dolan, P., Peasgood, T. (2008) "Measuring Well-Being for Public Policy: Preferences or Experiences?", The Journal of Legal Studies 37(2): S5-S31.
Dolan, P., Peasgood, T., White, M. (2008) "Do We Really Know What Makes Us Happy? A Review of the Economic Literature on the Factors Associated with Subjective Well-being", Journal of Economic Psychology 29(1): 94-122.
Dorling, D. (2018) Peak Inequality: Britain's Ticking Time Bomb, Bristol: Policy Press.
Dorling, D. (2015) Injustice: Why Social Inequality Still Persists, Bristol: Policy Press.
Dorn, D., Fischer, JAV., Kirchgassner, G., Sousa-Poza, A. (2006) "Is It Culture or Democracy? The Impact of Democracy and Culture on Happiness", Social Indicators Research 82(3): 505-526.

Dreher, A. (2006) "Does Globalization Affect Growth? Empirical Evidence from a New Index", Applied Economics 38(10): 1091-1110.

Dryzek, JS., Patrick, D. (2009) Theories of the Democratic State, Basingstoke: Palgrave Macmillan.

Dunteman, GH. (1989) Principal Components Analysis, CA: Sage Publications.

Durant, W. (1961) The Story of Philosophy: The Lives and Opinions of the World's Greatest Philosophers from Plato to John Dewey, New York: Pocket Books.

Durkheim, E. (2002[1897]) Suicide: A Study in Sociology(translated by Spaulding, JA., Simpson, G.), London: Routledge.

Durkheim, E. (1984[1893]) The Division of Labour in Society(translated by Hall, WD.), Basingstoke: Macmillan.

Easterlin, RA. (2016) Happiness, Growth, and the Life Cycle, Oxford: Oxford University Press.

Easterlin, RA. (2009) "Lost in Transition: Life Satisfaction on the Road to Capitalism", Journal of Economic Behavior and Organization 71(2): 130-145.

Easterlin, RA. (2005) "Feeding the Illusion of Growth and Happiness: A Reply to Hagerty and Veenhoven", Social Indicators Research 74: 429-443.

Easterlin, RA. (2001) "Income and Happiness: Towards A Unified Theory", The Economic Journal 111: 465-484.

Easterlin, RA. (1995) "Will Raising the Incomes of All Increase the Happiness of All?", Journal of Economic Behaviour and Organization 27: 35-47.

Easterlin, RA. (1974) "Does Economic Growth Improve the Human Lot? Some Empirical Evidence" in David, PA., Reder, MW. (Ed) Nations and Household in Economic Growth, New York: Academic Press, pp. 89-124.

Easterlin, RA., McVey, LA., Switek, M., Sawangfa, O., Zweig, JS. (2011) "The Happiness-Income Paradox Revisited", IZA Discussion Paper No. 5799, Bonn: IZA.

Easterlin, RA., Wang, F., Wang, S. (2017) "Growth and Happiness in China, 1990-2015"in Helliwell, JF., Layard, R., Sachs, J. (Ed) World Happiness Report 2017, New York: Sustainable Development Solutions Network, pp. 48-83.

Easton, D. (1965a) A Framework for Political Analysis, Englewood Cliffs N.J.: Prentice-Hall.

Easton, D. (1965b) A Systems Analysis of Political Life, New York: John Wiley & Sons.

Eberstadt, N. (2017) The North Korean Economy: Between Crisis and Catastrophe, New York: Routledge.

Ebstein, RP., Novick, O., Umansky, R., Priel, B., Osher, Y., Blaine, D., Bennett, ER., Nemanov, L., Katz, M., Belmaker, RH. (1996) "Dopamine D4 Receptor (D4DR) Exon III Polymorphism Associated with the Human Personality Trait of Novelty Seeking", Nature Genetics 12: 78-80.

EC(European Commission) (2009) "GDP and Beyond: Measuring Progress in a Changing World", COM(2009) 433 Final, Brussels: European Commission.

EC (2003) Going for Growth: The Economy of the EU, Luxembourg: Office for Official Publications of the European Communities.

Economy, EC. (2010) The River Runs Black: The Environmental Challenge to China's Future, New York: Cornell University.

Edgeworth, FY. (1881) Mathematical Psychics: An Essay on the Application of Mathematics to the Moral Science, London: Kegan Paul & Co.

Einhorn, R. (2018) "Singapore and Beyond: Options for Denuclearizing North Korea", Policy Brief(June), Washington D.C.: The Brookings Institution.

Eisenberg, P., Lazarsfeld, P. (1938) "The Psychological Effects of Unemployment", Psychological Bulletin 35(6): 358-390.

Elliott, M., Hayward, RD. (2009) "Religion and Life Satisfaction Worldwide: The Role of Government Regulation", Sociology of Religion 70(3): 285-310.

Ellison, CG., Levin, JS. (1998) "The Religion-Health Connection: Evidence, Theory, and Future Directions", Health Education and Behavior 25(6): 700–720.

Engel, G. (1977) "The Need for A New Medical Model: A Challenge for Biomedicine", Science 196(4286): 129-136(8 April), DOI: 10.1126/science.847460.

Epikouros (1998) 『쾌락』(오유석 옮김), 서울: 문학과 지성사.

ESCAP(Economic and Social Commission for Asia and the Pacific). (2015) Time for Equality: The Role of Social Protection in Reducing Inequalities in Asia and the Pacific, Bangkok: ESCAP.

Esipova, N., Ray, J., Fleming, J., Pugliese, A. (2018) "Migrant Acceptance Index: Do Migrants Have Better Lives in Countries That Accept Them?" in Helliwell, JF., Layard, R., Sachs, JD. (Ed) World Happiness Report 2018,

New York: Sustainable Development Solutions Network, pp. 160-166.

Esping-Andersen, G. (2006) "Three Worlds of Welfare Capitalism" in Pierson, C., Castles, FG. (Ed) The Welfare State Reader, Cambridge: Polity Press, pp. 160-174.

Esping-Andersen, G. (2003) Social Foundations of Postindustrial Economies, Oxford: Oxford University Press.

Esping-Andersen, G. (2002) "Toward a Good Society, Once Again?" in Esping-Andersen, G. (Ed) Why We Need a New Welfare State, Oxford: Oxford University Press, pp. 1-25.

Esping-Andersen, G. (1990) The Three Worlds of Welfare Capitalism, Princeton: Princeton University Press.

Esping-Andersen, G. (1985) Politics against Markets: The Social Democratic Road to Power, Princeton: Princeton University Press.

Esping-Andersen, G., Kolberg, JE. (1991) "Decommodification and Work Absence in the Welfare State", International Journal of Sociology 21(3): 77-111.

ESS(European Social Survey) (2006) "Questionnaire for the ESS3-2006(Round 3, 2006/7), Amendment 08. 08. 06", (http://www.europeansocialsurvey.org/docs/round3/fieldwork/source/ESS3_source_main_questionnaire.pdf , 2017년 1월 26일 접속).

Estes, RJ., Sirgy, MJ. (2018) Advances in Well-Being: Toward a Better World, London: Rowman & Littlefield International.

Eugster, B. (2018) Immigrants and Poverty: The Role of Labour Market and Welfare State, London: ECPR Press.

EUKN(European Urban Knowledge Network) (2011) "Gothenburg Agenda" , (http://www.eukn.eu/e-library/project/bericht/eventDetail/gothenburg-agenda/ , 2017년 8월 8일 접속).

Eurostat (1998) "Non-monetary Indicators of Poverty and Social Exclusion: Final Report", Brussels: European Commission.

Evans, R. (2010) "The Perils of Being a Borderland People: On the Lhotshampas of Bhutan", Contemporary South Asia 18(1): 25–42.

Evans, RJ. (2000) In Defense of History, New York: W.W. Norton & Company.

Evans, J., Macrory, I., Randall, C. (2015) "Measuring National Well-being: Life in the UK, 2015", London: Office for National Statistics.

Exton, C., Smith, C., Vandendriessche, D. (2015) "Comparing Happiness across the World: Does Culture Matter?", OECD Statistics Working

Papers 2015/04, Paris: OECD.
FAO(Food and Agriculture Organization of the United Nations)(2015) "Post 2015 and the SDGs: Nourishing People, Nurturing the Planet", FAO and the Post-2015 Development Agenda Issue Papers(May 2015), Rome: FAO.
Feldman, F. (2010) "On the Philosophical Implications of Empirical Research on Happiness", Social Research 77(2): 625-658.
Fenger, HJM. (2007) "Welfare Regimes in Central and Eastern Europe: Incorporating Post-Communist Countries in a Welfare Regime Typology", Contemporary Issues and Ideas in Social Sciences 3(2): 1-30.
Ferragina, E. (2012) Social Capital in Europe: A Comparative Regional Analysis, Cheltenham: Edward Elga.
Ferrant, G., Kolev, A., Tassot, C. (2017) "The Pursuit of Happiness: Does Gender Parity in Social Institutions Matter?", OECD Development Centre Working Paper No. 337, Paris: OECD.
Ferraro, KF., Kelley-Moore, JA. (2000) "Religious Consolation among Men and Women: Do Health Problems Spur Seeking?", Journal for the Scientific Study of Religion 39(2): 220-234.
Ferrer-i-Carbonell, A. (2005) "Income and Well-being: An Empirical Analysis of the Comparison Income Effect", Journal of Public Economics 89: 997-1019.
Ferrer-i-Carbonell, A., Frijters, P. (2004) "How Important Is Methodology for the Estimates of the Determinants of Happiness?", The Economic Journal 114(497): 641-659.
Ferrera, M. (1996) "The 'Southern Model' of Welfare in Social Europe", Journal of European Social Policy 6(1): 17-37.
Ferreras, I. (2017) Firms as Political Entities: Saving Democracy through Economic Bicameralism, Cambridge: Cambridge University Press.
Ferriss, AL. (2002) "Religion and the Quality of Life", Journal of Happiness Studies 3(3): 199–215.
Feuerbach, L. (1957[1841]) The Essence of Christianity(translated by Eliot. G.), New York: Harper.
FH(Freedom House). (2017) Freedom in the World 2017, Washington D.C.: Freedom House.
FH. (2007) Freedom in the World 2007, Washington D.C.: Freedom House.
Fidrmuc, J., Gërxhani, K. (2008) "Mind the Gap! Social Capital, East and West",

Journal of Comparative Economics 36(2): 264–286.
Fioramonti, L. (2017) The World after GDP, Cambridge: Polity.
Fioramonti, L. (2014) How Numbers Rule the World: The Use and Abuse of Statistics in Global Politics, London: Zed Books.
Fioramonti, L. (2013) Gross Domestic Problem: The Politics Behind the World's Most Powerful Number, London: Zed Books.
Fischer, JAV. (2009) "Happiness and Age Cycles – Return to Start? On the Functional Relationship between Subjective Well-being and Age", OECD Social, Employment and Migration Working Papers No. 99, Paris: OECD.
Flathman, RE. (2002) Thomas Hobbes: Skepticism, Individuality, and Chastened Politics, Maryland: Rowan and Littlefield Publishers.
Flavin, P., Pacek, AC., Radcliff, B. (2014) "Assessing the Impact of the Size and Scope of Government on Human Well-Being", Social Forces 92(4): 1241–1258.
Flint, C. (2012) Introduction to Geopolitics, New York: Routledge.
Foldvari, P., Buzasi, K. (2014) "Political Institutions since 1820" in van Zanden, JL., Baten, J., d'Ercole, MM., Rijpma, A., Smith, C., Timmer, M. (Ed) How Was Life?: Global Well-being since 1820, Paris: OECD, pp. 159-177.
Font, J., Méndez, M. (2013) "Introduction: The Methodological Challenges of Surveying Populations of Immigrant Origin" in Font, J., Méndez, M. (Ed) Surveying Ethnic Minorities and Immigrant Populations: Methodological Challenges and Research Strategies, Amsterdam: Amsterdam University Press, pp. 11-41.
Foreign Policy Magazine. (2007) The Failed State Index, Washington D.C.: Carnegie Endowment for International Peace.
Foreman, P. (1998) "Ageing and Disability: Double Jeopardy?", Journal of Intellectual & Developmental Disability 23(1): 1-2.
Forst, R. (2017) Normativity and Power: Analyzing Social Orders of Justification, Oxford: Oxford University Press.
Fortin, N., Helliwell, JF., Wang, S. (2015) "How Does Subjective Well-Being Vary Around the World By Gender and Age?" in Helliwell, JF., Layard, R., Sachs, J. (Ed) World Happiness Report 2015, New York: UN Sustainable Development Solutions Network, pp. 42-74.
Frank, RH. (2012) The Darwin Economy: Liberty, Competition, and the Common Good, Princeton N.J.: Princeton University Press.
Frank, RH. (2000) Luxury Fever: Money and Happiness in an Era of Excess,

Princeton N.J.: Princeton University Press.
Frank, T. (2005) What's the Matter with Kansas?: How Conservatives Won the Heart of America, New York: Henry Holt and Company.
Frank, K., Hou, F., Schellenberg, G. (2016) "Life Satisfaction Among Recent Immigrants in Canada: Comparisons to Source-Country and Host-Country Populations", Journal of Happiness Studies 17(4): 1659-1680.
Fraser, N., Honneth, A. (2003) Redistribution or Recognition?: A Political-Philosophical Exchange(translated by Golb, J., Ingram, J., Wilke, C.), London: Verso.
Frawley, A. (2015) Semiotics of Happiness: Rhetorical Beginnings of a Public Problem, London: Bloomsbury.
Freitas, D. (2017) The Happiness Effect: How Social Media is Driving a Generation to Appear Perfect at Any Cost, New York: Oxford University Press.
Frey, BS. (2008) Happiness: A Revolution in Economics, Cambridge M.A.: MIT Press.
Frey, BS., Eichenberger, R. (1999) The New Democratic Federalism for Europe: Functional, Overlapping and Competing Jurisdictions, Cheltenham: Edward Elgar.
Frey, BS., Luechinger, S., Stutzer, A. (2009) "The Life Satisfaction Approach to Valuing Public Goods: The Case of Terrorism", Public Choice 138(3): 317-345.
Frey, BS., Stutzer, A. (2002) Happiness and Economics: How the Economy and Institutions Affect Well-being, Princeton: Princeton University Press.
Frey, BS., Stutzer, A. (2000a) "Happiness Prospers in Democracy", Journal of Happiness Studies 1(1): 79-102.
Frey, BS., Stutzer, A. (2000b) "Happiness, Economy and Institutions", The Economic Journal 110(466): 918-938.
Frieden, JA. (1997) "Monetary Populism in Nineteenth-Century America: An Open Economy Interpretation", The Journal of Economic History 57(2): 367-395.
Friedman, J. (1998) Empowerment, Oxford: Blackwell.
Frijters, P., Beatton, T. (2008) "The Mystery of the U-Shaped Relation between Happiness and Age", Journal of Economic Behavior and Organization 82(2-3): 525-542.
Froh, JJ. (2004) "The History of Positive Psychology: Truth be Told", NYS

Psychologist May/June: 18-20.
Fromm, E. (2012[1976]) To Have or To Be?, London: Bloomsbury.
Fukuyama, F. (2012) The End of History and the Last Man, London: Penguin.
Fukuyama, F. (2002) "Social Capital and Development: The Coming Agenda", SAIS Review 22(1): 23-37.
Fukuyama, F. (1989) "The End of History?", The National Interest 16(Summer): 3-18.
Furniss, N., Tilton, TA. (1977) Case for the Welfare State: From Social Security to Social Equality, Bloomington: Indiana University Press.
Galbraith, JK. (1998[1958]) The Affluent Society, London: Penguin Books.
Gall, TL., Evans, DR., Howard, J. (1997) "The Retirement Adjustment Process: Changes in the Well-Being of Male Retirees Across Time", Journal of Gerontology: Psychological Sciences 52B(3): P110-P117.
Gallup. (2017) Gallup 2017 Global Emotions, Washington D.C.: Gallup, (http://www.gallup.com/reports/212648/gallup-global-emotions-report-2017.aspx?g_source=Gallup+2017+Global+Emotions+Report&g_medium=search&g_campaign=tiles , 2017년 9월 7일 접속).
Gallup and Sharecare (2018a) State of American Well-Being: 2017 State Well-Being Rankings, Washington D.C.: Gallup, (https://wellbeingindex.sharecare.com/ , 2018년 4월 2일 접속).
Gallup and Sharecare (2018b) State of American Well-Being: 2017 Community Well-Being Rankings, Washington D.C.: Gallup, (https://wellbeingindex.sharecare.com/ , 2018년 4월 2일 접속).
Garthwaite, K. (2016) Hunger Pains: Life Inside Foodbank Britain, Bristol: Policy Press.
Gastrell, WSH. (1897) Our Trade in the World in Relation to Foreign Competition, 1885 to 1895, London: Chapman & Hall.
George, LK. (2010) "Still Happy After All These Years: Research Frontiers on Subjective Well-being in Later Life", Journal of Gerontology(Social Sciences) 65B(3): 331-339.
Gerdtham, U-G., Johannesson, M. (2001) "The Relationship between Happiness, Health and Social Economic Factors: Results Based on Swedish Microdata", Journal of Socio-Economics 30(6): 553-557.
Gertner, J. (2010) "The Rise and Fall of the G.D.P", The New York Times Magazine 13 May, (www.nytimes.com/2010/05/16/magazine/16GDP-t.html , 2017년 12월 23일 접속).

Gethin, R. (1998) The Foundations of Buddhism, Oxford: Oxford University Press.

Giarrusso, R., Silverstein, M., Gans, D., Bengtson, VL. (2005) "Ageing Parents and Adult Children: New Perspectives on Intergenerational Relationships" in Johnson, M., Bengtson, VL., Coleman, PG., Kirkwood, TBL. (Ed) The Cambridge Handbook of Age and Ageing, Cambridge: Cambridge University Press, pp. 413-421.

Gidadhubli, RG. (1987) "Perestroika and Glasnost", Economic and Political Weekly 22(18): 84-787.

Giddens, A. (2009a) "This Climate Crunch Heralds the End of the End of History" , (https://www.theguardian.com/commentisfree/2009/mar/11/climate-change-carbon-emissions , 2017년 8월 8일 접속).

Giddens, A. (2009b) The Politics of Climate Change, Cambridge: Polity Press.

Giddens, A. (1997) Sociology, Cambridge: Polity.

Giddens, A. (1996) Capitalism and Modern Social Theory: An Analysis of the Writings of Marx, Durkheim and Max Weber, Cambridge : Cambridge University Press.

Giddens, A. (1990) The Consequences of Modernity, Cambridge: Polity Press.

Gilbert, D. (2007) Stumbling on Happiness, New York: Random House.

Gilman, SL. (2010) "Happiness and Unhappiness as a 'Jewish Question'", Social Research 77(2): 545-568.

Ginsberg, L. (1999) Understanding Social Problems, Policies, and Programs, South Carolina: University of South Carolina Press.

Glaeser, EL., Ponzetto, GAM., Shleifer, A. (2007) "Why Does Democracy Need Education?", Journal of Economic Growth 12(2): 77–99.

Glatzer, W. (2000) "Happiness: Classic Theory in the Light of Current Research", Journal of Happiness Studies 1: 501-511.

GlobeScan and Ethical Market(2007) "International Public Opinion on Measuring National Progress: 2007", (https://www.ethicalmarkets.com/ethical-markets-in-the-media/new-reports/ , 2017년 8월 8일 접속).

Glyn, A. (2007) Capitalism Unleashed: Finance, Globalization, and Welfare, Oxford: Oxford University Press.

GNF(Global Footprint Network)(2017) "Ecological Footprint", (https://www.footprintnetwork.org/our-work/ecological-footprint/ , 2017년 11월 19일 접속).

Goff, L., Helliwell, JF., Mayraz, G. (2016) "The Welfare Costs of Well-being

Inequality", NBER Working Paper No. 21900, MA: NBER.
Goldin, I. (2018) Development: A Very Short Introduction, Oxford: Oxford University Press.
Goldstein, JL., Rivers, D., Tomz, M. (2007) "Institutions in International Relations: Understanding the Effects of the GATT and the WTO on World Trade", International Organization 61(1): 37–67.
Gollier, C. (2018) Ethical Asset Valuation and the Good Society, New York: Columbia University Press.
Goodwin, S. (1997) Comparative Mental Health Policy: From Institutional to Community Care, London: Sage.
Gough, I. (2001) "Globalization and Regional Welfare Regimes: The East Asian Case", Global Social Policy 1(2): 163-189.
Gough, I. (2000) "Welfare Regimes in East Asia and Europe", A Paper Presented at the Annual World Bank Conference on Development Economics Europe 2000, 27 June, Paris.
Graham, C. (2016) "Adaptation Amidst Prosperity and Adversity: Insights from Happiness Studies from around the World" in Bartolini, S., Bilancini, E., Bruni, L. and Porta, PL. (Ed) Policies for Happiness, Oxford: Oxford University Press, pp. 95-125.
Graham, C. (2011) The Pursuit of Happiness: An Economy of Well-Being, Washington: Brookings Institution Press.
Graham, C. (2009) Happiness around the World: The Paradox of Happy Peasants and Miserable Millionaires, Oxford: Oxford University Press.
Graham, C., Chattopadhyay, S., Picon, M. (2010) "Adapting to Adversity: Happiness and the 2009 Economic Crisis in the United States", Social Research 77(2): 715-748.
Graham, C., Pettinato, S. (2002) Happiness and Hardship: Opportunity and Insecurity in the New Market Economies, Washington D.C.: The Brookings Institution Press.
Granovetter, M. (2017) Society and Economy: Framework and Principles, Cambridge: The Belknap Press of Harvard University Press.
Granovetter, MS. (1973) "The Strength of Weak Ties", American Journal of Sociology 78(6): 1360-1380.
Green, MJ. (2018) "북한의 '안전보장' 요구는 협상 전략일 뿐이다", 중앙일보 7월 6일 기사(29면).
Greenfeld, L. (2016) Advanced Introduction to Nationalism, Cheltenham:

Edward Elga.

Greenfield, EA., Marks, NF. (2004) "Formal Volunteering as a Protective Factor for Older Adults' Psychological Well-Being", Journal of Gerontology(Social Sciences) 59B(5): S258–S264.

Greenstein, TN. (1996) "Husbands' Participation in Domestic Labor: Interactive Effects of Wives' and Husbands' Gender Ideologies", Journal of Marriage and the Family 58(3): 585-595.

Griffiths, S. (2009) "Preface: Government and the Good Life" in Griffiths, S., Reeves, R. (Ed) Well-Being: How to Lead the Good Life and What Government Should Do to Help, London: The Social Market Foundation, pp. 5-9.

Griggs, D., Stafford-Smith, M., Gaffney, O., Rockström, J., Öhman, MC., Shyamsundar, P., Steffen, W., Glaser, G., Kanie, N., Noble, I. (2013) "Sustainable Development Goals for People and Planet", Nature 495(March): 305-307.

Grover, S., Helliwell, JF. (2014) " How's Life at Home? New Evidence on Marriage and the Set Point for Happiness", NBER Working Paper 20794, Cambridge, MA: National Bureau of Economic Research.

Gruen, C., Klasen, S. (2012) "Has Transition Improved Well-being?", Economic Systems 36(1): 11-30.

Grzymala-Busse, A., Luong, PJ. (2008) "Democratization: Post-Communist Implications" in Weingast, BR., Wittman, DA. (Ed) The Oxford Handbook of Political Economy, Oxford: Oxford University Press, pp. 656-669.

Guardian (2008) "Greenspan - I Was Wrong about the Economy. Sort of", (https://www.theguardian.com/business/2008/oct/24/economics-creditcrunch-federal-reserve-greenspan , 2017년 8월 8일 접속).

Gui, B., Sugden, R. (Ed) (2005) Economics and Social Interaction: Accounting for Interpersonal Relations, Cambridge: Cambridge University Press.

Guiso, L., Sapienza, P., Zingales, L. (2010) "Civic Capital as the Missing Link", National Bureau of Economic Research Working Paper No. 15845, Cambridge, MA: NBER.

Guriev, S., Melnikov, N. (2017) "Happiness Convergence in Transition Countries", EBRD Working Paper No. 204, London: European Bank for Reconstruction and Development.

Guriev, S., Zhuravskaya, E. (2009) "(Un)happiness in Transition", Journal of Economic Perspectives 23(2): 143-168.

Gurria, A. (2011) "Your Better Life Index", (http://www.oecd.org/social/yourbetterlifeindex.htm , 2017년 8월 7일 접속).

Haber, S. (2008) "Authoritarian Government" in Weingast, BR., Wittman, DA. (Ed) The Oxford Handbook of Political Economy, Oxford: Oxford University Press, pp. 693-707.

Habermas, J. (1996) Between Facts and Norms(translated by Rehg, W.), Massachusetts: MIT Press.

Habermas, J. (1987[1981]) The Theory of Communicative Action(Vol.2), Cambridge: Polity.

Hagerty, MR., Veenhoven, R. (2003) "Wealth and Happiness Revisited: Growing Wealth of Nations Does Go with Greater Happiness", Social Indicators Research 64: 1-27.

Hagerty, MR., Cummins, RA., Ferriss, AL., Land, K., Michalos, AC., Peterson, M., Sharpe, A., Sirgy, J., Vogel, J. (2001) "Quality of Life Indexes for National Policy: Review and Agenda for Research", Social Indicators Research 55(1): 1-96.

Haile, F., Niño-Zarazúa, M. (2017) "Does Social Spending Improve Welfare in Low-income and Middle-income Countries?", Journal of International Development, DOI: 10.1002/jid.3326.

Hall, PA., Taylor, RC. (1996) "Political Science and the Three New Institutionalisms", Political Studies 44(4): 936-957.

Halligan, L. (2009) "Keynes: Economic Possibilities for our Grandchildren" in Griffiths, S., Reeves, R. (Ed) Well-Being: How to Lead the Good Life and What Government Should Do to Help, London: The Social Market Foundation, pp. 38-54.

Halpern, D. (2010) The Hidden Wealth of Nations, Cambridge: Polity Press.

Halpern, D. (2008) Social Capital, Cambridge: Polity Press.

Hamer, DH. (1996) "The Heritability of Happiness", Nature Genetics 14: 125-126.

Hamermesh, DS., Abrevaya, J. (2011) "Beauty Is the Promise of Happiness?", NBER Working Paper No. 173237, Cambridge, MA: National Bureau of Economic Research.

Hamilton, C., Denniss, R. (2005) Affluenza: When Too Much is Never Enough, Crows Nest, New South Wales: Allen & Unwin.

Hansson, I., Buratti, S., Thorvaldsson, V., Johansson, B., Berg, AI. (2017) "Changes in Life Satisfaction in the Retirement Transition: Interaction

Effects of Transition Type and Individual Resources", Work, Aging and Retirement Vol. 00, No. 00, pp. 1–15, doi:10.1093/workar/wax025.
Haq, M. (1995) Reflections on Human Development, New York: Oxford University Press.
Harsanyi, D. (2007) Nanny State, New York: Random House.
Hartog, J., Oosterbeek, H. (1998) "Health, Wealth and Happiness: Why Pursue a Higher Education?", Economics of Education Review 17(3): 245-256.
Harvey, D. (2007) A Brief History of Neoliberalism, Oxford: Oxford University Press.
Harvey, D. (1990) The Condition of Postmodernity, Oxford: Blackwell.
Havenaar, JM., Van Den Brink, W., Van Den Bout, J., Kasyanenko, AP., Poelijoe, NW., Wohlfarth, T., Meijler-Iljina, LI. (1996) "Mental Health Problems in the Gomel Region (Belarus): An Analysis of Risk Factors in an Area Affected by the Chernobyl Disaster", Psychological Medicine 26(4): 845-855.
Haybron, DM. (2013) Happiness: A Very Short Introduction, Oxford: Oxford University Press.
Hayek, FA. (1960) The Constitution of Liberty. London: Routledge & Kegan Paul.
Headey, B. (2006) "Happiness: Revising Set Point Theory and Dynamic Equilibrium Theory to Account for Long Term Change", Discussion Paper No. 607, Berlin: German Institute for Economic Research.
Headey, B., Schupp, J., Tucci, I., Wagner, GG. (2008) "Authentic Happiness Theory Supported by Impact of Religion on Life Satisfaction: A Longitudinal Analysis with Data for Germany", IZA Discussion Paper No. 3915, Bonn: IZA.
Headey, B., Wearing, A. (1992) Understanding Happiness, Melbourne: Longman Cheshire.
Heath, A., Richards, L. (2016) "Attitudes towards Immigration and their Antecedents: Topline Results from Round 7 of the European Social Survey", ESS Topline Results Series Issue 7, The European Social Survey ERIC, Centre for Comparative Social Surveys, London: London City University.
Hegel, GWF. (2011) Lectures on the Philosophy of History(translated by Alvarado, R.), Aalten: Wordbridge Publishing.
Hegel, GWF. (2003) The Phenomenology of Mind(translated by Baillie, JB.),

New York: Dover Publications.
Heilbroner, RL. (1986) The Nature and Logic of Capitalism, London: Norton.
Helleiner, E. (2016) "Incremental Origins of Bretton Woods" in Fioretos, O., Falleti, TG., Sheingate, A. (Ed) The Oxford Handbook of Historical Institutionalism, New York: Oxford University Press, pp. 627-641.
Helliwell, JF. (2016) "Life Satisfaction and Quality of Development" in Bartolini, S., Bilancini, E., Bruni, L. and Porta, PL. (Ed) Policies for Happiness, Oxford: Oxford University Press, pp. 149-174.
Helliwell, JF. (2003) "How's Life? Combining Individual and National Variables to Explain Subjective Well-being", Economic Modelling 20(2): 331-360.
Helliwell, JF., Aknin, LB. (2018) "Expanding the Social Science of Happiness", Nature Human Behaviour 2(April): 248–252.
Helliwell, JF., Bonikowska, A., Shiplett, H. (2016) "Migration as a Test of the Happiness Set Point Hypothesis: Evidence from Immigration to Canada", NBER Working Paper No. 22601, Cambridge, MA: National Bureau of Economic Research.
Helliwell, JF., Grover, S. (2014) "How's Life at Home? New Evidence on Marriage and the Set Point for Happiness", NBER Working Paper No. 20794, Cambridge, MA: NBER.
Helliwell, JF., Huang, H. (2008) "How's Your Government? International Evidence Linking Good Government and Wellbeing", British Journal of Political Science 38(4): 595–619.
Helliwell, J., Huang, H., Grover, S., Wang, S. (2014) "Good Governance and National Well-being: What Are the Linkages?", OECD Working Papers on Public Governance No. 25, Paris: OECD.
Helliwell, JF., Huang, H., Wang, S. (2017) "The Social Foundations of World Happiness"in Helliwell, JF., Layard, R., Sachs, J. (Ed) World Happiness Report 2017, New York: Sustainable Development Solutions Network, pp. 8-47.
Helliwell, JF., Huang, H., Wang, S. (2016) "The Distribution of World Happiness" in Helliwell, JF., Layard, R., Sachs, J. (Ed) World Happiness Report 2016, Update (Volume 1), New York: UN Sustainable Development Solutions Network, pp. 8-48.
Helliwell, JF., Huang, H., Wang, S. (2015) "The Geography of World Happiness" in Helliwell, JF., Layard, R., Sachs, J. (Ed) World Happiness Report 2015, New York: UN Sustainable Development Solutions

Network, pp. 12-41.

Helliwell, JF., Huang, H., Wang, S., Shiplett, H. (2018) "International Migration and World Happiness" in Helliwell, JF., Layard, R., Sachs, JD. (Ed) World Happiness Report 2018, New York: Sustainable Development Solutions Network, pp. 13-44.

Helliwell, JF., Layard, R., Sachs, J. (2016) "Setting the Stage"in Helliwell, JF., Layard, R., Sachs, J. (Ed) World Happiness Report 2016, Update (Volume 1), New York: UN Sustainable Development Solutions Network, pp. 2-7.

Helliwell, JF., Layard, R., Sachs, J. (Ed) (2015) World Happiness Report 2015, New York: UN Sustainable Development Solutions Network.

Helliwell, JF., Layard, R., Sachs, J. (Ed) (2013) World Happiness Report 2013, New York: UN Sustainable Development Solutions Network.

Helliwell, JF., Layard, R., Sachs, J. (Ed) (2012) World Happiness Report 2012, New York: UN Sustainable Development Solutions Network.

Helliwell, JF., Putnam, RD. (2007) "Education and Social Capital", Eastern Economic Journal 33(1): 1–19.

Helliwell, JF., Putnam, RD. (2004) "The Social Context of Well-Being", Philosophical Transactions of the Royal Society of London B: Biological Sciences, 359: 1435-1446.

Helliwell, JF., Wang, S. (2015) "How Was the Weekend? How the Social Context Underlies Weekend Effects in Happiness and Other Emotions for US Workers", PLoS ONE 10(12): e0145123.

Helliwell, J.F., Wang, S. (2014) "Weekends and Subjective Well-Being", Social Indicators Research 116(2): 389-407.

Helliwell, JF., Wang, S. (2012) "The State of World Happiness"in Helliwell, J., Layard, R., Sachs, J. (Ed) World Happiness Report 2012, New York: UN Sustainable Development Solutions Network, pp. 10-57.

Hemerijck, A. (2002) "The Self-transformation of the European Social Model(s)" in Esping-Andersen, G. (Ed) Why We Need a New Welfare State, Oxford: Oxford University Press, pp. 173-214.

Henderson, S., Byrne, DG., Duncan-Jones, P. (1981) Neurosis and the Social Environment, New York: Academic Press.

Hergenhahn, BR., Henley, T. (2014) An Introduction to the History of Psychology, California: Wadsworth Publishing.

Herodotus (2015) The Histories(translated by Holland, T.), New York: Penguin.

Hicks, A. (1999) Social Democracy and Welfare Capitalism: A Century of Income Security Politics, Ithaca, NY: Cornell University Press.
Hirsch, F. (1977) Social Limits to Growth, London: Routledge and Kegan Paul.
Hirschman, A. (1986) Rival Views of Market Society and Other Recent Essays, New York: Viking Penguin.
HMSO(Her Majesty's Stationery Office) (2000) "Eliminating World Poverty: Making Globalisation Work for the Poor", White Paper on International Development, London: HMSO.
Hobbes, T.(2009[1651]) Leviathan, Oxford: Oxford University Press.
Hobsbawm, EJ. (1992) Nations and Nationalism Since 1780: Programme, Myth, Reality, Cambridge: Cambridge University Press.
Hobson, JA. (1906) Problems of Poverty: An Inquiry into the Industrial Condition of the Poor, London: Methuen.
Hochschild, AR. (2012) The Managed Heart: Commercialization of Human Feeling, California: University of California Press.
Hoff, K., Stiglitz, JE. (2001) "Modern Economic Theory and Development" in Meier, GM., Stiglitz, JE. (Ed) Frontiers of Development Economics: The Future in Perspective, New York: Oxford University Press, pp. 389-459.
Höffe, O. (2012) 『임마누엘 칸트』(이상헌 옮김), 서울: 문예출판사.
Holliday, I. (2000) "Productivist Welfare Capitalism: Social Policy in East Asia", Political Studies 48(4): 706-723.
Holt, J., Manning, N. (2014), "Fukuyama Is Right about Measuring State Quality: Now What?", Governance: An International Journal of Policy, Administration, and Institutions 27(4): 717-728.
Honneth, A. (1995) The Struggle for Recognition: The Moral Grammar of Social Conflicts(translated by Anderson, J.), Cambridge: Polity.
Horowitz, D. (2018) Happier?: The History of a Cultural Movement That Aspired to Transform America, New York: Oxford University Press.
Hothersall, D. (2004) History of Psychology, New York: McGraw-Hill.
House of Lords Economic Affairs Committee (2003) Economic Affairs First Report on Globalisation, London: House of Lords.
Hudson, E. (2013) "Does Relative Material Wealth Matter for Child and Adolescent Life Satisfaction?", The Journal of Socio-Economics 46: 38-47.
Hudson, J. (2006) "Institutional Trust and Subjective Well-Being Across the EU", KYKLOS 59(1): 43-62.

Hunt, EK., Lautzenheiser, M. (2011) History of Economic Thought: A Critical Perspective, New York: Routledge.

Huntington, SP. (1996) The Clash of Civilizations and the Remaking of World Order, New York: Simon & Schuster.

Huntington, SP. (1993a) "The Clash of Civilizations?", Foreign Affairs 72(3): 22-49.

Huntington, SP. (1993b) The Third Wave: Democratization in the Late Twentieth Century, London: University of Oklahoma Press.

Huntington, SP. (1991) "Democracy's Third Wave", Journal of Democracy 2(2): 12-34.

Hussain, AZ., Kangas, O., Kvist, J. (2012) "Welfare State Institutions, Unemployment and Poverty: Comparative Analysis of Unemployment Benefits and Labour Market Participation in 15 European Union Countries"in Kvist, J., Fritzell, J., Hvinden, B., Kangas, O. (Ed) Changing Social Equality: The Nordic Welfare Model in the 21st Century, Bristol: Policy Press, pp. 119-142.

Hutt, M. (2005) "The Bhutanese Refugees: Between Verification, Repatriation and Royal Realpolitik", Peace and Democracy in South Asia 1(1): 44-56.

Hutt, M. (2003) Unbecoming Citizens: Culture, Nationhood, and the Flight of Refugees from Bhutan, New Delhi: Oxford University Press.

Hutton, W. (2009) "Galbraith: Affluence and the End of Social Democracy?" in Griffiths, S., Reeves, R. (Ed) Well-Being: How to Lead the Good Life and What Government Should Do to Help, London: The Social Market Foundation, pp. 69-77.

Iacoviello, M. (2008) "Household Debt and Income Inequality, 1963-2003", Journal of Money, Credit and Banking, 40(5): 929-965.

IASQ (International Association on Social Quality) (2017) "Amsterdam Declaration on Social Quality", (http://www.socialquality.org/about-iasq/amsterdam-declaration-of-1997/ , 2017년 6월 25일 접속).

IBRD (International Bank for Reconstruction and Development) and World Bank (2017) World Development Report 2017: Governance and the Law, Washington D.C.: World Bank.

Idler, EL., Kasl, SV. (1997) "Religion Among Disabled and Nondisabled Persons I: Cross-sectional Patterns in Health Practices, Social Activities, and Well-being", Journal of Gerontology(Social Sciences) 52B(6): S294-305.

ILO(International Labour Organization) (2018) "C102-Social Security(Minimum Standards) Convention, 1952(No. 102): Convention Concerning Minimum Standards of Social Security ", (http://www.ilo.org/dyn/normlex/en/f?p=NORMLEXPUB:12100:0::NO::P12100_INSTRUMENT_ID:312247 , 2018년 4월 12일 접속).

ILO. (2014) World Social Protection Report 2014/15: Building Economic Recovery, Inclusive Development and Social Justice, Geneva: ILO.

ILO. (2008) "ILO Declaration on Social Justice for a Fair Globalization", adopted by the International Labour Conference at its Ninety-seventh Session(June 2008), Geneva: ILO.

Inglehart, R. (2016) The Silent Revolution: Changing Values and Political Styles Among Western Publics, Princeton N.J.: Princeton University Press.

Inglehart, R. (1997) Modernization and Postmodernization: Cultural, Economic, and Political Change in 43 Societies, Princeton: Princeton University Press.

Inglehart, R., Foa, R., Peterson, C., Welzel, C. (2008) "Development, Freedom, and Rising Happiness: A Global Perspective (1981–2007)", Perspectives on Psychological Science 3(4): 264-285.

IOM(International Organization for Migration) (2015) World Migration Report 2015, Geneva: IOM.

IOM (2013) World Migration Report 2013, Geneva: IOM.

Irwin, TH. (2015) "Conceptions of Happiness in the Nicomachean Ethics" in Shields, C. (Ed) The Oxford Handbook of Aristotle, New York: Oxford University Press, pp. 495-528.

Irwin, D. (2011) Peddling Protectionism: Smoot–Hawley and the Great Depression, Princeton N.J.: Princeton University Press.

Istat and Cnel(Italian National Institute of Statistics and Italian National Council for Economics and Labour) (2014) Equitable and Sustainable Wellbeing in Italy 2014: Summary, Rome: Istat.

IYF(International Youth Foundation) (2017) 2017 Global Youth Wellbeing Index, Baltimore: IYF.

Jacks, DS., Meissner, CM., Novy, D. (2011) "Trade Booms, Trade Busts, and Trade Costs", Journal of International Economics 83(2): 185-201.

Jackson, MO. (2008) Social and Economic Networks, Princeton N.J.: Princeton University Press.

Jacobs, JA., Gerson, K. (2001) "Overworked Individuals or Overworked

Families? Explaining Trends in Work, Leisure, and Family Time", Work and Occupations 28(1): 40-63.

Jaeger, MM., Kvist, J. (2005) "Pressures on State Welfare in Post-industrial Societies: Is More or Less Better?" in Taylor-Gooby, P. (Ed) Making a European Welfare State?: Convergences and Conflicts over European Social Policy, Oxford: Blackwell, pp. 17-34.

James, O. (2008) The Selfish Capitalist: Origins of Affluenza, London: Vermilion.

James, O. (2007) Affluenza: How to be Successful and Stay Sane, London: Vermilion.

James, W. (1952) The Varieties of Religious Experience: A Study in Human Nature, London: Longmans, Green & Co.

Jebb, AT., Tay, L., Diener, E., Oishi, S. (2018) "Happiness, Income Satiation and Turning Points around the World", Nature Human Behaviour 2(January): 33–38.

JFS(Japan for Sustainability) (2013) "Creating Well-being Indicators of Japan, by Japan, for Japan", JFS Newsletter No. 126 (February 2013), Tokyo: JFS.

Johansson-Stenman, O., Carlsson, F., Daruvala, D. (2002) "Measuring Future Grandparents' Preferences for Equality and Relative Standing", The Economic Journal 112: 362–383.

Johns, H., Ormerod, P. (2007) Happiness, Economics and Public Policy, London: The Institute of Economic Affairs.

Johnson, CD. (2018) The Wealth of a Nation: A History of Trade Politics in America, New York: Oxford University Press.

Jones, GS. (2016) Karl Marx: Greatness and Illusion, London: Allen Lane.

Jung, JH. (2014) "Religious Attendance, Stress, and Happiness in South Korea: Do Gender and Religious Affiliation Matter?", Social Indicators Research 118(3): 1125–1145.

Jugureanu, A. (2016) "A Short Introduction to Happiness in Social Sciences", Belvedere Meridionale 28(1): 55–71.

Kahneman, D., Diener, E., Schwarz, N. (Ed) (1999) Well-Being: The Foundations of Hedonic Psychology, New York: Russel Sage Foundation.

Kahneman, D., Krueger, A. (2006) "Developments in the Measures of Subjective Wellbeing", Journal of Economic Perspectives 20(1): 3-24.

Kahneman, D., Krueger, AB., Schkade, D., Schwarz, N., Stone, AA. (2006)

"Would You Be Happier If You Were Richer? A Focusing Illusion", Science(New Series) 312(5782): 1908-1910.

Kahneman, D., Krueger, AB., Schkade, DA., Schwarz, N., Stone, AA, (2004) "A Survey Method for Characterizing Daily Life Experience: The Day Reconstruction Method", Science 306(5702): 1776-1780.

Kalmijn, W., Veenhoven, R. (2005) "Measuring Inequality of Happiness in Nations: In Search for Proper Statistics", Journal of Happiness Studies 6(4): 357-396.

Kanbur, R., Squire, L. (2001) "The Evolution of Thinking about Poverty: Exploring the Interactions" in Meier, GM., Stiglitz, JE. (Ed) Frontiers of Development Economics: The Future in Perspective, New York: Oxford University Press, pp. 183-226.

Kangas, O. (2013) "Somewhere over the High Seas There Is a Land of My Dreams – Happiness and Life Satisfaction Among Immigrants in Europe" in Marklund, C. (Ed) All Well in the Welfare State? Welfare, Well-being and the Politics of Happiness, Helsinki: Nordic Centre of Excellence, pp. 135-167.

Kant, I. (2014) 『윤리형이상학 정초』(백종현 옮김), 서울: 아카넷.

Kant, I. (2011) 『속설에 대하여』(오진석 옮김), 서울: 도서출판 b.

Kant, I. (2002) 『실천이성비판』(백종현 옮김), 서울: 아카넷.

Kassenboehmer, SC., Haisken-DeNew, JP (2009) "You're Fired! The Causal Negative Effect of Entry Unemployment on Life Satisfaction", The Economic Journal 119(536): 448-462.

Kate, J., Koster, W., Waal, J. (2017) "The Effect of Religiosity on Life Satisfaction in a Secularized Context: Assessing the Relevance of Believing and Belonging", Review of Religious Research 59(2): 135–155.

Kaufmann, D. Kraay, A., Mastruzzi, M. (2009) "Governance Matters VIII: Aggregate and Individual Governance Indicators, 1996-2008", World Bank Policy Research Working Paper No. 4978, Washington D.C.: World Bank.

Kaufmann, D. Kraay, A., Mastruzzi, M. (2008) "Governance Matters VII: Aggregate and Individual Governance Indicators 1996-2007", World Bank Policy Research Working Paper No. 4654, Washington D.C.: World Bank.

Kaufmann, D. Kraay, A., Mastruzzi, M. (2005) "Governance Matters IV: Governance Indicators for 1996-2004", World Bank Policy Research

Working Paper 3630, Washington D.C.: World Bank.

KBS (2018) "한중일 정상, '판문점 선언' 지지 특별 성명 채택", 5월 9일 뉴스(http://news.kbs.co.kr/news/view.do?ncd=3646714&ref=D , 2018년 5월 14일 접속).

Keefer, P., Knack, S. (1997) "Why Don't Poor Countries Catch Up? A Cross-National Test of an Institutional Explanation", Economic Inquiry 35(3): 590-602.

Kelemen, RD. (2016) "European States in Comparative Perspective" in Fioretos, O., Falleti, TG., Sheingate, A. (Ed) The Oxford Handbook of Historical Institutionalism, New York: Oxford University Press, pp. 391-402.

Kennedy, RF. (1968) "Remarks at the University of Kansas, 18 March 1968", Boston: John F. Kennedy Presidential Library and Museum, (https://www.jfklibrary.org/Research/Research-Aids/Ready-Reference/RFK-Speeches/Remarks-of-Robert-F-Kennedy-at-the-University-of-Kansas-March-18-1968.aspx , 2017년 1월 30일 접속).

Kennedy, P., Kennedy, CA. (2010) Using Theory to Explore Health, Medicine and Society, Bristol: Policy Press.

Kenworthy, L. (1999) "Do Social-Welfare Policies Reduce Poverty? A Cross-National Assessment", Social Forces 77(3): 1119–1139.

Keohane, RO. (2005) After Hegemony: Cooperation and Discord in the World Political Economy, Princeton N.J.: Princeton University Press.

Keohane, RO., Nye, JS. (2012) Power and Interdependence, London: Longman.

Kerr, F. (2009) Thomas Aquinas: A Very Short Introduction, Oxford: Oxford University Press.

Khesar, J. (2014) "Foreword" in David, SA., Boniwell, I., Ayers, AC. (Ed) The Oxford Handbook of Happiness, New York: Oxford University Press, pp. vii-viii.

Kim, S. (2018) "In Between the Growth Economy and State Welfare in East Asia: Refuting the Developmental Welfare System Theory of East Asia's State Welfare", The East Asia Institute Working Paper(April 2018), Seoul: EAI.

Kim, B-Y. (2017) Unveiling the North Korean Economy: Collapse and Transition, Cambridge: Cambridge University Press.

King, R., Kendall, G. (2004) The State, Democracy and Globalization, London: Palgrave Macmillan.

King, LA., Napa, CK. (1998) "What Makes a Life Good?", Journal of Personality and Social Psychology 75(1): 156-165.

Kirby, SE., Coleman, PG., Daley, D. (2004) "Spirituality and Well-Being in Frail and Nonfrail Older Adults", Journal of Gerontology(Psychological Sciences) 59B(3): P123–P129.

Kitson, M., Michie, J. (2000) The Political Economy of Competitiveness: Essays on Employment, Public Policy and Corporate Performance, London: Routledge.

Kleinman, M. (2002) A European Welfare State?: European Union Social Policy in Context, Basingstoke: Palgrave.

Kleinman, M. (1996) "Housing, Welfare and the State in Europe: A Comparative Analysis of Britain, France and Germany", Cheltenham: Edward Elgar.

Knabe, A., Ratzel, S. (2011) "Scarring or Scaring? The Psychological Impact of Past Unemployment and Future Unemployment Risk", Economica 78(310): 283-293.

Knack, S., Keefer, P. (1997) "Does Social Capital Have an Economic Payoff? A Cross-Country Investigation", The Quarterly Journal of Economics 112(4): 1251-1288.

Kolev, A., Tassot, C. (2016) "Can Investments in Social Protection Contribute to Subjective Well-being? A Cross-country Analysis", OECD Development Centre Working Paper No. 332, Paris: OECD.

Kondratieff, N. (1984) The Long Wave Cycle(translated by Daniels, G.), New York: Richardson and Snyder.

Konings, M. (2018) Capital and Time: For a New Critique of Neoliberal Reason, Stanford: Stanford University Press.

Konings, M. (2015) The Emotional Logic of Capitalism: What Progressives Have Missed, Stanford: Stanford University Press.

Korenman, S., Neumark, D. (1991) "Does Marriage Really Make Men More Productive?", The Journal of Human Resources 26(2): 282-307.

Korpi, W. (1983) The Democratic Class Struggle, London: Routledge & Kegan Paul.

Kovacs, B., Polese, A., Morris, J. (2017) "Adjusting Social Welfare and Social Policy in Central and Eastern Europe: Growth, Crisis and Recession" in Kennett, P., Lendvai-Bainton, N. (Ed) Handbook of European Social Policy, Cheltenham: Edward Elga, pp. 194-217.

Kozma, A., Stones, MJ. (1980) "The Measurement of Happiness: Development of the Memorial University of Newfoundland Scale of

Happiness(MUNSH)", Journal of Gerontology 35(6): 906–912.
Krause, N. (2008) Aging in the Church: How Social Relationships Affect Health, West Conshohocken: Templeton Press.
Krause, N., Wulff, KM. (2005) "Church-Based Social Ties, A Sense of Belonging in a Congregation, and Physical Health Status", The International Journal for the Psychology of Religion 15(1): 73-93.
Kraute, R. (1979) "Two Conceptions of Happiness", The Philosophical Review 88(2): 167-197.
Kringelbach, ML., Berridge, KC. (2010) "The Neuroscience of Happiness and Pleasure", Social Research 77(2): 659-678.
Kroll, C. (2013) "Global Development and Happiness: How can Data on Subjective Wellbeing Inform Development Theory and Practice?", IDS Working Paper No. 432, Brighton: Institute of Development Studies.
Krugman, P. (2009) The Return of Depression Economics and the Crisis of 2008, New York: W.W. Norton & Company.
Kubiszewski, I., Costanza, R., Franco, C., Lawn, P., Talberth, J., Jackson, T., Aylmer, C. (2013) "Beyond GDP: Measuring and Achieving Global Genuine Progress", Ecological Economics 93: 57–68.
Kuivalainen, S., Nelson, K. (2012) "Eroding Minimum Income Protection in the Nordic Countries? Reassessing the Nordic Model of Social Assistance"in Kvist, J., Fritzell, J., Hvinden, B., Kangas, O. (Ed) Changing Social Equality: The Nordic Welfare Model in the 21st Century, Bristol: Policy Press, pp. 69-88.
Kumhof, M., Rancière, R. Winant, P. (2015) "Inequality, Leverage, and Crises", American Economic Review 105(3): 1217-1245.
Kurz, H. (2013) Economic Thought: A Brief History, New York: Columbia University Press.
Kuznets, S. (1971) "Modern Economic Growth: Findings and Reflections", Lecture to the Memory of Alfred Nobel (11 December 1971) https://www.nobelprize.org/nobel_prizes/economic-sciences/laureates/1971/kuznets-lecture.html , (2017년 12월 23일 접속).
Kuznets, S. (1946) National Income: A Summary of Findings, Cambridge, MA: National Bureau of Economic Research.
Laeven, L., Valencia, F. (2008) "Systemic Banking Crises: A New Database", IMF Working Paper WP/08/224, Washington, D.C. IMF.
LaFeber, W. (2006) America, Russia and the Cold War 1945-2006, New York:

McGraw-Hill.
Lake, DA., Baum, MA. (2001) "The Invisible Hand of Democracy: Political Control and the Provision of Public Services", Comparative Political Studies 34(6): 587-621.
Lama, D. (2011) Beyond Religion: Ethics for a Whole World, New York: Houghton Mifflin Harcourt Publishing.
Lane, RE. (2000) The Loss of Happiness in Market Democracies, London: Yale University Press.
Lane, RE. (1991) The Market Experience, Cambridge: Cambridge University Press.
Larkin, M. (2013) Health and Well-Being Across the Life Course, London: Sage.
Larrimore, M. (2010) "Religion and the Promise of Happiness", Social Research 77(2): 569-594.
Larsen, RJ. (2000) "Toward a Science of Mood Regulation", Psychological Inquiry 11: 129-141.
Lasswell, HD. (1951) "The Policy Orientation" in Lerner, D., Lasswell, HD. (Ed) The Policy Sciences: Recent Developments in Scope and Method, California: Stanford University Press, pp. 3-15.
Latouche, S. (2014) 『낭비 사회를 넘어서: 계획적 진부화라는 광기에 관한 보고서』 (정기헌 옮김), 서울: 민음사.
Lavigne, M. (1999) The Economics of Transition: From Socialist Economy to Market Economy, New York: St. Martin's Press.
Lawton, M. (1996) "Quality of Life and Affect in Later Life" in Magai, C., McFadden, SH. (Ed) Handbook of Emotion, Adult Development and Aging, California: Academic Press, pp. 327-348.
Layard, PRG. (2016) "Promoting Happiness Ethics: The Greatest Happiness Principle"in Helliwell, JF., Layard, R., Sachs, J. (Ed) World Happiness Report 2016, Update (Volume 1), New York: UN Sustainable Development Solutions Network, pp. 50-55.
Layard, R. (2009) "Afterword: The Greatest Happiness Principle: Its Time Has Come" in Griffiths, S., Reeves, R. (Ed) Well-Being: How to Lead the Good Life and What Government Should Do to Help, London: The Social Market Foundation, pp. 92-106.
Layard, PRG. (2006) "Happiness and Public Policy: A Challenge to the Profession", The Economic Journal 116: C24-C33.
Layard, PRG. (2005) Happiness: Lessons from a New Science, London: Allen

Lane.

Layard, PRG., Clark, AE., Cornaglia, F., Powdthavee, N., Vernoit, J. (2014) "What Predicts a Successful Life? A Life-Course Model of Wellbeing", The Economic Journal 124(580): F720-F738.

Layard, R., Mayraz, G., Nickell, S. (2010) "Does Relative Income Matter? Are the Critics Right?" in Diener, E., Helliwell, JF., Kahneman, D. (Ed) International Differences in Well-Being, New York: Oxford University Press, pp. 139-165.

Layard, R., Nickell, S., Mayraz, G. (2008) "The Marginal Utility of Income", Journal of Public Economics 92: 1846–1857.

Lebreton, L., Slat, B., Ferrari, F., Sainte-Rose, B., Aitken, J., Marthouse, R., Hajbane, S., Cunsolo, S., Schwarz, A., Levivier, A., Noble, K., Debeljak, P., Maral, H., Schoeneich-Argent, R., Brambini, R., Reisser, J. (2018) "Evidence That the Great Pacific Garbage Patch is Rapidly Accumulating Plastic", Scientific Reports 8, article number: 4666, doi:10.1038/s41598-018-22939-w.

Lelkes, O. (2006) "Tasting Freedom: Happiness, Religion, and Economic Transition", Journal of Economic Behavior and Organization 59(2): 173-194.

LEO IL and HRI(LEO Innovation Lab and The Happiness Research Institute) (2017) World Psoriasis Happiness Report 2017, Copenhagen: LEO IL and HRI.

Lepenies, P. (2016) The Power of a Single Number: A Political History of GDP, New York: Columbia University Press.

Lerner, D. (1964) The Passing of Traditional Society: Modernizing the Middle East, New York: The Free Press.

Levy, B. (1996) "Improving Memory in Old Age Through Implicit Self-Stereotyping", Journal of Personality and Social Psychology 71(6): 1092-1107.

Levy, BR., Moffat, S., Resnick, SM., Slade, MD., Ferrucci, L. (2016) "Buffer against Cumulative Stress: Positive Age Stereotypes Predict Lower Cortisol across 30 Years", GeroPsych: The Journal of Gerontopsychology and Geriatric Psychiatry 29(3): 141–146.

Levy, BR., Slade, MD., Kasl, SV., Kunkel, SR. (2002) "Longevity Increased by Positive Self-Perceptions of Aging", Journal of Personality and Social Psychology 83(2): 261-270.

Levy, BR., Slade, MD., Murphy, TE., Gill, TM. (2012) "Association Between Positive Age Stereotypes and Recovery From Disability in Older Persons", Journal of the American Medical Association 308(19): 1972-1973.

Levy, BR., Slade, MD., Pietrzak, RH., Ferrucci, L. (2018) "Positive Age Beliefs Protect against Dementia even among Elders with High-risk Gene", PLoS ONE 13(2): e0191004. https://doi.org/10.1371/journal.pone.0191004.

LI(Legatum Institute) (2017) The Lagatum Prosperity Index 2017, London: Legatum Institute.

LI (2016a) The Lagatum Prosperity Index 2016, London: Legatum Institute.

LI (2016b) The Lagatum Prosperity Index 2016: Methodology Report, London: Legatum Institute.

Liberal Democrats. (2011) "A New Purpose for Politics: Quality of Life", Policy Paper 102, (http://d3n8a8pro7vhmx.cloudfront.net/libdems/pages/1811/attachments/original/1390821820/102_-_Quality_of_Life.pdf?1390821820 , 2018년 1월 19일 접속).

Lim, C., Putnam, RD. (2010) "Religion, Social Networks, and Life Satisfaction", American Sociological Review 75(6): 914–933.

Lin, N. (2003) Social Capital: A Theory of Social Structure and Action, New York: Cambridge University Press.

Linz, JJ. (1990) "The Perils of Presidentialism", Journal of Democracy 1(1): 51-69.

Lipps, O., Laganà, F., Pollien, A., Gianettoni, L. (2013) "Under-representation of Foreign Minorities in Cross-sectional and Longitudinal Surveys in Switzerland" in Font, J., Méndez, M. (Ed) Surveying Ethnic Minorities and Immigrant Populations: Methodological Challenges and Research Strategies, Amsterdam: Amsterdam University Press, pp. 241-267.

Lipset, SM. (1960) Political Man: The Social Bases of Politics, London: Heinemann.

Lister, R. (2004) Poverty, Cambridge: Polity.

Liu, J. (2006) "China Releases Green GDP Index, Tests New Development Path", (https://journal.probeinternational.org/2006/09/28/china-releases-green-gdp-index-tests-new-development-path/ , 2017년 12월 10일 접속).

Lockenhoff, CE., Carstensen, LL. (2004) "Socioemotional Selectivity Theory, Aging, and Health: The Increasingly Delicate Balance Between

Regulating Emotions and Making Tough Choices", Journal of Personality 72(6): 1395-1424.

Lockwood, D. (1999) "Civic Integration and Social Cohesion" in Gough, I., Olofsson, G. (Ed) Capitalism and Social Cohesion, London: Macmillan Press, pp. 63-84.

López-Córdova, JE., Meissner, CM. (2003) "Exchange-Rate Regimes and International Trade: Evidence from the Classical Gold Standard Era", The American Economic Review 93(1): 344-353.

Lowenstein, A., Ogg, J. (2003) Old Age and Autonomy: The Role of Service Systems and Intergenerational Family Solidarity(Final Report), Haifa: Center for Research and Study of Aging, The University of Haifa.

Lucas, RE. (2007a) "Adaptation and the Set-Point Model of Subjective Well-Being: Does Happiness Change After Major Life Events?", Current Directions in Psychological Science 16(2): 75-79.

Lucas, RE. (2007b) "Long-term Disability is Associated with Lasting Changes in Subjective Well-being: Evidence from Two Nationally Representative Longitudinal Studies", Journal of Personality and Social Psychology 92(4): 717-730.

Lucas, RE., Clark, AE., Georgellis, Y., Diener, E. (2004) "Unemployment Alters the Set-Point for Life Satisfaction", Psychological Science 15: 8-13.

Lucas, RE., Clark, AE., Georgellis, Y., Diener, E. (2003) "Reexamining Adaptation and the Set Point Model of Happiness: Reactions to Change in Marital Status", Journal of Personality and Social Psychology 84(3): 527-539.

Luechinger, S., Meier, S., Stutzer, A. (2010) "Why Does Unemployment Hurt the Employed? Evidence from the Life Satisfaction Gap Between the Public and the Private Sector", The Journal of Human Resources 45(4): 998-1045.

Luechinger, S., Raschky, P. (2009) "Valuing Flood Disasters Using the Life Satisfaction Approach", Journal of Public Economics 93(3-4): 620–633.

Lun, VM-C., Bond, MH. (2013) "Examining the Relation of Religion and Spirituality to Subjective Well-Being Across National Cultures", Psychology of Religion and Spirituality 5(4): 304–315.

Lundberg, E. (1971) "Simon Kuznets' Contribution to Economics", The Swedish Journal of Economics 73(4): 444-461.

Luscher, K. (2005) "Looking at Ambivalence: The Contribution of A 'New-Old'

View of Intergenerational Relations to the Study of the Life Course" in Levy, R., Ghisletta, P., Le Goff, J-M., Spini, D., Widmer, E. (Ed) Towards an Interdisciplinary Perspective on the Life Course (Advances in Life Course Research Vol. 10), London: Elsevier, pp. 93-128.

Luscher, K. (2004) "Conceptualizing and Uncovering Intergenerational Ambivalence" in Pillemer, K., Luscher, K. (Ed) Intergenerational Ambivalences: New Perspectives on Parent-Child Relations in Later Life (Contemporary Perspectives in Family Research Vol. 4), Amsterdam: Elsevier, pp. 23-62.

Luscher, K. (2000) "Ambivalence: A Key Concept for the Study of Intergenerational Relations" in Trnka, S. (Ed) Family Issues between Gender and Generations: Seminar Report, Brussels: European Observatory on Family Matters at the Austrian Institute for Family Studies, European Commission, Directorate-General for Employment and Social Affairs Unit E/1, pp. 11-25.

Luscher, K., Pillemer, K. (1998) "Intergenerational Ambivalence: A New Approach to the Study of Parent-Child Relations in Later Life", Journal of Marriage and the Family 60(2): 413-425.

Luttmer, EFP. (2005) "Neighbors as Negatives: Relative Earnings and Well-being", The Quarterly Journal of Economics 120(3): 963-1002.

Lykken, D., Tellegen, A. (1996) "Happiness Is a Stochastic Phenomenon", Psychological Science 7(3): 186-189.

Lyubomirsky, S., Sheldon, KM., Schkade, D. (2005) "Pursuing Happiness: The Architecture of Sustainable Change", Review of General Psychology 9(2): 111-131.

MacGregor, I., Litter, BR. (1998) "Personal Projects, Happiness and Meaning: On Doing Well and Being Yourself", Journal of Personality and Social Psychology 74(2): 494-512.

Machiavelli, N. (1992[1532]) The Prince(translated by Thompson, NH.), New York: Dover Publications.

MacIntyre, AC. (2013) After Virtue: A Study in Moral Theory, London: Bloomsbury Academic.

Mack, A. (2010) "Editor's Introduction", Social Research 77(2): xi-xii.

MacKinnon, D., Cumbers, A. (2011) Introduction to Economic Geography: Globalization, Uneven Development and Place, Harlow: Pearson Prentice Hall.

Maddison, A. (1995) Monitoring the World Economy 1820-1992, Paris: OECD.

Mainwaring, S., Shugart, MS. (1997) "Juan Linz, Presidentialism, and Democracy: A Critical Appraisal", Comparative Politics 29(4): 449-471.

Mann, M. (2013) The Sources of Social Power(Volume 4): Globalizations, 1945-2011, New York: Cambridge University Press.

Mann, M. (2011) Power in the 21st Century: Conversations with John A. Hall, Cambridge: Polity Press.

Marcuss, RD., Kane, RE. (2007) "U.S. National Income and Product Statistics: Born of the Great Depression and World War II", Bureau of Economic Analysis: Survey of Current Business, February: 32–46.

Marglin, SA., Schor, JB. (Ed) (2007) The Golden Age of Capitalism: Reinterpreting the Postwar Experience, Oxford: Oxford University Press.

Marmot, M. (2010) "Fair Society, Healthy Lives: The Marmot Review", London: Strategic Review of Health Inequalities in England post-2010.

Marmot, M., Wilkinson, RG. (Ed) (2006) Social Determinants of Health, Oxford: Oxford University Press.

Marois, T. (2018) "Towards a Green Public Bank in the Public Interest", Paper Prepared for the UNRISD Session at the Resilience 2017 Conference, Geneva: United Nations Research Institute for Social Development.

Marples, DR. (2004) The Collapse of the Soviet Union, 1985-1991, London: Routledge.

Marshall, TH., (1967) Social Policy, London: Hutchinson University Library.

Marshall, MG., Elzinga-Marshall, GC. (2017) Global Report 2017: Conflict, Governance, and State Fragility, Vienna, V.A.: Center for Systematic Peace.

Martens, H., Zuleeg, F. (2009) "Where Next for the Lisbon Agenda?", Policy Brief(June), Brussels: European Policy Centre.

Martin, MW. (2012) Happiness and the Good Life. Oxford: Oxford University Press.

Martin, H-P., Schumann, H. (1997) The Global Trap: Globalization and the Assault on Prosperity and Democracy(translated by Camiller, P.), London: Zed Books.

Marx, K. (2007[1927]) Economic and Philosophic Manuscripts of 1844(translated by Milligan, M.), Mineola, New York: Dover Publications.

Marx, K. (1972[1867]) Capital I (translated by Eden and Cedar Paul), London: Dent.

Marx, K. (1947[1929]) Wage Labour and Capital(translated by Baldwin, F.), New York: Workers' Library Publishers.

Marx, K. (1904[1859]) A Contribution to the Critique of Political Economy(translated by Stone, NI.), London: Kegan Paul.

Marx, K., Engels, F. (1983[1848]) Manifesto of the Communist Party, London: Lawrence & Wishart.

Marx, K., Engels, F. (1965[1845]) The German Ideology(translated by Ryazanskaya, S.), London: Lawrence & Wishart.

Maslow, AH. (1954) Motivation and Personality, London: Harper and Row.

Maslow, AH. (1943) "A Theory of Human Motivation", Psychological Review 50(4): 370-396.

Mattes, R. (2008) "The Material and Political Bases of Lived Poverty in Africa: Insights from the Afrobarometer", in M ø ller, V., Huschka, D., Michalos, AC. (Ed) Barometers of Quality of Life Around the Globe: How Are We Doing?, Dordrecht: Springer, pp. 161-185.

Max-Neef, M. (1995) "Economic Growth and Quality of Life: A Threshold Hypothesis", Ecological Economics 15(2): 115-118.

McKibben, B. (2007) Deep Economy: The Wealth of Communities and the Durable Future, New York: Times Books.

McLean, B., Nocera, J. (2010) All the Devils Are Here: The Hidden History of the Financial Crisis, London: Portfolio/Penguin.

Mcloyd, VC., Jocson, RM., Williams, AB. (2016) "Linking Poverty and Children's Development: Concepts, Models, and Debates" in Brady, D., Burton, LM. (Ed) The Oxford Handbook of the Social Science of Poverty, Oxford: Oxford University Press, pp. 141-165.

Mclynn, F. (2009) Marcus Aurelius: Warrior, Philosopher, Emperor, London: The Bodley Head.

McMahon, DM. (2010) "What Does the Ideal of Happiness Mean?", Social Research 77(2): 469-490.

McMahon, DM. (2006) Happiness: A History, New York: Grove Press.

Meier, BM., Chakrabarti, A. (2016) "The Paradox of Happiness: Health and Human Rights in the Kingdom of Bhutan", Health and Human Rights Journal 18(1): 193-207.

Meier, S., Stutzer, A. (2008) "Is Volunteering Rewarding in Itself?", Economica 75(297): 39-59.

Mencarini, L., Sironi, M. (2012) "Happiness, Housework and Gender Inequality

in Europe", European Sociological Review 28(2): 203-219.
Merton, RK. (1968) Social Theory and Social Structure, New York: Free Press.
Messner, SF., Rosenfeld, R. (1997) "Political Restraint of the Market and Levels of Criminal Homicide: A Cross-National Application of Institutional-Anomie Theory", Social Forces 75(4): 1393–1416.
Meyer, SS. (2008) Ancient Ethics: A Critical Instruction, New York: Routledge.
Michalos, A. (2008) "Education, Happiness and Wellbeing", Social Indicators Research 87(3): 347-366.
Michie, J. (2017) Advanced Introduction to Globalisation, Cheltenham: Edward Elga.
Milanović, B. (2016) Global Inequality: A New Approach for the Age of Globalization, Cambridge: The Belknap Press of Harvard University Press.
Mill, JS. (2015[1859]) On Liberty, Utilitarianism and Other Essays(Philp, M., Rosen, F. Ed.), Oxford: Oxford University Press.
Mill, JS. (1991[1861]) Considerations on Representative Government, New York: Prometheus Books.
Miller, J. (2010) "A Distinction Regarding Happiness in Ancient Philosophy", Social Research 77(2): 595-624.
Milligan, K., Moretti, E., Oreopoulos, P. (2004) "Does Education Improve Citizenship? Evidence from the United States and the United Kingdom", Journal of Public Economics 88(9–10): 1667–1695.
Mills, G., Herbst, J. (2012) Africa's Third Liberation: The New Search for Prosperity and Jobs, London: Penguin.
Minogue, K. (2000) Politics: A Very Short Introduction, New York: Oxford University Press.
Mishra, R. (1990) The Welfare State in Capitalist Society: Policies of Retrenchment and Maintenance in Europe, North America and Australia, London: Harvester Wheatsheaf.
Mishra, R. (1984) The Welfare State in Crisis: Social Thought and Social Change, Brighton: Wheatsheaf Books.
Mø ller, V., Roberts, BJ., Tiliouine, H., Loschky, J. (2017) "'Waiting for Happiness' in Africa"in Helliwell, JF., Layard, R., Sachs, J. (Ed) World Happiness Report 2017, New York: Sustainable Development Solutions Network, pp. 84-119.
Moore, B. (1966) Social Origins of Dictatorship and Democracy: Lord and

Peasant in the Making of the Modern World, Boston: Beacon Press.

Morgan, LA., Kunkel, SR. (2007) Ageing, Society, and the Life Course, New York: Springer.

Morrison, K. (2006) Marx, Durkheim, Weber: Formations of Modern Social Thought, London: Sage.

Morrow-Howell, N., Hinterlong, J., Rozario, PA., Tang, F. (2003) "Effects of Volunteering on the Well-Being of Older Adults", Journal of Gerontology(Social Sciences) 58B(3): S137–S145.

Mroczek, DK., Kolarz, CM. (1998) "The Effect of Age on Positive and Negative Affect: A Developmental Perspective on Happiness", Journal of Personality and Social Psychology 75(5): 1333-1349.

Mugge, D. (2016) "Studying Macroeconomic Indicators as Powerful Ideas", Journal of European Public Policy 23(3): 410-427.

Mulligan, CB., Gil, R., Sala-i-Martin, X. (2004) "Do Democracies Have Different Public Policies than Nondemocracies?", Journal of Economic Perspectives 18(1): 51-74.

Myers, DG. (2014) "Religious Engagement and Well-Being" in David, SA., Boniwell, I., Ayers, AC. (Ed) The Oxford Handbook of Happiness, New York: Oxford University Press, pp. 88-100.

Myers, DG., Diener, E. (1995) "Who Is Happy?", Psychological Science 6(1): 10-19.

Myles, J. (1998) "How to Design a 'Liberal' Welfare State: A Comparison of Canada and the United States", Social Policy and Administration 32(4): 341–364.

NEF (The New Economics Foundation) (2017) "About the HPI", (http://happyplanetindex.org/about/ , 2017년 8월 2일 접속).

NEF (2016a) The Happy Planet Index 2016: A Global Index of Sustainable Wellbeing, London: NEF.

NEF (2016b) Happy Planet Index 2016: Method Paper, London: NEF.

NEF (2016c) The Happy Planet Index 2016: A Global Index of Sustainable Wellbeing(data file), London: NEF.

NEF (2012) The Happy Planet Index: 2012 Report, A Global Index of Sustainable Well-being, London: NEF.

NEF (2009a) National Accounts of Well-being: Bringing Real Wealth onto the Balance Sheet, London: NEF.

NEF (2009b) The Unhappy Planet Index 2.0: Why Good Lives Don't Have to

Cost the Earth, London: NEF.
NEF (2006) The Unhappy Planet Index: An Index of Human Well-being and Environmental Impact, London: NEF
Nettle, D. (2005) Happiness: The Science Behind Your Smile, Oxford: Oxford University Press.
Neuman, S. (2014) "Are Immigrants Healthier Than Native Residents?", IZA World of Labor 108(December): 1-10.
Ngamaba, KH., Soni, D. (2017) "Are Happiness and Life Satisfaction Different Across Religious Groups? Exploring Determinants of Happiness and Life Satisfaction", Journal of Religion and Health, https://doi.org/10.1007/s10943-017-0481-2.
Nickerson, C., Schwarz, N., Diener, E., Kahneman, D. (2003) "Zeroing in on the Dark Side of the American Dream: A Closer Look at the Negative Consequences of the Goal for Financial Success", Psychological Science 14(6): 531-536.
Nietzsche, FW. (2007[1887]) On the Genealogy of Morality(Ansell-Pearson, K. Ed., translated by Diethe, C.), Cambridge: Cambridge University Press.
Nikolova, M. (2016) "Minding the happiness gap: Political institutions and perceived quality of life in transition", European Journal of Political Economy 45(Supplement): 129-148.
Nomaguchi, KM., Milkie, MA., Bianchi, SM. (2005) "Time Strains and Psychological Well-Being: Do Dual-Earner Mothers and Fathers Differ?", Journal of Family Issues 26(6): 756–792.
Noonan, MC., Estes, SB., Glass, JL. (2007) "Do Workplace Flexibility Policies Influence Time Spent in Domestic Labor?", Journal of Family Issues 28(2): 263-288.
Nordhaus, W., Tobin, J. (1972) Is Growth Obsolete?, New York: Columbia University Press.
Norman, J. (2010) The Big Society: The Anatomy of the New Politics, Buckingham: The University of Buckingham Press.
North, DC. (1991) "Institutions", Journal of Economic Perspectives 5(1): 97-112.
North, DC. (1990) Institutions, Institutional Change and Economic Performance, Cambridge: Cambridge University Press.
Nussbaum, M. (2011) Creating Capabilities: The Human Development Approach, Cambridge: The Belknap Press of Harvard University Press.

Nussbaum, M. (2007) Frontiers of Justice: Disability, Nationality, Species Membership, Cambridge: Harvard University Press.

Nussbaum, M. (2003) "Capabilities as Fundamental Entitlements: Sen and Social Justice", Feminist Economics 9(2-3): 33-59.

Nussbaum, M. (2001) The Fragility of Goodness: Luck and Ethics in Greek Tragedy and Philosophy, Cambridge: Cambridge University Press.

Nussbaum, M. (2000) Women and Human Development: The Capabilities Approach, Cambridge: Cambridge University Press.

Nussbaum, M. (1992) "Human Functioning and Social Justice: In Defense of Aristotelian Essentialism", Political Theory 20(2): 202-246.

Nussbaum, M., Sen, A. (Ed) (1993) The Quality of Life, Oxford: Oxford University Press.

Nye, JS. (2001) "Globalization's Democratic Deficit: How to Make International Institutions More Accountable", Foreign Affairs 80(4): 2-6.

OCF(The Ocean Cleanup Foundation) (2017) "The Ocean Cleanup Announces Pacific Cleanup to Start in 2018", (https://www.theoceancleanup.com/press/the-ocean-cleanup-announces-pacific-cleanup-to-start-in-2018/ , 2018년 3월 24일 접속).

O'Connor, J. (1973) The Fiscal Crisis of the State, New York: St. Martin's Press.

O'Donnell, G., Deaton, A., Durand, M., Halpern, D., Layard, R. (2014) Wellbeing and Policy, London: Legatum Institute.

OECD(Organisation for Economic Co-operation and Development) (2018a) "The Role and Design of Net Wealth Taxes in the OECD", OECD Tax Policy Studies No. 26, Paris: OECD.

OECD (2018b) The Resilience of Students with an Immigrant Background: Factors that Shape Well-being, Paris: OECD.

OECD (2018c) "How Do the Performance and Well-being of Students with an Immigrant Background Compare Across Countries?", PISA in Focus #82(March), Paris: OECD.

OECD (2018d) A Broken Social Elevator? How to Promote Social Mobility, Paris: OECD.

OECD (2017a) Tax Revenue (Indicator), doi: 10.1787/d98b8cf5-en, (2017년 9월 2일 접속).

OECD (2017b) International Migration Outlook 2017, Paris: OECD.

OECD (2017c) PISA 2015 Results(Volume III): Students' Well-Being, Paris: OECD.

OECD (2017d) "Are Students Happy? PISA 2015 Results: Students' Well-Being", PISA in Focus #71(April), Paris: OECD.

OECD (2017e) How's Life? 2017: Measuring Wellbeing, Paris: OECD.

OECD (2016a) OECD Factbook 2015-2016: Economic, Environmental and Social Statistics, Paris: OECD.

OECD (2016b) Perspectives on Global Development 2017: International Migration in a Shifting World, Paris: OECD.

OECD (2016c) "PF2.2: Use of Childbirth-related Leave by Mothers and Fathers(updated 01-03-2016)", (http://www.oecd.org/els/family/database.htm , 2018년 7월 7일 접속).

OECD (2015a) How's Life? 2015: Measuring Wellbeing, Paris: OECD.

OECD (2015b) Health at a Glance 2015, Paris: OECD.

OECD (2015c) In It Together: Why Less Inequality Benefits All, Paris: OECD.

OECD (2013) OECD Guidelines on Measuring Subjective Well-being, Paris: OECD.

OECD (2012) "Better Life Index: Executive Summary", (http://www.oecdbetterlifeindex.org/media/bli/documents/EXECUTIVE-SUMMARY.pdf , 2017년 1월 29일 접속).

OECD (2011) Divided We Stand: Why Inequality Keeps Rising, Paris: OECD.

OECD (2007a)"Measuring and Fostering the Progress of Societies", Second OECD World Forum on Statistics, Knowledge and Policy, (http://www.oecd.org/site/worldforum06/istanbulworldforum-measuringandfosteringtheprogressofsocieties.htm , 2017년 1월 30일 접속).

OECD (2007b) Understanding the Social Outcomes of Learning, Paris: OECD.

OECD (2001) The Well-Being of Nations: The Role of Human and Social Capital, Paris: OECD.

OECD and European Union (2015) Indicators of Immigrant Integration 2015: Settling In, Paris: OECD.

OECD and Statistic Korea (2018) "The 6th OECD World Forum on Statistics, Knowledge and Policy: The Future of Well-being", A Leaflet, (http://www.oecd.org/statistics/6wf.htm , 2018년 4월 25일 접속).

Offe, C. (1984) Contradictions of the Welfare State(Keane, J. Ed), London: Hutchinson.

Offe, C. (1972) "Advanced Capitalism and the Welfare State", Politics and Society 2(4): 479-488.

OHCHR(Office of the United Nations High Commissioner for Human Rights)

(1989) “Convention on the Rights of the Child”, (http://www.ohchr.org/EN/ProfessionalInterest/Pages/CRC.aspx , 2018년 5월 22일 접속).

Oishi, S., Schimmack, U., Diener, E. (2012) “Progressive Taxation and the Subjective Well-Being of Nations”, Psychological Science 23(1): 86-92.

Okulicz-Kozaryn, A. (2010) “Religiosity and Life Satisfaction across Nations”, Mental Health, Religion & Culture 13(2): 155-169.

Ono, H., Lee, KS. (2013) “Welfare States and the Redistribution of Happiness”, Social Forces 92(2): 789-814.

ONS(Office for National Statistics) (2018a) “Measuring National Well-being: Quality of Life in the UK, 2018”, (https://backup.ons.gov.uk/2018/04/25/measuring-national-well-being-quality-of-life-in-the-uk-2018/ , 2018년 5월 1일 접속).

ONS (2018b) “Measures of National Well-being Dashboard”, (https://www.ons.gov.uk/peoplepopulationandcommunity/wellbeing/articles/measuresofnationalwellbeingdashboard/2018-04-25 , 2018년 5월 1일 접속).

ONS (2018c) “Measuring National Well-being: Domains and Measures”, (https://www.ons.gov.uk/peoplepopulationandcommunity/wellbeing/datasets/measuringnationalwellbeingdomainsandmeasures , 2018년 5월 3일 접속).

ONS (2017a) “Measures of National Well-being Dashboard”, (https://www.gov.uk/government/statistics/measuring-national-well-being-life-in-the-uk-apr-2017 , 2018년 5월 1일 접속).

ONS (2017b) “Measuring National Well-being in the UK: International Comparisons, 2017”, (https://www.ons.gov.uk/peoplepopulationandcommunity/wellbeing/articles/measuringnationalwellbeing/internationalcomparisons2017 , 2018년 5월 19일 접속).

ONS (2016a) “Measuring National Well-being: Domains and Measures”, (https://www.ons.gov.uk/peoplepopulationandcommunity/wellbeing/datasets/measuringnationalwellbeingdomainsandmeasures , 2017년 1월 27일 접속).

ONS (2016b) “Measures of National Well-being”, (http://www.neighbourhood.statistics.gov.uk/HTMLDocs/dvc146/wrapper.html , 2017년 1월 28일 접속).

ONS (2016c) “Personal Well-being in the UK: 2015 to 2016”, (https://www.ons.gov.uk/peoplepopulationandcommunity/wellbeing/bulletins/meas

uringnationalwellbeing/2015to2016 , 2018년 5월 19일 접속).
ONS (2016d) "Measuring National Well-being: At What Age is Personal Well-being the Highest?", (https://www.ons.gov.uk/peoplepopulationandcommunity/wellbeing/articles/measuringnationalwellbeing/atwhatageispersonalwellbeingthehighest , 2018년 5월 19일 접속).
ONS (2016e) "How Does Getting Older Change the Way We Feel about Our Lives?", (https://www.ons.gov.uk/peoplepopulationandcommunity/wellbeing/articles/howdoesgettingolderchangethewaywefeelaboutourlives/2016-02-03 , 2018년 5월 19일 접속).
ONS (2015) "Measuring National Well-being: An Analysis of Social Capital in the UK", (https://www.gov.uk/government/statistics/measuring-national-well-being-an-analysis-of-social-capital-in-the-uk , 2017년 7월 21일 접속).
Orloff, A. (1993) "Gender and the Social Rights of Citizenship: The Comparative Analysis of Gender Relations and Welfare States", American Sociological Review 58(3): 303-328.
Ormerod, P. (2012) "The Folly of Wellbeing in Public Policy" in Booth, P. (Ed) And the Pursuit of Happiness: Wellbeing and the Role of Government, London: The Institute of Economic Affairs, pp. 39-58.
O'Rourke, KH., Williamson, JG. (2004) "Once More: When Did Globalisation Begin?", European Review of Economic History 8(1): 109-117.
O'Rourke, KH., Williamson, JG. (2002) "When Did Globalization Begin?", European Review of Economic History 6(1): 23-50.
Ortiz-Ospina, E., Roser, M. (2017) "Happiness and Life Satisfaction", Our World in Data, (https://ourworldindata.org/happiness-and-life-satisfaction/ , 2017년 9월 4일 접속).
O'Sullivan, M., Subramanian, K. (2017) Getting over Globalization, Zurich: Credit Suisse.
O'Sullivan, M., Subramanian, K. (2015) The End of Globalization or a More Multipolar World?, Zurich: Credit Suisse.
Oswald, A.J., Powdthavee, N. (2008) "Does Happiness Adapt? A Longitudinal Study of Disability with Implications for Economists and Judges", Journal of Public Eonomics 92(5-6): 1061-1077.
Ott, JC. (2010) "Good Governance and Happiness in Nations: Technical Quality Precedes Democracy and Quality Beats Size", Journal of

Happiness Studies 11(3): 353–368.

Ouweneel, P. (2002) "Social Security and Well-Being of the Unemployed in 42 Nations", Journal of Happiness Studies 3(2): 167–192.

OWG(Open Working Group) (2014) Open Working Group Proposal for Sustainable Development Goals, document A/68/970, New York: UN.

Oxford Martin School and University of Oxford (2017) Our World in Data Programmes, (http://www.oxfordmartin.ox.ac.uk/research/programmes/world-data , 2017년 2월 3일 접속).

Pacek, A., Radcliff, B. (2008) "Assessing the Welfare State: The Politics of Happiness", Perspectives on Politics 6(2): 267-277.

Paine, T. (1993[1791]) The Rights of Man, London: J.M. Dent.

Palma, JG. (2011) "Homogeneous Middles vs. Heterogeneous Tails, and the End of the 'Inverted-U': It's All About the Share of the Rich", Development and Change 42: 87-153.

Parfit, D. (1984) Reasons and Persons, Oxford: Oxford University Press.

Park, S-M. (2014) "The European Theory of Social Quality and Its Applicability to Asian Societies", Paper Presented at the Spring Conference of the Korean Association of Converging Humanities, 24 May, Korea University, Seoul, Korea.

Parker, I. (2007) Revolution in Psychology: Alienation to Emancipation, London: Pluto Press.

Parrott, TM., Bengtson, VL. (1999) "The Effects of Earlier Intergenerational Affection, Normative Expectations, and Family Conflict on Contemporary Exchanges of Help and Support", Research on Aging 21(1): 73-105.

Pavot, W., Diener, E. (2009) "Review of the Satisfaction with Life Scale"in Diener, E. (Ed) Assessing Well-Being, London: Springer, pp. 101-117.

Pellegrin, P. (2015) "Aristotle's Politics" in Shields, C. (Ed) The Oxford Handbook of Aristotle, New York: Oxford University Press, pp. 558-585.

Pellegrini, L., Tasciotti, L. (2014) "Bhutan: Between Happiness and Horror", Capitalism Nature Socialism 25(3): 103-109.

Perez, C. (2003) Technological Revolutions and Financial Capital: The Dynamics of Bubbles and Golden Ages, Cheltenham: Edward Elgar.

Perugini, C., Hölscher, J., Collie, S. (2016) "Inequality, Credit and Financial Crises", Cambridge Journal of Economics, 40(1): 227–257.

Peterson, ES. (2005) Light and Liberty: Reflections on the Pursuit of Happiness, Thomas Jefferson, New York: Modern Library.

Pettit, P. (2002) Republicanism: A Theory of Freedom and Government, Oxford: Oxford University Press.

Philipsen, D. (2015) The Little Big Number: How GDP Came to Rule the World and What to Do about It, Princeton: Princeton University Press.

Pierson, C. (2006) Beyond the Welfare State: The New Political Economy of Welfare, Cambridge: Polity Press.

Pierson, P. (1998) "Irresistible Forces, Immovable Objects: Post-industrial Welfare States Confront Permanent Austerity", Journal of European Public Policy 5(4): 539-560.

Pierson, P. (1994) Dismantling the Welfare State? Reagan, Thatcher, and the Politics of Retrenchment. Cambridge: Cambridge University Press.

Piferi, RL., Lawler, KA. (2006) "Social Support and Ambulatory Blood Pressure: An Examination of Both Receiving and Giving", International Journal of Psychophysiology 62(2): 328–336.

Piketty, T. (2017) Capital in the Twenty-First Century(translated by Goldhammer, A.), Cambridge: The Belknap Press of Harvard University Press.

Piketty, T., Saez, E. (2012) "Top Incomes and the Great Recession: Recent Evolutions and Policy Implications", Paper presented at the 13th Jacques Polak Annual Research Conference, 8-9 November, Washington, D.C.

Piketty, T., Saez, E. (2006) "The Evolution of Top Incomes: A Historical and International Perspective", NBER Working Paper No. 11955, Cambridge MA.: NBER.

Piketty, T., Saez, E. (2003) "Income Inequality in the United States, 1913-1998", The Quarterly Journal of Economics 118(1): 1-39.

Piña, DL., Bengtson, VL. (1993) "The Division of Household Labor and Wives' Happiness: Ideology, Employment, and Perceptions of Support", Journal of Marriage and the Family 55(4): 901-912.

Pinkard, T. (2017) "Hegel's Philosophy of History as the Metaphysics of Agency" in Moyar D. (Ed) The Oxford Handbook of Hegel, New York: Oxford University Press, pp. 535-555.

Pinquart, M., Schindler, I. (2007) "Changes of Life Satisfaction in the Transition to Retirement: A Latent-Class Approach", Psychology and Aging 22(3): 442-455.

Pinquart, M., Sörensen, S. (2003) "Differences between Caregivers and Noncaregivers in Psychological Health and Physical Health: A Meta-analysis", Psychology and Aging 18(2): 250-267.

Pinquart, M., Sörensen, S. (2001) "Gender Differences in Self-Concept and Psychological Well-Being in Old Age: A Meta-Analysis", Journal of Gerontology(Psychological Sciences) 56B(4): P195–P213.

Pinquart, M., Sörensen, S. (2000) "Influences of Socioeconomic Status, Social Network, and Competence on Subjective Well-being in Later Life: A Meta-analysis", Psychology and Aging 15(2): 187-224.

Piven, FF., Cloward, R. (1972) Regulating the Poor: The Functions of Public Welfare, London: Tavistock Publications.

Plagnol, AC., Easterlin, RA. (2008) "Aspirations, Attainments, and Satisfaction: Life Cycle Differences Between American Women and Men", Journal of Happiness Studies 9(4): 601-619.

Plato (2008) Gorgias(translated by Waterfield, R.), Oxford: Oxford University Press.

Polanyi, K. (1944) The Great Transformation, New York: Farrar & Rinehart.

Polsky, AJ. (1991) The Rise of the Therapeutic State, Princeton NJ: Princeton University Press.

Pontusson, J. (2005) Inequality and Prosperity: Social Europe vs. Liberal America, Ithaca, NY: Cornell University Press.

Poole, L. (2018) "Financing for Stability in the Post-2015 Era", OECD Development Policy Papers No. 10, Paris: OECD.

Popova, O. (2014) "Can Religion Insure Against Aggregate Shocks to Happiness? The Case of Transition Countries", Journal of Comparative Economics 42(3): 804-818.

Popper, KR. (1945) The Open Society and Its Enemies(Vol. I), London: Routledge & Kegan Paul.

Porter, ME., Stern, S., Green, M. (2017) Social Progress Index 2017, Washington D.C.: Social Progress Imperative.

Porter, ME., Stern, S., Green, M. (2016) Social Progress Index 2016, Washington D.C.: Social Progress Imperative.

Portes, A. (1998) "Social Capital: Its Origins and Applications in Modern Sociology", Annual Review of Sociology 24: 1-24.

Posner, RA. (1979) "Utilitarianism, Economics, and Legal Theory", Journal of Legal Studies 8(1): 103-140.

POST(Parliamentary Office of Science and Technology). (2017) "Global Health Inequalities", POST Note Number 553, London: Houses of

Parliament.
POST. (2012) "Measuring National Wellbeing", POST Note Number 421, London: Houses of Parliament.
Pöttering, H-G. (2007) "Opening Remarks", Speech at 'Beyond GDP: Measuring Progress, True Wealth, and the Well-being of Nations', 19-20 November 2007, (http://ec.europa.eu/environment/beyond_gdp/key_quotes_en.html , 2017년 8월 12일 접속).
Potkay, A. (2010) "Narrative Possibilities of Happiness, Unhappiness, and Joy", Social Research 77(2): 523-544.
Powdthavee, N. (2009a) "What Happens to People Before and After Disability? Focusing Effects, Lead Effects, and Adaptation in Different Areas of Life", Social Science and Medicine 69(12): 1834-1844.
Powdthavee, N. (2009b) "I Can't Smile Without You: Spousal Correlation in Life Satisfaction", Journal of Economic Psychology 30(4): 675-689.
Powdthavee, N. (2008) "Putting a Price Tag on Friends, Relatives, and Neighbours: Using Surveys of Life Satisfaction to Value Social Relationships", The Journal of Socio-Economics 37(4): 1459–1480.
Powell, M., Barrientos, A. (2011) "An Audit of the Welfare Modelling Business", Social Policy & Administration 45(1): 69-84.
Powell, M., Hewitt, N. (2002) Welfare State and Welfare Change, Buckingham: Open University Press.
Power, C., Hertzman, C. (1997) "Social and Behavioral Pathwyas Linking Early Life and Adult Disease", British Medical Bulletin 53: 210-221.
Pritzker, PS., Arnold, K., Moyer, BC. (2015) "Measuring the Economy: A Primer on GDP and the National Income and Product Accounts", Washington, D.C.: Bureau of Economic Analysis, US Department of Commerce.
Pryor, FL. (1968) Public Expenditures in Communist and Capitalist Nations, London: Allen & Unwin.
Public Broadcasting Service (2007) "Opinion: Green GDP", (http://www.pbs.org/kqed/chinainside/nature/greengdp.html , 2017년 12월 10일 접속).
Putnam, RD. (2001) "Social Capital: Measurement and Consequences", Isuma 2: 41-51.
Putnam, RD. (2000) Bowling Alone: The Collapse and Revival of American Community, New York: Simon and Schuster.
Putnam, RD. (1993a) Making Democracy Work: Civic Traditions in Modern Italy, Princeton: Princeton University Press.

Putnam, RD. (1993b) "The Prosperous Community: Social Capital and Public Life", The American Prospect 4(13): 35-42.

Putnam, RD., Campbell, DE. (2010) American Grace: How Religion Divides and Unites Us, New York: Simon & Schuster.

Quick, JC., Quick, JD. (2014) "Executive Well-Being" in David, SA., Boniwell, I., Ayers, AC. (Ed) The Oxford Handbook of Happiness, New York: Oxford University Press, pp. 798-813.

Radcliff, B. (2013) The Political Economy of Human Happiness: How Voters' Choices Determine the Quality of Life, Cambridge: Cambridge University Press.

Radcliff, B. (2001) "Politics, Markets, and Life Satisfaction: The Political Economy of Human Happiness", American Political Science Review 95(4): 939-952.

Rajan, RG. (2011) Fault Lines: How Hidden Fractures Still Threaten the World Economy, Princeton N.J.: Princeton University Press.

Ramírez, MD., Liebig, T., Thoreau, C., Veneri, P. (2018) "The Integration of Migrants in OECD Regions: A First Assessment", OECD Regional Development Working Papers No. 2018/01, Paris: OECD.

Ravallion, M. (2016) The Economics of Poverty: History, Measurement, and Policy, Oxford: Oxford University Press.

Rawls, J. (1971) A Theory of Justice, Cambridge: Harvard University Press.

Raz, J. (2009) The Morality of Freedom, New York: Oxford University Press.

Raz, J. (1994) Ethics in the Public Domain: Essays in the Morality of Law and Politics, Oxford: Clarendon Press.

Reati, A., Toporowski, J. (2004) "An Economic Policy for the Fifth Long Wave", BNL Quarterly Review 57(231): 395-437.

Reeves, R. (2009) "Introduction: The New Utilitarianism" in Griffiths, S., Reeves, R. (Ed) Well-Being: How to Lead the Good Life and What Government Should Do to Help, London: The Social Market Foundation, pp. 10-25.

Rees, G., Andresen, S., Bradshaw, J. (Ed) (2016) Children's Views on Their Lives and Well-being in 16 Countries: A Report on the Children's Worlds Survey of Children Aged Eight Years Old, 2013-15. York, UK: Children's Worlds Project(ISCWeB).

Rees, G., Main, G. (Ed) (2015) Children's Views on Their Lives and Well-being in 15 Countries: An Initial Report on the Children's Worlds Survey, 2013-

14, York, UK: Children's Worlds Project(ISCWeB).
Rees, WE., Wackernagel, M. (1996) Our Ecological Footprint: Reducing Human Impact on the Earth, British Columbia: New Society Publishers.
Rein, M. (1970) Social Policy: Issues of Choice and Change, New York: Random House.
Reinhart, CM., Rogoff, KS. (2009) This Time Is Different: Eight Centuries of Financial Folly, Princeton N.J.: Princeton University Press.
RGB (Royal Government of Bhutan) (2012) "Defining A New Economic Paradigm: The Report of the High-Level Meeting on Wellbeing and Happiness", New York: The Permanent Mission of the Kingdom of Bhutan to the United Nations.
Ricard, M. (2015) Altruism: The Power of Compassion to Change Yourself and the World, New York: Little, Brown and Company.
Rice, TW., Steele, BJ. (2004) "Subjective Well-Being and Culture Across Time and Space", Journal of Cross-Cultural Psychology 35(6): 633-647.
Richardson, JH. (1960) Economic and Financial Aspects of Social Security: An International Survey, London: George Allen and Unwin.
Richardson, V., Kilty, KM. (1991) "Adjustment to Retirement: Continuity vs. Discontinuity", The International Journal of Aging and Human Development 33(2): 151-169.
Riesman, D. (1950) The Lonely Crowd: A Study of the Changing American Character, New Haven: Yale University Press.
Rifkin, J. (2017) "The 2016 World Economic Forum Misfires With Its Fourth Industrial Revolution Theme", (http://www.huffingtonpost.com/jeremy-rifkin/the-2016-world-economic-f_b_8975326.html , 2017년 9월 25일 접속).
Rifkin, J. (2014) The Zero Marginal Cost Society: The Internet of Things, the Collaborative Commons, and the Eclipse of Capitalism, New York: Palgrave Macmillan.
Rifkin, J. (2011) The Third Industrial Revolution: How Lateral Power Is Transforming Energy, the Economy, and the World, New York: Palgrave Macmillan.
Rifkin, J. (1996) The End of Work: The Decline of the Global Labor Force and the Dawn of the Post-market Era, New York: G. P. Putnam's Sons.
Rijpma, A. (2014) "A Composite View of Well-being since 1820" in van Zanden, JL., Baten, J., d'Ercole, MM., Rijpma, A., Smith, C., Timmer, M.

(Ed) How Was Life?: Global Well-being since 1820, Paris: OECD, pp. 249-269.

Ritzer, G., Stepnisky, JN. (2018) Sociological Theory, California: Sage.

Rizal, D. (2004) "The Unknown Refugee Crisis: Expulsion of the Ethnic Lhotsampa from Bhutan", Asian Ethnicity 5(2): 151-177.

Robbins, BD. (2008) "What Is the Good Life? Positive Psychology and the Renaissance of Humanistic Psychology", The Humanistic Psychologist 36(2): 96-112.

Roberts, KA., Yamane, DA. (2016) Religion in Sociological Perspective, CA: Sage.

Robertson, R. (2000) Globalization: Social Theory and Global Culture, London: Sage.

Robeyns, I. (2006) "The Capability Approach in Practice", The Journal of Political Philosophy 14(3): 351-376.

Robeyns, I. (2005) "The Capability Approach: A Theoretical Survey", Journal of Human Development 6(1): 93-114.

Rodrik, D. (2007) One Economics, Many Recipes: Globalization, Institutions and Economic Growth, Oxford: Princeton University Press.

Rodrik, D. (1998) "Why do More Open Economies Have Bigger Governments?", Journal of Political Economy 106(5): 997-1032.

Roncaglia, A. (2017) A Brief History of Economic Thought, Cambridge: Cambridge University Press.

Ross, C., Mirowsky, J., Goldsteen, K. (1990) "The Impact of the Family on Health: The Decade in Review", Journal of Marriage and the Family 52(4): 1059-1078.

Rotberg, RI (2014) "Good Governance Means Performance and Results", Governance: An International Journal of Policy, Administration, and Institutions 27(3): 511-518.

Rothstein, B., Tannenberg, M. (2014), "The Quality of Government and Development Policy: A Report to the Swedish Government's Expert Group for Aid Studies", The Quality of Government Institute, Gothenburg: University of Gothenburg.

Rothstein, B., Teorell, J. (2008) "What Is Quality of Government? A Theory of Impartial Government Institutions", Governance: An International Journal of Policy, Administration, and Institutions 21(2): 165-190.

Rubin, EL. (2015) Soul, Self, and Society: The New Morality and the Modern

State, New York: Oxford University Press.
Ruhs, M. (2015) The Price of Rights: Regulating International Labor Migration, Princeton N.J.: Princeton University Press.
Russell, B. (2013[1930]) The Conquest of Happiness, London: Routledge.
Russell, B. (2007[1935]) In Praise of Idleness and Other Essays, London: Routledge.
Russell, B. (2004) History of Western Philosophy, London: Routledge.
Ryan, RM., Bernstein, JH., Brown, KW (2010) "Weekends, Work, and Well-being: Psychological Need Satisfactions and Day of the Week Effects on Mood, Vitality, and Physical Symptoms", Journal of Social and Clinical Psychology 29(1): 95-122.
Ryan, RM., Deci, EL. (2001) "On Happiness and Human Potentials: A Review of Research on Hedonic and Eudaimonic Well-being", Annual Review of Psychology 52: 141-166.
Ryan, L., Dziurawiec, S. (2001) "Materialism and Its Relationship to Life Satisfaction", Social Indicators Research 55(2): 185-197.
Ryback, TW. (2012) "The U.N. Happiness Project", New York Times(28 March), (https://www.nytimes.com/2012/03/29/opinion/the-un-happiness-project.html , 2018년 5월 11일 접속).
Ryff, CD., Singer, BH. (2008) "Know Thyself and Become What You Are: A Eudamonic Approach to Psychological Well-Being", Journal of Happiness Studies 9: 13-39.
Sachs, JD. (2018a) "Good Governance in the 21st Century"in The Global Happiness Council. (Ed) World Happiness Policy Report 2018, New York: Sustainable Development Solutions Network, pp. 2-9.
Sachs, JD. (2018b) "America's Health Crisis and the Easterlin Paradox"in Helliwell, JF., Layard, R., Sachs, JD. (Ed) World Happiness Report 2018, New York: Sustainable Development Solutions Network, pp. 146-159.
Sachs, J. (2017) "Restoring American Happiness"in Helliwell, JF., Layard, R., Sachs, J. (Ed) World Happiness Report 2017, New York: Sustainable Development Solutions Network, pp. 178-184.
Sachs, J. (2016) "Happiness and Sustainable Development: Concepts and Evidence"in Helliwell, JF., Layard, R., Sachs, J. (Ed) World Happiness Report 2016, Update (Volume 1), New York: UN Sustainable Development Solutions Network, pp. 56-65.
Sahraian, A., Gholami, A., Javadpour, A., Omidvar, B. (2013) "Association

Between Religiosity and Happiness Among a Group of Muslim Undergraduate Students", Journal of Religion and Health 52(2): 450–453.

Sampson, RJ., Raudenbush, SW., Earls, F. (1997) "Neighborhoods and Violent Crime: A Multilevel Study of Collective Efficacy", Science 227: 918-924.

Samuelson, PA. (1961[1948]) Economics: An Introductory Analysis, New York: McGraw-Hill.

Sanz, I., Velázquez, FJ. (2007) "The Role of Ageing in the Growth of Government and Social Welfare Spending in the OECD", European Journal of Political Economy 23(4): 917-931.

Sarracino, F. (2012) "Money, Sociability and Happiness: Are Developed Countries Doomed to Social Erosion and Unhappiness?: Time-series Analysis of Social Capital and Subjective Well-being in Western Europe, Australia, Canada and Japan", Social Indicators Research 109(2): 135-188.

Sarracino, F. (2010) "Social Capital and Subjective Well-being Trends: Comparing 11 Western European Countries", The Journal of Socio-Economics 39(4): 482–517.

Saunders, M., Barr, B., McHale, P., Hamelmann, C. (2017) "Key Policies for Addressing the Social Determinants of Health and Health Inequities", Health Evidence Network Synthesis Report 52, Copenhagen: World Health Organization Regional Office for Europe.

Savage, M. (2015) Social Class in the 21st Century, London: Pelican.

Scanlon, TM. (2018) Why Does Inequality Matter?, Oxford: Oxford University Press.

Schachter, J. (2012) "Measuring Hard-to-Count Migrant Populations: Importance, Definitions, and Categories(noted by UNICEF)", Work Session on Migration Statistics, Conference of European Statisticians, Economic Commission for Europe, 17-19 October, Geneva.

Schacter, DL., Gilbert, DT., Wegner, DM. (2011) Psychology, New York: Worth Publishers.

Schmitt, C. (2008) Constitutional Theory(translated by Seitzer, J.), Durham: Duke University Press.

Schmitt, C. (2004) Legality and Legitimacy(translated by Seitzer, J.), Durham: Duke University Press.

Schneider, M-J. (2013) Introduction To Public Health, Burlington, MA: Jones & Bartlett Learning.

Schopenhauer, A. (2001[1851]) Parerga And Paralipomena I(translated by Payne, EFJ.), Oxford: Oxford University Press.

Schopenhauer, A. (1966[1819]) The World as Will and Representation (translated by Payne, EFJ.), New York: Dover Publication.

Schor, JB. (1992) The Overworked American: The Unexpected Decline Of Leisure, New York: Basic Books.

Schorr, AL. (1968) Explorations in Social Policy, New York: Basic Books.

Schröder, M. (2013) "Jobless Now, Sick Later? Investigating the Long-term Consequences of Involuntary Job Loss on Health", Advances in Life Course Research 18(1): 5-15.

Schumpeter, JA. (2003) Capitalism, Socialism and Democracy, London: Routledge.

Schwab, K. (2016) The Fourth Industrial Revolution, Geneva: World Economic Forum.

Schwab, K. (2015) "The Fourth Industrial Revolution: What It Means and How to Respond", Foreign Affairs, December 12, 2015.

Schyns, P. (1998) "Crossnational Differences in Happiness: Economic and Cultural Factors Explored", Social Indicators Research 43(1-2): 3-26.

Scollon, CN., King, LA. (2004) "Is the Good Life the Easy Life?", Social Indicators Research 68: 127-162.

Scrivens, K., Iasiello, B. (2010) "Indicators of "Societal Progress": Lessons from International Experiences", OECD Statistics Working Papers 2010/04, Paris: OECD.

Scruggs, L., Allan, J. (2006) "Welfare-state Decommodification in 18 OECD Countries: A Replication and Revision", Journal of European Social Policy 16(1): 55–72.

Scruton, R. (2001) Kant: A Very Short Introduction, Oxford: Oxford University Press.

SDSN(Sustainable Development Solutions Network)(2018) "2018 Happiness Festival: A Collaborative Celebration For A Happier Indonesia", (http://unsdsn.org/news/2018/04/27/2018-happiness-festival-a-collaborative-celebration-for-a-happier-indonesia/ , 2018년 5월 3일 접속).

Seaford, C. (2011) "Introduction: The Practical Politics of Well-being" in New Economic Foundation. (Ed) The Practical Politics of Well-being, London: NEF, pp. 1-7.

Sedelius, T., Linde, J. (2018) "Unravelling Semi-presidentialism: Democracy and Government Performance in Four Distinct Regime Types", Democratization 25(1): 136-157.

Seers, D. (1981) Dependency Theory: A Critical Reassessment, London: Pinter.

Seers, D. (1969) "The Meaning of Development", IDS Communication Series No. 44, Brighton: Institute of Development Studies.

Segal, L. (2017) Radical Happiness, London: Verso.

Segal, L. (2004) "Why It Is Time to Review the Role of Private Health Insurance in Australia", Australian Health Review 27(1): 3-15.

Seligman, MEP. (2013) Authentic Happiness, New York: Atria Books.

Seligman, MEP., Csikszentmihalyi, M. (2000) "Positive Psychology: An Introduction", American Psychologist 55(1): 5-14.

Seligman, MEP., Steen, TA., Park, N., Peterson, C. (2005) "Positive Psychology Progress: Empirical Validation of Interventions", American Psychologist 60(5): 410-421.

Sen, A. (2004) "Capabilities, Lists, and Public Reason: Continuing the Conversation", Feminist Economics 10(3): 77-80.

Sen, A. (2000a) "Social Exclusion: Concept, Application, and Scrutiny", Social Development Papers No. 1, Manila: Asian Development Bank.

Sen, A. (2000b) "A Decade of Human Development", Journal of Human Development 1(1): 17-23.

Sen, A. (1999) Development as Freedom, Oxford: Oxford University Press.

Sen, A. (1992) Inequality Reexamined, Oxford: Clarendon Press.

Sen, A. (1985) "Well-Being, Agency and Freedom: The Dewey Lectures 1984", Journal of Philosophy 82(4): 169-221.

Sen, A. (1979) "Equality of What?", The Tanner Lecture on Human Values, 22 May, Stanford University.

Sen, A. (1973) On Economic Inequality, Oxford: Clarendon Press.

Senik, C. (2004) "When Information Dominates Comparison: A Panel Data Analysis Using Russian Subjective Data", Journal of Public Economics 88: 2099-2123.

Sennet, R. (1998) The Corrosion of Character: The Personal Consequences of Work in the New Capitalism, New York: W.W. Norton and Company.

Sheldon, K., Lyubomirsky, S. (2004) "Achieving Sustainable New Happiness: Prospects, Practices, and Prescriptions" in Linley, PA., Joseph, S. (Ed) Positive Psychology in Practice, Hoboken NJ: Wiley, pp. 127-145.

Shields, MA., Price, SW. (2005) "Exploring the Economic and Social Determinants of Psychological Well-being and Perceived Social Support in England", Journal of the Royal Statistical Society 168(A): 513-537.

Shiller, RJ. (2012) The Subprime Solution: How Today's Global Financial Crisis Happened, and What to Do About It, Princeton N.J.; Princeton University Press.

Shirave, E. (2015) A History of Psychology: A Global Perspective, Thousand Oaks CA: Sage.

Shorrocks, A., Davies, J., Lluberas, R. (2017) Global Wealth Report 2017, Zurich: Credit Suisse.

Simkins, A. (2011) "Happiness and Public Policy in the United Kingdom", A Paper Presented at the International Conference on Happiness and Public Policy, 1 December 2010, Ottawa: Centre for the Study of Living Standards.

Simmel, G. (2013) 『돈의 철학』(김덕영 옮김), 서울: 도서출판 길.

Simmel, G. (1997) Essays on Religion(translated by Helle, HJ.), New Haven: Yale University Press.

Simon, RW. (2002) "Revisiting the Relationships among Gender, Marital Status, and Mental Health", American Journal of Sociology 107(4): 1065-1096.

Simon, RW., Nath, LE. (2004) "Gender and Emotion in the United States: Do Men and Women Differ in Self-Reports of Feelings and Expressive Behavior?", American Journal of Sociology 109(5): 1137-1176.

Singer, P. (2001) Hegel: A Very Short Introduction, Oxford: Oxford University Press.

Sirgy, MJ. (1998) "Materialism and Quality of Life", Social Indicators Research 43(3): 227-260.

Skeldon, R. (2013) "Global Migration: Demographic Aspects and Its Relevance for Development", Technical Paper No. 2013/6, Population Division, United Nations Department of Economic and Social Affairs, New York: UN.

Skocpol, T. (1995) Social Policy in the United States, Princeton: Princeton University Press.

Smart, JJC., Williams, B. (1973) Utilitarianism For and Against, New York: Cambridge University Press.

Smiles, S. (1859) Self-help: With Illustrations of Character and Conduct, London: John Murray.

Smith, A. (1994[1776]) The Wealth of Nations(Edited by Cannan, E.), New York: The Modern Library.

Smith, A. (1976[1759]) The Theory of Moral Sentiments(Edited by Raphael, DD., Macfie, AL.), Oxford: Clarendon Press.

Smith, AD. (1986) The Ethnic Origins of Nations, Oxford: Basil Blackwell.

Snoep, L. (2008) "Religiousness and Happiness in Three Nations: A Research Note", Journal of Happiness Studies 9(2): 207–211.

Soborski, R. (2018) Ideology and the Future of Progressive Social Movements, London: Rowman & Littlefield International.

Social Progress Imperative (2017) "2017 Social Progress Index, Results", (https://www.socialprogressindex.com/results , 2017년 10월 22일 접속).

Solnicka, SJ., Hemenway, D. (1998) "Is More Always Better?: A Survey on Positional Concerns", Journal of Economic Behavior and Organization 37(3): 373-383.

South, SJ., Spitze, G. (1994) "Housework in Marital and Nonmarital Households", American Sociological Review 59(3): 327-347.

Spicker, P. (2017) Arguments for Welfare: The Welfare State and Social Policy, London: Rowman and Littlefield.

SSA and ISSA(Social Security Administration and the International Social Security Association) (2018) Social Security Programs Throughout the World: The Americas, 2017, Geneva: ISSA.

SSA and ISSA (2017) Social Security Programs Throughout the World: Asia and the Pacific, 2016, Geneva: ISSA.

SSA and ISSA (2016) Social Security Programs Throughout the World: Europe, 2016, Geneva: ISSA.

Stack, S., Eshleman, JR. (1998) "Marital Status and Happiness: A 17-Nation Study", Journal of Marriage and the Family 60(2): 527-536.

Staddon, J. (1999) "On Responsibility in Science and Law", Social Philosophy and Policy 16(2): 146-174.

StC(Save the Children) (2016) Economic Playgrounds 2016: Comparing the Lives of Children in G20 Countries, Washington D.C.: Save the Children.

Stearns, PN. (2012) "The History of Happiness", Harvard Business Review 90(1-2): 104-109.

Steel, M. (2016) "Measuring National Wellbeing in the United Kingdom", Presentation Slides, (https://www.ons.gov.uk/ , 2017년 7월 3일 접속).

Steger, MB. (2017) Globalization: A Very Short Introduction, Oxford: Oxford University Press.

Šteinbuka, I. (2009) "How to Improve Social Surveys to Provide Better Statistics on Migrants", A Paper Presented at the 95th DGINS Conference on 'Migration - Statistical Mainstreaming'(1 October, Malta), (http://ec.europa.eu/eurostat/web/conferences/conf-2009/95th-dgins-conference , 2018년 1월 23일 접속).

Stephens, JD. (1979) The Transition from Capitalism to Socialism, London: Macmillan.

Steptoe, A., Deaton, A., Stone, AA. (2015) "Subjective Wellbeing, Health and Ageing", Lancet 385: 640-648.

Stern, S., Wares, A., Epner, T. (2017) Social Progress Index 2017: Methodology Report, Washington D.C.: Social Progress Imperative.

Stern, S., Wares, A., Hellman, T. (2016) Social Progress Index 2016: Methodological Report, Washington D.C.: Social Progress Imperative.

Steverink, N., Westerhof, GJ., Bode, C., Dittmann-Kohli, F. (2001) "The Personal Experience of Aging, Individual Resources, and Subjective Well-Being", Journal of Gerontology(Psychological Sciences) 56B(6): P364–P373.

Stiglitz, JE. (2015) Rewriting the Rules of the American Economy: An Agenda for Growth and Shared Prosperity, New York: Roosevelt Institute.

Stiglitz, JE. (2010) Freefall: America, Free Markets, and the Sinking of the World Economy, New York: W.W. Norton & Company.

Stiglitz, JE. (2002) The Price of Inequality: How Today's Divided Society Endangers Our Future, New York: W.W. Norton & Company.

Stiglitz, J., Sen, A., Fitoussi, J-P. (2009) "The Measurement of Economic Performance and Social Progress Revisited: Reflections and Overview", OFCE N° 2009-33, Paris: Observatoire français des conjonctures économiques(OFCE).

Stillman, S., Gibson, J., McKenzie, D., Rohorua, H. (2012) "Miserable Migrants? Natural Experiment Evidence on International Migration and Objective and Subjective Well-Being", IZA DP No. 6871, Bonn: IZA.

Stock, WA. (2013) Introduction to Economics: Social Issues and Economic Thinking, Hoboken N.J.: John Wiley.

Stolzenberg, RM. (2001) "It's about Time and Gender: Spousal Employment and Health", American Journal of Sociology 107(1): 61-100.

Stone, AA., Schneider, S., Harter, JK (2012) "Day-of-week Mood Patterns in the United States: On the Existence of 'Blue Monday', 'Thank God it's Friday' and Weekend Effects", The Journal of Positive Psychology 7(4): 306-314.

Stone, AA, Schwarz, JE., Broderick, JE., Deaton, A. (2010) "A Snapshot of the Age Distribution of Psychological Well-being in the United States", Proceedings of the National Academy of Sciences of the United States of America 107(22): 9985–9990.

Strayer, R. (2015) Why Did the Soviet Union Collapse?: Understanding Historical Change, New York: Routledge.

Streeten, PP. (1997) Thinking about Development, New York: Cambridge University Press.

Stumpf, SE., Fieser, J. (2002) Socrates to Sartre and Beyond: A History of Philosophy, New York: Mcgraw-Hill.

Stutzer, A., Frey, BS. (2010) "Recent Advances in the Economics of Individual Subjective Well-Being", Social Research 77(2): 679-714.

Stutzer, A., Frey, BS. (2008) "Stress that Doesn't Pay: The Commuting Paradox", The Scandinavian Journal of Economics 110(2): 339-366.

Suh, E., Diener, E., Fujita, F. (1996) "Events and Subjective Well-being: Only Recent Events Matter", Journal of Personality and Social Psychology 70(5): 1091-1102.

Sullivan, D., von Wachter, T. (2009) "Job Displacement and Mortality: An Analysis Using Administrative Data", The Quarterly Journal of Economics 124(3): 1265–1306.

Sumner, A. (2016) Global Poverty: Deprivation, Distribution, and Development Since the Cold War, Oxford: Oxford University Press.

Sunstein, CR. (2017) Human Agency and Behavioral Economics: Nudging Fast and Slow, London: Palgrave Macmillan.

Sunstein, CR., Thaler, RH. (2003) "Libertarian Paternalism Is Not an Oxymoron", The University of Chicago Law Review 70(4): 1159-1202.

Susskind, R., Susskind, D. (2017) The Future of the Professions, Oxford: Oxford University Press.

Tay, L., Morrison, M., Diener, E. (2014) "Living Among the Affluent: Boon or Bane?", Psychological Science 25(6): 1235–1241.

Taylor, M. (2011) "In Favour of Life and Wholeness" in New Economic Foundation. (Ed) The Practical Politics of Well-being, London: NEF, pp.

27-32.

Talyor, C. (1994) Sources of the Self, New York: Cambridge University Press.

Taylor-Gooby, P. (2009) Reframing Social Citizenship, Oxford: Oxford University Press.

Taylor-Gooby, P. (2004a) "New Risks and Social Change" in Taylor-Gooby, P. (Ed) New Risks, New Welfare: The Transformation of the European Welfare State, Oxford: Oxford University Press, pp. 1-28.

Taylor-Gooby, P. (2004b) "New Social Risks and Welfare States: New Paradigm and New Politics?" in Taylor-Gooby, P. (Ed.) New Risks, New Welfare: The Transformation of the European Welfare State, Oxford: Oxford University Press, 2004, pp. 209-238.

Taylor-Gooby, P. (1999) "'Hollowing Out' Versus The New Interventionism" in Svallfords, S., Taylor-Gooby, P. (Ed) The End of the Welfare State?: Responses to State Retrenchment, London: Routledge, pp. 1-12.

Taylor-Gooby, P., Larsen, TP. (2004) "The UK: A Test Case for the Liberal Welfare State?" in Taylor-Gooby, P. (Ed.) New Risks, New Welfare: The Transformation of the European Welfare State, Oxford: Oxford University Press, pp. 55-82.

Taylor-Gooby, P., Stoker, G. (2011) "The Coalition Programme: A New Vision for Britain or Politics as Usual?", The Political Quarterly 82(1): 4-15.

Tawney, RH. (1920) The Sickness of an Acquisitive Society, London: Fabian Society.

TCS(The Children's Society) (2017) Good Childhood Report 2017, London: The Children's Society.

Tesch-Römer, C., Motel-Klingebiel, A., Tomasik, MJ. (2008) "Gender Differences in Subjective Well-Being: Comparing Societies with Respect to Gender Equality", Social Indicators Research 85(2): 329-349.

Thaler, RH., Sunstein, CR. (2009) Nudge: Improving Decisions about Health, Wealth and Happiness, London: Penguin Books.

Thaler, RH., Sunstein, CR. (2003) "Libertarian Paternalism", American Economic Review 93(2): 175-179.

Therborn, G. (1987) "Welfare States and Capitalist Markets", Acta Sociologica 30(3/4): 237-254.

Thin, N. (2012) Social Happiness: Theory into Policy and Practice, Bristol: Policy Press.

Thomas, PA. (2010) "Is It Better to Give or to Receive? Social Support and the

Well-being of Older Adults", Journal of Gerontology(Social Sciences) 65B(3): 351–357.

Thompson, S. (2014) "Introduction to Happiness and Society" in David, SA., Boniwell, I., Ayers, AC. (Ed) The Oxford Handbook of Happiness, New York: Oxford University Press, pp. 427-430.

Thompson, S., Marks, N., Jackson, T. (2014) "Well-Being and Sustainable Development" in David, SA., Boniwell, I., Ayers, AC. (Ed) The Oxford Handbook of Happiness, New York: Oxford University Press, pp. 498-516.

Thoreau, HD. (1997[1854]) Walden, Oxford: Oxford University Press.

Tilly, C. (1975) The Formation of National States in Western Europe, Princeton N.J.: Princeton University Press.

Tinkler, L., Hicks, S. (2011) "Measuring Subjective Well-being", London: Office for National Statistics.

Titmuss, RM. (1974) Social Policy: An Introduction(Abel-Smith, B., Titmuss, K. Ed), London: Allen & Unwin.

Titmuss, RM. (1958) Essays on The Welfare State, London: Allen & Unwin.

Tobgay, T., Dophu, U., Torres, CE., Na-Bangchang, K. (2011) "Health and Gross National Happiness: Review of Current Status in Bhutan", Journal of Multidisciplinary Healthcare 4: 293–298.

Toffler, A. (1984) The Third Wave, London: Bantam Book.

Tokuda, Y., Fujii, S., Inoguchi, T. (2010) "Individual and Country-Level Effects of Social Trust on Happiness: The Asia Barometer Survey", Journal of Applied Social Psychology 40(10): 2574-2593.

Tosh, J. (2015) The Pursuit of History: Aims, Methods and New Directions in the Study of History, New York: Routledge.

Townsend, P. (1993) The International Analysis of Poverty, New York: Routledge.

Townsend, P. (1979) Poverty in the United Kingdom: A Survey of Household Resources and Standards of Living, Harmondsworth: Penguin Books.

Townsend, P. (1976) Sociology and Social Policy, Harmondsworth: Penguin Books.

Toynbee, AJ. (1957) A Study of History(Abridgement of Volumes 7 to 10), Oxford: Oxford University Press.

Toynbee, AJ. (1946) A Study of History(Abridgement of Volumes 1 to 6), Oxford: Oxford University Press.

Tyler, TR. (2006) Why People Obey the Law, Princeton N.J.: Princeton University Press.

UCL IoHE(UCL Institute of Health Equity). (2012) The Impact of the Economic Downturn and Policy Changes on Health Inequalities in London, London: UCL Institute of Health Equity, University College London.

Uhlaner, CJ. (1989) ""Relational Goods" and Participation: Incorporating Sociability into a Theory of Rational Action", Public Choice 62(3): 253-285.

Umney, C. (2018) Class Matters: Inequality and Exploitation in Twenty-first Century Britain, London: Pluto Press.

UN(United Nations) (2016) The Sustainable Development Goals Report 2016, New York: UN.

UN (2015) Transforming Our World: The 2030 Agenda for Sustainable Development, New York: UN.

UN (2014) "The Road to Dignity by 2030: Ending Poverty, Transforming All Lives and Protecting the Planet: Synthesis Report of the Secretary-General on the Post-2015 Sustainable Development Agenda", General Assembly A/69/700, New York: UN.

UN (2011) "Happiness: Towards a Holistic Approach to Development", General Assembly Resolution 65/309, New York: UN.

UN (1987) "Development and International Economic Co-operation: Environment", A/42/427 General Assembly, 4 August 1987, New York: UN.

UN DESA(United Nations Department of Economic and Social Affairs) (2017a) "Population Facts", POPFACTS No. 2017/1(June), New York: UN.

UN DESA (2017b) World Population Prospects: Key Findings and Advance Tables(2017 Revision), New York: UN.

UN DESA and PD(United Nations Department of Economic and Social Affairs and Population Division) (2017) International Migration Report 2017: Highlights (ST/ESA/SER.A/404), New York: UN.

UNDP(United Nations Development Programme) (2018a) "About Human Development", (http://hdr.undp.org/en/humandev , 2018년 2월 17일 접속).

UNDP (2018b) "International Human Development Indicators", (http://hdr.undp.org/en/countries , 2018년 2월 17일 접속).

UNDP (2016) Human Development Report 2016: Human Development for Everyone, New York: UNDP.

UNDP (2015) Human Development Report 2015: Work for Human Development, New York: UNDP.

UNDP (2011) Human Development Report 2011, Sustainability and Equity: A Better Future for All, New York: Palgrave Macmillan.

UNDP (2010) Human Development Report 2010, The Real Wealth of Nations: Pathways to Human Development, New York: Palgrave Macmillan.

UNDP (2007) Human Development Report 2007/2008, Fighting Climate Change: Human Solidarity in a Divided World, New York: Palgrave Macmillan.

UNDP (2004) Human Development Report 2004, Cultural Liberty in Today's Diverse World, New York: Oxford University Press.

UNDP (2002) Human Development Report 2002: Deepening Democracy in a Fragmented World, New York: Oxford University Press.

UNDP (1997) Human Development Report 1997, New York: Oxford University Press.

UNDP (1994) Human Development Report 1994, New York: Oxford University Press.

UNICEF (2014) Children of the Recession: The Impact of the Economic Crisis on Child Well-being in Rich Countries, UNICEF Innocenti Report Card 12 Children in the Developed World, Florence: UNICEF Office of Research-Innocenti.

UNICEF (2013) Child Well-being in Rich Countries: A Comparative Overview, Innocenti Report Card 11, Florence: UNICEF Office of Research-Innocenti.

UNICEF and the World Bank Group (2016) "Ending Extreme Poverty: A Focus on Children", Briefing Note(October), (https://www.unicef.org/publications/index_92826.html , 2017년 10월 5일 접속).

Universum (2016) Universum Global Workforce Happiness Index 2016, Stockholm: Universum.

UN SDKP(Sustainable Development Knowledge Platform) (2018) "Sustainable Development Goals", (https://sustainabledevelopment.un.org/?menu=1300 , 2018년 3월 24일 접속).

Ura, K., Alkire, S., Zangmo, T. (2012) "Gross National Happiness and the GNH Index"in Helliwell, J., Layard, R., Sachs, J. (Ed) World Happiness Report 2012, New York: UN Sustainable Development Solutions Network, pp. 108-158.

Ura, K., Alkire, S., Zangmo, T., Wangdi, K. (2015) Provisional Findings of 2015 GNH Survey, Thimphu: The Centre for Bhutan Studies.

Ura, K., Alkire, S., Zangmo, T., Wangdi, K. (2012a) An Extensive Analysis of GNH Index, Thimphu: The Centre for Bhutan Studies.

Ura, K., Alkire, S., Zangmo, T., Wangdi, K. (2012b) A Short Guide to Gross National Happiness Index, Thimphu: The Centre for Bhutan Studies.

Urry, HL., Nitschke, JB., Dolski, I., Jackson, DC., Dalton, KM., Mueller, CJ., Rosenkranz, MA., Ryff, CD., Singer, BH., Davidson, RJ. (2004) "Making a Life Worth Living: Neural Correlates of Well-Being", Psychological Science 15(6): 367-372.

US National Archives and Records Administration(2018) "Declaration of Independence: A Transcription", (https://www.archives.gov/founding-docs/declaration-transcript , 2018년 6월 10일 접속).

Vaarama, M., Pieper, R., Sixsmith, A. (2007) "Care-related Quality of Life" in Mollenkopf, H., Walker, A. (Ed) Quality of Life in Old Age: International and Multi-Disciplinary Perspectives, Dordrecht: Springer, pp. 215-232.

Vallentyne, P. (2005) "Debate: Capabilities versus Opportunities for Well-being", Journal of Political Philosophy 13(3): 359-371.

Van der Lippe, T., Siegers, JJ. (1994) "Division of Household and Paid Labour between Partners: Effects of Relative Wage Rates and Social Norms", Kyklos 47(1): 109-136.

van der Maesen, LJG., Walker, A. (2014) "The Development of Social Quality between 1994 and 2014", IASQ Working Paper Series nr. 13, Amsterdam: International Association on Social Quality.

Van Praag, BMS., Baarsma, BE. (2005) "Using Happiness Surveys to Value Intangibles: The Case of Airport Noise", The Economic Journal 115(500): 224–246.

Van Treeck, T. (2014) "Did Inequality Cause the U.S. Financial Crisis?", Journal of Economic Surveys 28(3): 421–448.

Vang, ZM., Sigouin, J., Flenon, A., Gagnon, A. (2017) "Are Immigrants Healthier Than Native-born Canadians? A Systematic Review of the Healthy Immigrant Effect in Canada", Ethnicity and Health 22(3): 209-241.

Vanhanen, T. (2003) Democratization: A Comparative Analysis of 170 Countries, London: Routledge.

Veblen, T. (2007[1899]) The Theory of the Leisure Class(Edited by Banta, M.), Oxford: Oxford University Press.

Veenhoven, R. (2000a) "Freedom and Happiness" in Diener, E., Suh, EM. (Ed) Culture and Subjective Wellbeing, Cambridge: MIT Press, pp. 257-288.

Veenhoven, R. (2000b) "Well-Being in the Welfare State: Level Not Higher, Distribution Not More Equitable", Journal of Comparative Policy Analysis 2(1): 91–125.

Veenhoven, R. (1991) "Is Happiness Relative?", Social Indicators Research 24: 1-34.

Verba, S., Schlozman, KL., Brady, HE. (1995) Voice and Equality: Civic Voluntarism in American Politics, Cambridge: Harvard University Press.

Verma, R., Ura, DK. (2017) "Gender Differences in Gross National Happiness in Bhutan: Abridged Analysis of the GNH Surveys" in Ura, DK., Penjore, D. (Ed) GNH: From Philosophy to Praxis, Proceedings of the Sixth International Conference on Gross National Happiness, 4-6 November 2015, Thimphu: The Centre for Bhutan Studies.

Viry, G., Ganjour, O., Gauthier, J-A., Ravalet, E., Widmer, ED. (2017) "Analysing the Role of Social Visits on Migrants' Social Capital: A Personal Network Approach", Social Inclusion 5(4): 209–225.

Vlastos, G. (1991) Socrates: Ironist and Moral Philosopher, Princeton: Princeton University Press.

Voigt, S. (2012) "How to Measure the Rule of Law", Kyklos 65(2): 262-284.

Voydanoff, P. (2004) "The Effects of Work Demands and Resources on Work-to-Family Conflict and Facilitation", Journal of Marriage and Family 66(2): 398-412.

Waite, LJ., Gallagher, M. (2000) The Case for Marriage: Why Married People are Happier, Healthier, and Better off Financially, New York: Broadway Books.

Walker, A. (2017) "Europe After Brexit", (http://www.socialquality.org/wp-content/uploads/2017/03/Europe-After-Brexit_Amsterdam-Declartion-letter.pdf , 2017년 6월 25일 접속).

Walker, A., Corbett, S. (2017) "The Post Brexit Declaration on Social Quality in Europe", (http://www.socialquality.org/wp-content/uploads/2017/03/The-Post-Brexit-Declaration-On-Social-Quality-In-Europe.pdf , 2017년 6월 25일 접속).

Walker, R., Kyomuhendo, GB., Chase, E., Choudhry, S., Gubrium, EK., Nicola, JY., Lodemel, I., Mathew, L., Mwiine, A., Pellissery, S., Ming, Y. (2013) "Poverty in Global Perspective: Is Shame a Common Denominator?",

Journal of Social Policy 42(2): 215–233.
Wallerstein, IM. (2004) World-Systems Analysis: An Introduction, Durham: Duke University Press.
Wallerstein, IM. (2000) "Globalization or the Age of Transition?: A Long-Term View of the Trajectory of the World System", International Sociology 15(2): 251–267.
Wallerstein, IM., Collins, R., Mann, M., Derluguian, GM., Calhoun, CJ. (2013) Does Capitalism Have a Future?, New York: Oxford University Press.
Warr, PB. (2007) Work, Happiness and Unhappiness, Mahwah NJ: Lawrence Erlbaum.
Washington Post (2018) "Pompeo Says US Wants North Korea to Take Major Nuclear Disarmament Steps by End of Trump's First Term", Washington Post(6월 13일 기사), (https://www.washingtonpost.com/world/asia_pacific/pompeo-says-us-wants-north-korea-to-take-major-nuclear-disarmament-steps-by-end-of-trumps-first-term/2018/06/13/010500d4-6f1c-11e8-b4d8-eaf78d4c544c_story.html?utm_term=.b983d05e2a62 , 2018년 6월 22일 접속).
Weber, M. (1976[1904]) The Protestant Ethic and the Spirit of Capitalism(translated by Parsons, T.), New York: Charles Scribner's Sons.
Weber, M. (1965[1919]) Politics as a Vocation(translated by Gerth, H., Mills, CW.), Philadelphia: Fortress Press.
Weber, M. (1946) From Max Weber: Essays in Sociology(translated and edited by Gerth, H., Mills, CW.), New York: Oxford University Press.
Welsch, H. (2002) "Preferences over Prosperity and Pollution: Environmental Valuation Based on Happiness Surveys", KYKLOS 55(4): 473–494.
Wengle, H. (1986) "The Psychology of Cosmetic Surgery: A Critical Overview of the Literature 1960-1982 Part I", Annals of Plastic Surgery 16(5): 435-443.
White, J. (2014) "Education and Well-Being" in David, SA., Boniwell, I., Ayers, AC. (Ed) The Oxford Handbook of Happiness, New York: Oxford University Press, pp. 540-550.
WHO (2017) Handbook on Health Inequality Monitoring: With a Special Focus on Low- and Middle-income Countries, Geneva: WHO.
WHO (2016) Making Every Baby Count: Audit and Review of Stillbirths and Neonatal Deaths, Geneva: WHO.

Wilensky, HL. (1975) The Welfare State and Equality: Structural and Ideological Roots of Public Expenditures, Berkeley: University of California Press.

Wilensky, HL., Lebeaux, CN. (1958) Industrial Society and Social Welfare, New York: Russell Sage Foundation.

Wilkinson, RG. (1996) Unhealthy Societies, London: Routledge.

Wilkinson, R., Pickett, K. (2010) The Spirit Level: Why Equality is Better for Everyone, London: Penguin Books.

Williams, DE., Thompson, JK. (1993) "Biology and Behavior: A Set-Point Hypothesis of Psychological Functioning", Behavior Modification 17(1): 43-57.

Winkelmann, R. (2012) "Conspicuous Consumption and Satisfaction", Journal of Economic Psychology 33(1): 183-191.

Winkelmann, L., Winkelmann, R. (1998) "Why Are the Unemployed So Unhappy? Evidence from Panel Data", Economica 65(257): 1-15.

Witt, DW., Lowe, CD., Peek, CW., Curry, GW. (1980) "The Changing Association between Age and Happiness: Emerging Trend or Methodological Artefact?", Social Forces 58: 1302-1307.

Wolf, M. (2010) Fixing Global Finance, New Haven: Yale University Press.

Wood, EM. (2017a) The Origin of Capitalism: A Longer View, London: Verso.

Wood, EM. (2017b) Democracy Against Capitalism: Renewing Historical Materialism, London: Verso.

Woody, WD., Viney, W. (2017) A History of Psychology: The Emergence of Science and Applications, New York: Routledge.

World Bank (2017) Governance and the Law, Washington D.C.: World Bank.

World Bank (2016) Poverty and Shared Prosperity 2016: Taking on Inequality, Washington D.C.: The World Bank Group.

World Bank (2011) Social Protection and Climate Resilience: Report from an International Workshop, Addis Ababa, 14–17 March, Washington D.C.: World Bank.

Wuthnow, R., Hunter, JD., Bergesen, AJ., Kurzweil, E. (2010) Cultural Analysis: The Work of Peter L. Berger, Mary Douglas, Michel Foucault, and Jürgen Habermas, New York: Routledge.

WVS(World Values Survey) (2014) "Questionnaire Wave 6(2010-2014)", Official Aggregate v.20150418, Aggregate File Producer: Asep/JDS, Madrid Spain. (http://www.worldvaluessurvey.org/WVSDocumentationWV6.jsp, 2017년 1월 22일 접속).

WWID(World Wealth and Income Database) (2017) World Wealth and Income Database: Korea, (http://wid.world/country/korea/ , 2017년 9월 18일 접속).

Yang, Y. (2008) "Social inequalities in Happiness in the United States, 1972 to 2004: An Age-Period-Cohort Analysis", American Sociological Review 73(2): 204–226.

Yap, SCY., Anusic, I., Lucas, RE. (2012) "Does Personality Moderate Reaction and Adaptation to Major Life Events? Evidence from the British Household Panel Survey", Journal of Research in Personality 46(5): 477-488.

Zachary, K. (2003) Parting the Desert: The Creation of the Suez Canal, New York: Vintage.

Zamfir, E. (2013) "Revisiting Happiness and the Quality of Life: New and Old Solutions" in Zamfir, E., Maggino, F. (Ed) The European Culture for Human Rights: The Right to Happiness, Newcastle upon Tyne: Cambridge Scholars Publishing, pp. 2-17.

Zandi, M. (2009) Financial Shock: A 360° Look at the Subprime Mortgage Implosion, and How to Avoid the Next Financial Crisis, Upper Saddle River N.J.: FT Press.

Zarb, G., Oliver, M. (1993) Ageing with a Disability: What Do They Expect After All These Years?, London: University of Greenwich.

Zhang, S. (2017) "Marx and Hegel" in Moyar D. (Ed) The Oxford Handbook of Hegel, New York: Oxford University Press, pp. 647-669.

Zotti, R., Speziale, N., Barra, C. (2016) "On the Causal Effect of Religiosity on Life Satisfaction Using a Propensity Score Matching Technique", International Journal of Social Economics 43(10): 1031-1048.

찾아보기

행복과 사회

초판 발행 1쇄 2018년 11월 15일

지은이 박승민

펴낸곳 고려대학교출판문화원
www.kupress.com
kupress@korea.ac.kr
02841 서울특별시 성북구 안암로 145
02-3290-4230, 4232
Fax 923-6311

찍은곳 (주)동화인쇄

ISBN 978-89-7641-968-2 93330

값 32,000원

* 잘못 만들어진 책은 바꿔드립니다.